회계사 · 세무사 · ~~경영지도사~~ ...위한

해커스 경영아카데미
합격 시스템

해커스 경영아카데미 인강

취약 부분 즉시 해결!
**교수님께 질문하기
게시판 운영**

무제한 수강 가능+
**PC 및 모바일
다운로드 무료**

온라인 메모장+
**필수 학습자료
제공**

* 인강 시스템 중 무제한 수강, PC 및 모바일 다운로드 무료 혜택은 일부 종합반/패스/환급반 상품에 한함

해커스 경영아카데미 학원

쾌적한 환경에서 학습 가능!
**개인 좌석 독서실
제공**

철저한 관리 시스템
**미니 퀴즈+출석체크
진행**

복습인강 무제한 수강+
**PC 및 모바일
다운로드 무료**

* 학원 시스템은 모집 시기별로 변경 가능성 있음

회계사 · 세무사 · 경영지도사 단번에 합격! **해커스 경영아카데미 cpa.Hackers.com**

해커스
윤민호
재무관리

해커스 경영아카데미

▋이 책의 저자

윤민호

학력
연세대학교 경제학과 졸업
한국외국어대학교 경영학 석사

경력
현 | 해커스 경영아카데미 교수
　　해커스공기업 교수
　　웅지세무대학교 회계세무정보과 교수
전 | 안진회계법인
　　유리자산운용(주) 자산운용본부
　　국민은행 증권운용팀

자격증
한국공인회계사

저서
해커스 윤민호 재무관리
해커스 윤민호 객관식 재무관리
해커스공기업 쉽게 끝내는 재무관리 기본서 + 기출동형모의고사 2회분

머리말

일반적으로 재무관리는 골치 아프고 어려운 학문으로 인식되고 있다. 이는 기존에 출간된 교재들이 재무관리를 처음으로 접하는 독자들의 입장은 고려하지 못한 채, 추상적인 이론들을 일관된 체계 없이 단순 나열하는 방식으로 집필되었기 때문이라고 저자는 판단하였다. 이에 재무관리에 입문하는 독자들의 혼란을 최소화하고, 독자들이 재무관리의 주제들을 일관된 체계하에서 학습하는데 도움이 되고자 본서를 집필하였다.

본서의 가장 큰 특징은 독자들이 혼란스러워 하지 않도록 재무관리에서 다루는 각각의 주제들을 명확하게 구분하여 설명하고 있다는 것이다. 재무관리에서 다루는 주제는 크게 기업재무론과 금융투자론으로 구분할 수 있으며, 기업재무론의 주제는 기업가치평가와 투자안의 가치평가로 구분할 수 있다. 이러한 주제들을 명확하게 구분하여 설명한다는 것이 본서가 다른 재무관리 교재들과 명확하게 차별화되는 점이라고 말할 수 있다.

본서는 저자의 다년간 회계법인에서의 실무경험과 펀드매니저로서의 투자경험 및 공인회계사 시험 대비 강의경험을 바탕으로 회계원리 정도의 회계지식이 있는 독자라면 누구나 쉽게 이해할 수 있도록 구성하였다. 또한 재무관리에 상당한 기본지식을 가지고 있는 독자나, 공인회계사ㆍ경영지도사ㆍ공기업 등의 시험을 준비하는 수험생들에게도 유용한 지침서가 될 수 있도록 재무관리의 입문과정에서부터 중ㆍ고급수준의 내용까지 폭넓게 다루고 있기 때문에 독자들이 재무관리를 학습하고 실무에 적용하는 데 많은 도움이 될 것이라고 감히 자부한다.

본서가 출간될 수 있도록 항상 격려해주시고 많은 도움을 주신 웅지세무대학교의 송상엽 설립자님께 감사의 말씀을 드린다. 더불어, 본서의 어떠한 오류도 본 저자의 책임임을 밝혀두며, 독자여러분의 냉철한 비판과 건설적인 의견을 기대해본다.

윤민호

목차

01 재무관리의 의의

1. 재무관리의 정의

재무관리(financial management)에서 다루는 주제는 기업재무론(corporate finance)과 금융투자론(financial investments)으로 구분할 수 있다.

① 기업재무론: 기업이 필요한 자본(capital, 자금)을 조달하고 이를 운용하는 것과 관련된 이론과 기법을 연구하는 학문이다.

② 금융투자론: 주식이나 채권과 같이 정형화된 금융상품과 이를 기초로 파생된 선물, 옵션 등의 파생금융상품에 대한 투자와 관련된 이론과 기법을 연구하는 학문이다.

재무관리를 좁은 의미로 정의한다면 기업재무론을 의미하지만, 넓은 의미로 정의한다면 금융투자론을 포함한다.

2. 재무관리(기업재무론)의 기능

좁은 의미의 재무관리인 기업재무론의 기능은 크게 자본의 조달과 자본의 운용으로 구분할 수 있는데, 재무상태표를 이용해서 이러한 재무관리의 기능을 살펴보면 다음과 같다.

재무관리의 기능과 재무상태표

(1) 자본의 조달

기업은 필요한 자본을 타인자본과 자기자본으로 조달한다. 기업이 자본을 조달하게 되면 자본의 제공자에게 자본의 사용에 대한 대가를 지불해야 하는데, 이를 자본비용이라고 한다. 이러한 자본비용은 자본의 원천에 따라 타인자본비용과 자기자본비용으로 구분되며, 기업의 자본구조(타인자본과 자기자본의 구성비율)에 따라 기업 전체의 자본비용이 결정된다. 따라서 자본의 조달과 관련해서는 기업 전체의 자본비용을 최소화하는 최적자본구조를 찾는 것이 가장 중요한 과제이다.

(2) 자본의 운용

기업은 조달한 자본을 어떤 자산에 얼마만큼 투자할 것인지를 결정해야 한다. 이러한 투자의사결정에 의해 결정되는 기업의 자산구성에 따라 영업활동의 결과가 달라지게 되고, 기업의 미래현금흐름도 달라지기 때문에 자본의 운용과 관련해서는 기업의 미래현금흐름을 최대화하는 최적자산배합을 찾는 것이 가장 중요한 주제이다.

02 재무관리의 목표

재무관리(기업재무론)의 목표가 무엇인지에 대해서는 여러 가지 주장이 있으며, 대표적으로는 이익의 극대화, 기업가치의 극대화, 자기자본가치의 극대화 등이 있다.

1. 이익의 극대화

이익의 극대화란 회계적 이익을 극대화하는 것이 재무관리의 목표라는 주장이다. 그러나 이익의 극대화는 다음과 같은 문제점들 때문에 재무관리의 목표로 인정받지 못하고 있다.

① 극대화 대상 이익의 개념이 모호하다. 즉, 회계적 이익에는 영업이익, 당기순이익, 총포괄이익 등 여러 가지 개념이 있어서 극대화할 회계적 이익이 무엇인지가 불분명하다.

② 회계적 이익은 회계처리방법의 선택에 따라 달라질 수 있다. 즉, 오늘날 일반적으로 인정된 회계원칙에서는 감가상각방법이나 재고자산의 단가결정방법 등에 대체적인 회계처리방법의 선택을 용인하고 있으므로, 회계적 이익은 기업의 성과를 객관적으로 측정하는 데 적정하지 못하다.

③ 화폐의 시간가치와 미래의 불확실성(위험)을 무시하고 있다. 즉, 서로 다른 시점에서 발생하는 이익에 대한 가치의 차이를 고려하지 못하며, 이익의 크기만 고려할 뿐 실현가능성은 고려하지 못하고 있다.

2. 기업가치의 극대화

이익극대화의 문제점을 해결하기 위해 오늘날 재무관리의 목표로 정립된 것이 기업가치의 극대화이다. 여기서 기업가치(firm value: V)는 기업이 보유하고 있는 자산을 운용하여 유입될 미래의 현금흐름 (cashflow: CF)을 위험이 반영된 적절한 자본비용(할인율: k)으로 할인한 현재가치로 정의된다. 따라서, 기업가치를 극대화하기 위해서는 기업의 미래현금흐름을 최대화해야 하며, 자본비용을 최소화해야 한다.

$$V = \sum_{t=1}^{\infty} \frac{CF_t}{(1+k)^t}$$

3. 자기자본가치의 극대화

재무관리의 목표는 기업가치의 극대화이지만, 부채의 가치는 기업의 미래현금흐름의 변동에 따라 영향을 받지 않으므로 기업가치의 변동과 무관하게 부채의 가치가 일정하다고 가정하면 기업가치의 극대화는 자기자본가치의 극대화와 동일한 개념이 될 수 있다. 또한 자기자본의 가치는 발행주식수에 주가를 곱한 것이므로 주가의 극대화, 즉 주주 부(富)의 극대화를 자기자본가치의 극대화와 동일한 의미로 사용할 수 있다.

03 본서의 체계

본서는 4개의 부와 15개의 장으로 구성되어 있으며, 제1부에서 제3부까지는 기업재무론을 설명하고 있고, 제4부에서는 금융투자론을 설명하고 있다.

1. 제1부 기업재무론 - 확실성하의 가치평가

<제1부 기업재무론 - 확실성하의 가치평가>에서는 확실성을 가정하여 기업가치평가의 기초개념과 기업의 현금흐름을 증가시키는 투자안의 가치평가, 즉 최적자산배합에 대해서 설명하고 있다.
제1장 확실성하의 기업가치평가
제2장 확실성하의 투자안의 가치평가

2. 제2부 기업재무론 - 불확실성을 고려한 가치평가

<제2부 기업재무론 - 불확실성을 고려한 가치평가>에서는 불확실성을 고려하는 경우에 자본비용을 측정하는 방법과 자본비용을 최소화하는 최적자본구조에 대해서 설명하고 있다.
제3장 포트폴리오이론
제4장 자본자산가격결정모형
제5장 시장모형과 차익거래가격결정이론
제6장 자본구조이론
제7장 부채사용 투자안의 가치평가

3. 제3부 기업재무론 - 특수주제

<제3부 기업재무론 - 특수주제>에서는 사업결합을 통해 기업가치를 증가시키는 방법 및 기업재무론과 관련된 기타주제들에 대해서 설명하고 있다.

제8장 사업결합 - 합병과 취득(M&A)

제9장 기업재무론의 기타주제

4. 제4부 금융투자론

<제4부 금융투자론>에서는 주식이나 채권과 같이 정형화된 금융상품과 이를 기초로 파생된 선물, 옵션 등의 파생금융상품에 대한 투자와 관련된 이론과 기법들을 설명하고 있다.

제10장 주식의 가치평가와 투자전략

제11장 채권의 가치평가와 투자전략

제12장 선물가격의 결정과 투자전략

제13장 옵션가격의 결정과 투자전략

제14장 옵션가격결정모형

제15장 금융투자론의 기타주제

해커스 윤민호 재무관리

제1부

기업재무론 - 확실성하의 가치평가

해커스 윤민호 재무관리

제1장

확실성하의 기업가치평가

제1절 기업가치평가의 의의

기업가치(firm value: V)는 기업이 보유하고 있는 자산을 통해 벌어들일 미래의 현금흐름(cashflow: CF)을 위험이 반영된 적절한 자본비용(할인율: k)으로 할인한 현재가치로 정의된다. 따라서 기업가치를 평가하기 위해서는 ① 기업의 현금흐름과 ② 자본비용을 측정해야 한다.

$$V = \sum_{t=1}^{\infty} \frac{CF_t}{(1+k)^t}$$

① 기업의 현금흐름: 기업이 보유하고 있는 자산을 통해 벌어들일 미래의 현금흐름을 측정해야 한다. 기업의 현금흐름은 기업이 보유 중인 자산의 수익성에 따라 달라진다. 즉, 자산의 수익성이 높을수록 미래의 현금흐름이 커지고, 수익성이 낮을수록 미래의 현금흐름은 작아진다. 따라서 기업가치를 극대화하기 위해서는 수익성이 높은 자산에 투자해야 함을 알 수 있다. 한편, 기업의 현금흐름은 미래의 금액이므로 현재시점의 가치로 환산해야 하는데, 이를 위해서는 화폐의 시간가치에 대한 이해가 선행되어야 한다.

② 자본비용: 위험이 반영된 적절한 자본비용(할인율)을 측정해야 한다. 여기에서 자본비용이란 기업이 주주나 채권자 등 자본제공자에게 지급해야 할 자본사용에 대한 대가를 말한다. 조달금액에 대한 지급대가의 비율(이자율 또는 할인율)로 측정되는 자본비용은 현금흐름의 변동위험에 따라 크기가 달라진다. 즉, 현금흐름의 변동위험이 클수록 자본비용은 높아지며, 현금흐름의 변동위험이 작을수록 자본비용은 낮아진다. 따라서 기업가치를 극대화하기 위해서는 현금흐름의 변동위험을 최소화하여 자본비용을 낮춰야 한다.

본장에서는 기업가치평가의 기초개념을 살펴보는 데 그 목적이 있으므로 기업가치평가에 필요한 기업의 현금흐름과 화폐의 시간가치에 대해서 설명한 후에 확실성을 가정할 경우, 즉 자본비용이 주어져 있다고 가정할 경우 기업가치를 평가하는 방법에 대해서 살펴보기로 하며, 위험(불확실성)이 반영된 적절한 자본비용(할인율)에 대해서는 <제2부 기업재무론 - 불확실성을 고려한 가치평가>에서 살펴보기로 한다.

제2절 기업의 현금흐름

기업은 자본의 제공자로부터 현금을 조달하여 영업활동에 필요한 자산에 투자하고 그 자산을 영업활동에 활용함으로써 다시 현금을 창출하며, 영업활동에서 창출된 현금은 영업활동을 위한 자산에 재투자되거나, 자본제공자들에게 이자나 배당 등의 형태로 분배된다. 이러한 기업의 현금흐름은 경영활동의 최종산물인 재무제표를 분석하여 계산할 수 있으므로 본 절에서는 재무제표와 이를 이용해서 계산되는 기업의 현금흐름에 대해서 살펴보기로 한다.

01 재무제표의 분석

재무제표에는 재무상태표, 포괄손익계산서, 현금흐름표, 자본변동표가 있지만, 여기서는 현금흐름 계산의 기초가 되는 재무상태표와 포괄손익계산서를 중심으로 살펴보기로 한다.

(1) 재무상태표

기업의 현금흐름을 쉽게 파악하여 기업가치를 평가하기 위해서 재무상태표를 단순하게 수정하면 다음과 같다.

재무상태표	
영업관련자산 　순운전자본 　비유동자산	타인자본
비영업관련자산	자기자본

① 자산은 크게 영업활동과 관련된 자산(영업관련자산)과 영업활동과 관련이 없는 자산(비영업관련자산)으로 구분한다.

② 영업관련자산 중 순운전자본(net working capital: NWC)이란 영업관련 유동자산(현금, 매출채권, 재고자산, 선급비용 등)에서 영업관련 유동부채(매입채무, 미지급비용, 선수수익 등)를 차감한 순액을 의미한다. 영업관련 유동부채는 영업활동과 관련된 비이자발생부채이므로 타인자본으로 분류하지 않고 영업관련 유동자산에서 차감한다.

③ 타인자본은 채권자로부터 조달한 이자발생부채(차입금, 사채 등)를 의미한다.

[2] 포괄손익계산서

기업의 현금흐름을 쉽게 파악하여 기업가치를 평가하기 위해서 포괄손익계산서를 단순하게 수정하면 다음과 같다.

포괄손익계산서	
수익(매출액)	R
매출원가와 현금유출영업비용	$-C$
감가상각비	$-D$
영업이익	$=EBIT$
이자비용	$-I$
세전이익	$=EBT$
법인세비용(t%)	$-T$
당기순이익	$=NI$

① 수익·비용항목 중 감가상각비(depreciation: D, 특별한 언급이 없는 한 무형자산상각비를 포함한 금액이다.)와 이자비용을 제외한 영업현금흐름과 관련 없는 손익은 포함하지 않는다. 영업현금흐름과 관련 없는 손익의 예로 환율변동손익, 자산처분손익, 부채상환손익 등을 들 수 있다.

② 수익(revenue: R)에서 매출원가와 현금유출영업비용(cost: C)을 차감한 금액($R-C$)을 현금영업이익이라고 하며, 이자비용과 법인세비용 및 감가상각비를 차감하기 전 이익이라는 의미로 EBITDA(earnings before interest, taxes, depreciation and amortization)라고도 표현한다.

③ 영업수익에서 영업비용을 차감한 영업이익은 이자비용(interest: I)과 법인세비용(taxes: T)을 차감하기 전 이익이므로 EBIT(earnings before interest and taxes)라고 표현한다.

④ 세전이익은 영업이익에서 자본조달수단으로 타인자본을 이용하는 경우 발생되는 이자비용을 차감한 이익이며, 법인세비용을 차감하기 전 이익이므로 EBT(earnings before taxes)라고 표현한다.

⑤ 당기순이익은 세전이익에서 정부에 납부하는 법인세비용을 차감한 이익이며, NI(net income)라고 표현한다. 참고로 재무관리에서는 일반적으로 논의의 편의를 위해 모든 기업에 적용되는 법인세율이 동일하다고 가정함을 부언해 둔다.

02 기업잉여현금흐름

기업잉여현금흐름(free cashflow to the firm: FCFF)이란 기업이 고유의 영업활동을 통해 창출한 현금흐름에서 영업활동을 위한 투자를 하고 남은 현금흐름을 말하며, 다음과 같은 4가지 현금흐름으로 구성된다.

① 영업현금흐름 = 영업이익×(1−법인세율)+감가상각비
② 순운전자본 변동에 따른 현금흐름 = 기초순운전자본−기말순운전자본
③ 비유동자산 투자에 따른 현금흐름 = 기초비유동자산−감가상각비−기말비유동자산
④ 이자비용의 감세효과 = 이자비용×법인세율

이러한 기업잉여현금흐름은 자본의 제공자인 주주와 채권자에게 분배가 가능한 잉여현금흐름이며, 기업이 자산을 운용하여 창출한 최종적인 현금흐름이라고 할 수 있다.

(1) 영업현금흐름

영업현금흐름(operating cashflow: OCF)이란 자본조달 수단과는 무관하게 기업이 고유의 영업활동을 통해 창출한 현금흐름을 말한다.

$$
\begin{aligned}
\text{영업현금흐름} &= \text{영업이익} \times (1-\text{법인세율}) + \text{감가상각비} \\
&= EBIT \times (1-t) + D \\
&= (R-C-D) \times (1-t) + D \\
&= (R-C) \times (1-t) + t \times D
\end{aligned}
$$

① 영업현금흐름은 세후영업이익에 영업현금흐름과 관련 없는 손익을 가감하여 계산한다. 즉, 감가상각비는 현금의 유출이 없는 비용이지만 영업이익 계산 시에 차감되어 있으므로 이를 세후영업이익에 가산하여 영업현금흐름을 계산한다.

② 영업현금흐름은 수익(R)에서 매출원가와 현금유출영업비용(C)을 차감한 현금영업이익에 법인세효과를 고려한 세후현금영업이익$[(R-C) \times (1-t)]$을 구하고, 여기에 감가상각비의 감세효과($t \times D$)를 가산하여 계산할 수도 있다. 감가상각비의 감세효과란 현금의 유출이 없는 비용인 감가상각비가 과세소득 계산 시에 비용으로 인정되어 감가상각비에 법인세율을 곱한 금액만큼 법인세 유출액이 감소되는 효과를 말한다.

(2) 순운전자본 변동에 따른 현금흐름

순운전자본(net working capital: NWC)이란 영업관련 유동자산(현금, 매출채권, 재고자산, 선급비용 등)과 영업관련 유동부채(매입채무, 미지급비용, 선수수익 등)의 순액을 의미하는데, 이러한 순운전자본의 변동은 현금흐름에 영향을 미친다.

$$
\begin{aligned}
\text{순운전자본 변동에 따른 현금흐름} &= -\text{순운전자본 증가액} \\
&= \text{기초순운전자본} - \text{기말순운전자본}
\end{aligned}
$$

① 순운전자본이 증가하는 경우에는 그만큼의 현금유출이 증가하거나 현금유입이 감소한 것이며, 순운전자본이 감소하는 경우에는 그만큼의 현금유입이 증가하거나 현금유출이 감소한 것이다.

② 순운전자본 변동에 따른 현금흐름은 기초순운전자본에서 기말순운전자본을 차감하여 계산할 수 있다.

(3) 비유동자산 투자에 따른 현금흐름

비유동자산(fixed asset: FA) 투자에 따른 현금흐름(자본적 지출, capital expenditure)이란 생산능력의 유지 또는 증대를 위해서 필요한 비유동자산에 대한 투자와 관련된 현금흐름을 말한다.

> 비유동자산 투자에 따른 현금흐름
> = −(감가상각비+비유동자산 장부금액 증가액)
> = 기초비유동자산 장부금액−감가상각비−기말비유동자산 장부금액

① 토지를 제외한 대부분의 비유동자산(유형자산과 무형자산 등 영업활동과 관련된 비유동자산을 의미한다.)은 내용연수가 한정되어 있으므로 기업이 지속적인 영업활동을 하기 위해서는 비유동자산에 대한 투자가 필요하다. 즉, 기존의 생산능력을 유지하기 위해서도 감가상각비만큼의 단순재투자가 필요하며, 생산능력의 증가를 위해서는 추가적인 비유동자산에 대한 투자가 필요하다.

② 비유동자산에 대한 투자가 없는 경우에 비유동자산의 기말장부금액은 기초장부금액에서 감가상각비만큼 감소할 것이므로 비유동자산의 장부금액이 증가한 경우에는 비유동자산의 장부금액 증가액(비유동자산 순투자액)과 감가상각비의 합계금액(비유동자산 총투자액)만큼의 현금유출이 발생하게 된다.

③ 비유동자산 투자에 따른 현금흐름은 기초비유동자산의 장부금액에서 감가상각비와 기말비유동자산의 장부금액을 차감하여 계산할 수 있다.

(4) 이자비용의 감세효과

이자비용의 감세효과(interest tax shield)란 법인세가 존재하는 상황에서 부채를 사용하는 경우에 이자비용에 법인세율을 곱한 금액만큼 법인세유출액이 감소되는 효과를 말한다.

> 영업현금흐름 계산 시 차감한 법인세유출액 $= EBIT \times t$
> 실제 법인세유출액 $= EBT \times t = (EBIT - I) \times t = EBIT \times t - I \times t$
> 이자비용의 감세효과 $= I \times t$

① 영업현금흐름을 계산할 때에는 영업이익에 법인세율을 곱한 금액을 차감하여 세후영업이익을 계산하고 여기에 감가상각비를 가산하였다. 그러나 실제 법인세유출액은 영업이익에서 이자비용을 차감한 세전이익에 법인세율을 곱한 금액이므로 법인세유출액 계산에 있어서 차이가 발생한다. 따라서 부채를 사용하여 이자비용이 발생하는 기업의 경우에는 실제 법인세유출액이 이자비용의 감세효과만큼 감소되는 효과를 고려해서 현금흐름을 계산해야 한다.

② 기업가치평가 시 이러한 이자비용의 감세효과를 처리하는 방법에는 두 가지가 있다. 첫 번째는 이자비용의 감세효과를 현금유입으로 처리하여 기업잉여현금흐름에 가산하는 방법이며, 두 번째는 자본비용 계산 시 세후타인자본비용을 적용하여 이자비용의 감세효과를 자본비용(할인율)에 반영하는 방법이다. 두 가지 방법 중 자본비용에 반영하는 방법이 일반적으로 많이 사용되지만, 본 장에서는 기업의 현금흐름을 계산하는 데 그 목적이 있으므로 이자비용의 감세효과를 현금흐름에 고려하는 방법을 적용하기로 한다.

예제 1 기업잉여현금흐름

다음의 비교식 재무상태표와 포괄손익계산서를 이용하여 물음에 답하시오. 단, 자산과 유동부채는 영업활동과 관련된 것이며, 법인세율은 20%이고, 이자비용의 감세효과는 현금흐름에 고려하는 것으로 가정한다.

재무상태표

구분	기초	기말	구분	기초	기말
유동자산	₩100	₩300	유동부채	₩60	₩200
유형자산	400	550	장기차입금	150	170
			자본	290	480
합계	₩500	₩850	합계	₩500	₩850

포괄손익계산서

매출액	₩750
매출원가와 현금유출영업비용	(450)
감가상각비	(20)
영업이익	280
이자비용	(30)
세전이익	250
법인세비용($t = 20\%$)	(50)
당기순이익	₩200

물음1 영업현금흐름을 계산하시오.

물음2 순운전자본 변동에 따른 현금흐름을 계산하시오.

물음3 비유동자산 투자에 따른 현금흐름을 계산하시오.

물음4 이자비용의 감세효과가 반영된 기업잉여현금흐름을 계산하시오.

해답

물음1 영업현금흐름

영업이익 × (1 − 법인세율) + 감가상각비 = ₩280 × (1 − 0.2) + ₩20 = ₩244

물음2 순운전자본 변동에 따른 현금흐름

기초순운전자본 − 기말순운전자본 = (₩100 − ₩60) − (₩300 − ₩200) = − ₩60

물음3 비유동자산 투자에 따른 현금흐름

기초유형자산 − 감가상각비 − 기말유형자산 = ₩400 − ₩20 − ₩550 = − ₩170

물음4 기업잉여현금흐름의 계산

이자비용의 감세효과 = 이자비용 × 법인세율 = ₩30 × 0.2 = ₩6

∴ 기업잉여현금흐름 = ₩244 − ₩60 − ₩170 + ₩6 = ₩20

03 채권자의 현금흐름과 주주의 현금흐름

기업잉여현금흐름은 기업이 고유의 영업활동을 통해 창출한 현금흐름에서 영업활동을 위한 투자를 하고 남은 현금흐름이므로 자본의 제공자인 채권자와 주주에게 분배가 가능한 잉여현금흐름이다. 따라서 기업잉여현금흐름은 채권자의 현금흐름과 주주의 현금흐름의 합계와 일치한다.

(1) 채권자의 현금흐름

기업이 이자를 지급하거나 채권자로부터 추가로 차입하는 경우 또는 기존 부채를 상환하는 경우에 채권자의 현금흐름이 발생하게 된다.

$$채권자의\ 현금흐름 = 이자비용 - 추가차입액 + 부채상환액$$
$$= 이자비용 + 기초부채 - 기말부채$$

① 채권자는 기업이 지급하는 이자비용만큼 현금유입이 발생하고, 기업이 추가로 차입하는 경우 동액만큼 현금유출이 발생하며, 기업이 기존 부채를 상환하는 경우 동액만큼 현금유입이 발생한다.

② 부채(타인자본) 장부금액의 변동내역을 고려하는 경우에 추가차입 또는 부채상환과 관련된 채권자의 현금흐름은 기초부채에서 기말부채를 차감하여 계산할 수 있다.

$$기초부채 + 추가차입액 - 부채상환액 = 기말부채$$
$$-추가차입액 + 부채상환액 = 기초부채 - 기말부채$$

(2) 주주의 현금흐름

기업이 배당을 지급하거나 유상증자 또는 자사주매입을 실시하는 경우에 주주의 현금흐름이 발생하게 되며, 이를 주주잉여현금흐름(free cashflow to equity: FCFE)이라고 한다.

$$주주의\ 현금흐름 = 배당금 - 유상증자 + 자사주매입$$
$$= 배당금 + 기초자기자본 + 유보 - 기말자기자본$$
$$= 당기순이익 + 기초자기자본 - 기말자기자본$$

① 주주는 기업이 지급하는 배당금만큼 현금유입이 발생하고, 기업이 유상증자를 실시하는 경우 동액만큼 현금유출이 발생하며, 기업이 기존의 발행주식에 대해 자사주매입을 실시하는 경우 동액만큼 현금유입이 발생한다.

② 자기자본 장부금액의 변동내역을 고려하는 경우에 유상증자 또는 자사주매입과 관련된 주주의 현금흐름은 기초자기자본에 유보액을 가산한 금액에서 기말자기자본을 차감하여 계산할 수 있다.

$$기초자기자본 + 유보 + 유상증자 - 자사주매입 = 기말자기자본$$
$$-유상증자 + 자사주매입 = 기초자기자본 + 유보 - 기말자기자본$$

③ 배당금과 유보액의 합계액은 당기순이익과 동일하므로 주주의 현금흐름은 당기순이익에 자기자본의 증감액을 가감해서도 계산할 수 있다.

<예제 1>에서 제시되었던 다음의 비교식 재무상태표와 포괄손익계산서를 이용하여 물음에 답하시오. 단, 자산과 유동부채는 영업활동과 관련된 것이며, 법인세율은 20%이고, 당기순이익 중 주주에 대한 배당금 지급액은 ₩30으로 가정한다.

재무상태표

구분	기초	기말	구분	기초	기말
유동자산	₩100	₩300	유동부채	₩60	₩200
유형자산	400	550	장기차입금	150	170
			자본	290	480
합계	₩500	₩850	합계	₩500	₩850

포괄손익계산서

매출액	₩750
매출원가와 현금유출영업비용	(450)
감가상각비	(20)
영업이익	280
이자비용	(30)
세전이익	250
법인세비용($t=20\%$)	(50)
당기순이익	₩200

물음1 채권자의 현금흐름을 계산하시오.

물음2 주주의 현금흐름을 계산하시오.

해답

물음1 채권자의 현금흐름
이자비용+기초부채−기말부채 = ₩30 + ₩150 − ₩170 = ₩10

물음2 주주의 현금흐름
당기순이익+기초자기자본−기말자기자본 = ₩200 + ₩290 − ₩480 = ₩10
　= 배당금+기초자기자본+유보−기말자기자본 = ₩30 + ₩290 + ₩170 − ₩480 = ₩10

04 무성장영구기업의 현금흐름

재무관리에서는 논의의 편의를 위해 기업의 영업이익이 영구히 일정하게 지속되고, 감가상각비만큼의 단순재투자만 하여, 기업의 현금흐름이 영구히 일정하게 발생하는 상황을 가정하는 경우가 있다. 따라서 여기서는 이러한 가정을 하는 경우, 즉 무성장영구기업의 현금흐름에 대해서 살펴보기로 한다.

(1) 기업잉여현금흐름

앞에서 설명한 바와 같이 기업잉여현금흐름은 다음과 같은 4가지 현금흐름으로 구성된다. 이때 무성장영구기업을 가정하는 경우 ② 기초 및 기말의 순운전자본이 불변이므로 순운전자본 변동에 따른 현금흐름은 ₩0이 될 것이며, ③ 항상 비유동자산의 가치감소분(감가상각비)만큼의 단순재투자를 가정함으로써 매년도 비유동자산 투자에 따른 현금흐름은 감가상각비와 일치하게 되므로 기업잉여현금흐름은 다음과 같이 구성된다.

① 영업현금흐름 = EBIT×(1−t)+D
② 순운전자본 변동에 따른 현금흐름 = 기초순운전자본−기말순운전자본 = 0
③ 비유동자산 투자에 따른 현금흐름 = 기초비유동자산−D−기말비유동자산 = −D
④ 이자비용의 감세효과 = I×t

따라서 무성장영구기업을 가정하는 경우의 기업잉여현금흐름은 EBIT×(1−t)+I×t로 정리될 수 있으며, 앞에서 언급한 바와 같이 이자비용의 감세효과를 자본비용에 반영하는 경우, 기업잉여현금흐름은 EBIT×(1−t)로 정리될 수 있다.

$$무성장영구기업의\ 기업잉여현금흐름 = EBIT \times (1-t) + I \times t$$

(2) 채권자의 현금흐름과 주주의 현금흐름

무성장영구기업을 가정하는 것은 기업이 타인자본과 관련하여 추가적인 차입이나 기존부채의 상환없이 영구적으로 일정액의 부채를 사용하면서 일정액의 이자를 영구히 지급한다고 가정하는 것이다. 따라서 무성장영구기업을 가정하는 경우 채권자의 현금흐름은 영구히 일정하게 지급되는 이자비용(I)이다.

$$무성장영구기업\ 채권자의\ 현금흐름 = 이자비용(I)$$

무성장영구기업을 가정하는 것은 기업이 성장을 위한 재투자(유보)를 하지 않는다고 가정하는 것이므로 발생된 당기순이익 전액을 주주에게 배당으로 지급하는 것을 가정하는 것이며, 유상증자를 통한 추가적인 주주의 투자나 자사주매입을 통한 자본의 환급도 없다고 가정하는 것이다. 따라서 무성장영구기업을 가정하는 경우 주주의 현금흐름은 전액 배당금으로 지급되는 당기순이익(NI)이다.

$$무성장영구기업\ 주주의\ 현금흐름 = 배당금 = 당기순이익(NI)$$

예제 3 무성장영구기업의 현금흐름

₩100의 부채를 사용하는 A기업은 ₩125의 영업이익이 매년 말 영구히 발생할 것으로 예상되는 무성장 영구기업이다. 부채의 이자율이 10%이고, 법인세율이 20%인 경우를 가정하여 물음에 답하시오.

물음1 기업잉여현금흐름을 계산하시오.

물음2 채권자의 현금흐름을 계산하시오.

물음3 주주의 현금흐름을 계산하시오.

해답

물음1 기업잉여현금흐름

$EBIT \times (1-t) + I \times t = ₩125 \times (1-0.2) + ₩100 \times 10\% \times 0.2 = ₩100 + ₩2 = ₩102$

물음2 채권자의 현금흐름

이자비용 $= ₩100 \times 10\% = ₩10$

물음3 주주의 현금흐름

배당금 = 당기순이익 $= (EBIT - I) \times (1-t) = (₩125 - ₩10) \times (1-0.2) = ₩92$

제3절 화폐의 시간가치

기업가치는 기업이 보유하고 있는 자산에서 발생될 미래 현금흐름의 현재가치이므로 기업가치를 평가하기 위해서는 자산에서 발생될 미래의 현금흐름을 현재시점의 가치로 환산해야 한다. 본 절에서는 이와 관련된 화폐의 시간가치에 대한 개념과 이의 계산방법 및 이자율에 대해서 살펴보기로 한다.

01 화폐의 시간가치의 기본개념

화폐의 시간가치란 화폐, 즉 현금(흐름)의 발생시점에 따른 가치를 의미한다. 즉, 사람들은 일반적으로 동일한 금액의 현금흐름에 대해서 미래의 현금보다는 현재의 현금이 가치가 더 크다고 생각하기 때문에 현금은 동일한 금액이라 할지라도 그 발생시점에 따라 가치가 달라지게 된다.

(1) 유동성선호와 이자율

사람들이 동일한 금액의 현금에 대해서 미래의 현금보다 현재의 현금을 선호하는 것을 유동성선호 (liquidity preference)라고 하는데, 이러한 유동성선호가 발생하는 이유는 다음과 같다.

① 소비의 시차선호: 일반적으로 사람들은 동일한 금액의 소비에 대해서 미래의 소비보다 현재의 소비를 선호한다.

② 실물투자기회의 존재: 현재시점에 일정금액을 보유하는 경우 수익성이 높은 자산에 투자하여 미래에 더 많은 부를 창출할 수 있다.

③ 인플레이션: 인플레이션 발생 시 미래의 현금은 실질구매력이 감소될 수 있다.

④ 미래의 불확실성: 미래의 현금은 예상대로 실현되지 않을 가능성(위험)이 존재한다.

이러한 유동성선호로 인하여, 즉 미래의 현금보다는 현재의 현금을 선호하기 때문에 현재의 현금(또는 소비)을 포기함에 대한 대가를 요구하게 되는데, 이 포기에 대한 대가를 이자(interest)라고 하며, 이를 현재의 금액에 대한 비율로 나타낸 것을 이자율(interest rate)이라고 한다.

① 현재 ₩100을 포기하는 대신 1년 후에 ₩110을 요구한다면 현재의 ₩100을 포기하는 대가로 ₩10을 요구한 것이므로 이자는 ₩10이며, 이자율은 10%(₩10÷₩100)이다.

② 이자율이 10%인 경우 현재시점의 ₩100과 동일한 가치를 갖는 1년 후의 현금은 ₩110임을 알 수 있으므로 이자율은 발생시점이 서로 다른 현금의 상대적 가치, 즉 화폐의 시간가치를 평가하는 기준이라고 할 수 있다.

(2) 단리계산방법과 복리계산방법

이자계산방법에는 단리(simple interest)계산방법과 복리(compound interest)계산방법이 있는데, 단리계산방법이란 이자계산이 원금에 대해서만 이루어지는 것을 말하며, 복리계산방법이란 원금뿐만 아니라 이미 발생한 이자에 대해서도 이자계산이 이루어지는 것을 말한다.

사례

연이자율 10%로 ₩100을 2년간 정기예금하는 경우에 2년 후 수취할 원리금

단리계산: ₩100+₩100×10%+₩100×10%=₩120

복리계산: ₩100×(1+10%)×(1+10%)=₩121

금융기관에서 이자계산을 할 때나 기업에서 재무의사결정을 할 때에는 일반적으로 복리계산방법을 사용하므로 화폐의 시간가치는 복리계산방법을 중심으로 설명하도록 하겠다.

02 미래가치와 현재가치

(1) 단일금액의 미래가치

미래가치(future value: FV)란 현재의 일정금액을 미래 특정시점의 가치로 환산한 것을 말한다. 현재의 금액을 PV, 기간당 이자율을 R이라고 한다면 n기간 후의 미래가치인 FV_n은 다음과 같이 계산된다.

$$FV_n = PV \times (1+R)^n = PV \times FVIF_{(R,\, n)}$$

$(1+R)^n$은 현재 ₩1의 n기간 후의 미래가치를 의미하는데, 이를 복리이자요소(compounded value interest factor) 또는 미래가치이자요소(future value interest factor: FVIF)라고 한다. 따라서 미래가치는 현재의 금액에 미래가치이자요소를 곱하여 구할 수도 있다.

사례

연 이자율이 10%인 경우 현재 ₩10,000의 3년 후 미래가치

$$FV_3 = PV \times (1+R)^3 = ₩10,000 \times 1.1^3 = ₩13,310$$
$$= PV \times FVIF_{(10\%,3)} = ₩10,000 \times 1.331 = ₩13,310$$

---

(2) 단일금액의 현재가치

현재가치(present value: PV)란 미래의 일정금액을 현재시점의 가치로 환산한 것을 말하는데, 이를 할인(discounting)이라 하고 이때 적용되는 이자율을 할인율(discount rate)이라고 한다. 현재가치는 미래가치를 계산하는 식을 이용하면 다음과 같이 계산된다.

$$PV = \frac{FV_n}{(1+R)^n} = FV_n \times \frac{1}{(1+R)^n} = FV_n \times PVIF_{(R,n)}$$

$\dfrac{1}{(1+R)^n}$은 n기간 후 ₩1의 현재가치를 의미하는데, 이를 현재가치이자요소(present value interest factor: PVIF)라고 한다. 따라서 현재가치는 미래의 금액에 현재가치이자요소를 곱하여 구할 수도 있다.

─┤ **사례** ├─────────────────────────────

연 이자율이 10%인 경우 3년 후 ₩10,000의 현재가치

$$PV = \frac{FV_3}{(1+R)^3} = \frac{₩10,000}{1.1^3} = ₩7,513$$
$$\qquad = FV_3 \times PVIF_{(10\%,3)} = ₩10,000 \times 0.75131 = ₩7,513$$

[3] 연금의 현재가치

연금(annuity)이란 일정기간 동안 매 기간 일정한 현금흐름이 발생하는 것을 말한다. n기간 동안 매 기간 말에 동일한 CF만큼의 현금흐름이 발생하는 연금을 나타내면 다음과 같다.

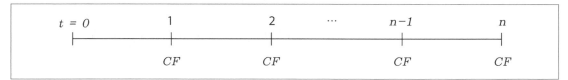

n기간 동안 매 기간 말에 CF만큼의 현금흐름이 발생하는 연금의 현재가치는 다음과 같이 계산된다.[1]

$$PV = \frac{CF}{1+R} + \frac{CF}{(1+R)^2} + \cdots + \frac{CF}{(1+R)^{n-1}} + \frac{CF}{(1+R)^n}$$
$$= CF \times \left[\frac{(1+R)^n - 1}{R \times (1+R)^n} \right] = CF \times PVIFA_{(R,n)}$$

$\left[\dfrac{(1+R)^n - 1}{R \times (1+R)^n} \right]$은 n기간 동안 매 기간 말에 ₩1씩 발생하는 현금흐름을 현재가치로 환산한 것을 의미하는데, 이를 연금의 현재가치이자요소(present value interest factor for annuity: PVIFA)라고 한다. 따라서 연금의 현재가치는 매 기간 말에 발생하는 현금흐름에 연금의 현재가치이자요소를 곱하여 구할 수도 있다.

---

1) 1. 유한등비수열의 합(S_n): a=첫째항, r=공비

$$S_n = a + ar + ar^2 + \cdots + ar^{n-2} + ar^{n-1}$$
$$rS_n = ar + ar^2 + ar^3 + \cdots + ar^{n-1} + ar^n$$
$$(1-r)S_n = a - ar^n$$
$$\therefore\ S_n = a \times \frac{1-r^n}{1-r} \ \text{또는}\ a \times \frac{r^n - 1}{r-1}$$

2. 첫째항 $= \dfrac{CF}{1+R}$, 공비 $= \dfrac{1}{1+R}$이므로

$$PV = \frac{CF}{1+R} \times \frac{1 - \left(\dfrac{1}{1+R} \right)^n}{1 - \dfrac{1}{1+R}} = CF \times \left[\frac{(1+R)^n - 1}{R \times (1+R)^n} \right]$$

연 이자율이 10%인 경우 3년간 매년 말 ₩10,000씩 3회 발생하는 현금흐름의 현재가치

$$PV = \frac{₩10,000}{1.1} + \frac{₩10,000}{1.1^2} + \frac{₩10,000}{1.1^3} = ₩24,869$$

$$= CF \times PVIFA_{(10\%,3)} = ₩10,000 \times 2.48685 = ₩24,869$$

한편, 연금은 일반적으로 매 기간 말에 현금흐름이 발생하는 경우(기말연금 또는 정상연금)를 가정하지만, 현금흐름이 매 기간 초에 발생하는 경우(기초연금 또는 선불연금)도 있다. n기간 동안 발생하는 기초연금의 현재가치는 최초의 현금흐름에 $n-1$기간 동안 발생하는 기말연금의 현재가치를 더하여 계산할 수 있다. 또한, $n-1$기간 후 현금흐름의 현재가치인 $\frac{CF}{(1+R)^{n-1}}$은 n기간 후 동일한 현금흐름의 현재가치인 $\frac{CF}{(1+R)^n}$에 $(1+R)$을 곱해서 계산할 수 있으므로 n기간 동안 발생하는 기초연금의 현재가치는 n기간 동안 발생하는 기말연금의 현재가치에 $(1+R)$을 곱해서 계산할 수도 있다.

기초연금의 $PV = CF + CF \times PVIFA_{(R,n-1)} =$ 기말연금의 $PV \times (1+R)$

연 이자율이 10%인 경우 3년간 매년 초 ₩10,000씩 3회 발생하는 현금흐름의 현재가치

$$PV = ₩10,000 + \frac{₩10,000}{1.1} + \frac{₩10,000}{1.1^2} = ₩27,355$$

$$= CF + CF \times PVIFA_{(10\%,2)} = ₩10,000 + ₩10,000 \times 1.73554 = ₩27,355$$

$$= \left[\frac{₩10,000}{1.1} + \frac{₩10,000}{1.1^2} + \frac{₩10,000}{1.1^3} \right] \times 1.1 = ₩27,355$$

(4) 연금의 미래가치

n기간 동안 매 기간 말에 CF만큼의 현금흐름이 발생하는 연금의 미래가치는 다음과 같이 계산된다.[2]

$$FV_n = CF \times (1+R)^{n-1} + CF \times (1+R)^{n-2} + \cdots + CF \times (1+R) + CF$$

$$= \left[\frac{CF}{1+R} + \frac{CF}{(1+R)^2} + \cdots + \frac{CF}{(1+R)^{n-1}} + \frac{CF}{(1+R)^n} \right] \times (1+R)^n$$

$$= CF \times \left[\frac{(1+R)^n - 1}{R} \right] = CF \times FVIFA_{(R,n)}$$

---

[2] 첫째항 $= CF$, 공비 $= (1+R)$인 유한등비수열이므로

$$FV_n = CF \times \frac{(1+R)^n - 1}{(1+R) - 1} = CF \times \left[\frac{(1+R)^n - 1}{R} \right]$$

즉, 연금의 미래가치는 연금의 현재가치를 n기간 후 시점의 미래가치로 환산한 금액과 동일하며, $\left[\dfrac{(1+R)^n - 1}{R}\right]$은 n기간 동안 매 기간 말에 ₩1씩 발생하는 현금흐름을 n기간 후의 가치로 환산한 것을 의미하는데, 이를 연금의 미래가치이자요소(future value interest factor for annuity: FVIFA)라고 한다. 따라서 연금의 미래가치는 매 기간 말에 발생하는 현금흐름에 연금의 미래가치이자요소를 곱하여 구할 수도 있다.

│ 사례 │

연 이자율이 10%인 경우 3년간 매년 말 ₩10,000씩 3회 발생하는 현금흐름의 3년 후 미래가치

$$FV_3 = ₩10,000 \times 1.1^2 + ₩10,000 \times 1.1 + ₩10,000 = ₩33,100$$
$$= CF \times FVIFA_{(10\%,3)} = ₩10,000 \times 3.31 = ₩33,100$$

기간별 현재가치이자요소(PVIF)와 연금의 현재가치이자요소(PVIFA), 미래가치이자요소(FVIF) 및 연금의 미래가치이자요소(FVIFA)가 다음과 같다. 현재가치와 미래가치 계산에 대한 다음 물음에 답하시오.

기간	1	2	3	4	5
PVIF	0.8	0.6	0.5	0.4	0.3
PVIFA	0.8	1.4	1.9	2.3	2.6
FVIF	1.3	1.8	2.3	3.1	4.0
FVIFA	1.0	2.3	4.1	6.4	9.5

물음1 1차년도부터 4차년도까지 매년 말 100원씩 받는 연금의 현재가치를 계산하시오.

물음2 3차년도부터 6차년도까지 매년 말 100원씩 받는 연금의 현재가치를 계산하시오.

물음3 1차년도부터 4차년도까지 매년 말 100원씩 받는 연금의 4년 후 미래가치를 계산하시오.

물음4 3차년도부터 6차년도까지 매년 말 100원씩 받는 연금의 6년 후 미래가치를 계산하시오.

해답

물음1 1차년도부터 발생하는 연금의 현재가치

$PV = 100원 \times PVIFA(4기간) = 100원 \times 2.3 = 230원$

물음2 3차년도부터 발생하는 연금의 현재가치

$PV = 100원 \times PVIFA(4기간) \times PVIF(2기간) = 100원 \times 2.3 \times 0.6 = 138원$

물음3 1차년도부터 발생하는 연금의 미래가치

$FV_4 = 100원 \times FVIFA(4기간) = 100원 \times 6.4 = 640원$

물음4 3차년도부터 발생하는 연금의 미래가치

$FV_6 = 100원 \times FVIFA(4기간) = 100원 \times 6.4 = 640원$

03 특수한 현금흐름의 현재가치

(1) 불규칙한 현금흐름

매 기간 발생하는 현금흐름이 불규칙한 경우의 현재가치는 각각의 현금흐름에 대한 현재가치를 구한 다음 이를 합하여 계산한다. n기간 동안 매 기간 말에 불규칙한 현금흐름이 발생하는 경우의 현재가치는 다음과 같이 계산된다.

$$PV = \frac{CF_1}{1+R} + \frac{CF_2}{(1+R)^2} + \cdots + \frac{CF_{n-1}}{(1+R)^{n-1}} + \frac{CF_n}{(1+R)^n}$$

사례

연 이자율이 10%인 경우 1년 후 ₩10,000, 2년 후 ₩20,000, 3년 후 ₩30,000의 현재가치

$$PV = \frac{₩10,000}{1.1} + \frac{₩20,000}{1.1^2} + \frac{₩30,000}{1.1^3} = ₩48,159$$

(2) 무성장영구연금

무성장영구연금(perpetuity)이란 매 기간 말에 동일한 금액의 현금흐름이 영구히 발생하는 현금흐름을 말한다. 매 기간 말에 CF만큼의 현금흐름이 영구히 발생하는 무성장영구연금의 현재가치는 다음과 같이 계산된다.[3]

$$PV = \frac{CF}{1+R} + \frac{CF}{(1+R)^2} + \frac{CF}{(1+R)^3} \cdots + \frac{CF}{(1+R)^\infty} = \frac{CF}{R}$$

사례

연 이자율이 10%인 경우 매년 말 ₩10,000씩 영구히 발생하는 현금흐름의 현재가치

$$PV = \frac{₩10,000}{0.1} = ₩100,000$$

---

[3] 1. 무한등비수열의 합: $S = \lim_{n \to \infty} \left[a \times \frac{1-r^n}{1-r} \right] = a \times \frac{1}{1-r}$ (단, $r < 1$)

2. 첫째항 $= \frac{CF}{1+R}$, 공비 $= \frac{1}{1+R}$ 이므로 $PV = \frac{CF}{1+R} \times \frac{1}{1 - \frac{1}{1+R}} = \frac{CF}{R}$

(3) 일정성장영구연금

일정성장영구연금이란 매 기간 말의 현금흐름이 일정비율로 증가하면서 영구히 발생하는 현금흐름을 말한다. 1기간 후에 CF_1의 현금흐름이 발생하고 이후의 현금흐름은 매 기간 일정비율(g)로 성장하는 일정성장영구연금의 현재가치는 다음과 같이 계산된다.[4]

$$PV = \frac{CF_1}{1+R} + \frac{CF_1 \times (1+g)}{(1+R)^2} + \frac{CF_1 \times (1+g)^2}{(1+R)^3} \cdots + \frac{CF_1 \times (1+g)^{\infty-1}}{(1+R)^\infty} = \frac{CF_1}{R-g} \quad (단, \ R > g)$$

┨ 사례 ┠

연 이자율이 10%인 경우 1년 후 ₩10,000의 현금흐름이 발생하고 이후 매년 말 6%씩 영구히 일정하게 성장하며 발생하는 현금흐름의 현재가치

$$PV = \frac{₩10,000}{0.1-0.06} = ₩250,000$$

예제 5 영구연금의 현재가치

연 이자율이 10%인 경우를 가정하여 물음에 답하시오.

물음1 1년 말부터 매년 말 ₩10의 무성장영구연금의 현재가치를 계산하시오.

물음2 2년 말부터 매년 말 ₩10의 무성장영구연금의 현재가치를 계산하시오.

물음3 1년 말 ₩10, 이후 매년 말 5%로 성장하는 일정성장영구연금의 현재가치를 계산하시오.

물음4 3년 말 ₩10, 이후 매년 말 5%로 성장하는 일정성장영구연금의 현재가치를 계산하시오.

물음5 2년 말 시점부터 ₩10이 2년마다 발생하는 무성장영구연금의 현재가치를 계산하시오.

물음6 3년 말 시점부터 ₩10이 2년마다 발생하는 무성장영구연금의 현재가치를 계산하시오.

---

4) 첫째항 $= \dfrac{CF_1}{1+R}$, 공비 $= \dfrac{1+g}{1+R}$ 이므로 $PV = \dfrac{CF_1}{1+R} \times \dfrac{1}{1-\dfrac{1+g}{1+R}} = \dfrac{CF_1}{R-g}$ (단, $R > g$)

해답

물음 1 무성장영구연금의 현재가치

$$PV = \frac{\text{₩}10}{1.1} + \frac{\text{₩}10}{1.1^2} + \frac{\text{₩}10}{1.1^3} + \cdots = \frac{\text{₩}10}{0.1} = \text{₩}100$$

물음 2 2년 말부터 발생하는 무성장영구연금의 현재가치

$$PV = \frac{\text{₩}10}{1.1^2} + \frac{\text{₩}10}{1.1^3} + \frac{\text{₩}10}{1.1^4} + \cdots$$

$$= \frac{1}{1.1} \times \left[\frac{\text{₩}10}{1.1} + \frac{\text{₩}10}{1.1^2} + \frac{\text{₩}10}{1.1^3} + \cdots \right] = \frac{1}{1.1} \times \frac{\text{₩}10}{0.1} = \text{₩}90.91$$

물음 3 일정성장영구연금의 현재가치

$$PV = \frac{\text{₩}10}{1.1} + \frac{\text{₩}10 \times 1.05}{1.1^2} + \frac{\text{₩}10 \times 1.05^2}{1.1^3} + \cdots = \frac{\text{₩}10}{0.1 - 0.05} = \text{₩}200$$

물음 4 3년 말부터 발생하는 일정성장영구연금의 현재가치

$$PV = \frac{\text{₩}10}{1.1^3} + \frac{\text{₩}10 \times 1.05}{1.1^4} + \frac{\text{₩}10 \times 1.05^2}{1.1^5} + \cdots$$

$$= \frac{1}{1.1^2} \times \left[\frac{\text{₩}10}{1.1} + \frac{\text{₩}10 \times 1.05}{1.1^2} + \frac{\text{₩}10 \times 1.05^2}{1.1^3} + \cdots \right] = \frac{1}{1.1^2} \times \frac{\text{₩}10}{0.1 - 0.05} = \text{₩}165.29$$

물음 5 2년 말부터 2년마다 발생하는 무성장영구연금의 현재가치

$$PV = \frac{\text{₩}10}{1.1^2} + \frac{\text{₩}10}{1.1^4} + \frac{\text{₩}10}{1.1^6} + \cdots = \frac{\text{₩}10}{1.21} + \frac{\text{₩}10}{1.21^2} + \frac{\text{₩}10}{1.21^3} + \cdots$$

$$= \frac{\text{₩}10}{0.21} = \text{₩}47.62$$

물음 6 3년 말부터 2년마다 발생하는 무성장영구연금의 현재가치

$$PV = \frac{\text{₩}10}{1.1^3} + \frac{\text{₩}10}{1.1^5} + \frac{\text{₩}10}{1.1^7} + \cdots = \frac{1}{1.1} \times \left[\frac{\text{₩}10}{1.1^2} + \frac{\text{₩}10}{1.1^4} + \frac{\text{₩}10}{1.1^6} + \cdots \right]$$

$$= \frac{1}{1.1} \times \left[\frac{\text{₩}10}{1.21} + \frac{\text{₩}10}{1.21^2} + \frac{\text{₩}10}{1.21^3} + \cdots \right] = \frac{1}{1.1} \times \frac{\text{₩}10}{0.21} = \text{₩}43.29$$

04 복리계산기간

지금까지는 주어진 이자율로 연간 1회 이자계산을 하는 경우를 가정하여 미래가치와 현재가치를 계산하는 방법에 대해서 살펴보았으나, 현실에서는 1년에 이자가 2회 이상 계산되는 경우가 더 일반적이다. 이와 같이 연간 이자계산횟수가 2회 이상인 경우의 미래가치와 현재가치를 계산하기 위해서는 연표시이자율(annual percentage rate: APR)과 연간실효이자율(effective annual rate: EAR)에 대한 이해가 선행되어야 하는데, 연표시이자율이란 이자계산기간당 적용할 이자율을 단순하게 연율로 환산하여 표시한 이자율을 말하며, 연간실효이자율이란 이자계산기간별 복리계산의 효과를 고려하여 실제 적용되는 연간 이자율을 말한다.

(1) 이산복리계산

이산복리계산(discrete compounding)이란 연간 이자계산횟수가 유한한 경우의 복리계산을 말한다.

① 연표시이자율이 R이고 연간 m번 복리계산을 하는 경우에 n년 후 미래가치와 현재가치는 다음과 같이 계산된다.

$$FV_n = PV \times \left[(1+\frac{R}{m})^m\right]^n = PV \times (1+\frac{R}{m})^{m \times n} = PV \times FVIF_{(\frac{R}{m}, m \times n)}$$

$$PV = \frac{FV_n}{\left[(1+\frac{R}{m})^m\right]^n} = FV_n \times \frac{1}{(1+\frac{R}{m})^{m \times n}} = FV_n \times PVIF_{(\frac{R}{m}, m \times n)}$$

② 이산복리계산의 경우에 연표시이자율(R)과 연간실효이자율(R_e) 간에는 다음과 같은 관계가 성립한다.

$$FV_1 = PV \times (1+\frac{R}{m})^m = PV \times (1+R_e)$$

$$\therefore R_e = (1+\frac{R}{m})^m - 1$$

③ 연간 이자계산횟수가 1회인 경우에는 연간실효이자율과 연표시이자율이 동일하지만, 연간 이자계산횟수가 2회 이상인 경우에는 연간실효이자율이 연표시이자율보다 크게 된다. 또한 동일한 연표시이자율로 표현된 경우에도 연간 이자계산횟수가 증가할수록 연간실효이자율은 증가하게 된다. 따라서 연간 이자계산횟수가 증가하면 동일한 연간실효이자율 달성을 위한 연표시이자율은 감소한다.

─┤ 사례 ├─

연표시이자율이 12%인 경우에 연간 이자계산횟수에 따른 연간실효이자율

연표시이자율	연간 이자계산횟수	이자계산기간당 적용 이자율	연간실효이자율
12%	1회	1년간 12%	12%
12%	2회	6개월간 6%	12.36%
12%	4회	3개월간 3%	12.55%
12%	12회	1개월간 1%	12.68%

주어진 조건하에서 다음의 각각 독립적인 물음에 답하시오.

물음1 적용될 연표시이자율이 10%인 경우에 6개월 후부터 6개월마다 ₩100씩 2년간 발생하는 현금흐름의 현재가치를 계산하시오.

물음2 적용될 연표시이자율이 16%인 경우에 3개월 후부터 3개월마다 ₩100원씩 1년간 발생하는 현금흐름의 현재가치를 계산하시오.

해답

물음1 이자계산기간당 적용 이자율이 $\dfrac{10\%}{2}$(=6개월간 5%)인 경우

$$PV = \frac{₩100}{1.05} + \frac{₩100}{1.05^2} + \frac{₩100}{1.05^3} + \frac{₩100}{1.05^4} = ₩354.6$$

$$= CF \times PVIFA_{(5\%,4)} = ₩100 \times 3.5460 = ₩354.6$$

물음2 이자계산기간당 적용 이자율이 $\dfrac{16\%}{4}$(=3개월간 4%)인 경우

$$PV = \frac{₩100}{1.04} + \frac{₩100}{1.04^2} + \frac{₩100}{1.04^3} + \frac{₩100}{1.04^4} = ₩362.99$$

$$= CF \times PVIFA_{(4\%,4)} = ₩100 \times 3.6299 = ₩362.99$$

[2] 연속복리계산

연속복리계산(continuous compounding)이란 연간 이자계산횟수가 무한한 경우의 복리계산을 말한다.

① 연표시이자율이 R인 경우에 연속복리계산에 의한 n년 후 미래가치와 현재가치는 다음과 같이 계산된다.[5]

$$FV_n = \lim_{m \to \infty} \left[PV \times (1 + \frac{R}{m})^{m \times n} \right]$$

$$= PV \times \lim_{m \to \infty} \left[(1 + \frac{R}{m})^{m \times n} \right] = PV \times \lim_{m \to \infty} \left[(1 + \frac{R}{m})^{\frac{m}{R}} \right]^{R \times n}$$

$$= PV \times e^{R \times n}$$

$$PV = \frac{FV_n}{e^{R \times n}}$$

② 연속복리계산의 경우에 연표시이자율(R)과 연간실효이자율(R_e) 간에는 다음과 같은 관계가 성립한다.

$$FV_n = PV \times e^{R \times n} = PV \times (1 + R_e)^n$$

$$\therefore R_e = e^R - 1$$

┃ 사례 ┃

연표시이자율 12%로 연속복리계산하는 경우의 연간실효이자율

$$R_e = \lim_{m \to \infty} \left(1 + \frac{0.12}{m} \right)^m - 1 = e^{0.12} - 1 = 12.75\%$$

연속복리계산은 실제로는 있을 수 없는 이자계산이지만, 여러 기간 동안의 이자율을 단순합산을 통해 간편하게 계산할 수 있고, 이자계산횟수가 충분히 큰 경우에는 연속복리를 이용해서 계산한 값과 실제 복리계산을 한 값에 큰 차이가 없으므로 비교적 계산이 간편한 연속복리계산을 이용해서 근사치를 구할 수 있다는 장점이 있다.

---

5) e는 자연대수를 나타내는 수학적 부호로서 다음과 같이 정의된다.

$$e = \lim_{x \to \infty} \left(1 + \frac{1}{x} \right)^x = 2.71828 \cdots$$

05 이자율의 결정구조

이자율은 유동성선호를 유발하는 네 가지 요인에 의해 그 크기가 결정되는데, 이는 다음과 같이 구분하여 나타낼 수 있다.

이자율의 결정구조

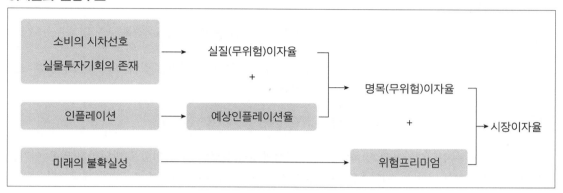

(1) 실질(무위험)이자율과 명목(무위험)이자율

사람들의 소비에 대한 시차선호와 실물투자기회의 수익성이 반영된 이자율을 실질(무위험)이자율이라고 하며, 실질(무위험)이자율에 예상인플레이션율까지 반영된 이자율을 명목(무위험)이자율이라고 한다. 실질이자율과 같은 실질변수는 경제변수를 실물단위로 나타낸 것이며, 명목이자율과 같은 명목변수는 경제변수를 화폐단위로 나타낸 것을 의미한다. 다음의 예를 이용하여 명목이자율이 결정되는 과정을 살펴보기로 한다.

┤ 사례 ├

현재		1년 후
₩1,000	→ 명목이자율 = 12.2%	₩1,122
‖		‖
@100	→ 예상인플레이션율 = 2%	@102
×		×
10개	→ 실질이자율 = 10%	11개

---

① 상기의 사례에서 ₩1,000은 현재시점에서 개당 ₩100의 빵을 10개만큼 소비할 수 있는 화폐금액이다. 현재시점에서 ₩1,000을 1년 동안 대출해주는 경우라면, 개당 ₩100의 빵 10개에 대한 현재 소비를 포기한 것이므로 1년 후에는 더 많은 빵을 소비할 수 있는 금액의 상환을 요구할 것이다. 만약, 현재시점의 빵 10개의 소비와 동일한 만족을 줄 수 있는 1년 후의 빵 소비가 11개라면, 현재 빵 10개를 소비할 수 있는 금액인 ₩1,000을 대출해주면서 1년 후 시점에는 빵 11개를 소비할 수 있는 금액의 상환을 요구할 것이므로 이때 적용될 실질이자율은 10%이다.

② 1년 동안 인플레이션이 발생하여 화폐의 구매력이 감소(빵 가격의 상승)할 것으로 예상되는 경우에
   는 예상되는 인플레이션율(연간 2%)을 반영하여 개당 ₩102의 빵 11개를 소비할 수 있는 ₩1,122
   의 상환을 요구할 것이다. 즉, 적용될 명목이자율은 12.2%이다.

경제학자 피셔(I. Fisher)는 명목이자율과 실질이자율 간의 관계를 다음과 같이 나타냈는데, 이를 피셔
의 방정식이라고 한다.

$$(1+명목이자율)=(1+실질이자율)\times(1+예상인플레이션율)$$

상기 피셔의 방정식에서 (실질이자율×예상인플레이션율)의 값은 미미할 것이므로 피셔의 방정식을 근
사식으로 나타내는 경우 다음과 같은 식이 성립한다.

$$명목이자율 \approx 실질이자율+예상인플레이션율$$

지금까지 살펴본 실질이자율과 명목이자율은 미래의 불확실성에 따른 위험을 반영하지 않은 이자율이
므로 무위험자산에 적용될 이자율인 무위험이자율(risk-free interest rate: R_f)에 해당한다.

(2) 시장이자율

시장이자율(market interest rate)이란 금융시장에서 자금의 수요와 공급이 균형을 이루는 점에서 결
정된 이자율을 의미한다. 이러한 시장이자율은 다음과 같은 특징이 있다.

① 시장이자율은 명목(무위험)이자율에 미래의 불확실성에 따른 위험부담에 대한 보상, 즉 위험프리미
   엄(risk premium)이 가산되어 결정된다.
② 시장이자율은 금융시장의 종류와 금융자산의 위험 정도에 따라 다양한 형태로 존재한다. 왜냐하면,
   금융시장이란 경제주체 사이에서 자금이 유통되는 시장을 의미하는데, 이러한 금융시장은 금융자
   산의 종류와 위험 정도에 따라 수없이 많이 존재하기 때문이다.
③ 시장이자율은 금융시장에서 자금의 수요와 공급이 변화함에 따라 계속 변화한다. 즉, 금융시장에서
   자금의 수요가 증가하거나 자금의 공급이 감소하면 시장이자율은 상승하고, 반대로 자금의 수요가
   감소하거나 자금의 공급이 증가하면 시장이자율은 하락한다.
④ 시장이자율은 시장(또는 대안)에서의 기회비용이고, 특정한 현금흐름에 대해 요구되는 최소한의 수
   익률이며, 해당 현금흐름의 현재가치 계산 시 적용할 할인율이다.

제4절 확실성하의 기업가치평가방법

기업가치(V)는 기업이 보유하고 있는 자산을 통해 벌어들일 미래의 현금흐름을 위험이 반영된 적절한 자본비용(할인율: k)으로 할인한 현재가치로 정의된다. 본 절에서는 기업이 보유하고 있는 자산을 통해 벌어들일 미래의 현금흐름을 정확히 예측할 수 있고, 자본비용(할인율)이 주어져 있다고 가정할 경우의 기업가치평가방법에 대해서 살펴보기로 한다.

01 영업관련자산의 가치평가방법

기업이 보유하고 있는 자산은 크게 영업관련자산과 비영업관련자산으로 구분된다. 여기서 영업관련자산이란 순운전자본과 유형자산 및 무형자산 등 영업활동과 관련된 자산을 의미하는데, 이들은 서로 유기적으로 결합되어 하나의 현금창출단위로써 기업잉여현금흐름을 발생시킨다. 따라서 영업관련자산의 가치는 기업잉여현금흐름의 현재가치로 측정된다.

> 영업관련자산의 가치 = 기업잉여현금흐름의 현재가치

02 비영업관련자산의 가치평가방법

비영업관련자산이란 영업활동과 관련이 없는 자산으로써, 정상적인 영업활동을 위한 적정수준 이상의 현금과 비영업유동자산(대여금, 미수금 등), 금융자산, 투자부동산, 매각예정자산 등을 의미한다. 이러한 비영업관련자산은 개별자산별로 현금흐름을 발생시키므로 비영업관련자산의 가치는 개별자산별 현금흐름의 현재가치로 측정하는데, 실무적으로는 개별자산의 시장가치를 현재가치의 대용치로 사용한다.

> 비영업관련자산의 가치 = 개별자산 현금흐름의 현재가치 = 개별자산의 시장가치

확실성하에서의 기업가치평가

기업의 자산	가치 평가

영업관련자산
  순운전자본
  유형자산
  무형자산
	기업잉여현금흐름의 현재가치
	무성장영구기업 가정 시: $EBIT \times (1-t)$

	+

비영업관련자산
  적정수준 이상의 현금
  비영업유동자산
  금융자산
  투자부동산
  매각예정자산
	개별자산 현금흐름의 현재가치
	(개별자산의 시장가치)

총자산	기업가치

무부채기업인 (주)파랑의 20×0년 말 현재 재무상태와 20×1년 이후의 추정재무제표에 대한 자료이다. 미래현금흐름에 적용될 할인율인 (주)파랑의 자본비용은 20%이고, 법인세율은 40%이며 현금흐름은 모두 기말에 발생함을 가정한다.

(단위: 억원)

구분		20×0년 말	20×1년 말	20×2년 말	20×3년 말	20×4년 말
영업관련자산	순운전자본	200	220	250	290	330
	비유동자산	800	860	900	940	990

구분	20×1년	20×2년	20×3년	20×4년	20×5년
영업이익	300	350	400	450	500
감가상각비	60	70	80	90	100

물음1 20×1년부터 20×4년까지의 (주)파랑의 기업잉여현금흐름(FCFF)을 계산하시오.

물음2 (주)파랑이 20×5년부터 영업활동을 유지하기 위한 감가상각비만큼의 단순재투자 이외에는 자산에 대한 추가적인 투자를 하지 않아 무성장상태가 유지된다는 가정하에 20×5년 이후 현금흐름의 20×4년 말 시점의 가치(TV_4: Terminal Value)를 계산하시오.

물음3 (주)파랑이 상기의 영업관련자산 이외에 비영업관련자산(시장가치가 30억원인 금융자산과 시장가치가 100억원인 투자부동산)을 보유하고 있다는 가정하에 현재시점의 (주)파랑의 기업가치를 계산하시오.

해답

물음1 기업잉여현금흐름

$FCFF_1 = OCF_1 -$ 순운전자본 증가액 $-$ 비유동자산 총투자액

$\quad = EBIT_1 \times (1-t) + D + ($기초$NWC -$ 기말$NWC) + ($기초$FA - D -$ 기말$FA)$

$\quad = 300$억원 $\times (1-0.4) + 60$억원 $+ (200$억원 $- 220$억원$) + (800$억원 $- 60$억원 $- 860$억원$)$

$\quad = 100$억원

$FCFF_2 = 350$억원 $\times (1-0.4) + 70$억원 $+ (220$억원 $- 250$억원$) + (860$억원 $- 70$억원 $- 900$억원$)$

$\quad = 140$억원

$FCFF_3 = 400$억원 $\times (1-0.4) + 80$억원 $+ (250$억원 $- 290$억원$) + (900$억원 $- 80$억원 $- 940$억원$)$

$\quad = 160$억원

$FCFF_4 = 450$억원 $\times (1-0.4) + 90$억원 $+ (290$억원 $- 330$억원$) + (940$억원 $- 90$억원 $- 990$억원$)$

$\quad = 180$억원

물음2 무성장영구기업의 가정

$FCFF_5 = EBIT_5 \times (1-t) = 500$억원 $\times (1-0.4) = 300$억원

$TV_4 = \dfrac{FCFF_5}{k} = \dfrac{300억원}{0.2} = 1,500$억원

물음3 영업관련자산의 가치와 기업가치

영업관련자산의 가치 $= \dfrac{100억원}{1.2} + \dfrac{140억원}{1.2^2} + \dfrac{160억원}{1.2^3} + \dfrac{180억원}{1.2^4} + \dfrac{1,500억원}{1.2^4} = 1,083.33$억원

기업가치 $=$ 영업관련자산의 가치$+$비영업관련자산의 가치

$\quad = 1,083.33$억원$+(30$억원$+100$억원$) = 1,213.33$억원

01 A기업의 20×1년과 20×2년 재무제표(단위: 원)는 다음과 같고, 모든 자산과 유동부채는 영업용이다. 법인세율이 40%인 경우에 다음 설명 중 가장 옳지 못한 것을 고르시오.

재무상태표

구분	20×1년 말	20×2년 말	구분	20×1년 말	20×2년 말
유동자산	3,000	3,800	유동부채	2,000	2,400
비유동자산	27,000	36,200	비유동부채	20,000	27,600
			자본	8,000	10,000
합계	30,000	40,000	합계	30,000	40,000

20×2년도 포괄손익계산서

매출액	150,000
매출원가	(90,000)
감가상각비	(10,000)
영업이익	50,000
이자비용	(2,000)
세전이익	48,000
법인세비용	(19,200)
당기순이익	28,800

① 20×2년 영업현금흐름은 (+)40,000원이다.

② 20×2년 순운전자본 변동으로 인한 현금흐름은 (-)400원이다.

③ 20×2년 주주잉여현금흐름은 (+)26,800원이다.

④ 20×2년 중에 비유동부채 10,000원을 신규 차입하였다면 비유동부채 상환액은 2,400원이다.

⑤ 20×2년 중에 장부금액 8,000원의 비유동자산을 처분(처분손익: 0원)하였다면 비유동자산 취득액은 29,200원이다.

02 甲은 5차년도부터 10차년도까지 매년 말(t = 5, 6, 7, 8, 9, 10)에 1,000원씩의 자금이 필요하며, 동 자금을 마련하기 위해 1차년도부터 5차년도까지 매년 초(t = 0, 1, 2, 3, 4)에 동일한 금액을 납입하는 정기적금에 가입하고자 한다. 이자율이 연 10%인 경우에 甲이 1차년도부터 5차년도까지 매년 초 정기적금에 납입해야 하는 금액에 가장 가까운 것을 고르시오. 단, 이자율이 10%인 경우에 현재가치이자요소(PVIF)와 연금의 현재가치이자요소(PVIFA)는 다음과 같다.

구분	4년	5년	6년
PVIF	0.6830	0.6209	0.5645
PVIFA	3.1699	3.7908	4.3553

① 713원   ② 735원   ③ 754원
④ 771원   ⑤ 796원

03 乙은 연 10%의 이자율로 3년간 100,000원을 차입하고자 한다. 차입조건은 원리금 균등분할상환방식으로 매년 말 연 1회 동일한 금액을 3회 상환하는 방안이다. 乙의 2차년도 말 원리금상환액 중에서 이자지급액에 가장 가까운 것을 고르시오. 단, PVIF(10%, 3) = 0.7513, PVIFA(10%, 3) = 2.4869이다.

① 5,842원   ② 6,979원   ③ 7,731원
④ 8,256원   ⑤ 9,013원

01 ⑤ ① 영업현금흐름 $= EBIT \times (1-t) + D$
$$= 50,000원 \times (1 - 0.4) + 10,000원 = 40,000원$$
② 순운전자본 변동으로 인한 현금흐름 $=$ 기초순운전자본 $-$ 기말순운전자본
$$= (3,000원 - 2,000원) - (3,800 - 2,400원) = -400$$
③ 주주잉여현금흐름 $=$ 당기순이익 $+$ (기초자기자본 $-$ 기말자기자본)
$$= 28,800원 + (8,000원 - 10,000원) = 26,800원$$
④ 상환액 $=$ 기초비유동부채 $+$ 차입액 $-$ 기말비유동부채
$$= 20,000원 + 10,000원 - 27,600원 = 2,400원$$
⑤ 취득액 $=$ 기말비유동자산 $-$ 기초비유동자산 $+$ 감가상각비 $+$ 처분자산 장부금액
$$= 36,200원 - 27,000원 + 10,000원 + 8,000원 = 27,200원$$

02 ① $PV =$ 매년 납입액 $+$ 매년 납입액 $\times PVIFA(10\%,\ 4년)$
$$= 1,000원 \times PVIFA(10\%,\ 6년) \times PVIF(10\%,\ 4년)$$
매년 납입액 $\times (1 + 3.1699) = 1,000원 \times 4.3553 \times 0.6830$
$\therefore$ 매년 납입액 $= 713.37원$

03 ② 매년도 말 원리금상환액 $= 100,000원 \div PVIFA(10\%,\ 3) = 100,000원 \div 2.4869$
$$= 40,210.7원$$
2차년도 말 이자지급액 $= [100,000원 - (40,210.7원 - 10,000원)] \times 0.1 = 6,978.93원$

cpa.Hackers.com

해커스 윤민호 재무관리

회계사 · 세무사 · 경영지도사 단번에 합격! 해커스 경영아카데미
cpa.Hackers.com

제2장

확실성하의 투자안의 가치평가

제1절 자본예산의 기초개념

01 자본예산의 의의

자본예산(capital budgeting)이란 비유동자산에 대한 투자를 효율적으로 수행하기 위해 투자안을 탐색하고 평가하여 최적투자안을 선택하는 일련의 체계적인 과정을 말한다.

재무관리의 목표인 기업가치의 극대화를 달성하기 위해서는 ① 기업의 현금흐름을 최대화하고, ② 자본비용(할인율)을 최소화해야 하는데, 기업의 현금흐름은 기업이 보유하는 자산의 수익성에 따라 달라진다. 즉, 자산의 수익성이 높을수록 미래의 현금흐름이 증가하고, 수익성이 낮을수록 미래의 현금흐름이 감소한다. 따라서 기업가치를 극대화하기 위해서는 수익성이 높은 자산에 투자해야 하며, 이와 같이 투자의 효과가 장기간에 걸쳐 발생하는 비유동자산에 대한 투자안의 가치평가를 자본예산이라고 한다.

이러한 자본예산과 관련하여 본 장에서는 현금흐름이 확실하다고 가정할 경우, 즉 자본비용이 주어져 있다고 가정할 경우 투자안의 가치평가에 대해서 살펴보기로 하고, 투자에 따른 현금흐름이 불확실한 투자안의 가치평가에 대해서는 <제2부 기업재무론 - 불확실성을 고려한 가치평가>에서 살펴보기로 한다.

02 자본예산의 목표

자본예산의 목표는 기업가치를 극대화하는 것이며, 기업이 투자안 채택에 있어서 총투자의 순현재가치가 극대화되는 의사결정을 하는 경우에 이는 곧 기업가치를 극대화하는 의사결정과 일치하게 된다. 여기서 순현재가치(net present value: NPV)란 투자로부터 얻게 될 현금유입액의 현재가치에서 현금유출액의 현재가치를 차감한 금액으로써 투자에 따른 가치(부)의 증가분을 의미한다.

> 순현재가치(NPV) = 현금유입액의 현재가치 - 현금유출액의 현재가치

이러한 순현재가치를 극대화하는 것이 기업가치를 극대화한다는 논리에 대한 이론적 근거에 대해서는 본 장의 <보론: 최적소비 - 투자결정>에서 살펴보기로 한다.

03 자본예산의 절차

자본예산은 대규모의 투자금액이 소요되고, 장기간에 걸쳐 기업의 현금흐름에 영향을 미치기 때문에 의사결정과정은 보다 체계적이고 신중하게 이루어져야 한다. 자본예산의 절차는 기업에 따라 또는 상황에 따라 조금씩 다르지만 일반적으로 다음과 같은 단계를 거친다.

1단계: 투자대상을 물색하는 단계이다. 이는 기업의 장기계획을 기초로 투자환경을 예측하여 새로운 투자기회를 찾는 단계이다.

2단계: 물색된 투자대상으로부터 기대되는 현금흐름을 측정하는 단계이다.

3단계: 추정된 현금흐름을 기초자료로 투자안의 가치를 평가하여 최적투자안을 선택하는 과정이다. 이를 투자안의 경제성분석이라고 한다.

4단계: 투자 후에 투자안을 재평가하는 과정이다. 이 단계에서는 정기적으로 투자안의 진행 과정을 검토하고 평가하는 절차가 필요하다.

일반적으로 자본예산이라 함은 위에서 열거한 네 가지 단계를 모두 의미하지만, 협의의 자본예산은 투자로부터 기대되는 현금흐름을 측정(2단계)하여 최적투자안을 선택(3단계)하는 과정이라고 할 수 있다.

04 투자안의 상호관계

경제성분석을 통한 투자안의 채택에 있어서는 투자안들 간의 상호관계에 따라 의사결정기준이 적용되어야 한다. 투자안들 간의 상호관계는 다음과 같이 구분할 수 있다.

① 독립적 투자안: 특정 투자안의 실행 여부가 다른 투자안의 실행 여부와는 관계없이 결정되는 경우를 의미한다. 이러한 경우에는 개별투자안별로 투자안의 실행 또는 기각 여부를 결정한다.

② 상호배타적 투자안: 특정 투자안을 실행하는 경우 배타적인 다른 투자안은 실행될 수 없음을 의미한다. 이러한 경우에는 상호배타적인 투자안들 중에서 가장 우월한 투자안만을 실행하는 의사결정이 이루어져야 한다.

제2절 투자안의 현금흐름 측정

01 현금흐름 측정 시 유의사항

(1) 세후증분현금흐름

투자안의 실행에 따라 발생되는 현금흐름은 증분현금흐름을 기준으로 측정한다. 즉, 투자안을 실행하지 않는 경우에 비해 투자안을 실행함에 따라 추가적으로 증가 또는 감소되는 현금흐름을 기준으로 측정한다. 그리고 법인세는 명백한 현금유출이므로 증분현금흐름은 세후현금흐름을 기준으로 측정해야 한다.

(2) 감가상각비와 감가상각비의 감세효과

비유동자산 투자에 따른 증분감가상각비(ΔD)는 현금의 유출을 수반하지 않는 비용이므로 현금유출로 처리하지 않는다. 이는 회계상 증분영업이익($\Delta EBIT$) 계산 시 증분감가상각비가 현금유출이 없음에도 불구하고 차감되므로 증분영업현금흐름(ΔOCF) 계산 시 증분감가상각비를 다시 가산해야 한다는 의미이다.

$$\Delta OCF = \Delta EBIT \times (1-t) + \Delta D$$
$$= (\Delta R - \Delta C) \times (1-t) + t \times \Delta D$$

한편, 증분영업현금흐름(ΔOCF)은 증분수익(ΔR)에서 증분현금유출비용(ΔC)을 차감한 증분현금영업이익에 법인세효과를 고려한 세후증분현금영업이익인 $(\Delta R - \Delta C) \times (1-t)$을 구하고 여기에 증분감가상각비의 감세효과($t \times \Delta D$)를 가산하여 계산할 수도 있다. 즉, 증분영업현금흐름을 회계상 증분영업이익($\Delta EBIT$)이 아닌 증분현금영업이익($\Delta R - \Delta C$)을 기준으로 계산할 때에는 증분감가상각비의 감세효과를 현금의 유입으로 처리해야 한다. 왜냐하면, 감가상각비는 현금의 유출이 없으나, 과세소득 계산 시 비용으로 인정되어 감가상각비에 법인세율을 곱한 금액만큼 세금의 유출을 감소시키기 때문이다.

(3) 매몰원가

매몰원가(sunk cost)란 과거의 의사결정에 의해 이미 발생된 지출을 의미하는데, 이러한 매몰원가는 투자안의 현금흐름 측정 시 현금유출로 처리하지 않는다. 즉, 매몰원가는 이미 발생된 지출이므로 현재시점에서 어떠한 의사결정을 하든지 취소시킬 수 없는 지출이며, 현재시점의 의사결정과는 무관한 현금흐름이므로 투자안의 현금흐름 측정 시 고려해서는 안 되는 비관련원가이다.

(4) 기회비용

기회비용(opportunity cost)이란 자원을 특정 투자안에 투입함에 따라 포기되는 차선의 용도에 사용했을 경우에 얻을 수 있었던 이득을 의미한다. 이러한 기회비용은 현금유입액의 감소이므로 투자안의 현금흐름 측정 시에 현금유출로 처리해야 한다.

──┤ 사례 ├──

1. 과거 5억원에 취득하여 임대하고 있던 토지를 계속 임대할 것인가 아니면 해당 토지에 주차장을 신축할 것인가에 대한 의사결정이라면, 토지의 취득원가인 5억원은 해당 토지를 계속 임대하든지, 주차장을 신축하든지 그 발생을 취소시킬 수 없기 때문에 주차장을 신축하는 투자안과는 무관한 매몰원가이다. 따라서 주차장을 신축하는 투자안 평가 시의 현금흐름에 토지의 취득원가를 고려해서는 안 된다. 그러나 주차장을 신축하는 경우에는 토지를 임대하면 수취할 수 있는 임대료의 유입을 포기해야 하기 때문에 미래 임대료유입액의 현재가치만큼은 주차장을 신축하는 투자안의 기회비용이므로 투자안의 현금흐름 측정 시 고려해서 주차장을 신축하는 투자안의 현금유출로 처리해야 한다.

2. 과거 5억원에 취득하여 임대하고 있던 토지를 처분할 것인가 아니면 해당 토지에 주차장을 신축할 것인가에 대한 의사결정이라면, 토지의 취득원가인 5억원은 의사결정과는 무관한 매몰원가이다. 또한 해당 토지를 처분하든지, 주차장을 신축하든지 어떠한 투자안을 선택하더라도 이전에 수취하고 있던 임대료는 더 이상 유입되지 않을 것이므로 임대료는 현재의 의사결정과는 무관한 매몰원가(비관련원가)이다. 따라서 토지의 취득원가와 임대료 유입의 상실은 투자안 평가 시 현금흐름에 고려해서는 안 된다. 그러나 토지의 처분가액은 주차장을 신축하는 투자안에 대한 기회비용이므로 투자안의 현금흐름 측정 시 고려해서 주차장을 신축하는 투자안의 현금유출로 처리해야 한다.

(5) 부수효과

부수효과(side effect)란 신규투자안 실행 시 기존 투자안의 현금흐름에 미치는 영향을 의미하며, 부수효과 중에서 부정적인 효과를 잠식비용(erosion cost)이라고도 한다. 이러한 부수효과는 신규투자안의 현금흐름 측정 시 증분현금흐름에 고려되어야 한다.

──┤ 사례 ├──

1. 완구제조회사에서 신형완구를 출시하는 경우 구형완구의 판매량 감소에 따른 효과를 신형완구와 관련된 의사결정에서 반드시 고려해야 한다.

2. 호텔이 인근의 골프장 인수 여부를 검토하는 경우에 골프장예약이 용이해짐에 따라 증가되는 호텔수입의 증가와 호텔예약이 용이해짐에 따라 증가되는 골프장수입의 증가도 반드시 고려해야 한다.

(6) 금융비용

금융비용이란 투자에 필요한 자본을 사용하는 대가로 지급하는 이자비용과 배당금 및 투자자금을 예금(대출)하는 경우에 수취 가능한 이자수익의 상실 등을 말한다. 이러한 금융비용은 명백한 현금유출이지만 현금흐름 측정 시 현금유출에 포함시켜서는 안 된다. 왜냐하면, 자본조달의 결과로 발생하는 이자비용과 배당금 등은 할인율인 자본비용을 계산하는 과정에서 고려되므로 현금흐름 측정 시 이를 고려하면 이중계산이 되기 때문이다.

02 현금흐름의 측정

투자안에서 발생하는 현금흐름은 기업의 자산에서 발생하는 현금흐름이므로 <제1장 확실성하의 기업 가치평가>에서 살펴본 바와 같이 다음과 같은 4가지 현금흐름으로 구분될 수 있는데, 일반적으로 자본 예산에서는 논의의 편의를 위해 자기자본만으로 투자하는 경우를 가정하기 때문에 (4) 이자비용의 감 세효과는 발생하지 않는다고 가정한다.

(1) 영업현금흐름
(2) 순운전자본 변동에 따른 현금흐름
(3) 비유동자산 투자에 따른 현금흐름
(4) 이자비용의 감세효과

한편, 투자안의 현금흐름은 투자진행 단계별로 구분해서 파악하는 것이 편리하므로 (1) 투자시점의 현 금흐름 (2) 투자기간 중의 현금흐름 (3) 투자종료시점의 추가적인 현금흐름으로 구분하여 현금흐름을 측정하는 방법에 대해서 살펴보기로 한다.

[1] 투자시점의 현금흐름

투자시점에 발생하는 현금흐름에는 비유동자산 투자에 따른 현금흐름과 순운전자본 변동에 따른 현금 흐름 등이 있다.

1) 비유동자산 투자에 따른 현금흐름

비유동자산 투자에 따른 현금흐름은 비유동자산에 대한 투자액과 투자세액공제 및 구자산의 처분에 따른 현금흐름으로 구분할 수 있다.

① 비유동자산에 대한 투자액: 비유동자산을 취득하는 과정에서 발생하는 구입가격 및 운반비, 설치비 등의 준비관련원가 등은 투자시점의 현금유출로 처리한다.

② 투자세액공제: 투자세액공제란 기업의 투자촉진을 위해 투자액의 일정비율만큼 법인세액에서 공제 해 주는 제도를 말한다. 투자세액공제를 받게 되면 납부해야 할 법인세액이 감소되므로 이를 현금 유입으로 처리한다.

③ 구자산의 처분에 따른 현금흐름: 구자산을 새로운 자산으로 대체하여 새로운 자산에 대한 투자시점에 구자산을 처분하는 경우에는 구자산의 처분가액을 투자시점의 현금유입으로 처리한다. 이때 구자 산의 처분손익에 대한 세금효과가 발생할 수 있으므로 구자산의 처분에 따른 현금유입액은 다음과 같이 계산된다.

처분에 따른 현금유입액 = 처분가액 − (처분가액 − 장부금액) × 법인세율

사례

장부금액 ₩100의 자산을 ₩150에 처분한 경우에 법인세율이 40%라면, 현금유입액은 처분가액 ₩150에 서 처분이익 ₩50(처분가액 − 장부금액 = ₩150 − ₩100)에 대한 세금효과 ₩20(₩50 × 40%)을 차감한 ₩130이다.

2) 순운전자본 변동에 따른 현금흐름

일반적으로 비유동자산에 대한 투자는 재고자산이나 매출채권 등과 같은 순운전자본의 증가를 수반한다. 예를 들어, 유형자산을 구입하여 신제품을 생산하는 경우에 원재료 등의 재고자산이 증가하게 되며, 신제품의 판매로 인해 매출채권 등이 증가하게 된다. 따라서 비유동자산에 대한 투자로 인해 필요한 순운전자본의 추가소요액은 투자시점의 현금유출로 처리한다.

(2) 투자기간 중의 현금흐름

투자기간 중에 발생하는 현금흐름에는 투자로 인해 증가되는 영업현금흐름과 순운전자본 변동에 따른 현금흐름 등이 있다.

1) 증분영업현금흐름

비유동자산에 대한 투자로 인해 증가되는 영업현금흐름(ΔOCF)은 앞에서 살펴본 바와 같이 증분수익과 증분현금유출영업비용 및 증분감가상각비를 고려해서 다음과 같이 측정된다.

$$\Delta OCF = \Delta EBIT \times (1-t) + \Delta D = (\Delta R - \Delta C) \times (1-t) + t \times \Delta D$$

한편, 투자기간 중의 영업현금흐름은 연간 지속적으로 발생하지만, 투자안의 평가를 용이하게 하기 위해서 각 기간의 현금흐름이 해당 기간 말에 전액 발생한다고 가정하는 것이 일반적이다.

2) 순운전자본 변동에 따른 현금흐름

기초순운전자본과 기말순운전자본을 비교하여 추가소요액만큼 현금유출로 처리한다. 즉, 순운전자본의 증가액은 현금유출로 처리하며, 순운전자본의 감소액은 현금유입으로 처리한다.

(3) 투자종료시점의 추가적인 현금흐름

투자종료시점에 발생하는 추가적인 현금흐름에는 잔존가치의 회수, 즉 투자된 비유동자산의 처분에 따른 현금흐름과 순운전자본 회수에 따른 현금흐름이 있다.

1) 잔존가치의 회수

투자가 종료된 시점에서 잔존가치의 회수, 즉 투자된 비유동자산의 처분에 따른 현금유입액은 투자종료시점의 현금유입으로 처리한다. 이때 주의할 점은 처분손익에 대한 세금효과를 고려해야 한다는 것과 구자산을 계속 사용했을 경우의 구자산 처분가액을 기회비용으로 보아 투자종료시점의 현금유출로 처리해야 한다는 것이다.

$$
\begin{aligned}
\text{잔존가치의 회수} &= \text{신자산의 현금흐름} - \text{구자산의 현금흐름}\\
&= \text{신자산의 처분가액} - \{\text{처분가액} - \text{장부금액(잔존가치)}\} \times \text{법인세율}\\
&\quad - [\text{구자산의 처분가액} - \{\text{처분가액} - \text{장부금액(잔존가치)}\} \times \text{법인세율}]
\end{aligned}
$$

2) 순운전자본 회수에 따른 현금흐름

투자기간 중에 소요된 순운전자본의 잔액은 투자종료시점에서 회수되는 것이 일반적이다. 예를 들어, 유형자산을 구입하여 신제품을 생산하는 경우에는 원재료 등의 재고자산이 증가하게 되며, 신제품의 판매로 인해 매출채권 등이 증가하게 되지만, 투자종료시점에는 남아 있는 재고자산이 모두 판매되고 매출채권이 회수된다. 따라서 투자기간 중에 소요된 순운전자본의 잔액은 투자종료시점의 현금유입으로 처리한다.

예제 1 투자안의 현금흐름 측정

무부채기업인 (주)파랑은 3년간 사용해오던 구기계를 신기계로 대체하는 방안을 고려하고 있다. 관련 자료는 아래와 같고 (주)파랑의 감가상각방법은 정액법이며, 법인세율은 40%이다. 관련 현금흐름은 투자시점과 매년 말에 발생함을 가정한다.

(1)

<구기계>	<신기계>
취득원가: ₩4,200	취득원가: ₩4,500
총내용연수: 8년	총내용연수: 5년
내용연수말 추정잔존가치: ₩200	내용연수말 추정잔존가치: ₩500
연간 감가상각비: ₩500	연간 감가상각비: ₩800
현재시점 처분가격: ₩3,000	

(2) 구기계를 신기계로 대체하는 경우에는 대체시점에 ₩20의 순운전자본에 대한 추가적인 투자가 필요하고, 투자기간 중 필요한 순운전자본의 변동은 없으며, 순운전자본은 투자종료시점에 전액 회수된다.

(3) 구기계를 신기계로 대체하는 경우 매출액은 매년 ₩2,000만큼 증가하고 현금유출영업비용은 매년 ₩1,600만큼 증가할 것으로 예상된다.

물음1 구기계를 신기계로 대체하는 경우에 매년의 증분영업현금흐름을 계산하시오.

물음2 투자시점의 구기계 처분으로 인한 현금흐름을 계산하시오.

물음3 구기계를 신기계로 대체하는 경우의 시점별 증분현금흐름을 나타내시오.

해답

물음1 증분영업현금흐름

$\Delta OCF = (\Delta R - \Delta C) \times (1-t) + t \times \Delta D$

$\quad\quad\quad = (₩2,000 - ₩1,600) \times (1-0.4) + 0.4 \times (₩800 - ₩500) = ₩360$

물음2 구기계 처분으로 인한 현금흐름

구기계의 현재 장부금액 = ₩4,200 − ₩500 × 3년 = ₩2,700

구기계 처분 시 현금흐름 = 처분가액 − (처분가액 − 장부금액) × 법인세율

$\quad\quad\quad\quad\quad\quad\quad\quad\quad = ₩3,000 - (₩3,000 - ₩2,700) \times 0.4 = ₩2,880$

물음3 시점별 증분현금흐름

시점	0	1	2	3	4	5
증분OCF		₩360	₩360	₩360	₩360	₩360
순운전자본	-₩20					20
신기계	-4,500					500
구기계	2,880					-200
합계	-₩1,640	₩360	₩360	₩360	₩360	₩680

제3절 | 투자안의 경제성분석

투자안의 현금흐름을 측정한 후에는 측정된 현금흐름을 기준으로 투자안의 경제성을 분석하여 투자안의 실행 여부를 결정해야 한다. 투자안의 경제성을 분석하는 방법은 크게 화폐의 시간가치를 고려하지 않는 비할인모형과 화폐의 시간가치를 고려하는 할인모형으로 구분된다. 비할인모형에는 회수기간법과 회계적이익률법이 있으며, 할인모형에는 순현재가치법과 수익성지수법 및 내부수익률법이 있다.

01 회수기간법

(1) 의의

회수기간법(payback period method)이란 회수기간을 기초로 투자안을 평가하는 방법을 말한다. 여기서 회수기간이란 투자에 소요된 투자자금을 회수하는 데 걸리는 기간을 의미하며, 일반적으로 연단위로 표시한다.

사례
---

1. 다음과 같은 현금흐름이 발생하는 투자안의 회수기간은 2년이다.

시점	0	1	2	3	4
현금흐름	-₩1,000	₩400	₩600	₩200	₩100

2. 회수기간법에서는 투자시점 이후에 발생하는 현금흐름이 연중 균등하게 발생함을 가정하기 때문에 다음과 같은 현금흐름이 발생하는 투자안의 회수기간은 2.5년이다.

시점	0	1	2	3	4
현금흐름	-₩1,000	₩400	₩400	₩400	₩900

---

(2) 의사결정기준

회수기간이 짧은 투자안은 투자에 소요된 자금이 보다 조기에 회수되어 기업의 유동성을 제고할 수 있고, 보다 위험이 적은 투자안이라고 판단할 수 있으므로 회수기간법을 이용하는 경우의 의사결정기준은 다음과 같다.

① 독립적 투자안: 투자안의 회수기간이 기업의 목표회수기간보다 짧으면 실행한다.
② 상호배타적 투자안: 회수기간이 보다 짧은 투자안을 채택한다.

(3) 장·단점

회수기간법은 계산이 간단하고 이해가 쉽다는 장점이 있으나, 회수기간을 기준으로 의사결정하는 경우 다음과 같은 문제점이 있다.

① 회수기간 이후에 발생하는 현금흐름을 고려하지 않는다.
② 화폐의 시간가치를 반영하지 않는다.

③ 목표회수기간의 설정이 자의적이므로 평가결과가 객관적이지 못하다.

이러한 문제점들 중에서 화폐의 시간가치를 고려하지 않는 부분은 할인회수기간을 이용해서 해결할 수 있다. 할인회수기간(discounted payback period)은 현재가치로 환산한 현금유입액으로 투자에 소요된 자금을 회수하는 데 걸리는 기간을 말한다. 그러나 할인회수기간에 의하더라도 회수기간 이후의 현금흐름을 고려하지 않고, 평가결과가 객관적이지 못하다는 문제점은 해결되지 않는다.

02 회계적이익률법

(1) 의의

회계적이익률법(accounting rate of return method: ARR법)이란 회계적이익률을 기초로 투자안을 평가하는 방법을 말한다. 여기서 회계적이익률(ARR)이란 투자에 따라 발생되는 연평균 회계적순이익 (연평균순이익)을 연평균투자액 또는 총투자액으로 나눈 값을 의미한다. 여기서 연평균투자액은 내용연수 동안 연평균장부금액을 의미하며, 정액법으로 감가상각하는 경우에는 총투자액(취득원가)과 잔존가치의 합계를 2로 나눈 금액으로 간단하게 계산할 수 있다.

$$회계적이익률(ARR) = \frac{연평균순이익}{연평균투자액} \ (또는 \ \frac{연평균순이익}{총투자액})$$

‖ 사례 ‖

내용연수 3년, 잔존가치가 없는 기계장치에 ₩100을 투자하여, 이로 인해 발생하는 매년 순이익이 다음과 같은 경우 투자안의 연평균투자액기준 회계적이익률은 60%이다.

투자기간	1	2	3
순이익	₩30	₩29	₩31

$$회계적이익률 = \frac{(₩30 + ₩29 + ₩31) \div 3년}{(₩100 + ₩0) \div 2} = \frac{₩30}{₩50} = 60\%$$

(2) 의사결정기준

회계적이익률법을 이용하는 경우의 의사결정기준은 다음과 같다.

① 독립적 투자안: 투자안의 회계적이익률이 기업의 목표회계적이익률보다 높으면 실행한다.

② 상호배타적 투자안: 회계적이익률이 보다 높은 투자안을 채택한다.

(3) 장·단점

회계적이익률법은 계산이 간단하고 추정재무제표의 수치를 그대로 사용할 수 있어 자료구입이 용이하다는 장점이 있으나, 회계적이익률을 기준으로 의사결정하는 경우 다음과 같은 문제점이 있다.

① 현금흐름이 아닌 회계적이익에 근거하여 의사결정한다.

② 화폐의 시간가치를 반영하지 않는다.

③ 목표회계적이익률의 설정이 자의적이므로 평가결과가 객관적이지 못하다.

03 순현재가치법

(1) 의의

순현재가치법(net present value method: NPV법)이란 화폐의 시간가치를 고려하여 계산되는 순현재가치를 기초로 투자안을 평가하는 방법을 말한다. 여기서 순현재가치(NPV)는 투자에 따라 발생하는 현금유입액의 현재가치에서 현금유출액의 현재가치를 차감하여 계산되는데 이러한 순현재가치는 다음과 같은 의미를 갖는다.

> 순현재가치(NPV) = 현금유입액의 현재가치 − 현금유출액의 현재가치

① 현금유입액의 현재가치가 현금유출액의 현재가치를 초과하는 크기
② 투자안의 자본비용(기회비용)을 초과하여 벌어들이는 이득의 현재가치
③ 투자에 따른 가치(부)의 증가분

— ‖ 사례 ‖ —

₩100을 투자하면 1년 후 ₩121이 유입되는 투자안의 자본비용(기회비용)이 10%인 경우에 해당 투자안의 NPV는 ₩10이다.

$$NPV = \frac{₩121}{1+0.1} - ₩100 = ₩110 - ₩100 = ₩10$$

(2) 의사결정기준

순현재가치법은 투자의 성과를 절대적인 금액으로 표현하므로 의사결정기준은 다음과 같다.
① 독립적 투자안: 투자안의 순현재가치가 0보다 큰 경우 투자안을 실행한다.
② 상호배타적 투자안: 순현재가치가 보다 큰 투자안을 채택한다.

(3) 장점

여러 가지 경제성분석방법들 중에서 가장 우월한 방법은 순현재가치법인데, 그 이유는 다음과 같다.
① 투자에 따라 발생하는 모든 현금흐름을 고려하는 방법이다.
② 자본비용(기회비용)을 이용한 화폐의 시간가치를 고려하는 방법이다.
③ 가치가산의 원칙이 성립한다.
④ 기업가치의 극대화목표에 부합하는 방법이다.
이러한 순현재가치법의 장점들 중 가치가산의 원칙과 기업가치의 극대화목표에 부합한다는 내용에 대해서 보다 구체적으로 살펴보기로 한다.

① 순현재가치법은 투자안의 성과를 절대적인 금액으로 표현하는 방법이다. 따라서 여러 개의 투자안을 모두 실행하는 경우의 순현재가치는 개별투자안의 순현재가치를 단순히 합산하여 계산할 수 있는데, 이를 가치가산의 원칙이라고 한다.

$$NPV_{(A+B)} = NPV_A + NPV_B$$

┃ 사례 ┃

투자안 A와 투자안 B의 현금흐름이 다음과 같은 경우 투자안 A와 투자안 B를 모두 실행하는 경우의 순현재가치는 개별투자안의 순현재가치를 단순히 합산한 것과 동일하다. 단, 자본비용은 10%라고 가정한다.

구분	현금흐름					NPV
	0	1	2	3	4	
투자안 A	-₩1,000	₩300	₩400	₩500	₩600	₩388.77
투자안 B	-1,000	450	450	450	450	426.44
투자안 (A+B)	-₩2,000	₩750	₩850	₩950	₩1,050	₩815.21

$$
\begin{aligned}
NPV_{(A+B)} &= -₩2,000 + \frac{₩750}{1.1} + \frac{₩850}{1.1^2} + \frac{₩950}{1.1^3} + \frac{₩1,050}{1.1^4} = ₩815.21 \\
&= -₩1,000 + \frac{₩300}{1.1} + \frac{₩400}{1.1^2} + \frac{₩500}{1.1^3} + \frac{₩600}{1.1^4} \\
&\quad -₩1,000 + \frac{₩450}{1.1} + \frac{₩450}{1.1^2} + \frac{₩450}{1.1^3} + \frac{₩450}{1.1^4} \\
&= ₩388.77 + ₩426.44 = NPV_A + NPV_B
\end{aligned}
$$

② 순현재가치는 투자에 따른 가치의 증가분을 의미한다. 앞의 예에서 투자안 A를 실행하는 경우 이에 따른 부의 증가분은 투자안 A의 순현재가치인 ₩388.77이며, 투자안 B를 실행하는 경우 이에 따른 부의 증가분은 투자안 B의 순현재가치인 ₩426.44이므로 기업의 입장에서는 순현재가치가 보다 큰 투자안 B를 실행하는 것이 기업가치를 극대화하는 의사결정이 되는 것이다. 이와 같이 기업이 투자안 채택에 있어서 총투자의 순현재가치가 극대화되는 의사결정을 하는 경우, 이는 곧 기업가치를 극대화하는 의사결정과 일치하게 된다.

04 수익성지수법

(1) 의의

수익성지수법(profit index method: PI법)이란 수익성지수를 기초로 투자안을 평가하는 방법을 말한다. 여기서 수익성지수(PI)란 투자로부터 얻게 될 현금유입액의 현재가치를 현금유출액의 현재가치(투자원금)로 나눈 값을 말한다. 이러한 수익성지수는 투자의 상대적인 수익성, 즉 투자의 효율성을 나타내는 지표로써 투자금액 단위당 벌어들이는 가치의 크기를 나타낸다.

$$\text{수익성지수(PI)} = \frac{\text{현금유입액의 현재가치}}{\text{현금유출액의 현재가치}}$$

| 사례 |

투자안 A의 투자금액은 ₩100이고 현금유입액의 현재가치가 ₩150이며, 투자안 B의 투자금액은 ₩10,000이고 현금유입액의 현재가치가 ₩10,300이라면, 투자안 A의 수익성지수는 1.5(₩150/₩100)이며 투자안 B의 수익성지수는 1.03(₩10,300/₩10,000)이므로 투자안 A의 효율성이 더 높다고 말할 수 있다.

(2) 의사결정기준

수익성지수법을 이용하는 경우 의사결정기준은 다음과 같다.
① 독립적 투자안: 투자안의 수익성지수가 1보다 큰 경우 투자안을 실행한다.
② 상호배타적 투자안: 수익성지수가 보다 큰 투자안을 채택한다.

(3) 장·단점

수익성지수법은 투자에 따라 발생하는 모든 현금흐름을 고려하고 화폐의 시간가치를 반영한다는 장점이 있으나, 다음과 같은 문제점이 있다.
① 가치가산의 원칙이 성립하지 않는다.
② 수익성지수법에 의해 선택된 투자안이 반드시 기업가치를 극대화하는 투자안은 아니다.

05 내부수익률법

(1) 의의

내부수익률법(internal rate of return method: IRR법)이란 내부수익률을 기초로 투자안을 평가하는 방법을 말한다. 여기서 내부수익률(IRR)은 투자안 실행 시 투자안의 내용연수 동안 얻을 것으로 기대되는 연평균투자수익률을 의미한다. 이러한 내부수익률은 투자안에서 발생하는 현금유입액의 현재가치와 현금유출액의 현재가치를 일치시키는 할인율로 계산되며, 이는 곧 투자안의 순현재가치를 0으로 만드는 할인율이다.

내부수익률(IRR): (현금유입액의 현재가치 = 현금유출액의 현재가치)가 되는 할인율
또는 투자안의 NPV = 0을 만족시키는 할인율

현재 ₩100을 투자하여 1년 후 ₩150의 현금유입이 있는 투자안 A의 내부수익률은 50%이며, 현재 ₩10,000을 투자하여 2년 후 ₩12,100의 현금유입이 있는 투자안 B의 내부수익률은 10%이다.

A: $₩100 = \dfrac{₩150}{1 + IRR_A}$ $\therefore IRR_A = 50\%$

B: $₩10,000 = \dfrac{₩12,100}{(1 + IRR_B)^2}$ $\therefore IRR_B = 10\%$

(2) 의사결정기준

내부수익률법은 투자의 성과를 상대적인 수익률로 표현하는 방법이므로 의사결정기준은 다음과 같다.

① 독립적 투자안: 내부수익률이 기회비용(자본비용)보다 큰 경우 투자안을 실행한다.

② 상호배타적 투자안: 내부수익률이 보다 큰 투자안을 채택한다.

다만, 이러한 의사결정기준은 투자시점에 현금유출이 발생하고 이후 현금유입이 발생하는 투자형 현금흐름(−, +, +, +)의 경우에 적용된다. 반면에, 투자시점에 현금유입이 발생하고 이후 현금유출이 발생하는 차입형 현금흐름(+, −, −, −)의 경우에는 의사결정기준이 변경되어야 한다. 즉, 투자형 현금흐름의 경우에 계산되는 내부수익률은 투자수익률의 개념이지만, 차입형 현금흐름의 경우에 계산되는 내부수익률은 부담하는 비용의 개념이기 때문에 차입형 현금흐름의 경우 의사결정기준은 다음과 같다.

① 독립적 투자안: 내부수익률이 자본비용보다 작은 경우 투자안을 실행한다.

② 상호배타적 투자안: 내부수익률이 보다 작은 투자안을 선택한다.

그러나 일반적인 투자안의 현금흐름은 투자형 현금흐름이므로 앞으로는 특별한 언급이 없는 한 투자형 현금흐름을 가정하여 분석한다.

(3) 장·단점

내부수익률법은 투자에 따라 발생하는 모든 현금흐름을 고려하고 화폐의 시간가치를 반영한다는 장점이 있으나, 다음과 같은 문제점이 있다.

① 가치가산의 원칙이 성립하지 않는다.

② 내부수익률법에 의해 선택된 투자안이 반드시 기업가치를 극대화하는 투자안은 아니다.

제4절 순현재가치법과 내부수익률법의 비교

순현재가치법(NPV법)과 내부수익률법(IRR법)은 투자안의 모든 현금흐름을 고려하고 화폐의 시간가치를 반영하므로 가장 많이 이용되는 경제성분석방법들이다. 본 절에서는 NPV법과 IRR법을 상호 비교하여 어떤 평가방법이 더 우수한 평가방법인지에 대해서 살펴보기로 한다.

01 독립적인 투자안 평가

독립적인 투자안을 평가하는 경우 NPV법과 IRR법은 동일한 의사결정결과를 가져온다. 투자안의 현금흐름이 투자형 현금흐름인 경우와 차입형 현금흐름인 경우로 구분하여 이에 대해 살펴보기로 한다.

[1] 투자형 현금흐름

투자시점에 현금유출이 발생하고 이후 현금유입이 발생하는 투자형 현금흐름의 경우에는 NPV가 0보다 큰 투자안의 IRR(투자수익률)은 할인율인 자본비용(k)보다 크고, NPV가 0보다 작은 투자안의 IRR은 할인율인 자본비용보다 작다. 따라서 NPV법과 IRR법의 의사결정결과는 일치하게 된다.

사례

투자안의 현금흐름

시점	0	1	2	3	4
현금흐름	-₩1,000	₩200	₩300	₩400	₩600

$$NPV = -₩1,000 + \frac{₩200}{1+k} + \frac{₩300}{(1+k)^2} + \frac{₩400}{(1+k)^3} + \frac{₩600}{(1+k)^4}$$

할인율(k)	0%	10%	15.3%(IRR)	20%
NPV	₩500	₩140	₩0	-₩104

① 할인율(자본비용)이 투자안의 IRR보다 작은 구간에서는 투자안의 NPV가 0보다 크게 계산되어 NPV법과 IRR법 모두 투자안을 채택하게 되며, 할인율이 투자안의 IRR보다 큰 구간에서는 투자안의 NPV가 0보다 작게 계산되어 NPV법과 IRR법 모두 투자안을 기각하게 되므로 NPV법과 IRR법의 의사결정결과는 일치한다.

② 이와 같은 결과는 상기 투자안의 NPV곡선을 이용해서도 확인할 수 있다. 여기서 NPV곡선은 자본비용과 NPV 간의 관계를 나타내는 곡선이며, 각 할인율(자본비용) 수준에서의 투자안의 NPV를 보여주는 것이다.

NPV곡선과 IRR

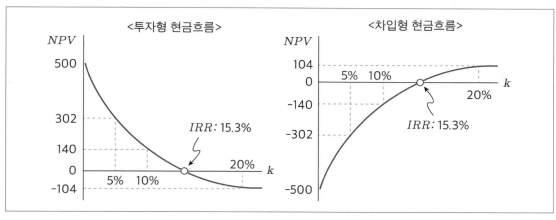

(2) 차입형 현금흐름

투자시점에 현금유입이 발생하고 이후 현금유출이 발생하는 차입형 현금흐름의 경우에는 NPV가 0보다 큰 투자안의 IRR(부담비용률)은 할인율인 자본비용(k)보다 작고, NPV가 0보다 작은 투자안의 IRR은 할인율인 자본비용보다 크다. 따라서 NPV법과 IRR법의 의사결정결과는 일치하게 된다.

─┤ 사례 ├─

투자안의 현금흐름

시점	0	1	2	3	4
현금흐름	₩1,000	-₩200	-₩300	-₩400	-₩600

$$NPV = ₩1,000 - \frac{₩200}{1+k} - \frac{₩300}{(1+k)^2} - \frac{₩400}{(1+k)^3} - \frac{₩600}{(1+k)^4}$$

할인율(k)	0%	10%	15.3%(IRR)	20%
NPV	-₩500	-₩140	₩0	₩104

할인율(자본비용)이 투자안의 IRR보다 작은 구간에서는 투자안의 NPV가 0보다 작게 계산되어 NPV법과 IRR법 모두 투자안을 기각하게 되며, 할인율이 투자안의 IRR보다 큰 구간에서는 투자안의 NPV가 0보다 크게 계산되어 NPV법과 IRR법 모두 투자안을 채택하게 되므로 NPV법과 IRR법의 의사결정결과는 일치한다.

02 상호배타적인 투자안 평가

상호배타적인 투자안을 평가하는 경우 NPV법과 IRR법의 의사결정결과는 일치하지 않을 수 있다. 즉, 할인율인 자본비용이 얼마인가에 따라 NPV법과 IRR법에 의한 의사결정결과가 상반될 수 있다.

┤ 사례 ├

상호배타적인 투자안 A와 투자안 B의 현금흐름

시점	0	1	2	3	4
CF_A	-₩1,000	₩200	₩300	₩400	₩600
CF_B	-1,000	600	500	200	100

할인율(k)	5%	6.7%	10%	15.3% (IRR_A)	20.8% (IRR_B)	25%
NPV_A	₩302	₩243	₩140	₩0	-₩120	-₩197
NPV_B	280	243	177	84	0	-57

① IRR법에 의해 의사결정하는 경우에는 투자안 B의 IRR(20.8%)이 투자안 A의 IRR(15.3%)보다 크기 때문에 할인율(자본비용)의 수준과는 무관하게 항상 투자안 B를 선택하게 된다.

② NPV법에 의해 의사결정하는 경우에는 할인율(자본비용)의 수준에 따라 의사결정결과가 달라진다. 만약, 자본비용이 5%라면 NPV가 보다 큰 투자안 A를 선택할 것이며, 자본비용이 6.7%라면 두 투자안의 NPV가 동일하여 투자안 A와 투자안 B가 무차별하고, 자본비용이 10%라면 NPV가 보다 큰 투자안 B를 선택할 것이다.

③ 피셔의 수익률(Fisher's rate of return: R_F)이란 두 투자안의 NPV가 동일($NPV_A = NPV_B$)하게 되는 할인율 수준을 말하는데, 할인율인 자본비용이 피셔의 수익률보다 작은 구간($k < R_F$)에서는 NPV법과 IRR법에 의한 의사결정결과가 상반된다.

NPV와 IRR 및 피셔의 수익률

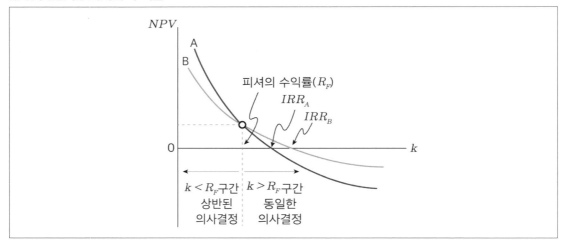

이와 같이 NPV법에 의한 의사결정결과와 IRR법에 의한 의사결정결과가 상반되는 상황이 발생하는 이유는 각 투자안에서 발생하는 현금흐름의 특성에 따라 할인율(자본비용)의 변동에 따른 NPV의 변동 정도가 다르기 때문이다. 즉, 투자안마다 NPV곡선의 기울기가 다르기 때문이다. 여기서 할인율(자본비용)의 변동에 따른 현재가치(또는 NPV)의 변동이 보다 크게 발생하여 NPV곡선의 기울기가 보다 가파른 투자안의 특성은 다음과 같다.

① 투자규모: 대규모 자금이 소요되는 투자안
② 내용연수: 내용연수가 장기인 투자안
③ 현금흐름의 양상: 현금흐름이 내용연수 후반에 집중되는 투자안

따라서 투자규모, 내용연수, 현금흐름의 양상이 다른 상호배타적인 투자안의 경우에는 NPV법에 의한 의사결정결과와 IRR법에 의한 의사결정결과가 상반될 수도 있음에 유의해야 한다.

03 NPV법의 우위성과 IRR법의 문제점

투자의 성과를 수익률로 표현하는 IRR은 단순하고 이해하기 쉬우며, NPV법과는 달리 적절한 할인율(자본비용)을 알 수 없는 경우에도 IRR을 계산할 수 있다는 점에서 실무상 IRR법도 많이 이용되는 방법이다. 그러나 다음과 같은 NPV법의 우위성 또는 IRR법의 문제점으로 인해 NPV법이 IRR법에 비해 보다 합리적인 방법이라고 할 수 있다. 따라서 NPV법에 의한 의사결정결과와 IRR법에 의한 의사결정결과가 상반되는 경우 NPV법에 의한 의사결정결과를 따르는 것이 보다 타당하다.

[1] 재투자수익률의 가정

투자로 인해 발생하는 미래현금흐름에 대해 NPV법은 자본비용(k)으로의 재투자를, IRR법은 해당 투자안의 IRR로의 재투자를 암묵적으로 가정하고 있다. 즉, 현재가치 계산 시 적용되는 할인율로의 재투자를 가정하고 있다.

① NPV법은 투자기간 중에 발생하는 현금흐름이 자본비용(k)으로 재투자됨을 가정하고 있다.

$$NPV = -투자액 + \frac{CF_1}{1+k} + \frac{CF_2}{(1+k)^2} + \frac{CF_3}{(1+k)^3}$$
$$= -투자액 + \frac{CF_1 \times (1+k)^2 + CF_2 \times (1+k) + CF_3}{(1+k)^3}$$

② IRR법은 투자기간 중에 발생하는 현금흐름이 해당 투자안의 IRR로 재투자됨을 가정하고 있다.

$$투자액 = \frac{CF_1}{1+IRR} + \frac{CF_2}{(1+IRR)^2} + \frac{CF_3}{(1+IRR)^3}$$
$$= \frac{CF_1 \times (1+IRR)^2 + CF_2 \times (1+IRR) + CF_3}{(1+IRR)^3}$$

재투자수익률의 가정에 있어서 NPV법이 가정하는 자본비용으로의 재투자는 합리적이지만, IRR법이 가정하는 해당 투자안의 IRR로의 재투자는 너무나 낙관적이며 비합리적인 가정이다.

① IRR법의 재투자수익률 가정은 투자기간 동안 계속하여 IRR로 재투자할 만큼 양호한 투자기회가 계속 존재한다는 가정이지만, 투자금액이 증가할수록 투자의 한계수익률이 체감하게 되어 한계투자수익률은 궁극적으로 자본비용과 같아지게 될 것이므로 IRR법의 재투자수익률 가정은 지나치게 낙관적인 가정이다.

② IRR법은 동일한 기업에서 발생하는 미래의 현금흐름에 대해 투자안 A를 실행하는 경우에는 투자안 A의 IRR로 재투자되며, 투자안 B를 실행하는 경우에는 투자안 B의 IRR로 재투자된다고 가정하는 것이므로 비합리적이다.

한편, 투자기간 중에 발생하는 현금흐름에 대한 재투자수익률을 높게 가정하는 경우에는 초기에 발생하는 현금흐름에 대해 상대적으로 높은 가치를 갖는 것으로 평가하는 결과를 가져오기 때문에, IRR법은 상대적으로 내용연수 초기의 현금유입이 많은 투자안을 선택하게 되는 의사결정방법이다.

(2) 기업가치 극대화목표에 부합 여부

투자의 NPV를 극대화하는 의사결정은 기업가치 극대화목표에 부합하지만, IRR이 높은 투자안을 선택하는 것은 상대적으로 수익률이 높은 투자안을 선택하는 것일 뿐 기업가치를 극대화하는 의사결정과 반드시 일치하지는 않는다.

(3) 가치가산의 원칙

NPV법은 가치가산의 원칙이 성립하므로 결합투자안의 NPV는 개별투자안의 NPV를 단순히 가감하여 계산할 수 있다. 반면에, IRR법은 투자안의 성과를 상대적인 수익률로 표현하는 방법이므로 여러 개의 투자안을 모두 실행하는 경우의 IRR은 개별투자안의 IRR을 단순히 합산하여 계산할 수는 없다. 이러한 경우 IRR법에서는 결합투자안의 현금흐름을 다시 측정하여 결합투자안의 IRR을 다시 계산해야 한다.

(4) 의사결정기준의 적용

NPV법은 현금흐름의 양상과는 무관하게 항상 동일한 의사결정기준이 적용되지만, IRR법은 투자형 현금흐름인 경우와 차입형 현금흐름인 경우에 적용되는 의사결정기준이 변경되어야 하므로 일관성이 없다.

(5) 혼합형 현금흐름에 대한 평가

투자안의 현금흐름이 현금유입과 현금유출이 반복되는 혼합형 현금흐름인 경우에도 NPV법은 총유입액의 현재가치에서 총유출액의 현재가치를 차감하여 NPV를 계산할 수 있으므로 의사결정에 문제가 없다. 그러나 IRR법을 이용해서 의사결정을 하는 경우에는 다음과 같은 문제점이 있다.

① 혼합형 현금흐름의 경우에는 현금유입액의 현재가치와 현금유출액의 현재가치를 일치시키는 해가 존재하지 않을 수도 있으며, 2개 이상의 해가 계산될 수도 있다. 이러한 경우 경제적인 의미를 갖는 해가 어떤 것인지 판단할 수 없다.

② 혼합형 현금흐름의 경우에 IRR법을 이용하기 위해서는 경제적 의미를 가질 수 있는 진정한 의미의 IRR을 계산해서 투자안을 평가해야 하는데, 여기서 진정한 IRR(adjusted IRR)이란 각 기간별 현금흐름 중에서 현금유출액에 대해서는 IRR로의 투자를 가정하고, 현금유입액에 대해서는 자본비용으로의 차입을 가정하여 계산되는 IRR을 말한다.

③ 진정한 IRR은 투자수익률의 개념이므로 의사결정기준은 투자형 현금흐름에 대한 IRR법의 의사결정기준과 동일하며, 진정한 IRR을 이용한 의사결정결과는 NPV법의 의사결정결과와 동일하게 된다.

예제 2 │ 진정한 IRR

자본비용이 25%인 상황에서 다음과 같은 혼합형 현금흐름이 발생하는 투자안의 실행을 고려하고 있다. 각 투자안은 독립적이라고 가정한다.

구분	현금흐름			NPV	IRR
	0	1	2		
투자안 A	-₩1,000	₩2,500	-₩1,540	₩14.4	10% 또는 40%
투자안 B	1,000	-2,500	1,540	-14.4	10% 또는 40%

물음1 투자안 A의 진정한 IRR을 계산하고, 투자안 실행에 대한 의사결정을 하시오.

물음2 투자안 B의 진정한 IRR을 계산하고, 투자안 실행에 대한 의사결정을 하시오.

해답

물음1 투자안 A의 진정한 IRR

현재시점의 현금유출액 ₩1,000은 1년간 IRR로 투자됨을 가정하므로 이에 따른 1년 후 투자수익의 유입액은 ₩1,000 × (1 + IRR)이고, 1년 후 시점의 현금유입액 ₩2,500 중에서 투자수익의 유입액을 제외한 나머지 유입액 [₩2,500 - ₩1,000 × (1 + IRR)]은 1년간 자본비용으로 차입함을 가정하며 이에 따른 2년 후 시점의 원리금 상환액은 ₩1,540이다.

$$[₩2,500 - ₩1,000 × (1 + IRR)] × 1.25 = ₩1,540$$

∴ 진정한 IRR은 26.8%이며 자본비용(25%)보다 높기 때문에 투자안을 실행한다.

물음2 투자안 B의 진정한 IRR

현재시점의 현금유입액 ₩1,000은 1년간 자본비용으로 차입함을 가정하므로 이에 따른 1년 후 원리금 상환액은 ₩1,000 × 1.25이고, 1년 후 시점의 현금유출액 ₩2,500 중에서 원리금 상환액을 제외한 나머지 유출액 [₩2,500 - ₩1,000 × 1.25]은 1년간 IRR로 투자됨을 가정하며 이에 따른 2년 후 시점의 투자수익 유입액은 ₩1,540이다.

$$[₩2,500 - ₩1,000 × 1.25] × (1 + IRR) = ₩1,540$$

∴ 진정한 IRR은 23.2%이며 자본비용(25%)보다 낮기 때문에 투자안을 기각한다.

[6] 이자율의 기간구조

투자안 평가에 적용되는 할인율(자본비용)은 기간별로 상이할 수 있다. 이와 같이 기간별로 적용될 할인율이 상이한 경우에도 NPV법에서는 각 시점별 현금흐름을 각 기간별 할인율로 할인하여 현재가치를 계산하면 된다. 그러나 IRR법에서는 투자안의 IRR을 계산한 후 할인율과 비교하여 의사결정해야 하므로 기간별로 할인율이 상이한 경우에는 비교대상 할인율의 선정이 곤란하다는 문제점이 있다.

┤ **사례** ├

현재부터 1년 후 시점까지 1년간 적용될 할인율(기회비용)은 10%이고, 1년 후 시점부터 2년 후 시점까지 1년간 적용될 할인율은 15%이다. 현재 ₩200을 투자하면 1년 후 시점과 2년 후 시점에 각각 ₩110, ₩130의 현금유입이 발생하는 투자안의 순현재가치와 내부수익률을 계산하면 각각 ₩2.77과 12.68%이다.

$$NPV = -₩200 + \frac{₩110}{1.1} + \frac{₩130}{1.1 \times 1.15} = ₩2.77$$

$$₩200 = \frac{₩110}{1+IRR} + \frac{₩130}{(1+IRR)^2} \qquad \therefore IRR = 0.1268$$

04 NPV법과 IRR법의 불일치조정

[1] 수정IRR법

앞에서 살펴본 바와 같이 상호배타적인 투자안을 평가하는 경우에 NPV법과 IRR법에 의한 의사결정결과가 상반될 수 있는 근본적인 이유는 각 경제성분석방법이 갖는 재투자수익률에 대한 가정의 차이이다. 따라서, IRR법의 재투자수익률을 NPV법과 동일하게 자본비용으로 가정하여 분석하면 NPV법과 동일한 결과를 얻을 수 있다. 이러한 분석방법을 수정IRR(modified IRR: MIRR)법이라고 한다.

① 수정IRR이란 모든 투자안의 투자기간 중 발생하는 현금흐름이 투자종료시점까지 자본비용으로 재투자된다고 가정해서 투자종료시점의 미래가치를 구한 후 이를 이용해서 계산되는 IRR을 말한다.

② 앞에서 들었던 예를 이용하여 수정IRR을 계산하면 다음과 같다. 단, 할인율(자본비용)은 5%로 가정한다.

구분	현금흐름					NPV	IRR	수정IRR
	0	1	2	3	4			
투자안 A	-₩1,000	₩200	₩300	₩400	₩600	₩302	15.3%	12.2%
투자안 B	-1,000	600	500	200	100	280	20.8%	11.7%

투자안 A: $₩1,000 = \dfrac{₩200 \times 1.05^3 + ₩300 \times 1.05^2 + ₩400 \times 1.05 + ₩600}{(1+MIRR_A)^4}$

$\therefore MIRR_A = 12.2\%$

투자안 B: $₩1,000 = \dfrac{₩600 \times 1.05^3 + ₩500 \times 1.05^2 + ₩200 \times 1.05 + ₩100}{(1+MIRR_B)^4}$

$\therefore MIRR_B = 11.7\%$

③ 수정IRR법을 이용하는 경우 의사결정기준은 IRR법과 동일하며, 혼합형 현금흐름인 경우에도 수정 IRR법을 적용하면 복수의 IRR이 계산되는 문제점을 해결할 수 있다.

④ 수정IRR법은 NPV법과 동일한 재투자수익률의 가정하에 단지 투자의 성과를 상대적인 수익률로 표현한 것일 뿐이므로 투자규모만 동일하다면 수정IRR법의 의사결정결과는 NPV법의 의사결정결과와 동일하게 된다.

그러나 투자규모가 상이한 경우에는 투자의 성과를 절대적인 금액으로 표현하는 NPV법과 상대적인 수익률로 표현하는 수정IRR법의 의사결정결과는 일치하지 않을 수 있는데, 이러한 경우에는 다음에서 살펴볼 증분현금흐름을 이용한 분석을 통해 해결할 수 있다.

(2) 증분현금흐름을 이용한 분석

앞에서 살펴본 바와 같이 독립적인 투자안을 평가하는 경우에 NPV법과 IRR법에 의한 의사결정결과는 항상 일치한다. 따라서 두 투자안의 현금흐름의 차이인 증분현금흐름을 대상으로 NPV와 IRR을 계산하여 의사결정하는 경우 NPV법과 IRR법의 의사결정결과의 불일치문제는 해소될 수 있다.

① 증분NPV와 증분IRR(incremental IRR: IIRR)이란 두 투자안의 기간별 현금흐름의 차이인 증분현금흐름을 대상으로 계산하는 NPV와 IRR을 말한다.

② 앞에서 들었던 예를 이용하여 증분NPV와 증분IRR을 계산하면 다음과 같다. 단, 증분현금흐름은 투자안 A의 기간별 현금흐름에서 투자안 B의 기간별 현금흐름을 차감한 현금흐름으로 하며, 할인율(자본비용)은 5%로 가정한다.

구분	현금흐름					NPV	IRR
	0	1	2	3	4		
투자안 A	-₩1,000	₩200	₩300	₩400	₩600	₩302	15.3%
투자안 B	-1,000	600	500	200	100	280	20.8%
증분현금흐름 A-B	₩0	-₩400	-₩200	₩200	₩500	₩22	6.7%

(A-B)의 증분현금흐름을 이용해서 의사결정하는 것은 곧 투자안 B를 투자안 A로 대체하는 경우의 현금흐름을 기준으로 의사결정하는 것과 동일한 개념이다. 따라서 증분NPV와 증분IRR을 이용해서 투자안을 선택하는 경우의 의사결정기준은 다음과 같다.

1) 증분 $NPV_{(A-B)} > 0$인 경우

① 투자안 B를 투자안 A로 대체하는 경우의 NPV가 0보다 크다는 것을 의미하므로 투자안 A가 보다 우월한 투자안이라는 의미이다. 따라서 이러한 경우에는 투자안 A를 선택하는 것이 타당하다.

② 가치가산의 원칙에 따라 증분 $NPV_{(A-B)} = NPV_A - NPV_B > 0$이므로 증분NPV를 기준으로 한 의사결정결과는 개별투자안의 NPV를 기준으로 한 의사결정결과와 항상 일치한다.

2) 증분 $IRR_{(A-B)} > k$인 경우

① 증분현금흐름이 투자형 현금흐름인 경우에는 투자안 B를 투자안 A로 대체하는 경우의 IRR(투자수익률)이 자본비용보다 크다는 것을 의미하므로 투자안 A가 보다 우월한 투자안이라는 의미이다. 따라서 이러한 경우에는 투자안 A를 선택하는 것이 타당하다.

② 증분현금흐름이 차입형 현금흐름인 경우에는 투자안 B를 투자안 A로 대체하는 경우의 IRR(부담비용률)이 자본비용보다 크다는 것을 의미하므로 투자안 B가 보다 우월한 투자안이라는 의미이다. 따라서 이러한 경우에는 투자안 B를 선택하는 것이 타당하다.

③ 증분IRR은 증분현금흐름의 NPV를 0으로 만드는 할인율이며, 이는 두 투자안의 NPV가 동일해지는 할인율 수준을 의미하므로 증분IRR은 앞서 살펴본 피셔의 수익률과 동일하다. 따라서 투자형 현금흐름에서 계산되는 증분 $IRR_{(A-B)}$이 자본비용보다 큰 경우에 투자안 A를 선택한다는 것은 곧 자본비용이 피셔의 수익률보다 작은 구간에서 NPV가 보다 큰 투자안 A를 선택한다는 의미이므로 증분IRR을 이용한 의사결정결과는 개별 투자안의 NPV를 기준으로 한 의사결정결과와 동일하게 된다.

한편, 증분NPV와 증분IRR을 이용해서 투자안을 선택하는 경우에 (A-B)의 증분현금흐름을 이용해서 의사결정하는 것은 곧 투자안 B를 투자안 A로 대체하는 단일한 투자안에 대한 의사결정이므로 증분 NPV를 이용한 의사결정결과는 증분IRR을 이용한 의사결정결과와 일치하게 된다. 다만, 증분현금흐름이 혼합형 현금흐름인 경우에는 증분IRR을 이용하는 의사결정이 곤란하므로 어떤 상황에서나 이용가능한 방법은 아님에 유의해야 한다.

제5절 자본예산의 현실적 적용

앞에서 설명한 바와 같이 여러 가지 경제성분석방법들 중에서 가장 우월한 방법은 순현재가치법이다. 그러나 자본예산의 현실적인 적용에 있어서는 NPV법을 단순히 적용하는 경우 문제가 발생될 수도 있다. 따라서 본 절에서는 투자규모가 상이한 경우, 투자자금이 제한되어 있는 경우, 내용연수가 상이한 경우, 물가변동으로 인한 화폐가치의 변동 등 현실적인 문제를 고려하는 경우의 투자안 선택에 대해 살펴보기로 한다.

01 투자규모가 상이한 경우

투자규모가 상이한 상호배타적인 투자안들과 관련된 의사결정을 하는 경우에 투자의 성과를 절대적인 금액으로 표현하는 NPV법과 상대적인 수익성으로 표현하는 IRR법 또는 PI법의 의사결정결과가 상반될 수 있다.

‖ 사례 ‖

투자규모가 상이한 상호배타적인 투자안. 단, 자본비용은 10%라고 가정한다.

구분	현금흐름(원)			NPV(원)	IRR	PI
	0	1	2			
투자안 A	-₩100	₩32	₩110	₩20	22.1%	1.2
투자안 B	-₩500	₩94	₩550	₩40	14.7%	1.08

① NPV법은 투자규모의 차이에 대해 기회비용(자본비용)으로의 투자, 즉 NPV = 0인 투자기회를 암묵적으로 가정하고 있다. 즉, 투자안 B를 실행하지 않고 투자안 A를 실행하는 경우에 잔여자금인 ₩400에서는 추가적인 가치의 증가가 발생하지 않는다고 가정하는 것이다.

② IRR법과 PI법은 투자규모의 차이에 대해 해당 투자안과 동일한 투자안을 중복하여 투자할 수 있다고 암묵적으로 가정하고 있다. 즉, IRR법과 PI법에서는 중복투자를 가정하여 잔여자금에서도 해당 투자안과 동일한 IRR의 발생을 가정하는 것이다.

구분		투자액	NPV	IRR	PI
투자안 A 실행 시	A투자자금	₩100	₩20	22.1%	1.2
	잔여자금	₩400	₩0	22.1%	1.2
	합계	₩500	₩20	22.1%	1.2
투자안 B 실행 시		₩500	₩40	14.7%	1.08

③ 투자안의 중복투자가 가능한 경우에는 PI법의 의사결정결과를 따르는 것이 타당하다. 왜냐하면, 중복투자가 가능한 경우 투자안 A를 5단위 실행하는 방안의 NPV는 ₩100이 되므로 투자안 B를 1단위 실행하는 방안에 비해 보다 우월하기 때문이다. 반면에, 중복투자가 불가능한 경우에는 잔여자금을 자본비용으로 투자한다고 가정하는 NPV법이나 가중평균수익성지수법의 의사결정결과를 따르는 것이 타당하다.

④ 가중평균수익성지수(weighted average profit index: WAPI)란 개별투자안의 수익성지수를 투자금액을 기준으로 가중평균하여 계산하는 전체 투자자금의 수익성지수를 의미하는데, 잔여자금에 대해서는 NPV법과 동일하게 NPV = 0 즉, PI = 1인 투자안을 가정하는 방법이다.

$$WAPI_A = \frac{100}{500} \times PI_A + \frac{400}{500} \times PI_{잔여자금} = \frac{100}{500} \times 1.2 + \frac{400}{500} \times 1 = 1.04$$

02 투자자금이 제한되어 있는 경우

투자자금의 제한이 없는 경우에는 NPV가 0보다 큰 투자안을 모두 실행하면 총투자의 NPV가 극대화되어 기업가치를 극대화할 수 있다. 그러나 현실적으로는 투자자금이 제한되어 있으므로 이러한 경우에는 제한된 투자자금을 투자안들에 적절하게 배분하여 총투자의 NPV가 극대화될 수 있도록 실행할 투자안들을 선택해야 한다. 이와 같이 한정된 자금을 투자안에 배분하는 의사결정을 자본할당(capital rationing)이라고 한다.

(1) 투자안의 부분투자가 가능한 경우

투자안의 부분투자(분할투자)가 가능하다는 것은 개별투자안의 투자액이 ₩1,000인 경우 이중 일부인 ₩200만을 투자하는 것도 가능하다는 것이다. 이와 같이 부분투자가 가능한 경우에는 투자금액 단위당 벌어들이는 가치를 의미하는 수익성지수가 큰 순서대로 투자하면 총투자의 NPV를 극대화할 수 있다.

(2) 투자안의 부분투자가 불가능한 경우

투자안의 부분투자가 불가능하다는 것은 해당 투자안의 투자액을 모두 투자하여 해당 투자안을 실행하든지 아니면 해당 투자안의 실행을 포기해야만 함을 의미한다. 투자안의 부분투자가 불가능한 경우에는 구성가능한 투자조합들 중에서 총투자의 NPV가 극대화되는 투자조합을 선택해야 하는데, 이때 문제가 되는 것은 투자안 실행 후 잔여자금이 존재할 수 있다는 것이다. 따라서 잔여자금에 대한 투자기회(투자수익률)를 고려해야만 올바른 의사결정을 할 수 있다.

① NPV법에서는 잔여자금에 대해 자본비용으로의 투자를 가정한다. 즉, 잔여자금의 NPV를 0으로 가정하는 것이다. 그리고 수익성지수법을 적용하는 경우에는 잔여자금에 대해서 PI가 1인 투자안을 가정하는 가중평균수익성지수법(WAPI법)을 이용하면 NPV법과 동일한 의사결정을 하게 된다.

② NPV법을 이용하는 경우에는 NPV가 극대화되는 투자조합을 선택해야 하며, WAPI법을 이용하는 경우에는 WAPI가 극대화되는 투자조합을 선택해야 한다. 그런데, NPV법과 WAPI법 모두 잔여자금의 투자기회에 대해 동일한 가정(자본비용으로 투자, NPV=0, PI=1)을 하는 방법이므로 의사결정결과는 항상 동일하게 된다. 다만, 가치가산의 원칙이 성립하는 NPV법이 보다 간편하게 이용할 수 있는 방법이다.

③ 투자가능한 투자조합을 구성하는 경우 투자안들 간의 관계를 반영해야 하는데, 투자안들이 상호독립적인 경우에는 문제가 없으나, 투자안들이 상호배타적이거나 종속적인 경우에는 투자조합 구성 시 이를 추가로 고려해야한다. 여기서 두 투자안이 상호종속적이라는 것은 두 투자안을 모두 실행하거나 두 투자안을 모두 기각해야 함을 의미하며, 두 투자안 중에서 하나의 투자안만을 실행하지는 못한다는 것이다.

예제 3 | 자본예산의 현실적 적용 - 자본할당

(주)파랑은 ₩2,000의 이용 가능한 투자자금을 보유하고 있으며, 다음과 같은 투자안들의 실행을 고려하고 있다.

구분	투자금액	수익성지수	순현재가치
투자안 A	₩500	1.20	₩100
투자안 B	600	1.18	108
투자안 C	700	1.15	105
투자안 D	800	1.14	112
투자안 E	900	1.06	54
투자안 F	200	0.98	-4

물음 1 투자안의 부분투자가 가능하며, 투자안들이 상호독립적이라는 가정하에 최적투자결정을 나타내고, 최적투자결정에 따른 NPV를 계산하시오.

물음 2 투자안의 부분투자가 불가능하며, 투자안들이 상호독립적이라는 가정하에 최적투자결정을 나타내시오.

물음 3 투자안의 부분투자가 불가능하며, 투자안 A과 투자안 F는 상호종속적이고, 투자안 C과 투자안 D는 상호배타적이라는 가정하에 최적투자결정을 나타내시오.

해답

물음1 투자안의 부분투자가 가능한 경우

PI가 높은 순서대로 투자한다. 즉, 투자안 A, B, C를 실행하고 투자안 D에는 ₩200을 투자하는 것이 최적 투자결정이다.

$$NPV_{(A+B+C+D\times0.25)} = ₩100 + ₩108 + ₩105 + ₩112 \times \frac{200}{800} = ₩341$$

물음2 투자안의 부분투자가 불가능한 경우

총투자의 NPV가 극대화되고, WAPI가 극대화되도록 투자안 A, B, D를 실행한다. 이때의 잔여자금은 ₩100 이다.

구분	투자금액	WAPI	NPV
A+B+C	₩1,800	1.1565	₩313
A+B+D	1,900	1.16	320
A+B+E	2,000	1.131	262
A+C+D	2,000	1.1585	317

$$WAPI_{(A+B+C+200)} = \frac{500}{2,000} \times 1.2 + \frac{600}{2,000} \times 1.18 + \frac{700}{2,000} \times 1.15 + \frac{200}{2,000} \times 1 = 1.1565$$

$$WAPI_{(A+B+D+100)} = \frac{500}{2,000} \times 1.2 + \frac{600}{2,000} \times 1.18 + \frac{800}{2,000} \times 1.14 + \frac{100}{2,000} \times 1 = 1.16$$

$$WAPI_{(A+B+E)} = \frac{500}{2,000} \times 1.2 + \frac{600}{2,000} \times 1.18 + \frac{900}{2,000} \times 1.06 = 1.131$$

$$WAPI_{(A+C+D)} = \frac{500}{2,000} \times 1.2 + \frac{700}{2,000} \times 1.15 + \frac{800}{2,000} \times 1.14 = 1.1585$$

물음3 상호종속적 투자안과 상호배타적 투자안

총투자의 NPV가 극대화되고, WAPI가 극대화되도록 투자안 A, B, C, F를 실행한다.

구분	투자금액	WAPI	NPV
A+B+C+F	₩2,000	1.1545	₩309
A+D+F	1,500	1.104	208
A+E+F	1,600	1.075	150
B+D	1,400	1.11	220
B+E	1,500	1.081	162
C+E	1,600	1.0795	159
D+E	1,700	1.083	166

03 내용연수가 상이한 경우

내용연수가 상이한 상호배타적인 투자안들과 관련된 의사결정을 하는 경우에는 차이가 나는 내용연수 기간에 대한 투자기회의 가정이 문제가 된다.

║ 사례 ║

상호배타적인 투자안 A의 내용연수는 2년이고, 투자안 B의 내용연수는 3년. 단, 자본비용은 10%라고 가정한다.

구분	현금흐름				NPV	IRR
	0	1	2	3		
투자안 A	-₩100	₩80	₩80	-	₩38.84	37.98%
투자안 B	-100	60	60	₩60	49.21	36.31%

① 단순한 NPV법을 적용하는 경우에는 NPV가 큰 투자안 B를 채택하는 의사결정을 하게 되는데, 이러한 NPV법은 투자안 A를 실행하는 경우에 차이나는 내용연수 기간인 2년 후 시점부터 3년 후 시점까지의 기간 동안 자본비용(기회비용)으로의 투자를 가정하는 것이다.

$$NPV_A = -₩100 + \frac{₩80}{1+k} + \frac{₩80}{(1+k)^2} = -₩100 + \frac{₩80 \times (1+k) + ₩80}{(1+k)^2}$$

$$= -₩100 + \frac{₩80 \times (1+k)^2 + ₩80 \times (1+k)}{(1+k)^3}$$

② IRR법은 투자안 A를 실행하는 경우에 차이나는 내용연수 기간인 2년 후 시점부터 3년 후 시점까지의 기간 동안 해당 투자안의 IRR로의 투자를 가정한다. 이는 차이나는 내용연수 기간 동안에도 투자안 A와 동일한 투자기회를 가정, 즉 투자안 A의 반복투자가 가능함을 가정하는 것이다.

$$₩100 = \frac{₩80}{1+IRR} + \frac{₩80}{(1+IRR)^2} = \frac{₩80 \times (1+IRR) + ₩80}{(1+IRR)^2}$$

$$= \frac{₩80 \times (1+IRR)^2 + ₩80 \times (1+IRR)}{(1+IRR)^3}$$

③ PI법은 투자안 A를 실행하는 경우에 차이나는 내용연수 기간인 2년 후 시점부터 3년 후 시점까지의 기간 동안 자본비용(기회비용)으로의 투자를 가정한다. 즉, NPV법과 동일한 투자수익률을 가정한다.

$$PI_A = \left[\frac{₩80}{1+k} + \frac{₩80}{(1+k)^2} \right] \div ₩100 = \frac{₩80 \times (1+k) + ₩80}{(1+k)^2} \div ₩100$$

$$= \frac{₩80 \times (1+k)^2 + ₩80 \times (1+k)}{(1+k)^3} \div ₩100$$

따라서 내용연수가 상이한 상호배타적인 투자안들과 관련된 의사결정을 하는 상황에서는 투자안의 반복투자 가능 여부가 의사결정방법의 선택에 핵심이 된다.

(1) 투자안의 반복투자가 불가능한 경우

투자안의 반복투자가 불가능한 경우에는 차이나는 내용연수 기간 동안 자본비용으로의 투자를 가정하는 것이 가장 합리적이다. 즉, NPV법의 투자수익률 가정이 합리적이기 때문에 내용연수의 차이와 무관하게 개별투자안의 NPV를 비교해서 의사결정하는 것이 타당하다.

(2) 투자안의 반복투자가 가능한 경우

투자안의 반복투자가 가능하다는 가정하에 NPV법을 적용하는 방법으로는 최소공배수법, 무한반복투자법, 연간균등가치법이 있다.

1) 최소공배수법

최소공배수법은 두 투자안의 내용연수의 최소공배수가 되는 기간까지 반복투자하는 경우를 가정하여 분석하는 방법이다. 앞에서 예로 든 투자안 A와 투자안 B를 이용해서 살펴보면 다음과 같다.

① 투자안 A와 투자안 B 내용연수의 최소공배수가 6이므로, 투자안 A는 6년간 3회 반복투자, 투자안 B는 6년간 2회 반복투자하는 경우를 가정하여 총 6년간의 전체 NPV를 계산하여 비교한다.

② 투자안 A를 6년간 3회 반복투자하는 경우의 NPV는 다음과 같이 현재부터 2년마다 ₩38.84의 NPV가 3회 발생하는 것과 동일하며, 투자안 B를 6년간 2회 반복투자하는 경우의 NPV는 현재와 3년 후 시점에 ₩49.21의 NPV가 2회 발생하는 것과 동일하다.

시점	0	1	2	3	4	5	6
투자안 A의 현금흐름	-₩100	₩80	₩80 -100	₩80	₩80 -100	₩80	₩80
NPV	₩38.84		₩38.84		₩38.84		

$$6년간의\ 총 NPV_A = ₩38.84 + \frac{₩38.84}{1.1^2} + \frac{₩38.84}{1.1^4} = ₩97.467$$

$$6년간의\ 총 NPV_B = ₩49.21 + \frac{₩49.21}{1.1^3} = ₩86.182$$

따라서 최소공배수 기간인 6년간 반복투자하는 경우의 NPV를 비교하여 의사결정하는 경우에는 6년간의 총 NPV가 보다 큰 투자안 A가 채택된다.

2) 무한반복투자법

무한반복투자법은 동일 투자안을 무한히 반복투자하는 경우를 가정하여 분석하는 방법이다. 투자안 A의 무한반복투자를 가정하는 것은 현재부터 2년마다 ₩38.84의 NPV가 무성장 영구히 발생한다고 가정하는 것이며, 투자안 B의 무한반복투자를 가정하는 것은 현재부터 3년마다 ₩49.21의 NPV가 무성장 영구히 발생한다고 가정하는 것이다.

$$\text{무한반복투자 시의 } NPV_A = ₩38.84 + \frac{₩38.84}{1.1^2} + \frac{₩38.84}{1.1^4} + \frac{₩38.84}{1.1^6} + \cdots$$

$$= ₩38.84 + \frac{₩38.84}{1.21} + \frac{₩38.84}{1.21^2} + \frac{₩38.84}{1.21^3} + \cdots$$

$$= ₩38.84 + \frac{₩38.84}{0.21} = ₩223.79$$

$$\text{무한반복투자 시의 } NPV_B = ₩49.21 + \frac{₩49.21}{1.1^3} + \frac{₩49.21}{1.1^6} + \frac{₩49.21}{1.1^9} + \cdots$$

$$= ₩49.21 + \frac{₩49.21}{1.331} + \frac{₩49.21}{1.331^2} + \frac{₩49.21}{1.331^3} + \cdots$$

$$= ₩49.21 + \frac{₩49.21}{0.331} = ₩197.88$$

따라서 무한반복투자 시의 NPV를 비교하여 의사결정하는 경우에는 무한반복투자 시의 NPV가 보다 큰 투자안 A가 채택된다.

3) 연간균등가치법

연간균등가치법(annual equivalent value method: AEV법)은 투자안의 연간균등가치가 가장 큰 투자안을 선택하는 방법이다.

① 연간균등가치란 무한반복투자 시의 NPV와 현재가치가 동일한 매년 말의 일정한 무성장 영구현금흐름을 말한다. 즉, 연간균등가치는 투자안을 무한히 반복투자하는 경우의 NPV와 현재가치가 동일하며 영구히 무성장하는 매년 말의 현금흐름을 의미한다.

$$\text{무한반복투자 시의 } NPV = \frac{AEV}{k} \rightarrow AEV = \text{무한반복투자 시의 } NPV \times k$$

② 연간균등가치는 투자안을 1회 투자하는 경우의 NPV와 현재가치가 동일한 내용연수 동안의 매년 말 일정한 현금흐름으로 계산할 수도 있다.

$$1\text{회 투자 시의 } NPV = AEV \times PVIFA_{(k,\ n)} \rightarrow AEV = \frac{1\text{회 투자 시의 } NPV}{PVIFA_{(k,\ n)}}$$

$$AEV_A = \text{무한반복투자 시의 } NPV_A \times k = ₩223.79 \times 0.1 = ₩22.379$$

$$= \frac{1\text{회 투자 시의 } NPV_A}{PVIFA_{(10\%,2)}} = \frac{₩38.84}{1.73554} = ₩22.379$$

$$AEV_B = \text{무한반복투자 시의 } NPV_B \times k = ₩197.88 \times 0.1 = ₩19.788$$

$$= \frac{1\text{회 투자 시의 } NPV_B}{PVIFA_{(10\%,3)}} = \frac{₩49.21}{2.48685} = ₩19.788$$

③ 반복투자를 가정하는 경우에 투자안 A를 실행하면 매년 말 ₩22.379의 NPV가 무성장 영구히 발생하는 것과 동일한 결과를 가져오며, 투자안 B를 실행하면 매년 말 ₩19.788의 NPV가 무성장 영구히 발생하는 것과 동일한 결과를 가져온다. 따라서 투자안의 연간균등가치를 비교하여 의사결정하는 경우에는 연간균등가치가 보다 큰 투자안 A가 채택된다.

한편, 이러한 연간균등가치법의 논리는 새로운 자산에 투자하는 경우의 연간균등비용에도 그대로 적용이 가능하다. 여기서 연간균등비용(equivalent annual cost: EAC)이란 새로운 자산에 무한히 반복투자하는 경우의 총비용의 현재가치와 가치가 동일하며 영구히 무성장하는 매년 말의 비용을 의미한다. 따라서 연간균등비용은 새로운 자산을 1회 이용하는 경우에 발생하는 총비용의 현재가치를 연금의 현재가치이자요소(이자율: 자본비용, 기간: 내용연수)로 나누어 계산할 수 있다.

$$총비용의\ 현재가치 = 취득원가 + 유지비용의\ 현재가치 - 처분가액의\ 현재가치$$

$$연간균등비용(EAC) = \frac{총비용의\ 현재가치}{PVIFA_{(k,n)}}$$

경제성분석방법들의 (재)투자수익률 가정

구분	투자규모 차이	투자기간 중 현금흐름	내용연수 차이
NPV법=WAPI법	자본비용	자본비용	자본비용
IRR법	IRR(중복투자)	IRR	IRR(반복투자)
수정IRR법	수정IRR(중복투자)	자본비용	자본비용
PI법	IRR(중복투자)	자본비용	자본비용
AEV법	자본비용	자본비용	IRR(반복투자)

04 인플레이션을 고려한 자본예산

투자기간이 장기인 투자안을 평가하는 경우에는 투자기간 동안 발생할 것으로 예상되는 인플레이션의 효과를 현금흐름과 할인율에 일관되게 반영하여야 한다. 이를 위해서 먼저 명목이자율과 실질이자율 간의 관계 및 명목현금흐름과 실질현금흐름 간의 관계에 대해 살펴보기로 한다.

(1) 명목이자율과 실질이자율

<제1장 확실성하의 기업가치평가>에서 설명한 명목이자율과 실질이자율 간의 관계를 다시 한 번 살펴보면 다음과 같다.

① 은행의 1년 만기 정기예금의 이자율이 12.2%인 경우에는 현재시점에 ₩1,000을 예금하면 1년 후 시점에 ₩1,122을 수취하게 되는데, 이러한 경우 12.2%를 명목이자율이라고 한다.

② 현재시점의 ₩1,000이 개당 가격이 ₩100인 재화 10개를 구입할 수 있는 금액인 경우에 1년간 화폐가치(물가)의 변동이 없다면 1년 후의 ₩1,122은 동일 재화 11.22개를 구입할 수 있는 금액이다. 이와 같이 화폐가치의 변동이 없는 경우에는 동 예금에서의 실질이자율도 명목이자율과 동일한 $12.2\% = \frac{11.22개}{10개} - 1$이다.

③ 1년간의 인플레이션율이 2%인 경우, 즉 동 재화의 현재 가격은 ₩100이지만 1년 후의 가격은 ₩102이 된다면 1년 후 수취하는 ₩1,122은 개당 가격이 ₩102으로 상승한 재화 11개를 구입할 수 있는 금액이므로 동 예금에서의 실질이자율은 $10\% = \dfrac{11개}{10개} - 1$이다.

따라서 인플레이션의 발생으로 인한 화폐가치의 변동을 고려하는 경우에 연간 인플레이션율이 2%이고, 연간 명목이자율이 12.2%라면 연간 실질이자율은 10%가 되며, 실질이자율과 명목이자율 간에는 다음과 같은 관계가 성립한다.

$$실질이자율 = \frac{1 + 명목이자율}{1 + 예상인플레이션율} - 1 = \frac{1 + 12.2\%}{1 + 2\%} - 1 = 10\%$$

$$(1 + 명목이자율) = (1 + 실질이자율) \times (1 + 예상인플레이션율)$$

(2) 명목현금흐름과 실질현금흐름

명목현금흐름은 인플레이션이 반영된 현금흐름으로 미래에 실제로 발생할 것으로 예상되는 현금흐름이다. 반면에, 실질현금흐름은 투자시점의 불변가격을 이용하여 측정되는 현금흐름으로 인플레이션의 효과가 반영되지 않은 현금흐름이다. 따라서 명목현금흐름에서 인플레이션의 효과를 제거(deflate)하면 실질현금흐름을 계산할 수 있으며, 실질현금흐름에 인플레이션의 효과를 반영하면 명목현금흐름을 계산할 수 있다.

$$실질 CF_t = \frac{명목 CF_t}{(1 + 예상인플레이션율)^t}$$
$$명목 CF_t = 실질 CF_t \times (1 + 예상인플레이션율)^t$$

─── ‖ 사례 ‖ ───

현재시점의 판매량이 100개이고, 개당 판매가격이 ₩100인 경우에 현재시점의 매출액은 ₩10,000인데, 1년 후 시점의 판매량은 현재보다 10%만큼 증가하여 110개가 되고, 1년간의 예상인플레이션율이 2%여서 1년 후 개당 판매가격은 ₩102이 될 것으로 예상되는 경우 1년 후 시점의 매출액은 다음과 같이 추정할 수 있다.

현재시점 매출액	1년 후 매출액				
100개 × ₩100	실질 CF_1	100개 × 1.1 × ₩100	=	110개 × ₩100	= ₩11,000
= ₩10,000	명목 CF_1	100개 × 1.1 × ₩100 × 1.02	=	110개 × ₩102	= ₩11,220

한편, 현금흐름의 측정과 관련하여 추가로 고려해야 할 사항은 다음과 같다.

① 투자시점의 취득원가를 기초로 하여 계산된 감가상각비는 미래에 실제 발생될 비용금액이므로 이를 기준으로 계산되는 감가상각비의 감세효과는 명목현금흐름이다.

② 현금흐름의 성장률에 대해서는 다음의 식이 성립한다.

$$(1 + 명목성장률) = (1 + 실질성장률) \times (1 + 예상인플레이션율)$$

연간 예상인플레이션율이 2%인 앞의 사례에서 매출액의 실질성장률은 10%이고 명목성장률은 12.2%이므로 실질성장률과 명목성장률 간의 관계는 다음과 같이 나타낼 수 있다.

(1 + 명목성장률) = (1 + 실질성장률) × (1 + 예상인플레이션율)

(1 + 12.2%) = (1 + 10%) × (1 + 2%)

[3] 인플레이션 효과의 고려

인플레이션의 발생이 예상되는 경우에는 투자안 평가 시에 현금흐름과 할인율(자본비용)에 인플레이션의 영향을 일관되게 반영해야 한다. 즉, 현금흐름을 명목현금흐름으로 측정한 경우에는 명목할인율로 할인하고, 현금흐름을 실질현금흐름으로 측정한 경우에는 실질할인율로 할인해야 한다. 이와 같이 현금흐름과 할인율에 인플레이션의 영향을 일관되게 반영한 경우에는 두 방법의 평가결과는 동일하게 된다.

$$\frac{\text{명목}\, CF_t}{(1+\text{명목할인율})^t} = \frac{\text{실질}\, CF_t \times (1+\text{예상인플레이션율})^t}{(1+\text{실질할인율})^t \times (1+\text{예상인플레이션율})^t} = \frac{\text{실질}\, CF_t}{(1+\text{실질할인율})^t}$$

명목할인율이 연 12.2%이고, 연간 예상인플레이션율이 2%인 경우 실질할인율이 10%이므로 앞의 사례에서 1년 후 매출액의 현재가치는 다음과 같이 계산될 수 있다.

$$\frac{\text{명목}\, CF_t}{(1+\text{명목할인율})^t} = \frac{₩11,220}{1+12.2\%} = ₩10,000 = \frac{₩11,000}{1+10\%} = \frac{\text{실질}\, CF_t}{(1+\text{실질할인율})^t}$$

(주)파랑은 새로운 기계의 구입을 고려하고 있다. 동 기계는 ₩15,000에 구입가능하며, 내용연수는 3년 이고, 내용연수말 잔존가치는 없다.

(1) 동 기계를 구입하는 경우 내용연수 동안의 연간 매출액과 감가상각비를 제외한 영업비용은 다음과 같을 것으로 추정되며, 이는 현재시점의 실질가치로 추정된 현금흐름이다.

시점	1	2	3
매출액	₩20,000	₩24,000	₩28,000
현금비용	₩12,000	₩12,000	₩14,000

(2) 연간 현금흐름은 매년 말에 발생하고, (주)파랑의 감가상각방법은 정액법이며, 법인세율은 50%, 투자안 평가에 적용될 명목할인율은 23.2%, 연간 인플레이션율은 10%로 일정하다.

물음1 명목현금흐름을 기준으로 한 NPV를 계산하시오.

물음2 실질현금흐름을 기준으로 한 NPV를 계산하시오.

해답

물음1 명목현금흐름 기준

시점	1	2	3
매출액(R)	₩20,000×1.1	₩24,000×1.1²	₩28,000×1.1³
현금비용(C)	₩12,000×1.1	₩12,000×1.1²	₩14,000×1.1³
R – C	₩8,800	₩14,520	₩18,634
(R – C) × (1 – t)	₩4,400	₩7,260	₩9,317
t × D	0.5×₩5,000	0.5×₩5,000	0.5×₩5,000
OCF	₩6,900	₩9,760	₩11,817

$$\therefore NPV_{명목} = -₩15,000 + \frac{₩6,900}{1.232} + \frac{₩9,760}{1.232^2} + \frac{₩11,817}{1.232^3} = ₩3,350.3$$

물음2 실질현금흐름 기준

시점	1	2	3
매출액(R)	₩20,000	₩24,000	₩28,000
현금비용(C)	₩12,000	₩12,000	₩14,000
R – C	₩8,000	₩12,000	₩14,000
(R – C) × (1 – t)	₩4,000	₩6,000	₩7,000
t × D	$0.5 \times \dfrac{₩5,000}{1.1}$	$0.5 \times \dfrac{₩5,000}{1.1^2}$	$0.5 \times \dfrac{₩5,000}{1.1^3}$
OCF	₩6,272.73	₩8,066.12	₩8,878.29

$$실질할인율 = \frac{1+23.2\%}{1+10\%} - 1 = 12\%$$

$$\therefore NPV_{실질} = -₩15,000 + \frac{₩6,272.73}{1.12} + \frac{₩8,066.12}{1.12^2} + \frac{₩8,878.29}{1.12^3} = ₩3,350.3$$

보론 | 최적소비-투자결정

소비 - 투자결정(consumption-investment decision)이란 소비를 통해 얻는 효용을 극대화하기 위해 자신의 부를 현재소비와 미래소비를 위한 투자로 나누는 의사결정을 말한다. 즉, 현재 일정한 부를 보유하고 있는 투자자는 현재의 부 중에서 일부는 현재시점에서 소비할 것이지만, 나머지는 미래의 소비를 위해 은행에 예금(대출)하거나 실물자산에 투자할 것이며, 이러한 과정 속에서 자신의 효용이 극대화되는 의사결정을 하고자 할 것이다.

이에 대한 논의는 먼저 소비에 따른 투자자의 효용에 대해 살펴본 후에 자본시장과 실물투자기회를 고려하는 경우 개인의 최적소비 - 투자결정에 관하여 살펴보기로 하는데 설명을 단순화하기 위해 다음과 같은 사항을 가정한다.

① 단일기간: 현재시점과 1년 후 시점만을 고려한다.

② 미래현금흐름의 확실성: 투자로 인해 발생될 미래의 현금흐름을 확실히 알고 있다.

③ 완전자본시장: 거래의 마찰적 요인이 존재하지 않기 때문에 누구나 동일한 이자율로 차입 또는 대출(예금)이 가능하다.

1. 소비와 효용

(1) 효용함수

소비(consumption: C)에 따른 개인의 주관적인 만족도를 효용(utility: U)이라고 한다. 이러한 효용에 대해서는 다음과 같은 두 가지 사항을 가정한다.

① 불포화만족($MU = \frac{\partial U}{\partial C} > 0$): 소비가 증가하는 경우에 총효용은 항상 증가한다. 즉, 소비자가 불포화(non-satiation)상태에 있어 더 많이 소비할수록 총효용은 증가한다.

② 한계효용의 체감($\frac{\partial MU}{\partial C} < 0$): 소비 1단위 증가에 따른 효용의 증가분인 한계효용(marginal utility: MU)은 소비가 증가함에 따라 감소한다.

합리적인 소비자의 효용함수

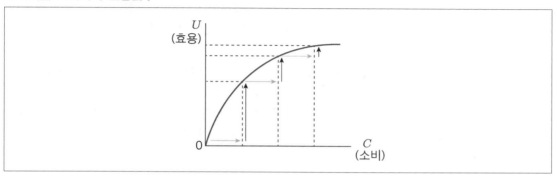

[2] 무차별곡선과 한계대체율의 체감

무차별곡선(indifference curve: I)이란 단일기간의 가정하에서 소비를 현재소비와 1년 후의 미래소비로 구분하는 경우에 동일한 수준의 효용을 제공하는 현재소비(C_0)와 미래소비(C_1)의 조합들을 연결한 선을 말한다.

① 소비가 증가할수록 효용이 증가하기 때문에 무차별곡선은 원점에서 멀어질수록 보다 높은 효용수준을 나타낸다.

② 특정한 소비점(C_0, C_1)에서의 무차별곡선의 기울기를 한계대체율(marginal rate of substitution: MRS)이라고 하는데, 이러한 한계대체율은 동 소비점에서 개인이 주관적으로 평가하는 현재소비와 미래소비 간의 교환비율을 나타낸다. 한계대체율의 크기는 일반적으로 (−)의 부호를 제외한 한계대체율의 절댓값의 크기를 의미하는데, 한계효용의 체감을 가정하기 때문에 현재소비가 증가함에 따라 한계대체율은 체감하게 되며, 이로 인해 무차별곡선은 원점에 대해 볼록한 형태를 보이게 된다.

③ 소비자들마다 소비의 시차선호 정도가 다르므로 주관적 소비의 만족도인 효용을 나타내는 무차별곡선 또한 소비자들마다 다른 형태를 갖는다. 한계대체율이 크다는 것은 현재소비 1단위 증가를 위해 포기할 수 있는 미래소비의 양이 크다는 것을 의미하므로 무차별곡선의 기울기가 보다 가파른 소비자는 상대적으로 미래소비보다 현재소비를 더 선호한다고 할 수 있다.

무차별곡선

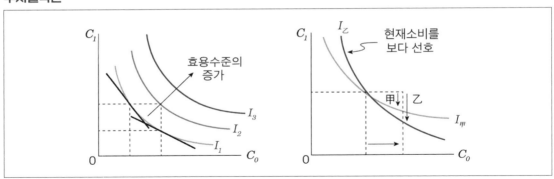

2. 자본시장의 존재와 최적소비의 결정

[1] 자본시장의 존재와 시장기회선

자본시장(capital market)이란 시장이자율로 자금을 차입하거나 대출(예금)할 수 있는 시장을 말한다. 이러한 자본시장의 존재가 소비자의 소비와 투자에 미치는 영향과 시장기회선에 대해 살펴보면 다음과 같다.

① 자본시장이 존재하는 경우에 현재의 소비를 더 선호하는 소비자는 미래의 소득을 근거로 자금을 차입해서 현재의 소비를 증가시킬 수 있으며, 미래의 소비를 더 선호하는 소비자는 현재의 소득을 대출해서 얻는 원금과 이자만큼 미래의 소비를 더 증가시킬 수 있다. 즉, 소비자는 시장이자율로의 차입이나 대출을 통해 자신의 소비기회집합을 확대할 수 있으며, 이러한 소비기회집합의 확대는 소비자의 효용증가를 가져온다.

사례

시장이자율(R)이 10%인 상황에서 현재 ₩100, 1년 후 ₩220의 소득(y_0 = ₩100, y_1 = ₩220)이 발생하는 소비자를 가정하는 경우, 동 소비자가 현재소비를 극단적으로 선호한다면 미래의 소득을 근거로 해서 ₩200(₩220 ÷ 1.1)을 차입하여 현재시점에 최대 ₩300까지 소비할 수 있고, 미래소비를 극단적으로 선호 한다면 현재의 소득 ₩100을 모두 대출하여 1년 후 시점에 최대 ₩330(₩220 + ₩100 × 1.1)까지 소비할 수 있다.

② 시장기회선(market opportunity line)이란 자본시장에서 시장이자율로의 차입 또는 대출을 통해 달성 가능한 현재소비와 미래소비의 조합을 나타내는 선을 의미하는데, 이러한 시장기회선의 기울 기인 −(1+시장이자율)은 자본시장에서의 현재부와 미래부 간의 객관적인 교환비율을 나타낸다.

③ 자본시장에서의 차입과 대출을 이용하여 달성 가능한 최대소비점들은 시장기회선상에 존재하게 되며, 이러한 소비점들에서는 소비의 현재가치와 부의 현재가치가 일치하게 된다. 따라서 시장기회 선을 등현가선이라고도 한다.

$$y_0 + \frac{y_1}{1+R} = ₩300 = C_0 + \frac{C_1}{1+R} \quad \rightarrow \quad C_1 = -(1+R) \times C_0 + ₩300 \times (1+R)$$

시장기회선

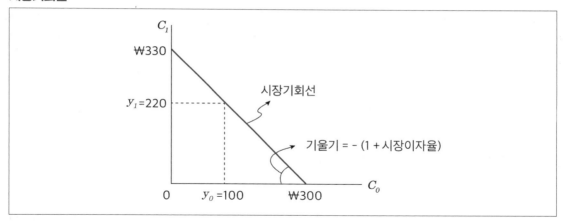

(2) 최적소비의 결정

자본시장만 존재하는 상황에서 소비자의 최적소비점은 주어진 부의 수준하에서 자신의 효용을 극대화 할 수 있는 점에서 결정되며, 이는 곧 주어진 시장기회선상의 점들 중에서 시장기회선이 개별투자자의 무차별곡선과 접하는 점에서 결정된다는 것을 의미한다.

① 최적소비점은 소비의 현재가치와 부의 현재가치가 일치하는 시장기회선상의 점들 중에서 결정된 다. 왜냐하면, 소비의 현재가치가 부의 현재가치보다 클 수는 없으며, 소비의 현재가치가 부의 현재 가치보다 작은 소비조합은 자원의 낭비가 발생하므로 비합리적이기 때문이다.

② 시장기회선상의 점들 중에서도 무차별곡선과 접하는 접점에서 소비자의 효용이 극대화되므로 최 적소비점에서는 시장기회선의 기울기인 −(1+시장이자율)과 무차별곡선의 기울기인 MRS가 일치 하게 된다.

자본시장만 이용하는 경우의 최적소비결정

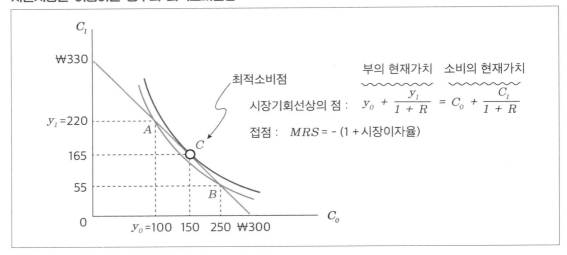

|| **사례** ||

현재 ₩100과 1년 후 ₩220의 소득이 발생하는 소비자를 가정하는 경우, 동 소비자는 A점과 같이 자본시장을 이용하지 않고 현재 ₩100을 모두 소비하고 1년 후에 ₩220을 모두 소비할 수도 있다. 또한 B점과 같이 현재소득 ₩100 외에 추가로 ₩150을 차입하여 현재 ₩250을 소비하고, 1년 후에는 ₩220의 소득 중에서 차입금에 대한 원리금 ₩150×1.1=₩165을 상환하고 남은 ₩55을 소비할 수도 있다. 그러나 이러한 소비보다는 C점에서 소비하는 것이 소비자의 효용을 극대화할 수 있는데, 최적소비점인 C점에서의 소비는 다음과 같다.

현재소득(₩100) + 차입(₩50) = 현재소비(₩150)

1년 후 소득(₩220) - 원리금상환(₩55) = 1년 후 소비(₩165)

---

3. 생산기회의 존재와 최적투자의 결정

[1] 생산기회의 존재와 생산기회선

생산기회란 기계나 공장과 같은 실물자산에 투자해서 미래에 수익을 얻을 수 있는 기회를 말하며, 실물투자기회라고도 한다. 이러한 생산기회의 존재가 소비자의 소비와 투자에 미치는 영향과 생산기회선에 대해 살펴보면 다음과 같다.

① 생산기회가 존재하는 경우에 투자자는 보유 중인 현재부 중의 일부는 현재에 소비할 것이지만, 나머지는 생산기회를 이용해서 실물자산에 투자하여 미래에 소비하고자 할 것이다.

② 생산기회선(production opportunity line)이란 단일기간의 가정하에서 실물자산에 대한 현재시점의 투자액과 투자에 따라 발생하는 미래 투자수익(현금유입) 간의 관계를 나타내는 선을 의미하며, 투자기회선이라고도 한다.

③ 특정한 투자점(P_0, P_1)에서 생산기회선의 기울기를 한계전환율(marginal rate of transformation: MRT)이라고 하는데, 이러한 한계전환율은 해당 투자점에서 추가적인 1원 투자 시 얻을 수 있는 미래수익을 의미하므로 −(1+한계투자수익률)과 동일하다.

④ 여러 가지 생산기회들이 존재하는 경우에 합리적인 투자자는 투자수익률이 높은 투자안에 우선적으로 투자할 것이므로 투자금액이 증가함에 따라 자본의 한계생산성을 의미하는 한계투자수익률은 체감하게 되어 생산기회선은 원점에 대해 오목한 형태로 나타나게 된다.

| 사례 |

현재 ₩1,000의 부(W_0)를 보유하고 있는 투자자에게 다음과 같은 생산기회들이 존재한다고 가정하면, 합리적인 투자자의 경우 투자수익률이 높은 A, B, C, D, E의 순서로 투자할 것이며, 이에 따라 한계투자수익률은 체감하게 된다. 또한, 투자자의 투자점이 P점인 경우 투자자는 실물자산(A, B, C)에 ₩600을 투자하는 것이므로 투자 후에 남은 현재의 부는 ₩400이며, 1년 후 시점에는 실물자산 투자에 따른 투자수익이 ₩940만큼 유입된다.

구분	현재시점 투자금액	투자수익률 (IRR)	1년 후 투자수익	누적 투자수익
A	₩200	100%	₩400	₩400
B	200	50%	300	700
C	200	20%	240	940
D	200	10%	220	1,160
E	200	5%	210	1,370

생산기회선의 도출

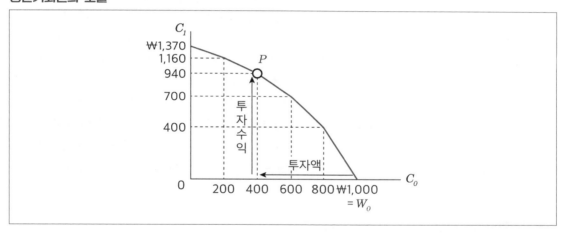

⑤ 무수히 많은 생산기회를 고려하는 경우, 즉 투자수익률이 상이한 무수히 많은 투자안들이 있고 각 투자안들에 분할투자할 수 있다면, 생산기회선은 그림(생산기회선의 일반적인 형태)과 같이 원점에 대하여 오목한 형태의 연속적인 곡선으로 나타낼 수 있다.

생산기회선의 일반적인 형태

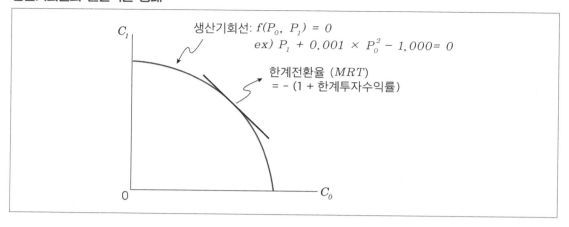

생산기회선: $f(P_0, P_1) = 0$
ex) $P_1 + 0.001 \times P_0^2 - 1,000 = 0$

한계전환율 (MRT)
= - (1 + 한계투자수익률)

[2] 최적투자[소비]의 결정

자본시장은 존재하지 않으며 생산기회만 존재하는 상황에서 소비자의 최적투자(소비)점은 생산기회선 상의 점들 중에서 개별투자자의 효용을 극대화할 수 있는 점에서 결정되며, 이는 곧 생산기회선과 개별 투자자의 무차별곡선이 접하는 점에서 결정된다는 것을 의미한다.

① 생산기회만 존재하는 경우에 소비자는 투자 후에 남은 부를 현재시점에 소비하고, 1년 후 시점에는 실물자산 투자에 따라 유입되는 투자수익을 소비하게 되므로 소비자의 최적투자결정은 최적소비 결정과 동일한 의미를 갖게 되며, 이러한 최적투자(소비)점은 생산기회선상의 점들 중에서 결정된다.

② 생산기회선상의 점들 중에서도 무차별곡선과 접하는 접점에서 소비자의 효용이 극대화되므로 최 적투자(소비)점에서는 생산기회선의 기울기인 MRT와 무차별곡선의 기울기인 MRS가 일치하게 된다.

③ 생산기회만 존재하는 경우에 개별투자자의 시차선호에 따라 최적투자(소비)점은 투자자들마다 다 르게 형성된다. 그림(생산기회만 이용하는 경우의 최적투자(소비)결정)에서 보듯이 상대적으로 현 재소비를 더 선호하는 투자자 乙의 현재소비($C_0^乙 = P_0^乙$)가 투자자 甲의 현재소비($C_0^甲 = P_0^甲$)보다 많게 되며, 상대적으로 미래소비를 더 선호하는 투자자 甲의 실물자산에 대한 투자($W_0 - P_0^甲$)가 투자자 乙의 투자($W_0 - P_0^乙$)보다 많게 된다.

생산기회만 이용하는 경우의 최적투자[소비]결정

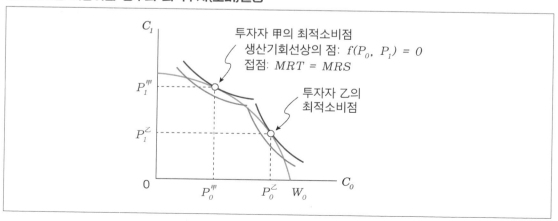

투자자 甲의 최적소비점
생산기회선상의 점: $f(P_0, P_1) = 0$
접점: $MRT = MRS$

투자자 乙의
최적소비점

4. 자본시장과 생산기회를 모두 이용하는 경우의 최적의사결정

앞에서 살펴본 바와 같이 현재부 중의 일부를 기간 간에 이전하는 수단으로 자본시장과 생산기회가 존재하는데, 자본시장을 이용하는 경우에는 일정한 시장이자율로 투자(대출)가 될 것이므로 부의 현재 가치에 변화가 없으나, 생산기회를 이용해서 투자하는 경우에는 투자수익률이 시장이자율보다 높은 생산기회들이 존재하므로 부의 현재가치가 투자 전보다 증가될 수 있다. 따라서 현재의 부를 기준으로 소비결정을 하는 것보다는 실물자산에 대한 투자결정을 통해 부의 현재가치를 극대화한 후에 소비결정을 하는 것이 투자자의 효용을 극대화할 수 있다.

이와 같이 자본시장과 생산기회를 모두 이용하는 경우의 최적의사결정은 두 단계로 분리되어 이루어진다. 1단계는 실물자산에 대한 최적투자결정을 통해 부의 현재가치를 극대화하는 것이며, 2단계는 최적 소비결정을 통해 투자자의 효용을 극대화하는 것이다.

[1] 1단계: 최적투자결정

최적투자결정의 목표는 부의 현재가치 극대화이다. 즉, 생산기회를 이용해서 투자하는 경우에 투자수 익률이 시장이자율(기회비용)보다 높은 생산기회들이 존재하므로 실물자산에 대한 투자를 통해 부의 현재가치를 극대화하는 최적투자결정을 할 수 있다. 이러한 최적투자점의 조건에 대해 구체적으로 살펴보면 다음과 같다.

> 생산기회선상의 점: $f(P_0, \ P_1) = 0$
>
> 생산기회선과 시장기회선의 접점: $\text{MRT} = -(1 + \text{시장이자율})$

① 생산기회선상의 점이라는 것은 생산함수를 만족시키는 점이라는 의미이며, 생산기회선과 시장기회선의 접점이라는 것은 한계투자수익률이 시장이자율과 같아져서 생산기회선의 기울기인 한계전환율(MRT)과 시장기회선의 기울기인 $-(1+시장이자율)$이 같아지는 점이라는 의미이다.

자본시장과 생산기회를 모두 이용하는 경우의 최적투자결정

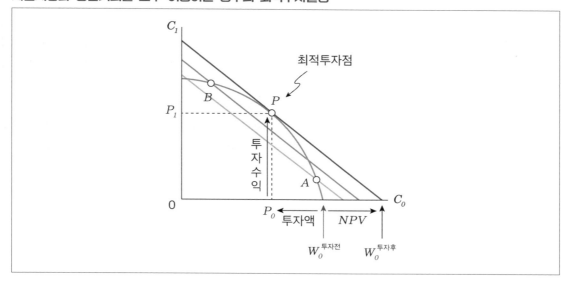

② 그림(자본시장과 생산기회를 모두 이용하는 경우의 최적투자결정)에서 한계투자수익률이 시장이 자율보다 높은 A점은 실물자산에 추가 투자 시 추가적인 부의 증가가 가능하므로 과소투자된 상황 이며, 반면에 B점은 기회비용인 시장이자율보다 낮은 투자수익률이 발생하는 투자안에도 투자한 것이므로 과대투자된 상황이다. 따라서 최적투자점은 투자에 따른 한계투자수익률이 시장이자율과 같은 투자안까지 투자하여 부의 현재가치가 극대화되는 P점이 된다.

③ 이러한 최적투자결정은 개인의 주관적인 시차선호(무차별곡선)와는 무관하게 객관적인 시장이자 율과 생산기회에 의해 결정된다. 따라서 모든 투자자들의 최적투자점은 개인의 주관적인 시차선호 와 무관하게 모두 일치하게 된다.

한편, 최적투자결정의 목표인 부의 현재가치 극대화는 순현재가치(NPV)의 극대화와 동일한 의미이다. 즉, 실물자산에 대한 투자를 통해 투자 전 부의 현재가치보다 부의 현재가치를 더 증가시킬 수 있는데, 이러한 부의 증가분을 NPV라고 하므로 최적투자결정의 목표인 부의 현재가치 극대화는 NPV의 극대 화와 동일한 의미가 된다. 그림(자본시장과 생산기회를 모두 이용하는 경우의 최적투자결정)에서도 투 자 전 부의 현재가치와 투자 후 부의 현재가치의 차이($W_0^{투자후} - W_0^{투자전}$)가 투자에 따른 부의 증가분인 NPV임을 알 수 있다.

(2) 2단계: 최적소비결정

최적소비결정의 목표는 효용의 극대화이다. 즉, 생산기회를 이용한 최적투자결정을 통해 부의 현재가 치를 극대화한 이후에 소비에 대한 시차선호가 상이한 각 투자자들은 자본시장을 이용한 차입 또는 대출을 통해서 자신의 효용을 극대화하는 최적소비결정을 할 수 있다. 이러한 최적소비점의 조건에 대 해 구체적으로 살펴보면 다음과 같다.

> 최적투자 후 시장기회선상의 점: $P_0 + \dfrac{P_1}{1+R} = W_0^{투자전} + NPV = W_0^{투자후} = C_0 + \dfrac{C_1}{1+R}$
>
> 무차별곡선과 시장기회선의 접점: MRS $= -(1+시장이자율)$

① 최적투자 후 시장기회선상의 점은 최적투자를 통해 달성된 부의 현재가치와 소비의 현재가치가 일 치하는 점을 의미하는 것으로 최적투자점에서 생산기회선에 접하는 시장기회선상의 점이라고 할 수 있다. 그리고 이러한 시장기회선상의 점들 중에서도 무차별곡선과 시장기회선의 접점에서 효용 이 극대화된다는 것은 이미 살펴본 바와 같다.

② 이러한 최적소비결정은 개인의 주관적인 시차선호를 반영하여 결정된다. 즉, 현재소비를 보다 선호 하는 투자자는 최적투자 후에 시장이자율로의 차입을 통해 현재소비를 증가시킬 수 있고, 미래소 비를 보다 선호하는 투자자는 최적투자 후에 시장이자율로의 대출을 통해 미래소비를 증가시킬 수 있다.

자본시장과 생산기회를 모두 이용하는 경우의 최적소비결정

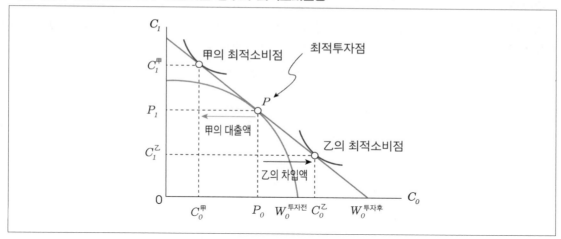

따라서 자본시장과 생산기회가 모두 존재하는 상황에서 최적투자결정과 최적소비결정이 이루어지는 경우 최적투자점과 최적소비점에서는 다음과 같은 조건이 만족된다.

$$MRT = -(1+시장이자율) = MRS$$

즉, 최적투자결정이 이루어지는 생산기회선과 시장기회선의 접점에서 $MRT = -(1+시장이자율)$이 만족되며, 최적소비결정이 이루어지는 시장기회선과 무차별곡선의 접점에서 $-(1+시장이자율) = MRS$이 만족되므로, 최적소비 — 투자결정이 이루어지는 경우에 이러한 조건이 모두 만족된다는 것을 알 수 있다.

자본시장과 생산기회가 모두 존재하는 상황에서 현재시점에 가용한 ₩45의 부를 보유하고 있는 투자자 甲의 최적투자점과 최적소비점에 관련된 사항이 아래 그림과 같다.

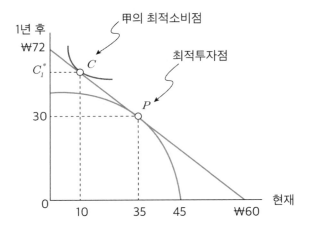

물음1 자본시장의 시장이자율을 계산하시오.

물음2 투자자 甲의 실물자산에 대한 최적투자금액과 NPV를 계산하시오.

물음3 투자자 甲의 실물자산 투자의 평균투자수익률과 최적투자점에서의 한계투자수익률을 계산하시오.

물음4 현재시점에서의 투자자 甲의 차입(또는 대출)금액과 1년 후 시점의 소비금액(C_1^*)을 계산하시오.

물음5 이상의 자료와 달리 투자자 甲의 효용을 극대화하는 현재시점의 최적소비금액이 ₩50인 경우를 가정한다. 투자자 甲의 최적투자금액과 1년 후 시점의 소비금액을 계산하시오.

해답

물음1 시장이자율

$$R = \frac{W72}{W60} - 1 = \frac{W30}{W60 - W35} - 1 = 20\%$$

물음2 최적투자의사결정

실물자산에 대한 투자금액 = ₩45 − ₩35 = ₩10

$$\text{최적투자의 } NPV = \frac{W30}{1+20\%} - W10 = W15$$

$$= \text{투자 후 부의 PV} - \text{투자 전 부의 PV} = W60 - W45 = W15$$

물음3 평균투자수익률과 한계투자수익률

$$\text{최적투자의 평균투자수익률} = \frac{\text{총투자수익}}{\text{총투자액}} - 1 = \frac{W30}{W10} - 1 = 200\%$$

최적투자점에서의 한계투자수익률 = 시장이자율 = 20%

물음4 대출과 최적소비의사결정

대출금액 = ₩35 − ₩10 = ₩25

1년 후 시점의 소비금액 = 1년 후 실물자산 투자수익 + 대출 원리금 회수액

$$= W30 + W25 \times (1 + 20\%) = W60$$

물음5 차입과 최적소비의사결정

최적투자점은 개인의 주관적인 소비의 시차선호와는 무관하게 결정되므로, 시장이자율과 생산기회가 변동하지 않는 한 최적투자금액은 **물음2** 의 답과 동일하게 ₩10으로 결정된다.

∴ 현재시점의 차입액 = ₩50 − ₩35 = ₩15

1년 후 시점의 소비금액 = 1년 후 실물자산 투자수익 − 차입 원리금 상환액

$$= W30 - W15 \times (1 + 20\%) = W12$$

참고로 투자자 甲의 최적소비점이 (C_0, C_1) = (10, 60)인 경우 투자자 甲의 투자 - 소비 행태는 다음과 같다.

현재부(₩45) − 실물투자(₩10) − 대출(₩25)	= 현재소비(₩10)
미래부(₩0) + 투자수익(₩30) + 대출 원리금(₩30)	= 미래소비(₩60)

그리고 투자자 甲의 최적소비점이 (C_0, C_1) = (50, 12)인 경우 투자자 甲의 투자 - 소비 행태는 다음과 같다.

현재부(₩45) − 실물투자(₩10) + 차입(₩15)	= 현재소비(₩50)
미래부(₩0) + 투자수익(₩30) − 차입 원리금(₩18)	= 미래소비(₩12)

5. 피셔의 분리정리

(1) 분리정리의 의의

피셔의 분리정리(Fisher's separation theorem)란 지금까지 살펴본 바와 같이 자본시장과 생산기회를 모두 이용하는 경우에 최적투자결정과 최적소비결정이 분리되어 이루어진다는 것을 말한다. 이러한 피셔의 분리정리는 다음과 같은 두 가지의 중요한 의미를 시사한다.

1) NPV 극대화기준

피셔의 분리정리는 기업의 실물자산에 대한 최적투자결정의 합리적인 기준이 NPV 극대화기준이며, 기업가치의 극대화는 NPV를 극대화함으로써 달성될 수 있다는 것을 보여 준다. 앞에서 살펴본 바와 같이 기업의 실물자산에 대한 최적투자결정의 목표는 부의 현재가치 극대화인데, 이는 기업이 실물자산에 대한 투자를 통해 부의 현재가치를 투자 전보다 증가시켜야 하는 것을 의미하므로 이러한 부의 증가분, 즉 NPV를 극대화하는 것이 최적투자결정의 목표라고 할 수 있다. 그런데, 기업가치는 기업이 보유하고 있는 자산을 통해 벌어들일 미래 현금흐름의 현재가치이므로 실물자산에 대한 투자를 통해 부의 현재가치를 극대화하는 것은 재무관리의 목표인 기업가치의 극대화와 동일한 의미가 된다. 따라서 재무관리의 목표인 기업가치의 극대화는 실물자산에 대한 투자를 통해 NPV를 극대화함으로써 달성될 수 있다는 것을 알 수 있다.

2) 소유와 경영의 분리

피셔의 분리정리는 경영자가 NPV를 극대화할 수 있도록, 즉 기업가치를 극대화할 수 있도록 의사결정을 하게 되면 이러한 의사결정이 주주들의 효용을 극대화시키는 의사결정과 일치할 것이므로 주주들은 실물자산에 대한 투자결정을 경영자에게 위임할 수 있으며, 이에 따라 주식회사의 경우 소유와 경영의 분리가 가능해짐을 보여준다. 즉, 앞에서 살펴본 바와 같이 자본시장이 존재하지 않고 생산기회만 존재한다면 미래소비를 보다 선호하는 투자자는 실물자산에 보다 많이 투자하려 할 것이고, 현재소비를 보다 선호하는 투자자는 보다 많은 현재의 소비를 위해 실물자산에 적은 금액을 투자하려 할 것이므로 투자자들의 소비에 대한 시차선호(효용함수)에 따라 최적투자결정이 상이하게 이루어질 것이다. 그러나 자본시장의 존재까지 고려하는 경우에는 투자자들이 각각 선호하는 소비조합이 상이하다고 하더라도 주관적인 효용함수와는 무관하게 최적투자결정을 통해서 부의 현재가치를 극대화한 후에 자본시장을 이용한 소비결정을 할 것이므로 모든 투자자의 최적투자결정은 일치하게 된다. 따라서 주주들은 실물자산에 대한 투자결정을 경영자에게 위임하여 경영자로 하여금 개별 주주들의 효용함수와는 무관하게 NPV를 극대화하는 투자의사결정을 하게 하고, 자신들은 주관적인 효용함수에 따라 자본시장을 이용한 소비결정을 하면 되므로, 피셔의 분리정리는 주식회사의 경우 소유와 경영의 분리가 가능함을 보여준다.

(2) 시장이자율의 변동

다른 조건은 동일한 상태에서 시장이자율이 변동하는 경우에는 최적소비 - 투자결정이 다음과 같이 달라지게 된다.

시장이자율의 변동과 최적소비-투자결정

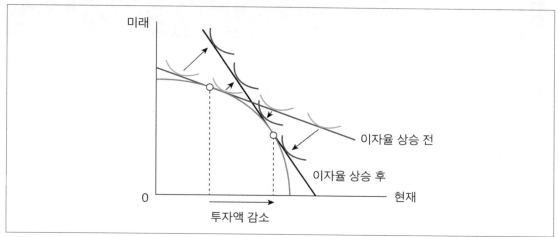

① 시장이자율이 상승하는 경우에는 실물자산투자에 대한 기회비용의 증가로 인해 실물자산에 대한 투자액은 감소하게 되며, 대출자의 효용은 증가하게 된다. 그리고 차입자의 경우에는 일반적으로 효용이 감소하게 되지만, 시장이자율 상승에 따라 대출자로 전환하는 자 중 일부의 효용은 증가될 수 있다.

② 시장이자율이 하락하는 경우에는 실물자산투자에 대한 기회비용의 감소로 인해 실물자산에 대한 투자액은 증가하게 되며, 차입자의 효용은 증가하게 된다. 그리고 대출자의 경우에는 일반적으로 효용이 감소하게 되지만, 시장이자율 하락에 따라 차입자로 전환하는 자 중 일부의 효용은 증가될 수 있다.

[3] 불완전자본시장과 피셔의 분리정리

현실의 자본시장에서는 일반적으로 차입이자율이 대출이자율보다 높으며 이에 따라 차입자의 최적투자금액이 대출자의 최적투자금액보다 적게 되어 차입자의 최적투자점과 대출자의 최적투자점이 상이하게 된다. 따라서 불완전자본시장에서는 최적투자결정이 투자자의 효용함수에 따라 상이하게 이루어지기 때문에 모든 투자자들의 최적투자결정이 일치한다는 피셔의 분리정리는 성립하지 않게 된다.

불완전자본시장에서의 최적소비-투자결정

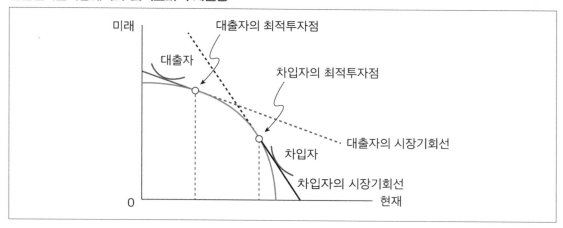

01 구입가격이 450,000원인 내용연수 3년의 기계장치 구입을 고려하고 있다. 이 기계장치를 운용하는 경우에 내용연수 동안 매년 매출은 300,000원, 감가상각비를 제외한 영업비용은 100,000원 증가할 것으로 예상된다. 기계장치는 잔존가치를 0원으로 하여 내용연수 동안 정액법으로 감가상각되지만, 내용연수 종료시점에 실제로는 30,000원에 처분될 것으로 예상된다. 투자시점에 25,000원의 추가적인 순운전자본을 소요하며, 해당 순운전자본은 내용연수 종료시점에 전액 회수된다. 법인세율은 40%이고, 투자안의 자본비용은 10%이다. 이 기계장치를 구입하여 운용하는 투자안의 순현재가치(NPV)에 가장 가까운 값을 고르시오. 단, 현금흐름은 투자시점과 매년 말에 발생한다고 가정하며, PVIF(10%, 3)=0.7513, PVIFA(10%, 3)=2.4869이다.

① 4,569원 ② 4,723원 ③ 4,948원

④ 5,181원 ⑤ 5,357원

02 A기업은 현재 100억원을 투자해야 하는 독립적인 투자안의 실행을 고려하고 있다. 투자안의 내용연수는 3년이며, 잔존가치 없이 3년간 정액법으로 감가상각된다. 투자안을 실행하는 경우에 발생될 내용연수 동안의 현금 유입액은 1년 후, 2년 후, 3년 후 각각 30억원, 40억원, 50억원이고, 3년간의 당기순이익은 투자안의 현금 유입액과 같다고 가정한다. A기업의 목표회수기간은 3년이고, 평균투자액을 기준으로 한 목표회계적이익률은 60%이며, 투자안의 자본비용이 5%인 경우에 투자안의 경제성분석과 관련된 설명들 중에서 가장 옳지 않은 것을 고르시오.

① 투자안의 회수기간 2.6년이 목표회수기간보다 짧기 때문에 투자안을 실행한다.
② 투자안의 회계적이익률 80%가 목표회계적이익률보다 높기 때문에 투자안을 실행한다.
③ 투자안의 순현재가치 8.04억원이 0보다 크기 때문에 투자안을 실행한다.
④ 투자안의 내부수익률 8.896%가 0보다 크기 때문에 투자안을 실행한다.
⑤ 투자안의 수익성지수 1.08이 1보다 크기 때문에 투자안을 실행한다.

03 순현재가치법과 내부수익률법에 대한 설명들 중에서 가장 옳지 않은 것을 고르시오. 단, 투자시점에 현금 유출이 발생하고, 이후 현금유입이 발생하는 투자형 현금흐름을 가정한다.

① 독립적인 투자안 평가의 경우에 순현재가치법과 내부수익률법의 의사결정결과는 항상 일치한다.

② 투자안의 내부수익률이 자본비용보다 큰 경우에 자본비용을 할인율로 사용해서 계산되는 순현재가치는 0보다 크게 된다.

③ 순현재가치법은 자본비용으로 재투자한다고 가정하며, 내부수익률법은 해당 투자안의 내부수익률로 재투자한다고 가정한다.

④ 여러 개의 투자안을 결합하는 분석을 실시하는 경우에 순현재가치법은 가치가산의 원칙이 성립하지만, 내부수익률법은 가치가산의 원칙이 성립하지 않는다.

⑤ 투자규모가 상이한 상호배타적인 투자안 평가의 경우에 순현재가치는 투자규모에 대비한 상대적 성과를 나타내며, 내부수익률은 절대적 성과를 나타낸다.

01 ③

$$\Delta OCF = (\Delta R - \Delta C) \times (1-t) + t \times \Delta D$$

$$= (300,000원 - 100,000원) \times (1-0.4) + 0.4 \times \frac{450,000원 - 0원}{3년} = 180,000원$$

내용연수말 처분 유입액 = 처분가액 - (처분가액 - 장부금액) × t

$$= 30,000원 - (30,000원 - 0원) \times 0.4 = 18,000원$$

구분	t=0	t=1	t=2	t=3
ΔOCF		180,000	180,000	180,000
순운전자본	-25,000			25,000
기계장치	-450,000			18,000
합계	-475,000	180,000	180,000	223,000

$NPV = -475,000원 + 180,000원 \times 2.4869 + (25,000원 + 18,000원) \times 0.7513 = 4,947.9원$

02 ④

① 회수기간 $= 2 + \dfrac{30억원}{50억원} = 2.6년 < 목표회수기간 \rightarrow 실행$

② 회계적이익률 $= \dfrac{(30억원 + 40억원 + 50억원) \div 3년}{(100억원 + 0원) \div 2} = 80\% > 목표회계적이익률 \rightarrow 실행$

③ 순현재가치 $= -100억원 + \dfrac{30억원}{1.05} + \dfrac{40억원}{1.05^2} + \dfrac{50억원}{1.05^3} = 8.04억원 > 0 \rightarrow 실행$

④ 순현재가치 $= -100억원 + \dfrac{30억원}{1.08896} + \dfrac{40억원}{1.08896^2} + \dfrac{50억원}{1.08896^3} = 0원$

$IRR = 8.896\% > k = 5\% \rightarrow 실행$

⑤ 수익성지수 $= \dfrac{100억원 + 8.04억원}{100억원} = 1.08 > 1 \rightarrow 실행$

03 ⑤ NPV법은 투자안의 성과를 절대적인 금액(절대적 성과)로 표현하는 방법이며, IRR법은 투자안의 성과를 상대적인 수익률(상대적 성과)로 표현하는 방법이다.

cpa.Hackers.com

해커스 윤민호 재무관리

제2부

기업재무론 - 불확실성을 고려한 가치평가

해커스 윤민호 재무관리

제3장

포트폴리오이론

제1절 자본비용의 의의

자본비용(cost of capital)이란 기업이 주주나 채권자 등 자본제공자에게 지급하는 자본사용에 대한 대가를 말하며, 조달금액에 대한 대가의 비율(이자율 또는 할인율)로 측정된다.

① 기업의 입장: 자본비용은 기업의 입장에서 보면 조달한 자금으로 투자해서 벌어들여야 하는 최소한의 수익률(minimum required rate of return)을 의미한다. 왜냐하면, 기업의 입장에서는 조달한 자금에 대해 자본비용을 지불해야 하므로 최소한 자본비용 이상의 수익을 얻어야 하기 때문이다.

② 자본제공자의 입장: 자본비용은 자본제공자의 입장에서 보면 자신이 제공한 자금에 대해 요구하는 최소한의 수익률, 즉 요구수익률(required rate of return) 또는 기대수익률(expected rate of return)이라고 할 수 있다.

한편, 자본비용은 자본제공자가 누구냐에 따라 크게 타인자본비용과 자기자본비용으로 구분된다. 이러한 자본비용의 원천별 구분에 대해 구체적으로 살펴보면 다음과 같다.

① 타인자본비용(cost of debt: k_d): 기업이 타인자본, 즉 부채로 자금을 조달할 때 부담해야 하는 자본비용을 의미하며, 부채에 대한 채권자의 요구수익률이다.

② 자기자본비용(cost of equity: k_e): 기업이 자기자본으로 자금을 조달할 때 부담해야 하는 자본비용을 의미하며, 자기자본에 대한 주주의 요구수익률이다.

③ 가중평균자본비용(weighted average cost of capital: k_0): 타인자본비용과 자기자본비용을 각 원천별 자본이 총자본에서 차지하는 구성비율로 가중평균한 것으로, 기업 전체의 자본비용을 의미하며, 전체 자산에 대한 요구수익률이다.

<제1부 기업재무론 - 확실성하의 가치평가>에서는 논의의 편의를 위해 자본비용이 주어진 상황을 가정하여 기업가치와 투자안의 가치를 평가하는 방법에 대해서 설명하였는데, 지금부터는 가정을 완화하여 자본비용을 측정하는 방법에 대해서 살펴보기로 한다. 그런데, 자본비용 중 타인자본비용을 측정하는 데에는 큰 어려움이 없지만, 자기자본비용을 측정하는 것은 상대적으로 어려울 뿐만 아니라 여러 가지 이론들이 존재한다. 또한 부채사용기업의 경우에는 자본구조(타인자본과 자기자본의 구성상태)에 따라 전체의 자본비용인 가중평균자본비용이 달라지게 된다.

따라서 <제3장 포트폴리오이론>부터 <제5장 시장모형과 차익거래가격결정이론>까지는 단순화를 위해 부채를 사용하지 않는 무부채기업을 가정하여 주주의 요구수익률인 자기자본비용을 측정하는 방법에 대해서 살펴보고, 부채사용기업 또는 부채사용 투자안의 전체 자본비용인 가중평균자본비용을 측정하는 방법에 대해서는 <제6장 자본구조이론>과 <제7장 부채사용 투자안의 가치평가>에서 살펴보고자 한다.

제2절 위험과 수익률

자기자본비용은 투자자(주주)들이 자신이 투자한 자금에 대하여 요구하는 최소한의 수익률, 즉 요구수익률(기대수익률)이며, 또한 투자자(주주)의 기회비용이라고도 할 수 있다. 본 절에서는 투자자들이 개별자산에 투자할 경우 투자자들의 요구수익률(기대수익률)이 결정되는 과정에 대해서 살펴보기로 한다.

01 기대수익률과 위험의 측정

현실에서의 의사결정은 대부분 위험이 존재하는 상황에서 이루어진다. 위험이 존재하는 상황이란 미래의 현금흐름(또는 수익, 성과, 부라고도 한다.)을 현재시점에서 확실하게 알 수 없고, 단지 확률분포의 형태로 예측할 수 있는 상황을 말한다. 여기서 미래 현금흐름에 대한 기대치와 실제 실현되는 실제치가 같지 않을 가능성, 즉 미래 현금흐름의 변동 가능성을 위험이라고 하는데, 미래의 현금흐름에 위험이 존재하는 경우 투자자(주주)들은 기대수익의 크기뿐만 아니라 위험까지 고려하여 의사결정을 할 것이다. 따라서 다음의 사례를 토대로 위험이 존재하는 상황에서 기대수익률과 위험을 측정하는 방법에 대해서 살펴보기로 한다.

┤ 사례 ├

다음은 경기상황에 따라서 주식 1과 주식 2로부터 1년 후에 실현될 것으로 예상되는 수익률(확률변수)의 확률분포[1]이다.

미래상황(s)	발생확률(p_s)	실현수익률(R_{is})	
		주식 1	주식 2
호황	1/3	15%	20%
보통	1/3	10%	10%
불황	1/3	5%	0%

(1) 기대수익률

기대수익률은 각각의 미래상황에서 실현되는 수익률에 대한 기댓값을 의미한다. 이러한 기대수익률 [$E(R_i)$]은 각 상황에서의 실현수익률(R_{is})에 발생확률(p_s)을 곱한 후 모두 더하여 계산되며, 미래의 실현수익률이 평균적으로 어느 정도 값이 될 것인지를 나타내는 통계적 측정치라고 할 수 있다.

$$E(R_i) = \sum_{s=1}^{n} p_s \times R_{is}$$

단, p_s : 상황 s가 발생할 확률

R_{is} : 상황 s에서 자산 i의 실현수익률

---

1) 미래의 상황에 따라 변동되는 변수를 확률변수라고 하며, 발생 가능한 미래의 각 상황이 발생할 확률과 각 상황에서의 확률변수의 값을 나타낸 것을 확률분포라고 한다.

주식 1과 주식 2의 기대수익률을 계산하면 다음과 같으며, 주식 1과 주식 2의 기대수익률은 10%로 동일함을 알 수 있다.

$$E(R_1) = \frac{1}{3} \times 15\% + \frac{1}{3} \times 10\% + \frac{1}{3} \times 5\% = 10\%$$

$$E(R_2) = \frac{1}{3} \times 20\% + \frac{1}{3} \times 10\% + \frac{1}{3} \times 0\% = 10\%$$

(2) 위험의 통계적 측정치

주식 1과 주식 2의 기대수익률은 동일하지만, 각 상황에서의 실현수익률이 기대수익률에서 벗어나는 정도, 즉 위험의 정도는 서로 다르다. 이와 같은 위험의 정도, 즉 실현수익률과 기대수익률의 차이를 수익률의 편차라고 하며, 이러한 위험의 크기를 측정하는 통계적 측정치로 이용되는 것이 분산과 표준편차이다.

1) 분산

분산(variance)이란 각 상황에서의 실현수익률과 기대수익률의 차이인 편차를 제곱한 값에 발생확률을 곱해서 모두 더한 값을 의미하며, $Var(R_i)$ 또는 σ_i^2으로 표시한다.

$$Var(R_i) = \sigma_i^2 = \sum_{s=1}^{n} p_s \times [R_{is} - E(R_i)]^2$$

주식 1과 주식 2의 수익률의 분산을 계산하면 다음과 같은데, 주식 1보다 주식 2의 분산이 크다. 여기서 분산이 크다는 것은 그만큼 미래상황에서의 수익률이 보다 넓은 범위에 걸쳐 분포하고 있다는 것을 의미하며, 이는 곧 위험이 크다는 것과 동일한 의미로 해석할 수 있다.

$$Var(R_1) = \sigma_1^2 = \frac{1}{3} \times (15\% - 10\%)^2 + \frac{1}{3} \times (10\% - 10\%)^2 + \frac{1}{3} \times (5\% - 10\%)^2 = 16.67\%^2$$

$$Var(R_2) = \sigma_2^2 = \frac{1}{3} \times (20\% - 10\%)^2 + \frac{1}{3} \times (10\% - 10\%)^2 + \frac{1}{3} \times (0\% - 10\%)^2 = 66.67\%^2$$

한편, 분산과 관련하여 주의할 점은 분산의 단위가 확률변수 단위의 제곱이라는 것이다. 즉, 확률변수로써 수익률인 %를 사용하는 경우 분산의 단위는 %의 제곱이 되며, 따라서 분산의 단위에 대한 해석에 문제가 발생한다. 예컨대, 주식 1의 분산을 소수로 나타내는 경우에 $16.67\%^2 = 0.001667$이므로 이를 그대로 의사결정에 이용하기에는 문제가 있다.

2) 표준편차

분산이 갖는 단위적용의 문제점 때문에 이용하는 위험의 통계적 측정치가 표준편차이다. 표준편차(standard deviation)는 분산에 양(+)의 제곱근을 취하여 통계치의 단위가 확률변수의 단위와 동일하게 되도록 표준화한 값으로써 σ_i로 표시한다.

$$\sigma_i = \sqrt{Var(R_i)}$$

주식 1과 주식 2의 수익률의 표준편차를 계산하면 다음과 같으며, 주식 1보다 주식 2의 표준편차가 크기 때문에 주식 1보다 주식 2의 위험이 크다고 해석할 수 있다.

$$\sigma_1 = \sqrt{Var(R_1)} = \sqrt{16.67\%^2} = 4.08\%$$

$$\sigma_2 = \sqrt{Var(R_2)} = \sqrt{66.67\%^2} = 8.16\%$$

[3] 확률변수들 간의 관계에 대한 통계적 측정치

위험을 측정하는 경우 개별자산 수익률의 분산과 표준편차뿐만 아니라 개별자산 수익률들 간에 존재하는 상호관련성에 대해서도 측정할 필요가 있다. 이러한 확률변수들 간의 상호관련성을 측정하는 통계적 측정치에는 공분산과 상관계수가 있다.

1] 공분산

공분산(covariance)이란 각 상황에서 각 자산의 실현수익률과 기대수익률의 차이인 수익률의 편차를 곱한 값에 발생확률을 곱하여 모두 더한 값을 의미하며, $Cov(R_i, R_j)$ 또는 σ_{ij}로 표시한다.

$$Cov(R_i, R_j) = \sigma_{ij} = \sum_{s=1}^{n} p_s \times [R_{is} - E(R_i)] \times [R_{js} - E(R_j)]$$

주식 1과 주식 2의 수익률 간의 공분산을 계산하면 다음과 같다.

$$
\begin{aligned}
Cov(R_1, R_2) = \sigma_{12} &= \sum_{s=1}^{n} p_s \times [R_{1s} - E(R_1)] \times [R_{2s} - E(R_2)] \\
&= \frac{1}{3} \times (15\% - 10\%) \times (20\% - 10\%) + \frac{1}{3} \times (10\% - 10\%) \times (10\% - 10\%) \\
&+ \frac{1}{3} \times (5\% - 10\%) \times (0\% - 10\%) = 33.33\%^2
\end{aligned}
$$

이와 같이 계산되는 공분산은 두 자산의 수익률, 즉 두 확률변수들 간의 상호관련성을 나타내는 측정치이다. 이러한 공분산의 의미에 대해 구체적으로 살펴보면 다음과 같다.

① 공분산이 양(+)의 값을 갖는 경우는 두 확률변수가 평균적으로 같은 방향으로 변동하는 경우이며, 여기서 같은 방향으로 변동한다는 것은 두 확률변수에서 발생하는 각 상황에서의 편차가 동일한 부호로 발생함을 의미한다.

② 공분산이 음(−)의 값을 갖는 경우는 두 확률변수가 평균적으로 반대 방향으로 변동하는 경우이며, 여기서 반대 방향으로 변동한다는 것은 두 확률변수에서 발생하는 각 상황에서의 편차가 상반된 부호로 발생함을 의미한다.

③ 공분산이 0의 값을 갖는 경우는 두 확률변수가 일정한 관계없이 서로 무관하게 독립적으로 변동하는 경우이다.

이와 같이 공분산의 부호는 두 확률변수의 평균적인 변동의 방향을 보여주지만, 공분산의 크기는 별다른 의미를 갖지 못하며, 단위도 확률변수 단위(%)의 제곱이므로 적용상에 문제가 있다.

2] 상관계수

공분산이 갖는 단위적용의 문제점 때문에 공분산을 표준화한 통계적 측정치로 이용하는 것이 상관계수이다. 상관계수(correlation coefficient)는 공분산을 각 확률변수의 표준편차의 곱으로 나누어 표준화한 값으로써 ρ_{ij}로 표시한다.

$$\rho_{ij} = \frac{\sigma_{ij}}{\sigma_i \times \sigma_j} = \frac{\sum_{s=1}^{n} p_s \times [R_{is} - E(R_i)] \times [R_{js} - E(R_j)]}{\sqrt{\sum_{s=1}^{n} p_s \times [R_{is} - E(R_i)]^2} \times \sqrt{\sum_{s=1}^{n} p_s \times [R_{js} - E(R_j)]^2}}$$

주식 1과 주식 2의 수익률 간의 상관계수를 계산하면 다음과 같다.

$$\rho_{12} = \frac{\sigma_{12}}{\sigma_1 \times \sigma_2} = \frac{33.33\%^2}{4.08\% \times 8.16\%} = +1$$

이와 같이 계산되는 상관계수는 −1부터 +1까지의 값을 갖게 된다. 이러한 상관계수 값의 의미에 대해 구체적으로 살펴보면 다음과 같다.

① 상관계수의 값이 +1인 경우를 완전한 정(+)의 상관관계라고 하며, 이러한 경우에 각 상황에서의 두 확률변수는 같은 방향으로 정비례하여 변동한다.

② 상관계수의 값이 −1인 경우를 완전한 부(−)의 상관관계라고 하며, 이러한 경우에 각 상황에서의 두 확률변수는 반대 방향으로 정비례하여 변동한다.

③ 상관계수의 값이 0인 경우는 두 확률변수가 선형의 상관관계 없이 독립적으로 변동하는 경우이다.

두 자산수익률 간의 상관관계

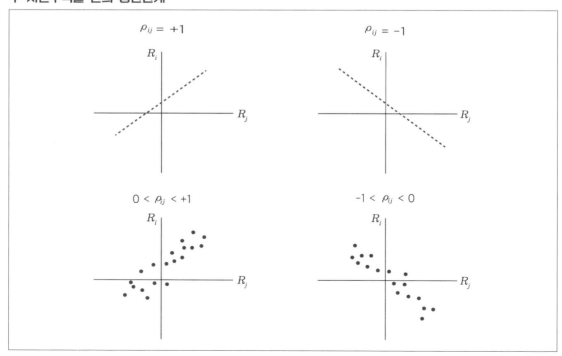

〔4〕 통계적 측정치의 연산법칙

기대수익률과 위험을 측정하는 경우에 기댓값과 분산 및 공분산 등의 통계적 측정치들이 사용되므로 이들의 연산법칙을 알아두면 내용을 이해하는 데 많은 도움이 될 것이다.

1〕 기대수익률

① $E(10\%) = 10\%$: 상수의 기댓값은 상수 자체이다.

② $E(3 \times R_1) = 3 \times E(R_1)$

③ $E(R_1 + R_2) = E(R_1) + E(R_2)$

④ $E(3 \times R_1 + 4 \times R_2) = 3 \times E(R_1) + 4 \times E(R_2)$

2〕 공분산

① $Cov(10\%, R_1) = 0$: 상수와 변수는 서로 독립적이다.

② $Cov(R_1, R_1) = Var(R_1)$: 확률변수 자신과의 공분산은 분산과 동일하다.

③ $Cov(R_1, R_2) = Cov(R_2, R_1)$

④ $Cov(3 \times R_1, R_2) = 3 \times Cov(R_1, R_2)$

⑤ $Cov(R_1, R_2 + R_3) = Cov(R_1, R_2) + Cov(R_1, R_3)$

⑥ $Cov(3 \times R_1 + 4 \times R_2, 5 \times R_3 + 6 \times R_4)$
$= 3 \times 5 \times Cov(R_1, R_3) + 3 \times 6 \times Cov(R_1, R_4) + 4 \times 5 \times Cov(R_2, R_3) + 4 \times 6 \times Cov(R_2, R_4)$

3〕 분산

① $Var(10\%) = 0$: 상수는 변동될 가능성이 없으므로 상수의 분산은 0이다.

② $Var(R_i) = E(R_i^2) - E(R_i)^2$

③ $Var(3 \times R_1) = 3^2 \times Var(R_1)$

④ $Var(R_1 + R_2) = Var(R_1) + Var(R_2) + 2 \times Cov(R_1, R_2)$

⑤ $Var(3 \times R_1 + 4 \times R_2) = 3^2 \times Var(R_1) + 4^2 \times Var(R_2) + 2 \times 3 \times 4 \times Cov(R_1, R_2)$

02 세인트 피터스버그의 역설과 기대효용극대화기준

미래 수익(률)의 불확실성이 존재하지 않는 상황이라면 투자자(주주)들은 수익(률)이 극대화되는 의사결정을 하는 경우에 자신의 효용을 극대화할 수 있다. 그러나 미래의 불확실성을 고려한다면 기대수익(률)만을 극대화하는 의사결정은 합리적인 선택기준이 될 수 없으며, 이는 세인트 피터스버그(St. Petersberg)의 역설을 통해서도 확인할 수 있다.

〔1〕 세인트 피터스버그의 역설

세인트 피터스버그의 역설이란 1783년에 베르누이(D. Bernoulli)가 제기한 것으로 러시아의 세인트 피터스버그 지역 도박장에서 개설한 게임이 무한대(∞)의 상금이 기대되는 매우 유리한 게임임에도 불구하고 10,000루블의 참가비를 요구함에 따라 사람들이 게임에 참가하지 않는 역설적인 현상을 말한다.

당시 도박장에서 개설한 게임의 내용과 이 게임의 기대수익은 다음과 같다.

① 동전을 던져서 앞면이 나올 때까지 계속해서 동전을 던질 수 있다.

② 첫 번째 시행에서 앞면이 나오면 $1(=2^0)$루블의 상금을 받고 게임이 종료된다.

③ 두 번째 시행에서 처음으로 앞면이 나오면 $2(=2^1)$루블의 상금을 받고 게임이 종료된다.

④ n번째 시행에서 처음으로 앞면이 나오면 2^{n-1}루블의 상금을 받고 게임이 종료된다.

시행횟수	결과	확률(p_s)	상금(W_s)	확률 × 상금
1	앞	$\frac{1}{2}$	2^0	$\frac{1}{2}$
2	뒤앞	$(\frac{1}{2})^2$	2^1	$\frac{1}{2}$
3	뒤뒤앞	$(\frac{1}{2})^3$	2^2	$\frac{1}{2}$
⋮	⋮	⋮	⋮	⋮
n	뒤뒤…뒤앞	$(\frac{1}{2})^n$	2^{n-1}	$\frac{1}{2}$
⋮	⋮	⋮	⋮	⋮

게임의 기대수익: $E(W) = \sum_{s=1}^{\infty} (p_s \times W_s) = \frac{1}{2} + \frac{1}{2} + \frac{1}{2} + \cdots = \infty$

도박장에서 개설한 이 게임에 참가하는 경우에 상금의 기대치(기대수익)는 위와 같이 무한대(∞)가 되지만, 투자자들은 이 게임에 참가하지 않는 역설적인 상황이 발생하게 되었으며, 이러한 세인트 피터스버그의 역설을 통해서 베르누이는 투자자들이 기대수익(률)만을 기준으로 의사결정하지 않는다고 주장함으로써 기대효용이라는 개념을 도입할 필요가 있음을 주장하였다.

(2) 기대효용극대화기준

기대효용극대화기준이란 기대효용이 가장 큰 대안을 선택하는 것을 의미한다. 이에 대해 구체적으로 살펴보면 다음과 같다.

① 위험이 존재하는 상황에서 투자자(주주)들은 기대수익(률)의 크기뿐만 아니라 위험까지 고려하여 최적의 대안을 선택해야 하는데, 기대수익(률)의 크기와 위험을 모두 고려한 합리적인 선택기준은 베르누이가 제기한 내용을 바탕으로 폰 노이만(Von Neumann)과 모겐스턴(O. Morgenstern)에 의해 제시된 기대효용극대화기준이다.

② 기대효용(expected utility)이란 각각의 미래 상황에서 기대되는 현금흐름(수익, 성과, 부)에 대한 효용에 발생확률을 곱해서 모두 더한 값으로 기대수익(률)과 위험을 모두 고려한 투자자의 종합적인 만족도를 말한다.

$$E[U(W_s)] = \sum_{s=1}^{n} p_s \times U(W_s)$$

단, $U(W_s)$: 상황 s에서의 부(W_s)에 대한 효용

03 투자자들의 위험에 대한 태도

투자자는 위험에 대한 태도에 따라 위험회피형과 위험중립형 및 위험선호형으로 구분할 수 있는데, 투자자의 효용함수는 이러한 투자자들의 위험에 대한 태도와 밀접한 관련이 있다. 따라서 기대효용극대화기준에 의한 최적선택과정을 투자자들의 위험에 대한 태도에 따라 구분하여 살펴보기로 한다.

(1) 위험회피형 투자자

위험회피형(risk aversion) 투자자는 위험을 싫어하는 투자자이다. 즉, 기대수익이 동일하다면 위험이 작은 대안을 선호하고, 위험이 동일하다면 기대수익이 큰 대안을 선호하는 투자자이다. 합리적인 투자자의 행위는 위험회피성향을 보일 것이므로 재무관리에서는 특별한 언급이 없는 한 위험회피형 투자자를 가정한다.

1) 효용함수

위험회피형 투자자의 효용은 부(현금흐름)가 증가하면 효용이 증가하지만[$U(W)' > 0$], 부의 증가에 따른 효용의 증가분은 감소한다[$U(W)'' < 0$]. 즉, 위험회피형 투자자의 효용은 부의 증가에 따라 체감적으로 증가하는데, 이를 한계효용체감의 법칙이라고 한다. 이러한 위험회피형 투자자의 효용함수는 그림(위험회피형 투자자의 효용함수)과 같이 아래로 오목한 형태를 보인다.

위험회피형 투자자의 효용함수

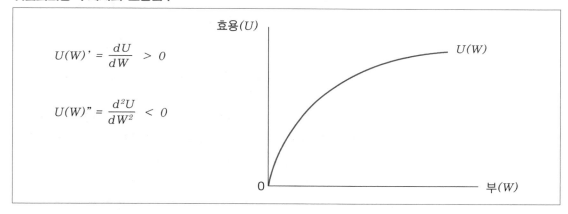

2) 위험프리미엄과 확실성등가

위험프리미엄(risk premium)이란 위험회피형 투자자가 위험을 부담하는 경우에 그 위험부담에 대해 요구하는 보상을 말하며, 확실성등가(certainty equivalent: CEQ)란 기대효용과 동일한 효용을 제공해 주는 확실한 부의 수준, 즉 기대부와 가치가 동일한 확실한 부의 수준을 말한다.

현재시점에서 ₩100을 투자하는 경우, 1년 후에 다음과 같은 현금흐름이 발생하는 두 가지 투자안이 있다.

미래상황 (발생확률)	불황 (50%)	호황 (50%)	기대현금흐름
투자안 A(예금)	₩110	₩110	₩110 × 0.5 + ₩110 × 0.5 = ₩110
투자안 B(주식)	90	130	₩90 × 0.5 + ₩130 × 0.5 = ₩110

① 각 투자안의 기대현금흐름은 ₩110으로 동일하지만, 투자안 A는 예금에 투자하는 경우와 같이 미래현금흐름의 변동가능성이 없는 무위험한 투자안이며, 투자안 B는 주식에 투자하는 경우와 같이 미래현금흐름의 변동가능성이 있는 위험이 있는 투자안이다.

② 두 투자안의 투자금액과 기대현금흐름은 동일하지만, 투자안 B는 위험이 있는 투자안이므로 위험회피형 투자자의 경우 투자안 A를 선택할 것이다. 만약, 위험회피형 투자자가 투자안 B를 선택하도록 만들려면, 현재시점에서의 투자안 B의 투자금액이 투자안 A보다 작게 되거나, 투자안 B의 미래 기대현금흐름이 보다 커지도록 해야 할 것이다.

현재시점에서 ₩100을 투자하는 경우, 1년 후에 다음과 같은 현금흐름이 발생하는 두 가지 투자안이 있으며, 위험회피형 투자자 甲은 두 가지 투자안으로부터의 기대효용이 동일하다고 가정한다.

미래상황 (발생확률)	불황 (50%)	호황 (50%)	기대현금흐름
투자안 A(예금)	₩110	₩110	₩110 × 0.5 + ₩110 × 0.5 = ₩110
투자안 B(주식)	90	140	₩90 × 0.5 + ₩140 × 0.5 = ₩115

① 투자자 甲은 투자안 B의 경우 위험이 있는 현금흐름이지만, 기대현금흐름이 투자안 A보다 크므로 위험부담에 대한 보상으로 ₩115 - ₩110 = ₩5를 요구하고 있는데, 이 금액이 위험프리미엄이다.

② 위험회피형 투자자의 경우에는 투자자가 위험을 부담하는 경우에 위험프리미엄을 요구하므로 위험프리미엄은 항상 양(+)의 값을 갖는다.

③ 1년 후 시점을 기준으로 투자안 B와 동일한 가치를 갖는, 즉 동일한 기대효용을 제공해주는 무위험한 금액인 투자안 A의 현금흐름 ₩110을 투자안 B의 기대현금흐름 ₩115에 대한 확실성등가라고 한다.

이상의 내용을 정리하면 위험회피형 투자자의 경우에 위험프리미엄과 기대현금흐름 및 확실성등가 간에는 다음과 같은 관계가 성립한다.

$$기대현금흐름(기대부) > 확실성등가$$
$$위험프리미엄 = 기대현금흐름(기대부) - 확실성등가 > 0$$

예제 1   공정한 게임에 대한 의사결정

현재 ₩10,000을 보유 중인 투자자 甲이 50%의 확률로 ₩9,600을 획득하거나 50%의 확률로 ₩9,600을 지급해야 하는 게임에 직면해있다. 동 게임에 참가하는 경우의 기대부는 현재부와 동일한 ₩10,000이므로 동 게임은 공정한 게임이다. 투자자 甲의 효용함수는 $U(W) = \sqrt{W}$(단, W = 보유하는 부의 수준)이며, 게임의 결과는 즉각적으로 발생한다. 기대효용극대화기준에 의할 경우 다음의 물음에 답하시오. 단, 게임에 참가하기 위해 지급해야 하는 참가비는 없는 것으로 가정한다.

물음1 투자자 甲이 게임에 참가하는 경우의 기대효용을 계산하여 투자자 甲의 게임 참가 여부를 결정하시오.

물음2 투자자 甲이 게임에 참가하는 경우의 기대효용과 동일한 효용을 제공해주는 확실한 부의 수준, 즉 확실성등가를 계산하여 투자자 甲의 게임 참가 여부를 결정하시오.

해답

물음1 기대효용을 이용한 의사결정

게임에 참가하지 않는 경우의 효용 = $\sqrt{₩10,000} = 100$

게임에 참가하는 경우의 기대효용 = $\sqrt{₩19,600} \times 0.5 + \sqrt{₩400} \times 0.5 = 80$

∴ 게임에 참가하는 경우 (기대)효용의 감소가 발생하므로 게임에 참가하지 않는다.

물음2 확실성등가를 이용한 의사결정

확실성등가 = 80^2 = ₩6,400

게임에 참가하는 경우 발생하는 부의 감소분 = 현재부 - 확실성등가 = ₩10,000 - ₩6,400 = ₩3,600

∴ 게임에 참가하는 경우 부의 감소가 발생하므로 게임에 참가하지 않는다.

<예제 1>에서 게임에 참가하는 경우 발생하는 부의 감소분을 갬블의 비용(cost of gamble)이라고 하며, 현재부와 확실성등가의 차이로 계산된다. 만약, 이러한 갬블의 비용이 음(-)의 값을 갖는다면 이는 게임에 참가하는 경우에 부의 증가가 발생함을 의미한다.

갬블의 비용 = 현재부 - 확실성등가 = ₩10,000 - ₩6,400 = ₩3,600

현재 ₩12,000을 보유 중인 투자자 甲이 75%의 확률로 ₩2,400을 획득하여 ₩14,400의 부를 보유하거나, 25%의 확률로 ₩5,600을 지불하여 ₩6,400의 부를 보유하게 되는 게임에 직면해있다. 투자자 甲의 효용함수는 $U(W) = \sqrt{W}$(단, W = 보유하는 부의 수준)이며, 게임의 결과는 즉각적으로 발생한다. 기대효용극대화기준에 의할 경우 위험회피형 투자자 甲의 최적의사결정과 관련된 다음의 물음에 답하시오.

물음1 게임에 참가하기 위해 지불해야 하는 참가비는 없는 것으로 가정한다. 게임에 참가하는 경우 투자자 甲의 기대효용을 계산하여 투자자 甲의 게임 참가 여부를 결정하시오.

물음2 투자자 甲이 게임에 참가하는 경우 발생하는 갬블의 비용을 계산하고, 게임에 참가하는 경우에 투자자 甲의 입장에서 최대지급가능한 또는 최소수취해야 하는 참가비를 계산하시오.

해답

물음1 기대효용을 이용한 의사결정

게임에 참가하지 않는 경우의 효용 = $\sqrt{₩12,000}$ = 109.54

게임에 참가하는 경우의 기대효용 = $\sqrt{₩14,400} \times 0.75 + \sqrt{₩6,400} \times 0.25$ = 110

∴ 게임에 참가하는 경우 (기대)효용의 증가가 발생하므로 게임에 참가하는 것이 유리하다.

물음2 갬블의 비용과 참가비

확실성등가 = 110^2 = ₩12,100

갬블의 비용 = 현재부 − 확실성등가 = ₩12,000 − ₩12,100 = −₩100

최대지급가능 참가비 = 확실성등가 − 현재부 = ₩12,100 − ₩12,000 = ₩100

∴ 게임에 참가하는 경우 최대 ₩100의 참가비 지급이 가능하다.

<예제 2>에서 투자자 甲의 입장에서 최대지급가능 참가비와 관련하여 추가로 확인할 사항은 다음과 같다.

① 게임참가 시의 기대부인 ₩12,400(₩14,400×0.75+₩6,400×0.25)은 확정적인 금액이 아니므로 최대지급가능한 참가비를 게임참가 시의 기대부와 현재부의 차이인 ₩400 (₩12,400 − ₩12,000)으로 계산하는 것은 오류를 범하는 것이다.

② 현재부 ₩12,000은 109.54의 효용을 제공하며, 게임참가 시의 기대효용은 110이므로 투자자 甲은 게임참가 시 증가되는 효용에 대한 대가만큼을 게임참가비로 최대한 지급가능하다. 이러한 최대지급가능 참가비는 게임참가 시의 기대효용과 동일한 효용을 제공해 주는 확실한 금액인 확실성등가를 이용해서 계산할 수 있다.

또한, <예제 2>에서 위험프리미엄은 앞에서 살펴본 바와 같이 기대부와 확실성등가의 차이로 계산되며, 이와 관련하여 추가로 확인할 사항은 다음과 같다.

① 위험프리미엄 = 기대부 − 확실성등가 = ₩12,400 − ₩12,100 = ₩300

② 동 게임에 참가를 가정한 상태에서 게임에 내재된 불확실성을 제거하여 일정한 부를 보장해주는 보험이 존재한다면 이러한 보험에 가입하기 위해 최대지급가능한 보험료는 보험에 가입함에 따라 보장되는 부와 확실성등가의 차이로 계산된다.

③ <예제 2>에서 75%의 확률로 유리한 상황이 발생한 경우든, 25%의 확률로 불리한 상황이 발생한 경우든 어떤 경우에도 기대부가 실현되도록 보장해주는 보험이라면 최대지급가능한 보험료는 다음과 같이 계산되며, 이는 위험프리미엄과 동일한 값이 된다.

최대지급가능 보험료 = 보장되는 부(기대부) − 확실성등가 = ₩12,400 − ₩12,100 = ₩300

참고로 <예제 2>의 자료를 토대로 지금까지 설명한 확실성등가와 갬블의 비용, 최대지급가능 참가비, 위험프리미엄 및 최대지급가능 보험료 등에 대한 내용을 정리하면 다음과 같다.

위험회피형 투자자의 효용함수 <예제 2>

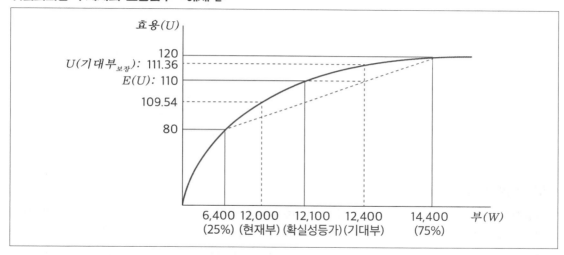

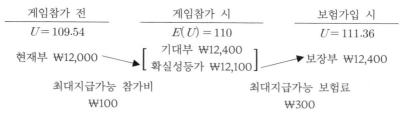

위험회피형 투자자의 경우 그림(위험회피형 투자자의 효용함수 <예제 2>)에서 보듯이 위험이 있는 게임에서의 기대효용[$E(U)$]은 기대부를 확실히 보장받았을 때의 효용[$U(기대부_{보장})$]보다 작게 되며, 이러한 관계는 위험회피형 투자자의 효용함수가 아래로 오목한 형태를 갖는다는 의미로 이해할 수 있다.

(2) 위험중립형 투자자

위험중립형(risk neutral) 투자자는 위험을 고려하지 않고 기대수익만 고려하는 투자자를 말한다. 위험중립형 투자자는 위험에 대해 중립적이므로 위험의 크기와 관계없이 기대수익이 큰 대안을 선택한다.

① 위험중립형 투자자의 효용은 부(현금흐름)가 증가하면 효용이 증가하며[$U(W)' > 0$], 부의 증가에 따른 한계효용은 일정하다[$U(W)'' = 0$]. 따라서 위험중립형 투자자의 효용함수는 직선의 형태를 갖는다.

② 위험중립형 투자자는 위험의 크기에 관계없이 기대수익만을 고려하기 때문에 확실성등가와 기대부가 동일하다. 따라서 위험중립형 투자자의 위험프리미엄은 항상 0의 값을 갖는다.

위험중립형과 위험선호형 투자자의 효용함수

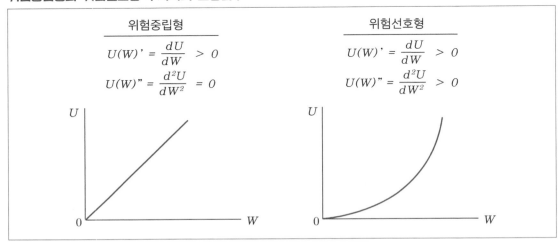

(3) 위험선호형 투자자

위험선호형(risk loving) 투자자는 위험을 좋아하는 투자자이다. 즉, 기대수익이 동일하다면 위험이 큰 대안을 선호하고, 위험이 동일하다면 기대수익이 큰 대안을 선호하는 투자자이다.

① 위험선호형 투자자의 효용은 부(현금흐름)가 증가하면 효용이 증가하며[$U(W)' > 0$], 부의 증가에 따른 효용의 증가분은 증가한다[$U(W)'' > 0$]. 즉, 위험선호형 투자자의 효용은 부의 증가에 따라 체증적으로 증가하므로 위험선호형 투자자의 효용함수는 아래로 볼록한 형태를 보인다.

② 위험선호형 투자자는 대가를 지급하더라도 위험을 부담하고자 하는 투자자이기 때문에 확실성등가는 기대부보다 크다. 따라서 위험선호형 투자자의 위험프리미엄은 항상 음(−)의 값을 갖는다.

예제 3 | 위험프리미엄과 요구수익률

시장에서 거래되는 무위험자산의 수익률이 연 8%인 상황에서 1년 후의 가치가 동일한 확률로 ₩12,600이 되거나, ₩9,000이 될 것으로 예상되는 위험자산 A가 거래되고 있다.

물음1 위험중립형 투자자 甲의 입장에서 위험자산 A의 적정가격을 계산하시오.

물음2 위험중립형 투자자 甲이 **물음1** 에서 계산된 적정가격에 위험자산 A를 구입하여 1년간 보유하는 경우의 기대수익률을 계산하시오.

물음3 위험회피형 투자자 乙은 위험자산 A에 1년간 투자하는 경우에는 위험부담에 대한 보상으로 구입가격의 12%에 해당하는 보상을 원한다고 가정한다. 투자자 乙의 입장에서 위험자산 A의 적정가격을 계산하시오.

물음4 위험회피형 투자자 乙이 **물음3** 에서 계산된 적정가격에 위험자산 A를 구입하여 1년간 보유하는 경우의 기대수익률을 계산하시오.

해답

물음1 위험중립형 투자자의 요구수익률

위험자산 A의 1년 후 기대가치 = 0.5 × ₩12,600 + 0.5 × ₩9,000 = ₩10,800

투자자 甲의 요구수익률 = 무위험이자율(R_f) = 0.08

$$\therefore \text{적정가격(A)} = \frac{E(CF_1)}{1+R_f} = \frac{₩10,800}{1+0.08} = ₩10,000$$

물음2 위험중립형 투자자의 기대수익률

$$\text{투자자 甲의 기대수익률} = \frac{₩10,800}{₩10,000} - 1 = 0.08 = R_f$$

물음3 위험회피형 투자자의 요구수익률

투자자 乙의 요구수익률(k) = R_f + 위험프리미엄 = 0.08 + 0.12 = 0.2

$$\therefore \text{적정가격(A)} = \frac{E(CF_1)}{1+k} = \frac{₩10,800}{1+0.08+0.12} = \frac{₩10,800}{1+0.2} = ₩9,000$$

물음4 위험회피형 투자자의 기대수익률

$$\text{투자자 乙의 기대수익률} = \frac{₩10,800}{₩9,000} - 1 = 0.2 = k$$

(4) 투자자의 비합리성과 전망이론

전망이론(prospect theory)은 1979년에 대니얼 카너먼(Daniel Kahneman)과 아모스 트버스키(Amos Tversky)에 의해 제시된 이론이다. 위험회피(risk aversion) 성향을 보이는 합리적인 투자자를 가정한 전통적인 이론들과 달리 전망이론에서는 현실적으로 비합리적인 투자자들이 손실회피(loss aversion) 성향을 보이며, 이에 따라 투자자들의 선택행동이 어떠한 기준점으로부터의 손익에 의해 상이하게 결정된다고 가정한다.

| 사례 |

투자자 甲의 효용이 보유하는 부의 수준(W)에 따라 결정되지 않고 투자로 인한 부의 증감(ΔW)에 따라 결정되며 투자자 甲의 효용함수는 다음과 같다.

$\Delta W \geq 0$인 경우: $U(\Delta W) = \sqrt{\Delta W}$

$\Delta W < 0$인 경우: $U(\Delta W) = -\sqrt{|\Delta W|}$

① 투자자 甲의 효용함수를 그래프로 표시하면 다음과 같은데, 이러한 효용함수를 갖는 투자자 甲은 이익이 발생한 상황($\Delta W \geq 0$인 경우)에서는 위험을 회피하는 성향을 보이고, 손실이 발생한 상황($\Delta W < 0$인 경우)에서는 위험을 선호하는 성향을 보인다.

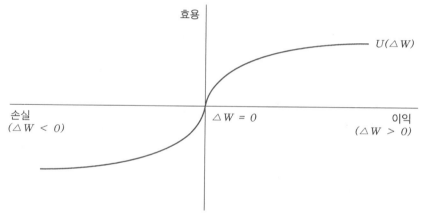

② 투자자 甲이 주식에 투자하여 현재 ₩100의 평가이익이 발생된 상황이며, 투자를 종료하는 경우 (A안)에는 $\Delta W = +₩100$의 결과를 얻게 되지만, 투자를 계속하는 경우(B안)에는 동일한 확률로 $\Delta W = +₩150$의 결과를 얻게 되거나, $\Delta W = +₩50$의 결과를 얻게 된다고 가정한다. 이와 같이 이익이 발생한 상황에서는 투자자 甲이 불확실한 이익보다 확실한 이익을 선호하여 위험을 회피 (risk aversion)하는 태도를 갖게 된다.

A안: $U(\Delta W) = \sqrt{₩100} = 10$
B안: $U(\Delta W) = \sqrt{₩150} \times 0.5 + \sqrt{₩50} \times 0.5 = 9.66$
$CEQ_{\Delta W} = 9.66^2 = ₩93.30$
위험프리미엄 $= E(\Delta W) - CEQ_{\Delta W} = ₩100 - ₩93.30 = ₩6.70 > 0$

③ 투자자 甲이 주식에 투자하여 현재 ₩100의 평가손실이 발생된 상황이며, 투자를 종료하는 경우 (A안)에는 $\Delta W = -₩100$의 결과를 얻게 되지만, 투자를 계속하는 경우(B안)에는 동일한 확률로 $\Delta W = -₩50$의 결과를 얻게 되거나, $\Delta W = -₩150$의 결과를 얻게 된다고 가정한다. 이와 같이 손실이 발생한 상황에서는 투자자 甲이 확정적인 손실보다는 위험을 부담하더라도 손실을 회피할 수 있는 대안을 선택하여 위험을 선호(risk loving)하는 태도를 갖게 된다.

A안: $U(\Delta W) = -\sqrt{|-₩100|} = -10$
B안: $U(\Delta W) = -\sqrt{|-₩50|} \times 0.5 - \sqrt{|-₩150|} \times 0.5 = -9.66$
$CEQ_{\Delta W} = -9.66^2 = -₩93.30$
위험프리미엄 $= E(\Delta W) - CEQ_{\Delta W} = -₩100 - (-₩93.30) = -₩6.70 < 0$

이러한 현상은 사람들의 손실회피현상에 근거하며 그 이유는 사람들이 동액의 이익보다 동액의 손실에 대해 더 민감하게 반응하기 때문이다. 즉, 동액의 손실로 인한 불만족이 동액의 이익으로 인한 만족보다 더 크기 때문이다.

04 평균 - 분산기준

(1) 평균 - 분산기준의 의의

위험이 존재하는 상황에서의 합리적인 선택기준은 기대효용극대화기준이다. 그러나 기대효용극대화기준을 적용하기 위해서는 의사결정의 대상이 되는 자산의 미래현금흐름(수익, 성과, 부)에 대한 확률분포와 투자자의 주관적인 효용함수를 알고 있어야 하는데, 현실적으로 이를 파악하기란 매우 어려운 일이다. 따라서 이러한 문제를 해결하기 위해 도입된 선택기준이 평균 - 분산기준이다.

평균 - 분산기준(mean-variance criterion)은 자산의 기대수익률(평균)과 수익률의 분산(또는 표준편차)만을 이용하여 기대효용극대화기준과 동일한 선택을 할 수 있도록 해주는 선택기준이다. 평균 - 분산기준을 적용하기 위해서는 확률분포의 기대수익률(평균)과 수익률의 분산(또는 표준편차)만으로 기대효용을 측정할 수 있어야 한다.

$$E[U(W)] = f[E(R_i),\ \sigma_i]$$

① 정규분포는 평균(또는 기댓값)과 표준편차(또는 분산)만으로 확률분포의 특성을 정확히 나타낼 수 있기 때문에 자산의 미래수익률의 확률분포가 정규분포를 이루는 경우에는 기대수익률과 수익률의 분산만으로 투자자의 기대효용을 측정할 수 있다.

② 투자자의 효용함수가 2차함수인 경우에는 다음과 같이 기대수익률과 수익률의 분산(또는 표준편차)만으로 투자자의 기대효용을 측정할 수 있다.

$$U(W_s) = a + b_1 \times W_s + b_2 \times W_s^2 \quad (\text{단, } b_1 > 0, \ b_2 < 0)$$

$$E[U(W_s)] = \sum_{s=1}^{n} [p_s \times U(W_s)] = \sum_{s=1}^{n} [p_s \times (a + b_1 \times W_s + b_2 \times W_s^2)]$$

$$= \sum_{s=1}^{n} (p_s \times a) + \sum_{s=1}^{n} (p_s \times b_1 \times W_s) + \sum_{s=1}^{n} (p_s \times b_2 \times W_s^2)$$

$$= a + b_1 \times E(W_s) + b_2 \times E(W_s^2)$$

$$= a + b_1 \times E(W_s) + b_2 \times Var(W_s) + b_2 \times [E(W_s)]^2$$

따라서 평균 - 분산기준을 적용하기 위해서는 ① 자산의 미래수익률에 대한 확률분포가 정규분포를 이루거나 ② 투자자의 효용함수가 2차함수이어야 한다는 가정이 필요하다.

(2) 평균 - 분산 무차별곡선

평균 - 분산 무차별곡선이란 어떤 투자자에게 동일한 기대효용을 가져다주는 기대수익률과 분산(또는 표준편차)의 조합을 나타내는 곡선을 말한다. 위험회피형 투자자를 가정하여 이러한 평균 - 분산 무차별곡선의 특징을 살펴보면 다음과 같다.

평균 - 분산 무차별곡선

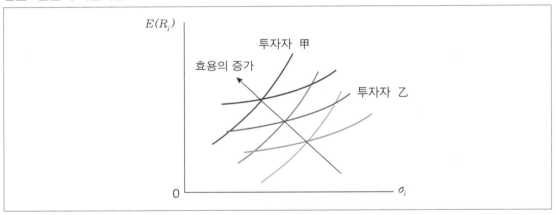

① 위험회피형 투자자의 경우 기대수익률이 증가할수록 효용이 증가하고, 위험이 증가할수록 효용이 감소하므로 평균 - 분산 무차별곡선은 우상향한다.

② 위험회피형 투자자의 경우 위험 1단위 증가 시 동일한 효용수준을 유지하기 위해 필요한 기대수익률 증가의 크기가 점점 증가하므로 평균 - 분산 무차별곡선은 아래로 볼록하다.

③ 좌상방으로 이동할수록 동일한 기대수익률에서 위험이 더 작고, 동일한 위험에서 기대수익률이 더 크므로 좌상방의 무차별곡선이 보다 높은 효용수준이다.

④ 기울기가 가파를수록 동일한 위험증가에 대하여 더 큰 기대수익률의 증가를 요구하는 것이므로 평균 - 분산 무차별곡선의 기울기가 가파른 투자자일수록 위험회피정도가 심한 투자자이다.

[3] 지배원리

지배원리(dominance principle)란 위험회피형 투자자의 경우에 기대수익률이 동일하다면 위험이 작은 자산을 선택하고, 위험이 동일하다면 기대수익률이 높은 자산을 선택하는 것을 말한다. 그림(지배원리)와 같은 기대수익률과 위험(수익률의 표준편차)으로 표현되는 자산들의 존재를 가정하여 지배원리에 대해 살펴보기로 한다.

지배원리

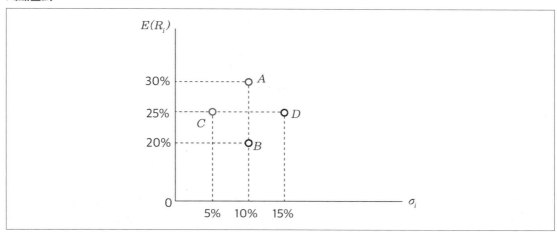

① 위험회피형 투자자의 경우에 위험이 동일하다면 기대수익률이 높은 자산을 선택한다. 자산 A는 자산 B와 위험이 동일하지만 기대수익률이 높기 때문에 자산 A가 자산 B를 지배한다.

② 위험회피형 투자자의 경우에 기대수익률이 동일하다면 위험이 작은 자산을 선택한다. 자산 C는 자산 D와 기대수익률이 동일하지만 위험이 작기 때문에 자산 C가 자산 D를 지배한다.

③ 자산 A와 자산 C 간에는 지배관계가 존재하지 않는다. 자산 A는 자산 C에 비해 위험은 크지만 기대수익률이 높으므로 위험회피형 투자자들 중에서도 위험회피정도가 낮은 투자자의 경우에 자산 A를 더 선호할 수 있으며, 자산 C는 자산 A에 비해 기대수익률이 낮지만 위험도 역시 작기 때문에 위험회피형 투자자들 중에서도 위험회피정도가 심한 투자자의 경우 자산 C를 더 선호할 수 있기 때문이다.

이상의 내용을 효율적 자산들과 비효율적 자산들로 구분하여 지배원리에 대해 정리하면 다음과 같다.

① **효율적 자산**: 자산 A와 자산 C는 동일한 기대수익률하에서 위험이 보다 작은 자산들이 존재하지 않으며, 동일한 위험하에서 기대수익률이 보다 높은 자산들이 존재하지 않기 때문에 자산 A와 자산 C는 다른 자산들에 의해 지배되지 않는 효율적 자산들이다.

② **비효율적 자산**: 누구도 자산 B나 자산 D에 투자하려고 하지 않을 것이다. 즉, 자산 B나 자산 D는 자산 A와 자산 C에 의해 지배되는 비효율적 자산들이다.

(4) 평균 - 분산기준에 의한 최적선택

평균 - 분산기준에 의한 최적투자자산의 선택은 두 단계를 거쳐 이루어진다. 1단계는 효율적 투자자산의 선별과정이며, 2단계는 해당 투자자의 기대효용을 극대화시키는 최적투자자산의 선택과정이다.

평균 - 분산기준에 의한 최적선택

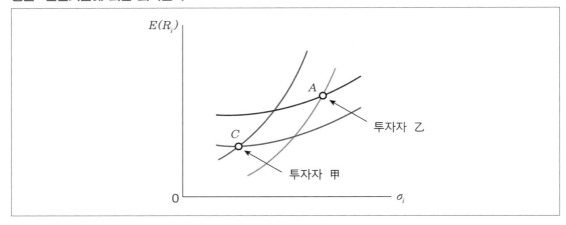

① 1단계(효율적 투자자산의 선별): 효율적 투자자산의 선별과정에서는 투자자의 주관적인 위험회피정도와는 무관하게 기대수익률과 위험을 비교하여 지배원리를 충족시키는 효율적 투자자산(자산 A와 자산 C)을 선별한다.

② 2단계(최적투자자산의 선택): 개별투자자의 최적투자자산 선택과정에서는 1단계에서 선별된 효율적 투자자산들 중에서 해당 투자자의 무차별곡선에 반영된 주관적인 위험회피정도를 고려하여 해당 투자자의 기대효용을 극대화할 수 있는 최적투자자산을 선택한다. 즉, 보다 위험회피적인 투자자 甲은 기대수익률이 낮더라도 위험이 적은 자산 C를 선택하고, 덜 위험회피적인 투자자 乙은 위험이 크더라도 기대수익률이 높은 자산 A를 선택한다.

예제 4 위험회피정도와 최적투자자산의 선택

지배관계가 성립하지 않는 효율적 투자자산들의 기대수익률과 수익률의 표준편차가 다음과 같다. 자산 A, B, C 중에서 하나를 선택하여 투자하고자 하는 개별투자자의 최적투자자산 선택과 관련된 다음의 물음에 답하시오. 단, 물음에서의 "확실성등가수익률(certainty equivalent rate: R_{CER})"이라 함은 해당 투자자산과 동일한 효용을 제공해주는 무위험($\sigma = 0$)한 상황에서의 수익률을 의미한다.

구분	$E(R)$	σ
자산 A	0.15	0.1
자산 B	0.18	0.2
자산 C	0.20	0.3

물음1 투자자 甲의 효용함수가 $U = E(R) - 0.05 \times \sigma$인 경우를 가정한다. 즉, 자산 A에 투자하는 경우 투자자 甲의 효용은 $U_A = 0.15 - 0.05 \times 0.1 = 0.145$이다. 투자자 甲의 최적투자자산을 선택하고, 해당 최적투자자산의 확실성등가수익률을 계산하시오.

물음2 투자자 乙의 효용함수가 $U = E(R) - 0.5 \times \sigma$인 경우를 가정한다. 투자자 乙의 최적투자자산을 선택하고, 해당 최적투자자산의 확실성등가수익률을 계산하시오.

해답

물음1 투자자 甲의 최적투자자산

$U_A = 0.15 - 0.05 \times 0.1 = 0.145$

$U_B = 0.18 - 0.05 \times 0.2 = 0.17$

$U_C = 0.2 - 0.05 \times 0.3 = 0.185$

∴ 효용이 극대화되는 자산 C가 투자자 甲의 최적투자자산이다.

$U_C = 0.185 = R_{CER} - 0.05 \times 0$

∴ 자산 C의 확실성등가수익률은 0.185이다.

물음2 투자자 乙의 최적투자자산

$U_A = 0.15 - 0.5 \times 0.1 = 0.1$

$U_B = 0.18 - 0.5 \times 0.2 = 0.08$

$U_C = 0.2 - 0.5 \times 0.3 = 0.05$

∴ 효용이 극대화되는 자산 A가 투자자 乙의 최적투자자산이다.

$U_A = 0.1 = R_{CER} - 0.5 \times 0$

∴ 자산 A의 확실성등가수익률은 0.1이다.

(5) 위험중립형 투자자와 위험선호형 투자자의 평균 - 분산 무차별곡선

1) 위험중립형 투자자

위험중립형 투자자는 위험에 대해 중립적이다. 따라서 위험중립형 투자자의 평균 - 분산 무차별곡선은 다음과 같은 특징을 갖는다.

① 위험중립형 투자자의 경우 부담하는 위험수준과 무관하게 기대수익률에 따라 효용이 결정되므로 평균 - 분산 무차별곡선은 수평이다.

② 상방으로 이동할수록 기대수익률이 더 크므로 상방의 무차별곡선이 보다 높은 효용수준이다.

위험중립형 투자자와 위험선호형 투자자의 평균 - 분산 무차별곡선

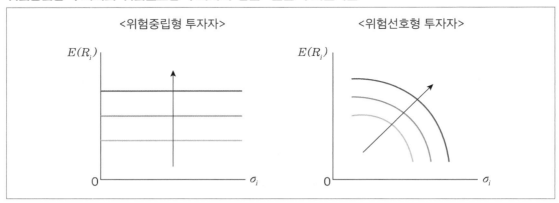

2) 위험선호형 투자자

위험선호형 투자자는 위험이 증가할수록 효용이 증가한다. 따라서 위험선호형 투자자의 평균 - 분산 무차별곡선은 다음과 같은 특징을 갖는다.

① 위험선호형 투자자의 경우 기대수익률이 증가할수록 효용이 증가하고, 위험이 증가할수록 효용이 증가하므로 평균 - 분산 무차별곡선은 우하향한다.

② 위험선호형 투자자의 경우 한계효용이 체증하기 때문에 위험 1단위 증가 시 동일한 효용수준을 유지하기 위해 감소되는 기대수익률의 크기가 점점 증가하므로 평균 - 분산 무차별곡선은 아래로 오목하다.

③ 우상방으로 이동할수록 동일한 기대수익률에서 위험이 더 크고, 동일한 위험에서 기대수익률이 더 크므로 우상방의 무차별 곡선이 보다 높은 효용수준이다.

④ 기울기가 가파를수록 동일한 위험증가에 대해 더 큰 기대수익률 감소를 수용할 수 있는 것이므로 평균 - 분산 무차별곡선의 기울기가 가파른 투자자일수록 위험선호정도가 심한 투자자이다.

제3절 포트폴리오이론

<제2절 위험과 수익률>에서는 투자자들이 개별자산에 투자하는 경우 투자자들의 요구수익률(기대수익률)이 결정되는 과정에 대해서 설명하였다. 본 절에서는 투자자들이 개별자산에 투자하지 않고 여러 개의 자산으로 구성된 자산군에 투자하는 경우 투자자들의 요구수익률(기대수익률)이 결정되는 과정에 대해서 살펴보기로 한다.

01 포트폴리오이론의 기초개념

(1) 분산투자와 포트폴리오효과

분산투자(diversification)란 개별자산에 투자하지 않고 여러 개의 자산으로 구성된 자산군에 투자하는 것을 말하며, 이때 투자대상인 여러 개의 자산으로 구성된 자산군을 포트폴리오(portfolio)라고 한다. 따라서 분산투자를 포트폴리오투자라고도 한다. 그리고 포트폴리오투자(분산투자)를 하는 경우 투자자가 궁극적으로 부담하는 위험은 감소될 수 있는데, 이를 포트폴리오효과 또는 분산투자효과라고 한다.

─┤ 사례 ├─

1. 경쟁관계에 있는 A기업의 주식과 B기업의 주식이 시장에서 거래되고 있다고 할 때, A기업의 공장에 화재가 발생하면 A기업의 미래 기대현금흐름의 감소에 따라 A기업 주식의 주가는 하락할 것이지만, 경쟁관계에 있는 B기업 주식의 주가는 상승할 것이다. 이때 A기업의 주식에만 투자했다면 큰 폭의 손실이 발생할 것이지만, A기업의 주식과 B기업의 주식에 분산투자하였다면 위험은 감소할 것이다.

2. 주식시장에서 거래되고 있는 무선통신업체의 주식들에만 투자하는 것보다는 유선통신업체의 주식들에도 같이 투자하면, 개별업종에서 발생되는 위험의 영향이 보다 감소될 수 있다.

(2) 포트폴리오이론의 가정

포트폴리오이론은 위험자산들만으로 포트폴리오를 구성해서 투자할 경우의 최적선택과정을 설명하는 이론으로써, 마코위츠(H. Markowitz)라는 학자가 주장한 이론이기 때문에 마코위츠모형이라고도 한다. 마코위츠의 포트폴리오이론은 다음의 가정에 기초하고 있다.

① 투자자들은 위험회피형이며, 기대효용을 극대화하려고 한다.
② 투자자들은 평균 - 분산기준에 의해 의사결정한다.
③ 투자자들은 자산의 미래수익률의 확률분포에 대해서 동질적인 기대를 한다.
④ 투자기간은 1기간이다.

02 2자산 포트폴리오의 기대수익률과 위험

논의의 편의를 위해 2개의 자산(또는 주식)으로 구성된 포트폴리오를 대상으로 기대수익률 및 위험을 측정하는 방법과 분산투자효과에 대해서 살펴보기로 한다.

[1] 기대수익률과 위험

자산 1과 자산 2에 각각 w_1과 w_2의 비율(단, $w_1 + w_2 = 1$)로 분산투자하여 구성된 포트폴리오의 수익률 (R_P)은 개별자산에 대한 투자비율(w_i)을 가중치로 한 개별자산 수익률(R_i)의 가중평균이다.

$$R_P = w_1 R_1 + w_2 R_2$$

① 포트폴리오의 기대수익률은 개별자산 기대수익률의 가중평균이며, 개별자산에 대한 투자비율의 함수이다.

$$E(R_P) = E(w_1 R_1 + w_2 R_2) = w_1 E(R_1) + w_2 E(R_2)$$

② 포트폴리오의 위험(수익률의 분산)에는 개별자산에 대한 투자비율과 개별자산의 위험(수익률의 분산)뿐만 아니라 개별자산 수익률 간의 공분산(상관계수)도 영향을 미친다.

$$Var(R_P) = Var(w_1 R_1 + w_2 R_2) = Cov(w_1 R_1 + w_2 R_2, \ w_1 R_1 + w_2 R_2)$$
$$= w_1^2 Var(R_1) + w_2^2 Var(R_2) + 2 w_1 w_2 Cov(R_1, R_2)$$
$$\sigma_P^2 = w_1^2 \sigma_1^2 + w_2^2 \sigma_2^2 + 2 w_1 w_2 \sigma_{12} = w_1^2 \sigma_1^2 + w_2^2 \sigma_2^2 + 2 w_1 w_2 \rho_{12} \sigma_1 \sigma_2$$

예제 5 │ 2자산 포트폴리오의 기대수익률과 위험

포트폴리오 P는 다음과 같은 미래 수익률의 확률분포를 갖는 자산 1과 자산 2에 각각 50%씩 투자하여 구성된 포트폴리오이다.

미래상황	발생확률	자산 1	자산 2
호황	1/3	25%	-9%
보통	1/3	10%	7%
불황	1/3	-5%	17%

물음1 자산 1과 자산 2의 기대수익률과 수익률의 표준편차를 각각 계산하시오.

물음2 자산 1과 자산 2 수익률 간의 공분산과 상관계수를 계산하시오.

물음3 포트폴리오 P의 기대수익률과 수익률의 표준편차를 계산하시오.

해답

물음1 개별자산의 기대수익률과 수익률의 표준편차

$$E(R_1) = \frac{1}{3} \times 0.25 + \frac{1}{3} \times 0.1 + \frac{1}{3} \times (-0.05) = 0.1$$

$$Var(R_1) = \frac{1}{3} \times (0.25 - 0.1)^2 + \frac{1}{3} \times (0.1 - 0.1)^2 + \frac{1}{3} \times (-0.05 - 0.1)^2 = 0.015$$

$$\sigma_1 = \sqrt{0.015} = 0.1225$$

$$E(R_2) = \frac{1}{3} \times (-0.09) + \frac{1}{3} \times 0.07 + \frac{1}{3} \times 0.17 = 0.05$$

$$Var(R_2) = \frac{1}{3} \times (-0.09 - 0.05)^2 + \frac{1}{3} \times (0.07 - 0.05)^2 + \frac{1}{3} \times (0.17 - 0.05)^2 = 0.01147$$

$$\sigma_2 = \sqrt{0.01147} = 0.1071$$

물음2 개별자산의 수익률 간 공분산과 상관계수

$$Cov(R_1, \ R_2) = \frac{1}{3} \times (0.25 - 0.1) \times (-0.09 - 0.05) + \frac{1}{3} \times (0.1 - 0.1) \times (0.07 - 0.05)$$

$$+ \frac{1}{3} \times (-0.05 - 0.1) \times (0.17 - 0.05) = -0.013$$

$$\rho_{12} = \frac{\sigma_{12}}{\sigma_1 \times \sigma_2} = \frac{-0.013}{0.1225 \times 0.1071} = -0.991$$

물음3 포트폴리오의 기대수익률과 표준편차

$$E(R_P) = w_1 E(R_1) + w_2 E(R_2) = 0.5 \times 0.1 + 0.5 \times 0.05 = 0.075$$

$$Var(R_P) = w_1^2 \sigma_1^2 + w_2^2 \sigma_2^2 + 2w_1 w_2 \sigma_{12}$$

$$= 0.5^2 \times 0.015 + 0.5^2 \times 0.01147 + 2 \times 0.5 \times 0.5 \times (-0.013) = 0.0001175$$

$$\sigma_P = \sqrt{0.0001175} = 0.0108$$

(2) 상관계수에 따른 분산투자효과

위험자산으로 구성된 포트폴리오의 기대수익률은 단순히 각 개별자산에 대한 투자비율을 가중치로 한 개별자산 기대수익률의 가중평균이다. 그러나 포트폴리오 수익률의 분산(표준편차)은 각 자산에 대한 투자비율과 개별자산 수익률의 분산(표준편차) 이외에 개별자산 수익률 간 공분산(상관계수)의 영향을 받는다. 즉, <예제 5>에서의 포트폴리오의 위험은 단순히 개별자산에 투자하는 경우의 위험보다 확연히 감소함을 확인할 수 있는데, 이렇게 포트폴리오 구성 시 위험이 감소되는 효과는 공분산(상관계수)에 따라 달라지게 된다. 따라서 여기서는 상관계수에 따른 분산투자효과에 대해서 살펴보기로 한다.

1] 완전한 정의 상관관계: $\rho_{12} = +1$

개별자산 수익률 간의 상관계수가 +1인 2개의 자산으로 구성된 포트폴리오의 기대수익률과 수익률의 분산(표준편차)은 다음과 같다.

$$E(R_P) = w_1 E(R_1) + w_2 E(R_2) = w_1 E(R_1) + (1-w_1)E(R_2)$$

$$\sigma_P^2 = w_1^2 \sigma_1^2 + w_2^2 \sigma_2^2 + 2w_1 w_2 \times 1 \times \sigma_1 \times \sigma_2 = (w_1\sigma_1 + w_2\sigma_2)^2$$

$$\sigma_P = w_1\sigma_1 + w_2\sigma_2 = w_1\sigma_1 + (1-w_1)\sigma_2$$

① 개별자산 수익률 간 상관계수가 +1인 경우에 포트폴리오 수익률의 표준편차는 기대수익률과 동일하게 각 개별자산에 대한 투자비율을 가중치로 한 개별자산 수익률 표준편차의 가중평균이 되어 포트폴리오효과는 발생하지 않는다.

② 포트폴리오 수익률의 표준편차에 대한 식을 투자비율에 관한 식($w_1 = \dfrac{\sigma_P - \sigma_2}{\sigma_1 - \sigma_2}$)으로 정리한 뒤에 포트폴리오의 기대수익률에 대한 식에 대입하면 다음과 같은 포트폴리오의 기대수익률과 수익률의 표준편차 간의 관계식이 도출된다.

$$E(R_P) = \frac{\sigma_P - \sigma_2}{\sigma_1 - \sigma_2} \times E(R_1) + \left(1 - \frac{\sigma_P - \sigma_2}{\sigma_1 - \sigma_2}\right) \times E(R_2) = \frac{\sigma_1 E(R_2) - \sigma_2 E(R_1)}{\sigma_1 - \sigma_2} + \frac{E(R_1) - E(R_2)}{\sigma_1 - \sigma_2} \times \sigma_P$$

③ 개별자산 수익률 간의 상관계수가 +1인 경우에 포트폴리오의 기대수익률인 $E(R_P)$는 포트폴리오의 위험인 σ_P에 대한 1차함수로 표현되므로, 2개의 자산으로 구성되는 포트폴리오는 개별자산들을 연결한 직선상에 놓이게 된다.

완전한 정의 상관관계: $\rho_{12} = +1$

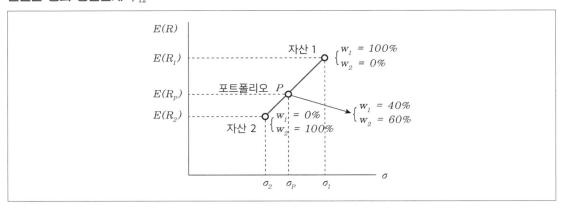

2) 완전한 부의 상관관계: $\rho_{12} = -1$

개별자산 수익률 간의 상관계수가 -1인 2개의 자산으로 구성된 포트폴리오의 기대수익률과 수익률의 분산(표준편차)은 다음과 같다.

$$E(R_P) = w_1 E(R_1) + w_2 E(R_2) = w_1 E(R_1) + (1-w_1)E(R_2)$$

$$\sigma_P^2 = w_1^2 \sigma_1^2 + w_2^2 \sigma_2^2 + 2w_1 w_2 \times (-1) \times \sigma_1 \times \sigma_2 = (w_1\sigma_1 - w_2\sigma_2)^2$$

$$\sigma_P = |w_1\sigma_1 - w_2\sigma_2| = w_1\sigma_1 - w_2\sigma_2 = w_1\sigma_1 - (1-w_1)\sigma_2$$

$$또는 \ = -w_1\sigma_1 + w_2\sigma_2 = -w_1\sigma_1 + (1-w_1)\sigma_2$$

① 개별자산 수익률 간의 상관계수가 -1인 경우에 포트폴리오 수익률의 표준편차는 $\sigma_P = w_1\sigma_1 - w_2\sigma_2$ 또는 $\sigma_P = -w_1\sigma_1 + w_2\sigma_2$가 되어 개별자산 수익률 표준편차의 가중평균보다 감소하게 되므로 포트폴리오효과가 발생하게 된다.

② 포트폴리오 수익률의 표준편차에 대한 식을 투자비율에 관한 식($w_1 = \dfrac{\sigma_2 + \sigma_P}{\sigma_1 + \sigma_2}$ 또는 $w_1 = \dfrac{\sigma_2 - \sigma_P}{\sigma_1 + \sigma_2}$)

으로 정리한 뒤에 포트폴리오의 기대수익률에 대한 식에 대입하면 다음과 같은 포트폴리오의 기대수익률과 수익률의 표준편차 간의 관계식이 도출된다.

$$E(R_P) = \frac{\sigma_1 E(R_2) + \sigma_2 E(R_1)}{\sigma_1 + \sigma_2} + \frac{E(R_1) - E(R_2)}{\sigma_1 + \sigma_2} \times \sigma_P$$

$$또는 \ E(R_P) = \frac{\sigma_1 E(R_2) + \sigma_2 E(R_1)}{\sigma_1 + \sigma_2} - \frac{E(R_1) - E(R_2)}{\sigma_1 + \sigma_2} \times \sigma_P$$

③ 개별자산 수익률 간의 상관계수가 -1인 경우에 2개의 자산으로 구성되는 포트폴리오는 동일한 절편을 가지고 서로 반대되는 기울기를 갖는 두 직선상에 놓이게 된다. 이러한 경우에는 투자비율을 조정하여 위험이 0인 포트폴리오의 구성도 가능하며, 이와 같이 상관계수가 -1인 경우에 분산투자효과는 극대화된다.

완전한 부의 상관관계: $\rho_{12} = -1$

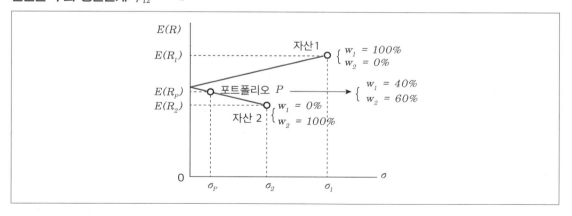

3) 일반적인 상관관계: $-1 < \rho_{12} < +1$

개별자산 수익률 간의 상관계수가 -1보다 크고 $+1$보다 작은 경우 위험자산으로 구성된 포트폴리오의 기대수익률과 위험 간의 관계는 직선이 아닌 곡선 형태로 표시되며, 곡선의 형태는 상관계수의 크기에 따라 영향을 받는다. 상관계수가 -1에 가까울수록 분산투자효과는 보다 크게 발생한다.

일반적인 상관관계: $-1 < \rho_{12} < +1$

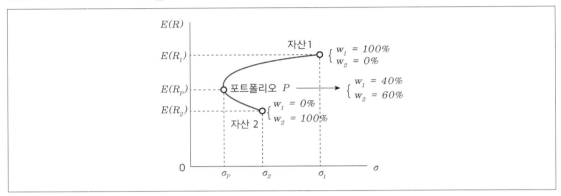

4) 분산투자이득의 크기

앞에서 살펴본 바와 같이 두 위험자산 수익률 간의 상관계수가 $+1$이 아닌 한 분산투자효과는 발생하며, 이러한 경우 포트폴리오의 위험(수익률의 표준편차)은 포트폴리오를 구성하는 개별자산 수익률의 표준편차를 단순히 투자비율로 가중평균한 수치보다 감소하게 된다. 그림(분산투자이득)에서 각 개별자산 수익률의 표준편차를 투자비율로 가중평균한 수치(σ')와 분산투자효과가 발생된 포트폴리오 수익률의 표준편차(σ_P)의 차이를 분산투자이득의 크기라고 할 수 있다.

분산투자이득

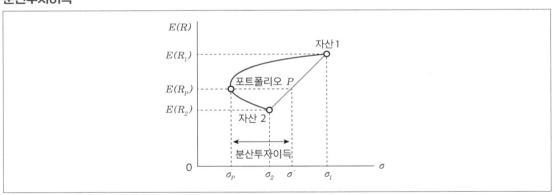

앞에서 살펴본 <예제 5>에서 구성된 포트폴리오의 분산투자이득은 다음과 같이 계산될 수 있다.

포트폴리오 수익률의 표준편차: $\sigma_P = 1.08\%$

분산투자효과가 발생하지 않는 경우($\rho_{12} = +1$)의 표준편차: $\sigma' = w_1\sigma_1 + w_2\sigma_2$

$$= 0.5 \times 12.25\% + 0.5 \times 10.71\% = 11.48\%$$

분산투자이득 = 11.48% - 1.08% = 10.4%

예제 6 · 투자기회집합의 경계선

위험자산들을 결합해서 구성 가능한 모든 포트폴리오들의 전체 조합을 투자기회집합이라고 한다. 자산 1과 자산 2의 기대수익률과 수익률의 표준편차가 다음과 같은 경우에 자산 1과 자산 2를 이용해서 구성 가능한 투자기회집합의 경계선 3개를 기대수익률과 수익률의 표준편차 간의 관계식으로 나타내고자 한다.

구분	기대수익률	표준편차
자산 1	20%	30%
자산 2	10%	10%

물음1 자산 1과 자산 2 수익률 간의 상관계수가 +1인 경우에 포트폴리오의 기대수익률과 수익률의 표준편차 간의 관계식을 나타내시오.

물음2 자산 1과 자산 2 수익률 간의 상관계수가 -1인 경우에 포트폴리오의 기대수익률과 수익률의 표준편차 간의 관계식을 나타내시오.

해답

물음1 $\rho_{12} = +1$인 경우

$$E(R_P) = w_1 \times 0.2 + (1 - w_1) \times 0.1 = w_1 \times 0.1 + 0.1$$

$$\sigma_P = w_1 \times 0.3 + (1 - w_1) \times 0.1 = w_1 \times 0.2 + 0.1$$

$$w_1 = 5 \times \sigma_P - 0.5$$

$$E(R_P) = (5 \times \sigma_P - 0.5) \times 0.1 + 0.1 = 0.5 \times \sigma_P + 0.05$$

물음2 $\rho_{12} = -1$인 경우

$$\sigma_P = w_1 \times 0.3 - (1 - w_1) \times 0.1 = w_1 \times 0.4 - 0.1$$

$$\text{또는} \quad \sigma_P = -w_1 \times 0.3 + (1 - w_1) \times 0.1 = -w_1 \times 0.4 + 0.1$$

$$w_1 = 2.5 \times \sigma_P + 0.25$$

$$\text{또는} \quad w_1 = -2.5 \times \sigma_P + 0.25$$

$$E(R_P) = (2.5 \times \sigma_P + 0.25) \times 0.1 + 0.1 = 0.25 \times \sigma_P + 0.125$$

$$\text{또는} \quad E(R_P) = (-2.5 \times \sigma_P + 0.25) \times 0.1 + 0.1 = -0.25 \times \sigma_P + 0.125$$

03 최소분산포트폴리오와 효율적 포트폴리오집합

(1) 최소분산포트폴리오

최소분산포트폴리오(minimum variance portfolio: MVP)란 특정한 상관계수하에서 개별자산들로 구성된 포트폴리오들 중 위험이 가장 작은 포트폴리오를 말한다.

① 상관계수가 +1인 경우 최소분산포트폴리오는 위험이 작은 자산에 100% 투자하는 포트폴리오이며, 상관계수가 −1인 경우 최소분산포트폴리오는 위험이 0이 되는 포트폴리오이다.

② 최소분산포트폴리오를 구성하기 위한 개별자산에 대한 투자비율은 포트폴리오 수익률의 분산(σ_P^2)을 투자비율(w_1)에 대해 1차 미분한 값($\frac{d\sigma_P^2}{dw_1}$)을 0으로 만드는 투자비율을 계산함으로써 구할 수 있다.

$$\sigma_P^2 = w_1^2\sigma_1^2 + (1-w_1)^2\sigma_2^2 + 2w_1(1-w_1)\sigma_{12} = w_1^2(\sigma_1^2+\sigma_2^2-2\sigma_{12}) - 2w_1(\sigma_2^2-\sigma_{12}) + \sigma_2^2$$

$$\frac{d\sigma_P^2}{dw_1} = 2w_1(\sigma_1^2+\sigma_2^2-2\sigma_{12}) - 2(\sigma_2^2-\sigma_{12}) = 0$$

$$\therefore w_1 = \frac{\sigma_2^2-\sigma_{12}}{\sigma_1^2+\sigma_2^2-2\sigma_{12}}, \quad w_2 = 1-w_1 = \frac{\sigma_1^2-\sigma_{12}}{\sigma_1^2+\sigma_2^2-2\sigma_{12}}$$

예제 7 │ 최소분산포트폴리오의 구성

자산 1과 자산 2의 기대수익률과 수익률의 표준편차가 다음과 같은 경우에 자산 1과 자산 2로 구성되는 포트폴리오들 중에서 위험이 가장 작은 포트폴리오(최소분산포트폴리오)를 구성하고자 한다.

구분	기대수익률	표준편차
자산 1	20%	30%
자산 2	10%	10%

물음1 자산 1과 자산 2의 수익률 간 상관계수가 0.15인 경우를 가정한다. 최소분산포트폴리오를 구성하기 위한 자산 1에 대한 투자비율(w_1)을 계산하고, 최소분산포트폴리오의 기대수익률과 수익률의 표준편차를 계산하시오.

물음2 자산 1과 자산 2의 수익률 간 상관계수가 -1인 경우를 가정한다. 최소분산포트폴리오를 구성하기 위한 자산 1에 대한 투자비율(w_1)을 계산하고, 최소분산포트폴리오의 기대수익률과 수익률의 표준편차를 계산하시오.

해답

물음 1 $\rho_{12} = +0.15$인 경우

$$w_1 = \frac{\sigma_2^2 - \sigma_{12}}{\sigma_1^2 + \sigma_2^2 - 2\sigma_{12}} = \frac{\sigma_2^2 - \rho_{12}\sigma_1\sigma_2}{\sigma_1^2 + \sigma_2^2 - 2\rho_{12}\sigma_1\sigma_2} = \frac{0.1^2 - 0.15 \times 0.3 \times 0.1}{0.3^2 + 0.1^2 - 2 \times 0.15 \times 0.3 \times 0.1} = 0.06$$

$$E(R_{MVP}) = 0.06 \times 0.2 + 0.94 \times 0.1 = 0.106$$

$$\sigma_{MVP} = \sqrt{0.06^2 \times 0.3^2 + 0.94^2 \times 0.1^2 + 2 \times 0.06 \times 0.94 \times 0.15 \times 0.3 \times 0.1} = 0.09832$$

물음 2 $\rho_{12} = -1$인 경우

$$w_1 = \frac{\sigma_2^2 - \sigma_{12}}{\sigma_1^2 + \sigma_2^2 - 2\sigma_{12}} = \frac{\sigma_2^2 + \sigma_1\sigma_2}{\sigma_1^2 + \sigma_2^2 + 2\sigma_1\sigma_2} = \frac{\sigma_2(\sigma_1 + \sigma_2)}{(\sigma_1 + \sigma_2)^2} = \frac{\sigma_2}{\sigma_1 + \sigma_2} = \frac{0.1}{0.3 + 0.1} = 0.25$$

$$E(R_{MVP}) = 0.25 \times 0.2 + 0.75 \times 0.1 = 0.125$$

$$\sigma_{MVP} = \sqrt{0.25^2 \times 0.3^2 + 0.75^2 \times 0.1^2 + 2 \times 0.25 \times 0.75 \times (-1) \times 0.3 \times 0.1} = 0$$

<예제 7>과 관련하여 주의할 사항은 두 자산 수익률 간의 상관계수가 양수(+)인 경우에도 두 자산으로 구성되는 포트폴리오 수익률의 표준편차가 자산 2 수익률의 표준편차보다 작을 수 있다는 것이다.

① 두 자산 수익률 간의 상관계수(ρ_{12})가 +1인 경우에 최소분산포트폴리오는 자산 2에 대한 투자비율(w_2)이 100%인 포트폴리오이며, 이러한 경우에 최소분산포트폴리오 수익률의 표준편차는 자산 2 수익률의 표준편차인 10%와 동일하게 된다.

② 상관계수가 점차 감소되는 경우에 두 개의 자산으로 구성되는 포트폴리오 수익률의 표준편차가 자산 2 수익률의 표준편차인 10%보다 작게 되는 시작점은 최소분산포트폴리오 수익률의 표준편차가 10%보다 작게 되는 시작점이며, 이는 최소분산포트폴리오를 구성하는 자산 2에 대한 투자비율(w_2)이 100% 미만으로 감소되는 시작점이다.

③ <예제 7>의 경우에 다음과 같이 수익률 간의 상관계수가 0.3333보다 작은 경우에는 두 자산으로 구성되는 포트폴리오 수익률의 표준편차가 자산 2 수익률의 표준편차인 10%보다 작을 수 있다.

$$w_2 = \frac{\sigma_1^2 - \sigma_{12}}{\sigma_1^2 + \sigma_2^2 - 2\sigma_{12}} = \frac{\sigma_1^2 - \rho_{12}\sigma_1\sigma_2}{\sigma_1^2 + \sigma_2^2 - 2\rho_{12}\sigma_1\sigma_2} < 1$$

$$\therefore \ \rho_{12} < \frac{\sigma_2}{\sigma_1} = \frac{0.1}{0.3} = 0.3333$$

(2) 효율적 포트폴리오집합(효율적 투자선)

주어진 상관계수하에서 2개의 자산으로 구성되는 포트폴리오들 중에 최소분산포트폴리오 아래쪽에 위치하는 포트폴리오들은 최소분산포트폴리오 위쪽에 위치하는 포트폴리오들에 의해 지배되므로 최소분산포트폴리오 위쪽에 위치하는 포트폴리오들의 집합을 효율적 포트폴리오집합 또는 효율적 투자선이라고 한다.

효율적 포트폴리오집합(효율적 투자선)

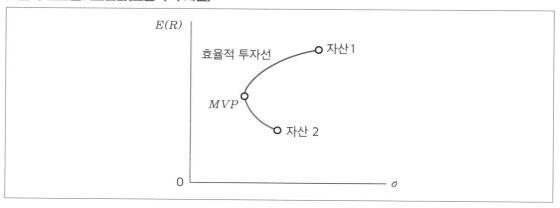

(3) 공매가 가능한 경우의 포트폴리오

공매가 가능한 경우에는 자산들을 이용해서 구성 가능한 포트폴리오의 조합이 증가하게 되어 투자기회집합이 확대되는 효과가 발생한다. 여기서는 이러한 공매의 개념과 공매가 가능한 경우에 구성 가능한 포트폴리오들의 특징에 대해서 살펴보기로 한다.

1) 공매

공매(空賣)란 특정 자산을 보유하지 않은 상황에서 해당 자산을 처분하는 것을 말하며, 공매도(short selling)라고도 한다. 이와 같이 특정 자산을 보유하지 않은 상황에서 해당 자산을 공매하는 경우에는 일정기간 경과 후 동일 자산을 다시 매입하여 거래를 청산하게 된다.

① 특정 자산의 가격이 상승할 것으로 예상되는 경우에는 현재시점에서 해당 자산을 매입하고 이후 예상대로 가격이 상승하면 상승된 가격에 처분하여 가격이 상승한 것만큼의 이익을 획득할 수 있다. 또한, 보유하고 있는 자산의 가격이 하락할 것으로 예상되는 경우에는 현재시점에서 해당 자산을 하락 전의 가격에 처분함으로써 자산가격의 하락에서 발생할 수 있는 손실을 축소하여 자산가격이 하락한 것만큼의 이익을 획득할 수 있다.

② 현재 보유하고 있지 않은 특정 자산의 가격이 하락할 것으로 예상된다면, 자산대차거래를 통해 해당 자산의 보유자에게서 자산을 차입한 후 처분하고 일정기간 경과 후에 동일 자산을 매입하여 상환하는 전략을 통해 해당 자산의 가격이 하락한 것만큼의 이익을 획득할 수 있다. 주식의 경우에 이러한 거래가 많이 이루어지는데, 주식의 원보유자로부터 해당 주식을 차입하는 것을 대주(貸株)라고 한다. 공매는 이러한 대주와 유사한 개념이다.

③ 공매가 가능한 경우에는 자산에 대한 (−)투자가 가능하다. 예를 들어 현재 ₩100을 보유하고 있는 투자자가 자산 1을 ₩20만큼 공매($w_1 = -0.2$)하여 유입되는 자금과 보유자금을 이용해서 자산 2를 ₩120만큼 매입($w_2 = +1.2$)하는 포트폴리오의 구성도 가능하다는 것이다.

자산가격의 하락을 예상하여 공매(또는 대주)를 하는 경우, 미래에 반드시 해당 자산을 매입해야만 하므로 예상과 달리 자산의 가격이 상승하게 되면 상승된 가격에 자산을 재매입해야 하기 때문에 자산의 가격이 상승한 것만큼의 손실이 발생할 수 있다. 자산을 매입하는 경우에는 자산가격의 하락에 따른 손실액은 매입가격을 한도로 하지만, 공매(또는 대주)하는 경우에는 자산가격의 상승에 따른 손실 발생액에 한도가 없으므로 실제 금융시장에서는 공매(또는 대주)에 대해 많은 제도적인 제약이 존재하고 있다.

2) 공매가 가능한 경우에 구성 가능한 포트폴리오

공매가 가능한 경우에는 자산들을 이용하여 포트폴리오를 구성할 수 있는 조합이 증가하게 되며, 그림 (공매가 가능한 경우에 구성 가능한 포트폴리오) 점선부분의 포트폴리오 구성도 가능하게 된다.

공매가 가능한 경우에 구성 가능한 포트폴리오의 기대수익률은 $-\infty$부터 $+\infty$까지의 어떠한 값도 모두 가능하며, 이는 개별자산 수익률 간의 상관계수와는 무관하다. 이와 달리 포트폴리오의 위험(수익률의 표준편차)은 개별자산 수익률 간의 상관계수에 따라 달라지게 된다.

① $\rho_{12} = -1$인 경우: 공매가 가능한 경우에 포트폴리오 수익률의 표준편차는 0부터 $+\infty$까지의 값들이 가능하며, 앞서 설명한 바와 같이 공매 가능 여부와 무관하게 위험이 0인 포트폴리오의 구성이 가능하다.

② $\rho_{12} = +1$인 경우: 공매가 가능한 경우에 포트폴리오 수익률의 표준편차는 0부터 $+\infty$까지의 값들이 가능하다. 즉, 상관계수가 +1인 경우에도 공매가 가능하다면 위험이 0이 되는 포트폴리오의 구성이 가능해진다. 다만, 이와 같은 효과는 개별자산 위험(수익률의 표준편차)의 가중평균으로 포트폴리오의 위험이 0이 되는 것일 뿐 분산투자효과가 발생하는 것은 아님에 유의하기 바란다.

공매가 가능한 경우에 구성 가능한 포트폴리오

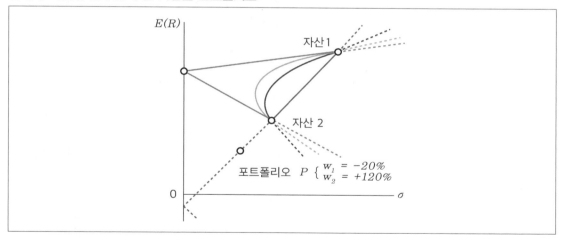

③ $-1 < \rho_{12} < +1$인 경우: 공매가 가능한 경우에 포트폴리오 수익률의 표준편차는 최소분산포트폴리오 수익률의 표준편차부터 $+\infty$까지의 값들이 가능하다. 즉, 공매가 가능한 경우에도 상관계수가 +1이나 -1이 아니라면 위험이 0이 되는 포트폴리오의 구성은 불가능하다.

한편, 공매가 가능한 경우에 개별자산 수익률 간의 상관계수와 무관하게 최소분산포트폴리오를 제외하고는 수익률의 표준편차가 동일($\sigma_{P1} = \sigma_{P2}$)한 포트폴리오의 기대수익률은 2개씩[$E(R_{P1})$, $E(R_{P2})$] 존재하며, 각 포트폴리오의 기대수익률과 최소분산포트폴리오의 기대수익률 간의 차이는 동일 [$E(R_{P1}) - E(R_{MVP}) = E(R_{MVP}) - E(R_{P2})$]하게 된다.

공매가 가능한 경우에 수익률의 표준편차가 동일한 포트폴리오들의 기대수익률

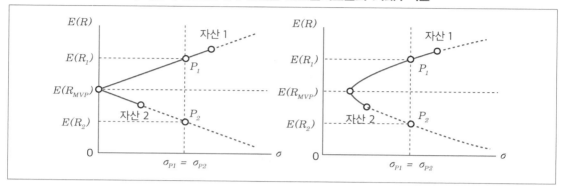

04 3개 이상의 자산들로 구성된 포트폴리오

(1) 3개의 자산으로 구성된 포트폴리오의 기대수익률과 위험

3개의 자산으로 구성된 포트폴리오의 기대수익률과 수익률의 분산을 식으로 나타내면 다음과 같다.

$$R_P = w_1 R_1 + w_2 R_2 + w_3 R_3 \quad (단, \ w_1 + w_2 + w_3 = 1)$$
$$E(R_P) = w_1 E(R_1) + w_2 E(R_2) + w_3 E(R_3)$$
$$Var(R_P) = Var(w_1 R_1 + w_2 R_2 + w_3 R_3)$$
$$= Cov(w_1 R_1 + w_2 R_2 + w_3 R_3, \ w_1 R_1 + w_2 R_2 + w_3 R_3)$$
$$= w_1^2 \sigma_1^2 + w_2^2 \sigma_2^2 + w_3^2 \sigma_3^2 + 2 w_1 w_2 \sigma_{12} + 2 w_2 w_3 \sigma_{23} + 2 w_3 w_1 \sigma_{31}$$

3개의 자산으로 구성된 포트폴리오 수익률의 분산을 공분산행렬[2]을 이용하여 나타내면 다음과 같다.

i \ j	자산 1($w_1 R_1$)	자산 2($w_2 R_2$)	자산 3($w_3 R_3$)
자산 1($w_1 R_1$)	$w_1 w_1 \sigma_{11} = w_1^2 \sigma_1^2$	$w_1 w_2 \sigma_{12}$	$w_1 w_3 \sigma_{13}$
자산 2($w_2 R_2$)	$w_2 w_1 \sigma_{21}$	$w_2 w_2 \sigma_{22} = w_2^2 \sigma_2^2$	$w_2 w_3 \sigma_{23}$
자산 3($w_3 R_3$)	$w_3 w_1 \sigma_{31}$	$w_3 w_2 \sigma_{32}$	$w_3 w_3 \sigma_{33} = w_3^2 \sigma_3^2$

---

2) 행렬이란 수나 문자를 직사각형의 꼴로 배열하는 것을 말한다. 따라서 공분산행렬은 공분산을 직사각형의 꼴로 배열한 것이다.

① 공분산행렬의 각 항은 두 자산 수익률 간의 공분산에 각 자산에 대한 투자비율을 곱한 값이며, 이러한 모든 항의 값을 더하면 포트폴리오 수익률의 분산값과 같게 된다.

② 공분산행렬의 구성을 보면, 대각선에 위치하는 항은 개별자산 수익률의 분산으로 표현되는 부분이며, 대각선 이외의 항은 다른 자산 수익률과의 공분산으로 표현되는 부분이다.

③ 대각선 이외의 항은 대각선을 중심으로 각각 2개씩 존재하게 된다. 예를 들면, $w_3 w_2 \sigma_{32}$은 $w_2 w_3 \sigma_{23}$와 동일한 값이다.

(2) n개의 자산으로 구성된 포트폴리오의 기대수익률과 위험

n개의 자산으로 구성된 포트폴리오의 기대수익률과 수익률의 분산을 식으로 나타내면 다음과 같다.

$$R_P = w_1 R_1 + w_2 R_2 + \cdots + w_n R_n = \sum_{i=1}^{n} w_i R_i \qquad (단, \ \sum_{i=1}^{n} w_i = 1)$$

$$E(R_P) = w_1 E(R_1) + w_2 E(R_2) + \cdots + w_n E(R_n) = \sum_{i=1}^{n} w_i E(R_i)$$

$$Var(R_P) = \sum_{i=1}^{n} \sum_{j=1}^{n} w_i w_j \sigma_{ij} = \sum_{i=1}^{n} w_i^2 \sigma_i^2 + \sum_{i=1}^{n} \sum_{j=1}^{n} w_i w_j \sigma_{ij} \qquad (단, \ i \neq j)$$

$$= \sum_{i=1}^{n} w_i^2 \sigma_i^2 + 2 \times \sum_{i=1}^{n} \sum_{j=1}^{n} w_i w_j \sigma_{ij} \qquad (단, \ i > j)$$

n개의 자산으로 구성된 포트폴리오 수익률의 분산을 공분산행렬을 이용하여 나타내면 다음과 같다.

i \ j	자산 1	자산 2	자산 3	⋯	자산 n
자산 1	$w_1^2 \sigma_1^2$	$w_1 w_2 \sigma_{12}$	$w_1 w_3 \sigma_{13}$	⋯	$w_1 w_n \sigma_{1n}$
자산 2	$w_2 w_1 \sigma_{21}$	$w_2^2 \sigma_2^2$	$w_2 w_3 \sigma_{23}$	⋯	$w_2 w_n \sigma_{2n}$
자산 3	$w_3 w_1 \sigma_{31}$	$w_3 w_2 \sigma_{32}$	$w_3^2 \sigma_3^2$	⋯	$w_3 w_n \sigma_{3n}$
⋮	⋮	⋮	⋮	⋮	⋮
자산 n	$w_n w_1 \sigma_{n1}$	$w_n w_2 \sigma_{n2}$	$w_n w_3 \sigma_{n3}$	⋯	$w_n^2 \sigma_n^2$

이러한 공분산행렬의 모든 항의 개수의 합은 n^2개이며, 이 중에서 분산으로 표현되는 부분인 대각선 항의 개수는 n개이고, 대각선 이외의 항의 개수는 $n^2 - n$개이다.

[3] n개의 자산으로 구성된 포트폴리오의 분산투자효과

공분산행렬에서도 확인할 수 있는 바와 같이 포트폴리오를 구성하는 자산의 수가 증가할수록 포트폴리오 전체의 위험에 개별자산의 위험(수익률의 분산)이 미치는 영향은 점차 감소하며, 개별자산 수익률 간의 공분산이 미치는 영향은 점차 증가하게 된다. 이와 같이 포트폴리오를 구성하는 자산의 수가 증가하는 경우에 포트폴리오의 위험을 결정짓는 요인을 구체적으로 살펴보면 다음과 같다.

① n개의 자산에 모두 동일한 비율로 $w_i = \dfrac{1}{n}$씩 투자하는 포트폴리오의 위험(수익률의 분산)은 다음과 같이 표현될 수 있다.

$$Var(R_P) = \sum_{i=1}^{n} w_i^2 \sigma_i^2 + \sum_{i \neq j} \sum w_i w_j \sigma_{ij}$$

$$= \sum_{i=1}^{n} (\frac{1}{n})^2 \sigma_i^2 + \sum_{i \neq j} \sum \frac{1}{n} \frac{1}{n} \sigma_{ij} = \frac{1}{n} \times \frac{\sum_{i=1}^{n} \sigma_i^2}{n} + \frac{1}{n} \times \frac{\sum_{i \neq j} \sum \sigma_{ij}}{n}$$

$$= \frac{1}{n} \times \frac{\sum_{i=1}^{n} \sigma_i^2}{n} + \frac{n-1}{n} \times \frac{\sum_{i \neq j} \sum \sigma_{ij}}{n(n-1)}$$

② 상기 분산식에서 포트폴리오 수익률의 분산을 결정짓는 요인 중 개별자산 수익률의 분산(σ_i^2)은 총 n개이므로 $\dfrac{\sum_{i=1}^{n} \sigma_i^2}{n}$은 n개의 개별자산 수익률 분산의 평균($\overline{\sigma_i^2}$)으로 표현될 수 있고, 개별자산 수익률 간의 공분산(σ_{ij})은 총 $n^2 - n$개이므로 $\dfrac{\sum_{i \neq j} \sum \sigma_{ij}}{n(n-1)}$은 $n^2 - n$개의 개별자산 수익률 간 공분산의 평균($\overline{\sigma_{ij}}$)으로 표현될 수 있다. 따라서 상기 분산식은 다음과 같이 나타낼 수 있다.

$$Var(R_P) = \frac{1}{n} \times \overline{\sigma_i^2} + \frac{n-1}{n} \times \overline{\sigma_{ij}} = \frac{1}{n} \times (\overline{\sigma_i^2} - \overline{\sigma_{ij}}) + \overline{\sigma_{ij}}$$

③ 포트폴리오에 포함되는 자산의 수를 무한히 증가시키는 경우에는 아래의 식에서와 같이 포트폴리오 수익률의 분산이 개별자산 수익률 간 공분산의 평균($\overline{\sigma_{ij}}$)으로 수렴한다. 즉, 무한히 많은 자산으로 포트폴리오를 구성하는 경우 궁극적으로 부담하는 위험은 개별자산 수익률 간의 공분산의 평균($\overline{\sigma_{ij}}$)이 된다고 할 수 있다.

$$\lim_{n \to \infty} [Var(R_P)] = \lim_{n \to \infty} [\frac{1}{n} \times (\overline{\sigma_i^2} - \overline{\sigma_{ij}}) + \overline{\sigma_{ij}}] = \overline{\sigma_{ij}}$$

(4) 체계적위험과 비체계적위험

개별자산의 위험 중에는 포트폴리오 구성 시 포트폴리오효과의 발생으로 인해 제거가능한 위험도 있으며, 아무리 분산투자를 해도 제거할 수 없는 위험도 있다.

① 체계적위험: 분산투자를 통해서도 제거불가능한 위험은 모든 자산의 수익률에 공통적으로 영향을 미치는 공통요인과 관련된 위험으로 시장위험, 분산불가능위험 또는 체계적위험이라고 부른다.

② 비체계적위험: 분산투자를 통해서 제거가능한 위험은 개별자산의 고유한 요인에 기인하는 위험으로 고유위험, 분산가능위험 또는 비체계적위험이라고 부른다.

$$
총위험 = \begin{pmatrix} 공통요인에\ 의한\ 위험 \\ = 시장위험 \\ = 체계적위험 \\ = 분산불가능위험 \end{pmatrix} + \begin{pmatrix} 개별요인에\ 의한\ 위험 \\ = 고유위험 \\ = 비체계적위험 \\ = 분산가능위험 \end{pmatrix}
$$

③ 그림(n자산으로 구성된 포트폴리오의 분산투자효과)에서 포트폴리오에 포함되는 자산의 수를 무한히 증가시켜도 제거되지 않은 위험($\overline{\sigma_{ij}}$)이 체계적위험에 해당하며, 포트폴리오에 포함되는 자산의 수가 증가함에 따라 감소되는 위험[$\frac{1}{n} \times (\overline{\sigma_i^2} - \overline{\sigma_{ij}})$]이 비체계적위험에 해당한다.

n자산으로 구성된 포트폴리오의 분산투자효과

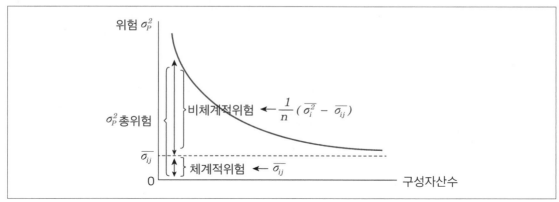

한편, 본 절에서는 개별자산들로 구성된 포트폴리오의 기대수익률과 위험을 측정하는 방법에 대해서 살펴보았는데, 이때 확인하고자 했던 것은 분산투자효과를 고려하는 경우에 투자자가 궁극적으로 부담하는 위험, 즉 체계적위험이 어떤 것인지에 관한 내용이었다. 왜냐하면, 합리적인 투자자의 경우 분산투자효과를 고려하여 개별자산에만 투자하지 않고 포트폴리오를 구성하여 투자할 것이므로 투자자가 부담하는 궁극적인 위험은 분산투자를 통해서도 제거불가능한 위험인 체계적위험이며, 따라서 보상의 대상이 되는 위험도 체계적위험이기 때문이다.

(5) 포트폴리오의 위험에 대한 개별자산의 공헌도와 공헌비율

2개의 자산으로 구성된 포트폴리오 수익률의 분산식을 정리하면 아래와 같이 나타낼 수 있으며, 이에 따라 포트폴리오의 전체 위험 중에서 개별자산이 공헌하는 정도를 측정할 수 있는데, 이때 개별자산이 포트폴리오의 위험에 공헌하는 정도를 측정하는 측정치로 공헌도와 공헌비율이 있다.

$$Var(R_P) = w_1^2\sigma_1^2 + w_2^2\sigma_2^2 + 2w_1w_2\sigma_{12} = \left(w_1^2\sigma_1^2 + w_1w_2\sigma_{12}\right) + \left(w_2^2\sigma_2^2 + w_1w_2\sigma_{12}\right)$$

$$= w_1\left(w_1\sigma_1^2 + w_2\sigma_{12}\right) + w_2\left(w_2\sigma_2^2 + w_1\sigma_{12}\right) = w_1\sigma_{1P} + w_2\sigma_{2P}$$

$$\sigma_{1P} = Cov(R_1,\ R_P) = Cov(R_1,\ w_1R_1 + w_2R_2) = w_1\sigma_1^2 + w_2\sigma_{12}$$

$$\sigma_{2P} = Cov(R_2,\ R_P) = Cov(R_2,\ w_1R_1 + w_2R_2) = w_1\sigma_{12} + w_2\sigma_2^2$$

① 개별자산 i의 포트폴리오 위험에 대한 공헌도는 포트폴리오의 위험(σ_P^2) 중에서 개별자산이 공헌하는 정도를 말하며 다음과 같이 계산된다.

$$\text{개별자산 } i\text{의 공헌도} = w_i \times Cov(R_i, R_P) = w_i \times \sigma_{iP}$$

② 개별자산 i의 포트폴리오 위험에 대한 공헌비율은 포트폴리오의 위험 중에서 개별자산이 공헌하는 비율을 말하며, 다음과 같이 계산된다.

$$\text{개별자산 } i\text{의 공헌비율} = \frac{w_i \times Cov(R_i, R_P)}{Var(R_P)} = \frac{w_i \times \sigma_{iP}}{\sigma_P^2}$$

사례

포트폴리오의 전체 위험인 σ_P^2가 0.04이고, $w_1 \times \sigma_{1P}$는 0.03, $w_2 \times \sigma_{2P}$는 0.01이라면, 포트폴리오 전체의 위험 0.04 중에는 자산 1이 포트폴리오에 포함되어 0.03만큼을 공헌하므로 자산 1의 포트폴리오 위험에 대한 공헌도는 0.03이다. 또한, 포트폴리오 위험 중에 자산 1이 공헌하는 부분의 비율이 75%이므로 자산 1의 포트폴리오 위험에 대한 공헌비율은 75%이다.

예제 8 포트폴리오의 위험에 대한 개별자산의 공헌도와 공헌비율

자산 1과 자산 2의 기대수익률과 수익률의 표준편차에 대한 자료이다. 포트폴리오 P를 구성하는 자산 1과 자산 2에 대한 투자비율이 각각 60%와 40%이며, 자산 1과 자산 2 수익률 간의 상관계수는 0.5이다.

구분	기대수익률	표준편차
자산 1	20%	30%
자산 2	10%	10%

물음1 포트폴리오 P의 기대수익률에 대한 자산 1의 공헌도를 계산하시오.

물음2 포트폴리오 P의 위험(수익률의 분산)에 대한 자산 1의 공헌도와 공헌비율을 계산하시오.

해답

물음1 포트폴리오의 기대수익률에 대한 개별자산의 공헌도

$$E(R_P) = w_1 E(R_1) + w_2 E(R_2) = 0.6 \times 0.2 + 0.4 \times 0.1 = 0.16$$

포트폴리오 P의 기대수익률에 대한 자산 1의 공헌도 $= w_1 E(R_1) = 0.6 \times 0.2 = 0.12$

물음2 포트폴리오의 위험에 대한 개별자산의 공헌도와 공헌비율

$$\sigma_{12} = \rho_{12} \times \sigma_1 \times \sigma_2 = 0.5 \times 0.3 \times 0.1 = 0.015$$

$$Var(R_P) = w_1^2 \sigma_1^2 + w_2^2 \sigma_2^2 + 2 w_1 w_2 \sigma_{12} = w_1 \sigma_{1P} + w_2 \sigma_{2P}$$

$$= 0.6^2 \times 0.3^2 + 0.4^2 \times 0.1^2 + 2 \times 0.6 \times 0.4 \times 0.015 = 0.0412$$

포트폴리오 P의 위험에 대한 자산 1의 공헌도 $= w_1 \times \sigma_{1P} = w_1 \times (w_1 \sigma_1^2 + w_2 \sigma_{12}) = w_1^2 \sigma_1^2 + w_1 w_2 \sigma_{12}$

$$= 0.6^2 \times 0.3^2 + 0.6 \times 0.4 \times 0.015 = 0.036$$

포트폴리오 P의 위험에 대한 자산 1의 공헌비율 $= \dfrac{w_1 \times \sigma_{1P}}{\sigma_P^2} = \dfrac{0.036}{0.0412} = 87.38\%$

05 효율적 투자선의 도출과 최적투자포트폴리오의 선택

[1] 효율적 투자선의 도출

위험자산만 존재하는 경우에 다른 모든 자산들을 지배하는 효율적 투자선을 마코위츠의 효율적 투자선이라고 하는데, 그 도출과정에 대해서 살펴보면 다음과 같다.

① 시장에 존재하는 모든 위험자산들과 이들을 결합해서 구성 가능한 모든 포트폴리오들의 전체 조합을 투자기회집합(investment opportunity set)이라고 한다.

② 투자기회집합 중에서 동일한 기대수익률하에서 위험이 가장 작은 포트폴리오들의 집합을 최소분산선(minimum variance frontier) 또는 최소분산포트폴리오집합이라고 한다.

③ 최소분산선상의 포트폴리오들 중에서도 위험이 가장 작은 포트폴리오를 최소분산포트폴리오(global MVP)라고 한다.

④ 최소분산선상의 포트폴리오들 중에서 최소분산포트폴리오 아래쪽에 위치하는 포트폴리오들은 비효율적이므로 지배원리에 의해 최소분산포트폴리오 위쪽에 위치하는 포트폴리오들이 가장 효율적인 포트폴리오들의 집합이 되며 이를 효율적 투자선(efficient frontier) 또는 효율적 포트폴리오집합이라고 한다.

즉, 위험자산만 존재하는 경우의 효율적 투자선(마코위츠의 효율적 투자선)은 동일한 기대수익률하에서 위험이 가장 작고, 동일한 위험하에서 기대수익률이 가장 큰 포트폴리오들의 집합이다.

효율적 투자선의 도출

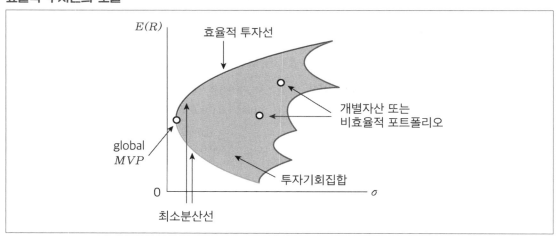

[2] 최적투자포트폴리오의 선택

개별자산에만 투자하는 경우보다 포트폴리오를 구성하여 투자하는 것이 비체계적위험을 제거할 수 있으므로 투자자들은 포트폴리오를 구성하여 투자할 것이다. 여기서 어떠한 포트폴리오를 구성하여 투자할 것인가 하는 최적투자포트폴리오의 선택은 다음의 두 단계를 거쳐 이루어진다. 1단계는 효율적 포트폴리오의 선별과정이며, 2단계는 해당 투자자의 기대효용을 극대화시키는 최적투자포트폴리오의 선택과정이다.

① 1단계(효율적 포트폴리오의 선별과정): 효율적 포트폴리오(효율적 투자선)의 선별과정에서는 투자자의 주관적인 위험회피정도와는 무관하게 개별자산들로 구성되는 포트폴리오들의 기대수익률과 위험(수익률의 분산)을 비교하여 지배원리를 충족시키는 효율적 포트폴리오들을 선별한다.

② 2단계(최적투자포트폴리오의 선택과정): 투자자의 최적투자포트폴리오 선택과정에서는 1단계에서 선별된 효율적 포트폴리오들 중에서 투자자의 무차별곡선에 반영된 주관적인 위험회피정도를 고려하여 해당 투자자의 기대효용을 극대화할 수 있는 최적투자포트폴리오를 선택한다. 그림(최적투자포트폴리오의 선택)에서 보는 바와 같이 보다 위험회피적인 투자자 甲은 기대수익률이 낮더라도 위험이 작은 포트폴리오를 선택하고, 덜 위험회피적인 투자자 乙은 위험이 크더라도 기대수익률이 높은 포트폴리오를 선택한다. 즉, 투자자들은 자신의 무차별곡선과 효율적 투자선이 접하는 점에 있는 포트폴리오를 선택하게 된다.

최적투자포트폴리오의 선택

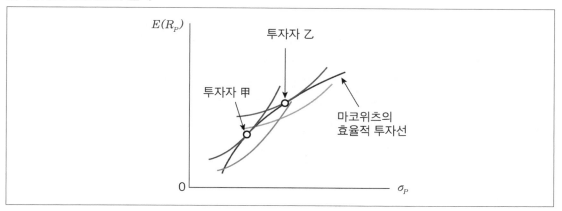

[3] 포트폴리오이론의 한계

마코위츠의 포트폴리오이론은 위험과 수익률에 관한 체계적인 이론을 제시하고, 위험을 고려한 투자자들의 최적선택과정을 정립함으로써 재무관리의 발전에 크게 공헌하였다. 그러나 이 이론은 현실적으로 다음과 같은 한계가 있다.

① 투자대상으로 위험자산만 고려하고 무위험자산을 고려하지 않았다. 그러나 현실적으로 투자자들의 투자대상에는 위험자산만 있는 것이 아니라 은행의 정기예금이나 국가나 공공기관에서 발행하는 국공채 등의 무위험자산도 있을 수 있다.

② 포트폴리오를 구성하는 자산의 수가 많아지면 효율적 투자선을 도출하기 위해 필요한 정보의 양이 너무 많아진다. 왜냐하면, 효율적 투자선을 도출하기 위해서는 개별자산의 기대수익률과 수익률의 분산 및 개별자산 수익률 간의 공분산에 대한 정보가 있어야 하기 때문이다.

따라서 이러한 문제점을 해결하기 위해 여러 가지 이론들이 등장하게 되었는데, 이에 관해서는 <제4장 자본자산가격결정모형>과 <제5장 시장모형과 차익거래가격결정이론>에서 살펴보기로 한다.

보론 | 위험회피정도의 측정

합리적인 투자자의 행위는 위험회피성향을 보일 것이므로 재무관리에서는 특별한 언급이 없는 한 위험회피형 투자자를 가정한다. 그런데 동일하게 위험회피성향을 보이는 위험회피형 투자자들의 경우에도 개별 투자자마다 위험회피정도는 다를 수 있다. 여기서는 이러한 위험회피형 투자자의 위험회피정도를 측정하는 방법에 대해 살펴보기로 한다.

1. 위험회피형 투자자의 위험회피정도

위험회피형 투자자의 위험회피정도는 평균 - 분산 무차별곡선의 기울기를 이용해서 판단할 수도 있고, 투자자의 효용함수를 이용해서 판단할 수도 있다.

① 평균 - 분산 무차별곡선과 위험회피정도: 위험회피형 투자자의 경우에 동일한 효용수준을 유지하기 위해서는 위험증가에 대해 기대수익률의 증가를 요구하며, 평균 - 분산 무차별곡선의 기울기가 가파를수록 동일한 위험증가에 대해 더 큰 기대수익률의 증가를 요구하는 것이므로 평균 - 분산 무차별곡선의 기울기가 보다 가파른 투자자일수록 위험회피정도가 심한 투자자이다.

② 효용함수와 위험회피정도: 위험회피형 투자자는 부의 증가에 따라 효용이 체감적으로 증가하므로 위험회피형 투자자의 효용함수는 아래로 오목한 형태를 보이며, 효용함수가 아래로 보다 오목한 투자자일수록 위험회피정도가 심한 투자자이다.

2. 효용함수의 오목성과 위험회피도

효용함수를 이용해서 개별투자자의 위험회피정도를 측정하는 척도에는 절대위험회피도와 상대위험회피도가 있다.

[1] 절대위험회피도

절대위험회피도(absolute risk aversion: ARA)란 위험자산에 투자하는 금액의 절대적인 크기를 이용해서 위험회피정도를 측정하는 척도이며 다음과 같이 계산된다.

$$절대위험회피도(ARA) = -\frac{U''(W)}{U'(W)} \quad (단, \ W는 \ 보유하는 \ 부의 \ 수준)$$

① 투자자의 위험에 대한 태도와 무관하게 $U'(W) > 0$이므로 투자자의 위험에 대한 태도에 따라 절대위험회피도의 부호는 다음과 같이 계산되며, 위험회피정도가 심한 투자자일수록 절대위험회피도는 보다 높게 측정된다.

$$위험회피형 \ 투자자 \ [U''(W) < 0]: \ ARA > 0$$
$$위험중립형 \ 투자자 \ [U''(W) = 0]: \ ARA = 0$$
$$위험선호형 \ 투자자 \ [U''(W) > 0]: \ ARA < 0$$

② 보유하는 부가 변동하는 경우에 투자자의 위험자산에 대한 투자금액도 변동하게 될 것이므로, 이에 따라 절대위험회피도도 변동하게 된다. 따라서, 절대위험회피도를 보유하는 부의 수준에 대해 1차 미분한 값을 이용해서 투자자들을 아래와 같이 구분할 수 있다.

구분	부의 증가에 따른 영향	
	위험회피정도	위험자산 투자금액
increasing ARA: $ARA' > 0$	심화	감소
constant ARA: $ARA' = 0$	불변	불변
decreasing ARA: $ARA' < 0$	완화	증가

③ 실증분석 결과에 따르면 일반적인 투자자들은 부가 증가하는 경우에 위험자산에 대한 투자금액이 증가하는 투자행태, 즉 절대위험회피도가 감소하는 투자행태(decreasing ARA)를 보이는 것으로 확인된다.

(2) 상대위험회피도

상대위험회피도(relative risk aversion: RRA)란 위험자산에 투자하는 금액이 전체 보유자금에서 차지하는 상대적인 비율을 이용해서 위험회피정도를 측정하는 척도이며 다음과 같이 계산된다. 이러한 상대위험회피도는 절대위험회피도에 보유하는 부의 수준을 곱하여 계산하며, 보유하는 부의 수준이 위험회피정도에 미치는 영향을 제거하고자 이용하는 위험회피정도의 척도이다.

$$\text{절대위험회피도}(ARA) = -\frac{U''(W)}{U'(W)} \quad \text{(단, } W\text{는 보유하는 부의 수준)}$$

① 투자자의 위험에 대한 태도와 무관하게 $U'(W) > 0$이므로 투자자의 위험에 대한 태도에 따라 상대위험회피도의 부호는 다음과 같이 계산된다. 이러한 상대위험회피도의 부호는 절대위험회피도와 동일하며, 위험회피정도가 심한 투자자일수록 상대위험회피도는 보다 높게 측정된다.

$$\text{위험회피형 투자자 } [U''(W) < 0]: RRA > 0$$
$$\text{위험중립형 투자자 } [U''(W) = 0]: RRA = 0$$
$$\text{위험선호형 투자자 } [U''(W) > 0]: RRA < 0$$

② 보유하는 부가 변동하는 경우에 투자자의 위험자산에 대한 투자비율도 변동하게 될 것이므로, 이에 따라 상대위험회피도도 변동하게 된다. 따라서, 상대위험회피도를 보유하는 부의 수준에 대해 1차 미분한 값을 이용해서 투자자들을 아래와 같이 구분할 수 있다.

구분	부의 증가에 따른 영향	
	위험회피정도	위험자산 투자금액
increasing RRA: $RRA' > 0$	심화	감소
constant RRA: $RRA' = 0$	불변	불변
decreasing RRA: $RRA' < 0$	완화	증가

③ 실증분석 결과에 따르면 일반적인 투자자들은 부의 증감과 무관하게 위험자산에 대한 투자비율이 일정한 투자행태, 즉 상대위험회피도가 일정한 투자행태(constant RRA)를 보이는 것으로 확인된다.

투자자 甲과 투자자 乙의 현재 보유하는 부의 수준(W)과 효용함수가 다음과 같다. 투자자 甲과 투자자 乙의 위험회피정도에 대한 다음의 물음에 답하시오.

구분	보유하는 부의 수준	효용함수
투자자 甲	₩10	$U(W) = \sqrt{W}$
투자자 乙	₩100	$U(W) = \sqrt{\sqrt{W}}$

물음 1 투자자 甲과 투자자 乙의 절대위험회피도를 계산하고 투자자 甲과 투자자 乙 중에서 보다 위험회피정도가 심한 투자자를 판단하시오.

물음 2 투자자 甲과 투자자 乙의 상대위험회피도를 계산하고 투자자 甲과 투자자 乙 중에서 보다 위험회피정도가 심한 투자자를 판단하시오.

해답

물음 1 절대위험회피도

투자자 甲: $ARA = -\dfrac{-\dfrac{1}{4} \times W^{-\frac{3}{2}}}{\dfrac{1}{2} \times W^{-\frac{1}{2}}} = \dfrac{1}{2} \times \dfrac{1}{W} = \dfrac{1}{2} \times \dfrac{1}{₩10} = 0.05$

투자자 乙: $ARA = -\dfrac{-\dfrac{3}{16} \times W^{-\frac{7}{4}}}{\dfrac{1}{4} \times W^{-\frac{3}{4}}} = \dfrac{3}{4} \times \dfrac{1}{W} = \dfrac{3}{4} \times \dfrac{1}{₩100} = 0.0075$

∴ 절대위험회피도가 높은 투자자 甲이 위험회피정도가 심하다.

물음 2 상대위험회피도

투자자 甲: $RRA = W \times \left(\dfrac{1}{2} \times \dfrac{1}{W} \right) = \dfrac{1}{2} = 0.5$

투자자 乙: $RRA = W \times \left(\dfrac{3}{4} \times \dfrac{1}{W} \right) = \dfrac{3}{4} = 0.75$

∴ 상대위험회피도가 높은 투자자 乙이 위험회피정도가 심하다.

01 연간 무위험이자율이 25%인 상황에서 단일기간투자를 가정한다. 다음 중에서 위험자산의 균형가격으로 성립될 수 없는 것을 고르시오.

① 위험중립형 투자자만 있는 세계에서 1년 후 기대현금흐름이 125원인 위험자산 A의 현재가격이 100원이다.

② 위험회피형 투자자만 있는 세계에서 1년 후 기대현금흐름이 130원인 위험자산 B의 현재가격이 100원이다.

③ 위험회피형 투자자만 있는 세계에서 1년 후 기대현금흐름이 140원인 위험자산 C의 현재가격이 110원이다.

④ 위험선호형 투자자만 있는 세계에서 1년 후 기대현금흐름이 150원인 위험자산 D의 현재가격이 120원이다.

⑤ 위험선호형 투자자만 있는 세계에서 1년 후 기대현금흐름이 160원인 위험자산 E의 현재가격이 130원이다.

02 투자자 甲은 기대수익률과 수익률의 표준편차가 다음과 같은 자산 A와 자산 B 및 자산 C 중에서 두 가지 효율적 자산을 선택하고, 이 두 가지 효율적 자산에 분산투자하여 기대수익률이 24%인 포트폴리오 P를 구성하고자 한다. 포트폴리오 P 수익률의 표준편차에 가장 가까운 것을 고르시오. 단, 두 가지 효율적 자산 수익률 간의 상관계수는 0.2라고 가정한다.

구분	A	B	C
$E(R_i)$	10%	20%	30%
σ_i	20%	10%	30%

① 8.59% ② 10.71% ③ 12.36%
④ 14.45% ⑤ 16.12%

03 위험자산 A와 위험자산 B는 수익률의 표준편차가 동일하다. 위험자산 A와 위험자산 B를 이용해서 최소분산포트폴리오를 구성하기 위한 위험자산 A에 대한 투자비율을 계산하시오. 단, 두 자산 수익률 간의 상관계수는 1보다 작다.

① 20%   ② 40%   ③ 50%
④ 60%   ⑤ 80%

정답 및 해설

01 ④ $P_A = \dfrac{125원}{1.25} = 100원$ $P_B < \dfrac{130원}{1.25} = 104원$ $P_C < \dfrac{140원}{1.25} = 112원$

        $P_D > \dfrac{150원}{1.25} = 120원$ $P_E > \dfrac{160원}{1.25} = 128원$

02 ④   자산 B와 자산 C가 효율적 자산들이다.

        $E(R_P) = 0.24 = w_B E(R_B) + w_C E(R_C) = w_B \times 0.2 + (1 - w_B) \times 0.3$

        $\therefore \ w_B = 0.6, \ w_C = 0.4$

        $\sigma_P = \sqrt{w_B^2 \sigma_B^2 + w_C^2 \sigma_C^2 + 2 w_B w_C \rho_{BC} \sigma_B \sigma_C}$

           $= \sqrt{0.6^2 \times 0.1^2 + 0.4^2 \times 0.3^2 + 2 \times 0.6 \times 0.4 \times 0.2 \times 0.1 \times 0.3} = 0.1445$

03 ③ $w_A = \dfrac{\sigma_B^2 - \rho_{AB} \sigma_A \sigma_B}{\sigma_A^2 + \sigma_B^2 - 2 \times \rho_{AB} \sigma_A \sigma_B} = \dfrac{\sigma^2 - \rho_{AB} \sigma^2}{2 \times \sigma^2 - 2 \times \rho_{AB} \sigma^2} = \dfrac{\sigma^2 \times (1 - \rho_{AB})}{2 \times \sigma^2 \times (1 - \rho_{AB})} = 0.5$

해커스 윤민호 재무관리

제4장

자본자산가격결정모형

제1절 자본자산가격결정모형의 기초개념

01 자본자산가격결정모형의 의의

자본자산가격결정모형(capital asset pricing model: CAPM)은 균형상태의 자본시장에서 자산의 기대수익률(균형가격)과 위험 간의 관계를 설명하고자 하는 이론이다. <제3장 포트폴리오이론>은 위험자산만을 고려하여 최적투자포트폴리오를 선택하는 과정을 설명하는 이론이지만, CAPM은 위험자산뿐만 아니라 무위험자산까지 고려하여 최적투자포트폴리오를 선택하는 과정을 설명하는 이론이라고 할 수 있다. 여기서 무위험자산(risk-free asset)이란 은행예금이나 정부가 발행한 국채와 같이 미래현금흐름의 변동가능성이 없는 자산을 말하며, 이러한 무위험자산의 수익률을 무위험이자율(risk-free rate: R_f)이라고 한다.

02 CAPM의 가정

CAPM에서는 포트폴리오이론에서 제시된 4가지 가정을 포함하여 다음과 같은 가정을 하고 있다.

① 투자자들은 위험회피형이며, 기대효용을 극대화하려고 한다.

② 투자자들은 평균 - 분산기준에 의해 의사결정한다.

③ 투자자들은 자산의 미래수익률의 확률분포에 대해서 동질적인 기대를 한다.

④ 투자기간은 1기간이다.

⑤ 자본시장은 완전자본시장이다. 즉, 세금이나 거래비용 등 거래의 마찰적 요인이 존재하지 않고, 투자자들의 정보획득에 아무런 제약이 없으며, 모든 투자자는 가격수용자(price taker)이고, 모든 자산은 무한히 분할가능하다.

⑥ 무위험자산이 존재하며, 모든 투자자는 무위험이자율로의 차입과 대출을 얼마든지 할 수 있다.

제2절 무위험자산의 존재와 투자의사결정

01 무위험자산

마코위츠의 포트폴리오이론에서는 위험자산만을 투자대상으로 고려했으나, 현실에서는 은행예금이나 정부가 발행한 국채와 같은 무위험자산도 존재하므로 이러한 무위험자산 역시 투자대상으로 고려해야 한다. 무위험자산은 미래 현금흐름의 변동가능성이 없으므로 무위험자산의 수익률은 확률변수가 아니라 일정한 상수값을 갖게 된다. 따라서 무위험자산에 투자하는 경우의 수익률인 무위험이자율(R_f)은 다음과 같은 통계적 특성을 갖는다.

$$E(R_f) = R_f \qquad Var(R_f) = 0 \qquad \sigma_f = 0 \qquad Cov(R_f, R_i) = 0$$
$$단, \ R_f: \ 무위험이자율, \quad R_i: \ 위험자산의 \ 수익률$$

02 무위험자산과 위험자산의 결합

(1) 무위험자산과 위험자산으로 구성된 포트폴리오

무위험자산을 투자대상으로 고려하는 경우 투자자들은 무위험자산과 위험자산을 결합하여 포트폴리오를 구성할 수 있다. 이렇게 무위험자산과 위험자산 A에 각각 w_f와 w_A의 비율(단, $w_f + w_A = 1$)로 투자하여 구성되는 포트폴리오의 기대수익률과 위험은 다음과 같다.

$$R_P = w_f R_f + w_A R_A$$
$$E(R_P) = w_f E(R_f) + w_A E(R_A) = (1 - w_A) R_f + w_A E(R_A)$$
$$= R_f + w_A \times [E(R_A) - R_f]$$
$$Var(R_P) = w_f^2 Var(R_f) + w_A^2 Var(R_A) + 2 w_f w_A Cov(R_f, R_A) = w_A^2 Var(R_A)$$
$$\sigma_P = w_A \sigma_A$$

(2) 자본배분선의 도출

포트폴리오 수익률의 표준편차와 관련된 식을 투자비율에 관한 식으로 정리($w_A = \dfrac{\sigma_P}{\sigma_A}$)한 뒤, 포트폴리오의 기대수익률과 관련된 식에 대입하면, 다음과 같은 자본배분선(capital allocation line: CAL)이 도출된다.

$$E(R_P) = R_f + w_A \times [E(R_A) - R_f] = R_f + \frac{\sigma_P}{\sigma_A} \times [E(R_A) - R_f]$$
$$\therefore CAL: \ E(R_P) = R_f + \frac{E(R_A) - R_f}{\sigma_A} \times \sigma_P$$

이러한 자본배분선은 무위험자산과 위험자산으로 구성되는 포트폴리오의 기대수익률과 위험(수익률의 표준편차) 간의 선형관계를 나타낸다. 즉, 무위험자산과 위험자산으로 구성된 포트폴리오는 그림(자본배분선의 도출)과 같이 무위험자산과 위험자산을 연결한 직선상에 놓이게 된다.

자본배분선의 도출

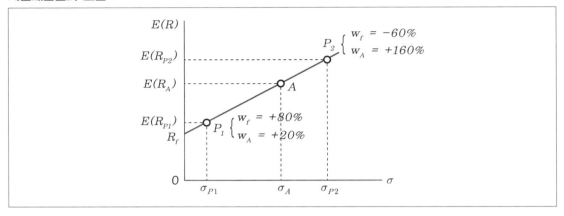

[3] 대출포트폴리오와 차입포트폴리오

그림(자본배분선의 도출)에 제시되어 있는 P_1과 P_2라는 두 개의 포트폴리오는 모두 무위험자산과 위험자산 A로 구성된 포트폴리오이며, 각 포트폴리오를 구성하는 무위험자산과 위험자산 A에 대한 투자비율만 상이하다.

① 포트폴리오 P_1의 무위험자산에 대한 투자비율은 80%, 위험자산 A에 대한 투자비율은 20%이다. 즉, 보유자금 ₩100을 투자하는 경우 ₩80은 무위험자산에 투자(무위험이자율로 대출)하고, ₩20은 위험자산 A에 투자하는 포트폴리오이다. 포트폴리오 P_1과 같이 전체 투자자금 중 일부를 무위험이자율로 대출($w_f > 0$)하는 포트폴리오를 대출포트폴리오라고 한다.

② 포트폴리오 P_2의 무위험자산에 대한 투자비율은 −60%, 위험자산 A에 대한 투자비율은 160%이다. 즉, 보유자금 ₩100을 투자하는 경우 ₩60만큼의 무위험자산을 공매(무위험이자율로 차입)하여, 보유자금 ₩100과 합한 ₩160을 위험자산 A에 투자하는 포트폴리오이다. 포트폴리오 P_2와 같이 보유자금과 더불어 무위험이자율로 차입($w_f < 0$)한 자금을 위험자산에 투자하는 포트폴리오를 차입포트폴리오라고 한다.

[4] 자본배분선의 의미

그림(자본배분선의 도출)에 제시되어 있는 자본배분선을 구체적으로 살펴보면 다음과 같은 사항을 확인할 수 있다.

① 무위험자산과 위험자산 A로 구성된 포트폴리오의 기대수익률은 무위험이자율과 위험프리미엄의 합으로 구성된다.

$$E(R_P) = R_f + \frac{E(R_A) - R_f}{\sigma_A} \times \sigma_P = R_f + 위험프리미엄$$

② 무위험자산과 위험자산 A로 구성된 포트폴리오의 위험프리미엄은 위험자산 A의 기대수익률에 반영된 위험(수익률의 표준편차) 1단위당 위험프리미엄에 해당 포트폴리오의 위험(σ_P)을 곱하여 계산된다.

$$
\begin{aligned}
위험프리미엄 &= \frac{E(R_A) - R_f}{\sigma_A} \times \sigma_P \\
&= \frac{위험자산\ A의\ 위험프리미엄}{위험자산\ A의\ 위험} \times 포트폴리오의\ 위험 \\
&= 위험자산\ A의\ 위험\ 1단위당\ 위험프리미엄 \times 포트폴리오의\ 위험
\end{aligned}
$$

즉, 무위험자산과 위험자산 A로 구성되는 포트폴리오의 기대수익률과 위험 간의 선형관계를 보여주는 자본배분선의 기울기인 $\frac{E(R_A) - R_f}{\sigma_A}$ 는 무위험자산과 결합되는 위험자산이 위험자산 A인 경우에 포트폴리오 구성 시 부담하는 위험 1단위당 위험프리미엄을 의미하며, 위험자산 A의 위험 1단위당 위험프리미엄을 나타내는 $\frac{E(R_A) - R_f}{\sigma_A}$ 를 위험자산 A의 위험보상비율 또는 샤프비율(Sharpe ratio)이라고도 한다.

$$\frac{E(R_P) - R_f}{\sigma_P} = \frac{E(R_A) - R_f}{\sigma_A}$$

03 자본시장선의 도출

자본시장선(capital market line: CML)은 무위험자산이 존재하는 경우의 효율적 투자선(효율적 포트폴리오들의 집합)이다. 그림을 이용해서 자본시장선에 대해 구체적으로 살펴보기로 한다.

자본시장선

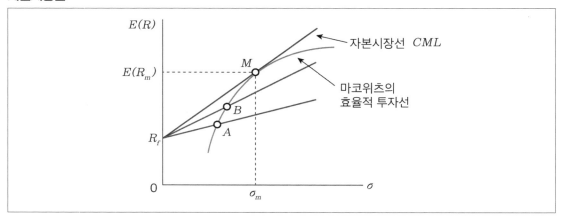

① 위험자산포트폴리오 M은 무위험자산으로부터 그은 직선 중에서 마코위츠의 효율적 투자선과 접하는 곳에 존재하는 접점포트폴리오인데, 이를 시장포트폴리오(market portfolio)라고 한다. 이러한 시장포트폴리오는 무위험자산과 결합하여 포트폴리오를 구성했을 때 부담하는 위험 1단위당 위험프리미엄을 극대화시키는 위험자산포트폴리오이다.

② 무위험자산과 시장포트폴리오 M으로 구성되는 포트폴리오의 기대수익률과 위험(수익률의 표준편차) 간의 관계는 다음과 같은 선형식으로 나타낼 수 있는데, 이를 자본시장선(CML)이라고 한다.

$$\text{자본시장선(CML): } E(R_P) = R_f + \frac{E(R_m) - R_f}{\sigma_m} \times \sigma_P$$

③ 무위험자산과 시장포트폴리오 M으로 구성되는 포트폴리오들은 위험보상비율이 가장 크기 때문에 이외의 다른 모든 투자기회집합을 지배하므로 모든 합리적인 투자자들은 무위험자산과 결합하는 위험자산으로는 시장포트폴리오 M만을 선택한다. 즉, 무위험자산과 결합하여 포트폴리오를 구성했을 때 부담하는 위험 1단위당 위험프리미엄을 극대화시키는 위험자산포트폴리오를 선택한다는 것이다.

④ 자본시장선의 기울기인 $\dfrac{E(R_m) - R_f}{\sigma_m}$는 시장포트폴리오의 기대수익률에 반영된 위험(수익률의 표준편차) 1단위당 위험프리미엄을 의미하며, 시장포트폴리오의 위험보상비율 또는 샤프비율이라고도 하는데, 이는 균형상태하의 시장에서 결정된 위험 1단위당 위험프리미엄이므로 이를 위험의 균형가격 또는 위험의 시장가격이라고 한다.

여기서 한 가지 알아둘 점은 시장포트폴리오는 무위험자산과 결합하여 포트폴리오를 구성했을 때 부담하는 위험 1단위당 위험프리미엄을 극대화시키는 위험자산포트폴리오이며, 자본시장선은 무위험자산이 존재하는 경우의 효율적 투자선이므로 위험(수익률의 표준편차) 1단위당 위험프리미엄이 시장포트폴리오보다 큰 개별자산이나 비효율적인 포트폴리오는 존재할 수 없다. 즉, 개별자산 또는 비효율적인 포트폴리오는 자본시장선의 하(下)단에만 존재한다는 것이다.

04 무위험자산 존재 시 최적투자포트폴리오의 선택

(1) 토빈의 분리정리

무위험자산이 존재하는 경우에는 무위험자산과 위험자산을 결합하여 동일한 기대수익률하에서 위험을 감소시킬 수 있고, 동일한 위험하에서 기대수익률을 증대시킬 수 있으므로 투자자들은 무위험자산까지 포함된 포트폴리오를 구성하여 투자할 것이다. 여기서 어떠한 포트폴리오를 구성하여 투자할 것인가 하는 최적투자포트폴리오의 선택은 다음의 두 단계를 거쳐 이뤄지는데, 이를 토빈의 분리정리(Tobin's separation theorem)라고 한다.

① 1단계(효율적 포트폴리오의 선별과정): 무위험자산 존재 시의 효율적 투자선은 자본시장선이므로 효율적 포트폴리오(효율적 투자선)의 선별과정은 곧 시장포트폴리오의 선별과정이라고 할 수 있다. 즉, 투자자들은 주관적인 위험회피정도와는 무관하게 최적위험자산포트폴리오는 무위험자산과 결합 시 위험(표준편차) 1단위당 위험프리미엄이 극대화되는 시장포트폴리오를 선택한다.

② 2단계(최적투자포트폴리오 선택과정): 개별투자자의 무차별곡선에 반영된 주관적인 위험회피정도를 고려하여 해당 투자자의 기대효용을 극대화할 수 있는 최적투자포트폴리오를 선택한다. 즉, 2단계에서는 개별투자자의 주관적인 위험회피정도에 따라 무위험자산과 시장포트폴리오에 대한 투자비율만 조정한다는 것이다.

(2) 최적투자포트폴리오의 선택

무위험자산이 존재하는 경우의 효율적 투자선은 자본시장선이므로 모든 투자자들은 자본시장선상의 포트폴리오에 투자하게 된다. 그림을 이용해서 이에 대해 구체적으로 살펴보기로 한다.

최적투자포트폴리오의 선택

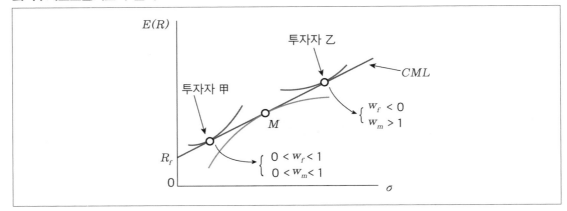

① 모든 투자자들은 무위험자산과 시장포트폴리오 M에 대한 투자비율만을 조정할 뿐 위험자산포트폴리오로는 시장포트폴리오 M만을 선택하기 때문에 모든 투자자들의 최적투자포트폴리오는 자본시장선상의 포트폴리오들이다.

② 보다 더 위험회피적인 투자자 甲은 투자자금 중 일부를 무위험자산에 투자($0 < w_f < 1$)하고, 나머지 자금을 시장포트폴리오 M에 투자($0 < w_m < 1$)하는 포트폴리오를 구성한다.

③ 보다 덜 위험회피적인 투자자 乙은 무위험이자율로 자금을 차입($w_f < 0$)하여, 위험자산포트폴리오인 시장포트폴리오 M에 보유자금을 초과하는 금액을 투자($w_m > 1$)하는 포트폴리오를 구성한다.

④ 최적투자포트폴리오의 선택과정에서 모든 투자자들은 무위험자산과 시장포트폴리오 M에 대한 투자비율만을 조정할 뿐 위험자산포트폴리오로는 시장포트폴리오 M만을 선택하기 때문에 투자자의 전체 위험자산에 대한 투자금액 중에서 개별위험자산에 대한 투자금액이 차지하는 비율은 모든 투자자가 동일하게 된다.

이와 같이 모든 투자자들은 무위험자산과 시장포트폴리오 M으로 구성되는 포트폴리오에 투자하는데, 이렇게 무위험자산과 시장포트폴리오 M으로 구성되는 포트폴리오, 즉 자본시장선상의 포트폴리오는 다음과 같은 특성을 갖는다.

$$R_P = w_f R_f + w_m R_m \ \ (\text{단, } w_f + w_m = 1)$$

$$E(R_P) = R_f + w_m \times [E(R_m) - R_f] = R_f + \frac{E(R_m) - R_f}{\sigma_m} \times \sigma_P$$

$$Var(R_P) = w_m^2 Var(R_m)$$

$$\sigma_P = w_m \sigma_m$$

$$Cov(R_P, R_m) = Cov(w_f R_f + w_m R_m, R_m) = w_m \sigma_m^2$$

$$\rho_{Pm} = \frac{Cov(R_P, R_m)}{\sigma_P \times \sigma_m} = \frac{w_m \sigma_m^2}{w_m \sigma_m \times \sigma_m} = +1$$

무위험이자율이 10%인 자본시장에서 시장포트폴리오의 기대수익률과 수익률의 표준편차는 각각 20%와 25%이다. 투자자 甲과 투자자 乙이 구성하는 최적투자포트폴리오와 관련된 다음의 물음에 답하시오. 단, 위험수준은 수익률의 표준편차를 의미한다.

물음1 위험회피형 투자자 甲은 위험수준 20%를 추구하는 투자자이다. 투자자 甲이 구성하는 최적투자포트폴리오의 시장포트폴리오와 무위험자산에 대한 투자비율을 계산하고, 동 최적투자포트폴리오의 기대수익률과 위험(수익률의 표준편차) 1단위당 위험프리미엄을 계산하시오.

물음2 위험회피형 투자자 乙은 위험수준 40%를 추구하는 투자자이다. 투자자 乙이 구성하는 최적투자포트폴리오의 시장포트폴리오와 무위험자산에 대한 투자비율을 계산하고, 동 최적투자포트폴리오의 기대수익률과 위험(수익률의 표준편차) 1단위당 위험프리미엄을 계산하시오.

해답

물음1 $\sigma_P = 0.2$인 자본시장선상의 포트폴리오

$$\sigma_P = 0.2 = w_m \times \sigma_m = w_m \times 0.25$$

$$\therefore w_m = 0.8, \ w_f = 0.2$$

$$E(R_P) = R_f + w_m \times [E(R_m) - R_f] = 0.1 + 0.8 \times (0.2 - 0.1) = 0.18$$

위험 1단위당 위험프리미엄 $= \dfrac{E(R_P) - R_f}{\sigma_P} = \dfrac{0.18 - 0.1}{0.2} = 0.4 = \dfrac{E(R_m) - R_f}{\sigma_m} = \dfrac{0.2 - 0.1}{0.25}$

물음2 $\sigma_P = 0.4$인 자본시장선상의 포트폴리오

$$\sigma_P = 0.4 = w_m \times \sigma_m = w_m \times 0.25$$

$$\therefore w_m = 1.6, \ w_f = -0.6$$

$$E(R_P) = R_f + w_m \times [E(R_m) - R_f] = 0.1 + 1.6 \times (0.2 - 0.1) = 0.26$$

위험 1단위당 위험프리미엄 $= \dfrac{E(R_P) - R_f}{\sigma_P} = \dfrac{0.26 - 0.1}{0.4} = 0.4 = \dfrac{E(R_m) - R_f}{\sigma_m} = \dfrac{0.2 - 0.1}{0.25}$

제3절 │ 시장포트폴리오와 체계적위험

01 시장포트폴리오

(1) 시장포트폴리오의 구성

시장포트폴리오는 무위험자산이 존재하는 경우에 지배원리를 만족시키는 가장 우월한 포트폴리오이므로 모든 투자자들은 무위험자산과 결합될 위험자산(포트폴리오)으로 시장포트폴리오만을 선택한다. 또한, 투자자들의 동질적 기대라는 CAPM의 가정에 따라 시장포트폴리오는 모든 투자자들에게 동일하다. 이러한 시장포트폴리오의 구성에 대해 구체적으로 살펴보면 다음과 같다.

① 시장포트폴리오는 모든 위험자산들을 포함하는 포트폴리오이다. CAPM은 모든 자산에 대한 수요와 공급이 일치하는 균형상태의 자본시장을 가정하기 때문에 만약 어떠한 위험자산이 시장포트폴리오에 포함되지 않는다면, 해당 위험자산에 대한 수요가 전무할 것이므로 그러한 자산은 시장에 존재할 수가 없기 때문이다. 즉, 모든 투자자가 위험자산포트폴리오로는 시장포트폴리오만을 구성하기 때문에 시장포트폴리오에 포함되는 위험자산들만 시장에 존재할 수 있다는 것이다.

② 시장포트폴리오는 각 위험자산들을 개별 위험자산의 시장가치 비율대로 포함하는 포트폴리오이다. 모든 투자자가 동일하게 무위험자산과 결합될 위험자산으로 시장포트폴리오만을 선택한다면 모든 위험자산들에 대한 수요와 공급이 일치하는 균형상태에서는 개별 위험자산 i가 시장포트폴리오에서 차지하는 구성비율(w_i)은 전체 위험자산들의 총시장가치에서 개별 위험자산 i의 시장가치가 차지하는 비율이 되기 때문이다.

$$w_i = \frac{\text{개별 위험자산 } i\text{의 시장가치}}{\text{전체 위험자산의 총시장가치}}$$

③ 어떠한 투자자가 시장포트폴리오에 투자하고자 하는 경우에는 자신의 위험자산에 대한 총투자자금을 개별 위험자산의 시장가치 비율대로 모든 위험자산들에 투자하면 된다.

이상의 내용을 정리하면 시장포트폴리오는 자본시장에 존재하는 모든 위험자산을 각 개별 위험자산의 시장가치 비율대로 포함하는 완전분산투자된 효율적 포트폴리오이며, 이렇게 완전분산투자된 효율적 포트폴리오인 시장포트폴리오와 무위험자산으로 구성된 자본시장선상의 포트폴리오 역시 완전분산투자된 효율적 포트폴리오이다.

(2) 시장포트폴리오의 위험

시장포트폴리오는 모든 위험자산을 개별 위험자산의 시장가치 비율대로 포함하는 포트폴리오이므로 완전분산투자된 효율적 포트폴리오이다. 따라서 더 이상 분산투자가 불가능한 시장포트폴리오는 비체계적위험이 모두 제거된 포트폴리오이며, 이러한 시장포트폴리오의 위험이 곧 체계적위험이다.

예제 2 **시장포트폴리오의 구성**

무위험자산과 4개의 주식만 거래되는 자본시장을 가정한다. 4개의 주식에 대한 다음 자료를 이용하여 물음에 답하시오.

구분	주식수(천주)	주당 주가(원)	시장가치(억원)
주식 A	1,000	1,000	10
주식 B	2,000	1,500	30
주식 C	500	2,000	10
주식 D	2,000	2,500	50
계			100

물음 1 투자자 P는 총 투자액 2,000만원 중 40%는 무위험자산에 투자하고 나머지는 시장포트폴리오에 투자하려고 한다. 4개의 주식과 무위험자산에 각각 투자할 금액을 계산하시오.

물음 2 1,000만원을 보유하고 있는 투자자 Q는 무위험이자율로 500만원을 차입하여, 1,500만원을 시장포트폴리오에 투자하려고 한다. 4개의 주식과 무위험자산에 각각 투자할 금액을 계산하시오.

해답

물음 1 투자자 P의 대출포트폴리오 구성

시장포트폴리오 : 무위험자산 = 60% : 40% = 1,200만원 : 800만원

시장포트폴리오 내의 각 주식의 구성비율이 10% : 30% : 10% : 50%이므로

A : B : C : D = 120만원 : 360만원 : 120만원 : 600만원이다.

∴ 총투자액 2,000만원으로 무위험자산에 800만원, 주식 A, B, C, D에 각각 120만원, 360만원, 120만원, 600만원을 투자한다.

물음 2 투자자 Q의 차입포트폴리오 구성

시장포트폴리오 : 무위험자산 = 150% : -50% = 1,500만원 : -500만원

시장포트폴리오 내의 각 주식의 구성비율이 10% : 30% : 10% : 50%이므로

A : B : C : D = 150만원 : 450만원 : 150만원 : 750만원이다.

∴ 총투자액 1,000만원에 500만원을 차입하여 주식 A, B, C, D에 각각 150만원, 450만원, 150만원, 750만원을 투자한다.

(3) 시장포트폴리오의 대용치

현실에서는 모든 위험자산을 각 개별자산의 시장가치 비율대로 포함하는 시장포트폴리오를 구성하는 것이 어렵기 때문에 실무적 적용을 위해서 보다 단순화된 가정을 한다. 즉, 위험자산으로 주식만 존재함을 가정하여 개별주식의 시가총액(발행주식수×주가)을 기준으로 하여 가치가중평균방식으로 산출하는 주가지수를 시장포트폴리오의 대용치로 이용하게 된다. 우리나라의 경우 다음과 같은 한국종합주가지수나 한국주가지수200이 많이 이용된다.

① 한국종합주가지수(korea composite stock price index: KOSPI)는 한국거래소의 유가증권시장 내 주식시장에 상장된 보통주를 대상으로 하여 1980년 1월 4일의 시가총액을 분모로 하고, 산출시점의 시가총액을 분자로 하여 지수화한 것이며, 개별주식의 주가에 상장주식수를 가중하여 시가총액식으로 산출하는 지수이다.

$$KOSPI = \frac{\text{비교시점 시가총액}}{\text{기준시점 시가총액}} \times 100$$

② 한국주가지수200(KOSPI200)은 <제4부 금융투자론>에서 살펴볼 선물거래와 옵션거래에 적합하도록 유가증권시장 내 주식시장에 상장된 전체 보통주 중에서 시장대표성, 산업대표성 및 유동성 등을 감안하여 선정된 200개 종목에 대하여 상장주식수 전체가 아닌 유동주식수만 가중한 시가총액방식으로 산출하는 지수이다.

예제 3 시장포트폴리오의 대용치

1년 후 한국종합주가지수 수익률의 확률분포는 다음과 같으며, 무위험이자율은 10%이다. 단, 각 상황이 발생할 확률은 동일하다.

구분	한국종합주가지수 수익률
호황	25%
보통	15%
불황	5%

물음1 한국종합주가지수를 시장포트폴리오의 대용치로 이용할 때 시장포트폴리오의 기대수익률과 수익률의 표준편차를 계산하시오.

물음2 자본시장선을 나타내시오.

해답

물음1 시장포트폴리오의 기대수익률과 수익률의 표준편차

$$E(R_m) = \frac{1}{3} \times 0.25 + \frac{1}{3} \times 0.15 + \frac{1}{3} \times 0.05 = 0.15$$

$$\sigma_m = \sqrt{\frac{1}{3} \times (0.25 - 0.15)^2 + \frac{1}{3} \times (0.15 - 0.15)^2 + \frac{1}{3} \times (0.05 - 0.15)^2} = 0.0067 = 0.082$$

물음2 자본시장선

$$E(R_P) = R_f + \frac{E(R_m) - R_f}{\sigma_m} \times \sigma_P = 0.1 + \frac{0.15 - 0.1}{0.082} \times \sigma_P = 0.1 + 0.61 \times \sigma_P$$

02 체계적위험의 측정치

CAPM의 가정하에서는 모든 투자자들이 위험자산포트폴리오로 시장포트폴리오만을 구성하므로 모든 개별자산은 시장포트폴리오의 일부로만 의미를 갖게 되며, 시장포트폴리오를 구성해도 제거되지 않는 체계적위험만이 개별자산의 위험으로써 의미를 갖게 된다. 따라서 개별자산의 총위험인 수익률의 표준편차(σ_i) 또는 분산(σ_i^2)이 아닌 체계적위험을 나타내는 새로운 위험의 측정치가 필요하다.

(1) 개별자산의 체계적위험의 측정치

시장포트폴리오의 위험은 개별자산의 위험들 중에서 완전한 분산투자를 통해서도 제거할 수 없는 체계적위험들로만 구성되어 있으므로 더 이상 분산불가능한 시장포트폴리오의 위험 중에서 개별자산이 기여하는 부분을 개별자산의 체계적위험의 측정치로 이용할 수 있다.

① <제3장 포트폴리오이론>에서 설명한 공분산행렬과 포트폴리오의 위험에 대한 개별자산의 공헌도(공헌비율)를 다시 살펴보면, 시장포트폴리오 수익률의 분산은 다음과 같은 공분산행렬로 표현될 수 있다.

	자산 1	자산 2	⋯	자산 n	공헌도	공헌비율	
자산 1	$w_1^2\sigma_1^2$	$w_1 w_2 \sigma_{12}$	⋯	$w_1 w_n \sigma_{1n}$	$=w_1 \times \sigma_{1m}$	$=w_1 \times \dfrac{\sigma_{1m}}{\sigma_m^2}$	$=w_1 \times \beta_1$
자산 2	$w_2 w_1 \sigma_{21}$	$w_2^2\sigma_2^2$	⋯	$w_2 w_n \sigma_{2n}$	$=w_2 \times \sigma_{2m}$	$=w_2 \times \dfrac{\sigma_{2m}}{\sigma_m^2}$	$=w_2 \times \beta_2$
⋮	⋮	⋮	⋯	⋮	⋮	⋮	⋮
자산 n	$w_n w_1 \sigma_{n1}$	$w_n w_2 \sigma_{n2}$	⋯	$w_n^2\sigma_n^2$	$=w_n \times \sigma_{nm}$	$=w_n \times \dfrac{\sigma_{nm}}{\sigma_m^2}$	$=w_n \times \beta_n$
합계	σ_m^2				σ_m^2	$\dfrac{\sigma_m^2}{\sigma_m^2}=1$	$\beta_m = 1$

② 시장포트폴리오의 위험(σ_m^2)은 비체계적위험이 완전히 제거된 체계적위험이며, 이중 개별자산 i가 공헌하는 정도가 $w_i \times \sigma_{im}$이다. w_i은 개별자산의 위험과는 관련이 없는 단순한 투자비율이므로 개별자산 i의 체계적위험에 대한 측정치로써 개별자산 i의 수익률과 시장포트폴리오 수익률 간의 공분산인 σ_{im}을 생각해 볼 수 있다. 다만, 공분산 또는 분산은 그 크기 및 단위적용의 문제가 있기 때문에 σ_{im}은 개별자산의 체계적위험의 측정치로 적합하지 못하다.

③ 시장포트폴리오의 위험을 1이라고 했을 때 시장포트폴리오의 위험 중에서 개별자산 i가 공헌하는 비율, 즉 개별자산 i의 시장포트폴리오 위험에 대한 공헌비율인 $w_i \times \dfrac{\sigma_{im}}{\sigma_m^2}$에서 투자비율인 w_i를 제외한 $\dfrac{\sigma_{im}}{\sigma_m^2}$을 개별자산 i의 체계적위험에 대한 새로운 측정치로 이용할 수 있으며, 이러한 체계적위험의 측정치를 베타(beta: β_i)라고 한다.

$$\beta_i = \frac{\sigma_{im}}{\sigma_m^2} = \frac{\rho_{im} \times \sigma_i \times \sigma_m}{\sigma_m^2} = \frac{\sigma_i}{\sigma_m} \times \rho_{im}$$

이상에서 살펴본 개별자산의 체계적위험의 측정치인 베타(β_i)는 시장포트폴리오의 위험, 즉 시장전체의 위험을 1로 보았을 때 개별자산 i의 체계적위험의 크기를 의미한다.

(2) 포트폴리오 베타의 계산

포트폴리오의 체계적위험인 포트폴리오의 베타(β_P)는 포트폴리오를 구성하는 개별자산들의 베타를 포트폴리오 구성비율을 가중치로 평균한 개별자산 베타의 가중평균이다. 포트폴리오의 베타에 대한 계산식을 이용해서 이러한 포트폴리오의 베타에 대해 살펴보면 다음과 같다.

$$R_P = w_1 R_1 + w_2 R_2 + \cdots + w_n R_n$$

$$\beta_P = \frac{\sigma_{Pm}}{\sigma_m^2} = \frac{Cov(w_1 R_1 + w_2 R_2 + \cdots + w_n R_n,\ R_m)}{\sigma_m^2}$$

$$= w_1 \times \frac{Cov(R_1,\ R_m)}{\sigma_m^2} + w_2 \times \frac{Cov(R_2,\ R_m)}{\sigma_m^2} + \cdots + w_n \times \frac{Cov(R_n,\ R_m)}{\sigma_m^2}$$

$$= w_1 \times \beta_1 + w_2 \times \beta_2 + \cdots + w_n \times \beta_n = \sum_{i=1}^{n} w_i \times \beta_i$$

무위험자산과 두 개의 위험자산인 주식 A와 주식 B만 존재하는 자본시장을 가정하며, 주식 B의 시가총액은 주식 A의 시가총액의 1.5배이다. 주식 A 수익률의 표준편차는 20%, 주식 B 수익률의 표준편차는 10%이며, 두 주식 수익률 간의 상관계수는 0.5이다.

물음1 시장포트폴리오 수익률의 분산을 계산하시오.

물음2 주식 A와 주식 B의 베타를 계산하시오.

물음3 주식 A와 주식 B에 동일한 비율로 투자하는 포트폴리오 P의 베타를 계산하시오.

해답

물음1 시장포트폴리오 수익률의 분산

$R_m = 0.4 R_A + 0.6 R_B$

$\sigma_{AB} = \rho_{AB} \times \sigma_A \times \sigma_B = 0.5 \times 0.2 \times 0.1 = 0.01$

$\sigma_m^2 = 0.4^2 \times \sigma_A^2 + 0.6^2 \times \sigma_B^2 + 2 \times 0.4 \times 0.6 \times \sigma_{AB}$

$\quad = 0.4^2 \times 0.2^2 + 0.6^2 \times 0.1^2 + 2 \times 0.4 \times 0.6 \times 0.01 = 0.0148$

물음2 개별자산의 베타

$\sigma_{Am} = Cov(R_A, \ 0.4 R_A + 0.6 R_B) = 0.4 \times 0.2^2 + 0.6 \times 0.01 = 0.022$

$\beta_A = \dfrac{\sigma_{Am}}{\sigma_m^2} = \dfrac{0.022}{0.0148} = 1.4865$

$\sigma_{Bm} = Cov(R_B, \ 0.4 R_A + 0.6 R_B) = 0.4 \times 0.01 + 0.6 \times 0.1^2 = 0.01$

$\beta_B = \dfrac{\sigma_{Bm}}{\sigma_m^2} = \dfrac{0.01}{0.0148} = 0.6757$

물음3 포트폴리오의 베타

$\beta_P = w_A \beta_A + w_B \beta_B = 0.5 \times 1.4865 + 0.5 \times 0.6757 = 1.0811$

03 베타(β_i)의 의미

β_i는 시장포트폴리오의 위험, 즉 시장전체의 위험을 1로 보았을 때 개별자산 i의 체계적위험의 크기를 의미하는 것 이외에 시장포트폴리오의 수익률(R_m) 변동에 대한 개별자산 i 수익률(R_i) 변동의 민감도라는 의미를 갖는다. 이는 시장모형(또는 단일지수모형)에서의 단순회귀분석식을 통해서 확인할 수 있다. 다만, 시장모형에 대한 구체적인 내용은 <제5장 시장모형과 차익거래가격결정이론>에서 살펴보기로 하고 여기에서는 시장모형의 기본적인 내용만 확인하는 것으로 한다.

[1] 시장모형의 기본개념

시장모형은 시장 내에 존재하는 모든 개별자산의 수익률에 공통적으로 영향을 미치는 단일한 공통요인이 존재하며, 이러한 단일의 공통요인이 시장포트폴리오의 수익률(R_m)이라고 가정하는 모형이다. 이러한 시장모형의 가정하에서 개별자산의 수익률은 다음과 같이 나타낼 수 있다.

① 개별자산 수익률의 변동은 단일의 공통요인인 시장포트폴리오의 수익률과 관련하여 변동하는 부분, 그리고 공통요인과는 무관하게 개별자산의 고유한 요인에 의해 변동하는 부분(이를 잔차라고 한다.)으로 구분될 수 있다.

② 개별자산 i의 수익률(R_i)은 시장포트폴리오의 수익률(R_m)을 독립변수로 하고 개별자산 i의 수익률(R_i)을 종속변수로 하는 다음과 같은 단순회귀분석식으로 표현된다.

$$R_i = \alpha_i + \beta_i R_m + e_i$$

단, α_i: R_m이 0인 경우 개별자산 i의 평균적인 수익률(회귀식의 절편)

β_i: R_m변동에 대한 R_i의 민감도(회귀식의 기울기)

e_i: 잔차항(개별자산의 고유한 요인에 의해 변동하는 부분)

[2] 베타의 의미

시장모형에서는 이러한 단순회귀분석식과 관련하여 다음과 같은 3가지 통계적인 가정을 하고 있다.

① $E(e_i) = 0$: 특정시점에서의 잔차는 특정한 값을 가질 수 있으나 평균적으로는 0의 값을 갖는다.

② $Cov(e_i, R_m) = 0$: 잔차와 공통요인은 독립적이다. 즉, 잔차는 개별자산의 고유한 요인에 따라 발생하므로 공통요인인 시장포트폴리오의 수익률과는 무관하다.

③ $Cov(e_i, e_j) = 0$: 서로 다른 자산들의 잔차는 독립적이다. 즉, 개별자산 i의 고유한 요인에 따라 발생하는 e_i와 개별자산 j의 고유한 요인에 따라 발생하는 e_j는 서로 무관하게 발생한다.

이러한 시장모형의 통계적인 가정하에서는 다음과 같은 식이 성립하며, 이에 따라 앞서 학습한 바와 같이 $\dfrac{\sigma_{im}}{\sigma_m^2}$으로 계산되는 β_i가 시장포트폴리오 수익률의 변동에 대한 개별자산 i 수익률 변동의 민감도임을 확인할 수 있다.

$$Cov(R_i, R_m) = Cov(\alpha_i + \beta_i R_m + e_i, R_m) = \beta_i Var(R_m)$$

$$\therefore \beta_i = \frac{Cov(R_i, R_m)}{Var(R_m)} = \frac{\sigma_{im}}{\sigma_m^2}$$

예제 5 베타의 계산

다음과 같은 시장포트폴리오와 자산 1, 자산 2의 미래수익률의 확률분포를 이용해서 자산 1과 자산 2의 베타를 계산하고자 한다.

미래상황	발생확률	R_m	R_1	R_2
호황	1/3	15%	10%	25%
보통	1/3	5%	5%	5%
불황	1/3	-5%	0%	-15%

단, 주어진 확률분포하에서 계산되는 통계적 측정치는 다음과 같다.

$\sigma_m^2 = 0.006667, \quad \sigma_1^2 = 0.001667, \quad \sigma_2^2 = 0.026667, \quad \sigma_{1m} = 0.003333, \quad \sigma_{2m} = 0.013333$

물음1 자산 1의 베타를 계산하시오.

물음2 자산 2의 베타를 계산하시오.

해답

물음1 자산 1의 베타

$$\beta_1 = \frac{\sigma_{1m}}{\sigma_m^2} = \frac{0.003333}{0.006667} = 0.5$$

물음2 자산 2의 베타

$$\beta_2 = \frac{\sigma_{2m}}{\sigma_m^2} = \frac{0.013333}{0.006667} = 2$$

<예제 5>의 자산 1과 자산 2의 미래수익률의 확률분포와 계산된 베타를 이용해서 베타가 시장포트폴리오 수익률 변동에 대한 개별자산 수익률 변동의 민감도라는 것을 다음과 같이 확인할 수 있다.

① 미래 각 상황에서 시장포트폴리오의 수익률이 기댓값에서 ±10% 변동할 때에 자산 1의 수익률은 기댓값에서 ±5% 변동하므로 시장포트폴리오 수익률 변동에 대한 자산 1 수익률 변동의 민감도가 0.5(=β_1)임을 확인할 수 있다.

② 미래 각 상황에서 시장포트폴리오의 수익률이 기댓값에서 ±10% 변동할 때에 자산 2의 수익률은 기댓값에서 ±20% 변동하므로 시장포트폴리오 수익률 변동에 대한 자산 2 수익률 변동의 민감도가 2(=β_2)임을 확인할 수 있다.

<예제 5>의 자산 1과 같이 베타가 1보다 작아서 해당 자산의 수익률이 시장포트폴리오의 수익률보다 작게 변동하는 자산을 방어적 자산이라고 하며, 자산 2와 같이 베타가 1보다 커서 시장포트폴리오의 수익률보다 민감하게 변동하는 자산을 공격적 자산이라고 한다. 이러한 개별자산의 베타값과 관련하여 유의할 사항은 다음과 같다.

① 이론적으로는 시장포트폴리오 수익률과의 공분산 또는 상관계수가 음(−)의 값을 갖는 자산이 존재할 수 있으므로 음(−)의 베타값을 갖는 자산이 존재할 수도 있다. 다만, 실증결과로는 음의 베타값을 갖는 자산은 거의 존재하지 않는다.

② 무위험자산의 경우에는 시장포트폴리오 수익률과의 공분산 또는 상관계수가 0이므로 무위험자산의 베타는 0이다. 즉, 무위험자산은 총위험(σ_f)이 0이므로 체계적위험(β_f)도 0이다.

제4절 체계적위험과 증권시장선

앞에서 살펴본 자본시장선은 완전히 분산투자된 효율적 포트폴리오, 즉 자본시장선상의 포트폴리오에 대한 균형상태하에서의 위험과 기대수익률 간의 관계를 나타내는 식이다.

$$\text{자본시장선(CML): } E(R_P) = R_f + \frac{E(R_m) - R_f}{\sigma_m} \times \sigma_P$$

이러한 자본시장선은 위험의 척도로써 총위험의 측정치인 수익률의 표준편차(σ_P)를 사용하기 때문에 완전분산투자를 통해 비체계적위험이 모두 제거되어 총위험과 체계적위험이 동일한 효율적 포트폴리오의 위험과 기대수익률 간의 관계를 나타낼 때에는 유효한 식이지만, 자본시장선의 하단에 존재하는 비효율적인 포트폴리오나 개별자산의 경우에는 적용되지 못한다. 따라서 효율적 포트폴리오뿐만 아니라 비효율적인 포트폴리오나 개별자산까지 포함한 모든 자산의 위험과 기대수익률 간의 균형관계를 설명할 수 있는 균형식이 필요한데, 이러한 필요성에 의해서 도출된 식이 증권시장선이다.

01 증권시장선의 도출

증권시장선(security market line: SML)이란 균형상태하에서의 체계적위험과 기대수익률 간의 관계를 나타내는 식이다. 효율적인 포트폴리오가 아닌 경우에 총위험 중에서 비체계적위험은 시장포트폴리오를 구성함으로써 제거가능한 위험이므로 비효율적인 포트폴리오나 개별자산의 균형상태하에서의 기대수익률은 총위험이 아닌 체계적위험에 의해 결정될 것이다. 이러한 논리에 의해서 균형상태하에서의 체계적위험과 기대수익률 간의 관계를 나타내는 식이 증권시장선(SML)이다. 이러한 증권시장선의 도출과정에 대해 살펴보기로 한다.

[1] 체계적위험 1단위당 위험프리미엄

시장포트폴리오의 기대수익률과 위험프리미엄 및 위험(수익률의 분산)을 시장포트폴리오를 구성하는 개별자산별로 구분하는 경우에 시장포트폴리오의 기대수익률과 위험프리미엄 및 위험(수익률의 분산)에 대한 개별자산의 공헌도는 다음과 같이 나타낼 수 있다.

$$E(R_m) = w_1 E(R_1) + w_2 E(R_2) + \cdots + w_n E(R_n)$$
$$E(R_m) - R_f = w_1 [E(R_1) - R_f] + w_2 [E(R_2) - R_f] + \cdots + w_n [E(R_n) - R_f]$$
$$\sigma_m^2 = w_1 \sigma_{1m} + w_2 \sigma_{2m} + \cdots + w_n \sigma_{nm}$$

① 시장포트폴리오의 기대수익률에 대한 개별자산 i의 공헌도: $w_i E(R_i)$

② 시장포트폴리오의 위험프리미엄에 대한 개별자산 i의 공헌도: $w_i [E(R_i) - R_f]$

③ 시장포트폴리오의 위험에 대한 개별자산 i의 공헌도: $w_i \sigma_{im}$

여기서 $\dfrac{E(R_m)-R_f}{\sigma_m^2}$ 은 시장포트폴리오에 투자하는 경우 부담하는 체계적위험(수익률의 분산) 1단위당

위험프리미엄, 즉 시장포트폴리오의 위험보상비율이며, $\dfrac{w_i[E(R_i)-R_f]}{w_i\sigma_{im}}=\dfrac{E(R_i)-R_f}{\sigma_{im}}$ 는 개별자산 i 가

시장포트폴리오에 포함될 때 기여하는 개별자산 i의 체계적위험 1단위당 위험프리미엄, 즉 개별자산 i의 위험보상비율이다.

[2] 시장의 균형조건

시장이 일시적인 불균형상태에 있는 경우에는 모든 투자자들의 다음과 같은 포트폴리오 구성 변경과정을 통해 시장은 신속히 균형상태로 회복하게 된다.

① $\dfrac{E(R_m)-R_f}{\sigma_m^2}<\dfrac{E(R_i)-R_f}{\sigma_{im}}$ 인 상황: 개별자산 i의 위험보상비율이 시장포트폴리오의 위험보상비율

보다 큰 상황이며, 이러한 상황에서는 개별자산 i에 대한 초과수요가 발생하게 되어 개별자산 i의 가격이 상승하고 이에 따라 개별자산 i의 기대수익률이 하락하게 된다.

② $\dfrac{E(R_m)-R_f}{\sigma_m^2}>\dfrac{E(R_i)-R_f}{\sigma_{im}}$ 인 상황: 개별자산 i의 위험보상비율이 시장포트폴리오의 위험보상비율

보다 작은 상황이며, 이러한 상황에서는 개별자산 i에 대한 초과공급이 발생하게 되어 개별자산 i의 가격이 하락하고 이에 따라 개별자산 i의 기대수익률이 상승하게 된다.

따라서 초과수요나 초과공급이 없는 균형상태에서는 개별자산 i의 위험보상비율과 시장포트폴리오의 위험보상비율이 일치하여 다음의 조건이 성립되어야 하며, 이러한 균형조건은 임의의 모든 개별자산에 대해서도 마찬가지로 적용되어야 한다.

$$\text{시장의 균형조건식: } \frac{E(R_m)-R_f}{\sigma_m^2}=\frac{E(R_i)-R_f}{\sigma_{im}}$$

또한, 이러한 균형조건식은 모든 개별자산의 체계적위험 1단위당 위험프리미엄이 시장포트폴리오의 체계적위험 1단위당 위험프리미엄과 동일해야 한다는 것을 의미한다.

$$\text{시장의 균형조건식: } \frac{E(R_m)-R_f}{\beta_m}=\frac{E(R_i)-R_f}{\beta_i}$$

[3] 증권시장선의 도출

이상에서 살펴본 시장의 균형조건식을 개별자산 i의 기대수익률인 $E(R_i)$에 대해 정리하면 다음과 같은 증권시장선을 도출할 수 있다.

$$\text{증권시장선(SML): } E(R_i)=R_f+[E(R_m)-R_f]\times\beta_i$$

이와 같은 증권시장선을 이용하면 효율적인 포트폴리오뿐만 아니라 비효율적인 포트폴리오나 개별자산까지 포함한 모든 자산의 체계적위험과 기대수익률 간의 균형관계를 설명할 수 있다.

02 증권시장선의 의미

(1) 체계적위험과 기대수익률 간의 균형관계식

증권시장선(SML)은 균형상태하에서의 모든 자산의 체계적위험과 기대수익률 간의 선형관계를 나타내는 균형관계식이며, 이러한 증권시장선을 이용해서 개별자산의 체계적위험에 상응하는 균형기대수익률을 계산할 수 있다.

① 위험자산의 균형기대수익률은 무위험이자율과 위험프리미엄으로 구성되며, 위험프리미엄은 해당 자산의 체계적위험에 대한 보상이다.

$$E(R_i) = R_f + [E(R_m) - R_f] \times \beta_i = R_f + 위험프리미엄$$

② 시장포트폴리오의 위험(β_m)이 1이므로 체계적위험의 시장가격인 시장포트폴리오의 체계적위험 1 단위당 위험프리미엄은 $\dfrac{E(R_m) - R_f}{\beta_m} = E(R_m) - R_f$이며, 균형상태하에서 개별자산의 위험프리미엄은 해당 개별자산의 체계적위험(β_i)에 이러한 위험의 시장가격을 곱하여 계산된다.

║ **사례** ║

무위험이자율이 10%이고 시장포트폴리오의 기대수익률이 20%인 상황이라면 β_A=1.5인 자산 A의 체계적위험에 상응하는 균형상태에서의 요구수익률(균형기대수익률)은 증권시장선에 의해 다음과 같이 계산된다. 즉, 체계적위험이 1인 시장포트폴리오의 위험프리미엄이 10%라면, 체계적위험(β)이 시장포트폴리오의 1.5배인 자산 A의 위험프리미엄은 10% × 1.5=15%가 되어야만 시장이 균형을 유지한다는 것이다.

$$E(R_A) = R_f + [E(R_m) - R_f] \times \beta_A = 0.1 + (0.2 - 0.1) \times 1.5 = 0.1 + 0.1 \times 1.5 = 0.25$$

---

(2) 균형가격결정모형

증권시장선에 의해 계산되는 균형기대수익률에 의해 균형가격이 결정된다. 즉, 특정 자산의 균형가격은 미래의 기대현금흐름을 그 자산의 균형기대수익률로 할인한 현재가치이다. 다음의 사례를 이용해서 이에 대해 살펴보기로 한다.

║ **사례** ║

증권시장선에 의해 계산되는 균형기대수익률이 25%이며, 1년 후 기대현금흐름이 ₩13,200인 자산 A가 현재 시장에서 ₩10,000에 거래되고 있다.

① 특정 자산의 균형가격은 미래의 기대현금흐름을 그 자산의 균형기대수익률로 할인한 현재가치이다. 따라서 자산 A의 균형가격은 다음과 같이 계산된다.

$$균형가격 = \frac{미래의 \ 기대현금흐름}{1 + 균형기대수익률} = \frac{₩13,200}{1 + 25\%} = ₩10,560$$

② 현재 자산 A의 시장가격 ₩10,000은 균형가격보다 과소평가된 상황이며, 시장가격에 의해 계산되는 자산 A의 기대수익률은 $\dfrac{₩13,200}{₩10,000} - 1 = 32\%$이므로 현재는 불균형상태이다.

③ 시장가격에 의해 계산되는 기대수익률이 균형기대수익률보다 높은 상황, 즉 자산의 시장가격이 균형가격보다 과소평가된 상황이기 때문에 해당 자산을 매입하는 경우에 균형상태에서의 수익률보다 높은 수익률이 기대되므로 해당 자산에 대한 초과수요가 발생하게 된다.

④ 특정 자산에 대한 수요가 증가하면 시장가격이 상승하고 이에 따라 기대수익률이 하락하여 균형상태에서는 시장가격에 의해 계산되는 기대수익률과 체계적위험에 상응하는 균형기대수익률이 일치하게 된다.

> 과소평가: (기대수익률 > 균형수익률) = (시장가격 < 균형가격) → 초과수요
> → 시장가격상승 → 기대수익률하락 → (기대수익률 = 균형수익률)
> 과대평가: (기대수익률 < 균형수익률) = (시장가격 > 균형가격) → 초과공급
> → 시장가격하락 → 기대수익률상승 → (기대수익률 = 균형수익률)

이러한 사항은 그림(증권시장선과 균형가격)과 같이 나타낼 수 있다. 즉, 불균형상태에서 증권시장선 상단에 위치하는 자산은 시장가격이 균형가격보다 과소평가된 자산이며, 증권시장선 하단에 위치하는 자산은 시장가격이 균형가격보다 과대평가된 자산이다.

증권시장선과 균형가격

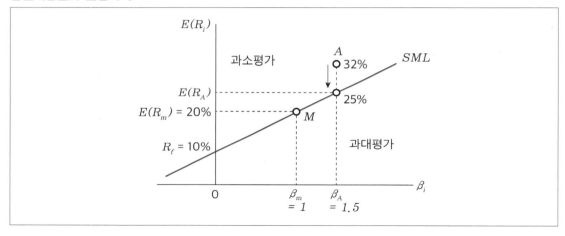

시장포트폴리오와 개별주식 수익률의 표준편차와 상관계수는 다음과 같으며, 무위험이자율은 5%이고, 시장포트폴리오의 기대수익률은 15%이다.

구분	σ_i	ρ_{im}
시장포트폴리오 M	12%	
주식 A	18%	1
주식 B	30%	0.4
주식 C	30%	0.8

물음 1 각 주식의 체계적위험(β)을 계산하시오.

물음 2 증권시장선(SML)을 나타내시오.

물음 3 증권시장선을 이용하여 각 주식의 균형기대수익률을 계산하시오.

물음 4 주식 B와 주식 C는 수익률의 표준편차(총위험)가 같지만, 균형기대수익률은 상이하다. 그 이유를 간략히 서술하시오.

물음 5 주식 B와 주식 C에 각각 40%와 60%를 투자해서 구성되는 포트폴리오 P의 체계적위험(β_P)과 균형기대수익률을 계산하시오.

해답

물음 1 개별자산의 베타

$$\beta_A = \frac{\sigma_{Am}}{\sigma_m^2} = \frac{\sigma_A}{\sigma_m} \times \rho_{Am} = \frac{0.18}{0.12} \times 1 = 1.5$$

$$\beta_B = \frac{0.3}{0.12} \times 0.4 = 1, \ \ \beta_C = \frac{0.3}{0.12} \times 0.8 = 2$$

물음 2 증권시장선

$$E(R_i) = R_f + [E(R_m) - R_f] \times \beta_i = 0.05 + (0.15 - 0.05) \times \beta_i = 0.05 + 0.1 \times \beta_i$$

물음 3 개별자산의 균형기대수익률

$$E(R_A) = 0.05 + 0.1 \times 1.5 = 0.2$$

$$E(R_B) = 0.05 + 0.1 \times 1 = 0.15$$

$$E(R_C) = 0.05 + 0.1 \times 2 = 0.25$$

물음4 총위험과 체계적위험 및 균형기대수익률

기대수익률(또는 위험프리미엄)은 총위험(σ_i)이 아니라 체계적위험(β_i)에 의해 결정된다. 따라서 주식 B와 주식 C의 총위험은 같지만 주식 B의 체계적위험($\beta_B = 1$)보다 주식 C의 체계적위험($\beta_C = 2$)이 크기 때문에 주식 B의 균형기대수익률보다 주식 C의 균형기대수익률이 더 높다.

물음5 포트폴리오의 균형기대수익률

$$R_P = 0.4R_B + 0.6R_C$$

$$\beta_P = 0.4\beta_B + 0.6\beta_C = 0.4 \times 1 + 0.6 \times 2 = 1.6$$

$$E(R_P) = R_f + [E(R_m) - R_f] \times \beta_P = 0.05 + 0.1 \times 1.6 = 0.21$$

03 증권시장선의 이동

앞에서 살펴본 증권시장선은 여러 가지 시장상황의 변화에 따라 변동한다. 대표적인 증권시장선의 변동요인으로는 투자자들의 위험회피정도의 변화와 기대인플레이션율의 변동을 들 수 있다.

(1) 위험회피정도의 변화

증권시장선의 기울기는 투자자들이 요구하는 체계적위험 1단위당 위험프리미엄이므로 다른 조건이 동일한 상태에서 투자자들의 위험회피정도가 변화하면 투자자들이 요구하는 체계적위험 1단위당 위험프리미엄이 변화할 것이므로 증권시장선의 기울기가 변화하게 된다.

(2) 기대인플레이션율의 변동

실질수익률이 일정한 경우에도 기대인플레이션율이 변동하면, 명목수익률이 변동한다. 이에 따라 증권시장선의 절편치인 무위험이자율이 변동하며, 모든 위험자산들에 대한 요구수익률도 변동한다. 기대인플레이션율이 무위험이자율과 위험자산의 수익률에 동일하게 영향을 미친다면, 기대인플레이션율이 변동함에 따라 증권시장선은 평행이동한다.

증권시장선의 이동

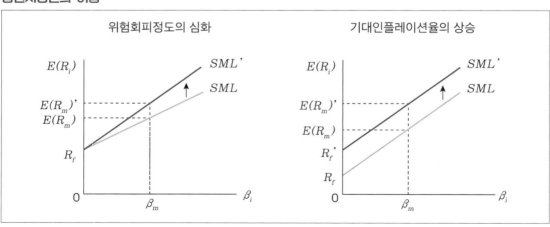

04 자본시장선과 증권시장선의 비교

자본시장선과 증권시장선은 모두 균형상태하의 시장에서 자산(포트폴리오)의 위험과 기대수익률 간의 관계를 나타내고자 하는 모형이며, 두 모형 모두 자산(포트폴리오)의 (균형)기대수익률은 무위험이자율과 위험프리미엄으로 구성되고 위험프리미엄은 해당 자산(포트폴리오)의 위험에 시장에서 결정된 위험 1단위당 위험프리미엄을 곱하여 결정됨을 보여준다.

① 자본시장선은 완전분산투자된 효율적 포트포리오의 기대수익률과 총위험(수익률의 표준편차) 간의 선형관계를 나타내는 모형이며, 증권시장선은 모든 자산의 기대수익률과 체계적위험(베타) 간의 선형관계를 나타내는 모형이라는 차이점이 있다.

구분	자본시장선(CML)	증권시장선(SML)
대상	효율적 포트폴리오	모든 자산 또는 포트폴리오
결정식	$E(R_P) = R_f + \dfrac{E(R_m) - R_f}{\sigma_m} \times \sigma_P$	$E(R_i) = R_f + [E(R_m) - R_f] \times \beta_i$
의미	기대수익률과 총위험(σ) 간의 선형관계	기대수익률과 체계적위험(β) 간의 선형관계

② 증권시장선은 모든 자산의 체계적위험과 기대수익률 간의 선형관계를 나타내는 모형이므로 그 평가대상을 시장포트폴리오 수익률과의 상관계수(ρ_{Pm})가 +1인 자본시장선상의 포트폴리오, 즉 완전분산투자된 효율적 포트폴리오로 한정하는 경우에는 자본시장선과 증권시장선이 일치하게 된다. 따라서, 증권시장선의 한 특수한 형태가 자본시장선이며, 증권시장선이 자본시장선을 포괄하는 모형이다.

$$\text{자본시장선상의 포트폴리오}: \beta_P = \frac{\sigma_{Pm}}{\sigma_m^2} = \frac{\sigma_P}{\sigma_m} \times \rho_{Pm} = \frac{\sigma_P}{\sigma_m} \times 1$$

$$SML : E(R_P) = R_f + [E(R_m) - R_f] \times \beta_P = R_f + [E(R_m) - R_f] \times \frac{\sigma_P}{\sigma_m} \times 1$$

$$= R_f + \frac{E(R_m) - R_f}{\sigma_m} \times \sigma_P : CML$$

제5절 CAPM가정의 현실화

지금까지 살펴본 CAPM은 단순화를 위해 여러 가지 가정들을 하고 있다. 본 절에서는 이러한 가정을 보다 현실적으로 수정하여 CAPM의 현실적 타당성 여부를 살펴보기로 한다.

01 이질적 기대

CAPM에서는 자산의 미래 수익률의 확률분포에 대한 투자자들의 동질적 기대를 가정하지만, 현실적으로는 투자자들마다 이용하는 정보의 차이와 분석능력의 차이로 인해 투자자들의 기대는 동질적이지 않다.

이러한 이질적 기대를 반영하는 경우에는 효율적 투자선이 투자자들마다 서로 다르게 형성될 것이므로 시장포트폴리오도 투자자들마다 각각 상이하게 형성될 것이다. 따라서, 이러한 경우 자본시장선과 증권시장선은 각 투자자의 미래 예상에 따라 서로 다르게 형성될 것이며, 시장에서는 지속적으로 초과수요와 초과공급이 발생하여 균형상태에 도달할 수 없으므로 CAPM의 기본논리가 성립하지 않게 된다.

이질적 기대하의 CML과 SML

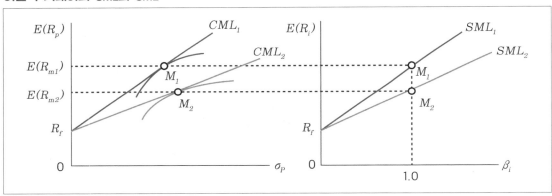

02 개인소득세

CAPM에서는 세금이 존재하지 않는 완전자본시장을 가정하지만, 현실적으로 투자자들은 투자소득에 대해 개인소득세를 부담하게 되며, 개인소득세의 세율은 투자자의 소득수준에 따라 누진적으로 적용되는 것이 일반적이다.

이러한 차등세율 구조하의 개인소득세를 고려하는 경우 세전수익률의 확률분포에 대한 투자자들의 동질적 기대를 가정하더라도 세후수익률의 확률분포는 투자자들마다 상이하게 되어 이질적 기대를 가정하는 경우와 동일한 결과를 가져오므로 CAPM의 기본논리는 성립하지 않게 된다.

개인소득세(차등세율)가 존재하는 경우의 CML과 SML

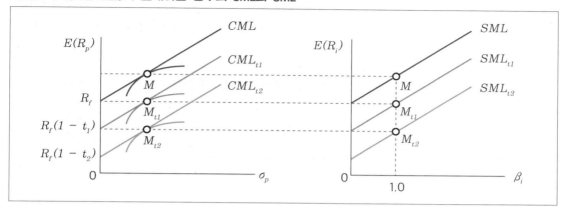

그러나, 모든 투자자의 소득에 대해 동일한 세율이 적용된다고 가정하면, 세전수익률의 확률분포에 대해 동질적 기대를 가정하는 경우 모든 투자자에게 세후수익률의 확률분포도 세전수익률에서 일률적으로 동일세율만큼 감소하여 동일하게 형성될 것이므로 CAPM의 기본논리가 성립하게 된다.

개인소득세(동일세율)가 존재하는 경우의 CML과 SML

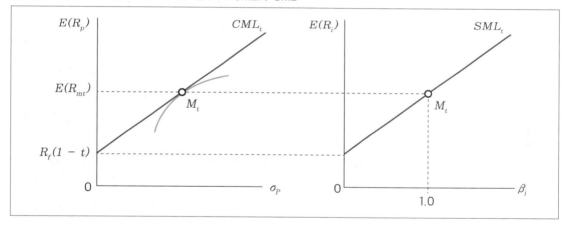

03 차입이자율과 대출이자율

CAPM에서는 투자자들이 동일한 무위험이자율로 차입 또는 대출을 얼마든지 할 수 있다고 가정하지만, 현실적으로는 투자자들의 차입이자율이 대출이자율보다 높은 것이 일반적이다.

이러한 이자율의 차이를 반영하는 경우에는 대출포트폴리오를 구성하는 투자자들과 차입포트폴리오를 구성하는 투자자들, 그리고 보유자금을 시장포트폴리오에만 투자하는 투자자들이 서로 다른 시장포트폴리오와 자본시장선 및 증권시장선을 형성할 것이다. 따라서 이러한 경우 시장의 균형이 달성될 수 없으므로 CAPM의 기본논리가 성립하지 않게 된다.

차입이자율과 대출이자율이 다른 경우의 CML과 SML

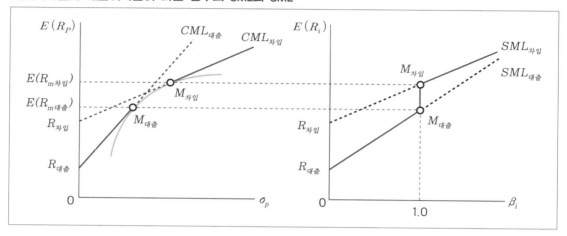

04 거래비용

CAPM에서는 거래비용이 존재하지 않는 완전자본시장을 가정하지만, 현실적으로 투자자들은 매매 시에 거래수수료 등의 비용을 부담한다.

거래비용이 존재하지 않는 경우, 자산의 시장가격이 균형가격과 불일치하는 일시적인 불균형상태에서 투자자들은 과소평가된 자산을 매입하고 과대평가된 자산을 매도하여 이익을 획득하는 거래를 할 것이므로 시장이 신속히 균형상태로 회복된다. 그러나, 거래비용이 존재하는 경우에는 과대평가 또는 과소평가된 자산을 거래 시 획득할 수 있는 이득이 거래비용을 초과하지 않는다면 매매를 하지 않을 것이므로 동일한 체계적위험을 갖는 자산이라도 서로 다른 가격(기대수익률)을 가질 수 있다. 즉, 균형기대수익률의 범위가 존재하게 된다. 이러한 경우 증권시장선은 하나의 직선이 아닌 띠형태(band SML)를 형성하게 된다.

거래비용이 존재할 경우의 band SML

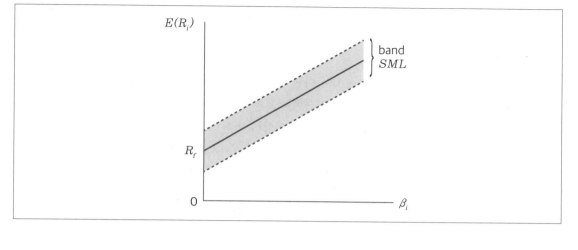

05 무위험자산

CAPM에서는 무위험자산이 존재한다고 가정하지만, 일반적으로 무위험자산이라고 간주되는 은행예금이나 국채도 엄밀한 의미에서는 진정한 무위험자산이라고 할 수 없다. 이와 같이 무위험자산이 존재하지 않는 경우 CAPM의 적용에 대해 살펴보기로 한다.

(1) 제로베타 CAPM

블랙(F. Black)은 총위험(σ)이 0인 무위험자산이 존재하지 않는 경우에도 체계적위험(β)이 0인 제로베타포트폴리오를 무위험자산의 대용치로 이용하여 CAPM이 성립함을 증명하였다. 즉, 무위험이자율의 대용치로써 제로베타포트폴리오의 기대수익률을 이용하여 체계적위험과 기대수익률 간의 선형관계가 성립함을 증명하였다. 그림(제로베타 CAPM)을 이용해서 블랙이 주장한 제로베타 CAPM에 대해 살펴보기로 한다.

제로베타 CAPM

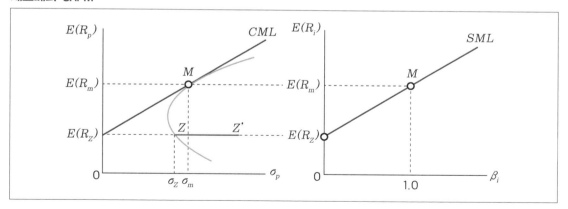

① 마코위츠의 효율적 투자선상에 존재하는 시장포트폴리오에서 접선을 그어 기대수익률축과 만나는 절편인 $E(R_Z)$의 기대수익률을 갖는 포트폴리오들($Z \sim Z'$)은 모두 시장포트폴리오 수익률과의 상관계수(ρ_{Zm})가 0이며, 시장포트폴리오 수익률과의 공분산(σ_{Zm})도 0이고, 체계적위험(β_Z)도 0인 제로베타포트폴리오들이다.

② 제로베타포트폴리오들의 총위험은 0이 아닌 값으로 각각 다르지만, 기대수익률과 체계적위험(β_Z)은 $E(R_Z)$와 0으로 동일하므로 그림(제로베타 CAPM)의 SML선상에서 모두 $E(R_Z)$에 위치한다.

③ 제로베타포트폴리오는 위험자산으로 구성된 위험이 있는 포트폴리오이며 시장포트폴리오 수익률과의 공분산이 0이므로 위험자산들을 이용해서 $Cov(R_Z,\ R_m) = 0$인 포트폴리오를 구성하거나, 포트폴리오에 포함되는 개별자산의 베타를 투자비율로 가중평균한 포트폴리오의 베타가 0이 되는 포트폴리오를 구성하면 제로베타포트폴리오를 구성할 수 있다.

이와 같이 제로베타포트폴리오를 구성해서 그 기대수익률인 $E(R_Z)$를 무위험이자율의 대용치로 이용하면 다음과 같은 제로베타 CAPM을 도출할 수 있다.

제로베타 CAPM: $E(R_i) = E(R_Z) + [E(R_m) - E(R_Z)] \times \beta_i$

무위험자산이 존재하지 않는 균형상태의 현재 시장에서 위험자산 1과 위험자산 2만 거래되고 있다. 자산 1과 자산 2의 기대수익률과 수익률의 표준편차는 다음과 같고, 자산 1과 자산 2 수익률 간의 상관계수는 0.3이며, 자산 2의 총시장가치는 자산 1의 총시장가치의 1.5배이다.

구분	자산1	자산2	시장포트폴리오
기대수익률	15%	10%	12%
표준편차	20%	10%	

물음1 자산 1과 자산 2로 구성되는 제로베타포트폴리오(Z)에서의 자산 1과 자산 2의 구성비율을 계산하시오.

물음2 제로베타 CAPM을 나타내시오.

해답

물음1 제로베타포트폴리오의 구성

$\sigma_{12} = \rho_{12} \times \sigma_1 \times \sigma_2 = 0.3 \times 0.2 \times 0.1 = 0.006$

$R_m = 0.4R_1 + 0.6R_2$

$R_Z = w_1 R_1 + (1 - w_1)R_2$

$\begin{aligned} Cov(R_Z, R_m) &= Cov[w_1 R_1 + (1 - w_1)R_2, \ 0.4R_1 + 0.6R_2] \\ &= 0.4 w_1 \sigma_1^2 + 0.6 w_1 \sigma_{12} + 0.4(1 - w_1)\sigma_{12} + 0.6(1 - w_1)\sigma_2^2 \\ &= 0.4 \times w_1 \times 0.2^2 + 0.6 \times w_1 \times 0.006 + 0.4 \times (1 - w_1) \times 0.006 + 0.6 \times (1 - w_1) \times 0.1^2 = 0 \end{aligned}$

$\therefore \ w_1 = -0.75, \ w_2 = 1.75$

물음2 제로베타 CAPM

$E(R_Z) = -0.75 E(R_1) + 1.75 E(R_2) = -0.75 \times 0.15 + 1.75 \times 0.1 = 0.0625$

제로베타 CAPM: $E(R_i) = E(R_Z) + [E(R_m) - E(R_Z)] \times \beta_i = 0.0625 + [0.12 - 0.0625] \times \beta_i$

$\therefore \ E(R_i) = 0.0625 + 0.0575 \times \beta_i$

(2) 시장포트폴리오 수익률과의 상관계수

완전히 분산투자된 효율적 포트폴리오들인 자본시장선상의 포트폴리오들은 시장포트폴리오 수익률과의 상관계수가 +1인 포트폴리오들이며, 제로베타포트폴리오들은 시장포트폴리오 수익률과의 상관계수가 0인 포트폴리오들이다. 또한, 시장포트폴리오 수익률과 특정한 상관계수를 갖는 자산이나 포트폴리오들은 그림(시장포트폴리오 수익률과의 상관계수)과 같이 기대수익률-수익률의 표준편차 평면에서 일정한 선상에 존재하게 된다.

시장포트폴리오 수익률과의 상관계수

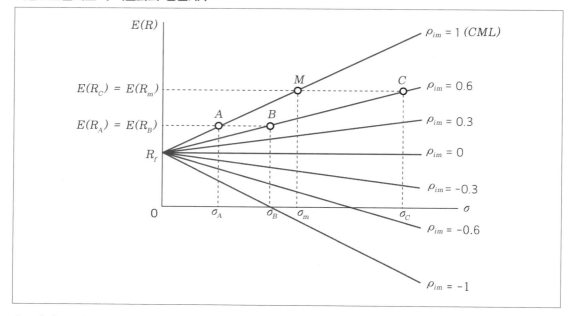

① 위의 그림에서 자본시장선상의 포트폴리오 A는 시장포트폴리오 수익률과의 상관계수(ρ_{Am})가 +1 이다. 또한, A와 B의 기대수익률이 동일하므로 CAPM의 성립을 가정하는 경우에 A와 B의 체계적 위험이 동일($\beta_A = \beta_B$)하다. 따라서 다음의 관계가 성립하게 된다.

$$\beta_A = \frac{\sigma_A}{\sigma_m} \times \rho_{Am} = \frac{\sigma_A}{\sigma_m} \times 1 = \frac{\sigma_B}{\sigma_m} \times \rho_{Bm} = \beta_B$$

$$\therefore \rho_{Bm} = \frac{\sigma_A}{\sigma_B}$$

② C와 시장포트폴리오 M은 기대수익률이 동일하므로 C와 시장포트폴리오 M의 체계적위험이 동일 ($\beta_C = \beta_m = 1$)하다. 따라서 다음의 관계가 성립하게 된다.

$$\beta_C = \frac{\sigma_C}{\sigma_m} \times \rho_{Cm} = 1 = \beta_m$$

$$\therefore \rho_{Cm} = \frac{\sigma_m}{\sigma_C}$$

③ 비례관계에 따라 다음과 같이 B와 C는 시장포트폴리오 수익률과의 상관계수가 동일하게 되며, 기 울기가 감소함에 따라 시장포트폴리오 수익률과의 상관계수가 작아지게 된다.

$$\rho_{Bm} = \frac{\sigma_A}{\sigma_B} = \frac{\sigma_m}{\sigma_C} = \rho_{Cm}$$

더불어, 개별자산(또는 포트폴리오)의 시장포트폴리오 수익률과의 상관계수에 대한 이와 같은 관계를 고려하는 경우에 제로베타포트폴리오들은 시장포트폴리오 수익률과의 상관계수가 $\rho_{Zm} = \dfrac{0}{\sigma_Z} = 0$이라 는 것을 확인할 수 있다.

제6절 CAPM의 실증검증과 이에 대한 비판

01 CAPM의 실증검증

CAPM의 성립 여부에 대한 실증검증의 검증대상은 앞에서 살펴본 증권시장선의 기본적인 의미에 대한 내용이며, 가장 중요한 검증대상은 체계적위험인 β와 기대수익률 간의 정(+)의 선형관계의 성립 여부라고 할 수 있다. 이러한 실증검증은 일반적으로 다음과 같이 두 단계의 회귀분석을 통해 이루어진다.

(1) 1단계(시계열분석)

시계열자료를 이용해서 개별자산 수익률(R_{it})과 시장포트폴리오 수익률(R_{mt})의 관계를 회귀분석하여 각 자산의 평균수익률$(\overline{R_i})$과 절편치인 α_i 및 β_i 계수를 추정하는 단계이다.

$$R_{it} = \alpha_i + \beta_i R_{mt} + e_{it}$$

① 이러한 회귀분석에서는 모든 위험자산을 시장가치 비율대로 포함하는 진정한 시장포트폴리오를 구성한다는 것이 현실적으로 불가능하기 때문에 일반적으로 시장포트폴리오의 대용치로서 주가지수를 이용하게 된다.

② 회귀분석의 결과는 다음과 같은 회귀계수표로 나타낼 수 있는데, 여기에서 Y절편과 X_1의 계수가 각각 회귀분석을 통해 추정된 $\widehat{\alpha_i}$와 $\widehat{\beta_i}$를 의미한다. 표준오차와 t 통계량 및 P-값은 추정된 회귀계수의 유의성을 나타내는 측정치들이며, 표준오차와 P-값이 작을수록, t 통계량이 클수록 추정된 회귀계수의 유의성이 높다는 것을 나타낸다. 즉, 추정된 회귀계수를 표준오차로 나누어서 계산되는 t 통계량은 유의수준 5%에서 임계치인 1.96보다는 커야 통계적으로 유의미하다고 볼 수 있다.

구분	계수	표준오차	t 통계량	P - 값
Y절편	-0.178	0.635	-0.281	0.779
X_1	1.670	0.098	16.901	0.0001

(2) 2단계(횡단면분석)

1단계에서 추정한 각 개별자산들의 β계수$(\widehat{\beta_i})$와 평균수익률$(\overline{R_i})$의 자료를 이용하여 둘 사이에 CAPM에 의한 균형관계가 성립하는지를 확인하는 단계이다.

$$\overline{R_i} = \gamma_0 + \gamma_1 \widehat{\beta_i} + \epsilon_i$$

① γ_0와 γ_1은 2단계(횡단면분석)에서 추정되어야 하는 회귀계수이며, 이러한 회귀분석의 결과를 이론적인 증권시장선과 비교하여 CAPM이 성립하는지를 확인한다.

② CAPM이 성립하기 위해서는 γ_0가 증권시장선의 절편치인 무위험이자율(R_f)과 통계적으로 유의한 차이가 없어야 하고, γ_1이 증권시장선의 기울기인 $[E(R_m) - R_f]$ 또는 $[\overline{R_m} - R_f]$와 유의한 차이가 없어야 한다.

(3) 기타의 실증검증

2단계(횡단면분석)를 변형하여 CAPM의 성립 여부에 대한 추가적인 사항들을 다음과 같이 검증할 수도 있다.

$$\overline{R_i} = \gamma_0 + \gamma_1 \hat{\beta_i} + \gamma_2 \hat{\beta_i}^2 + \gamma_3 \widehat{\sigma_{e_i}^2} + \epsilon_i$$

① γ_1이 통계적으로 유의하고, γ_2가 0과 통계적으로 유의한 차이가 없어야 CAPM이 성립한다. 즉, 개별자산의 기대수익률과 체계적위험인 β_i 간의 선형관계가 확인된다.

② γ_3가 0과 통계적으로 유의한 차이가 없어야 CAPM이 성립한다. 즉, 개별자산의 기대수익률이 비체계적위험인 잔차의 분산($\widehat{\sigma_{e_i}^2}$)에 의해 영향을 받지 않는다는 것이 확인된다.

이상에서 살펴본 바와 같이 CAPM의 실증검증을 통해 검증하고자 하는 구체적인 내용은 다음과 같은 사항들이다.

① 체계적위험인 β계수와 기대수익률 간의 정(+)의 선형관계 성립 여부
② 비체계적위험이 기대수익률에 미치는 영향의 존재 여부
③ 실증분석에 의한 증권시장선의 절편치와 무위험이자율의 일치 여부
④ 실증분석에 의한 증권시장선의 기울기와 $[E(R_m) - R_f]$ 또는 $[\overline{R_m} - R_f]$의 일치 여부

02 실증검증의 문제점: 롤의 비판

롤(R. Roll)은 마코위츠의 효율적 투자선상에 존재하는 임의의 포트폴리오를 시장포트폴리오의 대용치로 사용하는 경우 체계적위험인 β계수와 기대수익률 간의 선형관계는 항상 성립한다는 것을 수학적으로 증명하였다. 즉, 회귀분석에서 이용된 시장포트폴리오의 대용치가 효율적이면 선형관계가 성립하는 결론이 나타날 수밖에 없음을 증명한 것이다. 결국 기존의 CAPM에 대한 실증검증은 단순히 시장포트폴리오의 대용치로 사용한 포트폴리오가 효율적 포트폴리오인지의 여부를 검증하는 것일 뿐이며 CAPM의 성립 여부를 검증하는 것이 아니라는 것이다.

따라서 CAPM의 성립 여부를 검증할 수 있는 유일한 방법은 시장포트폴리오가 진실로 효율적인 포트폴리오인지의 여부를 확인하는 것이다. 즉, 모든 위험자산을 시장가치 비율대로 포함하고 있는 진정한 시장포트폴리오를 구성하여 시장포트폴리오의 효율성 여부를 확인해야 하는데, 이와 같은 진정한 시장포트폴리오의 구성이 현실적으로 불가능하므로 CAPM의 실증검증은 사실상 불가능하다는 것이 롤의 주장이다.

| **접점포트폴리오와 최적투자포트폴리오**

1. 접점포트폴리오의 구성

시장포트폴리오는 무위험자산으로부터 그은 직선 중에서 마코위츠의 효율적 투자선과 접하는 곳에 존재하는 접점포트폴리오이다. 시장포트폴리오와 같이 무위험자산과 결합 시 위험보상비율이 극대화되는 접점포트폴리오를 구성하는 전략에 대해 살펴보기로 한다.

[1] 개별자산의 위험보상비율

위험보상비율이 극대화되는 접점포트폴리오의 조건에 대해 살펴보기 위해 포트폴리오의 기대수익률과 위험프리미엄 및 위험(수익률의 분산)을 개별자산별로 구분하면 다음과 같다.

$$E(R_P) = w_1 E(R_1) + w_2 E(R_2) + \cdots + w_n E(R_n)$$
$$E(R_P) - R_f = w_1[E(R_1) - R_f] + w_2[E(R_2) - R_f] + \cdots + w_n[E(R_n) - R_f]$$
$$\sigma_P^2 = w_1 \sigma_{1P} + w_2 \sigma_{2P} + \cdots + w_n \sigma_{nP}$$

이러한 포트폴리오의 위험프리미엄과 위험(수익률의 분산)에 대한 개별자산 i의 공헌도는 다음과 같이 나타낼 수 있다.

① 포트폴리오의 위험프리미엄에 대한 개별자산 i의 공헌도: $w_i[E(R_i) - R_f]$

② 포트폴리오의 위험에 대한 개별자산 i의 공헌도: $w_i \sigma_{im}$

포트폴리오의 위험(수익률의 분산) 1단위당 위험프리미엄은 $\dfrac{E(R_P) - R_f}{\sigma_P^2}$ 이며, 여기에서 개별자산 i가 포트폴리오에 기여하는 위험 1단위당 위험프리미엄, 즉 개별자산 i의 위험보상비율은 $\dfrac{w_i[E(R_i) - R_f]}{w_i \sigma_{iP}}$
$= \dfrac{E(R_i) - R_f}{\sigma_{iP}}$ 이다.

[2] 접점포트폴리오의 조건

개별자산들로 구성되는 포트폴리오들 중에서 위험보상비율이 극대화되는 접점포트폴리오의 조건을 구체적으로 살펴보면 다음과 같다.

① 개별자산들이 포트폴리오에 기여하는 위험 1단위당 위험프리미엄이 같지 않은 경우에는 위험 1단위당 위험프리미엄이 보다 큰 자산에 대한 투자비율을 증가시키고 위험 1단위당 위험프리미엄이 보다 작은 자산에 대한 투자비율을 감소시키면 포트폴리오의 위험 1단위당 위험프리미엄을 증가시킬 수 있다.

② 포트폴리오에 포함되는 개별자산들의 위험 1단위당 위험프리미엄이 모두 일치해야 위험보상비율이 극대화되는 접점포트폴리오가 구성된다.

$$\text{접점포트폴리오의 조건: } \frac{E(R_1) - R_f}{\sigma_{1P}} = \frac{E(R_2) - R_f}{\sigma_{2P}} = \cdots = \frac{E(R_n) - R_f}{\sigma_{nP}}$$

③ 2개의 자산으로 구성되는 포트폴리오의 경우에 접점포트폴리오를 구성하기 위한 자산 1에 대한 투자비율은 접점포트폴리오의 조건을 이용해서 다음과 같이 계산할 수 있다.

$$\frac{E(R_1) - R_f}{\sigma_{1P} = w_1 \times \sigma_1^2 + (1 - w_1) \times \sigma_{12}} = \frac{E(R_2) - R_f}{\sigma_{2P} = (1 - w_1) \times \sigma_2^2 + w_1 \times \sigma_{12}}$$

예제 8 ┃ 접점포트폴리오의 구성

주식 A와 주식 B의 기대수익률과 수익률의 표준편차가 다음과 같다. 무위험이자율은 10%이고, 주식 A와 주식 B 수익률 간의 공분산(σ_{AB})은 0.003이다.

구분	기대수익률	표준편차
주식 A	25%	30%
주식 B	15%	10%

물음1 두 주식으로 구성 가능한 포트폴리오들 중에서 최소분산포트폴리오를 구성하기 위한 주식 A에 대한 투자비율을 계산하시오.

물음2 두 주식으로 구성 가능한 포트폴리오들 중에서 위험보상비율[$\frac{E(R_P) - R_f}{\sigma_P^2}$]이 극대화되는 포트폴리오(접점포트폴리오)를 구성하기 위한 주식 A에 대한 투자비율을 계산하시오.

물음1 최소분산포트폴리오의 구성

$$w_A = \frac{\sigma_B^2 - \sigma_{AB}}{\sigma_A^2 + \sigma_B^2 - 2\sigma_{AB}} = \frac{0.1^2 - 0.003}{0.3^2 + 0.1^2 - 2 \times 0.003} = 0.074468$$

또는

$$\sigma_{AP} = w_A \times 0.3^2 + (1 - w_A) \times 0.003 = 0.087 w_A + 0.003$$

$$\sigma_{BP} = (1 - w_A) \times 0.1^2 + w_A \times 0.003 = -0.007 w_A + 0.01$$

최소분산포트폴리오의 조건: $0.087 w_A + 0.003 = -0.007 w_A + 0.01$

$$\therefore \ w_A = 0.074468$$

물음2 접점포트폴리오의 구성

$$\frac{E(R_A) - R_f}{\sigma_{AP}} = \frac{0.25 - 0.1}{w_A \times 0.3^2 + (1 - w_A) \times 0.003} = \frac{0.15}{0.087 w_A + 0.003}$$

$$\frac{E(R_B) - R_f}{\sigma_{BP}} = \frac{0.15 - 0.1}{(1 - w_A) \times 0.1^2 + w_A \times 0.003} = \frac{0.05}{-0.007 w_A + 0.01}$$

접점포트폴리오의 조건: $\dfrac{0.15}{0.087 w_A + 0.003} = \dfrac{0.05}{-0.007 w_A + 0.01}$

$$\therefore \ w_A = 0.25$$

또는

$$\frac{E(R_A) - R_f}{\sigma_{AP}} = \frac{E(R_B) - R_f}{\sigma_{BP}} = 1(\text{임의의 상수})$$

$$E(R_A) - R_f = 0.25 - 0.1 = \sigma_{AP} = w_A \times 0.3^2 + w_B \times 0.003$$

$$E(R_B) - R_f = 0.15 - 0.1 = \sigma_{BP} = w_B \times 0.1^2 + w_A \times 0.003$$

$$\therefore \ w_A = 1.51515, \ w_B = 4.54545$$

$$w_A{}' = \frac{1.51515}{1.51515 + 4.54545} = 0.25, \ w_B{}' = \frac{4.54545}{1.51515 + 4.54545} = 0.75$$

2. 최적투자포트폴리오의 선택

CAPM이 성립하는 경우에 투자자의 최적투자포트폴리오는 무위험자산이 존재하는 경우의 효율적 투자선인 자본시장선상의 포트폴리오들 중에서 투자자의 효용을 극대화하는 포트폴리오이다. 위험회피형 투자자의 효용함수가 $U = E(R_P) - \gamma \times \sigma_P^2$이고 γ가 위험회피계수인 경우를 가정하여 최적투자포트폴리오의 선택에 대해 살펴보기로 한다.

[1] 최적투자포트폴리오의 조건

특정 투자자의 최적투자포트폴리오는 시장포트폴리오에 대한 투자비율(w_m)에 따라 기대수익률과 수익률의 표준편차가 결정되는 자본시장선상의 포트폴리오라는 제약조건하에서 해당 투자자의 효용을 극대화하는 포트폴리오이다.

$$Max \quad U = f[E(R_P),\ \sigma_P]$$
$$s.t. \quad E(R_P) = R_f + w_m \times [E(R_m) - R_f]$$
$$\sigma_P = w_m \times \sigma_m$$

따라서 효용함수가 $U = E(R_P) - \gamma \times \sigma_P^2$인 투자자의 경우에 최적투자포트폴리오를 구성하기 위한 시장포트폴리오에 대한 투자비율은 다음과 같이 나타낼 수 있다.

$$U = E(R_P) - \gamma \times \sigma_P^2 = R_f + w_m \times [E(R_m) - R_f] - \gamma \times w_m^2 \times \sigma_m^2$$

$$\frac{dU}{dw_m} = [E(R_m) - R_f] - 2 \times \gamma \times w_m \times \sigma_m^2 = 0$$

$$\therefore w_m = \frac{E(R_m) - R_f}{2 \times \gamma \times \sigma_m^2}$$

(2) 평균 - 분산 무차별곡선과 자본시장선의 접점

특정 투자자의 효용을 극대화하는 최적투자포트폴리오는 해당 투자자의 평균 - 분산 무차별곡선과 자본시장선의 접점에 존재한다는 것을 이용해서도 최적투자포트폴리오를 구성하기 위한 시장포트폴리오에 대한 투자비율을 확인할 수 있다.

$$\text{평균 - 분산 무차별곡선의 기울기} = \frac{\partial E(R_P)}{\partial \sigma_P}$$

$$= \text{자본시장선의 기울기} = \frac{E(R_m) - R_f}{\sigma_m}$$

따라서 효용함수가 $U = E(R_P) - \gamma \times \sigma_P^2$인 투자자의 경우에 최적투자포트폴리오를 구성하기 위한 시장포트폴리오에 대한 투자비율은 다음과 같이 나타낼 수도 있다.

$$\text{평균 - 분산 무차별곡선: } E(R_P) = U + \gamma \times \sigma_P^2$$

$$\text{평균 - 분산 무차별곡선의 기울기} = \frac{\partial E(R_P)}{\partial \sigma_P} = \frac{\partial [U + \gamma \times \sigma_P^2]}{\partial \sigma_P} = 2 \times \gamma \times \sigma_P$$

$$\text{자본시장선의 기울기} = \frac{E(R_m) - R_f}{\sigma_m}$$

$$\text{최적투자포트폴리오의 조건: } 2 \times \gamma \times \sigma_P = \frac{E(R_m) - R_f}{\sigma_m}$$

$$\text{최적투자포트폴리오 수익률의 표준편차: } \sigma_P = \frac{E(R_m) - R_f}{2 \times \gamma \times \sigma_m} = w_m \times \sigma_m$$

$$\therefore w_m = \frac{E(R_m) - R_f}{2 \times \gamma \times \sigma_m^2}$$

예제 9 │ 최적투자포트폴리오의 구성

CAPM의 성립을 가정한다. 시장포트폴리오의 기대수익률과 수익률의 표준편차는 각각 20%와 25%이고, 무위험이자율은 10%이며, 투자자 甲의 효용함수는 $U = 2 \times E(R_P) - 4 \times \sigma_P^2$이다.

물음1 투자자 甲의 기대효용을 극대화하는 최적투자포트폴리오를 구성하기 위한 시장포트폴리오에 대한 투자비율을 계산하시오.

물음2 투자자 甲이 구성하는 최적투자포트폴리오의 확실성등가수익률(R_{CER})을 계산하시오. 단, $E(R_P)$과 σ_P에는 소수값을 대입한다. 즉, 기대수익률과 수익률의 표준편차가 각각 10%와 20%인 자산에 투자하는 경우의 효용은 $U = 2 \times 0.1 - 4 \times 0.2^2 = 0.04$이다.

해답

물음1 최적투자포트폴리오의 구성

$Max \quad U = 2 \times E(R_P) - 4 \times \sigma_P^2$

$\quad s.t. \ E(R_P) = (1 - w_m)R_f + w_m E(R_m) = 0.1 + 0.1 \times w_m$

$\qquad \sigma_P = w_m \sigma_m = 0.25 \times w_m$

$U = 2 \times E(R_P) - 4 \times \sigma_P^2 = 2 \times (0.1 + 0.1 \times w_m) - 4 \times (0.25 \times w_m)^2$

$\quad = 0.2 + 0.2 \times w_m - 0.25 \times w_m^2$

$\dfrac{dU}{dw_m} = 0.2 - 0.5 \times w_m = 0$

$\therefore w_m = 0.4$

또는

평균 - 분산 무차별곡선의 기울기 $= \dfrac{\partial E(R_P)}{\partial \sigma_P} = \dfrac{\partial(0.5 \times U + 2 \times \sigma_P^2)}{\partial \sigma_P} = 4 \times \sigma_P$

자본시장선의 기울기 $= \dfrac{E(R_m) - R_f}{\sigma_m} = \dfrac{0.2 - 0.1}{0.25} = 0.4$

최적투자포트폴리오의 조건: $4 \times \sigma_P = 0.4$

$\sigma_P = 0.1 = w_m \times \sigma_m = w_m \times 0.25$

$\therefore \ w_m = 0.4$

물음2 최적투자포트폴리오의 확실성등가수익률

$E(R_P) = 0.1 + 0.1 \times w_m = 0.1 + 0.1 \times 0.4 = 0.14$

$\sigma_P = 0.25 \times w_m = 0.25 \times 0.4 = 0.1$

$U = 2 \times E(R_P) - 4 \times \sigma_P^2 = 2 \times 0.14 - 4 \times 0.1^2 = 0.24$

$\quad = 2 \times R_{CER} - 4 \times 0^2 = 0.24$

$\therefore R_{CER} = 0.12$

01 CAPM의 성립을 가정한다. 현재 시장에서는 위험자산 A와 위험자산 B 및 무위험자산만 거래되고 있다. 위험자산 A와 위험자산 B의 시장가치비율이 각각 40%와 60%이고, 시장포트폴리오 수익률의 표준편차는 20%이다. 1,000원의 투자자금을 보유하고 있는 투자자 甲이 최적포트폴리오를 구성하여 5%의 위험수준(수익률의 표준편차)을 부담하고자 한다면 투자자 甲이 위험자산 A에 투자해야 하는 금액을 계산하시오.

① 100원   ② 200원   ③ 300원
④ 400원   ⑤ 500원

02 CAPM의 성립을 가정하며, 무위험이자율은 10%이고 시장포트폴리오의 기대수익률은 20%이다. 투자자 甲이 보유자금의 40%를 시장포트폴리오에 투자하고 나머지 60%는 베타가 2인 위험자산 A에 투자해서 포트폴리오 P를 구성하는 경우에 포트폴리오 P의 균형기대수익률을 계산하시오.

① 22%   ② 23%   ③ 24%
④ 25%   ⑤ 26%

03 CAPM의 성립을 가정한다. 자본시장선(CML)과 증권시장선(SML)에 대한 설명으로 가장 옳지 않은 것을 고르시오.

① 시장포트폴리오 수익률과의 상관계수가 1인 포트폴리오의 경우에 자본시장선과 증권시장선은 동일한 표현식이다.
② 투자자의 최적투자포트폴리오에서 무위험자산과 시장포트폴리오에 대한 투자비율은 주관적으로 결정되지만, 시장포트폴리오를 구성하는 개별위험자산에 대한 투자비율은 객관적이다.
③ 증권시장선을 이용해서 비효율적 개별자산의 균형수익률을 구할 수 있다.
④ 증권시장선의 기울기는 개별자산의 베타 값과 무관하다.
⑤ 개별자산의 베타가 일정한 경우에도 비체계적 위험이 감소하면 균형기대수익률은 감소한다.

정답 및 해설

01 ① $R_m = 0.4R_A + 0.6R_B$

$\sigma_P = w_m \times \sigma_m = w_m \times 0.2 = 0.05$

$\therefore w_m = 0.25$

위험자산 A 투자금액 = 1,000원 × 0.25 × 0.4 = 100원

02 ⑤ $\beta_P = w_m \beta_m + w_A \beta_A = 0.4 \times 1 + 0.6 \times 2 = 1.6$

$E(R_P) = R_f + [E(R_m) - R_f] \times \beta_P = 0.1 + (0.2 - 0.1) \times 1.6 = 0.26$

03 ⑤ 균형기대수익률은 비체계적위험과 무관하게 체계적위험에 의해서 결정되므로 비체계적위험이 감소해도 체계적위험(베타)가 일정하다면 균형기대수익률은 변하지 않는다.

cpa.Hackers.com

해커스 윤민호 재무관리

회계사 · 세무사 · 경영지도사 단번에 합격! 해커스 경영아카데미
cpa.Hackers.com

제5장

시장모형과 차익거래가격결정이론

제1절 시장모형

01 시장모형과 증권특성선

[1] 시장모형의 의의

<제3장 포트폴리오이론>에서 살펴본 바와 같이 마코위츠의 포트폴리오이론(이를 완전공분산모형이라고도 한다.)에 의해 이론적으로 완전한 효율적 투자선을 도출할 수 있다. 그러나 마코위츠의 모형에 의해 포트폴리오의 위험을 계산하기 위해서는 모든 개별자산 수익률들 간의 공분산을 구해야 하기 때문에 포트폴리오를 구성하는 자산의 수가 많아지면 효율적 투자선을 도출하기 위해 필요한 정보의 양이 너무 많아진다. 이러한 마코위츠모형의 문제점을 해결하여 모형의 현실적인 적용가능성을 높이고자 제시된 모형이 <제4장 자본자산가격결정모형>에서 간략히 살펴본 시장모형(단일지수모형)이다.

단일지수모형(single index model)은 샤프(W. Sharpe)에 의해 개발된 모형으로써 시장 내에 존재하는 모든 개별자산의 수익률에 공통적으로 영향을 미치는 단일의 공통요인이 존재한다고 보고, 이를 이용하여 개별자산의 수익률을 설명하고자 하는 모형이다.

[2] 시장모형의 기본가정

시장모형에서는 모든 개별자산 주식률들 간의 직접적인 관계를 고려하는 것이 아니라 개별자산들과 공통요인 간의 관계만을 고려하여 계산량을 감소시키고자 일정한 가정을 하고 있다. 즉, 시장모형은 <제4장 자본자산가격결정모형>에서 살펴본 바와 같이 시장 내에 존재하는 모든 개별자산들의 수익률에 공통적으로 영향을 미치는 단일한 공통요인이 존재하며, 이러한 단일의 공통요인이 시장포트폴리오의 수익률(R_m)이라고 가정하는 모형이다.

따라서 시장모형은 시장포트폴리오의 수익률(R_m)을 독립변수로 하고 개별자산의 수익률(R_i)을 종속변수로 하는 다음과 같은 단순회귀분석식으로 표현된다.

$$R_i = \alpha_i + \beta_i R_m + e_i$$

단, α_i: R_m이 0인 경우 개별자산 i의 평균적인 수익률(회귀식의 절편)

β_i: R_m변동에 대한 R_i의 민감도(회귀식의 기울기)

e_i: 잔차항(개별자산의 고유한 요인에 의해 변동하는 부분)

그리고 이러한 단순회귀분석식의 시장모형은 다음과 같은 3가지 통계적 가정을 하고 있다.

① $E(e_i) = 0$: 특정시점에서의 잔차는 특정한 값을 가질 수 있으나 평균적으로는 0의 값을 갖는다.

② $Cov(e_i, R_m) = 0$: 잔차와 공통요인은 독립적이다. 즉, 잔차는 개별자산의 고유한 요인에 따라 발생하므로 공통요인인 시장포트폴리오의 수익률과는 무관하다.

③ $Cov(e_i, e_j) = 0$: 서로 다른 자산들의 잔차는 독립적이다. 즉, 개별자산 i의 고유한 요인에 따라 발생하는 e_i와 개별자산 j의 고유한 요인에 따라 발생하는 e_j는 서로 무관하게 발생한다.

(3) 증권특성선

개별자산 i와 시장포트폴리오 수익률의 확률분포에서 R_m을 독립변수로 하고 R_i를 종속변수로 하는 단순회귀분석을 통해 개별자산 i의 α_i와 β_i를 추정할 수 있다.

시장모형과 증권특성선

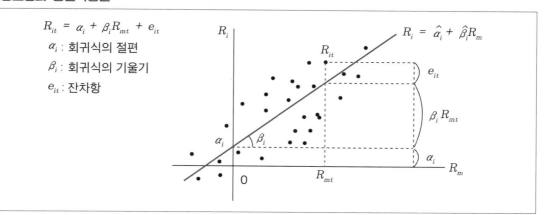

① 단순회귀분석은 최소자승법[1]에 의해 단순회귀분석식에서 잔차항의 제곱값의 합인 $\left[\sum_{t=1}^{n} e_{it}^2 = \sum_{t=1}^{n} (R_{it} - \alpha_i - \beta_i R_{mt})^2\right]$ 을 최소화하는 α_i와 β_i를 추정하는 것이며, 회귀분석의 결과로 추정되는 $\widehat{\alpha_i}$와 $\widehat{\beta_i}$는 다음과 같다. 이러한 결과에서 보듯이 앞에서 살펴본 $\beta_i = \dfrac{\sigma_{im}}{\sigma_m^2}$ 임을 확인할 수 있다.

$$\widehat{\beta_i} = \frac{\Sigma (R_{it} - \overline{R_i})(R_{mt} - \overline{R_m})}{\Sigma (R_{mt} - \overline{R_m})^2} = \frac{Cov\,(R_i,\ R_m)}{\sigma_m^2}$$

$$\widehat{\alpha_i} = \overline{R_i} - \widehat{\beta_i}\,\overline{R_m}$$

② 단순회귀분석을 통해 추정되는 α_i와 β_i를 이용해 R_i와 R_m 간의 관계를 잘 설명해주는 다음과 같은 단순회귀식을 추정할 수 있으며, 이러한 단순회귀식은 개별자산 i의 여러 가지 특성을 나타낸다고 해서 증권특성선(security characteristic line: SCL)이라고 한다.

$$\text{증권특성선(SCL):}\ R_i = \widehat{\alpha_i} + \widehat{\beta_i} R_m$$

---

1) 최소자승법(least square method)이란 잔차항의 제곱의 합이 최소가 되도록 하는 α_i와 β_i를 측정하는 방법이다. 잔차항의 제곱의 합은

$$\sum_{t=1}^{n} e_{it}^2 = \sum_{t=1}^{n} (R_{it} - \alpha_i - \beta_i R_{mt})^2$$

이므로 위의 식을 α_i와 β_i에 대해서 편미분한 식을 0으로 놓고 α_i와 β_i에 대해서 정리하면 α_i와 β_i를 추정할 수 있다.

③ 단순회귀분석을 통해 추정되는 증권특성선의 β_i는 공통요인인 시장포트폴리오 수익률의 변동에 대한 개별자산 수익률 변동의 민감도를 의미하므로, 개별자산 i의 공통요인과 관련된 위험인 체계적 위험을 나타내는 측정치로 이용된다.

이와 같이 β_i는 개별자산의 미래 수익률 변동과 관련된 위험을 나타내는 측정치이므로 β_i의 추정과정에서 개별자산 i와 시장포트폴리오의 미래 수익률의 확률분포에 대한 예측치가 이용되어야 하며, 이렇게 미래 수익률의 확률분포로부터 사전적으로 추정되는 β_i를 사전적 베타(ex-ante beta)라고 한다. 그러나 미래 수익률의 확률분포를 정확히 예측하는 것이 현실적으로 어렵기 때문에 일반적인 적용에 있어서는 α_i와 β_i가 안정적이라는 가정하에 과거의 역사적 자료를 이용하여 β_i를 추정하게 되며, 이렇게 과거의 자료를 이용해서 사후적으로 추정되는 β_i를 사후적 베타(ex-post beta)라고 한다.

주식 A와 주가지수의 연간 예상수익률에 대한 확률분포가 다음과 같다.

상황	확률	주식 A	주가지수
호황	1/3	0.2	0.4
보통	1/3	0.08	0.25
불황	1/3	-0.07	-0.23

물음1 주가지수 수익률의 분산을 계산하시오.

물음2 주식 A의 알파와 베타를 계산하시오.

해답

물음1 시장포트폴리오 수익률의 분산

$$E(R_m) = \frac{1}{3} \times (0.4 + 0.25 - 0.23) = 0.14$$

$$Var(R_m) = \frac{1}{3} \times [(0.4-0.14)^2 + (0.25-0.14)^2 + (-0.23-0.14)^2] = 0.0722$$

물음2 개별자산의 사전적 베타

$$E(R_A) = \frac{1}{3} \times (0.2 + 0.08 - 0.07) = 0.07$$

$$Cov(R_A, \ R_m) = \frac{1}{3} \times [(0.2-0.07) \times (0.4-0.14) + (0.08-0.07) \times (0.25-0.14) + (-0.07-0.07)$$
$$\times (-0.23-0.14)] = 0.0289$$

$$\beta_A = \frac{Cov(R_A, \ R_m)}{Var(R_m)} = \frac{0.0289}{0.0722} = 0.4$$

$$\alpha_A = E(R_A) - \beta_A \times E(R_m) = 0.07 - 0.4 \times 0.14 = 0.014$$

펀드 A와 주가지수의 과거 3년 동안의 연간 수익률인 R_A와 R_m은 다음과 같다.

연도	R_A	R_m
20×1년	8%	4%
20×2년	-2%	0%
20×3년	3%	8%

물음1 주가지수 수익률의 분산을 추정하시오.

물음2 시장모형($R_{At} = \alpha_A + \beta_A R_{mt} + \epsilon_{At}$)의 회귀계수 $\widehat{\alpha_A}$와 $\widehat{\beta_A}$를 구하시오.

해답

물음1 시장포트폴리오 수익률의 분산

$$\overline{R_m} = \frac{0.04 + 0 + 0.08}{3} = 0.04$$

$$Var(R_m) = \frac{\displaystyle\sum_{t=1}^{n}(R_{mt} - \overline{R_m})^2}{n-1} \quad ^{2)}$$

$$= \frac{(0.04 - 0.04)^2 + (0 - 0.04)^2 + (0.08 - 0.04)^2}{3-1} = 0.0016$$

물음2 개별자산의 사후적 베타

$$\overline{R_A} = \frac{0.08 - 0.02 + 0.03}{3} = 0.03$$

$$Cov(R_A, R_m) = \frac{\displaystyle\sum_{t=1}^{n}(R_{At} - \overline{R_A}) \times (R_{mt} - \overline{R_m})}{n-1}$$

$$= \frac{(0.08 - 0.03) \times (0.04 - 0.04) + (-0.02 - 0.03) \times (0 - 0.04) + (0.03 - 0.03) \times (0.08 - 0.04)}{3-1}$$

$$= 0.001$$

$$\widehat{\beta_A} = \frac{Cov(R_A, R_m)}{Var(R_m)} = \frac{0.001}{0.0016} = 0.625$$

$$\widehat{\alpha_A} = \overline{R_A} - \widehat{\beta_A} \times \overline{R_m} = 0.03 - 0.625 \times 0.04 = 0.005$$

---

2) n은 관측치의 개수를 의미하는데 모집단이 아닌 표본을 이용해서 분산과 공분산을 계산하는 경우에는 모집단의 기대수익률 대신 추정치인 평균수익률을 사용하며 자유도를 고려해서 (n - 1)로 나누어야 한다.

펀드매니저 甲은 자신이 관리하는 펀드 A와 KOSPI의 과거 5년간 월간수익률을 이용한 회귀분석을 실시하였으며, 그 결과는 다음과 같다.

구분	계수	표준오차	t 통계량	P - 값
Y절편	-0.178	0.635	- 0.281	0.779
X_1	1.650	0.098	16.837	0.001

__물음 1__ 펀드 A에 대한 증권특성선을 나타내시오.

__물음 2__ 과거 5년간 KOSPI 월간수익률의 표준편차는 1.6%였고, 펀드 A 월간수익률의 표준편차는 3.3%였다. 펀드 A 월간수익률과 KOSPI 월간수익률 간의 상관계수를 계산하시오.

__해답__

__물음 1__ 증권특성선

$$R_A = \widehat{\alpha_A} + \widehat{\beta_A} R_m = -0.178 + 1.65 \times R_m$$

__물음 2__ 회귀분석 결과표의 이용

$$\beta_A = 1.65 = \frac{\sigma_A}{\sigma_m} \times \rho_{Am} = \frac{0.033}{0.016} \times \rho_{Am}$$

$$\therefore \ \rho_{Am} = 0.8$$

02 시장모형에 의한 통계적 측정치

[1] 개별자산의 통계적 측정치

시장모형에 의한 개별자산의 수익률은 앞에서 살펴본 바와 같이 다음의 식으로 표현된다. 여기서 α_i와 β_i는 추정된 상수이며, R_i와 R_m 및 e_i는 변수이다.

$$R_i = \alpha_i + \beta_i R_m + e_i$$

1) 개별자산의 기대수익률과 분산

시장모형에서는 $E(e_i) = 0$, $Cov(e_i,\ R_m) = 0$, $Cov(e_i,\ e_j) = 0$이라는 통계적 가정을 하므로 개별자산 i의 기대수익률과 분산은 다음과 같이 계산된다.

$$
\begin{aligned}
E(R_i) &= E(\alpha_i + \beta_i R_m + e_i) = E(\alpha_i) + E(\beta_i R_m) + E(e_i) \\
&= \alpha_i + \beta_i E(R_m) \\
Var(R_i) &= Var(\alpha_i + \beta_i R_m + e_i) \\
&= Var(\alpha_i) + Var(\beta_i R_m) + Var(e_i) + 2Cov(\alpha_i,\ \beta_i R_m) + 2Cov(\beta_i R_m,\ e_i) + 2Cov(\alpha_i,\ e_i) \\
&= \beta_i^2 Var(R_m) + Var(e_i)
\end{aligned}
$$

이와 같이 시장모형에 의해 계산되는 개별자산 i의 총위험(σ_i^2)은 $\beta_i^2 Var(R_m)$와 $Var(e_i)$이라는 두 개의 항으로 구성되는데, 이에 대해 구체적으로 살펴보면 다음과 같다.

① $\beta_i^2 Var(R_m)$은 공통요인인 시장포트폴리오 수익률의 변동과 관련된 위험이므로 개별자산 i의 체계적위험에 따른 수익률의 분산부분이다.

② $Var(e_i)$는 공통요인과는 무관하게 개별자산 i의 고유한 요인에 따라 발생되는 위험이므로 개별자산 i의 비체계적위험에 따른 수익률의 분산부분이다.

즉, 시장모형에 의할 경우 개별자산 i의 총위험(σ_i^2)을 구성하는 부분 중에서 체계적위험은 $\beta_i^2 Var(R_m)$이며, 비체계적위험은 잔차분산인 $Var(e_i)$이다.

$$
\underset{\text{총위험}}{\underline{Var(R_i)}} \quad = \quad \underset{\text{체계적위험}}{\underline{\beta_i^2 Var(R_m)}} \quad + \quad \underset{\text{비체계적위험}}{\underline{Var(e_i)}}
$$

2) 결정계수(설명력)

결정계수(determinant coefficient: R^2)란 독립변수인 R_m의 변동이 종속변수인 R_i의 변동을 결정짓는 정도를 나타내는 척도를 의미한다. 이러한 결정계수는 종속변수인 R_i에 대한 증권특성선의 설명력이라고 표현할 수도 있으며, R^2라고 표시한다.

$$
\begin{aligned}
R^2 &= \frac{\text{증권특성선(또는 공통요인)에 의해 설명되는 위험}}{\text{총위험}} \\
&= \frac{\text{체계적위험}}{\text{총위험}} = \frac{\beta_i^2 Var(R_m)}{Var(R_i)}
\end{aligned}
$$

위의 식을 정리하는 경우에 결정계수는 다음과 같이 개별자산 수익률과 시장포트폴리오 수익률 간의 상관계수의 제곱값과 동일함을 확인할 수 있다. 이는 $\rho_{im}{}^2$의 값이 클수록 개별자산 i의 수익률이 시장포트폴리오의 수익률과 보다 더 비례하여 변동할 것이므로 R_i의 변동 중에서 R_m의 변동에 의해 설명되는 부분의 비율이 커지게 된다는 의미이다.

$$R^2 = \frac{\beta_i^2 Var(R_m)}{Var(R_i)} = \frac{\left(\frac{\sigma_i}{\sigma_m} \times \rho_{im}\right)^2 \times \sigma_m^2}{\sigma_i^2} = \rho_{im}{}^2$$

3] 개별자산 수익률 간의 공분산과 상관계수

시장모형에 의한 개별자산 수익률 간의 공분산은 다음과 같이 개별자산의 베타와 시장포트폴리오 수익률의 분산의 함수로 표현된다.

$$Cov(R_i, R_j) = Cov(\alpha_i + \beta_i R_m + e_i, \ \alpha_j + \beta_j R_m + e_j)$$
$$= Cov(\beta_i R_m, \ \beta_j R_m) = \beta_i \beta_j Var(R_m)$$

① 개별자산의 고유한 요인에 의해 발생하는 수익률의 잔차항들은 서로 독립적이라는 $Cov(e_i, \ e_j) = 0$의 가정하에 개별자산 수익률 간의 공분산을 공통요인과 관련된 개별자산 수익률 간의 관계로만 파악한다.

② 개별자산의 베타만 알면 다른 자산 수익률과의 공분산을 알 수 있기 때문에, 개별자산 수익률들 간의 공분산을 모두 구해야 하는 마코위츠의 모형에 비해 필요한 정보의 양이 크게 줄어들게 된다.

한편, 시장모형의 성립을 가정하는 경우에 개별자산 수익률 간의 상관계수는 다음과 같이 계산할 수 있다. 즉, 개별자산 수익률 간의 상관계수도 개별자산 수익률 간의 직접적인 관계가 아니라 개별자산 수익률과 시장포트폴리오 수익률 간의 관계를 이용해서 간접적으로 파악한다는 것이다.

$$\rho_{ij} = \frac{Cov(R_i, \ R_j)}{\sigma_i \times \sigma_j} = \frac{\beta_i \beta_j Var(R_m)}{\sigma_i \times \sigma_j} = \frac{\left(\frac{\sigma_i}{\sigma_m} \times \rho_{im}\right) \times \left(\frac{\sigma_j}{\sigma_m} \times \rho_{jm}\right) \times \sigma_m^2}{\sigma_i \times \sigma_j} = \rho_{im} \times \rho_{jm}$$

(2) 포트폴리오의 통계적 측정치

포트폴리오의 수익률은 개별자산 수익률의 투자비율을 이용한 가중평균이므로 다음과 같이 표현된다. 여기서 포트폴리오의 베타가 개별자산 베타의 가중평균임은 앞에서 살펴본 바와 같다.

$$R_P = \Sigma w_i R_i = \Sigma w_i (\alpha_i + \beta_i R_m + e_i) = \Sigma w_i \alpha_i + \Sigma w_i \beta_i R_m + \Sigma w_i e_i$$
$$= \alpha_P + \beta_P R_m + e_P$$
$$\text{단, } \alpha_P = \Sigma w_i \alpha_i, \ \ \beta_P = \Sigma w_i \beta_i, \ \ e_P = \Sigma w_i e_i$$

1) 포트폴리오의 기대수익률과 분산

시장모형에서의 통계적 가정에 의해 포트폴리오의 기대수익률과 분산은 다음과 같이 계산된다.

$$E(R_P) = E(\alpha_P + \beta_P R_m + e_P) = E(\alpha_P) + E(\beta_P R_m) + E(e_P)$$
$$= \alpha_P + \beta_P E(R_m)$$
$$Var(R_P) = Var(\alpha_P + \beta_P R_m + e_P) = \beta_P^2 Var(R_m) + Var(e_P)$$
$$\text{단, } \beta_P = \Sigma w_i \beta_i, \ \ Var(e_P) = \Sigma w_i^2 Var(e_i)$$

이와 같이 시장모형에 의해 계산되는 포트폴리오의 총위험(σ_P^2)을 구성하는 부분 중에서 체계적위험은 $\beta_P^2 Var(R_m)$이며, 비체계적위험은 포트폴리오의 잔차분산인 $Var(e_P)$이다.

$$\underset{\text{총위험}}{\underline{Var(R_P)}} \quad = \quad \underset{\text{체계적위험}}{\underline{\beta_P^2 Var(R_m)}} \quad + \quad \underset{\text{비체계적위험}}{\underline{Var(e_P)}}$$

2) 포트폴리오의 분산투자효과

이러한 위험의 구분은 n개의 자산에 동일한 비율로 $(w_i = \dfrac{1}{n})$씩을 투자하는 포트폴리오의 분산을 검토함으로써 확인할 수도 있다. 즉 n개의 자산에 모두 동일한 비율을 투자하는 포트폴리오의 분산은 다음과 같이 표현될 수 있는데, 여기서 포트폴리오를 구성하는 자산의 수를 무한히 증가시켜 투자하는 경우 포트폴리오의 위험은 $\beta_P^2 Var(R_m)$에 수렴하게 되므로 포트폴리오의 총위험 중에서 $\beta_P^2 Var(R_m)$이 체계적위험이며, 포트폴리오의 잔차분산인 $Var(e_P)$는 분산투자를 통해 제거가능한 비체계적위험임을 확인할 수 있다.

$$Var(R_P) = \beta_P^2 Var(R_m) + Var(e_P) = \beta_P^2 Var(R_m) + \Sigma w_i^2 Var(e_i)$$
$$= \beta_P^2 Var(R_m) + \Sigma (\frac{1}{n})^2 Var(e_i) = \beta_P^2 Var(R_m) + \frac{1}{n} \times \frac{\Sigma Var(e_i)}{n}$$
$$= \beta_P^2 Var(R_m) + \frac{1}{n} \times \overline{\Sigma Var(e_i)}$$
$$\text{단, } \overline{\Sigma Var(e_i)}: \text{개별자산 잔차분산의 평균}$$

시장모형의 성립을 가정하며, 자산 1과 자산 2의 기대수익률과 수익률의 표준편차 및 시장포트폴리오 수익률과의 상관계수에 대한 자료는 다음과 같다. 단, 포트폴리오 P는 자산 1에 75%, 자산 2에 25%를 투자하여 구성되는 포트폴리오이다.

구분	$E(R_i)$	σ_i	ρ_{im}
자산 1	10%	10%	0.8
자산 2	25%	30%	0.4
시장포트폴리오	20%	20%	

물음1 자산 1과 자산 2의 베타를 계산하시오.

물음2 자산 1과 자산 2의 총위험(수익률의 분산)을 체계적위험과 비체계적위험으로 구분하시오.

물음3 자산 1과 자산 2 수익률 간의 공분산을 계산하시오.

물음4 자산 1과 자산 2 수익률 간의 상관계수를 계산하시오.

물음5 포트폴리오 P의 베타를 계산하시오.

물음6 포트폴리오 P의 기대수익률과 수익률의 분산을 계산하시오.

해답

[물음1] 개별자산의 베타

$$\beta_1 = \frac{\sigma_1}{\sigma_m} \times \rho_{1m} = \frac{0.1}{0.2} \times 0.8 = 0.4$$

$$\beta_2 = \frac{\sigma_2}{\sigma_m} \times \rho_{2m} = \frac{0.3}{0.2} \times 0.4 = 0.6$$

[물음2] 개별자산의 체계적위험과 비체계적위험

구분	총위험 $Var(R_i)$	체계적위험 $\beta_i^2 Var(R_m)$	비체계적위험 $Var(e_i) = Var(R_i) - \beta_i^2 Var(R_m)$
자산 1	0.01	$0.4^2 \times 0.2^2 = 0.0064$	0.01-0.0064=0.0036
자산 2	0.09	$0.6^2 \times 0.2^2 = 0.0144$	0.09-0.0144=0.0756

[물음3] 개별자산 수익률 간의 공분산

$$Cov(R_1, \ R_2) = \beta_1 \beta_2 Var(R_m) = 0.4 \times 0.6 \times 0.2^2 = 0.0096$$

[물음4] 개별자산 수익률 간의 상관계수

$$\rho_{12} = \rho_{1m} \times \rho_{2m} = 0.8 \times 0.4 = 0.32$$

[물음5] 포트폴리오의 베타

$$\beta_P = w_1 \beta_1 + w_2 \beta_2 = 0.75 \times 0.4 + 0.25 \times 0.6 = 0.45$$

[물음6] 포트폴리오의 기대수익률과 위험

$$E(R_P) = 0.75 E(R_1) + 0.25 E(R_2) = 0.75 \times 0.1 + 0.25 \times 0.25 = 0.1375$$

$$Var(e_P) = w_1^2 Var(e_1) + w_2^2 Var(e_2) = 0.75^2 \times 0.0036 + 0.25^2 \times 0.0756 = 0.00675$$

$$Var(R_P) = \beta_P^2 Var(R_m) + Var(e_P) = 0.45^2 \times 0.2^2 + 0.00675 = 0.01485$$

03 완전공분산모형과 시장모형의 비교

(1) 완전공분산모형과 시장모형의 공통점

마코위츠의 완전공분산모형과 샤프의 시장모형은 모두 위험자산만으로 포트폴리오를 구성하는 경우의 효율적 투자선을 도출하고자 하는 모형이다. 따라서 두 모형 모두 구성가능한 모든 위험자산포트폴리오들(투자기회집합) 중에서 지배원리를 만족시키는 효율적 포트폴리오집합인 효율적 투자선을 찾고자 위험자산만으로 구성되는 포트폴리오의 기대수익률과 위험(수익률의 분산 또는 표준편차)을 측정하고자 하는 모형이다.

(2) 완전공분산모형과 시장모형의 차이점

마코위츠의 완전공분산모형과 샤프의 시장모형의 관련된 식을 정리하면 다음과 같다. 이를 토대로 두 모형의 차이점에 대해서 살펴보기로 한다.

구분	마코위츠의 완전공분산모형	샤프의 시장모형(단일지수모형)
$E(R_i)$	$\sum_{s=1}^{n} p_s \times R_{is}$	$\alpha_i + \beta_i E(R_m)$
$Var(R_i)$	$\sum_{s=1}^{n} p_s \times [R_{is} - E(R_i)]^2$	$\beta_i^2 Var(R_m) + Var(e_i)$
$Cov(R_i,\ R_j)$	$\sum_{s=1}^{n} p_s \times [R_{is} - E(R_i)] \times [R_{js} - E(R_j)]$	$\beta_i \beta_j Var(R_m)$
$E(R_P)$	$\sum_{i=1}^{n} w_i E(R_i)$	$\alpha_P + \beta_P E(R_m)$ 단, $\alpha_P = \Sigma w_i \alpha_i,\ \ \beta_P = \Sigma w_i \beta_i$
$Var(R_P)$	$\sum_{i=1}^{n}\sum_{j=1}^{n} w_i w_j \sigma_{ij} = \sum_{i=1}^{n} w_i^2 \sigma_i^2 + \sum_{i \neq j}\sum w_i w_j \sigma_{ij}$	$\beta_P^2 Var(R_m) + Var(e_P)$ 단, $Var(e_P) = \Sigma w_i^2 Var(e_i)$

1) 개별자산 수익률 간의 공분산

위험자산만으로 구성되는 포트폴리오의 기대수익률과 위험을 측정하는 방법에 있어서 두 모형의 가장 특징적인 차이점은 개별자산 수익률 간의 공분산에 대해 각각 상이하게 파악하고 있다는 것이다. 즉, 완전공분산모형은 개별자산 수익률 간의 공분산을 개별자산 수익률변동 전체 간의 관계로 파악하지만, 시장모형은 개별자산의 고유한 요인에 따른 수익률의 잔차항들이 서로 독립적[$Cov(e_i,\ e_j) = 0$]이라는 가정하에 개별자산 수익률 중에서 공통요인과 관련된 부분 간의 공분산만을 고려한다는 것이다. 이를 관련된 시장모형의 식으로 확인하면 다음과 같다.

$$Cov(R_i, R_j) = Cov(\alpha_i + \beta_i R_m + e_i,\ \alpha_j + \beta_j R_m + e_j)$$
$$= Cov(\beta_i R_m,\ \beta_j R_m) = \beta_i \beta_j Var(R_m)$$

2] 효율적 투자선의 유도를 위한 정보량 비교

시장모형을 이용하면 마코위츠의 완전공분산모형을 이용하는 것보다 효율적 투자선을 도출하기 위해 필요한 정보의 양이 크게 줄어들게 되어 현실적인 적용가능성이 높아진다는 유용성이 있다. 참고로 효율적 투자선을 도출하기 위한 완전공분산모형과 시장모형의 필요한 정보의 양을 비교하면 다음과 같다.

구분	완전공분산모형	시장모형
포트폴리오의 기대수익률	$E(R_P) = \sum w_i E(R_i)$	$\begin{aligned} E(R_P) &= \alpha_P + \beta_P E(R_m) \\ &= \sum w_i \alpha_i + \sum w_i \beta_i E(R_m) \end{aligned}$
포트폴리오 수익률의 분산	$\begin{aligned} Var(R_P) &= \sum \sum w_i w_j \sigma_{ij} \\ &= \sum w_i^2 \sigma_i^2 + 2 \sum_{i>j} \sum w_i w_j \sigma_{ij} \end{aligned}$	$\begin{aligned} Var(R_P) &= \beta_P^2 Var(R_m) + Var(e_P) \\ &= \beta_P^2 Var(R_m) + \sum w_i^2 Var(e_i) \end{aligned}$
필요한 정보량	$E(R_i)$: n개 σ_i^2 : n개 σ_{ij} : $(n^2 - n)/2$개	α_i : n개 β_i : n개 $Var(e_i)$: n개 $E(R_m)$: 1개 $Var(R_m)$: 1개
	총 $(n^2 + 3n)/2$개	총 $3n + 2$개

04 시장모형의 한계

시장모형은 현실적인 적용가능성을 높이기 위해 마코위츠모형과는 달리 몇 가지 추가적인 가정을 하고 있다. 특히 개별자산 수익률의 잔차들은 서로 독립적[$Cov(e_i, e_j) = 0$]이라는 가정을 하고 있지만, 시장 전체에 영향을 미치지는 않더라도 몇몇 자산들에는 공통적으로 영향을 미치는 요인이 존재할 수 있기 때문에 이러한 가정이 현실적으로는 타당하지 못할 수 있다. 예를 들어, 동종산업에 속해있는 각 기업들의 시장점유율이 주가에 영향을 미칠 수 있으므로 동종산업에 속해있는 주식들 간에는 $Cov(e_i, e_j)$ 가 0이 아닐 수 있다. 따라서 이러한 가정이 타당하지 못할 경우 시장모형의 정확성이 떨어진다는 문제점이 있다.

예제 5 완전공분산모형과 시장모형의 비교

주식 A와 주식 B 수익률의 표준편차와 체계적위험(β_i)에 대한 자료이다. 시장포트폴리오 수익률의 표준편차는 20%이고, 주식 A와 주식 B 수익률 간의 진정한 상관계수는 0.4이다. 단, 포트폴리오 P는 주식 A에 40%, 주식 B에 60%를 투자하는 포트폴리오이다.

구분	표준편차(σ_i)	체계적위험(β_i)
주식 A	10%	0.3
주식 B	30%	1.2

물음1 완전공분산모형을 이용해서 주식 A와 주식 B 수익률 간의 공분산을 계산하시오.

물음2 완전공분산모형을 이용해서 포트폴리오 P 수익률의 분산을 계산하시오.

물음3 시장모형을 이용해서 주식 A와 주식 B 수익률 간의 공분산을 계산하시오.

물음4 시장모형을 이용해서 포트폴리오 P 수익률의 분산을 계산하시오.

해답

물음1 완전공분산모형을 이용한 공분산

$$Cov(R_A, R_B) = \rho_{AB} \times \sigma_A \times \sigma_B = 0.4 \times 0.1 \times 0.3 = 0.012$$

물음2 완전공분산모형을 이용한 포트폴리오 수익률의 분산

$$\sigma_P^2 = w_A^2 \sigma_A^2 + w_B^2 \sigma_B^2 + 2 w_A w_B \sigma_{AB}$$
$$= 0.4^2 \times 0.1^2 + 0.6^2 \times 0.3^2 + 2 \times 0.4 \times 0.6 \times 0.012 = 0.03976$$

물음3 시장모형을 이용한 공분산

$$Cov(R_A, R_B) = \beta_A \beta_B Var(R_m) = 0.3 \times 1.2 \times 0.2^2 = 0.0144$$

물음4 시장모형을 이용한 포트폴리오 수익률의 분산

$$\beta_P = w_A \beta_A + w_B \beta_B = 0.4 \times 0.3 + 0.6 \times 1.2 = 0.84$$

구분	총위험 $Var(R_i)$	체계적위험 $\beta_i^2 Var(R_m)$	비체계적위험 $Var(e_i) = Var(R_i) - \beta_i^2 Var(R_m)$
주식 A	0.01	$0.3^2 \times 0.2^2 = 0.0036$	$0.01 - 0.0036 = 0.0064$
주식 B	0.09	$1.2^2 \times 0.2^2 = 0.0576$	$0.09 - 0.0576 = 0.0324$

$$Var(e_P) = w_A^2 Var(e_A) + w_B^2 Var(e_B) = 0.4^2 \times 0.0064 + 0.6^2 \times 0.0324 = 0.012688$$

$$Var(R_P) = \beta_P^2 Var(R_m) + Var(e_P) = 0.84^2 \times 0.2^2 + 0.012688 = 0.040912$$

<예제 5>에서 계산된 완전공분산모형에 따른 포트폴리오 수익률의 분산과 시장모형에 따른 포트폴리오 수익률의 분산에 차이가 발생하는 원인은 두 모형이 개별자산 수익률 간의 공분산을 각각 상이하게 파악하고 있기 때문이다. 따라서 다음과 같이 완전공분산모형에 의한 분산계산식에 시장모형에 의해 계산된 공분산값을 대입하면, 시장모형에 따라 계산한 포트폴리오 수익률의 분산과 동일한 값이 계산된다.

$$\sigma_P^2 = w_A^2 \sigma_A^2 + w_B^2 \sigma_B^2 + 2 w_A w_B \sigma_{AB}^{\text{시장모형}}$$
$$= 0.4^2 \times 0.1^2 + 0.6^2 \times 0.3^2 + 2 \times 0.4 \times 0.6 \times \boxed{0.0144} = 0.040912$$

제2절 차익거래가격결정이론

<제4장 자본자산가격결정모형>에서 살펴본 CAPM은 롤(R. Roll)의 비판에서 언급한 바와 같이 진정한 시장포트폴리오의 구성이 불가능한 경우에 그 현실적 타당성 여부에 대한 검증이 불가능하다. 또한 CAPM은 여러 가지 제한된 가정하에서 전개된 이론이므로 그러한 가정의 비현실성도 문제가 된다. 이러한 한계점을 해결할 수 있는 보다 현실적인 이론으로 개발된 것이 로스(S. Ross)에 의해 제시된 차익거래가격결정이론이다.

01 차익거래가격결정이론의 기초개념

(1) APT의 의의

차익거래가격결정이론(arbitrage pricing theory: APT)은 모든 자산들의 수익률에 공통적으로 영향을 미치는 독립된 다수의 공통요인이 존재한다고 가정하고, 불균형상태의 시장에서는 투자자들의 차익거래가 발생할 것이므로 더 이상 차익거래이익을 얻을 수 없는 균형상태의 시장에서는 모든 자산의 기대수익률이 각 공통요인에 대한 민감도와 선형관계를 갖고 결정된다는 이론이다.

(2) APT의 가정

APT는 다음과 같은 가정을 하고 있는데, 이러한 APT의 가정은 CAPM에 비해 보다 현실적이고 덜 제한적이다.

① 자산의 수익률은 여러 개의 독립적인 공통요인에 의하여 결정된다.
② 투자자들은 위험회피형이며, 적은 부보다는 많은 부를 선호한다. 따라서 모든 투자자들은 차익거래이익을 극대화할 수 있도록 행동한다.
③ 투자자들은 공통요인과 개별자산의 확률분포에 대해 동질적으로 기대한다.
④ 자본시장은 완전자본시장이다.

(3) 차익거래

균형상태의 시장에서는 동일한 물건은 동일한 가격에 거래되어 일물일가(一物一價)의 법칙이 성립되어야 한다.

① 일물일가의 법칙이 성립하지 않고 동일한 자산이 서로 다른 가격에 거래되는 불균형상태의 시장에서는 투자자들이 해당 자산을 보다 높은 가격에 공매하고 동시에 보다 낮은 가격에 매입하여 추가적인 자금이나 위험을 부담하지 않고서도 정(+)의 차익을 획득하는 차익거래를 실행할 것이며, 이러한 차익거래를 통해 일물일가의 법칙이 성립하도록 시장가격의 불균형이 조정될 것이다.
② 이와 같은 차익거래과정을 통해 더 이상 차익거래이익의 획득이 불가능한 상태에서 시장의 균형이 달성된다는 것을 무차익원리에 의한 시장균형이라고 한다.

APT는 이러한 무차익원리에 따라 위험이 동일한 자산들은 그 기대수익률도 동일해야 시장의 균형이 달성될 수 있으며, 위험의 크기가 상이한 자산들의 경우에도 위험 1단위당 위험프리미엄이 동일하게 되도록 기대수익률이 형성되어야 시장의 균형이 달성될 수 있다는 이론이다.

[4] 요인모형[수익률생성모형]

1] 요인모형의 의의

APT는 자산의 수익률이 다수의 독립된 공통요인에 의해 결정된다고 가정한다. 이렇게 자산의 수익률을 공통요인들에 의해 설명하고자 하는 모형을 요인모형이라고 하는데, 다수의 독립된 공통요인을 가정하는 다요인모형을 이용하면 단일의 공통요인을 가정하는 경우에 비해 다음과 같은 장점이 있다.

① 자산의 수익률을 보다 잘 예측할 수 있다.

② 자산의 수익률 변동에 대한 모형의 설명력이 보다 높아질 수 있다.

③ 자산 수익률 간의 공분산 측정 시 다수의 공통요인을 통한 관계를 모두 파악하므로 포트폴리오의 위험을 보다 잘 측정할 수 있다.

앞에서 살펴본 시장모형은 시장포트폴리오의 수익률이라는 단일의 공통요인을 가정하는 단일요인모형의 하나이다. 따라서 지금부터 살펴볼 요인모형은 시장모형과 유사하되 다수의 독립된 공통요인이 존재하는 경우로 이해해도 무방하다.

2] 수익률의 구성요소

자산의 수익률을 결정하는 k개의 독립된 공통요인이 존재하며, 자산의 수익률이 각각의 공통요인들 $(f_1, f_2, \cdots, f_k)$과 선형의 관계를 갖는다고 가정하는 경우에 개별자산의 수익률은 다음과 같이 표현된다. 단, α_i는 모든 공통요인들의 값이 0인 경우에도 평균적으로 기대되는 개별자산 i의 수익률 부분이고, β_{ik}는 k번째 공통요인인 f_k의 변동에 대한 개별자산 i 수익률(R_i)의 민감도이며, e_i는 개별자산의 고유한 요인에 의해 변동하는 부분(잔차항)이다.

$$R_i = \alpha_i + \beta_{i1}f_1 + \beta_{i2}f_2 + \cdots + \beta_{ik}f_k + e_i$$

① 개별자산 i의 기대수익률$[E(R_i)]$은 각 공통요인에 대한 예상치$[E(f_k)]$에 근거하여 다음과 같이 구성된다.

$$E(R_i) = \alpha_i + \beta_{i1}E(f_1) + \beta_{i2}E(f_2) + \cdots + \beta_{ik}E(f_k)$$

② 개별자산 i의 사후적으로 실제 실현된 수익률($R_i^{실현}$)은 사전적으로 예상되었던 개별자산 i의 기대수익률$[E(R_i)]$과 정확히 일치하지는 않을 것이다. 여기서 개별자산 i의 사후적인 실현수익률을 식으로 나타내면 다음과 같다. 다만, 개별자산 i의 α_i와 β_{ik}는 안정적이라고 가정한다.

$$R_i^{실현} = \alpha_i + \beta_{i1}f_1^{실현} + \beta_{i2}f_2^{실현} + \cdots + \beta_{ik}f_k^{실현} + e_i$$

③ 개별자산 i의 사전적으로 예상했던 기대수익률[$E(R_i)$]과 사후적으로 실제 실현된 실현수익률 ($R_i^{실현}$) 간의 차이는 다음과 같이 나타낼 수 있으며, 이러한 차이는 공통요인의 예상치 못한 변동에 기인한 수익률의 변동 부분인 $\sum \beta_{ik}[f_k^{실현} - E(f_k)]$와 개별자산 i 고유요인의 예상치 못한 변동에 기인한 수익률의 변동 부분인 e_i로 구분할 수 있다.

$$R_i^{실현} - E(R_i) = \beta_{i1}[f_1^{실현} - E(f_1)] + \beta_{i2}[f_2^{실현} - E(f_2)] + \cdots + \beta_{ik}[f_k^{실현} - E(f_k)] + e_i$$

여기에서 k번째 공통요인인 f_k의 예상치 못한 변동을 의미하는 $[f_k^{실현} - E(f_k)]$를 F_k로 대치하여 식을 정리하면 개별자산 i의 실현수익률을 나타내는 사후적인 수익률생성모형은 다음과 같다.

$$R_i^{실현} = E(R_i) + \beta_{i1}F_1 + \beta_{i2}F_2 + \cdots + \beta_{ik}F_k + e_i$$
$$단, \ F_k = f_k^{실현} - E(f_k): f_k의 \ 예상치 \ 못한 \ 변동$$

자산의 수익률이 독립된 3개의 공통요인에 의해 결정되는 3요인모형의 성립을 가정한다. 각 공통요인들에 대한 사전적으로 예상했던 기댓값과 사후적으로 실제 실현된 값 및 주식 A의 각 공통요인들에 대한 민감도는 다음과 같다. 단, 모든 공통요인의 값이 0인 경우에 평균적으로 기대되는 주식 A의 수익률(α_A)은 2.8%이다.

구분	기댓값	실현된 값	민감도
f_1: GDP 성장률	5%	6%	1.2
f_2: 인플레이션율	3%	5%	0.8
f_3: 이자율	6%	2%	-0.2

물음1 각 공통요인들에 대한 기댓값에 근거하여 예상되는 주식 A의 기대수익률을 계산하시오.

물음2 주식 A의 실제 실현된 수익률이 15.6%인 경우에 공통요인들의 예상치 못한 변동에 기인한 주식 A 수익률의 변동 부분을 계산하시오.

물음3 주식 A의 실제 실현된 수익률이 15.6%인 경우에 주식 A 고유요인의 예상치 못한 변동에 기인한 주식 A 수익률의 변동 부분(e_A)을 계산하시오.

해답

물음1 개별자산의 기대수익률

$$E(R_A) = \alpha_A + \beta_{A1}E(f_1) + \beta_{A2}E(f_2) + \beta_{A3}E(f_3)$$
$$= 0.028 + 1.2 \times 0.05 + 0.8 \times 0.03 + (-0.2) \times 0.06 = 0.1$$

물음2 공통요인들의 예상치 못한 변동

$$\beta_{A1}[f_1^{실현} - E(f_1)] + \beta_{A2}[f_2^{실현} - E(f_2)] + \beta_{A3}[f_3^{실현} - E(f_3)]$$
$$= 1.2 \times (0.06 - 0.05) + 0.8 \times (0.05 - 0.03) + (-0.2) \times (0.02 - 0.06) = 0.036$$

물음3 고유요인의 예상치 못한 변동

$$R_A^{실현} = E(R_A) + \beta_{A1}F_1 + \beta_{A2}F_2 + \beta_{A3}F_3 + e_A$$
$$= 0.1 + 0.036 + e_A = 0.156$$

$$\therefore e_A = 0.02$$

3) 2요인모형의 통계적 측정치

다요인모형의 성립을 가정하는 경우 개별자산과 포트폴리오의 통계적 측정치에 대한 내용을 파악하기 위해서는 먼저 요인모형의 통계적 가정에 대해 살펴볼 필요가 있다. 요인모형의 통계적 가정은 다음과 같다.

① $E(F_k)=0$, $E(e_i)=0$: 공통요인의 예상치 못한 변동과 고유요인의 예상치 못한 변동에 대한 기댓값은 0이다.

② $Cov(F_k,\ e_i)=0$, $Cov(e_i,\ e_j)=0$: 공통요인과 고유요인은 서로 독립적이며, 서로 다른 자산들의 고유요인도 서로 독립적이다.

③ $Cov(F_k,\ F_l)=0$: 서로 독립된 공통요인을 가정한다. 즉, 공통요인들의 예상치 못한 변동은 서로 무관하게 발생한다.

이러한 가정하에 다요인모형 중에서 가장 단순한 2요인모형의 통계적 측정치에 대해 살펴보면 다음과 같다.

2요인모형	$R_i = \alpha_i + \beta_{i1}f_1 + \beta_{i2}f_2 + e_i$	$R_i = E(R_i) + \beta_{i1}F_1 + \beta_{i2}F_2 + e_i$
$Var(R_i)$	$\beta_{i1}^2 Var(f_1) + \beta_{i2}^2 Var(f_2) + Var(e_i)$	$\beta_{i1}^2 Var(F_1) + \beta_{i2}^2 Var(F_2) + Var(e_i)$
$Cov(R_i,R_j)$	$\beta_{i1}\beta_{j1} Var(f_1) + \beta_{i2}\beta_{j2} Var(f_2)$	$\beta_{i1}\beta_{j1} Var(F_1) + \beta_{i2}\beta_{j2} Var(F_2)$
$Var(R_P)$	$\beta_{P1}^2 Var(f_1) + \beta_{P2}^2 Var(f_2) + Var(e_P)$	$\beta_{P1}^2 Var(F_1) + \beta_{P2}^2 Var(F_2) + Var(e_P)$
	단, $\beta_{P1} = \Sigma w_i \beta_{i1}$, $\beta_{P2} = \Sigma w_i \beta_{i2}$, $Var(e_P) = \Sigma w_i^2 Var(e_i)$	

* $Var(F_k) = Var[f_k - E(f_k)] = Var(f_k) + Var[E(f_k)] - 2Cov[f_k,\ E(f_k)] = Var(f_k)$

이와 같이 다요인모형의 경우에도 시장모형과 마찬가지로 총위험(수익률의 분산)은 공통요인과 관련된 체계적위험, 그리고 고유요인과 관련된 비체계적위험[$Var(e_P)$]으로 구분된다. 여기에서 포트폴리오효과를 확인하기 위해 n개의 자산에 모두 동일한 비율로 투자하는 포트폴리오를 구성하는 경우에 포트폴리오의 잔차분산인 $Var(e_P) = \Sigma w_i^2 Var(e_i)$는 $\dfrac{1}{n} \times$(잔차분산의 평균)이 되며 포트폴리오를 구성하는 자산의 수가 증가함에 따라 0에 수렴하므로 포트폴리오의 위험은 체계적위험으로 수렴하게 된다. 또한 각 공통요인의 변동에 대한 R_i의 민감도를 의미하는 β_{ik}를 체계적위험의 측정치로 이용할 수 있다.

주식수익률이 다음 식과 같이 두 개의 공통요인(F_1, F_2)에 의해 결정되는 2요인모형의 성립을 가정한다.

$$R_i = \alpha_i + \beta_{i1}F_1 + \beta_{i2}F_2 + e_i$$

주식 X와 주식 Y의 과거 10년 동안의 수익률에 대해 2요인모형을 이용하여 추정한 회귀분석 결과는 다음 표와 같다.

구분	α_i	β_{i1}	β_{i2}
주식 X	0.05	1.3	0.8
주식 Y	0.03	0.5	1.2

이 기간 동안 주식 X와 주식 Y의 수익률 및 공통요인 F_1, F_2의 평균과 표준편차는 다음과 같다.

구분	R_X	R_Y	F_1	F_2
평균	0.06	0.07	0.03	0.02
표준편차	0.09	0.08	0.04	0.05

물음1 주식 X의 체계적위험이 총위험에서 차지하는 비율을 계산하시오.

물음2 공통요인의 기대수익률 분포가 과거수익률 분포와 동일하다고 가정하는 경우에 주식 X의 기대수익률을 계산하시오.

물음3 주식 X와 주식 Y 수익률 간의 공분산을 계산하시오.

물음4 주식 X와 주식 Y를 결합하여 최소분산포트폴리오를 구성하는 경우에 주식 X에 대한 투자비율을 계산하시오.

해답

물음1 2요인모형의 결정계수

$$\frac{체계적위험}{총위험} = \frac{\beta_{X1}^2 \ Var(F_1) + \beta_{X2}^2 \ Var(F_2)}{Var(R_X)} = \frac{1.3^2 \times 0.04^2 + 0.8^2 \times 0.05^2}{0.09^2} = 0.5314$$

물음2 2요인모형의 기대수익률

$$E(R_X) = \alpha_X + \beta_{X1}E(F_1) + \beta_{X2}E(F_2) = 0.05 + 1.3 \times 0.03 + 0.8 \times 0.02 = 0.105$$

물음3 2요인모형의 공분산

$$Cov(R_X, \ R_Y) = \beta_{X1}\beta_{Y1}Var(F_1) + \beta_{X2}\beta_{Y2}Var(F_2)$$
$$= 1.3 \times 0.5 \times 0.04^2 + 0.8 \times 1.2 \times 0.05^2 = 0.00344$$

물음4 2요인모형의 최소분산포트폴리오 구성비율

$$w_X = \frac{\sigma_Y^2 - \sigma_{XY}}{\sigma_X^2 + \sigma_Y^2 - 2\sigma_{XY}} = \frac{0.08^2 - 0.00344}{0.09^2 + 0.08^2 - 2 \times 0.00344} = 0.3885$$

02 APT의 도출

[1] 단일요인 APT

다요인 APT의 도출에 대해 학습하기 전에 먼저 논의의 단순화를 위해 자산의 수익률에 영향을 미치는 공통요인이 하나만 존재하는 다음과 같은 단일요인모형의 성립을 가정하여 APT의 기본적인 논리에 대해 살펴보고자 한다.

$$R_i = \alpha_i + \beta_i f + e_i \text{ 또는 } R_i = E(R_i) + \beta_i F + e_i$$

요인모형의 가정에 따라 개별자산들의 고유요인에 따른 수익률 변동부분은 서로 독립적 $[Cov(e_i, \ e_j) = 0]$이므로 충분히 분산투자하여 포트폴리오를 구성할 경우 개별자산의 고유요인에 따른 수익률의 변동부분들은 서로 상쇄될 것이다. 이에 따라 충분히 분산투자된(well-diversified) 포트폴리오의 기대수익률은 무위험이자율과 체계적위험에 대한 위험프리미엄으로 구성된다.

1) 체계적위험이 동일한 포트폴리오들 간의 차익거래

충분히 분산투자되어 비체계적위험이 제거된 포트폴리오들의 체계적위험(공통요인에 대한 민감도)이 동일함에도 불구하고 각 포트폴리오들의 기대수익률이 상이하다면 일물일가의 법칙이 성립하지 않는 불균형상태이기 때문에 차익거래가 발생하게 된다. 다만, 무위험차익거래의 실행과정에서는 다음의 조건이 만족되어야 한다.

① $\sum w_i = 0$: 추가적인 투자자금의 부담이 없어야 한다.
② $\sum w_i \beta_i = 0$: 추가적인 (체계적)위험의 부담이 없어야 한다.

다음의 사례를 이용해서 일물일가의 법칙이 성립하지 않는 불균형상태에서의 차익거래과정에 대해 구체적으로 살펴보기로 한다.

─┤ 사례 ├─

충분히 분산투자된 포트폴리오 A와 포트폴리오 B의 기대수익률과 공통요인에 대한 민감도가 다음과 같다고 가정한다.

구분	기대수익률	민감도(β_i)
포트폴리오 A	12%	2
포트폴리오 B	15%	2

① 상대적으로 가격이 과대평가된 포트폴리오 A를 공매하여 유입되는 자금으로 상대적으로 가격이 과소평가된 포트폴리오 B를 매입하는 차익거래가 가능하다. 즉, 동일한 체계적위험을 갖는 포트폴리오들 중에서 기대수익률이 상대적으로 낮은 포트폴리오를 공매하여 유입되는 자금으로 기대수익률이 상대적으로 높은 포트폴리오를 매입하므로 추가적인 투자자금의 부담이나 위험부담 없이 두 포트폴리오의 기대수익률의 차이에 해당하는 정(+)의 차익거래이익을 획득하는 차익거래가 가능하다.

② 상기 사례와 같은 상황에서의 차익거래과정을 구체적으로 나타내면 다음과 같다. 다만, 차익거래는 상대적으로 과대평가된 포트폴리오 A를 ₩100만큼 공매하여 유입되는 자금으로 과소평가된 포트폴리오 B를 매입하는 것으로 가정한다.

구분	투자금액	투자위험(민감도)	투자수익(기대수익)
포트폴리오 A 공매	-₩100	-₩100 × 2	-₩100 × 12%
포트폴리오 B 매입	₩100	₩100 × 2	₩100 × 15%
합계(차익거래이익)	0	0	₩100 × 3% = ₩3

③ 차익거래과정을 투자비율을 이용하여 나타내면 다음과 같다. 단, 매입하는 포트폴리오에 대한 투자비율이 (+)이고, 공매하는 포트폴리오에 대한 투자비율이 (−)라는 것은 앞서 살펴본 바와 동일하다.

구분	투자비율	투자위험	투자수익률
포트폴리오 A 공매	-1.0	-1.0 × 2	-1.0 × 12%
포트폴리오 B 매입	1.0	1.0 × 2	1.0 × 15%
합계(차익거래이익)	$\Sigma w_i = 0$	$\Sigma w_i \beta_i = 0$	$\Sigma w_i E(R_i) = 3\% > 0$

④ 차익거래의 실행과정에서는 순투자금액이나 위험의 추가적인 부담이 없으므로 차익거래 실행을 위한 포트폴리오를 무한대로 구성하는 전략을 취하는 데 아무런 부담이 없다. 따라서 차익거래의 기회가 존재하는 상황에서 차익거래이익을 획득하고자 하는 투자자는 차익거래 포트폴리오를 무한대로 구성할 것이다.

이러한 차익거래에 따라 상대적으로 과대평가된 자산의 가격은 하락(기대수익률은 상승)할 것이며, 상대적으로 과소평가된 자산의 가격은 상승(기대수익률은 하락)할 것이다. 따라서 체계적위험이 동일한 포트폴리오들의 기대수익률은 동일하게 형성되어야만 차익거래가 발생될 유인이 존재하지 않는 균형상태의 시장이 달성될 수 있다. 이는 체계적위험이 동일한 포트폴리오들은 위험프리미엄(체계적위험에 대한 보상)이 동일해야만 시장의 균형이 달성된다는 의미이다.

2) 체계적위험이 상이한 포트폴리오들 간의 차익거래

충분히 분산투자된 포트폴리오들의 체계적위험(공통요인에 대한 민감도)이 상이한 경우에는 각 포트폴리오들의 기대수익률에 반영된 체계적위험 1단위당 위험프리미엄이 동일하게 형성되어 다음의 조건식이 만족되어야만 시장의 균형이 달성된다. 즉, 각 포트폴리오들의 체계적 위험에 대한 위험보상비율이 동일해야만 시장의 균형이 달성된다.

$$\text{시장균형 조건식: } \frac{E(R_A) - R_f}{\beta_A} = \frac{E(R_B) - R_f}{\beta_B} = \lambda$$

상기의 시장균형 조건식이 만족되지 못한 불균형상황에서는 무위험차익거래를 통한 차익거래이익의 획득이 가능하다. 다만, 체계적위험(민감도)이 상이한 포트폴리오들 간의 차익거래에서 주의할 점은 추가적인 위험부담이 없도록 전략을 구성하기 위해서 차익거래의 대상이 되는 포트폴리오와 동일한 위험을 갖는 복제포트폴리오를 구성하는 과정이 필요하다는 것이다. 이러한 복제포트폴리오를 구성하기 위해서는 다음과 같은 조건이 만족되어야 한다.

① $\Sigma w_i = 1$: 목표로 하는 포트폴리오와 동일한 금액이 투자되어야 한다.
② $\Sigma w_i \beta_i = \beta_{Target}$: 목표로 하는 포트폴리오와 체계적위험이 동일해야 한다.

다음의 사례를 이용해서 체계적위험이 상이한 포트폴리오들 간의 차익거래과정에 대해 구체적으로 살펴보기로 한다.

║ 사례 ║

무위험이자율이 10%인 상황에서 충분히 분산투자된 포트폴리오 A와 포트폴리오 B의 기대수익률과 공통요인에 대한 민감도가 다음과 같다고 가정한다.

구분	기대수익률	민감도(β_i)
포트폴리오 A	12%	0.5
포트폴리오 B	15%	2.0

① 현재는 각 포트폴리오의 체계적위험 1단위당 위험프리미엄이 상이한 불균형상태이며, 포트폴리오 A의 위험 1단위당 위험프리미엄(4%)이 포트폴리오 B의 위험 1단위당 위험프리미엄(2.5%)보다 크기 때문에 포트폴리오 B를 공매하고 포트폴리오 A를 매입하는 전략을 통해 차익거래이익을 획득할 수 있다.

$$\frac{E(R_A) - R_f}{\beta_A} = \frac{0.12 - 0.1}{0.5} = 0.04 > \frac{E(R_B) - R_f}{\beta_B} = \frac{0.15 - 0.1}{2.0} = 0.025$$

② 포트폴리오 B와 무위험자산을 이용해 포트폴리오 A의 복제포트폴리오를 구성하는 경우에는 투자자금의 25%를 포트폴리오 B에 투자하고, 75%를 무위험자산에 투자하면 포트폴리오 A와 동일한 위험을 부담하는 복제포트폴리오를 구성할 수 있으며, 이러한 복제포트폴리오의 기대수익률은 11.25%로 계산된다.

$$w_B + w_f = 1$$
$$w_B\beta_B + w_f\beta_f = w_B \times 2.0 + w_f \times 0 = 0.5 = \beta_A$$
$$\therefore \quad w_B = 0.25, \quad w_f = 0.75$$

포트폴리오 A 100% 매입 = 포트폴리오 B 25% 매입 + 무위험자산 75% 매입
복제포트폴리오의 기대수익률 $= w_B E(R_B) + w_f R_f = 0.25 \times 0.15 + 0.75 \times 0.1 = 0.1125$

③ 포트폴리오 A와 복제포트폴리오는 체계적위험이 동일하지만 포트폴리오 A의 기대수익률이 복제포트폴리오의 기대수익률보다 높기 때문에 복제포트폴리오를 공매하여 유입되는 자금으로 포트폴리오 A를 매입하는 차익거래를 통해 포트폴리오 A의 기대수익률과 복제포트폴리오의 기대수익률 간의 차이인 0.75%(=12%-11.25%)만큼의 차익거래이익을 획득할 수 있다.

구분		w_i	$w_i\beta_i$	$w_i E(R_i)$
포트폴리오 A 매입		1.00	1.00 × 0.5	1.00 × 12%
복제 포트폴리오 공매	포트폴리오 B 공매	-0.25	-0.25 × 2.0	-0.25 × 15%
	무위험자산 공매(차입)	-0.75	-0.75 × 0.0	-0.75 × 10%
	소계	-1.00	-1.00 × 0.5	-1.00 × 11.25%
합계(차익거래이익)		0	0	12% - 11.25% = 0.75%

④ 이러한 차익거래의 과정에서 상대적으로 가격이 과소평가되어 기대수익률이 높았던 포트폴리오 A에 대한 초과수요가 발생하여 포트폴리오 A의 가격이 상승(기대수익률이 하락)하게 되고, 상대적으로 가격이 과대평가되어 기대수익률이 낮았던 포트폴리오 B에 대한 초과공급이 발생하여 포트폴리오 B의 가격이 하락(기대수익률이 상승)하게 된다.

이와 같은 차익거래의 결과로 인해 균형상태의 시장에서는 각 포트폴리오의 기대수익률에 반영된 체계적위험 1단위당 위험프리미엄이 동일하게 형성되어야 하며, 균형상태하에서의 체계적위험 1단위당 위험프리미엄을 λ로 표시하는 경우 시장의 균형조건식은 다음과 같이 나타낼 수 있다.

$$\text{시장균형 조건식:} \quad \frac{E(R_A) - R_f}{\beta_A} = \frac{E(R_B) - R_f}{\beta_B} = \cdots = \lambda$$

이러한 시장의 균형조건식은 충분히 분산투자된 임의의 포트폴리오(P)에 대해서 모두 만족되어야 하므로 다음과 같이 표현될 수 있다.

$$E(R_P) = R_f + \lambda\beta_P$$

또한 위험회피형 투자자들은 차익거래과정에서 비체계적위험을 부담하지 않기 위해 충분히 분산투자된 포트폴리오를 구성하여 차익거래를 할 것이므로 개별자산이 갖는 비체계적위험은 개별자산의 균형수익률에 영향을 미치지 못한다. 따라서 개별자산의 균형수익률도 충분히 분산투자된 포트폴리오의 경우와 동일한 식으로 나타낼 수 있다.

$$단일요인 \ APT \ 균형식: E(R_i) = R_f + \lambda \beta_i$$
$$단, \ \lambda = 균형상태하에서의 \ 체계적위험 \ 1단위당 \ 위험프리미엄$$

예제 8 단일요인 APT

자산의 수익률이 1개의 공통요인에 의해 결정되는 상황을 가정한다. 잘 분산된(well-diversified) 포트폴리오 A와 포트폴리오 B의 기대수익률과 공통요인에 대한 민감도는 다음과 같다.

구분	기대수익률	민감도(β_i)
포트폴리오 A	16%	0.8
포트폴리오 B	20%	1.6

물음1 시장에서 차익거래기회가 존재하지 않기 위한 무위험이자율을 계산하시오.

물음2 시장의 무위험이자율이 6%라고 가정한다. 위의 두 포트폴리오를 이용해서 실행가능한 차익거래과정을 구체적으로 나타내시오. 단, 무위험이자율로의 차입과 대출이 각각 최대 ₩50까지 가능하다고 가정하며, 차입거래전략을 수립할 때 새로 구성하는 포트폴리오의 베타계수는 0.8로 일치시킨다.

해답

물음1 적정 무위험이자율

$$\frac{E(R_A) - R_f}{\beta_A} = \frac{0.16 - R_f}{0.8} = \frac{0.2 - R_f}{1.6} = \frac{E(R_B) - R_f}{\beta_B}$$

$$\therefore \text{무위험이자율}(R_f) = 12\%$$

물음2 차익거래

(1) 시장 불균형

$$\frac{E(R_A) - R_f}{\beta_A} = \frac{0.16 - 0.06}{0.8} = 0.125 > \frac{E(R_B) - R_f}{\beta_B} = \frac{0.2 - 0.06}{1.6} = 0.0875$$

(2) 복제포트폴리오 구성

$$w_B + w_f = 1$$

$$w_B \times \beta_B + w_f \times \beta_f = w_B \times 1.6 + w_f \times 0 = 0.8 = \beta_A$$

$$\therefore w_B = 0.5, \ w_f = 0.5$$

포트폴리오 A ₩100 매입 = 포트폴리오 B ₩50 매입 + 무위험자산 ₩50 매입

복제포트폴리오의 기대수익률 $= w_B E(R_B) + w_f R_f = 0.5 \times 0.2 + 0.5 \times 0.06 = 0.13$

(3) 차익거래

포트폴리오 A ₩100 매입 + 포트폴리오 B ₩50 공매 + 무위험자산 ₩50 공매

구분		현재시점 현금흐름	위험부담	기대수익
포트폴리오 A 매입		-₩100	₩100 × 0.8	₩100 × 16%
복제 포트폴리오 공매	포트폴리오 B 공매	₩50	-₩50 × 1.6	-₩50 × 20%
	무위험자산 공매(차입)	₩50	-₩50 × 0	-₩50 × 6%
	소계	₩100	-₩100 × 0.8	-₩100 × 13%
합계(차익거래이익)		0	0	₩100 × 3% = ₩3

<예제 8>에서 살펴본 차익거래과정을 투자비율을 이용해서 나타내면 다음과 같다.

구분		w_i	$w_i \beta_i$	$w_i E(R_i)$
포트폴리오 A 매입		1.0	1.0 × 0.8	1.0 × 16%
복제 포트폴리오 공매	포트폴리오 B 공매	-0.5	-0.5 × 1.6	-0.5 × 20%
	무위험자산 공매(차입)	-0.5	-0.5 × 0.0	-0.5 × 6%
	소계	-1.0	-1.0 × 0.8	-1.0 × 13%
합계(차익거래이익)		$\sum w_i = 0$	$\sum w_i \beta_i = 0$	16% - 13% = 3%

(2) 다요인 APT

다요인 APT 균형식은 무차익원리에 의한 시장균형조건을 이용해서 도출된다. 즉, 균형상태하의 시장에서는 일물일가의 법칙이 성립되어 순투자금액과 위험부담이 없는 차익거래를 통해서는 차익거래이익을 획득할 수 없어야 한다는 것이다. 이러한 다요인 APT 균형식의 도출과정에 대해 살펴보기로 한다.

1) 다요인 APT의 도출

균형상태하의 시장에서는 추가적인 투자자금의 부담이 없고, 추가적인 위험부담이 없는 차익거래를 통해서는 차익거래이익을 획득할 수 없어야 한다. 즉, $\Sigma w_i = 0$이고, $\Sigma w_i \beta_i = 0$인 경우에 균형상태의 시장에서는 $\Sigma w_i E(R_i) = 0$이어야 한다는 시장균형조건에 의해 APT 균형식이 도출된다. k개의 공통요인을 가정하는 다요인 APT 균형식의 도출과정에 대해 구체적으로 살펴보면 다음과 같다.

① 추가적인 투자자금의 부담이 없어야 한다는 $\Sigma w_i = w_1 + w_2 + \cdots + w_n = 0$이라는 조건의 양변에 임의의 상수 λ_0를 곱하고, 추가적인 위험부담이 없어야 한다는 $\Sigma w_i \beta_{ik} = w_1 \beta_{1k} + w_2 \beta_{2k} + \cdots + w_n \beta_{nk} = 0$이라는 조건의 양변에 임의의 상수 λ_k를 곱하면 다음과 같다.

$$\Sigma w_i = 0: \quad \lambda_0 \times (w_1 + w_2 + \cdots + w_n) = 0$$
$$\Sigma w_i \beta_{i1} = 0: \quad \lambda_1 \times (w_1 \beta_{11} + w_2 \beta_{21} + \cdots + w_n \beta_{n1}) = 0$$
$$\Sigma w_i \beta_{i2} = 0: \quad \lambda_2 \times (w_1 \beta_{12} + w_2 \beta_{22} + \cdots + w_n \beta_{n2}) = 0$$
$$\vdots$$
$$\Sigma w_i \beta_{ik} = 0: \quad \lambda_k \times (w_1 \beta_{1k} + w_2 \beta_{2k} + \cdots + w_n \beta_{nk}) = 0$$

② ①의 식들의 좌변과 우변을 각각 모두 더하여 정리하면 다음과 같다.

$$w_1 \times (\lambda_0 + \lambda_1 \beta_{11} + \lambda_2 \beta_{12} + \cdots + \lambda_k \beta_{1k}) + w_2 \times (\lambda_0 + \lambda_1 \beta_{21} + \lambda_2 \beta_{22} + \cdots + \lambda_k \beta_{2k})$$
$$+ \cdots + w_n \times (\lambda_0 + \lambda_1 \beta_{n1} + \lambda_2 \beta_{n2} + \cdots + \lambda_k \beta_{nk}) = 0$$

③ 균형상태의 시장에서는 차익거래이익을 획득할 수 없어야 한다는 시장의 균형조건식인 $\Sigma w_i E(R_i) = w_1 E(R_1) + w_2 E(R_2) + \cdots + w_n E(R_n) = 0$을 ②의 결과식과 비교하면 균형상태의 시장에서는 다음과 같이 모든 자산의 기대수익률이 각 공통요인에 대한 민감도의 선형결합으로 나타나게 해주는 임의의 상수 λ_0, λ_1, λ_2, $\cdots$, λ_k가 존재함을 알 수 있다.

$$E(R_1) = \lambda_0 + \lambda_1 \beta_{11} + \lambda_2 \beta_{12} + \cdots + \lambda_k \beta_{1k}$$
$$E(R_2) = \lambda_0 + \lambda_1 \beta_{21} + \lambda_2 \beta_{22} + \cdots + \lambda_k \beta_{2k}$$
$$\vdots$$
$$E(R_n) = \lambda_0 + \lambda_1 \beta_{n1} + \lambda_2 \beta_{n2} + \cdots + \lambda_k \beta_{nk}$$

이러한 결과를 임의의 개별자산 i에 대해 적용하면 다음과 같은 다요인 APT 균형식이 도출된다.

다요인 APT 균형식: $E(R_i) = \lambda_0 + \lambda_1 \beta_{i1} + \lambda_2 \beta_{i2} + \cdots + \lambda_k \beta_{ik}$

여기서 λ_0는 모든 공통요인에 대한 민감도가 0인 포트폴리오의 기대수익률이며, 무위험자산이 존재하는 경우에는 무위험이자율(R_f)과 동일한 의미이다. 또한 λ_k는 k요인 위험 1단위당 위험프리미엄을 의미하고, β_{ik}는 개별자산 i 수익률의 k요인에 대한 민감도를 의미한다. 따라서 무위험자산이 존재하는 경우의 다요인 APT 균형식은 다음과 같다.

> 다요인 APT 균형식: $E(R_i) = R_f + \lambda_1 \beta_{i1} + \lambda_2 \beta_{i2} + \cdots + \lambda_k \beta_{ik}$
> 단, $\lambda_k = k$요인 위험 1단위당 위험프리미엄
> $\beta_{ik} =$ 개별자산 i 수익률의 k요인에 대한 민감도

2) 다요인 APT 균형식의 의미

앞서 살펴본 다요인 APT 균형식의 도출과정을 보다 직관적으로 이해하기 위해 요인포트폴리오에 대한 개념부터 살펴보기로 한다. 요인포트폴리오란 특정 공통요인에 대한 민감도는 1이고 나머지 공통요인에 대한 민감도는 모두 0인 포트폴리오를 말한다. 즉, k요인에 대한 요인포트폴리오는 k요인에 대한 민감도는 1이고 나머지 공통요인에 대한 민감도는 모두 0인 포트폴리오이다. 다음의 사례를 이용해서 다요인 APT 균형식의 의미에 대해 구체적으로 살펴보기로 한다.

사례

자산의 수익률이 2개의 공통요인에 의해 결정되며, 무위험이자율이 10%인 상황에서 기대수익률과 공통요인들에 대한 민감도가 다음과 같은 충분히 분산투자된 포트폴리오들이 존재한다고 가정한다.

구분	기대수익률	1요인에 대한 민감도(β_{i1})	2요인에 대한 민감도(β_{i2})
1요인 포트폴리오($F1$)	13%	1	0
2요인 포트폴리오($F2$)	15%	0	1
포트폴리오 P	?	2	0.5

① 1요인 포트폴리오는 1요인 이외의 다른 요인에 대한 민감도가 0이므로 다른 요인과 관련된 위험이 없기 때문에 1요인 포트폴리오의 기대수익률에 반영된 위험프리미엄인 $[E(R_{F1}) - R_f]$은 모두 1요인과 관련된 위험에 대한 위험프리미엄이다. 또한, 1요인 포트폴리오는 1요인에 대한 위험(민감도)이 1이므로 $[E(R_{F1}) - R_f] = 13\% - 10\% = 3\%$은 1요인 포트폴리오의 기대수익률에 반영된 1요인에 대한 위험 1단위당 위험프리미엄이다.

$$E(R_{F1}) = R_f + \underbrace{1요인\ 위험프리미엄}_{} + \underbrace{2요인\ 위험프리미엄}_{}$$
$$13\% \qquad 10\% \qquad\quad 3\% \qquad\qquad\qquad 0\%$$

② 2요인 포트폴리오는 2요인 이외의 다른 요인에 대한 민감도가 0이므로 다른 요인과 관련된 위험이 없기 때문에 2요인 포트폴리오의 기대수익률에 반영된 위험프리미엄인 $[E(R_{F2}) - R_f]$은 모두 2요인과 관련된 위험에 대한 위험프리미엄이다. 또한, 2요인 포트폴리오는 2요인에 대한 위험(민감도)이 1이므로 $[E(R_{F2}) - R_f] = 15\% - 10\% = 5\%$은 2요인 포트폴리오의 기대수익률에 반영된 2요인에 대한 위험 1단위당 위험프리미엄이다.

$$E(R_{F2}) = R_f + \underbrace{1요인\ 위험프리미엄}_{} + \underbrace{2요인\ 위험프리미엄}_{}$$
$$15\% \qquad 10\% \qquad\quad 0\% \qquad\qquad\qquad 5\%$$

③ 포트폴리오 P는 1요인과 2요인 모두에 대한 위험이 존재하므로 포트폴리오 P의 기대수익률은 무위험이자율에 1요인에 대한 위험프리미엄과 2요인에 대한 위험프리미엄이 모두 가산되어야 한다.

④ 여기서 포트폴리오 P의 1요인에 대한 위험(β_{P1})이 2이므로 1요인에 대한 위험 1단위당 위험프리미엄 $[E(R_{F1}) - R_f]$의 2배에 해당하는 1요인에 대한 위험프리미엄이 가산되어야 하며, 포트폴리오 P의 2요인에 대한 위험(β_{P2})이 0.5이므로 2요인에 대한 위험 1단위당 위험프리미엄 $[E(R_{F2}) - R_f]$의 0.5배에 해당하는 2요인에 대한 위험프리미엄이 가산되어야 한다. 즉, 요인포트폴리오들과 균형을 이루기 위한 포트폴리오 P의 기대수익률은 다음과 같이 형성되어야 한다.

$$
\begin{array}{ccccccc}
E(R_P) & = & R_f & + & \text{1요인 위험프리미엄} & + & \text{2요인 위험프리미엄} \\
& & & & \overline{[E(R_{F1}) - R_f] \times \beta_{P1}} & & \overline{[E(R_{F2}) - R_f] \times \beta_{P2}} \\
18.5\% & & 10\% & & 3\% \times 2 & & 5\% \times 0.5
\end{array}
$$

이에 따라 k요인에 대한 위험 1단위당 위험프리미엄인 $[E(R_{Fk}) - R_f]$을 λ_k로 표시하는 경우에 충분히 분산투자된 포트폴리오의 균형수익률은 다음과 같이 나타낼 수 있다.

$$E(R_P) = R_f + \lambda_1 \beta_{P1} + \lambda_2 \beta_{P2} + \cdots + \lambda_k \beta_{Pk}$$

단, $\lambda_k = k$요인 위험 1단위당 위험프리미엄 $= E(R_{Fk}) - R_f$

$\beta_{Pk} =$ 포트폴리오 P 수익률의 k요인에 대한 민감도

또한 단일요인 APT와 동일하게 개별자산이 갖는 비체계적위험은 개별자산의 균형수익률에 영향을 미치지 못하기 때문에 개별자산의 균형수익률도 충분히 분산투자된 포트폴리오의 경우와 동일한 식으로 나타낼 수 있다. 이러한 식을 다요인모형에서 개별자산의 체계적위험과 기대수익률 간의 선형관계를 나타내는 (사전적) APT 균형식이라고 한다.

$$E(R_i) = R_f + \lambda_1 \beta_{i1} + \lambda_2 \beta_{i2} + \cdots + \lambda_k \beta_{ik}$$

무위험자산이 존재하지 않는 경우에도 모든 공통요인에 대한 민감도가 0인 포트폴리오의 기대수익률(λ_0)을 이용해서 다요인 APT 균형식은 다음과 같이 나타낼 수 있다.

$$E(R_i) = \lambda_0 + \lambda_1 \beta_{i1} + \lambda_2 \beta_{i2} + \cdots + \lambda_k \beta_{ik}$$

자산의 수익률이 다음의 2요인모형에 의해 설명된다고 가정한다.

$$R_i = a_i + b_{i1}f_1 + b_{i2}f_2 + e_i$$

이는 다음과 같은 사후적인 수익률생성모형으로도 나타낼 수 있다.

$$R_i = E(R_i) + b_{i1}F_1 + b_{i2}F_2 + e_i \qquad 단, \ F_k = f_k - E(f_k)$$

포트폴리오 A와 포트폴리오 B의 기대수익률과 각 공통요인에 대한 민감도와 관련된 자료는 다음과 같다. 단, 무위험이자율은 10%이다.

구분	기대수익률	b_{i1}	b_{i2}
포트폴리오 A	23%	2.0	1.5
포트폴리오 B	16%	0.8	1.0
포트폴리오 C	?	1.2	2.0

물음1 포트폴리오 A와 포트폴리오 B를 이용해서 자산의 사전적 기대수익률을 나타내는 2요인 APT 균형식을 나타내시오.

물음2 시장이 균형을 이루기 위한 포트폴리오 C의 균형기대수익률을 계산하시오.

물음3 포트폴리오 C와 동일한 위험을 부담하기 위한 복제포트폴리오의 구성전략을 제시하시오.

물음4 **물음3** 에서 구성한 복제포트폴리오의 기대수익률을 계산하시오.

물음5 포트폴리오 C의 기대수익률이 21%인 경우에 실행가능한 차익거래과정을 제시하시오.

해답

물음1 2요인 APT 균형식

$E(R_A) = 0.23 = 0.1 + \lambda_1 \times 2.0 + \lambda_2 \times 1.5$

$E(R_B) = 0.16 = 0.1 + \lambda_1 \times 0.8 + \lambda_2 \times 1.0$

$\therefore \lambda_1 = 0.05, \ \lambda_2 = 0.02$

APT 균형식: $E(R_i) = 0.1 + 0.05 b_{i1} + 0.02 b_{i2}$

물음2 균형기대수익률

$E(R_C) = 0.1 + 0.05 \times 1.2 + 0.02 \times 2.0 = 0.2$

물음3 복제포트폴리오의 구성

$\Sigma w_i = 1: \ w_A + w_B + w_f = 1$

$\Sigma w_i b_{i1} = b_{C1}: \ w_A \times b_{A1} + w_B \times b_{B1} + w_f \times b_{f1} = w_A \times 2.0 + w_B \times 0.8 + w_f \times 0 = 1.2$

$\Sigma w_i b_{i2} = b_{C2}: \ w_A \times b_{A2} + w_B \times b_{B2} + w_f \times b_{f2} = w_A \times 1.5 + w_B \times 1.0 + w_f \times 0 = 2.0$

$\therefore w_A = -0.5, \ w_B = 2.75, \ w_f = -1.25$

보유자금의 50%에 해당하는 금액의 포트폴리오 A를 공매하고, 125%에 해당하는 금액을 무위험이자율로 차입하여, 275%에 해당하는 금액의 포트폴리오 B를 매입하면 포트폴리오 C와 동일한 위험을 부담하는 복제포트폴리오의 구성이 가능하다.

물음4 복제포트폴리오의 기대수익률

$E(R_P) = w_A E(R_A) + w_B E(R_B) + w_f R_f = -0.5 \times 0.23 + 2.75 \times 0.16 - 1.25 \times 0.1 = 0.2$

물음5 차익거래

포트폴리오 C의 현재 기대수익률이 과대평가(가격이 과소평가)되어 있으므로 포트폴리오 C의 복제포트폴리오를 공매한 자금으로 포트폴리오 C를 매입하는 차익거래 실행.

구분		w_i	$w_i b_{i1}$	$w_i b_{i2}$	$w_i E(R_i)$
포트폴리오 C 매입		1.00	1.00 × 1.2	1.00 × 2.0	1.00 × 21%
복제 포트폴리오 공매	포트폴리오 A 매입	0.50	0.50 × 2.0	0.50 × 1.5	0.50 × 23%
	포트폴리오 B 공매	-2.75	-2.75 × 0.8	-2.75 × 1.0	-2.75 × 16%
	무위험자산 매입(대출)	1.25	1.25 × 0.0	1.25 × 0.0	1.25 × 10%
	소계	-1.00	-1.00 × 1.2	-1.00 × 2.0	-1.00 × 20%
합계		0	0	0	21% - 20% = 1%

<예제 9>의 **물음3** 과 같은 경우에 보유자금이 ₩100이라면 포트폴리오 A를 ₩50만큼 공매하고 무위험이자율로 ₩125만큼을 차입(무위험자산 공매)한 자금을 보유자금 ₩100에 추가하여 포트폴리오 B를 ₩275만큼 매입하는 포트폴리오를 구성하면 포트폴리오 C를 ₩100만큼 매입하는 것과 동일한 위험을 부담하는 복제포트폴리오의 구성이 가능하다.

<복제포트폴리오의 구성>

포트폴리오 C ₩100 매입	=	복제포트폴리오 ₩100 매입	
		포트폴리오 A	₩50 공매
		+ 무위험자산	₩125 공매(차입)
		+ 포트폴리오 B	₩275 매입

<예제 9>의 물음5 와 같은 경우 포트폴리오 B를 ₩275만큼 공매하여 유입되는 자금으로 포트폴리오 A를 ₩50만큼 매입하고 무위험이자율로 ₩125만큼을 대출(무위험자산 매입)한 후 잔여자금 ₩100으로 포트폴리오 C를 매입하는 차익거래포트폴리오의 구성을 통해 차익거래이익의 획득이 가능하다.

<차익거래포트폴리오의 구성>

포트폴리오C ₩100 매입	+	복제포트폴리오 ₩100 공매	
		포트폴리오 A	₩50 매입
		+ 무위험자산	₩125 매입(대출)
		+ 포트폴리오 B	₩275 공매

03 CAPM과 APT의 비교 및 APT의 한계

(1) CAPM과 APT의 공통점

CAPM과 APT는 두 모형 모두 완전자본시장과 위험회피형 투자자들의 동질적 기대라는 가정하에 개별자산의 체계적위험과 균형상태에서의 기대수익률 간의 선형관계를 설명하는 모형이라는 점에서 기본적인 의미는 동일하다고 할 수 있다. 참고로 CAPM과 APT의 균형식을 비교하여 나타내면 다음과 같다.

	기대수익률	=	시차보상	+	체계적위험에 대한 보상
CAPM	$E(R_i)$	=	R_f	+	$[E(R_m) - R_f] \times \beta_i$
다요인 APT	$E(R_i)$	=	λ_0	+	$\lambda_1 \times \beta_{i1} + \lambda_2 \times \beta_{i2} + \cdots + \lambda_k \times \beta_{ik}$

위의 식에서 보듯이 CAPM은 자산의 수익률을 결정하는 공통요인이 시장포트폴리오의 수익률(R_m) 하나뿐인 APT의 특수한 형태라고 할 수 있다.

(2) CAPM과 APT의 차이점

APT는 이를 도출하기 위해 사용된 가정들이 CAPM보다 현실적이므로 CAPM을 대체하기 위한 일반화된 모형이라고 할 수 있다.

① 균형달성과정: 지배원리에 기초를 둔 CAPM의 경우에는 모든 투자자들이 효율적 포트폴리오, 즉 자본시장선상의 포트폴리오를 구성하고자 한다. 따라서 시장불균형이 발생할 경우에 투자자들은 제한된 범위 내에서 각자의 포트폴리오 구성을 조금씩 변경시키지만 모든 투자자들이 이러한 거래를 하게 되어 거대한 매수 또는 매도 세력이 형성됨에 따라 균형상태로 회복된다. 이와 같이 CAPM의 경우에는 균형달성과정에서 충분히 많은 투자자들의 참여를 필요로 한다. 반면에, 차익거래의 논리에 기초를 둔 APT의 경우에는 소수의 투자자들만이 불균형을 인지하는 경우에도 순투자금액이 필요하지 않은 차익거래포트폴리오를 무한대로 구성하는 전략이 가능하므로 균형상태로의 회복을 위해 많은 수의 투자자들의 참여를 필요로 하지는 않는다.

② 투자자들의 행동에 대한 가정: CAPM은 평균 - 분산기준의 적용을 위해 자산수익률의 확률분포가 정규분포를 이루거나, 투자자의 효용함수가 2차함수라는 제한된 가정을 하고 있다. 반면에, APT는 자산수익률의 확률분포나 투자자의 효용함수에 대해 특별한 가정을 하지 않는다. 다만, 투자자들이 위험회피형이며, 차익거래이익을 추구한다는 불포만성의 가정만을 하고 있다.

③ 자산수익률의 결정요인: CAPM은 자산수익률의 결정요인으로 단일의 공통요인인 시장포트폴리오의 수익률을 가정하고 있으며, 이에 따라 현실적으로 검증이 어려운 시장포트폴리오의 존재가 반드시 필요하다는 문제점이 있다. 반면에, APT는 자산수익률의 결정요인으로 다수의 공통요인을 가정하므로 보다 완화된 가정을 하고 있으며, 이에 따라 시장포트폴리오의 존재가 불필요하여 모형의 현실설명력을 검증하는 데 보다 용이하다.

④ 무위험자산의 존재: CAPM은 무위험자산의 존재가 필요하지만, APT는 무위험자산의 존재를 특별히 필요로 하지 않는다.

⑤ 투자기간: CAPM은 단일기간을 가정하지만, APT는 다기간으로 쉽게 확장이 가능하다.

(3) APT의 한계

APT는 CAPM에 비해 보다 현실적인 모형이지만, APT도 실제 적용에 있어서는 다음과 같은 한계점을 가지고 있다.

① 공통요인을 파악하기 위해 실행하는 요인분석(factor analysis)[3]의 과정에서 이용하는 자료의 표본과 기간에 따라 공통요인의 개수나 순위가 상이할 수 있고, 동일한 자료를 이용하는 경우에도 분석자에 따라 공통요인의 개수나 순위가 일관되지 않을 수 있다.

② 요인분석을 통해 추출된 요인들은 통계적 기법의 결과이므로 그 경제적 의미를 명확히 파악하는 것이 곤란한 경우가 있을 수 있다.

이와 같이 APT는 공통요인의 개수가 불명확하고, 공통요인의 경제적 의미가 불명확하다는 한계점을 가지고 있다.

---

3) 요인(factor)이란 변수들의 묶음을 말하며, 요인분석(factor analysis)이란 많은 변수로 구성된 데이터가 몇 개의 요인에 의해 영향을 받는가를 알아보기 위해 관찰변수들 간의 상관관계를 고려하여 유사한 변수들끼리 묶어서 관찰변수들의 저변에 내재된 개념인 잠재변수(요인)들을 추출해내어 관찰변수보다 적은 수의 구조로 축약하는 분석방법이다.

제3절 무부채기업의 가치평가

지금까지 기업가치평가를 위해 투자자(주주)들의 요구수익률, 즉 자기자본비용을 측정하는 여러 가지 이론들에 대해서 설명하였다. 본 절에서는 이러한 이론들의 핵심개념을 정리하고 이를 이용한 무부채기업의 가치평가에 대해서 살펴보기로 한다.

01 자기자본비용의 측정

(1) CAPM를 이용한 자기자본비용의 측정

증권시장선(SML)에 의해 측정되는 주식의 균형기대수익률은 주주들이 부담하는 체계적위험에 대한 최소한의 요구수익률이며, 이는 기업의 입장에서 보면 자기자본사용에 대해 부담해야 하는 자본비용이다. 따라서 주주의 요구수익률인 자기자본비용은 주주가 부담하는 체계적위험(β_i)과 증권시장선을 이용해서 측정할 수 있다.

$$\text{증권시장선(SML): } E(R_i) = R_f + [E(R_m) - R_f] \times \beta_i$$

$$\text{단, } \beta_i = \frac{\sigma_{im}}{\sigma_m^2} = \frac{\sigma_i}{\sigma_m} \times \rho_{im}$$

(2) APT를 이용한 자기자본비용의 측정

APT균형식에 의해 측정되는 주식의 균형기대수익률은 주주들이 부담하는 체계적위험에 대한 최소한의 요구수익률이며, 이는 기업의 입장에서 보면 자기자본사용에 대해 부담해야 하는 자본비용이다. 따라서 주주의 요구수익률인 자기자본비용은 주식의 기대수익률에 영향을 미치는 공통요인과 공통요인에 대한 민감도를 알고 있다면 APT균형식에 의하여 다음과 같이 측정할 수 있다.

$$\text{다요인 APT 균형식: } E(R_i) = R_f + \lambda_1 \beta_{i1} + \lambda_2 \beta_{i2} + \cdots + \lambda_k \beta_{ik}$$

$$\text{단, } \lambda_k = k\text{요인 위험 1단위당 프리미엄}$$

$$\beta_{ik} = \text{개별자산 } i\text{의 } k\text{요인에 대한 민감도}$$

02 무부채기업의 가치평가

부채를 사용하지 않은 무부채기업의 가치는 기업이 보유하고 있는 자산을 통해 벌어들일 미래의 현금흐름을 자기자본비용으로 할인한 현재가치이다. 다음과 같은 예제를 토대로 무부채기업의 가치평가에 대해서 살펴보기로 한다.

예제 10 무부채기업의 가치평가

무부채기업인 (주)파랑의 20×0년 말 현재 재무상태와 20×1년 이후의 추정재무제표(단위: 억원)에 대한 자료이며, (주)파랑의 자산은 모두 영업관련자산이다. 무위험이자율은 10%이고, 법인세율이 40%이며, 현금흐름은 모두 기말에 발생함을 가정한다.

구분	20×0년 말	20×1년 말	20×2년 말	20×3년 말	20×4년 말
순운전자본	200	220	250	290	330
비유동자산	800	860	900	940	990

구분	20×1년	20×2년	20×3년	20×4년	20×5년
영업이익	300	350	400	450	500
감가상각비	60	70	80	90	100

(주)파랑은 20×5년부터 영업활동을 유지하기 위한 감가상각비만큼의 단순재투자 이외에는 자산에 대한 추가적인 투자가 없을 것이므로 이후에는 무성장상태가 유지될 것이다. 이상의 자료를 바탕으로 (주)파랑의 기대되는 기업잉여현금흐름(단위: 억원)은 다음과 같다.

구분	20×1년	20×2년	20×3년	20×4년	20×5년 이후
영업현금흐름	240	280	320	360	400
- 순운전자본 증가액	(20)	(30)	(40)	(40)	0
- 비유동자산 총투자액	(120)	(110)	(120)	(140)	(100)
= 기업잉여현금흐름	100	140	160	180	300

물음1 CAPM의 성립을 가정하며, 시장포트폴리오의 기대수익률은 15%이고, 시장포트폴리오 수익률의 표준편차는 20%이다. (주)파랑 주식의 수익률의 표준편차는 50%이고, 시장포트폴리오 수익률과의 상관계수가 0.8인 경우에 (주)파랑의 기업가치(V)를 계산하시오.

물음2 2요인 APT의 성립을 가정하며, 1요인에 대한 위험 1단위당 위험프리미엄(λ_1)은 3%이고, 2요인에 대한 위험 1단위당 위험프리미엄(λ_2)은 8%이다. (주)파랑 주식의 1요인에 대한 민감도(β_{i1})가 1.2이고, 2요인에 대한 민감도(β_{i2})가 0.8인 경우에 (주)파랑의 기업가치(V)를 계산하시오.

해답

물음 1 CAPM를 이용한 자기자본비용의 측정

$$\beta_i = \frac{\sigma_{im}}{\sigma_m^2} = \frac{\sigma_i}{\sigma_m} \times \rho_{im} = \frac{0.5}{0.2} \times 0.8 = 2$$

$$k = R_f + [E(R_m) - R_f] \times \beta_i = 0.1 + (0.15 - 0.1) \times 2 = 0.2$$

$$V = \frac{100억원}{1.2} + \frac{140억원}{1.2^2} + \frac{160억원}{1.2^3} + \frac{180억원}{1.2^4} + \frac{300억원}{0.2} \times \frac{1}{1.2^4} = 1{,}083.33억원$$

물음 2 APT를 이용한 자기자본비용의 측정

$$k = R_f + \lambda_1 \beta_{i1} + \lambda_2 \beta_{i2} = 0.1 + 0.03 \times 1.2 + 0.08 \times 0.8 = 0.2$$

$$V = \frac{100억원}{1.2} + \frac{140억원}{1.2^2} + \frac{160억원}{1.2^3} + \frac{180억원}{1.2^4} + \frac{300억원}{0.2} \times \frac{1}{1.2^4} = 1{,}083.33억원$$

01 CAPM의 성립을 가정하며, 무위험이자율은 10%이고, 시장포트폴리오와 주식 A의 1년 후 예상수익률에 대한 확률분포는 다음과 같다. 주식 A의 베타를 계산하시오.

상황	발생확률	R_m	R_A
호황	0.5	20%	40%
불황	0.5	10%	10%

① 1.0   ② 1.5   ③ 2.0
④ 2.5   ⑤ 3.0

02 시장모형을 만족시키는 주식 A와 주식 B의 베타와 수익률의 표준편차에 대한 자료이다. 시장포트폴리오 수익률의 표준편차가 10%인 경우에, 다음 설명들 중에서 가장 옳지 않은 것을 고르시오.

구분	β_i	σ_i
주식 A	0.5	20%
주식 B	1.2	30%

① 주식 A 수익률의 분산에서 체계적 위험은 0.0025이다.
② 주식 A 수익률의 분산에서 비체계적 위험은 0.0375이다.
③ 주식 A와 주식 B 수익률 사이의 공분산은 0.006이다.
④ 주식 A와 시장포트폴리오 수익률 간의 상관계수는 0.25이다.
⑤ 주식 A와 주식 B 수익률 사이의 상관계수는 0.2이다.

03 자산의 수익률이 1개의 공통요인에 의해 설명된다고 가정한다. 베타가 1인 A증권의 기대수익률은 16%이고, 베타가 0.5인 B증권의 기대수익률은 12%이며, 무위험증권의 수익률은 6%이다. 실행가능한 차익거래전략으로 가장 타당한 것을 고르시오. 단, 차익거래 시 무위험증권의 매입(또는 공매)금액은 100원으로 가정한다.

① A증권과 무위험증권을 100원씩 공매하여 유입되는 자금으로 B증권을 200원 매입한다.
② B증권과 무위험증권을 100원씩 공매하여 유입되는 자금으로 A증권을 200원 매입한다.
③ A증권을 200원 공매하여 유입되는 자금으로 B증권과 무위험증권을 100원씩 매입한다.
④ B증권을 200원 공매하여 유입되는 자금으로 A증권과 무위험증권을 100원씩 매입한다.
⑤ A증권과 B증권을 50원씩 공매하여 유입되는 자금으로 무위험증권을 100원 매입한다.

01 ⑤ $E(R_m) = 0.5 \times 0.2 + 0.5 \times 0.1 = 0.15$

$E(R_A) = 0.5 \times 0.4 + 0.5 \times 0.1 = 0.25$

$\qquad = R_f + [E(R_m) - R_f] \times \beta_A = 0.1 + (0.15 - 0.1) \times \beta_A$

$\therefore \beta_A = 3$

02 ⑤   ① 주식 A의 체계적위험 $= \beta_A^2 \times \sigma_m^2 = 0.5^2 \times 0.1^2 = 0.0025$

② 주식 A의 비체계적위험 $= Var(e_A) = \sigma_A^2 - \beta_A^2 \times \sigma_m^2 = 0.2^2 - 0.0025 = 0.0375$

③ $\sigma_{AB} = \beta_A \times \beta_B \times \sigma_m^2 = 0.5 \times 1.2 \times 0.1^2 = 0.006$

④ $\beta_A = 0.5 = \dfrac{\sigma_A}{\sigma_m} \times \rho_{Am} = \dfrac{0.2}{0.1} \times \rho_{Am}$ $\therefore \rho_{Am} = 0.25$

⑤ $\beta_B = 1.2 = \dfrac{\sigma_B}{\sigma_m} \times \rho_{Bm} = \dfrac{0.3}{0.1} \times \rho_{Bm}$ $\therefore \rho_{Bm} = 0.4$

$\rho_{AB} = \rho_{Am} \times \rho_{Bm} = 0.25 \times 0.4 = 0.1$

03 ①   복제포트폴리오: A증권 100원 매입 + 무위험증권 100원 매입 = B증권 200원 매입

$\dfrac{E(R_A) - R_f}{\beta_A} = \dfrac{0.16 - 0.06}{1} = 0.1 < \dfrac{E(R_B) - R_f}{\beta_B} = \dfrac{0.12 - 0.06}{0.5} = 0.12$

차익거래전략: A증권과 무위험증권을 공매하여 유입되는 자금으로 B증권을 매입

cpa.Hackers.com

해커스 윤민호 재무관리

회계사 · 세무사 · 경영지도사 단번에 합격! 해커스 경영아카데미
cpa.Hackers.com

제6장

자본구조이론

제1절 자본구조이론의 의의

자본구조이론이란 타인자본과 자기자본의 구성상태를 말하는 자본구조(capital structure)가 기업가치에 미치는 영향을 분석하여 기업가치를 극대화할 수 있는 자본구조를 찾고자 하는 이론을 말한다.

① 부채사용기업 전체자본의 자본비용은 가중평균자본비용인데, 여기서 가중평균자본비용(weighted average cost of capital: WACC)이란 원천별 자본비용인 타인자본비용과 자기자본비용을 각 원천별 자본이 총자본에서 차지하는 구성비율로 가중평균한 것을 말한다. 따라서 부채사용기업의 자본비용, 즉 가중평균자본비용은 자본구조에 따라 달라지게 된다.

② 따라서 자본구조이론은 자본구조가 가중평균자본비용에 미치는 영향을 분석해서 가중평균자본비용이 최소화되어 기업가치가 최대화되는 최적자본구조를 찾고자 하는 이론이라고 할 수 있다.

③ 자본구조이론에는 여러 가지가 있으나 이 중 가장 중요한 역할을 한 이론이 MM(F. Modigliani and M. H. Miller)의 이론이다. 따라서 자본구조이론은 일반적으로 MM의 자본구조이론을 기준으로 하여 MM이전의 자본구조이론(전통적 자본구조이론)과 MM의 자본구조이론 및 MM이후의 자본구조이론으로 분류한다.

이러한 내용을 기초로 본 장에서는 먼저 <제2절 자본구조이론의 기초개념>에서 자본구조이론을 학습하기 위한 기초개념들을 설명한 후에 <제3절 전통적 자본구조이론>에서 MM이전의 자본구조이론을 살펴보고, MM의 자본구조이론에 대해서는 <제4절 MM의 무관련이론>과 <제5절 MM의 수정이론>에서, MM이후의 자본구조이론에 대해서는 <제6절 개인소득세를 고려한 자본구조이론>과 <제7절 기타의 자본구조이론>에서 살펴보기로 한다.

제2절 자본구조이론의 기초개념

01 원천별 자본비용

(1) 타인자본비용

타인자본비용(cost of debt: k_d)이란 기업이 타인자본, 즉 부채로 자금을 조달할 때 부담해야 하는 자본비용을 말하며, 자본의 제공자인 채권자 입장에서 보면 자신이 제공한 자금에 대해 요구하는 최소한의 수익률, 즉 채권자의 요구수익률이라고 할 수 있다.

① 세전타인자본비용: 자본구조이론에서는 계산의 편의상 영구부채를 가정하여 타인자본비용을 측정한다. 여기서 영구부채란 부채의 원금상환은 없고 매년 일정한 이자(I)를 영구히 지급하는 부채를 의미하는데, 이러한 영구부채를 가정할 경우 부채가치(B)와 이자비용(I) 사이의 관계를 이용하면 세전타인자본비용(k_d)은 다음과 같이 계산된다.

$$B = \frac{I}{k_d} \quad \rightarrow \quad k_d = \frac{I}{B} = \frac{\text{이자지급액}}{\text{부채가치}(=\text{부채조달액})}$$

② 사채발행비 등의 자금조달비용이 발생하는 경우에는 부채조달액에서 자금조달비용을 차감하여 부채발행을 통한 순조달액 대비 이자지급액의 비율로 세전타인자본비용을 계산해야 한다.

$$k_d = \frac{I}{B} = \frac{\text{이자지급액}}{\text{부채조달액}-\text{자금조달비용}}$$

③ 세후타인자본비용: 기업이 부채를 사용할 경우 발생하는 이자비용은 법인세계산 시 손금처리되어 법인세유출액을 감소시키는 감세효과를 가져온다. 이러한 이자비용의 감세효과를 고려할 경우 기업이 실제로 부담하는 타인자본비용은 다음과 같은 세후타인자본비용이다. 단, 자금조달비용의 발생은 없는 것으로 가정한다.

$$k_d(1-t) = \frac{\text{이자지급액}-\text{이자비용의 감세효과}}{\text{부채조달액}} = \frac{I - I \times t}{B} = \frac{I \times (1-t)}{B}$$

||| 사례 |||

기업이 영구부채를 발행하여 ₩100의 자금을 조달하고 이에 대한 대가로 매년 ₩10의 이자를 영구히 지급하는 경우를 가정한다. 법인세율이 20%라고 가정하면 기업이 부채의 발행을 통해 실제로 부담하는 이자지급액은 채권자에 대한 이자지급액 ₩10에서 이자비용의 감세효과 ₩2(= ₩10×20%)을 차감한 ₩8이므로, 이자비용의 감세효과를 고려할 경우 기업이 실제로 부담하는 타인자본비용은 다음과 같은 세후타인자본비용이다.

$$\text{세후타인자본비용} = \frac{₩10 - ₩2}{₩100} = \frac{₩10 \times (1-20\%)}{₩100} = 8\% = k_d(1-t)$$

---

④ CAPM을 이용하는 방법: 세전타인자본비용은 증권시장선(SML)과 부채(채권자)의 체계적위험(β_d)을 이용해서 다음과 같이 측정할 수도 있다.

$$k_d = R_f + [E(R_m) - R_f] \times \beta_d$$

(2) 자기자본비용

자기자본비용(cost of equity: k_e)이란 기업이 자기자본으로 자금을 조달할 때 부담해야 하는 자본비용을 말하며, 자본의 제공자인 주주의 입장에서 보면 자신이 제공한 자금에 대해 요구하는 최소한의 수익률, 즉 주주의 요구수익률 또는 기대수익률이다.

1) 자기자본비용(보통주자본비용)의 측정

자기자본비용(보통주자본비용)은 <제5장 시장모형과 차익거래가격결정이론>에서 살펴본 바와 같이 CAPM이나 APT와 같은 자산가격결정모형을 이용하여 측정할 수 있다.[1]

① CAPM을 이용하는 방법

$$k_e = R_f + [E(R_m) - R_f] \times \beta_i$$

② APT를 이용하는 방법

$$k_e = \lambda_0 + \lambda_1 \beta_{i1} + \lambda_2 \beta_{i2} + \cdots + \lambda_k \beta_{ik}$$

2) 유보이익의 자본비용

유보이익은 기업이 벌어들인 이익 중 보통주주에게 배당으로 지급하지 않고 기업내부에 유보시킨 이익을 의미한다.

① 유보이익의 자본비용은 보통주자본비용과 동일하다. 왜냐하면, 유보이익은 보통주주에게 귀속되는 이익을 보통주주에게 지급하지 않고 유보한 것이므로 보통주주들은 유보이익에 대해서도 기업과 동일한 위험을 가진 투자기회에 투자했을 경우에 얻을 수 있는 수익률만큼을 요구하기 때문이다.

② 기업이 보통주를 발행하는 경우에는 신주발행비 등의 자금조달비용이 발생하지만, 유보이익을 사용할 경우에는 이러한 비용이 발생하지 않으므로 시장의 불완전요인인 자금조달비용을 고려한다면 유보이익의 자본비용은 신주발행 시의 보통주자본비용보다는 낮다.

---

1) 자기자본비용은 배당평가모형을 이용해서 측정할 수도 있는데, 배당평가모형에 대해서는 <제10장 주식의 가치평가와 투자전략>에서 자세히 살펴보기로 한다.

3] 우선주자본비용의 측정

기업이 필요한 자금을 우선주를 발행하여 조달한 경우에는 일반적으로 매년 일정액의 배당금(d_p)을 지급해야 한다. 따라서 우선주자본비용(k_p)은 영구부채를 가정한 타인자본비용과 동일한 방법으로, 우선주의 주가(P)와 주당배당금(d_p) 사이의 관계를 이용하여 다음과 같이 계산된다. 다만, 우선주에 대한 배당금은 이자비용과는 달리 감세효과가 발생하지 않는다.

$$P = \frac{d_p}{k_p} \quad \rightarrow \quad k_p = \frac{d_p}{P} = \frac{\text{우선주 주당배당금}}{\text{우선주 주가}(= \text{우선주 조달액})}$$

02 가중평균자본비용

가중평균자본비용(weighted average cost of capital: WACC 또는 k_0)이란 타인자본비용과 자기자본비용을 각 원천별 자본이 총자본에서 차지하는 구성비율로 가중평균한 것을 말한다. 이러한 가중평균자본비용은 이자비용의 감세효과를 반영하는 방법에 따라 다음과 같은 두 가지 방법으로 계산할 수 있다.

① 이자비용의 감세효과를 현금유입으로 처리하는 방법(세전타인자본비용 이용)

$$WACC = k_0 = k_d \times \frac{B}{B+S} + k_e \times \frac{S}{B+S}$$

② 이자비용의 감세효과를 자본비용에 반영하는 방법(세후타인자본비용 이용)

$$WACC = k_0 = k_d(1-t) \times \frac{B}{B+S} + k_e \times \frac{S}{B+S}$$

한편, <제1장 확실성하의 기업가치평가>에서 살펴본 바와 같이 기업의 영업이익이 영구히 일정하게 지속되고, 감가상각비만큼의 단순재투자만을 가정하여 기업의 기대현금흐름이 매년 일정하게 유지되는 무성장영구기업을 가정할 경우에 기업의 매년 기대현금흐름(기업잉여현금흐름)은 다음과 같다.

$$
\left.
\begin{array}{l}
① \ \text{영업현금흐름} = EBIT \times (1-t) + D \\
② \ \text{순운전자본 변동에 따른 현금흐름} = 0 \\
③ \ \text{비유동자산 투자에 따른 현금흐름} = -D \\
④ \ \text{이자비용의 감세효과} = I \times t
\end{array}
\right\} \quad ① + ② + ③ = EBIT \times (1-t)
$$

[1] 이자비용의 감세효과를 현금유입으로 처리하는 방법

이 방법은 자금조달수단과는 무관하게 기업이 영업 및 투자활동에서 창출한 순현금흐름인 EBIT×(1-t)라는 현금흐름 이외에 부채사용에 따라 추가적으로 발생하는 현금흐름(이자비용의 감세효과)을 기업현금흐름에 가산하는 방법이다. 그리고 무성장영구기업을 가정할 경우 채권자의 현금흐름은 이자비용(I)이며, 주주의 현금흐름은 전액 배당으로 지급되는 당기순이익(NI)이다.

기업잉여현금흐름		채권자현금흐름	I = 이자비용
①+②+③ $= EBIT \times (1-t)$	=	+	
		주주잉여현금흐름	NI = 당기순이익 $= EBIT \times (1-t) + I \times t - I$ $= (EBIT - I) \times (1-t)$
④$= I \times t$			

따라서 이러한 방법으로 기업잉여현금흐름을 계산할 경우 가중평균자본비용은 세전타인자본비용과 자기자본비용을 가중평균하여 계산된다.

$$기업가치(V) = \frac{EBIT \times (1-t) + I \times t}{WACC = k_0 = k_d \times \dfrac{B}{V} + k_e \times \dfrac{S}{V}}$$

[2] 이자비용의 감세효과를 자본비용에 반영하는 방법

이 방법은 첫 번째 방법과는 달리 이자비용의 감세효과를 현금유입으로 처리하지 않고 자본비용의 감소로 반영하는 방법이다. 즉, 자금조달수단과는 무관하게 기업이 영업 및 투자활동에서 창출하는 순현금흐름은 EBIT×(1-t)이며, 부채사용에 따라 실제로 부담하는 타인자본비용은 세후이자비용인 I-I×t =I×(1-t)=(이자비용-이자비용의 감세효과)라고 파악하는 방법이다. 이 방법에 의할 경우에도 주주의 현금흐름은 전액 배당으로 지급되는 당기순이익이며, 기업의 현금흐름은 다음과 같다.

기업잉여현금흐름		부채로 인한 현금흐름	$I - I \times t = I \times (1-t)$ = 세후이자비용
①+②+③ $= EBIT \times (1-t)$	=	+	
		주주잉여현금흐름	$NI = EBIT \times (1-t) - I \times (1-t)$ $= (EBIT - I) \times (1-t)$

따라서 이러한 방법으로 기업잉여현금흐름을 계산할 경우 가중평균자본비용은 세후타인자본비용과 자기자본비용을 가중평균하여 계산된다.

$$기업가치(V) = \frac{EBIT \times (1-t)}{WACC = k_0 = k_d(1-t) \times \dfrac{B}{V} + k_e \times \dfrac{S}{V}}$$

지금까지 살펴본 두 가지 방법 중에서 부채사용정도와 무관하게 기업잉여현금흐름을 계산할 수 있는 두 번째 방법이 보다 일반적으로 이용되는 방법이다. 따라서 이후에는 특별한 언급이 없는 한 이자비용의 감세효과를 자본비용에 반영하는 두 번째 방법을 이용하여 자본구조이론에 대해서 설명한다.

〔3〕 가중평균자본비용 계산 시 가중치의 적용

가중평균자본비용을 계산할 때 원천별 자본비용에 대한 가중치인 타인자본과 자기자본의 구성비율을 적용하는 방법에는 다음과 같은 세 가지 기준이 있다.

① 장부금액기준: 타인자본과 자기자본의 장부금액(book value)을 가중치로 부여하는 방법이다. 이 방법은 재무제표상의 자료를 그대로 이용하기 때문에 계산이 편리하다는 장점이 있지만, 장부금액은 원천별 자본에 대한 역사적 가치를 나타낼 뿐 현재의 경제적 가치를 반영하지 못한다는 문제점이 있다. 따라서 가중평균자본비용 계산 시 장부금액을 가중치로 적용하는 것은 타당하지 못하다.

② 시장가치기준: 타인자본과 자기자본의 시장가치(market value)를 가중치로 부여하는 방법이다. 이 방법은 현재의 경제적 가치를 반영하고 있으므로 이론적으로 타당성이 있으나 시장가치가 변동할 때마다 가중평균자본비용이 달라진다는 현실적인 적용상의 문제점이 있다.

③ 목표자본구조기준: 기업의 목표자본구조를 가중치로 이용하는 방법이다. 여기서 목표자본구조는 기업이 장기적인 계획하에 달성하고자 하는 자본구조를 의미한다. 따라서 기업의 목표자본구조가 특정되어 있는 경우에는 해당 기업의 자본구조가 궁극적으로는 목표자본구조와 일치하게 될 것이므로 목표자본구조를 가중치로 적용하는 것이 타당하다.

예제 1 **기업잉여현금흐름과 가중평균자본비용**

무성장영구기업인 (주)파랑은 매년 ₩1,250의 영업이익이 영구히 일정하게 발생할 것으로 예상되는 기업이며, 현재 액면금액 ₩1,000, 액면이자율 10%의 영구부채를 사용하고 있다. 채권자의 요구수익률은 10%이고, 주주의 요구수익률은 25%이며, 법인세율은 20%이다.

물음1 (주)파랑의 부채가치와 자기자본가치를 계산하여 (주)파랑의 기업가치를 계산하시오.

물음2 이자비용의 감세효과를 현금흐름에 고려하는 경우 (주)파랑의 기업잉여현금흐름을 계산하고, 이를 가중평균자본비용으로 할인하여 (주)파랑의 기업가치를 계산하시오.

물음3 이자비용의 감세효과를 자본비용에 반영하는 경우 (주)파랑의 기업잉여현금흐름을 계산하고, 이를 가중평균자본비용으로 할인하여 (주)파랑의 기업가치를 계산하시오.

해답

물음1 부채의 가치와 자기자본의 가치

매년 이자지급액 $= ₩1,000 \times 0.1 = ₩100$

부채의 가치$(B) = \dfrac{\text{매년 이자지급액}}{\text{타인자본비용}} = \dfrac{I}{k_d} = \dfrac{₩100}{0.1} = ₩1,000$

당기순이익$(NI) = (EBIT - I) \times (1-t) = (₩1,250 - ₩1,000 \times 0.1) \times (1-0.2) = ₩920$

자기자본의 가치$(S) = \dfrac{\text{당기순이익}}{\text{자기자본비용}} = \dfrac{NI}{k_e} = \dfrac{₩920}{0.25} = ₩3,680$

$\therefore$ 기업가치 $=$ 부채의 가치 $+$ 자기자본의 가치 $= ₩1,000 + ₩3,680 = ₩4,680$

물음2 이자비용의 감세효과를 현금흐름에 고려하는 경우

기업잉여현금흐름 $= EBIT \times (1-t) + I \times t = ₩1,250 \times (1-0.2) + ₩100 \times 0.2 = ₩1,020$

$WACC = k_0 = k_d \times \dfrac{B}{B+S} + k_e \times \dfrac{S}{B+S}$

$\qquad = 0.1 \times \dfrac{₩1,000}{₩1,000 + ₩3,680} + 0.25 \times \dfrac{₩3,680}{₩1,000 + ₩3,680} = 0.217949$

$\therefore$ 기업가치 $= \dfrac{₩1,020}{0.217949} = ₩4,680$

물음3 이자비용의 감세효과를 자본비용에 반영하는 경우

기업잉여현금흐름 $= EBIT \times (1-t) = ₩1,250 \times (1-0.2) = ₩1,000$

$WACC = k_0 = k_d(1-t) \times \dfrac{B}{B+S} + k_e \times \dfrac{S}{B+S}$

$\qquad = 0.1 \times (1-0.2) \times \dfrac{₩1,000}{₩1,000 + ₩3,680} + 0.25 \times \dfrac{₩3,680}{₩1,000 + ₩3,680} = 0.213675$

$\therefore$ 기업가치 $= \dfrac{₩1,000}{0.213675} = ₩4,680$

03 레버리지분석과 자기자본비용

레버리지분석(leverage analysis)이란 매출액의 변동과 관계없이 일정하게 발생하는 감가상각비나 이자비용 등의 고정비용이 영업이익과 당기순이익의 변동에 미치는 영향을 분석하는 것을 말하며, 다음과 같이 세 가지로 구분된다.

① 영업레버리지분석: 감가상각비 등의 고정영업비용이 매출액의 변동에 따른 영업이익의 변동에 미치는 영향을 분석하는 것으로써 이를 통해 영업위험의 정도를 알 수 있다.

② 재무레버리지분석: 이자비용 등의 고정재무비용이 영업이익의 변동에 따른 당기순이익의 변동에 미치는 영향을 분석하는 것으로써 이를 통해 재무위험의 정도를 알 수 있다.

③ 결합레버리지분석: 고정비용(고정영업비용과 고정재무비용)이 매출액의 변동에 따른 당기순이익의 변동에 미치는 영향을 분석하는 것을 말한다.

한편, CAPM의 성립을 가정하는 경우 보유주식의 베타로 표현되는 주주의 체계적위험은 영업위험(경영위험)과 재무위험으로 구분할 수 있는데, 이에 따라 베타의 측정치가 달라질 수 있다. 따라서 레버리지분석을 통해 주주가 부담하는 영업위험과 재무위험에 대해서 살펴보고, 이를 토대로 CAPM을 이용한 자기자본비용의 측정에 대해서 살펴보기로 한다.

[1] 영업레버리지분석과 영업위험

영업레버리지(operating leverage)란 기업이 감가상각비 등의 고정영업비용을 유발하는 비유동자산을 보유하고 있는 정도 또는 고정영업비용을 부담하는 정도를 의미하며, 영업레버리지분석이란 고정영업비용이 매출액의 변동에 따른 영업이익의 변동에 미치는 영향을 분석하는 것을 말한다.

1) 영업레버리지효과

영업레버리지효과란 고정영업비용의 존재로 인해 매출액의 변동률보다 영업이익의 변동률이 더 크게 나타나는 현상을 말한다. 기업은 영위하는 업종에 따라 자산구성이 달라지고, 이로 인해 영업이익을 구성하는 요소인 영업비용의 고정화정도도 달라진다. 이때 영업비용 중에서 고정비가 차지하는 비중이 클수록 동일한 매출액의 변동에 따른 영업이익의 변동정도도 심화되는데 이러한 효과를 영업레버리지효과라고 한다.

┤ 사례 ├

영업레버리지효과

구분		A기업		B기업		C기업	
		변동 전	매출액 50% 감소	변동 전	매출액 50% 감소	변동 전	매출액 50% 감소
	매출액	200	100	200	100	200	100
-	변동비	(100)	(50)	(80)	(40)	(20)	(10)
=	공헌이익	100	50	120	60	180	90
-	고정비	(0)	(0)	(20)	(20)	(80)	(80)
=	영업이익	100	50	100	40	100	10

① 고정영업비용이 없는 A기업은 영업이익의 변동률이 매출액의 변동률과 동일하지만, 고정영업비용이 발생하는 B기업과 C기업은 모두 영업이익의 변동률이 매출액의 변동률보다 크다는 것을 확인할 수 있다. 이러한 효과는 매출액의 변동과는 관계없이 일정하게 발생하는 고정영업비용의 존재 때문이며, 고정영업비용의 레버리지효과에 의해 매출액의 변동률보다 영업이익의 변동률이 더 커지게 되는 것이다.

② B기업과 C기업의 매출액이 동일하게 50%씩 감소하는 경우에 B기업에 비해 C기업의 영업이익의 변동이 보다 심함을 확인할 수 있다. 이와 같이 해당기업의 영업비용 중에서 고정영업비용의 비중이 높을수록 매출액의 변동에 따른 영업이익의 변동정도는 커지게 된다.

2) 영업레버리지도

영업비용의 고정화정도에 따른 영업레버리지효과를 측정하는 지표로 이용되는 것이 영업레버리지도이다. 영업레버리지도(degree of operating leverage: DOL)는 매출액의 변동률($\frac{\Delta R}{R}$)에 대한 영업이익의 변동률($\frac{\Delta EBIT}{EBIT}$)의 비율로 계산된다. 단, 판매량(Q)의 변동과 무관하게 단위당 판매가격(@p)과 단위당 변동영업비용(@v) 및 고정영업비용(FC)은 일정하다고 가정한다.

$$DOL = \frac{\text{영업이익의 변동률}}{\text{매출액의 변동률}} = \frac{\Delta EBIT / EBIT}{\Delta R / R}$$

$$= \frac{\dfrac{\Delta Q \times (@p - @v)}{Q \times (@p - @v) - FC}}{\dfrac{\Delta Q \times P}{Q \times P}} = \frac{Q \times (@p - @v)}{Q \times (@p - @v) - FC} = \frac{\text{공헌이익}}{\text{영업이익}}$$

영업레버리지도는 매출액이 1% 변동할 때 영업이익이 몇 % 변동하는지를 나타낸다. 예를 들어, 영업레버리지도가 2라면 매출액이 1% 변동할 경우 영업이익은 2% 변동한다. 이러한 영업레버리지도는 기업의 영업비용 중에서 고정영업비용의 비중이 높을수록 크게 나타난다.

3) 영업위험

영업위험(operating risk)이란 영업이익의 변동가능성을 의미하며, 경영위험(business risk)이라고도 한다. 영업위험, 즉 영업이익의 변동가능성($\Delta EBIT/EBIT$)을 영업레버리지도의 계산식을 이용하여 분석하면 다음과 같다.

$$DOL = \frac{\Delta EBIT / EBIT}{\Delta R / R} \quad \rightarrow \quad \frac{\Delta EBIT}{EBIT} = DOL \times \frac{\Delta R}{R}$$

따라서 영업위험은 기업이 영위하는 업종과 그에 따라 결정되는 자산구성에 의해 영향을 받는 매출액의 변동가능성과 영업레버리지도에 의해 결정된다는 것을 알 수 있다.

① 매출액의 변동가능성: 기업이 영위하는 업종에 따라 경기변동으로 인한 매출액의 변동가능성은 달라진다. 즉, 경기변동에 민감한 업종을 영위할수록 매출액의 변동가능성이 높으므로 영업위험이 더 크다고 할 수 있다.

② 영업레버리지도: 기업의 영업비용 중에서 고정영업비용의 비중이 높을수록 영업레버리지도가 커지기 때문에 영업위험이 더 크다고 할 수 있다.

여기서 한 가지 알아둘 점은 동일한 업종의 경우에는 영업비용 중 고정영업비용의 비중이 비슷할 것이므로 영업레버리지도도 유사할 것으로 가정하여 동일한 업종을 영위하는 기업의 영업위험은 동일하다고 가정한다는 것이다.

(2) 재무레버리지분석과 재무위험

재무레버리지(financial leverage)란 기업이 타인자본을 사용하고 있는 정도 또는 고정재무비용인 이자비용을 부담하는 정도를 의미하며, 재무레버리지분석이란 이자비용 등의 고정재무비용이 영업이익의 변동에 따른 당기순이익의 변동에 미치는 영향을 분석하는 것을 말한다.

1) 재무레버리지효과

재무레버리지효과란 고정재무비용인 이자비용의 존재로 인해 영업이익의 변동률보다 당기순이익의 변동률이 더 크게 나타나는 현상을 의미한다.

｜ 사례 ｜

재무레버리지효과

구분		A기업(무부채기업)		B기업(부채사용기업)	
		변동 전	영업이익 50% 감소	변동 전	영업이익 50% 감소
	영업이익	200	100	200	100
-	이자비용	(0)	(0)	(50)	(50)
=	세전이익	200	100	150	50
-	법인세(20%)	(40)	(20)	(30)	(10)
=	순이익	160	80	120	40

① 무부채기업인 A기업은 영업이익의 변동률과 당기순이익의 변동률이 동일하지만, 부채사용기업인 B기업은 영업이익의 변동률보다 당기순이익의 변동률이 더 크다는 것을 확인할 수 있다. 이러한 효과는 영업이익의 변동과는 관계없이 일정하게 발생하는 고정재무비용인 이자비용의 존재 때문이며, 이자비용의 레버리지효과에 의해 영업이익의 변동률보다 당기순이익의 변동률이 더 커지게 된다.

② 영업이익의 변동에 따른 당기순이익의 변동정도는 해당기업의 고정재무비용인 이자비용이 많을수록 커지게 된다.

2) 재무레버리지도

부채사용과 이에 따른 이자비용의 발생으로 인한 재무레버리지효과를 측정하는 지표로 이용되는 것이 재무레버리지도이다. 재무레버리지도(degree of financial leverage: DFL)는 영업이익의 변동률($\frac{\Delta EBIT}{EBIT}$)에 대한 당기순이익의 변동률($\frac{\Delta NI}{NI}$)의 비율로 계산된다. 여기서 발행주식수와 법인세율이 일정하기 때문에 당기순이익의 변동률은 주당이익의 변동률 또는 세전이익의 변동률과도 동일하다.

$$DFL = \frac{당기순이익의 \ 변동률(=주당이익의 \ 변동률=세전이익의변동률)}{영업이익의 \ 변동률}$$

$$= \frac{\frac{\Delta EBIT \times (1-t)}{(EBIT-I) \times (1-t)}}{\frac{\Delta EBIT}{EBIT}} = \frac{EBIT}{EBIT-I} = \frac{영업이익}{세전이익}$$

재무레버리지도는 영업이익이 1% 변동할 때 당기순이익이 몇 % 변동하는지를 나타낸다. 예를 들어, 재무레버리지도가 3이라면 영업이익이 1% 변동할 경우 당기순이익은 3% 변동한다. 이러한 재무레버리지도는 이자비용이 증가할수록, 즉 부채의 사용이 증가할수록 크게 나타난다.

3) 재무위험

재무위험(financial risk)이란 부채의 사용으로 인해 발생하는 이자비용의 레버리지효과에 의한 당기순이익의 변동가능성을 의미한다. 이러한 재무위험은 기업의 자본구조에 따라 결정되며 부채의 사용이 증가할수록 더 커지게 된다.

(3) 결합레버리지분석

결합레버리지분석(combined leverage analysis)이란 고정비용(고정영업비용과 고정재무비용)이 매출액의 변동에 따른 당기순이익의 변동에 미치는 영향을 분석하는 것을 말한다.

1) 결합레버리지효과

결합레버리지효과란 고정영업비용과 고정재무비용을 부담하는 경우에 영업레버리지효과로 인해 매출액의 변동률보다 영업이익의 변동률이 더 크게 나타나고, 재무레버리지효과로 인해 영업이익의 변동률보다 당기순이익의 변동률이 더 크게 나타나는 현상을 말한다.

2) 결합레버리지도

고정비용의 부담으로 인한 결합레버리지효과를 측정하는 지표로 이용되는 것이 결합레버리지도이다. 결합레버리지도(degree of combined leverage: DCL)는 영업레버리지효과와 재무레버리지효과를 모두 반영하여 매출액의 변동률에 대한 당기순이익의 변동률의 비율로 계산된다.

$$DCL = \frac{당기순이익의 \ 변동률}{매출액의 \ 변동률} = \frac{영업이익의 \ 변동률}{매출액의 \ 변동률} \times \frac{당기순이익의 \ 변동률}{영업이익의 \ 변동률}$$

$$= DOL \times DFL = \frac{공헌이익}{세전이익}$$

결합레버리지도는 매출액이 1% 변동할 때 당기순이익이 몇 % 변동하는지를 나타낸다. 예를 들어, 결합레버리지도가 6이라면 매출액이 1% 변동할 경우 당기순이익은 6% 변동한다.

(4) 주주의 위험과 자기자본비용

레버리지분석에서 살펴본 바와 같이 주주들이 부담하는 위험은 크게 영업위험과 재무위험으로 구분할 수 있다. 여기서 CAPM의 성립을 가정하는 경우 자기자본비용은 주주들이 부담하는 체계적위험인 보유주식의 베타를 증권시장선(SML)에 대입하여 계산할 수 있는데, 이렇게 보유주식의 베타로 표현되는 주주의 체계적위험은 영업위험과 재무위험으로 구분할 수 있으므로 이에 따라 베타의 측정치가 달라질 수 있다.

① 무부채기업(unlevered firm: U)의 주주는 영업위험(unlevered β: β_U)만을 부담한다. 따라서 무부채기업의 자본비용(ρ)에 해당하는 무부채기업 주주의 요구수익률은 무위험이자율과 영업위험프리미엄으로 구성된다.

$$\rho = R_f + \text{영업위험프리미엄} = R_f + [E(R_m) - R_f] \times \beta_U$$

② 부채사용기업(levered firm: L)의 주주가 부담하는 위험(levered β: β_L)은 영업위험 외에 재무위험도 포함된다. 따라서 부채사용기업의 자기자본비용(k_e)에 해당하는 부채사용기업 주주의 요구수익률은 무위험이자율과 영업위험프리미엄 및 재무위험프리미엄으로 구성된다.

$$k_e = R_f + \text{영업위험프리미엄} + \text{재무위험프리미엄} = R_f + [E(R_m) - R_f] \times \beta_L$$
$$\text{단, } \beta_L = \beta_U + \text{재무위험}$$

04 자본구조이론의 기본가정과 타인자본사용의 효과

(1) 자본구조이론의 기본가정

자본구조이론에서는 특별한 언급이 없는 한 기업의 자본구조와 현금흐름에 대해서 다음과 같은 공통적인 가정을 하고 있다.

① 기업의 총자본은 타인자본(영구부채)과 자기자본(보통주)으로만 구성되며, 기업이 총자본규모의 변동 없이 자본구조만 변경할 수 있다. 여기서 총자본규모의 변동 없이 자본구조만 변경한다는 것은 부채로 자금을 조달하여 자사주(보통주)를 매입하거나, 유상증자로 자금을 조달하여 부채를 상환한다는 것을 의미한다. 이러한 가정은 총자본규모의 변동 없이 자본구조만 변경시킴으로써 자본구조가 자본비용과 기업가치에 미치는 영향을 분석하기 위한 것이다.

② 기업의 기대현금흐름이 매년 일정하게 영구히 유지되는 무성장영구기업을 가정한다. 앞에서 살펴본 바와 같이 무성장영구기업을 가정할 경우 채권자의 현금흐름은 이자비용이며, 주주의 현금흐름은 전액 배당으로 지급되는 당기순이익이다.

이러한 가정하에서 무부채기업의 가치(V_U)와 부채사용기업의 가치(V_L) 및 부채사용기업의 부채의 가치(B)와 자기자본의 가치(S_L)에 대한 계산식은 다음과 같다.

<법인세가 없는 경우>

$$V_U = \frac{EBIT}{\rho} \qquad\qquad V_L = \frac{EBIT}{k_o = k_d \dfrac{B}{V} + k_e \dfrac{S}{V}}$$

$$B = \frac{I}{k_d} \qquad\qquad S_L = \frac{NI = EBIT - I}{k_e}$$

<법인세가 존재하는 경우>

$$V_U = \frac{EBIT \times (1-t)}{\rho} \qquad\qquad V_L = \frac{EBIT \times (1-t)}{k_o = k_d(1-t)\dfrac{B}{V} + k_e\dfrac{S}{V}}$$

$$B = \frac{I}{k_d} = \frac{I \times (1-t)}{k_d \times (1-t)} \qquad\qquad S_L = \frac{NI = (EBIT - I) \times (1-t)}{k_e}$$

[2] 타인자본사용의 효과

자본구조가 기업가치에 미치는 영향은 부채의 사용이 기업가치에 미치는 영향과 동일하다고 할 수 있는데, 이러한 부채사용의 효과는 기업가치를 증가시키는 긍정적 효과와 기업가치를 감소시키는 부정적 효과로 구분할 수 있다.

① 일반적으로 채권자는 주주에 비해 상대적으로 적은 위험을 부담하기 때문에 채권자의 요구수익률은 주주의 요구수익률보다 낮다($k_d < k_e$). 따라서 총자본에서 타인자본의 구성비율이 높아질수록 보다 저렴한 타인자본비용에 대한 가중치가 증가하여 가중평균자본비용은 하락하게 되며, 기업가치는 증가하게 된다. 이를 타인자본비용의 저렴효과라고 하며, 이는 기업가치에 대한 부채사용의 긍정적인 효과라고 할 수 있다.

② 기업의 부채사용이 증가할수록 주주의 재무위험은 증가하게 된다. 이에 따라 주주의 요구수익률인 자기자본비용이 상승하게 되어 가중평균자본비용은 상승하고 기업가치는 감소하게 된다. 이는 기업가치에 대한 부채사용의 부정적인 효과라고 할 수 있다.

이와 같은 부채사용의 긍정적 효과와 부정적 효과의 상충관계하에서 기업가치를 극대화할 수 있는 최적자본구조를 찾고자 하는 것이 자본구조이론의 핵심이다.

제3절 전통적 자본구조이론

01 순이익접근법(NI접근법)

(1) 가정

순이익(net income: NI)접근법에서는 타인자본비용은 자기자본비용보다 저렴하며, 부채의 사용정도와 무관하게 타인자본비용과 자기자본비용이 일정하다고 가정한다.

(2) 자본비용과 기업가치

순이익접근법에 의할 경우 부채의 사용이 증가할수록 타인자본비용의 저렴효과로 인해 가중평균자본비용이 하락하고 이에 따라 기업가치가 증가하게 되므로 최대한 부채를 많이 사용하는 것이 기업가치를 극대화시키는 최적자본구조가 된다.

순이익접근법

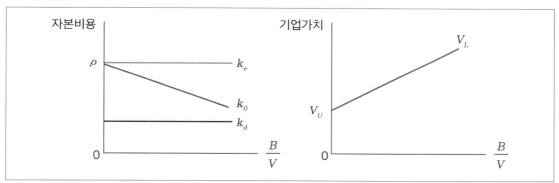

순이익접근법에서는 부채의 사용정도와 무관하게 자기자본비용이 일정하게 유지된다고 가정하므로 자기자본비용을 이용해서 자기자본가치를 평가한 후에 부채가치를 가산하여 기업가치를 평가한다.

$$순이익접근법의\ 가치평가: \left(\frac{NI}{k_e} = S_L\right) + B = V_L$$

(3) 문제점

순이익접근법은 부채사용이 증가하는 경우에 주주의 재무위험 증가로 인한 자기자본비용의 상승과 채무불이행위험의 증가로 인한 타인자본비용의 상승을 간과하였으며, 자기자본가치를 먼저 평가한 후에 부채가치를 가산하여 기업가치를 평가하므로 자기자본이 잔여청구권이라는 사실을 무시하고 있다.

02 순영업이익접근법(NOI접근법)

(1) 가정

순영업이익(net operating income: NOI = EBIT)접근법에서는 부채의 사용정도와 관계없이 가중평균자본비용이 일정하다고 가정한다. 즉, 부채의 사용이 증가하는 경우에 타인자본비용의 저렴효과와 주주의 재무위험 증가에 따른 자기자본비용의 상승효과가 완전히 상쇄되어 부채의 사용정도와 무관하게 가중평균자본비용이 일정하게 유지된다고 가정한다.

(2) 자본비용과 기업가치

순영업이익접근법에 의할 경우 부채의 사용정도와 무관하게 가중평균자본비용이 일정하게 유지되므로 기업가치는 자본구조와 무관해진다.

순영업이익접근법

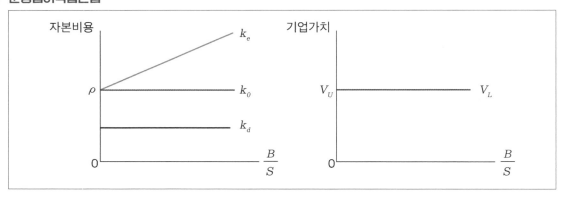

순영업이익접근법에서는 부채의 사용정도와 무관하게 가중평균자본비용이 일정하게 유지된다고 가정하므로 가중평균자본비용을 이용해서 기업가치를 평가한 후에 부채가치를 차감하여 자기자본가치를 평가한다.

$$순영업이익접근법의 \ 가치평가: \ (\frac{EBIT}{k_o} = V_L) - B = S_L$$

(3) 문제점

순영업이익접근법은 부채를 과다하게 사용하는 경우 채무불이행위험 증가로 인한 타인자본비용의 상승을 간과하고 있다.

03 전통적 접근법

(1) 가정

전통적 접근법에서는 ① 일정수준 이하의 부채를 사용하는 경우에는 타인자본비용의 저렴효과가 재무위험 증가에 따른 자기자본비용의 상승효과를 초과하여 가중평균자본비용이 하락하지만 ② 일정수준을 초과하여 부채를 사용하는 경우에는 채무불이행위험에 따른 타인자본비용의 상승효과와 재무위험 증가로 인한 자기자본비용의 상승효과로 인하여 가중평균자본비용이 상승한다고 가정한다.

(2) 자본비용과 기업가치

전통적 접근법에 의할 경우 일정수준 이하의 부채를 사용하게 되면 가중평균자본비용이 하락하여 기업가치는 증가하지만, 일정수준을 초과하여 부채를 사용하게 되면 가중평균자본비용이 상승하여 기업가치는 감소할 것이므로 가중평균자본비용이 최소화되고 기업가치가 최대화되는 최적자본구조($\frac{B}{S}^*$)가 존재한다.

전통적 접근법

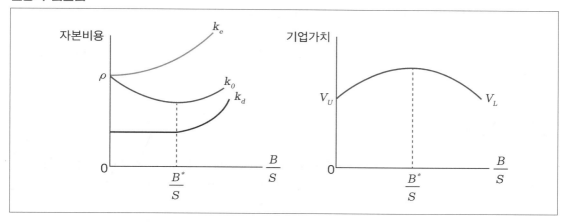

(3) 문제점

전통적 접근법은 최적자본구조가 존재할 수 있다는 것을 설명했지만, 최적자본구조의 결정과정을 구체적으로 밝히지는 못했다.

제4절 MM의 무관련이론

MM의 자본구조이론은 1958년에 발표된 무관련이론과 1963년에 발표된 수정이론으로 구분된다. 무관련이론은 세금이 존재하지 않는 완전자본시장을 가정하는 경우에 기업가치와 자본구조는 무관하다는 이론이고, 이후 발표된 수정이론은 법인세의 존재를 고려하는 경우에 부채사용 시 발생하는 이자비용 감세효과의 현재가치만큼 부채사용기업의 가치가 더 증가한다는 이론이다.

본 절에서는 MM의 무관련이론에 대해서 살펴보기로 하는데, MM의 무관련이론에서는 앞에서 설명한 자본구조이론의 기본가정 이외에 다음과 같은 가정을 추가하고 있다.

① 완전자본시장을 가정한다. 즉, 거래비용이나 세금 등 거래의 마찰적 요인이 존재하지 않고, 투자자들의 정보획득에 비용이나 제약이 없으며, 개인도 기업과 동일한 이자율로 차입과 대출이 가능하다.

② 기업과 투자자(주주)의 부채는 무위험부채이다. 즉, 부채의 사용정도와 관계없이 무위험이자율로 차입할 수 있다.

③ 기업은 영업위험이 동일한 동질적 위험집단으로 분류가 가능하다. 즉, 영업위험은 동일하면서 자본구조만 다른 기업들이 존재한다.

이러한 가정하에서 MM의 무관련이론은 세 가지 명제(proposition)로 요약되므로 각각의 명제들에 대해서 살펴보기로 한다.

01 제1명제

> 기업가치는 자본구조와는 무관하게 기대영업이익과 영업위험에 의해서만 결정되며, 기대영업이익을 영업위험만 반영된 자본비용(ρ)으로 할인하여 계산된다. 따라서 기대영업이익과 영업위험이 동일하면 자본구조와 관계없이 기업가치는 동일하다.

(1) 제1명제의 내용

MM이론에 따르면 기대영업이익과 영업위험이 동일하고 자본구조만 상이한 무부채기업(U)과 부채사용기업(L)의 가치가 시장에서 서로 다르게 평가되는 상황에서는 기업과 동일한 이자율이 적용되는 개인의 차입/대출(자가레버리지: home-made leverage)을 이용한 무위험차익거래의 발생이 가능하므로 균형상태하의 시장에서는 기대영업이익과 영업위험이 동일한 기업들의 가치는 자본구조와 무관하게 동일해야만 한다.

무부채기업(U)		부채사용기업(L)	
기업가치	자기자본가치	기업가치	타인자본가치
			B (k_d)
			자기자본가치
V_U (ρ)	S_U (ρ)	V_L (k_o)	S_L (k_e)

이해를 돕기 위해 부채사용기업(L)의 주식을 매입하는 경우(투자전략 Ⅰ)와 무부채기업(U)의 주식을 매입하고 개인적인 차입을 하는 경우(투자전략 Ⅱ)의 두 가지 투자전략을 비교해 보기로 한다. 단, 두 기업은 자본구조만 상이할 뿐, 기대영업이익과 영업위험 등 다른 모든 점은 동일하다고 가정한다.

투자전략 Ⅰ: 부채사용기업 주식의 20%를 매입하는 전략

투자전략 Ⅱ: 무부채기업 주식의 20%를 매입하고 동시에 부채사용기업 타인자본의 20%에 해당하는 금액을 개인적으로 차입하는 전략

---

① 부채사용기업의 주식을 매입하는 경우에는 영업위험과 재무위험을 부담한다. 즉, 부채사용기업 주식의 20%를 매입하는 경우에는 부채사용기업 타인자본의 20%에 해당하는 금액을 기업을 통해 간접적으로 차입하는 재무레버리지를 부담하게 된다.

② 무부채기업의 주식을 매입하는 경우에는 영업위험만을 부담하지만, 무부채기업 주식의 20%를 매입하면서 동시에 부채사용기업 타인자본의 20%에 해당하는 금액을 개인적으로 차입(home-made leverage)한다면 부채사용기업 주식의 20%를 매입하는 경우와 동일한 영업위험과 재무위험을 부담한다.

③ 두 가지 투자전략의 현재시점 투자액과 매년 발생될 기대투자수익을 비교해서 살펴보면 다음과 같다.

투자전략		현재시점 현금흐름	미래 매년 기대투자수익
Ⅰ	L주식 20% 매입	$-S_L \times 0.2$	$(EBIT - I) \times 0.2$ $= EBIT \times 0.2 - B \times k_d \times 0.2$
Ⅱ	U주식 20% 매입	$-S_U \times 0.2$	$EBIT \times 0.2$
	+ B × 20% 개인차입(k_d)	$+B \times 0.2$	$- B \times 0.2 \times k_d$

④ 두 가지 투자전략은 미래에 매년 발생되는 기대투자수익이 동일하므로 현재시점의 투자액도 동일해야만 차익거래가 발생하지 않는 균형이 이루어질 수 있다. 따라서 다음과 같이 두 기업의 가치는 동일해야만 한다.

$$S_L \times 0.2 = S_U \times 0.2 - B \times 0.2$$

$$S_L + B = S_U \quad \rightarrow \quad V_L = V_U$$

이와 같이 기업가치는 기대영업이익과 영업위험에 의해서만 결정될 뿐 자본구조와는 무관하다는 것이 MM의 제1명제이다.

(2) 제1명제의 증명

MM은 제1명제를 직접적으로 증명하는 대신 차익거래라는 간접적인 방법을 통해서 증명했는데, 다음과 같은 사례를 이용해서 MM의 증명과정을 살펴보기로 한다.

――┃ **사례** ┃――

법인세가 존재하지 않는 상황에서 자본구조를 제외하고 모든 점이 동일한 무부채기업 U와 부채사용기업 L은 ₩400의 영업이익이 영구히 발생할 것으로 예상되는 기업이다. 무부채기업 U의 기업가치는 ₩1,600이고, ₩1,000의 부채를 사용하고 있는 부채사용기업 L의 기업가치는 ₩1,800으로 평가되고 있으며, 개인과 기업은 모두 동일한 10%의 이자율로 얼마든지 차입하거나 대출할 수 있다고 가정한다.

무부채기업(U)		부채사용기업(L)	
기업가치(V_U)	자기자본가치(S_U)	기업가치(V_L)	타인자본가치(B)
			₩1,000
			자기자본가치(S_L)
₩1,600	₩1,600	₩1,800	₩800

1) 부채사용기업의 가치(V_L) > 무부채기업의 가치(V_U)인 경우

위의 사례는 $V_L > V_U$이므로 L기업의 가치가 상대적으로 과대평가, U기업의 가치가 상대적으로 과소평가된 상황이다. 이러한 상황에서 과대평가된 L기업 주식의 20%를 보유하고 있는 투자자는 다음과 같은 차익거래가 가능하며, 현재시점의 차익거래이익 ₩40은 최초 L기업 가치와 U기업 가치의 차액인 ₩200($V_L - V_U$ = ₩1,800 - ₩1,600)에 지분율 20%를 곱한 금액과 동일하다.

차익거래전략	현재시점 현금흐름	미래 매년 기대투자수익
L주식 20% 처분	₩800 × 0.2 = ₩160	-(₩400 - ₩1,000 × 0.1) × 0.2 = -₩400 × 0.2 + ₩1,000 × 0.1 × 0.2
U주식 20% 매입 + 개인차입(₩1,000 × 0.2)	-₩1,600 × 0.2 = -₩320 ₩1,000 × 0.2 = ₩200	₩400 × 0.2 - ₩1,000 × 0.2 × 0.1
합계(차익거래이익)	₩40	₩0

① $V_L > V_U$인 경우에 L기업 주식을 보유한 모든 투자자들은 이러한 차익거래를 실행할 것이다. 이에 따라 L기업 주식은 공급의 증가로 가격이 하락하고 U기업 주식은 수요의 증가로 가격이 상승할 것이므로 결과적으로 균형상태에서는 $V_L = V_U$가 성립하게 된다.

② 이러한 차익거래과정에서 개인의 직접차입에 기업과 동일한 이자율이 적용된다면 투자자가 L기업 주식을 보유하면서 기업의 차입을 통해 간접적으로 부담하던 재무레버리지가 개인의 직접차입을 통한 재무레버리지로 완전하게 전환되므로 기업을 통한 간접차입의 효과와 개인의 직접차입의 효과에 차이가 없기 때문에 무부채기업의 가치와 부채사용기업의 가치에 차이가 발생할 이유가 없다는 것이 MM의 주장이다.

한편, 위의 예에서 차익거래이익을 미래에 매년 발생되는 기대투자수익으로 분석한다면 다음과 같은 두 가지 방법을 생각할 수 있다.

① 차익거래이익을 대출하는 방법: 현재시점의 차익거래이익 ₩40을 대출(차입금액을 축소)하는 경우에 미래에 매년 발생되는 차익거래이익은 ₩4(₩40 × 10%)이다.

차익거래전략	현재시점 현금흐름		미래 매년 기대투자수익
L주식 20% 처분	₩800 × 0.2 =	₩160	-(₩400 - ₩1,000 × 0.1) × 0.2 = -₩400 × 0.2 + ₩1,000 × 0.1 × 0.2
U주식 20% 매입 + 개인차입	-₩1,600 × 0.2 = ₩200 - ₩40 =	-₩320 ₩160	₩400 × 0.2 - ₩160 × 0.1
합계(차익거래이익)		₩0	₩40 × 0.1 = ₩4

② 차익거래이익을 과소평가된 주식에 추가로 투자하는 방법: 현재시점의 차익거래이익 ₩40으로 과소평가된 U기업 주식을 추가로 매입하는 경우에 추가로 매입하는 지분율은 2.5%(₩40 ÷ ₩1,600)이고, 이에 따라 미래에 매년 기대되는 차익거래이익은 ₩10(₩400 × 2.5%)이다.

차익거래전략	현재시점 현금흐름		미래 매년 기대투자수익
L주식 20% 처분	₩800 × 0.2 =	₩160	-(₩400 - ₩1,000 × 0.1) × 0.2 = -₩400 × 0.2 + ₩1,000 × 0.1 × 0.2
U주식 22.5% 매입 + 개인차입(₩1,000 × 0.2)	-₩1,600 × 0.225 = ₩1,000 × 0.2 =	-₩360 ₩200	₩400 × 0.225 - ₩1,000 × 0.2 × 0.1
합계(차익거래이익)		₩0	₩400 × 0.025 = ₩10

여기서 한 가지 주의할 점은 어떠한 차익거래방법을 이용하느냐와 무관하게 발생되는 차익거래이익의 현재가치는 다음과 같이 모두 ₩40으로 동일하다는 것이다.

① 차익거래이익을 대출하는 방법의 경우에 미래에 매년 발생되는 차익거래이익 ₩4는 대출(차입)에 따라 발생하는 현금흐름(이자)이므로 차익거래이익의 현재가치 계산 시 적용될 할인율은 10%(k_d)이다. 따라서 차익거래이익의 현재가치는 ₩40(₩4 ÷ 10%)이다.

② 차익거래이익을 과소평가된 주식에 추가로 투자하는 방법의 경우에 미래에 매년 발생되는 차익거래이익 ₩10은 U기업 주주의 현금흐름이므로 차익거래이익의 현재가치 계산 시 적용될 할인율은 U기업 주주의 요구수익률이다. 이러한 U기업 주주의 요구수익률인 U기업의 자본비용은 25%($\rho = EBIT \div V_U = ₩400 \div ₩1,600$)이므로 차익거래이익의 현재가치는 ₩40(₩10 ÷ 25%)이다.

2) 무부채기업의 가치[V_U] > 부채사용기업의 가치[V_L]인 경우

위의 사례에서 무부채기업 U의 기업가치는 ₩1,600이고 부채사용기업 L의 기업가치는 ₩1,500(부채사용액 ₩1,000)이라면, $V_U > V_L$이므로 U기업의 가치가 상대적으로 과대평가, L기업의 가치가 상대적으로 과소평가된 상황이다. 이러한 상황에서 과대평가된 U기업 주식의 20%를 보유하고 있는 투자자는 다음과 같은 차익거래가 가능하며, 현재시점의 차익거래이익 ₩20은 최초 U기업 가치와 L기업 가치의 차액인 ₩100($V_U - V_L = ₩1,600 - ₩1,500$)에 지분율 20%를 곱한 금액과 동일하다.

차익거래전략	현재시점 현금흐름		미래 매년 기대투자수익
U주식 20% 처분	₩1,600 × 0.2 =	₩320	-₩400 × 0.2
L주식 20% 매입	-₩500 × 0.2 =	-₩100	(₩400 - ₩1,000 × 0.1) × 0.2 = ₩400 × 0.2 - ₩1,000 × 0.1 × 0.2
+ 개인대출(₩1,000 × 0.2)	-₩1,000 × 0.2 =	-₩200	₩1,000 × 0.2 × 0.1
합계(차익거래이익)		₩20	₩0

① $V_U > V_L$인 경우에 U기업 주식을 보유한 모든 투자자들은 이러한 차익거래를 실행할 것이다. 이에 따라 U기업 주식은 공급의 증가로 가격이 하락하고 L기업 주식은 수요의 증가로 가격이 상승할 것이므로 결과적으로 균형상태에서는 $V_U = V_L$이 성립하게 된다.

② 이와 같은 차익거래과정에서 개인의 직접대출에 기업과 동일한 이자율이 적용된다면 투자자가 L기업 주식을 매입하는 경우에 기업의 차입을 통해 간접적으로 부담하게 되는 재무레버리지가 개인의 직접대출을 통해 완전하게 상쇄되므로 무부채기업의 가치와 부채사용기업의 가치에 차이가 발생할 이유가 없다는 것이 MM의 주장이다.

02 제2명제

> 부채사용기업의 자기자본비용은 무부채기업의 자본비용(ρ)에 부채사용정도(B/S)와 비례하여 증가하는 재무위험에 대한 위험프리미엄을 가산한 값이다. 따라서 부채의 사용이 증가할수록 자기자본비용은 상승하며, 이는 타인자본비용의 저렴효과를 완전히 상쇄하므로 가중평균자본비용은 자본구조와 관계없이 일정하다.

(1) β_U와 β_L간의 관계

법인세가 존재하지 않는 경우에 무부채기업 주주의 위험인 영업위험(β_U)과 부채사용기업 주주의 위험(β_L) 간의 관계에 대해 살펴보면 다음과 같다.

① 자기자본만으로 구성된 무부채기업의 가치(V_U)는 자기자본가치(S_U)와 동일하며, 무부채기업의 경우에 자산의 위험을 모두 주주가 부담하게 되므로 무부채기업의 자산베타(β_A)는 자기자본베타(β_U)와 동일하다.

② 부채사용기업의 가치(V_L)는 부채가치(B)와 자기자본가치(S_L)의 합과 동일하며, 부채사용기업의 자산은 부채와 자기자본으로 구성된 포트폴리오로 해석할 수 있으므로, 부채사용기업의 자산베타(β_A)는 채권자의 체계적위험인 부채베타(β_d)와 주주의 체계적위험인 자기자본베타(β_L)의 가중평균으로 계산할 수 있다.

③ 법인세가 존재하지 않는 상황에서 무부채기업과 부채사용기업이 자본구조만 상이하고 다른 모든 조건이 동일한 기업인 경우에는 각 기업의 자산베타는 동일할 것이므로 β_U와 β_L 간의 관계식은 다음과 같이 나타낼 수 있다.

$$V_U = S_U \qquad \rightarrow \qquad \beta_A = \beta_U$$

$$V_L = B + S_L \qquad \rightarrow \qquad \beta_A = \beta_d \times \frac{B}{B+S} + \beta_L \times \frac{S}{B+S}$$

$$V_L = V_U \qquad \rightarrow \qquad \beta_A = \beta_U = \beta_d \times \frac{B}{B+S} + \beta_L \times \frac{S}{B+S}$$

$$\beta_L = \beta_U + (\beta_U - \beta_d)\frac{B}{S}$$

즉, 부채사용기업 주주의 위험(β_L)은 영업위험(β_U)과 재무위험$[(\beta_U - \beta_d)\frac{B}{S}]$의 합으로 구성되며, 부채비율이 증가할수록 재무위험이 증가해서 부채사용기업 주주의 위험이 증가하게 된다.

(2) 자기자본비용

무부채기업의 가치와 부채사용기업의 가치는 다음과 같이 각 기업의 현금흐름을 각 기업의 (가중평균)자본비용으로 할인하여 계산할 수 있는데, 제1명제에 따르면 균형상태에서는 자본구조와 무관하게 무부채기업과 부채사용기업의 기업가치가 동일($V_U = V_L$)하므로 무부채기업의 자본비용과 부채사용기업의 가중평균자본비용도 동일하며, 이에 따라 무부채기업의 자본비용과 부채사용기업의 자기자본비용 간에는 다음과 같은 관계를 확인할 수 있다.

$$V_U = \frac{EBIT}{\rho}$$

$$V_L = \frac{EBIT}{k_0 = k_d \frac{B}{B+S} + k_e \frac{S}{B+S}}$$

$$V_L = V_U \qquad \rightarrow \qquad \rho = k_0 = k_d \frac{B}{B+S} + k_e \frac{S}{B+S}$$

$$k_e = \rho + (\rho - k_d)\frac{B}{S}$$

CAPM의 성립을 가정하고, 법인세가 없는 경우 β_U와 β_L 간의 관계식을 이용해서 이러한 자기자본비용에 대한 추가적인 사항을 살펴보면 다음과 같다.

① 무부채기업의 주주는 영업위험만을 부담하므로 무부채기업의 자본비용은 무위험이자율에 영업위험에 대한 위험프리미엄을 가산한 값이다.

② 부채사용기업의 주주는 영업위험 외에 부채사용에 따른 재무위험도 부담하므로 부채사용기업의 자기자본비용은 무부채기업의 자본비용에 추가로 재무위험에 대한 위험프리미엄을 가산하여 결정된다.

$$\rho = R_f + [E(R_m) - R_f] \times \beta_U = R_f + \text{영업위험프리미엄}$$

$$k_e = R_f + [E(R_m) - R_f] \times \beta_L = R_f + [E(R_m) - R_f] \times [\beta_U + (\beta_U - \beta_d)\frac{B}{S}]$$

$$= R_f + [E(R_m) - R_f] \times \beta_U + [E(R_m) - R_f] \times (\beta_U - \beta_d)\frac{B}{S}$$

$$= R_f + \text{영업위험프리미엄} + \text{재무위험프리미엄}$$

$$= \rho + \text{재무위험프리미엄} = \rho + (\rho - k_d)\frac{B}{S}$$

(3) 가중평균자본비용

부채의 사용이 증가하는 경우 타인자본비용의 저렴효과로 인해 가중평균자본비용이 하락하지만, 주주의 재무위험이 증가하므로 주주가 요구하는 재무위험에 대한 위험프리미엄도 증가하여 자기자본비용도 부채비율($\frac{B}{S}$)의 증가에 따라 선형으로 상승한다. 따라서 부채사용정도와는 무관하게 가중평균자본비용은 무부채기업의 자본비용과 동일하게 유지되는데, 그 이유는 재무위험 증가에 따른 자본비용의 상승효과가 타인자본비용의 저렴효과를 완전히 상쇄하기 때문이다.

MM의 무관련이론

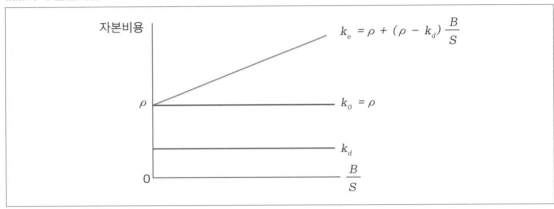

03 제3명제

> 신규투자안에 대한 거부율(cut-off rate, 절사율 또는 장애율이라고도 함.)은 해당 투자안의 영업위험만 반영된 할인율(ρ)이며, 이는 자본조달방법과는 무관하게 결정된다.

기업이 신규투자안을 채택하기 위해서는 투자안의 수익률이 가중평균자본비용보다는 같거나 커야 하는데 법인세가 존재하지 않는 MM의 무관련이론에서는 가중평균자본비용(k_0)이 자본구조와는 관계없이 영업위험만 반영된 자본비용(ρ)과 동일하므로 신규투자안에 대한 거부율은 영업위험만 반영된 자본비용(ρ)이라는 것이다.

제5절 MM의 수정이론

MM의 무관련이론은 세금이나 거래비용 등이 없는 완전자본시장을 가정한 이론이다. 그러나 현실의 자본시장에는 세금, 파산비용, 대리비용, 정보비대칭 등 자본시장을 불완전하게 만드는 많은 요인들이 존재하는데, MM의 수정이론은 이러한 요인들 중에서 법인세의 존재를 고려한 이론이다.

01 제1명제

> 부채사용기업의 가치는 무부채기업의 가치보다 부채사용에 따라 발생하는 이자비용 감세효과의 현재가치만큼 더 크다. 따라서 부채를 많이 사용할수록 기업가치는 증가한다.

(1) 제1명제의 내용

법인세를 고려하는 경우 부채사용기업은 무부채기업에 비해 매년 이자비용의 감세효과만큼 법인세유출액이 감소하므로, 이러한 이자비용 감세효과의 현재가치만큼 부채사용기업의 가치가 무부채기업의 가치보다 더 크다. 또한, 이자비용 감세효과의 변동위험은 채권자현금흐름의 변동위험과 동일하므로 현재가치 계산 시 적용될 할인율은 타인자본비용이며, 따라서 이자비용 감세효과의 현재가치는 $B \times t$ 와 같다.

$$\text{이자비용 감세효과의 현재가치} = \frac{I \times t}{k_d} = \frac{k_d \times B \times t}{k_d} = B \times t$$

$$\therefore \ V_L = V_U + B \times t$$

결국 법인세를 고려하는 경우 부채를 많이 사용할수록 기업가치는 증가한다는 것이 수정된 MM이론의 제1명제이다.

(2) 제1명제의 증명

MM의 무관련이론에서 살펴본 바와 같이 다음과 같은 사례를 이용해서 MM 제1명제의 증명과정을 살펴보기로 한다.

━┫ **사례** ┣━

법인세율이 40%인 상황에서 자본구조를 제외하고 모든 점이 동일한 무부채기업 U와 부채사용기업 L은 ₩400의 영업이익이 영구히 발생할 것으로 예상되는 기업이다. 무부채기업 U의 기업가치는 ₩1,600이고, ₩1,000의 부채를 사용하고 있는 부채사용기업 L의 기업가치는 ₩2,200으로 평가되고 있으며, 개인과 기업은 모두 동일한 10%의 이자율로 얼마든지 차입하거나 대출할 수 있다고 가정한다.

무부채기업(U)		부채사용기업(L)	
기업가치(V_U)	자기자본가치(S_U)	기업가치(V_L)	타인자본가치(B)
			₩1,000
			자기자본가치(S_L)
₩1,600	₩1,600	₩2,200	₩1,200

위의 사례는 V_L = ₩2,200 > $V_U + B \times t$ = ₩1,600 + ₩1,000×0.4 = ₩2,000이므로 L기업의 가치가 상대적으로 과대평가, U기업의 가치가 상대적으로 과소평가된 상황이다. 이러한 상황에서 과대평가된 L기업의 주식을 20%만큼 보유하고 있는 투자자는 다음과 같은 차익거래가 가능하며, 현재시점의 차익거래이익 ₩40은 V_L과 $V_U + B \times t$의 차액인 ₩200에 지분율 20%를 곱한 금액과 동일하다.

차익거래전략	현재시점 현금흐름	미래 매년 기대투자수익
L주식 20% 처분	₩1,200 × 0.2 = ₩240	-(₩400 - ₩1,000 × 0.1) × (1 - 0.4) × 0.2 = -₩400 × (1 - 0.4) × 0.2 + ₩1,000 × 0.1 × (1 - 0.4) × 0.2
U주식 20% 매입	-₩1,600 × 0.2 = -₩320	₩400 × (1 - 0.4) × 0.2
+ 개인차입[₩1,000 × (1 - 0.4) × 0.2]	₩1,000 × (1 - 0.4) × 0.2 = ₩120	- ₩1,000 × (1 - 0.4) × 0.2 × 0.1
합계(차익거래이익)	₩40	₩0

이러한 차익거래과정에서 상대적으로 과소평가된 기업의 주식에 대한 초과수요와 과대평가된 기업의 주식에 대한 초과공급이 발생하므로 과소평가된 기업의 가치는 상승하고 과대평가된 기업의 가치는 하락하여 $V_L = V_U + B \times t$인 점에서 균형이 성립하게 된다.

02 제2명제

> 부채의 사용이 증가할수록 자기자본비용은 상승하지만, 타인자본비용의 저렴효과를 완전히 상쇄하지 못한다. 따라서 가중평균자본비용은 부채의 사용이 증가할수록 하락한다.

[1] β_U와 β_L 간의 관계

법인세가 존재하는 경우에 무부채기업 주주의 위험인 영업위험(β_U)과 부채사용기업 주주의 위험(β_L) 간의 관계에 대해 살펴보면 다음과 같다.

① 법인세가 있는 MM이론의 성립을 가정하는 경우에 부채사용기업의 가치(V_L)는 무부채로 운영되는 경우의 기업가치(V_U)와 이자비용 감세효과의 현재가치($B \times t$)의 합과 동일하며, 부채사용기업의 자산베타(β_A)는 영업위험(β_U)과 부채베타(β_d)의 가중평균이다.

② 법인세의 존재와 무관하게 부채사용기업의 가치(V_L)는 부채가치(B)와 자기자본가치(S_L)의 합과 동일하며, 이러한 부채사용기업의 자산베타(β_A)는 부채베타(β_d)와 자기자본베타(β_L)의 가중평균이다.

③ ①과 ②에 제시된 자산베타는 동일기업의 자산베타이므로 β_U와 β_L 간의 관계식은 다음과 같이 나타낼 수 있다.

$$V_L = V_U + B \times t \quad \rightarrow \quad \beta_A = \beta_U \times \frac{V_U}{V_L} + \beta_d \times \frac{B \times t}{V_L}$$

$$V_L = B + S_L \quad \rightarrow \quad \beta_A = \beta_d \times \frac{B}{B+S} + \beta_L \times \frac{S}{B+S}$$

$$\beta_A = \beta_U \times \frac{V_U}{V_L} + \beta_d \times \frac{B \times t}{V_L} = \beta_d \times \frac{B}{V_L} + \beta_L \times \frac{S}{V_L}$$

$$\beta_L = \beta_U + (\beta_U - \beta_d)(1-t)\frac{B}{S}$$

즉, 부채사용기업 주주의 위험(β_L)은 영업위험(β_U)과 재무위험[$(\beta_U - \beta_d)(1-t)\frac{B}{S}$]의 합으로 구성되며, 부채비율이 증가할수록 재무위험이 증가해서 부채사용기업 주주의 위험이 증가하게 된다. 다만, 법인세가 있는 경우에는 이자비용의 감세효과로 인해서 부채사용기업 주주의 위험이 법인세가 없는 경우에 비해서 덜 증가하게 된다.

$$\text{법인세를 고려하지 않는 경우: } \beta_L = \beta_U + (\beta_U - \beta_d)\frac{B}{S}$$

$$\text{법인세를 고려하는 경우: } \beta_L = \beta_U + (\beta_U - \beta_d)(1-t)\frac{B}{S}$$

한편, 무위험부채($\beta_d = 0$)를 가정하는 경우에 β_U와 β_L 간의 관계는 다음과 같이 나타낼 수 있는데, 이를 하마다모형(Hamada model)이라고 한다. 즉, 하마다모형은 CAPM과 MM이론이 성립하고 부채가 무위험부채라는 가정하에 재무레버리지와 주식베타 간의 관계를 나타내는 식이다.

$$\text{하마다모형: } \beta_L = \beta_U + (\beta_U - 0)(1-t)\frac{B}{S} = \beta_U[1 + (1-t)\frac{B}{S}]$$

(2) 자기자본비용

법인세가 존재하는 경우에 무부채기업의 자본비용과 부채사용기업의 자기자본비용 간에는 다음과 같은 관계가 있다.

$$k_e = \frac{NI}{S_L} = \frac{(EBIT-I) \times (1-t)}{S_L} = \frac{EBIT \times (1-t) - k_d \times B \times (1-t)}{S_L}$$

$$= \frac{V_U \times \rho - k_d \times B \times (1-t)}{S_L} \qquad (\because V_U = \frac{EBIT \times (1-t)}{\rho})$$

$$= \frac{(V_L - B \times t) \times \rho - k_d \times B \times (1-t)}{S_L} \qquad (\because V_L = V_U + B \times t)$$

$$= \frac{(S_L + B - B \times t) \times \rho - k_d \times B \times (1-t)}{S_L} \qquad (\because V_L = S_L + B)$$

$$= \frac{S_L}{S_L} \times \rho + \frac{B}{S_L} \times (1-t) \times \rho - \frac{B}{S_L} \times k_d \times (1-t)$$

$$= \rho + (\rho - k_d)(1-t)\frac{B}{S_L}$$

$$k_e = \rho + (\rho - k_d)(1-t)\frac{B}{S}$$

CAPM의 성립을 가정하고, 법인세가 있는 경우 β_U와 β_L 간의 관계식을 이용해서 이러한 자기자본비용에 대한 추가적인 사항을 살펴보면 다음과 같다.

① 무부채기업의 주주는 영업위험만을 부담하므로 무부채기업의 자본비용은 무위험이자율에 영업위험에 대한 위험프리미엄을 가산한 값이다.

② 부채사용기업의 주주는 영업위험 외에 부채사용에 따른 재무위험도 부담하므로 부채사용기업의 자기자본비용은 무부채기업의 자본비용에 추가로 재무위험에 대한 위험프리미엄을 가산하여 결정된다.

$$\rho = R_f + [E(R_m) - R_f] \times \beta_U = R_f + 영업위험프리미엄$$

$$k_e = R_f + [E(R_m) - R_f] \times \beta_L$$

$$= R_f + [E(R_m) - R_f] \times [\beta_U + (\beta_U - \beta_d)(1-t)\frac{B}{S}]$$

$$= R_f + [E(R_m) - R_f] \times \beta_U + [E(R_m) - R_f] \times (\beta_U - \beta_d)(1-t)\frac{B}{S}$$

$$= R_f + 영업위험프리미엄 + 재무위험프리미엄$$

$$= \rho + 재무위험프리미엄 = \rho + (\rho - k_d)(1-t)\frac{B}{S}$$

즉, 주주가 요구하는 재무위험에 대한 위험프리미엄이 부채비율의 증가에 따라 선형으로 증가하므로, 부채의 사용이 증가할수록 부채사용기업의 자기자본비용은 상승하지만 법인세를 고려하지 않은 경우의 자기자본비용과 비교해 볼 때 이자비용의 감세효과로 인해 자기자본비용이 덜 상승하게 된다.

$$\text{법인세를 고려하지 않는 경우: } k_e = \rho + (\rho - k_d)\frac{B}{S}$$

$$\text{법인세를 고려하는 경우: } k_e = \rho + (\rho - k_d)(1-t)\frac{B}{S}$$

(3) 가중평균자본비용

법인세가 존재하는 경우에 무부채기업의 자본비용과 부채사용기업의 가중평균자본비용 간에는 다음과 같은 관계가 있다.

$$k_0 = k_d(1-t)\frac{B}{V} + k_e\frac{S}{V} = k_d(1-t)\frac{B}{V} + \left[\rho + (\rho - k_d)(1-t)\frac{B}{S}\right]\frac{S}{V} = \rho\left(1 - t\frac{B}{V}\right)$$

$$k_0 = \rho\left(1 - t\frac{B}{V}\right)$$

즉, 법인세를 고려하지 않는 경우에는 타인자본비용의 저렴효과가 주주의 재무위험 증가효과에 의해 완전히 상쇄되어 가중평균자본비용이 자본구조와 무관하게 일정하지만, 법인세를 고려하는 경우에는 이자비용의 감세효과로 인해 주주의 재무위험 증가효과가 타인자본비용의 저렴효과를 완전히 상쇄할 만큼 크지 않기 때문에 부채사용이 증가하는 경우에 가중평균자본비용은 하락하고 기업가치는 증가하게 된다.

$$\text{법인세를 고려하지 않는 경우: } k_0 = \rho$$

$$\text{법인세를 고려하는 경우: } k_0 = \rho\left(1 - t\frac{B}{V}\right)$$

한편, 부채의존도($\frac{B}{V}$)가 증가함에 따라 부채사용기업의 가중평균자본비용은 감소하며, 부채 사용이 극대화되는 극한레버리지($\frac{B}{V} \to 1$)의 경우에 가중평균자본비용은 $\rho(1-t)$로 수렴하게 된다.

$$\operatorname*{Lim}_{\frac{B}{V} \to 1}\left[k_0 = \rho\left(1 - t\frac{B}{V}\right)\right] = \rho(1-t)$$

MM의 수정이론

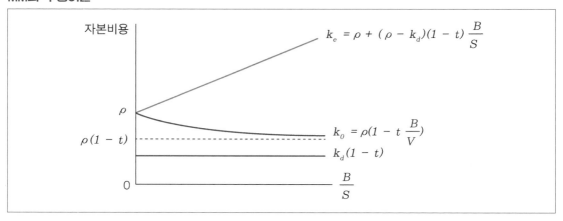

03 제3명제

신규투자안에 대한 거부율(cut-off rate)은 해당 투자안의 영업위험과 재무위험이 모두 반영된 할인율 $[k_0 = \rho(1 - t\frac{B}{V})]$이며, 이는 부채의 사용이 증가할수록 감소한다.

기업이 신규투자안을 채택하기 위해서는 투자안의 세후수익률이 가중평균자본비용보다는 같거나 커야 하는데, 법인세가 있는 MM의 수정이론에서는 부채사용기업의 신규투자안에 대한 의사결정 시 사용될 적절한 할인율이 부채사용의 효과가 반영된 가중평균자본비용, 즉 투자안의 영업위험과 재무위험이 모두 반영된 할인율이라는 것이다.

04 MM이론하에서의 자본구조변경

기업은 다음과 같은 수단을 이용하여 총자본규모의 변동 없이 자본구조, 즉 타인자본과 자기자본의 구성만을 변경시킬 수 있다.

부채비율 증가: 부채발행 + 자사주매입
부채비율 감소: 유상증자 + 부채상환

법인세를 고려하는 MM이론의 성립을 가정하는 경우에 부채사용기업의 가치와 무부채기업의 가치의 차이는 이자비용 감세효과의 현재가치인 $B \times t$이다. 따라서 총자본규모의 변동 없이 자본구조를 변경하는 경우 기업가치는 $\Delta B \times t$만큼 변동하게 된다.

(1) 부채발행을 통한 자본구조변경

부채발행을 통해 유입되는 자금으로 자사주를 매입하여 총자본규모의 변동 없이 부채비율만 증가하는 자본구조변경이 기업가치와 자본비용에 미치는 영향은 다음과 같다.

① 부채발행에 따라 추가적으로 발생될 이자비용 감세효과($\Delta I \times t$)의 현재가치인 레버리지이득의 증가분($\Delta B \times t$)만큼 기업가치는 증가하게 된다.

② 부채비율의 증가와 무관하게 영업위험은 변동이 없으나, 주주의 재무위험이 증가하므로 자기자본비용은 상승한다.

③ 타인자본비용은 부채사용정도와 무관하게 일정하게 유지되며, 추가적인 이자비용 감세효과의 발생으로 인해 자기자본비용 상승의 효과가 타인자본비용의 저렴효과 증가를 완전히 상쇄하지 못하므로 가중평균자본비용은 하락한다.

예제 2 ┃ MM이론하에서의 자본구조변경 - 부채비율 증가

무부채기업인 (주)파랑의 현재 발행주식수는 1,000주이며, (주)파랑 주식의 주당 시장가격은 ₩720이다. 매년 ₩300,000의 영업이익이 영구히 일정하게 발생될 것으로 예상되는 (주)파랑은 ₩200,000의 부채를 차입하여 조달되는 자금으로 자사주를 매입하여 총자본규모의 변동 없이 자본구조만 변경하고자 한다. 자사주매입은 매입시점의 시장가격으로 실시될 것이며, 관련 사항은 즉시 공시될 예정이다. (주)파랑의 차입이자율은 10%로 무위험이자율과 동일하고, 시장포트폴리오의 기대수익률은 20%이며, 법인세율은 40%이다. 준강형의 효율적 시장과 CAPM 및 MM이론의 성립을 가정한다.

물음1 무부채기업인 현재의 자본비용을 계산하시오.

물음2 (주)파랑의 영업위험(β_U)을 계산하시오.

물음3 자본구조변경 후의 기업가치를 계산하시오.

물음4 자본구조변경 후의 주주의 위험(β_L)을 계산하시오.

물음5 자본구조변경 후의 자기자본비용을 계산하시오.

물음6 자본구조변경 후의 가중평균자본비용을 계산하시오.

해답

물음1 무부채기업의 자본비용

$$V_U = 1,000주 \times ₩720 = ₩720,000$$

$$= \frac{EBIT \times (1-t)}{\rho} = \frac{₩300,000 \times (1-0.4)}{\rho}$$

$$\therefore \ \rho = 0.25$$

물음2 영업위험

$$\rho = 0.25 = R_f + [E(R_m) - R_f] \times \beta_U = 0.1 + (0.2 - 0.1) \times \beta_U$$

$$\therefore \ \beta_U = 1.5$$

물음3 부채사용기업의 기업가치

$$V_L = V_U + B \times t = ₩720,000 + ₩200,000 \times 0.4 = ₩800,000$$

물음4 부채사용기업 주주의 위험

$$\beta_L = \beta_U + (\beta_U - \beta_d)(1-t)\frac{B}{S} = 1.5 + (1.5 - 0) \times (1 - 0.4) \times \frac{20}{60} = 1.8$$

물음5 부채사용기업의 자기자본비용

$$k_e = R_f + [E(R_m) - R_f] \times \beta_L = 0.1 + (0.2 - 0.1) \times 1.8 = 0.28$$

$$= \rho + (\rho - k_d)(1-t)\frac{B}{S} = 0.25 + (0.25 - 0.1) \times (1 - 0.4) \times \frac{20}{60} = 0.28$$

$$= \frac{NI}{S_L} = \frac{(EBIT - I) \times (1-t)}{S_L} = \frac{(₩300,000 - ₩200,000 \times 0.1) \times (1 - 0.4)}{₩600,000} = 0.28$$

물음6 부채사용기업의 가중평균자본비용

$$k_0 = k_d(1-t)\frac{B}{V} + k_e\frac{S}{V} = 0.1 \times (1 - 0.4) \times \frac{20}{80} + 0.28 \times \frac{60}{80} = 0.225$$

$$= \rho(1 - t\frac{B}{V}) = 0.25 \times \left(1 - 0.4 \times \frac{20}{80}\right) = 0.225$$

$$= \frac{EBIT \times (1-t)}{V_L} = \frac{₩300,000 \times (1 - 0.4)}{₩800,000} = 0.225$$

준강형의 효율적 시장이란 자산과 관련된 공식적으로 이용가능한 모든 정보가 자산의 시장가격에 즉각적이고 충분하게 반영되는 시장, 즉 관련된 정보의 공시시점에 정보가 갖는 가치만큼 정확히 시장가격에 반영되는 시장을 말한다. 이와 같은 준강형의 효율적 시장을 가정하는 경우에 자본구조의 변경계획에 대한 공시가 이루어지면 기업가치의 변동이 시장가격에 즉각적이고 충분히 반영될 것이므로 해당기업 주식의 주가는 공시시점에서 즉시 변동하게 된다.

<예제 2>의 자료를 이용해서 자본구조변경에 따른 기업가치 변동이 시장가치에 반영되는 시점과 관련된 추가적인 사항들에 대해 살펴보면 다음과 같다.

① 자본구조변경 전 무부채기업의 시장가치로 표시되는 (주)파랑의 재무상태표는 다음과 같다.

자본구조변경 전 재무상태표

자산	₩720,000	자기자본	₩720,000 = 1,000주 × ₩720

② 실제 자본구조변경이 실행되기 이전에도 관련 내용이 공시되면 즉시 (주)파랑의 기업가치는 변동하게 된다. 공시 직후의 시장가치로 표시되는 (주)파랑의 재무상태표는 다음과 같다.

공시 직후 재무상태표

자산	₩800,000	자기자본	₩800,000 = 1,000주 × ₩800

③ 실제 자본구조가 변경되는 시점에 부채발행을 통해 조달되는 자금(₩200,000)으로 매입시점의 시장가격에 자사주를 매입한다면 매입가능한 주식수는 다음과 같다. 여기서 매입시점의 시장가격은 자본구조변경 전 주가(₩720)가 아니라 주당 레버리지 이득의 증가분 ₩80($\Delta B \times t \div$ 발행주식수 = ₩80,000 ÷ 1,000주)이 반영된 공시 직후의 주가(₩800)임에 유의하기 바란다.

> 공시직후 주가: ₩800,000 ÷ 1,000주 = ₩800
>
> 매입주식수: ₩200,000 ÷ ₩800 = 250주

④ 자본구조변경이 완료된 후의 잔여발행주식수와 주가는 다음과 같이 계산되는데, 자사주매입이 매입시점의 시장가격으로 이루어지는 경우에는 자사주매입 전·후의 주가는 변동하지 않음을 확인할 수 있다.

> 잔여발행주식수: 1,000주 - 250주 = 750주
>
> 주가: ₩600,000 ÷ 750주 = ₩800

자본구조변경 후 재무상태표

자산	₩800,000	부채	₩200,000
		자기자본	₩600,000 = 750주 × ₩800

[2] 유상증자를 통한 자본구조의 변경

유상증자를 통해 유입되는 자금으로 기존부채를 상환하여 총자본규모의 변동 없이 부채비율만 감소하는 자본구조변경이 기업가치와 자본비용에 미치는 영향은 다음과 같다.

① 부채상환에 따라 축소될 이자비용 감세효과($\Delta I \times t$)의 현재가치인 레버리지이득의 감소분($\Delta B \times t$)만큼 기업가치는 감소하게 된다.

② 부채비율의 감소와 무관하게 영업위험은 변동이 없으나, 주주의 재무위험이 감소하므로 자기자본비용은 하락한다.

③ 타인자본비용은 부채사용정도와 무관하게 일정하게 유지되며, 이자비용의 감세효과가 감소됨에 따라 자기자본비용 하락의 효과가 타인자본비용의 저렴효과 감소를 완전히 상쇄하지 못하므로 가중평균자본비용은 상승한다.

05 MM이론과 관련된 기타 주제

[1] 법인세율의 변동

MM의 수정이론이 성립함을 가정할 때 법인세율의 상승이 기업가치와 자본비용에 미치는 영향에 대해서 살펴보면 다음과 같다.

① 법인세율이 상승하는 경우 부채사용기업의 레버리지이득은 증가할 수 있으나, 법인세유출액의 증가로 인해 원천적인 기업의 현금흐름이 감소하므로 기업가치는 감소한다.

② $k_0 = \rho(1-t\frac{B}{V})$에서 법인세율 상승과 더불어 이로 인한 기업가치의 감소에 따라 가중평균자본비용은 하락한다.

③ $k_e = \rho+(\rho-k_d)(1-t)\frac{B}{S}$에서 법인세율 상승 시 $(1-t)$가 감소함에 따른 자기자본비용의 하락효과와 기업가치(자기자본가치) 감소로 인해 부채비율($\frac{B}{S}$)이 증가함에 따른 자기자본비용의 상승효과가 정확히 상쇄되므로 다른 조건이 동일하게 유지되는 경우에 법인세율의 변동과 무관하게 자기자본비용은 일정하게 된다.

MM이론과 법인세율의 변동

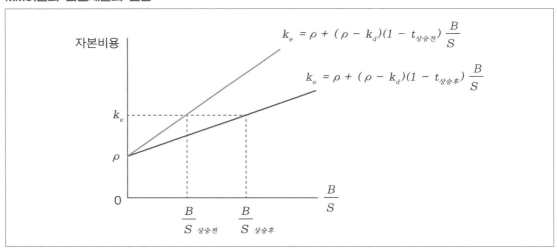

(2) 차익거래 시 개인의 최대부담 가능한 이자율

MM이론에서는 개인도 기업과 동일한 이자율로 차입 또는 대출을 할 수 있다고 가정하였으나, 현실의 자본시장에서는 기업에 적용되는 이자율과 개인에 적용되는 이자율은 상이하다. 따라서 여기서는 법인세를 고려한 경우의 차익거래과정에서 개인의 최대부담 가능한 이자율을 살펴보기로 한다. 이를 위해 앞에서 살펴본 차익거래 관련 사례에서의 불균형상황을 요약하면 다음과 같다.

∥ 사례 ∥

법인세율: 40%, 기대영업이익: ₩400

L기업의 주식을 20%만큼 보유하고 있는 투자자의 차익거래

무부채기업(U)		부채사용기업(L)	
기업가치(V_U)	자기자본가치(S_U)	기업가치(V_L)	타인자본가치(B)
			₩1,000
₩1,600	₩1,600	₩2,200	자기자본가치(S_L)
			₩1,200

차익거래가 가능하기 위해서는 현재시점에서의 차익거래이익이 ₩0보다 크거나 같아야 하므로 개인 차입 시 부담가능한 최대이자율(R)은 다음과 같이 15%로 계산된다.

차익거래전략	현재시점 현금흐름	미래 매년 기대투자수익
L주식 20% 처분	₩1,200 × 0.2 = ₩240	- (₩400 - ₩1,000 × 0.1) × (1 - 0.4) × 0.2 = - ₩400 × (1 - 0.4) × 0.2 + ₩1,000 × 0.1 × (1 - 0.4) × 0.2
U주식 20% 매입 +개인차입	-₩1,600 × 0.2 = -₩320 + 차입액	₩400 × (1 - 0.4) × 0.2 - ₩1,000 × (1 - 0.4) × 0.2 × 0.1
합계(차익거래이익)	차입액 - ₩80	₩0

$$차입액 - ₩80 = \frac{₩1,000 \times (1-0.4) \times 0.2 \times 0.1}{R} - ₩80 \geq 0$$

$$\therefore R \leq \frac{₩1,000 \times (1-0.4) \times 0.2 \times 0.1 = ₩12}{₩80} = 0.15$$

06 MM이론의 문제점

MM의 자본구조이론은 비현실적인 완전자본시장을 가정하여 전개된 이론이므로 다음과 같은 문제점이 있다.

① MM은 차익거래의 논리를 통해 균형상태하에서의 기업가치에 대한 논의를 전개하고 있으나, 자본시장의 불완전성을 고려하는 경우 현실의 자본시장에서는 차익거래가 활발하지 못할 수 있다.

② 개인소득세의 존재와 파산비용, 대리비용, 정보비대칭 등 시장의 불완전요인들을 고려하지 못하고 있다.

③ MM은 기업의 레버리지를 개인의 레버리지로 완벽하게 대체할 수 있다고 가정했다. 즉, 개인도 기업과 동일한 이자율로 차입 또는 대출을 할 수 있다고 가정했으나, 현실의 자본시장에서는 개인에게 적용되는 이자율과 기업에 적용되는 이자율은 동일하지 않다.

07 법인세를 고려한 부채사용기업의 가치평가

법인세가 있는 MM이론의 성립을 가정하는 경우에 부채사용기업의 가치를 평가하는 방법에는 다음과 같은 3가지가 있다.

① 부채사용기업의 기업잉여현금흐름을 가중평균자본비용으로 할인하여 기업가치를 계산하는 방법이다. 이 방법은 <제7장 부채사용 투자안의 가치평가>에서 살펴볼 가중평균자본비용법과 동일한 개념이다.

$$V_L = \frac{EBIT \times (1-t) + I \times t}{k_0} \qquad k_0 = k_d \frac{B}{V} + k_e \frac{S}{V}$$

$$\text{또는 } \quad V_L = \frac{EBIT \times (1-t)}{k_0} \qquad k_0 = k_d(1-t)\frac{B}{V} + k_e\frac{S}{V} = \rho(1-t\frac{B}{V})$$

② 부채사용기업이 자기자본만으로 운영되는 무부채기업인 경우를 가정하여 기업가치를 계산한 후에 부채사용효과의 현재가치를 가산하는 방법이다. 여기서 자기자본만으로 운영되는 경우의 기업가치는 기업잉여현금흐름을 영업위험만 반영된 자본비용을 이용하여 할인한 현재가치로 계산한다. 이 방법은 <제7장 부채사용 투자안의 가치평가>에서 살펴볼 조정현재가치법과 동일한 개념이다.

$$V_L = \frac{EBIT \times (1-t)}{\rho} + \frac{I \times t}{k_d} \qquad \rho = R_f + [E(R_m) - R_f] \times \beta_U$$

$$= V_U + B \times t$$

③ 부채사용기업의 부채의 가치와 자기자본의 가치를 합산하여 계산하는 방법이다. 여기서 부채의 가치는 채권자의 현금흐름을 채권자의 요구수익률인 타인자본비용을 이용하여 할인한 현재가치로 계산하고, 자기자본의 가치는 주주의 현금흐름을 주주의 요구수익률인 자기자본비용을 이용하여 할인한 현재가치로 계산한다. 이 방법은 <제7장 부채사용 투자안의 가치평가>에서 살펴볼 주주현금흐름법과 동일한 개념이다.

$$V_L = \frac{I}{k_d} + \frac{NI}{k_e} \qquad k_e = R_f + [E(R_m) - R_f] \times \beta_L$$

$$= B + S_L \qquad\qquad = \rho + (\rho - k_d)(1-t)\frac{B}{S}$$

부채사용기업의 가치평가

무위험 영구부채를 사용하고 있는 (주)파랑은 교육서비스업을 영위하고 있으며 매년 말 ₩1,000의 영업이익이 영구히 발생할 것으로 예상되는 기업이다. (주)파랑의 영업활동에서의 수익률과 시장포트폴리오 수익률 간의 공분산은 0.045이고, 무위험이자율은 10%, 시장포트폴리오의 기대수익률과 표준편차는 각각 20%, 30%이다. CAPM과 법인세가 있는 경우의 MM이론이 성립하고, 법인세율은 40%라고 가정한다.

물음1 (주)파랑의 목표부채비율($\frac{B}{S}$)이 100%인 경우를 가정한다. (주)파랑의 기업잉여현금흐름과 동 현금흐름의 평가에 적용될 적절한 할인율을 계산하여 (주)파랑의 기업가치를 계산하시오.

물음2 (주)파랑이 ₩2,500의 부채를 사용하고 있으며, 동 부채의 시장가치가 장부금액과 동일하다고 가정한다. (주)파랑이 무부채기업인 경우의 기업가치와 부채사용에 따른 추가적인 효과를 계산하여 (주)파랑의 기업가치를 계산하시오.

물음3 (주)파랑의 목표부채비율($\frac{B}{S}$)이 100%이며 이를 달성하기 위해 현재 ₩2,500(장부금액 = 시장가치)의 부채를 사용하고 있다고 가정한다. (주)파랑의 주주잉여현금흐름과 동 현금흐름의 평가에 적용될 적절한 할인율을 계산하여 (주)파랑의 자기자본의 가치를 계산하고, 부채가치를 가산하여 (주)파랑의 기업가치를 계산하시오.

해답

물음1 기업잉여현금흐름을 가중평균자본비용으로 할인

기업잉여현금흐름 $= EBIT \times (1-t) = ₩1,000 \times (1-0.4) = ₩600$

$$\beta_U = \frac{\sigma_{im}}{\sigma_m^2} = \frac{0.045}{0.3^2} = 0.5$$

$$\rho = R_f + [E(R_m) - R_f] \times \beta_U = 0.1 + (0.2 - 0.1) \times 0.5 = 0.15$$

$$\beta_L = \beta_U + (\beta_U - \beta_d)(1-t)\frac{B}{S} = 0.5 + (0.5 - 0) \times (1-0.4) \times 1 = 0.8$$

$$k_e = R_f + [E(R_m) - R_f] \times \beta_L = 0.1 + (0.2 - 0.1) \times 0.8$$

$$\quad = \rho + (\rho - k_d)(1-t)\frac{B}{S} = 0.15 + (0.15 - 0.1) \times (1-0.4) \times 1 = 0.18$$

$$k_0 = \rho(1 - t\frac{B}{V}) = 0.15 \times (1 - 0.4 \times 0.5)$$

$$\quad = k_d(1-t)\frac{B}{V} + k_e\frac{S}{V} = 0.1 \times (1-0.4) \times 0.5 + 0.18 \times 0.5 = 0.12$$

$$V_L = \frac{EBIT \times (1-t)}{k_0} = \frac{₩600}{0.12} = ₩5,000$$

물음2 무부채기업인 경우의 기업가치에 부채사용효과의 현재가치를 가산

기업잉여현금흐름$= EBIT \times (1-t) = ₩1,000 \times (1-0.4) = ₩600$

$$\beta_U = \frac{\sigma_{im}}{\sigma_m^2} = \frac{0.045}{0.3^2} = 0.5$$

$$\rho = R_f + [E(R_m) - R_f] \times \beta_U = 0.1 + (0.2 - 0.1) \times 0.5 = 0.15$$

$$V_U = \frac{EBIT \times (1-t)}{\rho} = \frac{₩600}{0.15} = ₩4,000$$

$$V_L = V_U + B \times t = ₩4,000 + ₩2,500 \times 0.4 = ₩5,000$$

물음3 부채의 가치와 자기자본의 가치를 합산

주주잉여현금흐름$= (EBIT - I) \times (1-t) = (₩1,000 - ₩2,500 \times 0.1) \times (1-0.4) = ₩450$

$$\beta_U = \frac{\sigma_{im}}{\sigma_m^2} = \frac{0.045}{0.3^2} = 0.5$$

$$\rho = R_f + [E(R_m) - R_f] \times \beta_U = 0.1 + (0.2 - 0.1) \times 0.5 = 0.15$$

$$\beta_L = \beta_U + (\beta_U - \beta_d)(1-t)\frac{B}{S} = 0.5 + (0.5 - 0) \times (1-0.4) \times 1 = 0.8$$

$$k_e = R_f + [E(R_m) - R_f] \times \beta_L = 0.1 + (0.2 - 0.1) \times 0.8$$

$$\quad = \rho + (\rho - k_d)(1-t)\frac{B}{S} = 0.15 + (0.15 - 0.1) \times (1-0.4) \times 1 = 0.18$$

$$S_L = \frac{(EBIT - I) \times (1-t)}{k_e} = \frac{₩450}{0.18} = ₩2,500$$

$$V_L = B + S_L = ₩2,500 + ₩2,500 = ₩5,000$$

제6절 개인소득세를 고려한 자본구조이론

MM의 무관련이론은 완전자본시장을 가정하고 있으며, MM의 수정이론도 자본시장의 불완전요인 중에서 법인세의 존재만을 고려하고 있다. 따라서 MM이론 이후에는 MM이론이 비현실적인 가정에 기초하고 있다는 비판이 제기되면서, 개인소득세, 파산비용, 대리비용, 정보비대칭 등 자본시장의 불완전요인을 고려한 자본구조이론이 등장하게 되었다. 본 절에서는 개인소득세를 고려한 자본구조이론에 대해서 살펴보고 기타 자본시장의 불완전요인을 고려한 자본구조이론에 대해서는 다음 절에서 살펴보기로 한다.

01 개인소득세와 최적자본구조

(1) 개인소득세와 기업가치

개인소득세는 주주의 주식투자소득에 대해 과세하는 주식소득세율(t_e)과 채권자의 이자소득에 대해 과세하는 이자소득세율(t_d)로 구분할 수 있다. 이러한 개인소득세와 법인세의 존재를 고려하는 경우 매년 발생하는 부채사용기업 주주와 채권자의 현금흐름은 다음과 같다. 단, MM이론과 동일하게 무성장영구기업을 가정한다.

주주의 현금흐름	$NI \times (1-t_e) = (EBIT - I) \times (1-t) \times (1-t_e)$
채권자의 현금흐름	$I \times (1-t_d)$
총현금흐름	$(EBIT - I) \times (1-t) \times (1-t_e) + I \times (1-t_d)$ $= EBIT \times (1-t) \times (1-t_e) - I \times (1-t) \times (1-t_e) + I \times (1-t_d)$ $= EBIT \times (1-t) \times (1-t_e) + I \times (1-t_d) \times \left[1 - \dfrac{(1-t) \times (1-t_e)}{(1-t_d)} \right]$

① $EBIT \times (1-t) \times (1-t_e)$: 법인세와 주주의 개인소득세를 고려하는 경우에 재무위험을 부담하지 않는 무부채기업(주주)의 현금흐름과 동일하며, 이러한 현금흐름의 현재가치는 무부채기업의 가치(V_U)와 동일하다.

② $I \times (1-t_d)$: 채권자의 개인소득세를 고려하는 경우에 채권자의 현금흐름이며 이러한 현금흐름의 현재가치는 부채의 가치(B)와 동일하다.

따라서 부채사용기업 총현금흐름의 현재가치인 부채사용기업의 가치는 다음과 같이 표현될 수 있다.

$$V_L = V_U + B \times \left[1 - \frac{(1-t) \times (1-t_e)}{1-t_d} \right]$$

① $B \times \left[1 - \dfrac{(1-t) \times (1-t_e)}{1-t_d} \right]$: 법인세와 개인소득세를 모두 고려하는 경우에 B만큼의 부채를 사용하는 부채사용기업의 가치와 무부채기업의 가치의 차이인 부채사용효과의 현재가치이며, 이를 부채사용의 이득 또는 레버리지이득이라고 한다.

② $t_e = t_d$ 또는 $t_e = t_d = 0\%$인 경우: 주주의 개인소득세율과 채권자의 개인소득세율이 동일하거나 개인소득세가 존재하지 않는다면 법인세의 존재만을 고려하는 MM의 수정이론과 동일한 결과 ($V_L = V_U + B \times t$)를 가져온다.

[2] 세율구조와 기업가치

법인세와 개인소득세를 모두 고려하는 경우 레버리지이득의 크기는 법인세율(t)과 주주의 개인소득세율(t_e) 및 채권자의 개인소득세율(t_d)의 관계에 따라 달라지며, 그에 따라 기업가치도 다음과 같이 달라진다.

① $(1-t)(1-t_e) < (1-t_d) \quad \rightarrow \quad V_L > V_U$: 부채사용이 증가할수록 기업가치 증가

② $(1-t)(1-t_e) = (1-t_d) \quad \rightarrow \quad V_L = V_U$: 기업가치는 자본구조와 무관

③ $(1-t)(1-t_e) > (1-t_d) \quad \rightarrow \quad V_L < V_U$: 부채사용이 증가할수록 기업가치 감소

[3] 밀러모형의 유도

개인소득세 중 이자소득세율(t_d)만 존재하고 주주에게 적용되는 주식소득세율(t_e)이 0%인 경우를 가정하면 앞에서 살펴본 부채사용기업의 가치는 다음과 같이 표현될 수 있다.

$$V_L = V_U + B \times \left(1 - \frac{1-t}{1-t_d} \right) = V_U + B \times \left(\frac{t-t_d}{1-t_d} \right)$$

따라서 부채사용기업의 가치와 무부채기업의 가치 간의 관계는 법인세율과 채권자의 개인소득세율(이자소득세율) 간의 관계에 따라 다음과 같이 결정된다.

① $t > t_d \quad \rightarrow \quad V_L > V_U$: 부채사용이 증가할수록 기업가치 증가

② $t = t_d \quad \rightarrow \quad V_L = V_U$: 기업가치는 자본구조와 무관

③ $t < t_d \quad \rightarrow \quad V_L < V_U$: 부채사용이 증가할수록 기업가치 감소

한편, 법인세와 이자소득세만을 고려할 경우 부채사용기업 주주와 채권자의 현금흐름 및 무부채기업 주주의 현금흐름은 다음과 같다.

구분		미래 매년 현금흐름
무부채기업	주주	$EBIT \times (1-t)$
부채사용기업	채권자	$I \times (1-t_d) = I - I \times t_d$
	주주	$(EBIT - I) \times (1-t) = EBIT \times (1-t) - I + I \times t$
	합계	$EBIT \times (1-t) + I \times t - I \times t_d$

이와 같이 부채사용기업에서 발생하는 이자비용의 감세효과($I \times t$)라는 부채사용의 긍정적 효과와 부채사용기업의 채권자가 부담하는 이자소득세($I \times t_d$)라는 부채사용의 부정적 효과 간의 크기에 의해 현금흐름의 차이가 결정된다. 따라서 법인세율과 채권자의 개인소득세율(이자소득세율) 간의 관계에 의해 부채사용기업의 가치와 무부채기업의 가치 간의 차이가 결정된다.

02 밀러의 균형부채이론

밀러(M. H. Miller)는 1977년에 발표한 논문에서 (회사채)시장이 균형을 이루는 상황에서는 법인세율과 채권자의 이자소득세율이 일치하므로 부채사용에 따른 이자비용의 감세효과가 채권자에게 부과되는 이자소득세의 효과에 의해 완전히 상쇄되어 개별기업 입장에서의 기업가치와 자본구조는 무관하다고 주장하였다.

[1] 가정

밀러가 주장한 균형부채이론에서는 MM의 수정이론에 다음과 같은 가정들을 추가하고 있다.

① 주주들은 주식투자에서 발생하는 세금을 대체적인 수단을 이용해서 회피가능($t_e = 0\%$)하고, 채권자에게 적용되는 이자소득세율은 누진세율구조이며, 이자비용의 감세효과를 발생시키는 법인세율은 모든 기업에게 동일하게 적용되는 단일세율구조라고 가정한다.

② 자본시장에는 기업이나 채권자가 이용가능한 투자 및 자금조달수단의 대안으로 면세채권이 존재하며 이러한 면세채권의 수익률을 r_0라고 가정한다. 즉, 채권자의 입장에서는 회사채에 투자하는 대신 세금부담 없이 r_0의 수익률을 얻을 수 있는 면세채권에 대한 투자기회가 존재하며, 기업의 입장에서는 회사채를 발행하는 대신 (이자비용의) 감세효과가 발생하지 않는 r_0의 자본비용을 부담하면서 면세채권을 공매하여 자금을 조달할 수도 있다.

[2] 회사채의 공급곡선

기업이 회사채를 발행하여 자금을 조달하는 경우 채권자에게 지급하는 이자율이 k_d^S라면 이자비용의 감세효과로 인해 기업이 실제 부담하는 세후자본비용은 $k_d^S(1-t)$가 된다. 또한 기업은 회사채 발행 시 부담하는 세후자본비용인 $k_d^S(1-t)$이 기회비용(r_0)보다 낮은 경우에 회사채를 발행하여 자금을 조달하는 것이 유리하므로 기업이 지급가능한 최대세전이자율(k_d^S)은 다음과 같다.

$$k_d^S(1-t) \leq r_0 \quad \rightarrow \quad k_d^S \leq \frac{r_0}{1-t}$$

그런데, 법인세율이 모든 기업에게 동일하게 적용되는 단일세율구조이므로, 모든 기업이 부채 발행 시 부담가능한 최대세전이자율(k_d^S)은 경제 전체의 부채발행량과 무관하게 일정하게 되어 회사채의 공급곡선은 그림(밀러의 균형부채이론)에서 보는 바와 같이 수평의 형태가 된다.

밀러의 균형부채이론

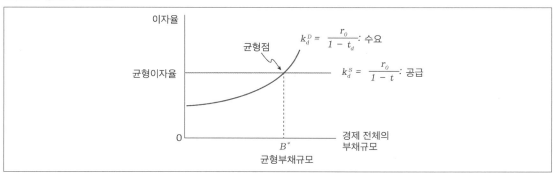

[3] 회사채의 수요곡선

채권자가 회사채에 투자하는 경우에 요구하는 이자율이 k_d^D라면 채권자에게 부과되는 개인소득세의 효과로 인해 채권자가 실제로 얻게 되는 세후수익률은 $k_d^D(1-t_d)$가 된다. 또한 채권자들은 회사채에 투자 시 얻게 되는 세후수익률인 $k_d^D(1-t_d)$이 기회비용(r_0)보다 높은 경우에 회사채를 수요할 것이므로 채권자들이 요구하는 최소세전이자율(k_d^D)은 다음과 같다.

$$k_d^D(1-t_d) \geq r_0 \quad \rightarrow \quad k_d^D \geq \frac{r_0}{1-t_d}$$

회사채의 공급측면과 달리 회사채를 수요하는 채권자들의 이자소득세율은 누진세율구조이므로 경제 전체의 부채발행량이 적은 경우에는 낮은 이자율에도 부채가 발행될 수 있으나, 부채발행량이 증가될수록 적용되는 이자소득세율이 높은 투자자들의 시장참여에 따라 채권자들의 요구수익률(k_d^D)은 점점 상승하게 되어 회사채의 수요곡선은 그림(밀러의 균형부채이론)에서 보는 바와 같이 우상향의 형태가 된다.

[4] 시장균형

시장의 균형은 회사채에 대한 수요와 공급이 일치하는 점에서 달성되며, 이러한 시장균형상태에서 경제 전체의 균형이자율과 균형부채규모가 결정된다. 반면에 개별기업의 입장에서는 부채사용으로 인한 이득이 발생하지 않아서 개별기업의 기업가치와 자본구조는 무관하게 되는데 이에 대해 구체적으로 살펴보면 다음과 같다.

① 균형상태의 시장에서는 균형이자율이 k_d^S와 같게 되어 기업은 부담가능한 최대이자율을 모두 부담하면서 회사채를 발행하게 되므로 개별기업의 입장에서는 부채사용으로 인한 이득이 발생하지 않는다.

② $k_d^S = k_d^D$인 점에서 균형이 달성되므로 경제 전체의 균형점에서는 $t = t_d$가 되어 개별기업입장에서는 부채사용정도와 무관하게 레버리지이득이 발생하지 않게 되므로 개별기업의 기업가치와 자본구조는 무관하게 된다.

$$V_L = V_U + B \times \left(\frac{t-t_d}{1-t_d} \right) = V_U \qquad \therefore \text{균형점}: t = t_d$$

예제 4 균형부채이론

면세채권의 이자율(r_0)은 9%이며, 모든 기업의 법인세율(t)은 40%로 동일하게 적용되는 상황을 가정한다. 자본시장에는 다음과 같은 네 그룹의 투자자 집단만 존재하며, 각 투자자 집단의 보유자금과 이자소득세율은 다음과 같다.

투자자 집단	보유자금(억원)	이자소득세율(t_d)
A그룹	100	0%
B그룹	200	10%
C그룹	400	25%
D그룹	800	50%

물음1 기업이 회사채를 발행하는 경우 부담가능한 최대세전이자율을 계산하시오.

물음2 각 투자자 집단이 회사채 투자에 대해 요구하는 최소한의 세전이자율을 계산하시오.

물음3 경제 전체의 균형이자율과 균형부채규모를 구하시오.

해답

물음1 기업이 부담가능한 최대세전이자율

$$k_d^S = \frac{r_0}{1-t} = \frac{9\%}{1-0.4} = 15\%$$

물음2 투자자 집단이 요구하는 최소한의 세전이자율

투자자 집단	이자소득세율(t_d)	최소(세전)요구수익률 $k_d^D = \dfrac{r_0}{(1-t_d)}$	
A그룹	0%	$\dfrac{9\%}{(1-0.00)}$	= 9%
B그룹	10%	$\dfrac{9\%}{(1-0.10)}$	= 10%
C그룹	25%	$\dfrac{9\%}{(1-0.25)}$	= 12%
D그룹	50%	$\dfrac{9\%}{(1-0.50)}$	= 18%

물음3 경제 전체의 균형

균형이자율: 공급이자율(k_d^S) = 15%

균형부채규모: 700억원

<예제 4>에서 경제 전체의 균형이자율과 균형부채규모가 결정되는 과정에 대해 보다 구체적으로 살펴보면 다음과 같다.

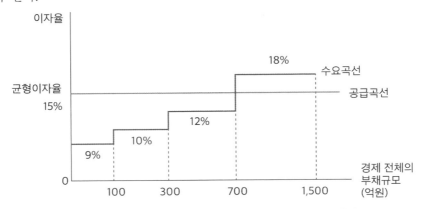

① 경제 전체의 균형이자율: 회사채의 수익률이 13%라면, 투자자 그룹 중에서 A, B, C 그룹은 회사채 투자 시의 세후수익률이 면세채권 투자 시의 수익률보다 높기 때문에 회사채에 투자하려고 할 것이다. 이러한 상황에서 기업은 지급가능한 최대이자율(15%)보다 낮은 이자율(13%)을 부담하면서 자금을 차입할 수 있기 때문에 새로운 기업들이 회사채 발행을 위해 경쟁적으로 진입할 것이며, 회사채의 공급증가에 따라 회사채의 수익률은 기업이 지급가능한 최대이자율 수준까지 상승하게 되어 경제 전체의 균형이자율은 기업이 지급가능한 최대이자율인 15%에서 결정된다.

② 경제 전체의 균형부채규모: 균형이자율이 15%로 결정되면, 투자자 집단들 중에서 A, B, C 그룹은 균형이자율이 각 그룹의 회사채 투자에 대한 최소요구수익률보다 높기 때문에 회사채에 투자하고, D 그룹은 균형이자율이 해당 그룹의 회사채 투자에 대한 최소요구수익률보다 낮기 때문에 회사채에 투자하지 않고 면세채권에 투자한다. 따라서 경제전체의 균형부채규모는 A, B, C 그룹의 보유자금이 모두 회사채에 투자되는 700억원이 된다.

이러한 균형상태에서 부채를 사용하는 기업은 지급가능한 최대이자율을 모두 부담하면서 회사채를 발행하므로 부채사용으로 인한 이득이 전혀 없다. 다만, 낮은 이자소득세율이 적용되는 채권자의 경우 회사채 투자에 대한 최소한의 요구수익률보다 높은 수익률을 수취함에 따라 회사채 투자로 인한 이득이 발생하게 된다.

[5] 균형부채이론의 문제점

DeAngelo와 Majulis는 법인세율이 모든 기업에게 동일하게 적용되는 단일세율구조인 경우에도 비부채성 감세효과를 고려하면 기업마다 실제 적용되는 유효법인세율이 상이하게 되어 경제 전체의 균형부채규모가 존재할 뿐만 아니라 개별기업의 입장에서도 기업가치를 극대화시키는 최적자본구조가 존재하게 됨을 주장하였다.

① 비부채성 감세효과란 부채사용에 따른 감세효과(이자비용의 감세효과) 이외의 감세효과를 말하며, 감가상각비의 감세효과나 투자세액공제(기업의 투자촉진을 위해 투자금액의 일정비율만큼 법인세에서 공제하는 제도) 등을 의미한다.

② 비부채성 감세효과를 이미 많이 누리고 있거나 이익이 충분하지 못한 기업의 경우에는 부채사용이 증가할수록 이자비용의 감세효과를 완전하게 누릴 수 없기 때문에 이자비용의 감세효과를 발생시키는 유효법인세율이 점점 감소하게 된다.

│ 사례 │

법인세율이 30%인 상황에서 영업이익이 ₩150, 이자비용이 ₩50인 기업이 부담해야 할 법인세액은 ₩30 이지만 투자세액공제가 ₩35라면 이 기업이 납부할 법인세액은 ₩0이 되는데, 이 경우 투자세액공제의 혜택을 먼저 고려한다면 이자비용의 감세효과는 ₩10(영업이익 × 법인세율 – 투자세액공제 = ₩150 × 0.3 – ₩35)이므로 이자비용의 감세효과를 발생시키는 유효법인세율은 20%(이자비용의 감세효과 ÷ 이자비용 = ₩10 ÷ ₩50)가 된다.

---

③ 부채사용의 증가에 따라 해당기업의 유효법인세율이 감소하는 경우에는 기업의 지급가능한 최대 이자율도 감소하게 되므로 경제 전체의 회사채 공급곡선이 우하향하게 되어 회사채시장의 균형이 자율보다 높은 이자율을 지급할 수 있는 기업의 경우에는 부채사용으로 인한 이득이 발생하게 되며, 이에 따라 개별기업의 입장에서도 기업가치를 극대화시키는 최적자본구조가 존재하게 된다.

유효법인세율과 균형부채이론

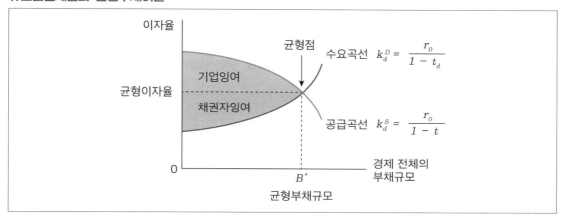

따라서 밀러의 균형부채이론은 법인세뿐만 아니라 개인소득세도 고려했다는 점에서 MM의 수정이론보다 더 현실성이 있지만 다음과 같은 문제점이 있다.

① 밀러의 균형부채이론은 채권자에게 적용되는 최고 이자소득세율이 기업의 법인세율보다 높다는 가정 하에 전개되고 있다. 그러나 최고 이자소득세율이 법인세율보다 낮다면 균형점($k_d^S = k_d^D$)이 존재하지 않게 되어 균형부채이론은 의미가 없게 된다.

② 밀러의 균형부채이론은 모든 기업에 적용되는 법인세율이 동일하다는 가정하에 전개되고 있다. 그러나 기업마다 실제 적용되는 유효법인세율이 상이할 수 있음을 고려하면 개별기업의 입장에서도 기업가치를 극대화시키는 최적자본구조가 존재하게 된다.

제7절 기타의 자본구조이론

01 파산비용이론

파산비용이론은 1973년 Kraus & Litzenberger에 의해 제시된 이론으로써 자본시장의 불완전요인 중 법인세와 파산비용을 동시에 고려할 경우 기업가치를 극대화시킬 수 있는 최적자본구조가 존재한다는 이론이다.

(1) 파산비용의 의의

파산(bankruptcy)이란 기업이 재무적 곤경에 처하여 부채를 상환할 능력을 상실하는 것을 말한다. 그리고 기업이 파산선고를 받은 경우에는 기업을 청산하거나 재조직하게 되는데, 이 과정에서 발생하는 제반비용을 파산비용이라고 한다. 이러한 파산비용은 다음의 두 가지로 분류할 수 있는데, 파산비용과 관련하여 주의할 점은 파산비용이 부채의 원리금 지급 이전에 먼저 지출된다는 것이다.

① 직접파산비용: 변호사비용, 회계사비용 등 파산선고된 기업의 청산이나 재조직을 위해 직접적으로 지출되는 비용을 말한다.
② 간접파산비용: 재무적 곤경으로 인한 기업이미지 실추, 보유 중인 자산의 염가매각, 영업위축, 자본비용의 증가 등 파산가능성 증가에 따라 간접적으로 부담하는 비용을 말한다.

(2) 파산비용과 최적자본구조

기업의 부채의존도가 증가하는 경우에 부채의 사용으로 인해 당장 파산이 발생하지는 않더라도 미래 파산가능성(= 파산비용의 발생가능성)이 증가하여 기대파산비용이 증가하게 되며, 이러한 기대파산비용의 현재가치만큼 현재의 기업가치는 감소하게 된다. 따라서 MM이론과 같은 완전자본시장을 가정하되, 시장의 불완전요인으로 법인세의 존재와 파산비용을 고려할 경우에 부채사용기업의 가치는 다음과 같이 나타낼 수 있다.

$$V_L = V_U + B \times t - PV(기대파산비용)$$

① 기업의 부채사용이 증가하는 경우에 이자비용 감세효과의 발생은 기업가치를 증가시키지만, 파산가능성 증가에 따른 기대파산비용의 현재가치 증가는 기업가치를 감소시킨다.
② 부채사용의 이득과 손실 간의 관계하에서 부채사용 증가에 따른 한계이득(이자비용 감세효과의 현재가치 증가분)과 한계손실(기대파산비용의 현재가치 증가분)이 같아지는 수준에서 기업가치를 극대화시키는 최적자본구조가 존재하게 된다.

파산비용과 최적자본구조

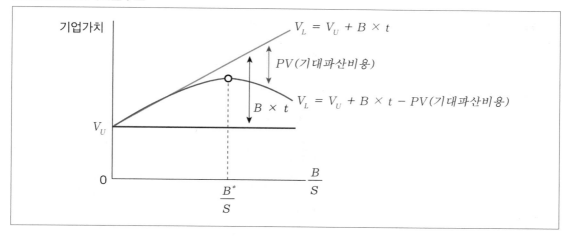

(3) 채권자의 요구수익률과 파산비용의 부담자

부채사용이 적어서 파산가능성이 없는 경우에는 파산비용이 기업가치에 영향을 미치지 않지만, 부채사용이 과다하여 파산가능성이 있는 경우에는 기대파산비용의 현재가치만큼 기업가치가 감소하게 된다. 이때 채권자들이 합리적이라면 이러한 기업가치의 감소분은 결국 주주의 부담으로 귀결된다.

예제 5 **파산비용**

(주)파랑의 1년 후 기업에 귀속되는 현금흐름이 동일한 확률로 ₩215이 되거나, ₩115이 될 것으로 예상된다. 단순화를 위해 현재와 1년 후 시점에만 현금흐름이 발생하고, 모든 투자자들은 위험중립적이며, 시장의 이자율(무위험이자율)은 10%라고 가정한다.

물음1 (주)파랑이 무부채기업인 경우를 가정하여 (주)파랑의 기업가치를 계산하시오.

물음2 (주)파랑이 부채를 사용하고 있는 기업이며, 1년 후 시점에 상환해야 할 부채의 원리금이 ₩110인 경우 (주)파랑의 부채가치와 자기자본가치 및 기업가치를 계산하시오.

물음3 (주)파랑이 부채를 사용하고 있는 기업이며, 1년 후 시점에 상환해야 할 부채의 원리금이 ₩127인 경우 (주)파랑의 부채가치와 자기자본가치 및 기업가치를 계산하시오.

물음4 **물음3** 과 동일하게 (주)파랑이 1년 후 시점에 상환해야 할 부채의 원리금이 ₩127이지만, 추가로 기업의 파산 시 ₩11의 파산비용이 발생하는 경우를 가정해서 (주)파랑의 부채가치와 자기자본가치 및 기업가치를 계산하시오.

해답

물음1 무부채기업

$$기업가치 = \frac{₩215 \times 0.5 + ₩115 \times 0.5}{1.1} = ₩150$$

물음2 부채사용기업(1년 후 ₩110의 원리금 상환)

1년 후 현금흐름	상황 1	상황 2
기업	₩215	₩115
채권자	₩110	₩110
주주	₩215 - ₩110 = ₩105	₩115 - ₩110 = ₩5

$$부채의 \ 가치 = \frac{₩110 \times 0.5 + ₩110 \times 0.5}{1.1} = ₩100$$

$$자기자본의 \ 가치 = \frac{₩105 \times 0.5 + ₩5 \times 0.5}{1.1} = ₩50$$

$$기업가치 = ₩100 + ₩50 = ₩150$$

물음3 부채사용기업(1년 후 ₩127의 원리금 상환)

1년 후 현금흐름	상황 1	상황 2
기업	₩215	₩115
채권자	₩127	₩115
주주	₩215 - ₩127 = ₩88	₩115 - ₩115 = ₩0

$$부채의 \ 가치 = \frac{₩127 \times 0.5 + ₩115 \times 0.5}{1.1} = ₩110$$

$$자기자본의 \ 가치 = \frac{₩88 \times 0.5 + ₩0 \times 0.5}{1.1} = ₩40$$

$$기업가치 = ₩110 + ₩40 = ₩150$$

물음4 부채사용기업(1년 후 ₩127의 원리금 상환)과 파산비용

1년 후 현금흐름	상황 1	상황 2
기업	₩215	₩115
파산비용	-	₩11
채권자	₩127	₩104
주주	₩215 - ₩0 - ₩127 = ₩88	₩115 - ₩11 - ₩104 = ₩0

$$부채의 \ 가치 = \frac{₩127 \times 0.5 + ₩104 \times 0.5}{1.1} = ₩105$$

$$자기자본의 \ 가치 = \frac{₩88 \times 0.5 + ₩0 \times 0.5}{1.1} = ₩40$$

$$기업가치 = ₩105 + ₩40 = ₩145$$

<예제 5>의 자료를 이용해서 파산비용이 기업가치에 미치는 영향과 파산가능성 증가에 따른 기업가치 감소분의 최종적인 부담자에 대해 구체적으로 살펴보면 다음과 같다.

① **물음2** 와 같이 부채사용이 적어서 파산가능성이 없는 경우에는 파산비용이 기업의 가치에 영향을 미치지 않지만, **물음4** 와 같이 부채사용이 과다하여 파산가능성이 있는 경우의 기업가치는 기대파산비용의 현재가치만큼 감소하게 된다.

> 상환해야 할 부채의 원리금이 ₩110인 경우 기업가치 = ₩150
>
> 상환해야 할 부채의 원리금이 ₩127인 경우 기업가치 = ₩145
>
> 기대파산비용의 현재가치 = ₩150 - ₩145 = $\dfrac{₩0 \times 0.5 + ₩11 \times 0.5}{1.1}$ = ₩5

② 채권자들이 합리적이고 채권시장이 완전경쟁시장임을 가정하는 경우에 채권자들은 미래 채권자 기대현금흐름의 현재가치만큼을 기업에 빌려줄 것이므로 기업의 부채사용이 증가할수록 채권자들이 요구하는 이자율은 상승하게 된다. <예제 5>의 **물음2** 와 **물음4** 의 상황별로 채권자들이 요구하는 이자율은 다음과 같다.

> 상환해야 할 부채의 원리금이 ₩110인 경우: ₩110 ÷ ₩100 - 1 = 10%
>
> 상환해야 할 부채의 원리금이 ₩127인 경우: ₩127 ÷ ₩105 - 1 = 20.95%

③ 합리적인 채권자들은 기업의 파산가능성을 평가하여 요구수익률을 결정할 것이므로 부채사용 증가에 따른 파산가능성 증가로 인해 발생하는 기업가치의 감소분은 주주가 부담하게 된다.

(4) 파산비용이론의 문제점

파산비용이론은 법인세와 파산비용을 동시에 고려할 경우 최적자본구조가 존재할 수 있다는 것을 보여주고 있지만, 현실적으로 기대파산비용을 정확히 측정하기 어려우며, 상대적으로 파산비용이 지나치게 강조되었다는 문제점이 있다. 즉, 이자비용의 감세효과와 달리 파산비용은 상당한 부채수준 이후에나 발생하는 것이며 그 발생확률을 고려한 기대파산비용은 그 크기가 상대적으로 매우 작다는 것이다.

02 대리비용이론

대리비용이론은 1976년 Jensen & Meckling에 의해 제시된 이론으로써 기업의 이해관계자인 주주, 채권자 및 경영자 간의 대리관계에서 발생하는 대리비용을 최소화할 수 있는 자본구조가 최적자본구조라는 이론이다.

(1) 대리문제와 대리비용

대리문제(principal-agent problem)란 본인이 대리인에게 자신의 의사결정권한을 위임한 대리관계에서 본인과 대리인의 이해상충으로 인해 발생하는 문제를 말한다. 그리고 이러한 대리문제로부터 발생하는 비용을 대리비용(agency cost)이라고 하는데, 이는 발생유형에 따라 다음과 같이 구분할 수 있다.

① 감시비용(monitoring cost): 본인이 대리인의 이탈행위를 방지하기 위해 대리인을 감시하는 과정에서 발생하는 비용을 말한다.

② 확증비용(bonding cost): 대리인 스스로가 이탈행위를 하지 않고 있음을 입증하기 위해 발생하는 비용을 말한다.

③ 잔여손실(residual loss): 대리문제의 발생으로 인해 최적의 의사결정을 하지 않음에 따라 발생하는 부의 감소를 말한다.

기업의 자본구조와 관련된 대리비용은 자기자본의 대리비용과 부채의 대리비용으로 구분할 수 있는데, 여기서 자기자본의 대리비용은 본인인 외부주주와 대리인인 경영자(또는 내부주주) 간의 이해상충으로 발생하는 대리비용을 말하며, 부채의 대리비용은 본인인 채권자와 대리인인 주주 간의 이해상충으로 발생하는 대리비용을 말한다.

(2) 자기자본의 대리비용

현대사회의 가장 일반적인 기업 형태인 주식회사의 경우에는 기업의 소유주인 주주가 경영권을 경영자에게 위임한다. 이러한 대리관계에서 대리인인 경영자는 본인인 주주부의 극대화를 위해 노력해야 하지만, 기업의 재산을 경영자가 사적으로 소비하는 특권적 소비나 업무태만 등의 방법으로 경영자 자신의 이익이나 효용을 증대시키고자 하는 유인이 존재하게 되며, 이에 따라 발생하는 기업가치(또는 주주부)의 감소를 자기자본의 대리비용이라고 한다.

1) 지분의 분산정도와 자기자본의 대리비용

자기자본의 대리비용은 경영자의 지분이 없거나 지분율이 낮을수록 더욱 크게 발생하며, 경영자(또는 내부주주)가 지분을 100% 소유하는 경우에는 발생하지 않는다. 즉, 소유와 경영이 일치하는 경우 자기자본의 대리비용은 발생하지 않으며 기업지분의 분산정도가 심화될수록 자기자본의 대리비용은 더 크게 발생한다.

2) 자기자본의 대리비용 부담자

시장이 효율적이고 외부투자자들이 합리적인 경우에는 소유지분의 분산정도가 심화될수록 경영자의 특권적 소비와 업무태만 등이 증가할 것임을 외부투자자들이 인지할 것이다. 이에 따라 기업이 신주를 발행하여 외부투자자로부터 신규자금을 조달하고자 하는 경우에 자기자본의 대리비용이 발생할 것임을 인지하는 외부투자자들은 더 낮은 가격에 신주를 인수하려고 할 것이므로 기존주주가 보유하고 있는 주식의 주가가 하락하여 기존주주의 부가 감소하게 된다. 따라서 자기자본 대리비용의 최종적인 부담자는 기존주주(내부주주)가 된다.

3) 자기자본의 대리비용 감소방안

주주와 경영자 간의 이해상충으로 인해 발생하는 자기자본의 대리비용을 감소시킬 수 있는 방안으로는 다음과 같은 것들이 있다.

① 효율적 노동시장: 자기자본의 대리비용 발생 시 효율적 노동시장에서는 경영자의 가치가 하락할 것이므로 경영자가 자기자본의 대리비용을 발생시키지 않도록 노력할 것이다.

② 적대적 M&A의 활성화: 자기자본의 대리비용 발생 시 효율적으로 운영되는 경우에 비해 기업의 시장가치가 저평가되어 적대적 M&A의 대상이 될 것이며, 적대적 M&A가 성사되면 경영자의 지배력이 상실될 것이므로 경영자가 자기자본의 대리비용을 발생시키지 않도록 노력할 것이다.

③ 유인장치: stock option 부여 등을 통해 경영자의 이해를 주주부(주가)의 극대화와 일치시키는 경우 대리비용의 발생 유인이 없어지게 된다.

④ 제도적 규제장치: 사외이사제도, 감사위원회제도, 소액주주운동의 활성화, 기관투자자의 역할 증대 등을 통한 감시제도를 활용하면 대리비용을 감소시킬 수 있다.

[3] 부채의 대리비용

부채사용기업의 경우 채권자는 자신이 제공한 자금의 운용에 대한 의사결정권을 주주에게 위임한다. 이러한 상황에서 대리인인 주주는 본인인 채권자의 희생을 바탕으로 자신의 부를 극대화하고자 하는 유인이 존재하며, 이에 따라 발생하는 기업가치의 감소를 부채의 대리비용이라고 한다.

1) 부채의존도와 부채의 대리비용

부채의존도가 낮은 기업은 투자에서 발생하는 순현재가치(NPV)가 전액 주주에게 귀속되므로 기업가치의 극대화가 곧 주주부의 극대화와 동일한 의미가 되지만, 부채의존도가 높은 기업의 경우에는 기업가치의 극대화와 주주부의 극대화가 불일치하는 상황이 발생할 수 있다. 이러한 상황에서 발생하는 부채의 대리비용은 재산도피유인과 위험투자선호유인 및 과소투자유인 등으로 구분할 수 있다.

① 재산도피유인: 부채의존도가 높아서 재무적 곤경에 처한 기업의 주주들이 과다한 배당의 지급이나 고가의 자사주매입 등을 통해 채권자의 부를 감소시키고 주주의 부를 증가시키려는 유인을 말한다.

② 위험투자선호유인: 주주들은 유한책임만을 부담하므로 부채의존도가 높은 기업의 주주들이 NPV는 작더라도 보다 고위험한 투자를 실행하고자 하는 유인을 말하며, 이를 투자안의 위험유인이라고도 한다. 이러한 주주의 위험투자선호유인이 존재하는 이유는 보다 고위험한 투자안을 실행함에 따라 기업가치와 채권자의 부는 감소할지라도 주주부는 증가될 수 있기 때문이다. 또한, 부채의존도가 높은 기업의 주주는 NPV가 0보다 작은 투자안이라도 위험이 큰 투자안을 실행할 유인을 갖게 되는데, 이를 과대투자유인이라고 한다.

③ 과소투자유인: 부채의존도가 높아서 파산가능성이 높은 기업의 경우에 NPV가 0보다 큰 투자안이라고 해도 NPV가 충분히 크지 않으면 주주가 해당 투자안을 실행하지 않을 유인을 말하며, 이를 수익성 있는 투자안의 포기유인이라고도 한다. 이러한 주주의 과소투자유인이 존재하는 이유는 투자안 실행에 따른 기업가치의 증가분이 먼저 채권자에게 귀속되며, 채권자의 원리금상환이 확보되고도 남는 가치가 주주에게 잔여적으로 귀속되기 때문이다. 특히 투자안 실행에 소요되는 자금을 기존주주가 추가로 출자하여 실행해야 하는 상황에서는 이러한 투자안을 실행하는 경우 주주에게서 채권자에게로 부의 이전이 발생하기 때문에 NPV가 0보다 큰 투자안이라도 주주가 실행하지 않을 유인이 있는 것이다.

예제 6 부채의 대리비용 – 위험투자선호유인

(주)파랑은 상호배타적인 두 가지 투자안을 고려하고 있다. 각 투자안의 투자자금은 동일하며, 투자안을 실행하는 경우 1년 후 시점에 기업에 귀속되는 현금흐름은 각각 다음과 같고, 호황과 불황이 발생할 확률은 동일하다. 단순화를 위해 현재와 1년 후 시점에만 현금흐름이 발생하고, 모든 투자자들이 위험중립적이며, 시장의 이자율(무위험이자율)은 10%라고 가정한다.

구분	호황	불황
투자안 A	₩660	₩330
투자안 B	₩880	₩0

물음1 (주)파랑이 부채를 사용하지 않는 무부채기업인 경우, 각 투자안 실행 시 (주)파랑의 기업가치와 자기자본의 가치를 계산하고, (주)파랑 주주의 입장에서 주주부를 극대화할 수 있는 의사결정을 하시오.

물음2 (주)파랑이 부채를 사용하고 있는 기업이며 1년 후 시점에 상환해야 할 부채의 원리금이 ₩275인 경우, 각 투자안 실행 시 (주)파랑의 기업가치와 부채의 가치 및 자기자본의 가치를 계산하고, (주)파랑 주주의 입장에서 주주부를 극대화할 수 있는 의사결정을 하시오.

해답

물음1 무부채기업

1년 후 현금흐름	투자안 A 실행 시		투자안 B 실행 시	
	호황	불황	호황	불황
기업	₩660	₩330	₩880	₩0
채권자	-	-	-	-
주주	660	330	880	0

(1) 투자안 A 실행 시

$$기업가치 = 자기자본의\ 가치 = \frac{₩660 \times 0.5 + ₩330 \times 0.5}{1.1} = ₩450$$

(2) 투자안 B 실행 시

$$기업가치 = 자기자본의\ 가치 = \frac{₩880 \times 0.5 + ₩0 \times 0.5}{1.1} = ₩400$$

∴ 주주부의 극대화를 위해서는 투자안 A를 실행한다.

물음2 부채사용기업

1년 후 현금흐름	투자안 A 실행 시		투자안 B 실행 시	
	호황	불황	호황	불황
기업	₩660	₩330	₩880	₩0
채권자	275	275	275	0
주주	385	55	605	0

(1) 투자안 A 실행 시

$$부채의\ 가치 = \frac{₩275 \times 0.5 + ₩275 \times 0.5}{1.1} = ₩250$$

$$자기자본의\ 가치 = \frac{₩385 \times 0.5 + ₩55 \times 0.5}{1.1} = ₩200$$

$$기업가치 = ₩250 + ₩200 = \frac{₩660 \times 0.5 + ₩330 \times 0.5}{1.1} = ₩450$$

(2) 투자안 B 실행 시

$$부채의\ 가치 = \frac{₩275 \times 0.5 + ₩0 \times 0.5}{1.1} = ₩125$$

$$자기자본의\ 가치 = \frac{₩605 \times 0.5 + ₩0 \times 0.5}{1.1} = ₩275$$

$$기업가치 = ₩125 + ₩275 = \frac{₩880 \times 0.5 + ₩0 \times 0.5}{1.1} = ₩400$$

∴ 주주부의 극대화를 위해서는 투자안 B를 실행한다.

<예제 6>과 같이 기업가치를 극대화하기 위해서는 투자안 A를 실행해야 하지만 부채의존도가 높은 기업의 주주들은 주주부의 증가를 위해 보다 고위험한 투자안 B를 실행할 유인이 존재한다. 투자안 A를 실행하는 경우와 비교해서 보다 고위험한 투자안 B를 실행하면 다음과 같이 기업가치와 채권자의 부는 감소하지만 주주의 부가 증가될 수 있기 때문이다.

채권자 부의 감소 ₩125 = 주주 부의 증가 ₩75 + 기업가치 감소 ₩50

(주)파랑은 현재시점의 투자금액 ₩100이 소요되는 신규투자안의 실행을 고려하고 있다. 신규투자가 없는 경우 (주)파랑의 1년 후 기업에 귀속되는 현금흐름은 호황 시 ₩660, 불황 시 ₩330이 될 것이며, 신규투자안을 실행하는 경우 1년 후 기업에 귀속되는 현금흐름은 무위험하게 ₩121만큼 증가될 것이다. 단순화를 위해 현재와 1년 후 시점에만 현금흐름이 발생하며, 1년 후 호황과 불황이 발생할 확률은 동일하다. 모든 투자자들이 위험중립적이고, 시장의 이자율(무위험이자율)은 10%이며, 신규투자안의 투자자금 ₩100을 전액 기존주주가 추가출자를 통해 조달한다고 가정한다.

물음1 (주)파랑이 고려하고 있는 신규투자안의 NPV를 계산하시오.

물음2 (주)파랑이 부채를 사용하지 않는 무부채기업이라고 가정한다. (주)파랑이 신규투자안을 실행하지 않는 경우와 신규투자안을 실행하는 경우 각각 (주)파랑의 기업가치와 자기자본의 가치를 계산하고, (주)파랑 주주의 입장에서 주주부를 극대화할 수 있는 의사결정을 하시오.

물음3 (주)파랑이 부채를 사용하고 있는 기업이며 1년 후 시점에 상환해야 할 부채의 원리금이 ₩440이라고 가정한다. (주)파랑이 신규투자안을 실행하지 않는 경우와 신규투자안을 실행하는 경우 각각 (주)파랑의 기업가치와 부채의 가치 및 자기자본의 가치를 계산하고, (주)파랑 주주의 입장에서 주주부를 극대화할 수 있는 의사결정을 하시오.

해답

물음1 신규투자안의 NPV

$$NPV = \frac{₩121}{1.1} - ₩100 = ₩10$$

물음2 무부채기업

1년 후 현금흐름	실행하지 않는 경우		실행하는 경우	
	호황	불황	호황	불황
기업	₩660	₩330	₩781	₩451
채권자	-	-	-	-
주주	660	330	781	451

(1) 신규투자안을 실행하지 않는 경우

기업가치 = 자기자본의 가치 $= \dfrac{₩660 \times 0.5 + ₩330 \times 0.5}{1.1} = ₩450$

(2) 신규투자안을 실행하는 경우

기업가치 = 자기자본의 가치 $= \dfrac{₩781 \times 0.5 + ₩451 \times 0.5}{1.1} = ₩560$

신규투자안에 대한 주주의 $NPV = ₩110 - ₩100 = ₩10$

∴ 주주부의 극대화를 위해서는 신규투자안을 실행한다.

물음3 부채사용기업

1년 후 현금흐름	실행하지 않는 경우		실행하는 경우	
	호황	불황	호황	불황
기업	₩660	₩330	₩781	₩451
채권자	440	330	440	440
주주	220	0	341	11

(1) 신규투자안을 실행하지 않는 경우

$$부채의\ 가치 = \frac{₩440 \times 0.5 + ₩330 \times 0.5}{1.1} = ₩350$$

$$자기자본의\ 가치 = \frac{₩220 \times 0.5 + ₩0 \times 0.5}{1.1} = ₩100$$

$$기업가치 = ₩350 + ₩100 = \frac{₩660 \times 0.5 + ₩330 \times 0.5}{1.1} = ₩450$$

(2) 신규투자안을 실행하는 경우

$$부채의\ 가치 = \frac{₩440 \times 0.5 + ₩440 \times 0.5}{1.1} = ₩400$$

$$자기자본의\ 가치 = \frac{₩341 \times 0.5 + ₩11 \times 0.5}{1.1} = ₩160$$

$$기업가치 = ₩400 + ₩160 = \frac{₩781 \times 0.5 + ₩451 \times 0.5}{1.1} = ₩560$$

신규투자안에 대한 주주의 $NPV = ₩60 - ₩100 = -₩40$

∴ 주주부의 극대화를 위해서는 신규투자안을 실행하지 않는다.

<예제 7>과 같이 NPV가 0보다 큰 신규투자안을 실행하면, 부채를 사용하지 않는 기업의 경우에는 투자안의 NPV가 전액 주주에게 귀속된다. 그러나 부채의존도가 높아 파산가능성이 높은 기업의 경우에는 신규투자안의 NPV만큼 증가되는 기업가치가 먼저 채권자에게 귀속되고, 이때 주주가 추가로 출자하는 경우 파산가능성을 감소시켜 채권자의 부를 더욱 증가시키게 된다.

> 채권자 부의 증가 ₩50 = 신규투자안의 NPV ₩10 + 주주부의 감소 ₩40

2) 부채의 대리비용 부담자

시장이 효율적이고 채권자들이 합리적인 경우에는 부채의존도가 높아질수록 주주의 위험투자선호유인이나 과소투자유인 등이 심화될 것임을 채권자들이 인지할 것이다. 이에 따라 기업이 부채를 추가로 사용하는 경우에 부채의 대리비용이 발생할 것임을 인지하는 채권자들은 더 높은 이자율을 요구할 것이므로 대리비용의 최종적인 부담자는 주주가 된다.

3) 부채의 대리비용 감소방안

채권자와 주주 간의 이해상충으로 인해 발생하는 부채의 대리비용을 감소시킬 수 있는 방안으로는 다음과 같은 것들이 있다.

① 재무적 통합: 채권자가 해당기업의 주식을 취득하거나 기존 부채를 해당기업의 전환사채나 신주인수권부사채로 대체하면 부채의 대리비용이 감소될 것이다.

② 차입약정 강화: 담보 또는 보증을 요구하거나 기업의 투자정책이나 배당정책, 추가 부채 차입 등에 대한 제한을 하면 부채의 대리비용을 감소시킬 수 있다.

[4] 대리비용과 최적자본구조

앞에서 살펴본 바와 같이 대리비용은 자기자본의 대리비용과 부채의 대리비용으로 구분할 수 있으며, 그림(대리비용과 최적자본구조)에서와 같이 기업의 부채의존도가 증가할수록 자기자본의 대리비용은 감소하지만, 부채의 대리비용은 증가한다. 이러한 관계하에서 대리비용만을 고려하는 경우 자기자본의 대리비용과 부채의 대리비용을 합한 총대리비용이 최소화되는 부채수준($\frac{B}{V}$*)이 기업가치를 극대화하는 최적자본구조이다.

대리비용과 최적자본구조

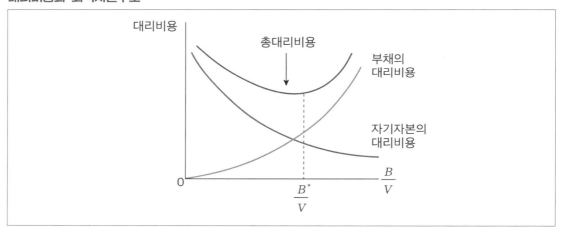

03 정보비대칭과 자본구조

완전자본시장을 가정하는 것은 시장참여자들이 모두 동일한 정보를 보유하고 있는 정보대칭적인 상황을 가정하는 것이다. 그러나 불완전한 현실의 자본시장에서는 시장참여자들 간에 보유하고 있는 정보의 양과 질에 차이가 있는데, 이를 정보비대칭(information asymmetry)또는 정보불균형이라고 한다. 이러한 정보비대칭적인 상황에서의 신호효과와 정보비대칭적인 자본시장에서의 기업가치와 자본구조 간의 관계에 대한 대표적인 이론들을 살펴보기로 한다.

[1] 정보비대칭과 신호효과

정보가 비대칭적인 현실의 자본시장에서는 기업과 관련된 보다 우월한 정보를 보유하는 기업내부의 경영자가 이러한 정보를 이용해서 내부자(기존주주)에게 유리한 재무정책을 취할 것이며, 외부투자자들은 그러한 기업의 재무정책을 통해 경영자가 보유한 내부정보를 해석하고자 한다. 즉, 정보비대칭적인 상황에서는 경영자가 취하는 재무정책이 외부투자자들에게 경영자가 보유하고 있는 정보를 전달하는 효과를 갖게 되는데, 이를 신호효과(signalling effect) 또는 정보효과(information effect)라고 한다. 불완전자본시장에서 정보비대칭에 따른 신호효과를 신주발행과 자사주매입의 예를 이용해서 살펴보면 다음과 같다.

① 기업은 현재의 주가가 적정가치보다 과소평가된 경우에 신주발행을 통해 자금을 조달한다면 기존주주의 부가 감소되기 때문에 현재의 주가가 적정가치보다 과대평가된 경우에 신주발행을 고려할 것이다. 이러한 사실을 인지하고 있는 외부투자자들은 기업이 신주를 발행하는 경우에 이를 기존주가의 과대평가에 대한 정보를 알려주는 신호로 해석하여 기존주주는 보유 주식을 현재의 가격에 보다 빨리 처분하려 할 것이며, 신규주주는 보다 낮은 가격에 신주를 인수하고자 할 것이다.

② 기업은 현재의 주가가 적정가치보다 과대평가된 경우에 자사주를 매입하면 기존주주의 부가 감소되기 때문에 현재의 주가가 적정가치보다 과소평가된 경우에 자사주매입을 고려할 것이다. 이러한 사실을 인지하고 있는 외부투자자들은 기업이 자사주매입을 실시하는 경우에 이를 기존 주가의 과소평가에 대한 정보를 알려주는 신호로 해석하여 해당 기업의 주식을 매입하고자 할 것이다.

[2] 자본조달순위이론

자본조달순위이론(pecking order theory)은 1984년 Myers & Majluf에 의해 제시된 이론으로써 기존주주의 부를 극대화하기 위해서는 투자자금 조달 시에 '내부유보자금 → 부채발행 → 신주발행'의 순위로 조달해야 한다는 이론이다.

1) 자본조달순위

정보비대칭적인 상황에서 수익성 있는 투자기회를 보유하고 있는 기업이 투자안의 실행을 위해 필요한 자금을 조달하는 데 있어서의 우선순위는 다음과 같다.

① 외부자금을 조달하는 것보다는 내부유보자금을 이용해서 투자하는 것이 기존주주의 부를 극대화하는 방안이다. 왜냐하면, 외부자금을 조달하는 경우 정보비대칭의 해소비용과 같은 조달비용이 발생하기 때문이다.

② 내부유보자금이 부족한 경우에는 외부자금의 조달이 고려될 수 있으며, 외부자금을 조달하는 경우에도 신주의 발행보다는 부채를 발행하여 자금을 조달하는 것이 기존주주의 부를 극대화하는 방안이다. 왜냐하면, 부채발행보다 신주발행의 조달비용이 크고, 신주발행이 주가의 과대평가에 대한 신호로 작용할 가능성이 높으며, 외부투자자에게 신주를 발행하는 경우에는 투자의 NPV를 기존주주와 신규주주가 공유해야 하기 때문이다.

따라서 기존주주의 부를 극대화하기 위해서는 투자자금 조달 시에 '내부유보자금 → 부채발행 → 신주발행'의 순위로 조달해야 한다.

2) 자본구조

자본조달순위이론에 따르면 기업은 최적자본구조에 대한 예측을 하지 않는다. 즉, 기업의 자본구조는 부채와 자기자본이 적절하게 배합되도록 결정되는 것이 아니라 정보비대칭의 특성에 따라 결정된다. 특히, 이익을 많이 내는 성공적인 기업들이 부채를 거의 사용하지 않는 현상은 이러한 자본조달순위이론에 의해 설명될 수 있다. 이러한 기업들은 충분한 내부유보자금을 보유하고 있으므로 외부자금조달의 필요성이 없기 때문이다.

(3) Ross의 신호이론

신호이론은 1977년 Ross에 의해 제시된 이론으로써 부채의존도가 높을수록 기업의 미래 우수한 현금흐름 창출능력에 대한 신호가 되어 기업가치를 높이는 효과를 갖게 된다는 이론이다.

1) 자본구조의 신호효과

정보비대칭적인 상황에서는 기업의 자본구조, 즉 자본조달수단이 기업의 성과에 대한 경영자의 전망을 전달하는 수단으로 이용될 수 있다.

① 기업의 미래성과가 낙관적일 것으로 전망되는 경우에 경영자는 부채의존도를 증가시킬 것이다. 왜냐하면, 많은 부채를 사용하더라도 부채상환능력이 충분할 것이며, 기존주주의 부를 극대화하기 위해서는 부채사용을 증가시키는 것이 보다 유리하기 때문이다.

② 기업의 미래성과가 부정적일 것으로 전망되는 경우에 경영자는 부채의존도를 감소시킬 것이다. 왜냐하면, 부채상환능력이 충분하지 못하기 때문에 과다한 부채를 사용하는 경우 파산이 발생할 수 있기 때문이다.

③ 외부투자자들이 이러한 사실을 인지하고 있는 상황에서는 기업이 많은 부채를 사용하면 기업의 미래성과에 대한 긍정적 전망을 외부투자자들에게 전달하게 되어 주가(기업가치)가 상승하게 된다.

④ 경영자가 기업의 미래성과가 부정적일 것으로 전망됨에도 불구하고 외부투자자들에게 거짓신호를 전달(많은 부채사용)하고자 하는 경우에는 충분히 큰 벌금(기업의 파산)이 부과되므로 경영자가 거짓신호를 보낼 유인은 존재하지 않게 된다.

2) 최적자본구조

Ross의 신호이론에 의할 경우에 신호균형이 이루어지는 수준의 부채를 사용하는 것이 기업가치를 극대화하는 최적자본구조이다.

① 신호균형이란 기업의 미래성과가 낙관적으로 전망되는 경우에는 많은 부채를 사용하고, 부정적으로 전망되는 경우에는 적은 부채를 사용하여 경영자가 보유하는 정보의 내용과 기업의 자본구조에 의한 신호의 내용과 시장가격에 반영되는 정보의 내용이 일치하는 상황을 말한다.

② 부채 1단위 추가사용에 따라 발생하는 신호효과에 의한 기업가치 증가분이라는 한계이득과 자본비용 상승 또는 파산가능성 증가와 같은 한계비용이 일치하여 신호균형이 달성되는 자본구조가 기업가치를 극대화하는 최적자본구조이다.

01 영업위험과 영업레버리지에 대한 다음 설명들 중에서 가장 옳은 것을 고르시오.

① 영업위험은 자본구성에 따른 위험으로 투자의사결정에 의해 영향을 받는다.

② 영업레버리지효과란 매출의 변화가 당기순이익의 변화에 미치는 영향을 말한다.

③ 영업레버리지도는 매출의 변동액에 대한 영업이익 변동액의 비율로 측정한다.

④ 기업의 영업비용 중에서 고정영업비용의 비중이 클수록 영업레버리지도는 커진다.

⑤ 영업이익이 0보다 큰 경우에 매출이 증가함에 따라 영업레버리지도는 점차 증가한다.

02 무부채기업인 A기업은 매년 190억원의 영업이익이 영구히 일정하게 발생할 것으로 예상되는 기업이며, 현재 A기업의 주식베타는 2.0이고, 발행주식수는 100만주이다. A기업은 무위험이자율로 부채를 차입하여 매입시점의 시장가격에 자사주를 매입함으로써 총자본규모의 변동 없는 자본구조 변경을 통해 부채비율(B/S)이 150%가 되도록 조정하고자 한다. 무위험이자율은 10%, 시장포트폴리오의 기대수익률은 20%, 법인세율은 40%이고, 준강형의 효율적 시장과 CAPM 및 법인세가 있는 MM이론의 성립을 가정한다. 다음 중 가장 옳지 않은 것을 고르시오.

① 자본구조 변경 후 자기자본비용은 48%이다.

② 자본구조 변경 후 가중평균자본비용은 22.8%이다.

③ 자본구조 변경 후 자산베타는 1.52이다.

④ 자본구조 변경을 위해 매입하는 주식수는 600,000주이다.

⑤ 문제의 내용과 달리 기업가치가 극대화되도록 자본구조를 변경한다면 자본구조 변경 후 가중평균자본비용은 6%이다.

03 자본조달순위이론(pecking order theory)에 관한 설명으로 가장 옳은 것을 고르시오.

① 이익을 많이 내는 성공적인 기업들은 파산가능성이 낮기 때문에 높은 부채비율을 가질 것으로 예상된다.

② 기업가치를 극대화시키는 최적적인 타인자본과 자기자본의 결합비율(B/S)이 존재한다고 주장한다.

③ 자본조달의 우선순위는 자본비용을 고려하여 부채발행, 내부유보자금, 신주발행의 순서이다.

④ 기업들이 여유자금을 보유하려는 동기를 설명한다.

⑤ 기업내부의 경영자와 외부투자자들 간의 정보대칭성을 가정한다.

정답 및 해설

01 ④ ① 영업위험은 자산구성에 따른 위험이다.
② 영업레버리지효과란 매출의 변화가 영업이익의 변화에 미치는 영향을 말한다.
③ 영업레버리지도는 매출의 변동률에 대한 영업이익 변동률의 비율로 측정한다.
⑤ 매출이 증가함에 따라 영업레버리지도는 점차 감소하여 1에 수렴한다.

02 ⑤ ① $\beta_L = \beta_U + (\beta_U - \beta_d)(1-t)\dfrac{B}{S} = 2 + (2-0) \times (1-0.4) \times 1.5 = 3.8$

$\rho = R_f + [E(R_m) - R_f] \times \beta_U = 0.1 + (0.2 - 0.1) \times 2 = 0.3$

$k_e = R_f + [E(R_m) - R_f] \times \beta_L = 0.1 + (0.2 - 0.1) \times 3.8$

$\quad = \rho + (\rho - k_d)(1-t)\dfrac{B}{S} = 0.3 + (0.3 - 0.1) \times (1-0.4) \times 1.5 = 0.48$

② $k_0 = \rho(1 - t \times \dfrac{B}{V}) = 0.3 \times (1 - 0.4 \times 0.6) = 0.228$

③ $\beta_A = \beta_d \times \dfrac{B}{V} + \beta_L \times \dfrac{S}{V} = 0 \times 0.6 + 3.8 \times 0.4 = 1.52$

④ $V_U = \dfrac{EBIT \times (1-t)}{\rho} = \dfrac{190억원 \times (1-0.4)}{0.3} = 380억원$

$V_L = V_U + B \times t = 380억원 + V_L \times 0.6 \times 0.4$

$\therefore\ V_L = 500억원 = \dfrac{EBIT \times (1-t)}{k_0} = \dfrac{190억원 \times (1-0.4)}{0.228}$

$B = V_L \times 0.6 = 500억원 \times 0.6 = 300억원$

매입시점 주식의 시장가격 $= \dfrac{500억원}{1,000,000주} = 50,000원$

매입주식수 $= \dfrac{300억원}{50,000원} = 600,000주$

⑤ 기업가치가 극대화되는 자본구조: $B/V = 1$
$k_0 = \rho \times (1-t) = 0.3 \times (1-0.4) = 0.18$

03 ④ ① 수익성이 높은 기업은 내부유보자금이 충분하므로 부채를 거의 사용하지 않을 것이다.
② 자본조달순위이론에서는 최적자본구조에 대해 예측하지 않는다.
③ 자본조달 우선순위는 내부유보자금, 부채발행, 신주발행 순서이다.
⑤ 경영자가 외부투자자에 비해 더 많은 기업정보를 알고 있다고 가정한다.

제7장

부채사용 투자안의
가치평가

제1절 불확실성하의 자본예산의 기초개념

01 불확실성하의 자본예산의 의의

<제2장 확실성하의 투자안의 가치평가>에서는 논의의 편의를 위해 투자에 따른 현금흐름이 확실하고, 부채사용의 효과를 고려하지 않기 위해 자기자본만으로 투자하는 경우를 가정한 자본예산에 대해서 살펴보았다. 본 장에서는 이러한 가정을 완화하여, 투자에 따른 현금흐름이 불확실하고 투자에 필요한 자금도 자기자본뿐만 아니라 타인자본도 사용하는 자본예산, 즉 불확실성하에서 부채를 사용하는 투자안에 대한 자본예산에 대해서 살펴보기로 한다.

02 불확실성하에서의 투자안 평가방법

불확실성하에서의 투자안 평가방법은 투자에 따른 현금흐름의 위험을 반영하는 방법에 따라 크게 위험조정할인율법과 확실성등가법으로 분류된다.

(1) 위험조정할인율법

위험조정할인율법(risk adjusted discount rate method)이란 투자에 따른 현금흐름의 위험을 할인율에 반영하는 방법으로써, 투자안의 기대현금흐름을 개별투자안의 위험에 따라 조정한 할인율을 이용해서 투자안의 가치를 평가하는 방법이다.

① 위험조정할인율법은 부채사용의 효과를 반영하는 방법에 따라 가중평균자본비용법(WACC법)과 주주현금흐름법(FTE법) 및 조정현재가치법(APV법)으로 구분되는데, 가중평균자본비용법과 주주현금흐름법은 부채사용의 효과를 할인율에 반영하는 방법이며, 조정현재가치법은 부채사용의 효과를 현금흐름에 반영하는 방법이다.

② 부채사용 투자안의 가치평가방법은 <제6장 자본구조이론>에서 살펴본 부채사용기업의 가치평가방법과 동일하다. 다만, 투자안의 가치평가 시에는 투자안의 경제성분석을 위해 미래현금흐름의 현재가치인 투자안의 가치에서 투자원금을 차감하여 NPV로 나타낸다는 것만 차이가 있을 뿐이다.

참고로 MM 자본구조이론의 성립을 가정하는 경우에 부채사용기업의 가치평가방법과 자본예산의 위험조정할인율법을 비교하여 나타내면 다음과 같다. 단, 현금흐름이 매년 일정하게 영구히 발생하는 무성장영구기업과 무성장영구투자안을 가정한다.

① 가중평균자본비용법

기업가치: $V_L = \dfrac{EBIT \times (1-t)}{k_0}$

투자안 평가: $NPV = \dfrac{EBIT \times (1-t)}{k_0} - 총투자액$

② 주주현금흐름법

기업가치: $V_L = S_L + B$ $\qquad S_L = \dfrac{NI}{k_e} = \dfrac{(EBIT - I) \times (1-t)}{k_e}$

투자안 평가: $NPV = \dfrac{NI}{k_e} - 주주투자액 = \dfrac{(EBIT - I) \times (1-t)}{k_e} - (총투자액 - 부채사용액)$

③ 조정현재가치법

기업가치: $V_L = V_U + B \times t$ $\qquad V_U = \dfrac{EBIT \times (1-t)}{\rho}$

투자안 평가: $NPV = 자기자본만으로 \ 투자 \ 시의 \ NPV + 부채사용효과의 \ PV$

$\qquad\qquad\qquad = \left[\dfrac{EBIT \times (1-t)}{\rho} - 총투자액 \right] + B \times t$

(2) 확실성등가법

확실성등가법(certainty equivalent method)이란 투자안의 위험을 현금흐름에 반영하는 방법으로써, 투자안의 현금흐름을 위험이 완전히 제거된 확실한 현금흐름으로 전환하고, 이를 무위험이자율로 할인하여 투자안의 가치를 평가하는 방법이다.

불확실성하에서의 투자안 평가방법

제2절 위험조정할인율법

01 가중평균자본비용법

(1) 의의

가중평균자본비용법(weighted average cost of capital method: WACC법)이란 투자안의 현금흐름, 즉 기업잉여현금흐름을 가중평균자본비용으로 할인하여 투자안의 가치를 평가하는 방법을 말한다. 즉, WACC법은 투자안의 전체 현금흐름을 총투자자본에 대한 자본비용인 가중평균자본비용으로 할인한 투자안의 가치에서 총투자액을 차감하여 NPV를 산출하고, 이렇게 산출된 NPV가 0보다 크면 투자가 치가 있는 것으로 판단한다.

$$NPV = \Sigma \frac{기업잉여현금흐름_t}{(1+k_0)^t} - 총투자액$$

$$무성장영구투자안: \ NPV = \frac{EBIT \times (1-t)}{k_0} - 총투자액$$

(2) 투자안의 현금흐름

WACC법에서 평가대상이 되는 투자안의 현금흐름은 기업잉여현금흐름이다. 따라서 <제6장 자본구조이론>에서 살펴본 바와 같이 투자안의 현금흐름이 매년 일정하게 영구히 발생되는 무성장영구투자안인 경우 기업잉여현금흐름은 EBIT×(1−t)와 일치한다. 이때 주의할 점은 WACC법은 투자안의 위험과 부채사용의 효과를 모두 할인율에 반영하는 방법이므로 이자비용의 감세효과를 투자안의 현금흐름에 포함하지 않는다는 것이다.

(3) 가중평균자본비용의 계산

신규투자안의 평가에 적용할 가중평균자본비용은 해당 투자안의 영업위험과 재무위험이 반영된 자본비용을 의미한다. 만약, 신규투자안의 영업위험 및 재무위험이 기존기업의 영업위험 및 재무위험과 동일하다면 기존기업의 가중평균자본비용을 신규투자안의 평가에 그대로 적용할 수 있다.

||| 사례 |||

1. 기존기업이 영위하던 사업을 단순히 확장하는 경우에는 신규투자안의 영업위험이 기존기업의 영업위험과 동일하다고 판단할 수 있다.

2. 기업의 기존 자본구조가 최적자본구조(목표자본구조)로 인식되어 이러한 자본구조가 유지되도록 신규투자안의 투자자금이 조달되는 경우에는 신규투자안의 재무위험이 기존기업의 재무위험과 동일하다고 판단할 수 있다.

그러나 신규투자안의 영업위험 및 재무위험이 기존기업과 상이하다면 신규투자안의 평가에 적용할 가중평균자본비용은 기존기업의 가중평균자본비용과 달리 신규투자안의 영업위험 및 재무위험을 반영해서 다시 계산되어야 하는데, 이러한 경우 신규투자안의 가중평균자본비용은 일반적으로 다음과 같은 절차를 이용해서 계산된다.

1) 신규투자안의 영업위험(β_U) 측정

기업이 기존에 영위하던 사업과는 상이한 영업위험을 부담하는 투자안의 실행을 고려 중인 경우에는 먼저 신규투자안의 영업위험을 새롭게 측정해야 한다. 신규투자안의 영업위험을 측정하는 대표적인 방법으로는 대용회사의 베타(대용베타)를 이용하는 방법이 있다.

① 대용회사라 함은 평가대상 신규투자안과 유사한 내용(업종)의 투자안을 수행하고 있는 기존기업을 의미하며, 대용베타는 이러한 대용회사 주주의 위험인 대용회사 보통주의 베타를 의미한다.

② 대용베타는 대용회사가 무부채기업인 경우에는 영업위험만 반영된 베타(β_U)이지만, 대용회사가 부채사용기업인 경우에는 대용회사의 재무위험까지 반영된 베타(β_L)이다. 따라서 대용회사가 부채사용기업인 경우에는 앞서 살펴본 바와 같은 β_U와 β_L 간의 관계식을 이용하여 신규투자안의 영업위험만 반영된 베타(β_U)를 계산해야 한다.

$$\beta_L{}^{대용회사} = \beta_U + (\beta_U - \beta_d)(1-t)\frac{B}{S}{}^{대용회사}$$

③ 이와 같은 관계식에서 부채의 위험이 없다($\beta_d = 0$)고 가정하는 경우, 즉 하마다모형을 이용하는 경우 신규투자안의 영업위험(β_U)은 다음과 같이 계산된다.

$$\beta_L{}^{대용회사} = \beta_U + (\beta_U - 0)(1-t)\frac{B}{S}{}^{대용회사} = \beta_U \times \left[1 + (1-t)\frac{B}{S}{}^{대용회사}\right]$$

$$\therefore \beta_U = \frac{\beta_L{}^{대용회사}}{\left[1 + (1-t)\frac{B}{S}{}^{대용회사}\right]}$$

2) 신규투자안의 가중평균자본비용 계산

대용베타를 이용해서 신규투자안의 영업위험(β_U)을 측정한 후에는 신규투자안의 재무위험까지 반영한 신규투자안의 가중평균자본비용을 계산해야 한다.

① 신규투자안의 β_L 계산: 신규투자안의 β_U에 신규투자안의 자본조달방법에 따른 재무위험을 추가로 반영하여 신규투자안의 영업위험과 재무위험이 모두 반영된 β_L를 계산한다.

② 신규투자안의 자기자본비용 계산: CAPM의 성립을 가정하는 경우에는 증권시장선을 이용하여 신규투자안에 대한 주주의 체계적위험에 상응하는 요구수익률인 자기자본비용을 계산할 수 있다.

③ 가중평균자본비용의 계산: 세후타인자본비용과 자기자본비용을 가중평균해서 총자본에 대한 자본비용인 가중평균자본비용을 계산한다.

$$\beta_L^{\text{신규투자안}} = \beta_U + (\beta_U - \beta_d)(1-t)\frac{B}{S}^{\text{목표}}$$

$$k_e = R_f + [E(R_m) - R_f] \times \beta_L$$

$$WACC = k_0 = k_d(1-t)\frac{B}{V} + k_e\frac{S}{V}$$

법인세가 있는 MM의 자본구조이론이 성립함을 가정하는 경우에 자기자본비용과 가중평균자본비용은 신규투자안의 영업위험(β_U)을 계산한 후에 MM의 자본구조이론에서 살펴본 다음의 식을 이용해서 계산할 수도 있다.

$$\rho = R_f + [E(R_m) - R_f] \times \beta_U$$

$$k_e = \rho + (\rho - k_d)(1-t)\frac{B}{S}$$

$$WACC = k_0 = \rho(1 - t\frac{B}{V})$$

한편, 이러한 자본비용은 기업이 과거에 조달한 자본들의 역사적인 자본비용이 아니라 현재시점에 자본을 조달하는 경우 부담해야 할 자본비용인 한계자본비용을 이용해야 한다는 점에 유의해야 한다.

(4) 가중평균자본비용법 적용 시 유의사항

1) 목표자본구조

투자안의 가중평균자본비용을 계산할 때 가중치를 무엇으로 하느냐에 대해 다음과 같은 두 가지 견해가 있다. 이러한 두 가지 견해 중 기업이 목표자본구조를 가지고 있는 경우에는 재생산가치가 목표자본구조에 일치하도록 자본을 조달할 것이므로 재생산가치 레버리지를 가중치(목표자본구조)로 하여 투자안의 가중평균자본비용을 구하는 것이 타당하다.

① 대체가치 레버리지: 투자자금을 조달할 때의 레버리지, 즉 조달레버리지를 말한다. 예를 들어, 총투자금액 ₩80을 타인자본 ₩40과 자기자본 ₩40으로 조달했다면 대체가치 레버리지에 의한 가중치는 다음과 같다.

$$\frac{B}{V} = \frac{\text{부채조달액}}{\text{총투자금액}} = \frac{₩40}{₩80} = 50\%$$

$$\frac{S}{V} = \frac{\text{자기자본조달액}}{\text{총투자금액}} = \frac{₩40}{₩80} = 50\%$$

② 재생산가치 레버리지: 투자안의 실행에 따른 NPV까지 고려한 레버리지를 말한다. 예를 들어, 총투자금액 ₩80을 타인자본 ₩40과 자기자본 ₩40으로 조달하고 NPV가 ₩20으로 예상되는 경우, NPV는 자기자본에 귀속되므로 재생산가치 레버리지에 의한 가중치는 다음과 같다.

$$\frac{B}{V} = \frac{\text{부채조달액}}{\text{총투자금액} + NPV} = \frac{₩40}{₩80 + ₩20} = 40\%$$

$$\frac{S}{V} = \frac{\text{자기자본조달액} + NPV}{\text{총투자금액} + NPV} = \frac{₩40 + ₩20}{₩80 + ₩20} = 60\%$$

한편, WACC법을 적용하기 위해서는 투자안의 부채사용에 따른 효과를 가중평균자본비용에 반영하기 위해 기업의 목표자본구조를 알고 있어야 한다. 따라서 기업의 목표자본구조를 알 수 없는 경우에는 WACC법을 사용하기 곤란하다는 점에 유의해야 한다.

2) 무성장영구투자안

앞에서 설명한 WACC법에 의한 가중평균자본비용은 하마다모형과 MM의 자본구조이론을 이용하여 계산되었는데, 하마다모형과 MM의 자본구조이론은 투자안의 현금흐름이 매년 일정하게 영구히 발생되는 무성장영구투자안을 가정한 것이므로 무성장영구투자안이 아닌 경우에는 이러한 방법을 적용하기 곤란하다는 점에 유의해야 한다.

예제 1 | 부채사용 투자안의 가치평가 - WACC법

교육서비스업을 영위하고 있으며 목표부채비율($\frac{B}{S}$)이 100%인 (주)파랑은 출판사업에 진출하는 신규투자안을 고려하고 있다. 모든 기업의 타인자본비용은 10%로 무위험이자율과 동일하며, 시장포트폴리오의 기대수익률은 20%, 법인세율은 40%이다. CAPM과 법인세가 있는 MM이론의 성립을 가정한다.

(1) 출판사업을 수행하는 경우 현재시점에서 ₩3,500을 투자해야 하며, 이후 매년 말 ₩1,000의 추가적인 영업이익이 영구히 발생할 것으로 예상된다. (주)파랑은 신규투자안을 실행하는 경우에도 기존의 목표부채비율이 최적의 부채비율이라고 판단하고 있다.
(2) (주)파랑이 분석한 바에 의하면 상장기업 중 출판사업을 영위하고 있는 SS출판사의 부채비율은 200%이고, 보통주의 베타는 1.1이다.

물음1 | 출판사업의 영업위험(β_U)을 계산하시오.

물음2 | (주)파랑이 신규투자안의 평가에 적용할 가중평균자본비용을 계산하시오.

물음3 | (주)파랑이 고려하고 있는 신규투자안의 NPV를 계산하시오.

물음4 | (주)파랑이 신규투자안을 실행하는 경우에 총투자자금 ₩3,500 중에서 부채로 조달해야 하는 금액과 자기자본으로 조달해야 하는 금액을 계산하시오.

해답

물음1 대용베타의 이용

$$\beta_L^{\text{대용회사}} = 1.1 = \beta_U + (\beta_U - \beta_d)(1-t)\frac{B}{S}^{\text{대용회사}} = \beta_U + (\beta_U - 0) \times (1-0.4) \times 2$$

$$\therefore \ \beta_U = 0.5$$

물음2 신규투자안의 가중평균자본비용

$$\beta_L^{\text{신규투자안}} = \beta_U + (\beta_U - \beta_d)(1-t)\frac{B}{S}^{\text{목표}} = 0.5 + (0.5-0) \times (1-0.4) \times 1 = 0.8$$

$$\rho = R_f + [E(R_m) - R_f] \times \beta_U = 0.1 + (0.2-0.1) \times 0.5 = 0.15$$

$$k_e = R_f + [E(R_m) - R_f] \times \beta_L = 0.1 + (0.2-0.1) \times 0.8 = 0.18$$

$$= \rho + (\rho - k_d)(1-t)\frac{B}{S} = 0.15 + (0.15-0.1) \times (1-0.4) \times 1 = 0.18$$

$$k_0 = k_d(1-t)\frac{B}{V} + k_e\frac{S}{V} = 0.1 \times (1-0.4) \times 0.5 + 0.18 \times 0.5 = 0.12$$

$$= \rho\left(1 - t\frac{B}{V}\right) = 0.15 \times (1 - 0.4 \times 0.5) = 0.12$$

물음3 신규투자안의 NPV

$$NPV = \Sigma\frac{\text{기업잉여현금흐름}_t}{(1+k_0)^t} - \text{총투자액} = \frac{EBIT \times (1-t)}{k_0} - \text{총투자액}$$

$$= \frac{₩1,000 \times (1-0.4)}{0.12} - ₩3,500 = ₩5,000 - ₩3,500 = ₩1,500$$

물음4 목표자본구조 달성을 위한 자본조달

신규투자안의 가치 = 총투자액 + NPV = ₩3,500 + ₩1,500 = ₩5,000

부채조달액 = 신규투자안의 가치 × 50% = ₩5,000 × 50% = ₩2,500

자기자본조달액 = 총투자액 - 부채조달액 = ₩3,500 - ₩2,500 = ₩1,000

참고로 <예제 1>의 경우에 신규투자안이 실행된 후, 신규투자안에 대한 부분 재무상태표를 작성하면 다음과 같다.

재무상태표			(단위: 원)
자산		부채	
		조달액	2,500
투자원금	3,500	자기자본	
		조달액	1,000
NPV	1,500	NPV	1,500
자산총계	5,000	부채와자본총계	5,000

02 주주현금흐름법

(1) 의의

주주현금흐름법(flow to equity method: FTE법)이란 투자안의 현금흐름 중 주주에게 귀속되는 현금흐름, 즉 주주현금흐름을 자기자본비용으로 할인하여 투자안의 가치를 평가하는 방법을 말한다. 즉, FTE법은 주주현금흐름을 자기자본비용으로 할인한 투자안의 가치에서 총투자액 중 주주가 투자한 금액을 차감하여 NPV를 산출하고, 이렇게 산출된 NPV가 0보다 크면 투자가치가 있는 것으로 판단한다.

$$NPV = \Sigma \frac{주주현금흐름_t}{(1+k_e)^t} - 주주투자액$$

$$무성장영구투자안:\ NPV = \frac{NI = (EBIT - I) \times (1-t)}{k_e} - 주주투자액$$

따라서 앞에서 살펴본 WACC법은 기업의 입장에서 투자안의 가치를 평가하는 방법이지만, FTE법은 주주의 입장에서 투자안의 가치를 평가하는 방법이라고 할 수 있다.

(2) 주주현금흐름과 주주투자액

FTE법에서 평가대상이 되는 주주현금흐름은 기업잉여현금흐름에서 채권자현금흐름을 차감하여 계산하는데, <제6장 자본구조이론>에서 살펴본 바와 같이 투자안의 현금흐름이 매년 일정하게 영구히 발생하는 무성장영구투자안인 경우 주주현금흐름은 전액 배당으로 지급되는 당기순이익과 일치한다. 그리고 FTE법은 NPV 계산 시 총투자액 중 주주가 투자한 금액만을 차감하므로 투자자금 중에서 자기자본으로 조달하는 금액 또는 부채로 조달하는 금액을 알 수 있어야 한다.

(3) 자기자본비용의 계산

FTE법은 현재가치 계산 시 할인율로 자기자본비용을 이용하는데, 자기자본비용(k_e)의 계산방법은 앞에서 살펴본 WACC법 적용 시의 대용베타를 이용하는 방법과 동일하다. 따라서 FTE법을 적용하는 경우에도 기업의 목표자본구조를 알고 있어야 한다.

예제 2 부채사용 투자안의 가치평가 - FTE법

교육서비스업을 영위하고 있으며 목표부채비율($\frac{B}{S}$)이 100%인 (주)파랑은 출판사업에 진출하는 신규투자안을 고려하고 있다. 모든 기업의 타인자본비용은 10%로 무위험이자율과 동일하며, 시장포트폴리오의 기대수익률은 20%, 법인세율은 40%이다. CAPM과 법인세가 있는 MM이론의 성립을 가정한다.

(1) 출판사업을 수행하는 경우 현재시점에서 ₩3,500을 투자해야 하며, 이후 매년 말 ₩1,000의 추가적인 영업이익이 영구히 발생할 것으로 예상된다. (주)파랑은 신규투자안을 실행하는 경우에도 기존의 목표부채비율이 최적의 부채비율이라고 판단하고 있으며, 이러한 목표부채비율을 달성하기 위해서 출판사업의 투자자금 중 ₩2,500은 영구부채를 발행하여 조달할 계획이다.

(2) (주)파랑이 분석한 바에 의하면 상장기업 중 출판사업을 영위하고 있는 SS출판사의 부채비율은 200%이고, 보통주의 베타는 1.1이다.

물음1 출판사업에 대한 (주)파랑 주주의 요구수익률을 계산하시오.

물음2 주주현금흐름법에 의해 (주)파랑 주주의 입장에서 신규투자안의 NPV를 계산하시오.

해답
물음1 대용베타와 자기자본비용

$$\beta_L^{\text{대용회사}} = 1.1 = \beta_U + (\beta_U - \beta_d)(1-t)\frac{B}{S}^{\text{대용회사}} = \beta_U + (\beta_U - 0) \times (1-0.4) \times 2$$

$$\therefore \ \beta_U = 0.5$$

$$\beta_L^{\text{신규투자안}} = \beta_U + (\beta_U - \beta_d)(1-t)\frac{B}{S}^{\text{목표}} = 0.5 + (0.5-0) \times (1-0.4) \times 1 = 0.8$$

$$k_e = R_f + [E(R_m) - R_f] \times \beta_L = 0.1 + (0.2-0.1) \times 0.8 = 0.18$$

물음2 신규투자안의 NPV

$$NPV = \Sigma \frac{\text{주주현금흐름}_t}{(1+k_e)^t} - \text{주주투자액} = \frac{(EBIT-I) \times (1-t)}{k_e} - (\text{총투자액} - \text{부채사용액})$$

$$= \frac{(₩1,000 - ₩2,500 \times 0.1) \times (1-0.4)}{0.18} - (₩3,500 - ₩2,500)$$

$$= ₩2,500 - ₩1,000 = ₩1,500$$

참고로 <예제 2>의 경우에 신규투자안이 실행된 후, 신규투자안에 대한 부분 재무상태표를 작성하면 다음과 같다.

재무상태표

(단위: 원)

자산		부채	
		조달액	2,500
투자원금	3,500	자기자본	
		조달액	1,000
NPV	1,500	NPV	1,500
자산총계	5,000	부채와자본총계	5,000

03 조정현재가치법

(1) 의의

조정현재가치법(adjusted present value method: APV법)이란 투자에서 발생하는 현금흐름을 발생원천별로 구분한 후에 각 원천별 현금흐름을 원천별 자본비용으로 할인하여 투자안의 가치를 평가하는 방법이다. 즉, APV법은 자기자본만으로 투자하는 경우의 NPV인 기본NPV를 구하고, 여기에 부채사용으로 인한 추가적인 효과의 현재가치를 가산하여 투자안의 NPV인 조정현재가치(APV)를 산출한 후, 이렇게 산출된 APV가 0보다 크면 투자가치가 있는 것으로 판단한다.

APV = 자기자본만으로 투자 시의 NPV + 부채사용효과의 PV

따라서 앞에서 살펴본 WACC법은 부채사용의 효과를 할인율에 반영하여 투자안의 가치를 평가하는 방법이지만, APV법은 부채사용의 효과를 별도의 현금흐름으로 구분하여 평가하는 방법이라고 할 수 있다.

(2) 기본NPV

기본NPV(base-case NPV)는 신규투자안의 투자자금을 자기자본만으로 조달하는 경우의 NPV를 의미한다. 즉, 기본NPV는 투자안의 현금흐름인 기업잉여현금흐름을 자기자본만으로 투자하는 경우의 자본비용인 영업위험만 반영된 자본비용(ρ)으로 할인한 후에 총투자액을 차감하여 계산한다.

$$기본NPV = \Sigma \frac{기업잉여현금흐름_t}{(1+\rho)^t} - 총투자액$$

$$무성장영구투자안: \ 기본NPV = \frac{EBIT \times (1-t)}{\rho} - 총투자액$$

따라서 기본NPV 계산 시 평가의 대상이 되는 현금흐름은 WACC법을 적용하는 경우의 평가대상 현금흐름과 동일하다. 다만, 자기자본만으로 투자함을 가정하여 계산되는 NPV이므로 적용되는 할인율이 신규투자안의 영업위험만 반영된 자본비용(ρ)이라는 것이 다르다. 여기서 기본NPV 계산 시 적용할 자본비용(ρ)의 계산방법은 앞에서 살펴본 WACC법 적용 시의 대용베타를 이용하는 방법과 동일하다.

[3] 부채사용효과의 현재가치

자기자본만으로 투자하지 않고 투자자금 중 일부를 부채로 조달하는 경우에는 부채사용으로 인한 추가적인 효과들이 발생하게 된다. 이러한 효과의 예로써 이자비용의 감세효과, 자금조달비용의 효과, 특혜금융의 효과, 재무적 곤경비용(파산비용, 대리비용 등)의 효과 등을 들 수 있는데, APV법에서는 이와 같은 부채사용의 효과들을 별도의 현금흐름으로 구분한 후에 각 현금흐름의 원천별 자본비용으로 할인하여 부채사용에 따른 추가적인 가치의 증가분을 평가한다. 여기서는 이러한 부채사용의 효과들 중에서 가장 대표적인 이자비용의 감세효과에 대해 살펴보고, 나머지 부채사용의 효과에 대해서는 절을 달리하여 살펴보기로 한다.

① 이자비용 감세효과의 현재가치는 부채사용으로 인해 발생되는 매년 법인세절감액의 현재가치의 합계이므로 다음과 같이 계산할 수 있다. 여기서 이자비용 감세효과의 현재가치 계산 시 적용할 할인율은 타인자본비용이며, 무성장영구투자안의 경우 이자비용 감세효과의 현재가치가 $B \times t$와 동일함은 <제6장 자본구조이론>에서 살펴본 바와 같다.

$$\text{이자비용 감세효과의 현재가치} = \Sigma \frac{I_t \times t}{(1+k_d)^t}$$

$$\text{무성장영구투자안: 이자비용 감세효과의 현재가치} = B \times t$$

② 이자비용 감세효과의 현재가치는 다음과 같이 계산할 수도 있는데, 이러한 경우 세후이자비용이나 원금상환액의 현재가치 계산 시 적용될 할인율은 부채의 시장이자율인 기업의 타인자본비용이다.

$$\Sigma \frac{I_t \times t}{(1+k_d)^t} = \text{부채조달액} - \text{세후이자와 원금상환액의 PV}$$

지금까지 살펴본 APV법과 관련하여 주의할 점은 부채사용에 따른 효과를 별도의 현금흐름으로 분리한 후 할인하여 투자안의 가치를 평가하기 위해서는 부채사용으로 인해 추가로 발생되는 현금흐름을 별도로 구분할 수 있어야 하고, 이를 위해서는 투자자금 중에서 부채로 조달하는 금액을 알 수 있어야 한다는 것이다.

예제 3 부채사용 투자안의 가치평가 - APV법

교육서비스업을 영위하고 있는 (주)파랑은 출판사업에 진출하는 신규투자안을 고려하고 있다. 모든 기업의 타인자본비용은 10%로 무위험이자율과 동일하며, 시장포트폴리오의 기대수익률은 20%, 법인세율은 40%이다. CAPM과 법인세가 있는 MM이론의 성립을 가정한다.

(1) 출판사업을 수행하는 경우 현재시점에서 ₩3,500을 투자해야 하며, 이후 매년 말 ₩1,000의 추가적인 영업이익이 영구히 발생할 것으로 예상된다. (주)파랑은 신규투자안을 실행하는 데 필요한 투자자금 중에서 ₩2,500은 이자율 10%의 영구부채를 발행하여 조달하고, 나머지는 자기자본으로 조달할 계획이다.

(2) (주)파랑이 분석한 바에 의하면 상장기업 중 출판사업을 영위하고 있는 SS출판사의 부채비율은 200%이고, 보통주의 베타는 1.1이다.

물음1 출판사업을 자기자본만으로 투자하는 경우의 자본비용과 NPV(기본NPV)를 계산하시오.

물음2 (주)파랑이 ₩2,500의 부채를 사용함에 따른 투자안 가치의 증가분을 계산하시오.

물음3 (주)파랑이 고려하고 있는 신규투자안의 조정현재가치(APV)를 계산하시오.

해답
물음1 대용베타와 기본NPV

$$\beta_L^{\text{대용회사}} = 1.1 = \beta_U + (\beta_U - \beta_d)(1-t)\frac{B}{S}^{\text{대용회사}} = \beta_U + (\beta_U - 0) \times (1-0.4) \times 2$$

$$\therefore \beta_U = 0.5$$

$$\rho = R_f + [E(R_m) - R_f] \times \beta_U = 0.1 + (0.2 - 0.1) \times 0.5 = 0.15$$

$$\text{기본}NPV = \Sigma \frac{\text{기업잉여현금흐름}_t}{(1+\rho)^t} - \text{총투자액} = \frac{EBIT \times (1-t)}{\rho} - \text{총투자액}$$

$$= \frac{₩1,000 \times (1-0.4)}{0.15} - ₩3,500 = ₩4,000 - ₩3,500 = ₩500$$

물음2 부채사용효과의 현재가치

$$\frac{I \times t}{k_d} = \frac{₩2,500 \times 0.1 \times 0.4}{0.1} = ₩2,500 \times 0.4 = ₩1,000$$

$$= \text{부채조달액} - \text{세후이자와 원금상환액의 PV}$$

$$= ₩2,500 - \frac{₩2,500 \times 0.1 \times (1-0.4)}{0.1} = ₩2,500 - ₩1,500 = ₩1,000$$

물음3 조정현재가치

APV = 기본NPV + 부채사용효과의 PV = ₩500 + ₩1,000 = ₩1,500

참고로 <예제 3>의 경우에 신규투자안이 실행된 후, 신규투자안에 대한 부분 재무상태표를 작성하면 다음과 같다.

재무상태표			(단위: 원)
자산		부채	
투자원금	3,500	조달액	2,500
기본NPV	500	자기자본	
		조달액	1,000
부채사용효과의 PV	1,000	APV = NPV	1,500
자산총계	5,000	부채와자본총계	5,000

<예제 1, 2, 3>에서 살펴본 바와 같이 WACC법과 FTE법 및 APV법 중 어떠한 방법을 적용하든지 투자안에 대한 평가결과는 동일함을 알 수 있다. 다만, 주어진 상황을 정확히 파악하여 이용가능한 정보가 어떤 것이냐에 따라 해당 상황에서 적용이 용이한 평가방법을 다음과 같이 선택하면 된다.

① WACC법은 기업의 목표자본구조가 명확한 경우, 즉 투자기간 동안 자본구조가 일정하게 유지되는 경우에 적용이 용이하다.

② FTE법은 기업의 목표자본구조가 명확하고 주주현금흐름의 계산이 용이한 경우에 적용이 가능하다.

③ APV법은 투자안의 실행을 위한 부채사용액이 명확한 경우, 즉 투자기간 동안 부채사용액이 일정하게 유지되는 경우에 적용이 용이하다.

제3절 다양한 부채사용의 효과와 조정현재가치법

01 부채사용효과의 의의

기업의 목표자본구조가 명확한 경우에는 WACC법이나 FTE법의 적용이 용이하지만, 가중평균자본비용이나 자기자본비용의 계산과정에서 다양한 부채사용의 효과를 모두 반영하는 것은 쉽지 않은 일이다. 예를 들어, WACC법은 부채사용의 효과를 할인율에 간접적으로 반영하는 방법으로써, 부채사용의 효과 중에서 이자비용의 감세효과만을 고려하는 것이 일반적이다. 왜냐하면, 이후에 설명할 자금조달비용의 효과나 특혜금융의 효과, 파산비용이나 대리비용과 같은 재무적 곤경비용의 효과 등 다양한 부채사용의 효과들을 가중평균자본비용 계산과정에서 할인율에 일괄적으로 반영하는 것이 곤란하기 때문이다.

> APV = 자기자본만으로 투자 시의 NPV + 부채사용효과의 PV
> 부채사용효과의 PV = 이자비용감세효과의 PV
> $\qquad$ + 자금조달비용효과의 PV
> $\qquad$ + 특혜금융효과의 PV
> $\qquad$ + 재무적 곤경비용효과의 PV

다양한 부채사용의 효과들을 고려하는 경우에는 APV법의 적용이 상대적으로 용이하다. 즉, 가치의 가산원칙을 적용하는 APV법은 다양한 부채사용의 효과들을 현금흐름에 직접적으로 반영하는 방법으로써, 부채사용에 따라 발생하는 추가적인 현금흐름들을 각 원천별로 분해하고 원천별 자본비용을 이용해서 독립적으로 평가(할인)한 후에 이를 모두 합산하여 투자안을 평가하는 방법이므로 WACC법이나 FTE법의 자본비용 계산과정에서 부채사용의 효과를 모두 고려하는 어려움을 피할 수 있다.

02 기본NPV

[1] 투자수명이 유한한 투자안의 영업현금흐름

투자수명이 유한한 투자안의 경우에는 기업잉여현금흐름 계산 시 무성장영구현금흐름의 가정하에서 현금흐름을 계산하지 않도록 주의해야 한다. 무성장영구현금흐름을 가정하는 경우에는 감가상각비만큼의 단순재투자를 가정하지만, 투자수명이 유한한 투자안의 현금흐름을 측정하는 경우에는 영업현금흐름 계산 시에 감가상각비는 현금유출이 없는 비용이며, 감가상각비의 감세효과는 현금유출을 감소시키는 효과를 가져온다는 것을 고려해야 한다.

$$OCF = EBIT \times (1-t) + D = (R-C) \times (1-t) + t \times D$$

(2) 기본NPV 계산 시 적용될 할인율

영업현금흐름의 현재가치 계산 시 세후현금영업이익$[(R-C) \times (1-t)]$은 자기자본만으로 투자하는 경우의 자본비용인 영업위험만 반영된 자본비용(ρ)으로 할인하지만, 감가상각비 감세효과의 현재가치 계산 시 적용될 할인율과 관련해서는 다음과 같은 두 가지 견해가 있다.

① 무위험이자율(R_f): 이는 유형자산 등의 취득 시 이미 매 기의 감가상각비가 결정되며, 감세효과를 가져오는 법인세율도 일정함을 가정하기 때문에 감가상각비의 감세효과는 무위험하다고 가정하는 것이다.

② 영업위험만 반영된 자본비용(ρ): 이는 영업현금흐름이 감세효과를 실현시키기에 충분하지 못한 경우에는 감가상각비가 감세효과를 가져오지 못할 위험이 존재하게 되며, 이러한 위험은 영업에서 창출되는 현금흐름의 변동위험과 동일하다고 가정하는 것이다.

03 부채사용효과의 현재가치

(1) 자금조달비용효과의 현재가치

기업이 투자안의 실행을 위해 필요한 투자자금 중의 일부를 부채로 조달하는 경우에는 부채조달시점에 자금조달비용이 유출되며, 이는 투자안의 가치를 감소시킨다. 반면에, 이렇게 유출되는 자금조달비용은 부채상환시점까지 상각되고, 이러한 자금조달비용상각액은 과세소득을 감소시켜 감세효과를 가져오므로 자금조달비용상각액의 감세효과는 투자안의 가치를 증가시킨다. 따라서 자금조달비용으로 인한 효과의 현재가치는 다음과 같이 계산된다.

$$\text{자금조달비용효과의 PV} = -\text{자금조달비용} + \text{자금조달비용상각액 감세효과의 PV}$$

한편, 자금조달비용상각액 감세효과의 현재가치 계산 시 적용될 할인율과 관련해서는 다음과 같은 두 가지 견해가 있다.

① 무위험이자율(R_f): 이는 자금조달비용의 매년 상각액은 부채조달시점에 이미 확정되어 있으며, 감세효과를 가져오는 법인세율도 일정함을 가정하기 때문에 자금조달비용상각액의 감세효과는 무위험하다고 가정하는 것이다.

② 타인자본비용(k_d): 이는 자금조달비용이 부채를 조달하는 과정에서 지출된 것이며, 상환시점까지 부채를 사용하기 위해 발생된 것이므로 타인자본의 위험과 동일하다고 가정하는 것이다.

(2) 특혜금융효과의 현재가치

특혜금융(subsidized financing)이란 정부가 특정산업의 육성이나 기업의 시설투자를 활성화하기 위해 정상적인 시장이자율보다 낮은 이자율로 기업에 자금을 대출해주는 것을 말한다.

① 특혜금융을 이용하는 경우에는 정상적인 차입의 경우에 비해 매년의 이자지급액이 절감되지만, 이에 따라 이자비용의 감세효과도 축소되므로 시장이자율로의 차입 대비 특혜금융으로 인한 효과의 현재가치는 다음과 같이 세후이자지급절감액의 현재가치로 계산된다.

$$\text{시장이자율 차입 대비 특혜금융효과의 } PV = \Sigma\frac{\text{매년 이자지급절감액}_t \times (1-t)}{(1+k_d)^t}$$

② 특혜금융으로 인한 효과의 현재가치 계산 시 적용될 할인율은 시장이자율로 차입하는 경우의 정상적 차입이자율이다. 왜냐하면, 정상적인 시장이자율이 특혜금융을 이용하지 않았을 경우의 기회비용이기 때문이다.

③ 특혜금융을 이용하는 경우에 조정현재가치는 기본NPV에 특혜금융부채사용효과의 현재가치를 고려하여 계산할 수도 있다. 여기서 특혜금융부채사용효과란 자기자본으로 투자 대비 특혜금융부채사용으로 인한 효과를 말하는데, 이러한 방법은 정상적인 시장이자율로 차입하는 경우의 이자비용 감세효과와 특혜금융으로 인한 효과를 한번에 고려하는 것이다.

> 자기자본으로 투자 대비 특혜금융부채사용효과의 PV
> = 부채조달액 − 특혜금융 세후이자와 원금상환액의 PV

따라서 특혜금융을 이용하는 경우에 투자안의 조정현재가치는 다음과 같이 계산된다. 단, 자금조달비용으로 인한 효과의 현재가치는 고려하지 않는다고 가정한다.

> APV = 기본NPV + 시장이자율 이자비용 감세효과의 PV + 특혜금융효과의 PV
> = 기본NPV + 특혜금융부채사용효과의 PV

(주)파랑은 총 ₩9,800의 투자자금이 소요되는 기계장치의 취득을 고려하고 있으며, 동 투자안의 경제성 분석을 위해 조정현재가치법을 적용하고자 한다.

(1) 동 기계장치의 내용연수는 4년이며, 잔존가치는 없는 것으로 하여 정액법에 의해 감가상각될 것이다. 동 기계장치를 취득하는 경우 기계장치의 내용연수 동안 매년 ₩4,000의 증분현금영업이익이 발생할 것으로 예상된다.

(2) 동 투자안을 자기자본만으로 투자하는 경우의 자본비용은 20%이고, 법인세율은 40%이며, (주)파랑은 무위험이자율과 동일한 10%의 이자율로 사채를 발행하여 자금을 차입할 수 있다.

물음1 (주)파랑이 동 투자안을 자기자본만으로 투자하는 경우의 NPV를 계산하시오. 단, 감가상각비 감세효과의 현재가치 계산 시 적용할 할인율은 투자안의 영업위험이 반영된 할인율로 가정한다.

물음2 (주)파랑이 투자자금 ₩9,800 중 절반은 만기 4년의 사채를 발행하여 조달하고 나머지 자금은 자기자본으로 투자하는 경우에 동 투자안의 APV를 계산하시오.

물음3 (주)파랑이 투자자금 ₩9,800 중 절반을 기계장치의 내용연수 동안 연 3%의 이자율로 정부의 특혜금융을 이용하여 조달할 수 있다고 가정한다. 나머지 투자자금은 자기자본으로 투자하는 경우에 동 투자안의 APV를 계산하시오.

해답

물음1 기본NPV

$$\Delta OCF = (\Delta R - \Delta C) \times (1 - t) + t \times \Delta D = ₩4,000 \times (1 - 0.4) + 0.4 \times \frac{₩9,800}{4년} = ₩3,380$$

기본NPV $= -₩9,800 + \frac{₩3,380}{1.2} + \frac{₩3,380}{1.2^2} + \frac{₩3,380}{1.2^3} + \frac{₩3,380}{1.2^4} = -₩1,050.08$

물음2 이자비용 감세효과의 PV와 APV

사채발행액 $= ₩9,800 \times 50\% = ₩4,900$

매년 이자비용 감세효과 $= ₩4,900 \times 10\% \times 0.4 = ₩196$

이자비용 감세효과의 PV $= \frac{₩196}{1.1} + \frac{₩196}{1.1^2} + \frac{₩196}{1.1^3} + \frac{₩196}{1.1^4} = ₩621.29$

APV = 기본NPV + 이자비용 감세효과의 PV $= -₩1,050.08 + ₩621.29 = -₩428.79$

<별해>

매년 세후이자 지급액 $= I \times (1 - t) = ₩4,900 \times 10\% \times (1 - 0.4) = ₩294$

이자비용 감세효과의 PV = 부채조달액 - 세후이자와 원금상환액의 PV

$$= ₩4,900 - \left(\frac{₩294}{1.1} + \frac{₩294}{1.1^2} + \frac{₩294}{1.1^3} + \frac{₩294 + ₩4,900}{1.1^4} \right) = ₩621.29$$

물음3 특혜금융효과의 PV와 APV

매년 세후이자지급액의 절감액 $= ₩4,900 \times (10\% - 3\%) \times (1 - 0.4) = ₩205.8$

시장이자율 차입 대비 특혜금융효과의 PV

$= \dfrac{₩205.8}{1.1} + \dfrac{₩205.8}{1.1^2} + \dfrac{₩205.8}{1.1^3} + \dfrac{₩205.8}{1.1^4} = ₩652.36$

$\text{APV} = $ 기본NPV + 이자비용 감세효과의 PV + 특혜금융효과의 PV

$\qquad = -₩1,050.08 + ₩621.29 + ₩652.36 = ₩223.57$

<별해>

매년 특혜금융 세후이자지급액 $= I \times (1 - t) = ₩4,900 \times 3\% \times (1 - 0.4) = ₩88.2$

자기자본으로 투자 대비 특혜금융부채사용효과의 PV

$= $ 부채조달액 $-$ 특혜금융 세후이자와 원금상환액의 PV

$= ₩4,900 - \left(\dfrac{₩88.2}{1.1} + \dfrac{₩88.2}{1.1^2} + \dfrac{₩88.2}{1.1^3} + \dfrac{₩88.2 + ₩4,900}{1.1^4} \right) = ₩1,273.65$

$\text{APV} = $ 기본NPV + 특혜금융부채사용효과의 PV $= -₩1,050.08 + ₩1,273.65 = ₩223.57$

만약, <예제 4>의 **물음2** 에서 사채발행 시 사채발행액의 2%에 해당하는 사채발행비가 발생하고, 이러한 사채발행비는 사채발행으로 조달되는 자금 중에서 지출되며, 이후 사채의 만기인 4년간 정액법에 의해 상각된다고 가정하면, 자금조달비용을 고려하는 경우에 경제성분석의 내용은 다음과 같이 변경된다.

① 사채발행비가 사채발행으로 조달되는 자금 중에서 지출되는 경우에는 사채발행액이 달라지며, 이에 따라 매년 이자비용과 이자비용 감세효과의 현재가치도 달라진다.

> 사채발행액 $= ₩4,900 \div (1 - 0.02) = ₩5,000$
>
> 매년 이자비용 감세효과 $= ₩5,000 \times 10\% \times 0.4 = ₩200$
>
> 이자비용 감세효과의 PV $= \dfrac{₩200}{1.1} + \dfrac{₩200}{1.1^2} + \dfrac{₩200}{1.1^3} + \dfrac{₩200}{1.1^4} = ₩633.97$

② 자금조달경비인 사채발행비 발생으로 인한 효과의 현재가치도 투자안의 경제성분석 시에 추가로 고려해야 한다.

> 사채발행비 유출액 $= ₩5,000 \times 0.02 = ₩100$
>
> 매년 사채발행비상각액의 감세효과 $= \dfrac{₩100}{4년} \times 0.4 = ₩10$
>
> 사채발행비효과의 PV $= -₩100 + \dfrac{₩10}{1.1} + \dfrac{₩10}{1.1^2} + \dfrac{₩10}{1.1^3} + \dfrac{₩10}{1.1^4} = -₩68.30$

③ 이자비용 감세효과의 현재가치와 사채발행비효과의 현재가치를 모두 고려하는 경우에 투자안의 조정현재가치(APV)는 다음과 같이 계산된다.

> $\text{APV} = $ 기본NPV + 이자비용 감세효과의 PV + 사채발행비효과의 PV
>
> $\qquad = -₩1,050.08 + ₩633.97 - ₩68.30 = -₩484.41$

제4절 │ 확실성등가법

01 확실성등가법의 의의

앞에서 살펴본 위험조정할인율법은 투자안의 위험을 할인율에 반영하는 방법인데, 투자수명이 장기인 투자안의 평가 시에 투자안의 위험(β)이 기간별로 안정적이라면 위험조정할인율법의 적용에 별다른 문제가 없으나, β가 기간별로 상이한 경우에는 시점별 현금흐름의 할인에 적용될 기간별 위험조정할인율을 각각 산출해야 한다는 문제점이 있다. 이렇게 기간별로 투자안의 위험이 안정적이지 못한 경우에는 투자안의 기간별 β와 할인율 계산의 어려움을 피하기 위해 투자안의 위험을 현금흐름에서 조정하는 확실성등가법의 적용을 고려할 수 있다.

① 확실성등가(certainty equivalent: CEQ)란 위험이 있는 기대현금흐름과 동일한 가치를 갖는 확실한 현금흐름을 의미한다. 즉, 기대현금흐름에서 위험을 제거하여 확실한 현금흐름으로 조정된 위험이 없는 현금흐름을 확실성등가라고 한다.

② 확실성등가법(certainty equivalent method: CEQ법)이란 투자안의 위험을 현금흐름에 반영하는 방법으로써, 투자안의 기대현금흐름을 확실성등가로 전환하고, 이를 무위험이자율로 할인하여 투자안의 가치를 평가하는 방법이다.

③ 확실성등가는 기대현금흐름과 가치가 동일한 무위험한 현금흐름이므로 기대현금흐름을 위험조정할인율로 할인한 현재가치와 확실성등가를 무위험이자율로 할인한 현재가치는 당연히 동일해야 한다.

$$\text{<위험조정할인율법>} \qquad \qquad \qquad \text{<확실성등가법>}$$

$$\frac{E(CF_t)}{(1+k)^t} \qquad = \qquad PV \qquad = \qquad \frac{CEQ_t}{(1+R_f)^t}$$

02 확실성등가의 측정방법

확실성등가법의 적용을 위해서는 미래의 기대현금흐름에 대한 확실성등가를 측정하는 것이 가장 중요한 문제인데, 확실성등가를 측정하는 방법에는 효용함수를 이용하는 방법과 CAPM을 이용하는 방법 및 확실성등가계수를 이용하는 방법 등이 있다.

(1) 효용함수를 이용하는 방법

<제3장 포트폴리오이론>에서 살펴본 바와 같이 기대효용이론의 관점에서 확실성등가는 위험이 있는 투자안의 기대효용과 동일한 효용을 제공해주는 확실한 부의 수준을 의미하므로 개별투자자의 효용함수를 알 수 있는 경우에는 투자자의 효용함수를 이용하여 확실성등가를 측정할 수 있다. 그런데, 개별투자자의 효용함수를 이용해서 확실성등가를 측정하는 경우에는 객관적인 시장자료에 근거하지 않고 개별투자자의 주관적인 위험회피정도가 반영되어 평가되는 값이므로 투자자의 효용함수에 따라 투자자마다 확실성등가가 상이하게 측정된다는 것에 주의해야 한다.

예제 5 확실성등가법 – 효용함수 이용

(주)파랑은 총 ₩10,000의 투자자금이 소요되는 투자안의 실행을 고려하고 있다. 동 투자안의 내용연수는 2년이며, 투자의 내용연수동안 발생될 것으로 예상되는 현금흐름의 시점별 확률분포는 다음과 같다.

현재시점 현금흐름	1년 후		2년 후	
	확률	현금흐름	확률	현금흐름
-₩10,000	0.7	₩6,400	0.6	₩8,100
	0.3	₩4,900	0.4	₩3,600

(주)파랑의 소유경영자인 투자자 甲이 자신의 위험태도를 반영한 확실성등가법을 이용해서 동 투자안 실행에 대한 의사결정을 하고자 한다. 투자자 甲의 효용함수는 U(W) = $\sqrt{W}$ (단, W=현금흐름)이고, 무위험이자율은 8%이다.

물음1 투자자 甲의 위험에 대한 태도를 반영한 미래 각 시점별 기대현금흐름에 대한 확실성등가를 계산하시오.

물음2 투자자 甲의 입장에서 동 투자안의 NPV를 계산하시오.

해답

물음1 효용함수를 이용한 확실성등가의 계산

$E(CF_1) = 0.7 \times ₩6,400 + 0.3 \times ₩4,900 = ₩5,950$

$E(CF_1)$의 기대효용 $= 0.7 \times \sqrt{₩6,400} + 0.3 \times \sqrt{₩4,900} = 77$

$CEQ_1 = 77 \times 77 = ₩5,929$

$E(CF_2) = 0.6 \times ₩8,100 + 0.4 \times ₩3,600 = ₩6,300$

$E(CF_2)$의 기대효용 $= 0.6 \times \sqrt{₩8,100} + 0.4 \times \sqrt{₩3,600} = 78$

$CEQ_2 = 78 \times 78 = ₩6,084$

물음2 확실성등가법을 이용한 NPV

$NPV = -₩10,000 + \dfrac{₩5,929}{1.08} + \dfrac{₩6,084}{1.08^2} = ₩705.86$

(2) CAPM을 이용하는 방법

단일기간투자를 가정하는 CAPM을 이용하면 기대현금흐름에서 금액(₩) 단위로 측정된 위험프리미엄을 차감하여 다음과 같이 확실성등가를 측정할 수 있다.

$$CEQ_i = E(CF_i) - [E(R_m) - R_f] \times \frac{Cov(CF_i,\ R_m)}{\sigma_m^2}$$

단, $\dfrac{Cov(CF_i,\ R_m)}{\sigma_m^2}$: 투자안의 현금흐름을 기준으로 측정된 베타

$[E(R_m) - R_f] \times \dfrac{Cov(CF_i,\ R_m)}{\sigma_m^2}$: 금액(₩) 단위로 측정된 위험프리미엄

<제4장 자본자산가격결정모형>에서 살펴본 증권시장선은 수익률의 형태로 표현된 CAPM인데, 이를 이용해서 미래의 기대현금흐름과 확실성등가 간의 관계식을 도출하는 과정에 대해 살펴보면 다음과 같다.

① 개별자산의 수익률(R_i)은 개별자산의 현재가치(PV)와 1년 후 현금흐름(CF_i)을 이용해서 다음과 같이 나타낼 수 있다.

$$R_i = \frac{CF_i}{PV} - 1$$

② 개별자산의 수익률과 시장포트폴리오 수익률 간의 공분산[$Cov(R_i,\ R_m)$]은 다음과 같이 개별자산의 1년 후 현금흐름과 시장포트폴리오 수익률 간의 공분산[$Cov(CF_i,\ R_m)$]을 이용해서 나타낼 수 있다.

$$Cov(R_i,\ R_m) = Cov(\frac{CF_i}{PV} - 1,\ R_m) = \frac{1}{PV} \times Cov(CF_i,\ R_m)$$

③ 증권시장선에 ②의 식을 대입해서 정리하면 다음과 같다.

$$E(R_i) = R_f + [E(R_m) - R_f] \times \beta_i = R_f + [E(R_m) - R_f] \times \frac{Cov(R_i,\ R_m)}{\sigma_m^2}$$

$$= R_f + [E(R_m) - R_f] \times \frac{1}{PV} \times \frac{Cov(CF_i,\ R_m)}{\sigma_m^2}$$

④ ③의 식에서 양변에 각각 1을 더하고 PV를 곱하면 다음과 같은 식으로 정리된다.

$$PV \times [1 + E(R_i)] = PV \times (1 + R_f) + [E(R_m) - R_f] \times \frac{Cov(CF_i,\ R_m)}{\sigma_m^2}$$

⑤ $PV = \dfrac{E(CF_i)}{1+E(R_i)} = \dfrac{CEQ_i}{1+R_f}$ 이므로 ④의 식에서 $PV \times [1+E(R_i)] = E(CF_i)$ 이고, $PV \times (1+R_f) =$

CEQ_i이며, 기대현금흐름과 확실성등가 간의 관계식은 다음과 같다.

$$E(CF_i) = CEQ_i + [E(R_m) - R_f] \times \frac{Cov(CF_i,\ R_m)}{\sigma_m^2}$$

따라서, 기대현금흐름에서 금액(₩) 단위로 측정되는 위험프리미엄을 차감하여 확실성등가를 측정하는 식은 다음과 같이 도출된다.

$$CEQ_i = E(CF_i) - [E(R_m) - R_f] \times \frac{Cov(CF_i,\ R_m)}{\sigma_m^2} = E(CF_i) - \lambda \times Cov(CF_i,\ R_m)$$

단, $\lambda = \dfrac{E(R_m) - R_f}{\sigma_m^2}$: 시장위험 1단위에 대한 위험프리미엄

(주)파랑은 총 ₩400의 투자자금이 소요되는 투자안의 실행을 고려하고 있다. 동 투자안의 투자기간은 1년이며, 1년 후 예상되는 시장포트폴리오의 수익률(R_m)과 투자안의 현금흐름(CF_i)에 대한 확률분포는 다음과 같고, 무위험이자율은 연 8%이다.

상황	확률	R_m	CF_i
호황	0.2	30%	₩600
보통	0.6	20%	₩500
불황	0.2	10%	₩400

물음1 투자안의 1년 후 기대현금흐름에 대한 확실성등가를 계산하시오.

물음2 투자안의 NPV를 계산하시오.

해답

물음1 CAPM을 이용한 확실성등가의 계산

$E(CF_i) = 0.2 \times ₩600 + 0.6 \times ₩500 + 0.2 \times ₩400 = ₩500$

$E(R_m) = 0.2 \times 0.3 + 0.6 \times 0.2 + 0.2 \times 0.1 = 0.2$

$\sigma_m^2 = 0.2 \times (0.3 - 0.2)^2 + 0.6 \times (0.2 - 0.2)^2 + 0.2 \times (0.1 - 0.2)^2 = 0.004$

$Cov(CF_i,\ R_m) = 0.2 \times (0.3 - 0.2) \times (₩600 - ₩500) + 0.6 \times (0.2 - 0.2) \times (₩500 - ₩500)$
$\qquad\qquad + 0.2 \times (0.1 - 0.2) \times (₩400 - ₩500) = 4$

$CEQ_i = E(CF_i) - [E(R_m) - R_f] \times \dfrac{Cov(CF_i,\ R_m)}{\sigma_m^2} = ₩500 - (0.2 - 0.08) \times \dfrac{4}{0.004} = ₩380$

물음2 확실성등가법을 이용한 NPV

$NPV = \dfrac{₩380}{1.08} - ₩400 = ₩351.85 - ₩400 = -₩48.15원$

(3) 확실성등가계수를 이용하는 방법

확실성등가계수(certainty equivalent coefficient: α_t)란 미래 t시점의 기대현금흐름에 대한 확실성등가의 비율을 말한다.

$$\alpha_t = \frac{CEQ_t}{E(CF_t)}$$

▌ 사례 ▐

1년 후 기대현금흐름이 ₩100이고 기대현금흐름에 대한 확실성등가가 ₩90이라면 1년 후 기대현금흐름에 대한 확실성등가계수(α_1)는 0.9이다.

특정시점의 기대현금흐름에 적용할 확실성등가계수를 측정할 수 있는 경우에는 기대현금흐름에 확실성등가계수를 곱하여 기대현금흐름을 확실성등가로 전환할 수 있다.

$$CEQ_t = E(CF_t) \times \alpha_t$$

이러한 확실성등가계수는 위험이 내포된 기대현금흐름 ₩1과 동일한 가치를 갖는 확실한 현금흐름을 의미하는데, 확실성등가계수의 특성과 관련하여 추가로 살펴볼 사항은 다음과 같다.

① 기대현금흐름을 위험조정할인율로 할인한 현재가치와 확실성등가를 무위험이자율로 할인한 현재가치는 동일하므로 확실성등가계수는 위험조정할인율과 무위험이자율의 비율을 이용해서 계산될 수도 있다.

$$\frac{E(CF_t)}{(1+k)^t} = \frac{CEQ_t}{(1+R_f)^t}$$

$$\therefore \; \alpha_t = \frac{CEQ_t}{E(CF_t)} = \left(\frac{1+R_f}{1+k}\right)^t$$

② 위험회피형투자자를 가정하는 경우에는 확실성등가가 기대현금흐름보다는 작을 것이므로 확실성등가계수는 1보다 작은 값을 갖게 되며, 위험회피정도가 심할수록 확실성등가계수는 작아진다.

③ 위험중립형투자자를 가정하는 경우에 확실성등가계수는 1이며, 위험선호형투자자를 가정하는 경우에 확실성등가계수는 1보다 큰 값을 갖게 된다.

(주)파랑은 총 ₩15,000의 투자자금이 소요되며, 투자기간 동안 다음과 같은 현금흐름이 기대되는 투자안의 실행을 고려하고 있다.

시점	투자시점	1년 후	2년 후	3년 후
현금흐름	-₩15,000	₩8,000	₩9,000	₩10,000

무위험이자율은 연 8%, 투자안의 평가에 적절한 위험조정할인율은 연 20%이고, t시점의 기대현금흐름에 적용될 확실성등가계수는 $\alpha_t = \left(\dfrac{1+R_f}{1+k}\right)^t = \left(\dfrac{1.08}{1.2}\right)^t = 0.9^t$이다.

물음 1 위험조정할인율법을 이용하여 투자안의 NPV를 계산하시오.

물음 2 투자안의 시점별 미래 기대현금흐름에 대한 확실성등가를 계산하고, 확실성등가법을 이용하여 투자안의 NPV를 계산하시오.

해답

물음 1 위험조정할인율법

$$NPV = \frac{₩8,000}{1.2} + \frac{₩9,000}{1.2^2} + \frac{₩10,000}{1.2^3} - ₩15,000 = ₩3,703.7$$

물음 2 확실성등가계수와 확실성등가법

$$CEQ_1 = E(CF_1) \times \alpha_1 = ₩8,000 \times 0.9 = ₩7,200$$

$$CEQ_2 = E(CF_2) \times \alpha_2 = ₩9,000 \times 0.9^2 = ₩7,290$$

$$CEQ_3 = E(CF_3) \times \alpha_3 = ₩10,000 \times 0.9^3 = ₩7,290$$

$$NPV = \frac{₩7,200}{1.08} + \frac{₩7,290}{1.08^2} + \frac{₩7,290}{1.08^3} - ₩15,000 = ₩3,703.7$$

한편, 투자안에서 발생되는 미래 기대현금흐름이 매년 일정하게 유지될 것으로 예상되는 상황이라면 매년의 기대현금흐름에 대한 확실성등가는 일정한 비율로 감소하게 된다. 즉, 기대현금흐름이 매년 일정하게 유지될 것으로 예상되는 경우라면 확실성등가는 음(−)의 성장률을 갖는 일정성장연금이 된다.

예제 8   확실성등가법 - 기대현금흐름이 매년 일정한 경우

(주)파랑은 총 ₩15,000의 투자자금(C_0)이 소요되는 투자안의 실행을 고려하고 있으며, 투자안을 실행하는 경우에 매년 말 ₩10,000의 현금흐름이 영구히 발생할 것으로 예상된다. 무위험이자율은 연 8%, 투자안의 평가에 적절한 위험조정할인율은 연 20%, t시점의 기대현금흐름에 적용될 확실성등가계수는 $\alpha_t = \left(\dfrac{1+R_f}{1+k}\right)^t = \left(\dfrac{1.08}{1.2}\right)^t = 0.9^t$이다.

물음1 위험조정할인율법을 이용하여 투자안의 NPV를 계산하시오.

물음2 확실성등가법을 이용하여 투자안의 NPV를 계산하시오.

해답

물음1 위험조정할인율법

$$NPV = \frac{E(CF)}{k} - C_0 = \frac{₩10,000}{0.2} - ₩15,000 = ₩35,000$$

물음2 확실성등가법

$$CEQ_1 = E(CF_1) \times \alpha_1 = ₩10,000 \times 0.9 = ₩9,000$$

$$CEQ_2 = E(CF_2) \times \alpha_2 = ₩10,000 \times 0.9^2 = ₩8,100$$

확실성등가의 연간 성장률: $g = 0.9 - 1 = -0.1$

$$NPV = \frac{CEQ_1}{R_f - g} - C_0 = \frac{₩9,000}{0.08 - (-0.1)} - ₩15,000 = ₩35,000$$

01 A기업과 B기업은 독립적인 투자안 C와 투자안 D의 실행을 고려하고 있으며, A기업과 B기업은 모두 무부채기업이고, 신규투자안의 실행에 필요한 자금도 모두 자기자본으로 조달할 예정이다. A기업의 현재 자본비용은 9%이고, B기업의 현재 자본비용은 21%이다. 투자안 C와 투자안 D의 베타는 모두 0.5이며, 투자안 C의 내부수익률은 10%이고, 투자안 D의 내부수익률은 20%이다. CAPM의 성립을 가정하며 무위험이자율은 10%이고 시장포트폴리오의 기대수익률은 20%인 경우에 다음의 설명들 중에서 가장 옳은 것을 고르시오.

① A기업과 B기업 모두 투자안 C만 실행해야 한다.

② A기업과 B기업 모두 투자안 D만 실행해야 한다.

③ A기업은 두 투자안을 모두 실행하고, B기업은 두 투자안을 모두 기각해야 한다.

④ B기업은 두 투자안을 모두 실행하고, A기업은 두 투자안을 모두 기각해야 한다.

⑤ A기업은 투자안 C만 실행하고 B기업은 투자안 D만 실행해야 한다.

02 A기업은 새로운 사업에 진출하는 신규투자안의 실행을 고려하고 있으며, 신규투자안에 대한 목표부채비율은 100%이다. 신규투자안과 동일한 사업을 영위하며 부채비율이 200%인 B기업의 주식베타는 3.3이다. 필요한 부채는 무위험이자율과 동일한 10%에 차입할 수 있으며 시장포트폴리오의 위험프리미엄은 5%이고 법인세율은 40%이다. A기업이 신규투자안의 평가에 적용할 할인율을 계산하시오.

① 10%   ② 12%   ③ 14%

④ 18%   ⑤ 22%

03 단일기간 투자를 가정한다. 신규투자안에서 발생될 1년 후 기대현금유입액은 120원이며, 이에 대한 확실성등가는 100원이다. 무위험이자율이 25%이고 시장포트폴리오의 기대수익률이 35%인 경우에 신규투자안의 베타를 계산하시오.

① 2.0   ② 2.5   ③ 3.0

④ 3.5   ⑤ 4.0

01 ② 신규투자안의 자본비용: $k = R_f + [E(R_m) - R_f] \times \beta^{신규} = 0.1 + (0.2 - 0.1) \times 0.5 = 0.15$

A기업과 B기업의 기존사업과 무관하게 신규투자안의 내부수익률이 신규투자안의 위험이 반영된 자본비용인 15%보다 높아야 투자안을 실행할 것이므로 A기업과 B기업 모두 투자안 D만 실행해야 한다.

02 ③ $\beta_L^{대용} = 3.3 = \beta_U + (\beta_U - \beta_d)(1-t)\dfrac{B}{S} = \beta_U + (\beta_U - 0) \times (1 - 0.4) \times 2$

$\therefore \beta_U = 1.5$

$\beta_L = \beta_U + (\beta_U - \beta_d)(1-t)\dfrac{B}{S} = 1.5 + (1.5 - 0) \times (1 - 0.4) \times 1 = 2.4$

$k_e = R_f + [E(R_m) - R_f] \times \beta_L = 0.1 + 0.05 \times 2.4 = 0.22$

$k_0 = k_d(1-t)\dfrac{B}{V} + k_e\dfrac{S}{V} = 0.1 \times (1 - 0.4) \times 0.5 + 0.22 \times 0.5 = 0.14$

03 ② $PV = \dfrac{E(CF_1)}{1+k} = \dfrac{120원}{1+k} = \dfrac{CEQ_1}{1+R_f} = \dfrac{100원}{1.25} = 80원$

$k = 0.5 = R_f + [E(R_m) - R_f] \times \beta = 0.25 + (0.35 - 0.25) \times \beta$

$\therefore \beta = 2.5$

해커스 윤민호 재무관리

회계사 · 세무사 · 경영지도사 단번에 합격! 해커스 경영아카데미
cpa.Hackers.com

제3부

기업재무론 - 특수주제

해커스 윤민호 재무관리

회계사 · 세무사 · 경영지도사 단번에 합격! 해커스 경영아카데미
cpa.Hackers.com

제8장

사업결합 -
합병과 취득(M&A)

제1절 사업결합의 기초개념

01 사업결합(M&A)의 의의

기업은 경제활동을 수행해 나감에 따라 질적·양적으로 성장해야 한다. 성장하지 못하는 기업은 자본주의 경제체제에서 도태될 수밖에 없다. 즉, 기업의 성장은 다른 기업과의 경쟁에서 살아남기 위한 생존의 조건인 것이다. 이러한 기업의 성장전략은 크게 내적성장전략과 외적성장전략으로 구분된다.

① 내적성장(internal growth): 효율적인 자금조달과 조달된 자금을 이용한 최적투자를 통해서 성장하는 것을 의미하는데, 지금까지 <1부 기업재무론 - 확실성하의 가치평가>와 <2부 기업재무론 - 불확실성을 고려한 가치평가>에서 살펴본 대부분의 이론들이 기업의 내적성장과 관련된 내용이었다.

② 외적성장(external growth): 다른 기업과의 인위적인 사업결합을 통해 성장하는 것을 말한다. 미국의 경우에는 1900년대부터 지금까지 기업의 외적성장전략의 일환으로 다양한 형태의 사업결합행위가 꾸준히 진행되어 왔으며, 최근에는 우리나라에서도 사업결합거래가 성행하고 있다.

사업결합(business combination)이란 취득자가 하나 이상의 사업에 대한 지배력을 획득하는 거래나 그 밖의 사건을 말한다. 즉, 사업결합이란 별개의 기업들 또는 사업들을 하나의 보고기업으로 통합하는 것을 의미하는데, 이러한 사업결합을 통한 외적성장은 다음과 같은 이점이 있다.

① 수직적 사업결합: 자사에 원료를 공급하는 기업과 결합한다든지 자사의 제품을 원료로 사용하거나 판매해주는 기업과 결합함으로써 원가를 절감시킬 수 있다.

② 수평적 사업결합: 동일한 업종에 종사하는 기업과 결합함으로써 시장 점유율의 확대를 통해 시장에서 지배적인 위치를 확보할 수 있다.

③ 다각적 사업결합: 영업상 서로 관련이 없는 기업과의 결합을 통해 영업위험(경영위험)을 크게 분산시킬 수 있다.

02 사업결합(M&A)의 유형

사업결합은 경제적 관점에서 볼 때 수직적 사업결합, 수평적 사업결합 및 다각적 사업결합으로 구분할 수 있으나, 법률적·회계적 관점에서는 결합에 참여한 기업들의 결합 후 법적 형태가 어떻게 변화하느냐에 따라 합병과 취득(인수)으로 구분되기 때문에 사업결합을 M&A(합병과 취득: merger and acquisition)라고도 부른다.

(1) 합병

합병이란 둘 이상의 기업이나 사업이 경제적으로뿐만 아니라 법률적으로도 하나의 보고기업으로 통합되는 사업결합을 말한다. 이러한 합병에는 흡수합병과 신설합병이 있다.

① 흡수합병(merger): 한 기업이 다른 기업 또는 사업의 순자산을 양도받고 다른 기업 또는 사업은 법률적으로 소멸하는 것을 의미하는데, 이를 진정한 합병이라고도 한다. 예를 들어, A기업이 B기업의 모든 자산·부채를 이전받고 B기업을 법률적으로 소멸시키는 형태의 합병이 흡수합병인 것이다.

여기서 합병이 완료된 후 존속기업인 A기업을 합병기업이라 하며, 합병이 완료된 후 소멸기업인 B기업을 피합병기업이라고 한다.

② 기업은 사업결합을 위해 다른 기업 순자산의 전부를 흡수합병할 수도 있고, 일부 순자산을 흡수합병(이를 영업양수라고도 한다.)할 수도 있다. 예를 들어, A기업이 사업결합을 위해 B기업(반도체사업부와 가전사업부로 구성되어 있음.)의 순자산 전부를 흡수합병할 수도 있고, B기업의 일부 사업부(반도체사업부)만을 흡수합병할 수도 있다.

③ 신설합병(consolidation): 둘 이상의 독립된 기업 또는 사업이 결합하여 하나의 새로운 기업을 신설하는 것을 의미하는데, 이를 대등합병이라고도 한다. 예를 들어, A기업과 B기업이 모든 자산·부채를 새로운 C기업에 이전하고 A기업과 B기업은 법률적으로 소멸하는 형태의 합병이 신설합병인 것이다. 이때 C기업은 합병기업이 되며, A기업과 B기업은 피합병기업이 된다.

신설합병의 경우에는 새로운 기업을 설립해야 하므로 많은 시간과 경비가 소요되며, 세법상 불리한 경우가 많기 때문에 신설합병은 거의 이용되지 않는다. 따라서 일반적으로 합병이라 함은 흡수합병을 의미한다.

(2) 취득

취득(acquisition)이란 기업매수 또는 주식취득에 의한 사업결합이라고도 하는데, 한 기업이 법적으로 독립된 다른 기업의 의결권 있는 주식의 전부 또는 일부를 취득함으로써 그 기업을 자기의 지배하에 두는 경우의 사업결합을 말한다. 예를 들어, A기업이 B기업의 의결권 있는 주식의 과반수를 취득하여 경영권을 통제함으로써 지배·종속관계를 형성하는 경우의 사업결합을 말한다. 이때 A기업과 B기업은 결합 후에도 법적으로는 독립된 별개의 기업으로 존속하지만 A기업이 B기업의 경영권을 통제할 수 있기 때문에 두 기업은 실질적으로 하나의 경제적 실체(a single economic entity)를 형성하며, 이 경우에 A기업을 지배기업(parent company)이라 하고 B기업을 종속기업(subsidiary company)이라고 한다.

03 M&A의 동기

(1) 시너지효과가설

시너지효과가설(synergy effect hypothesis)이란 시너지효과의 발생으로 인한 기업가치의 증가를 얻기 위해 M&A가 이루어진다는 가설이다. 여기서 시너지효과란 M&A 후의 기업가치가 M&A 전 개별 기업가치의 단순한 합계보다 커지는 효과를 의미하는데, 이러한 기업가치의 증가는 영업현금흐름의 증가 또는 자본비용의 감소를 통해 달성될 수 있다. 따라서 시너지효과는 발생원천에 따라 영업시너지효과와 재무시너지효과로 구분할 수 있다.

① 영업시너지효과(operating synergy effect): M&A로 인한 수익의 증가, 비용의 감소, 세금의 절감 등과 같은 영업현금흐름의 증가에 따른 기업가치의 증가효과를 말한다.

② 재무시너지효과(financial synergy effect): M&A에 따른 공신력의 향상, 현금흐름의 변동위험 감소, 파산위험의 감소 등으로 인한 자본비용의 감소와 부채사용여력의 증가에 따른 기업가치의 증가효과를 말한다.

(2) 저평가설

저평가설(under valuation hypothesis)이란 자본시장의 비효율성으로 인해 특정 기업의 시장가격이 저평가되어 있는 경우에 저평가된 기업을 M&A하는 것이 유리하기 때문에 M&A가 이루어진다는 가설이다. 여기서 특정 기업의 시장가격이 저평가되어 있는지의 여부를 판단하는 측정치로 다음과 같은 토빈의 q비율을 이용할 수 있다.

$$\text{토빈의 q비율} = \frac{\text{증권시장에서 평가된 기업의 시장가격}}{\text{기업자산의 대체원가(현행원가)}}$$

토빈의 q비율이 1보다 작은 기업의 시장가격은 저평가되어 있다고 판단할 수 있고, 이러한 기업은 M&A의 대상이 될 가능성이 크다고 할 수 있다. 즉, 신규사업에 진출하고자 하는 기업은 설비투자를 통해 신규기업을 설립하면서 자산의 현행원가(대체원가)를 지급하는 방안과 이미 동종 사업을 영위하고 있는 기존기업을 M&A하면서 시장가격을 지급하는 방안을 고려할 수 있다. 이때 기존기업의 q비율이 1보다 작다면 해당기업을 M&A하는 것이 보다 유리하기 때문에 M&A가 이루어진다는 것이다.

(3) 대리인가설

대리인가설(agency hypothesis)이란 주주와 경영자 사이의 대리문제로 인해 기업가치가 감소된 기업의 경우에 M&A가 이루어진다는 가설이다. 즉, 소유와 경영이 분리된 기업일수록 경영자의 특권적 소비와 같은 대리비용이 발생하게 되고, 이러한 비효율적인 경영활동으로 인해 기업가치가 감소된 기업은 M&A의 대상이 되기 쉽다. 왜냐하면, M&A 후에 효율적인 경영을 통해 대리비용의 발생을 감소시킴으로써 기업가치를 증대시킬 유인이 존재하기 때문이다.

(4) 경영자주의가설

경영자주의가설(managerialism hypothesis)이란 경영자들이 자신의 이익을 위해서 기업규모를 확대시킬 목적으로 M&A가 이루어진다는 가설이다. 즉, 경영자들은 일반적으로 기업의 규모를 확대시키는 것이 자신의 경영능력을 과시하고 경영자로서의 지위를 확고히 하는 수단이라고 생각하는 경향이 있으므로, 경영자들이 기업가치를 극대화하여 주주부의 극대화를 추구하는 것이 아니라 경영자 자신의 이익을 극대화하기 위해 기업규모를 확대시키려는 유인에 따라 M&A가 이루어진다는 것이다.

04 적대적 M&A

적대적 M&A란 인수기업(취득자, 합병기업, 지배기업)과 인수대상기업(피취득자, 피합병기업, 종속기업)의 경영자(대주주) 간에 협상을 통해 우호적인 방법으로 M&A가 이루어지는 것이 아니라, 인수기업이 인수대상기업 경영자(대주주)의 의사와는 무관하게 M&A를 하는 것을 말한다. 여기서는 이러한 적대적 M&A의 방법과 적대적 M&A의 방어방법에 대해서 살펴보기로 한다.

(1) 적대적 M&A의 방법

인수기업이 인수대상기업 경영자(대주주)의 의사와는 무관하게 인수대상기업의 지배력을 획득하는 적대적 M&A의 방법에는 여러 가지가 있으나 일반적으로 많이 이용되는 것들을 살펴보면 다음과 같다.

① 주식공개매수(tender offer, takeover bid: TOB): 인수대상기업의 주주들에게 공개적으로 제안하여 주식을 매입함으로써 인수대상기업의 지배력을 획득하는 방법을 말한다. 즉, 인수대상기업의 주주들을 대상으로 공개매수기간 동안 특정한 공개매수가격에 주식을 매입하겠다는 것을 공고 등의 방식을 통해 공개적으로 제안하여 주식을 매입하는 것을 말한다.

② 백지위임장투쟁(proxy contest): 주주총회에서 현 경영진(대주주)에 반대하는 주주들의 의결권을 위임받아 인수대상기업의 지배력을 획득하는 방법을 말한다. 이러한 백지위임장투쟁을 이용하면 합병이나 취득에 비해 훨씬 경제적으로 지배력을 획득할 수 있다.

③ 차입매수(leverage buy-out: LBO): 인수대상기업의 자산이나 수익력을 담보로 자금을 차입하여 해당 기업의 지배력을 획득한 후에 인수대상기업의 현금흐름이나 자산 매각을 통해 해당 채무를 상환해가는 지배력 획득 방법을 말한다. 차입매수를 이용하면 상대적으로 적은 자기자본만으로 기업을 인수할 수 있다는 이점이 있지만, 부채비율이 높아져서 채무불이행위험과 재무위험이 증가하는 문제점이 있다.

④ 경영자매수(management buy-out: MBO): 인수대상기업에 고용된 경영진에 의해 이루어지는 차입매수, 즉 현 경영진이 분산소유 되어있는 주식을 인수하기 위한 방법으로 이용하는 차입매수를 말한다.

한편, 적대적 M&A의 방법 중 하나인 주식공개매수와 관련해서는 주식공개매수 시 인수대상기업 주주들의 무임승차현상이 M&A를 어렵게 만들 수 있다는 것에 주의해야 한다. 즉, 인수대상기업의 소액주주들은 인수 후 기업가치(주가)가 공개매수가격보다 높을 것으로 기대하여 공개매수에 응하지 않고 주식을 보유함으로써 M&A에 따른 기업가치의 증분을 모두 얻고자 하는 무임승차의 유인이 있으므로 이에 따라 아무도 공개매수에 응하지 않게 되고 결국 M&A가 무산될 수 있다는 것이다.

(2) 적대적 M&A의 방어방법

적대적 M&A의 방법 중 주식공개매수(자기공개매수)나 백지위임장투쟁은 적대적 M&A의 방어방법으로도 이용될 수 있다. 이외에 적대적 M&A의 방어방법으로 많이 이용되는 것들을 살펴보면 다음과 같다.

① 역공개매수(counter tender offer): 인수기업이 인수대상기업의 주식에 대해 공개매수를 하는 경우에, 이에 맞서 인수대상기업이 인수기업의 주식에 대한 공개매수를 하여 정면대결을 펼치는 전략을 말하며, 팩맨방어(pac man defense)라고도 한다. 이는 상호보유주식에 대한 의결권이 제한되는 상법규정을 활용하는 방법으로 이용될 수도 있다.

② 초다수의결규정(super majority voting provisions): 합병승인에 대한 주주총회의 결의요건을 강화하는 방법을 말한다. 즉, 합병승인을 위한 주주총회에서의 결의요건을 일반적인 주주총회에서의 결의요건보다 훨씬 많은 초다수의결이 필요하도록 하는 초다수의결규정을 미리 회사의 정관에 정해 둔다면 적대적 M&A를 시도하는 투자자는 초다수의결을 확보하기 위해 보다 많은 대가를 지불해야 하므로 적대적 M&A의 유인이 감소될 수 있다.

③ 황금낙하산(golden parachute): 기존의 경영진이 적대적 M&A로 인해 임기만료 이전에 타의에 의해 해임되는 경우 거액의 보상금을 지급하도록 하는 고용계약을 말한다. 사전에 이와 같은 고용계약을 체결해 두는 경우에는 기업의 인수비용이 과다하게 되므로 적대적 M&A의 유인이 감소될 수 있다.

④ 이사임기교차제(staggered terms for directors): 이사들의 임기만료시점이 분산되도록 하는 것을 말한다. 일시에 선출되는 이사의 수를 제한하는 규정을 사전에 마련해 두는 경우에는 이사들의 임기만료시기가 서로 다른 시점으로 분산되어 기업을 인수하더라도 기업 지배력의 조기 확보가 어렵게 되기 때문에 적대적 M&A의 유인이 감소될 수 있다.

⑤ 황금주(golden share)와 차등의결권주(dual class stock): 황금주란 합병 등의 특별한 안건에 대해 거부권을 행사할 수 있는 주식을 말하며, 차등의결권주란 다른 주식에 비해 월등히 많은 의결권이 부여된 주식을 말한다. 이와 같이 보통주와는 다른 특별한 의결권을 갖는 주식이 발행되어 있는 경우에는 적대적 M&A의 유인이 감소될 수 있다.

⑥ 백기사(white knight): 적대적 M&A의 대상이 되는 기업의 기존 대주주(경영진)에게 우호적인 제3자를 말한다. 적대적 M&A 시도가 있는 경우에 기존의 대주주(경영진)은 백기사와의 우호적인 협상을 통해 이를 방어하면서 대주주(경영진)의 지위를 계속 유지할 수 있다.

⑦ 사기업화(going private): 주식시장에 상장되어 있는 공개된 기업(public firm)의 주식을 대부분 사들임으로써 상장을 폐지시키고 사기업(private firm)으로 전환하여 적대적 M&A 시도를 사전에 예방하는 것을 말한다.

⑧ 독소조항(poison pills): 적대적 M&A가 성사되는 경우에 인수자가 매우 불리한 상황에 처할 수 있도록 하는 규정이나 계약을 말한다. 그 예로 기존주주들에게 적대적 M&A가 성사되는 경우에 새 기업 주식의 상당량을 할인된 가격에 매입할 수 있는 권리를 부여하는 규정을 둔다든지, 채권자에게 기업이 인수되는 경우 만기일 이전에 거액의 현금상환을 청구할 수 있는 채권을 발행하는 것 등을 들 수 있다.

⑨ 왕관의 보석(crown jewel): 적대적 M&A 시도가 있는 경우에 왕관의 보석과 같이 기업의 핵심적인 사업부문을 매각하여 인수시도를 저지하는 방법을 말한다. 그 예로 인수대상기업이 새로운 기업을 설립하고 동 기업에 핵심자산을 매각하는 것을 들 수 있다.

⑩ 불가침협정(standstill agreement): 인수기업의 제안을 받아들여 인수기업이 매입한 자사주식을 높은 가격에 재매입 해주는 대신에 인수의도를 포기하도록 계약을 맺는 방법을 말한다. 그리고 인수대상기업의 주식을 매입한 후에 적대적 M&A를 포기하는 대가로 프리미엄이 붙은 높은 가격에 주식을 재매입하도록 인수대상기업의 경영자 또는 대주주에게 제안하는 것을 녹색편지(green mail)라고 한다.

제2절 사업결합의 경제성분석

사업결합(M&A)의 경제성분석 및 인수가격결정과 관련해서는 논의의 편의상 특별한 언급이 없는 한 무부채기업을 가정한다. 따라서 이후의 내용에서 기업가치는 자기자본가치와 동일한 개념임을 부언해 둔다.

01 시너지효과의 측정

시너지효과(synergy effect)란 M&A 후의 기업가치가 M&A 전 개별기업가치의 단순한 합계보다 커지는 효과를 의미한다. 예를 들어 A기업이 B기업을 M&A할 경우 M&A 후의 기업가치가 V_{AB}이고, M&A 전 A기업과 B기업의 기업가치가 각각 V_A와 V_B라고 하면, 시너지효과(ΔV)는 다음과 같이 나타낼 수 있다.

$$\text{시너지효과: } \Delta V = V_{AB} - (V_A + V_B)$$

이러한 시너지효과는 M&A를 통해 결합되는 기업들의 상호보완효과에 의해서 발생할 수도 있고, 인수 대상기업의 경영효율개선에 의해서 발생할 수도 있으므로 이를 각각 구분하여 살펴보기로 한다.

(1) 시너지효과가 상호보완효과에 의해 발생하는 경우

M&A에 따른 시너지효과는 M&A를 통해 결합되는 기업들이 갖는 자원의 상호보완효과에 의해서 발생하는 것이 일반적이다. 이렇게 시너지효과가 M&A 당사기업들의 결합효과에 의해서 발생하는 경우에는 예상되는 M&A 후 기업가치에서 M&A 전 개별기업가치의 단순한 합계를 차감하여 시너지효과를 측정할 수 있다.

$$\text{시너지효과: } \Delta V = V_{AB} - (V_A + V_B)$$

이러한 경우에 시너지효과를 측정하기 위해서는 M&A 후 기업가치(V_{AB})를 측정해야 하는데, M&A 후 기업가치는 시너지효과에 따른 증분현금흐름을 고려한 M&A 후 기업의 기대현금흐름을 M&A 후 기업의 가중평균자본비용으로 할인해서 계산할 수 있으며, 무성장영구기업을 가정한다면 M&A 후 기업가치는 다음과 같이 나타낼 수 있다.

$$V_{AB} = \frac{CF_{AB}}{k_0^{AB}} = \frac{CF_A + CF_B + \Delta CF}{k_0^{AB}}$$

M&A 후 기업의 가중평균자본비용에는 M&A 후 기업의 영업위험과 목표자본구조가 반영되어야 하는데, 무위험부채를 가정하는 Hamada모형을 이용하는 경우에 M&A 후 기업의 영업위험만 반영된 베타(β_U^{AB})는 다음과 같은 두 가지 방법을 이용해서 계산할 수 있다.

$$\text{방법 1: } \beta_U^A = \frac{\beta_L^A}{1+(1-t)\times\dfrac{B^A}{S_L^A}}, \; \beta_U^B = \frac{\beta_L^B}{1+(1-t)\times\dfrac{B^B}{S_L^B}}$$

$$\beta_U^{AB} = \beta_U^A \times \frac{V_U^A}{V_U^A+V_U^B} + \beta_U^B \times \frac{V_U^B}{V_U^A+V_U^B}$$

$$\text{방법 2: } \beta_L^{A+B} = \beta_L^A \times \frac{S_L^A}{S_L^A+S_L^B} + \beta_L^B \times \frac{S_L^B}{S_L^A+S_L^B}$$

$$\beta_U^{AB} = \frac{\beta_L^{A+B}}{1+(1-t)\times\dfrac{B^A+B^B}{S_L^A+S_L^B}}$$

여기서 방법 1과 같이 M&A 전 기업들의 영업위험만 반영된 베타를 이용해서 M&A 후 기업의 영업위험만 반영된 베타를 계산하는 경우에는 무부채상태에서의 기업가치($V_U = S_U$)를 기준으로 가중평균해야 함에 유의하기 바란다. 이러한 사항은 다음과 같이 M&A 전 기업들의 영업위험만 반영된 자본비용을 이용하여 M&A 후 기업의 영업위험만 반영된 자본비용(ρ^{AB})을 계산하는 경우에도 동일하게 적용된다.

$$\rho^{AB} = \rho^A \times \frac{V_U^A}{V_U^A+V_U^B} + \rho^B \times \frac{V_U^B}{V_U^A+V_U^B}$$

(2) 인수대상기업의 경영효율개선에 의해 발생하는 경우

인수대상기업이 비효율적으로 운영되고 있는 경우에는 경영능력이 우수한 기업이 이를 인수하여 인수대상기업의 경영효율개선을 통해 기업가치를 증대시킬 수 있다. 이와 같이 시너지효과가 인수대상기업의 경영효율개선에 의해서 발생하는 경우에는 M&A가 이루어져도 인수기업의 기업가치(V_A)는 변동이 없기 때문에 예상되는 M&A 후 인수대상기업의 기업가치($V_B^{\text{후}}$)에서 M&A 전 인수대상기업의 기업가치($V_B^{\text{전}}$)를 차감하여 시너지효과를 측정할 수 있다.

$$\text{시너지효과: } \Delta V = V_B^{\text{후}} - V_B^{\text{전}}$$

따라서 시너지효과를 측정하기 위해서는 M&A 후 인수대상기업의 기업가치를 측정해야 하는데, M&A 후 인수대상기업의 기업가치는 시너지효과에 따른 증분현금흐름을 고려한 인수대상기업의 M&A 후 기대현금흐름을 인수대상기업의 영업위험과 M&A 후 인수대상기업의 목표자본구조가 반영된 가중평균자본비용으로 할인해서 계산할 수 있으며, 무성장영구기업을 가정한다면 M&A 후 인수대상기업의 가치는 다음과 같이 나타낼 수 있다.

$$V_B^{\text{후}} = \frac{CF_B^{\text{후}}}{k_0^{\text{후}B}} = \frac{CF_B^{\text{전}}+\Delta CF_B}{k_0^{\text{후}B}}$$

02 M&A 프리미엄과 M&A의 NPV

(1) M&A 프리미엄

M&A가 이루어지기 위해서는 인수기업이 인수대상기업의 주주에게 인수가격(이를 인수대가라고도 한다.)을 지불해야 한다. 이때 M&A로 인한 시너지효과가 기대되는 경우에 인수대상기업의 주주들은 인수기업이 수용가능한 범위 내에서 M&A 전 인수대상기업의 주가보다 더 높은 주당 인수가격을 요구할 것이며, 인수기업이 인수대상기업 주주들의 요구에 따라 주식을 인수하는 경우에는 인수가격에서 M&A 전 인수대상기업의 기업가치를 차감한 만큼의 추가적인 비용을 부담하게 되는데, 이를 M&A 프리미엄이라고 한다.

$$\text{M\&A 프리미엄} = \text{인수대상기업 주주의 이득} = \text{인수가격} - V_B$$

즉, M&A 프리미엄(합병의 경우에는 합병프리미엄이라고도 한다.)이란 인수가격에서 M&A 전 인수대상기업의 기업가치를 차감한 금액이며, 이는 인수대상기업의 주주가 M&A를 통해 얻는 이익이라고 할 수 있다.

(2) M&A의 NPV

인수기업 입장에서 보면 M&A도 투자의사결정이므로 특수한 형태의 자본예산에 해당된다. 따라서 M&A의 경제성을 분석할 때에도 NPV법을 이용하는 것이 바람직하다. M&A의 NPV(합병의 경우에는 합병의 NPV라고도 한다.)는 인수기업이 M&A를 통해 얻게 되는 기업가치의 증가분에서 인수가격을 차감한 금액이며, 이는 인수기업의 주주가 M&A를 통해 얻는 이익이라고 할 수 있다.

$$\text{M\&A의 NPV} = \text{인수기업 주주의 이득} = (V_{AB} - V_A) - \text{인수가격}$$

여기서 인수가격은 M&A 전 인수대상기업의 기업가치와 M&A 프리미엄의 합으로 나타낼 수 있으므로 M&A의 NPV는 시너지효과에서 M&A 프리미엄을 차감하여 나타낼 수도 있다.

$$\text{M\&A의 NPV} = (V_{AB} - V_A) - \text{인수가격} = V_{AB} - V_A - (V_B + \text{M\&A 프리미엄})$$
$$= [V_{AB} - (V_A + V_B)] - \text{M\&A 프리미엄} = \text{시너지효과} - \text{M\&A 프리미엄}$$

즉, M&A를 통한 기업가치의 증가분(시너지효과)은 인수가격의 수준에 따라 인수기업의 주주들과 인수대상기업의 주주들에게 분배된다.

$$\text{시너지효과} = \text{M\&A 프리미엄(인수대상기업 주주의 이득)} + \text{M\&A의 NPV(인수기업 주주의 이득)}$$

합병 전 기업가치(V_A)가 ₩2,000인 A기업은 합병 전 기업가치(V_B)가 ₩500인 B기업을 흡수합병하고 자 한다. 합병이 이루어지는 경우에 합병 후 기업의 가치(V_{AB})는 ₩2,900이 될 것으로 예상된다. 합병 전 두 기업은 모두 무부채기업이며, 합병 후에도 부채를 사용할 계획은 없다.

물음1 A기업이 B기업을 흡수합병하는 경우의 시너지효과를 계산하시오.

물음2 A기업이 B기업을 합병하면서 합병 전 B기업의 가치에 50%만큼의 합병프리미엄을 가산한 합병대가(인수가격)를 현금으로 지급하는 경우를 가정한다. 피합병기업인 B기업의 주주들이 합병을 통해 얻는 이득을 계산하시오.

물음3 물음2 와 동일한 조건으로 합병이 이루어지는 경우에 합병기업인 A기업의 주주들이 합병을 통해 얻는 이득을 계산하시오.

해답

물음1 시너지효과
$\Delta V = V_{AB} - (V_A + V_B) = ₩2,900 - (₩2,000 + ₩500) = ₩400$

물음2 M&A 프리미엄
인수가격 $= V_B + V_B \times 50\% = ₩500 + ₩500 \times 50\% = ₩750$
피합병기업 주주의 이득 = 합병프리미엄
$\qquad\qquad\qquad = $ 인수가격 $- V_B = ₩750 - ₩500 = ₩250$

물음3 M&A의 NPV
합병기업 주주의 이득 = 합병의 NPV
$\qquad\qquad\qquad = (V_{AB} - V_A) - $ 인수가격 $= (₩2,900 - ₩2,000) - ₩750 = ₩150$
$\qquad\qquad\qquad = $ 시너지효과 $- $ 합병프리미엄 $= ₩400 - ₩250 = ₩150$

제3절 인수가격의 결정

M&A에서 가장 중요한 것은 인수가격(이를 인수대가라고도 한다.)을 결정하는 것이다. 인수가격이란 M&A의 대가로 인수기업이 인수대상기업의 주주에게 지급하는 금액을 의미하는데, 이러한 인수가격에 대해 인수대상기업의 주주들이 수용가능한 최소인수가격과 인수기업이 지급가능한 최대인수가격은 다음과 같이 결정될 것이다.

> 인수가격의 하한: 인수대상기업의 주주들이 수용가능한 최소인수가격
>
> 인수가격 $\geq V_B$
>
> 인수가격의 상한: 인수기업이 지급가능한 최대인수가격
>
> 인수가격 $\leq V_B +$ 시너지 효과

이와 같은 범위 내에서 결정되는 인수가격을 지불하는 방식에 따라 M&A는 다음과 같이 현금지급방식과 주식교환방식으로 구분된다.

① 현금지급방식: 인수가격만큼의 현금을 인수대상기업의 주주들에게 지급하는 방식을 의미하는데, 현금지급방식에 의한 M&A의 경우에는 현금지급액이 인수가격이 되므로 인수가격과 M&A 프리미엄 및 M&A의 NPV를 파악하는 것이 주식교부방식에 비해 보다 단순하다.

② 주식교환방식: 인수기업의 주식을 추가로 발행해서 인수대상기업의 주식과 교환하여 교부해주는 방식을 의미하는데, 주식교환방식에 의한 M&A의 경우에는 인수가격과 M&A 프리미엄 및 M&A의 NPV가 주식교환비율, 즉 교부주식수에 따라 달라지므로 주식교환비율의 결정이 가장 중요한 문제가 된다.

본 절에서는 주식교환비율에 대해서 살펴본 후에 M&A에 따른 시너지효과가 없는 경우와 시너지효과가 있는 경우로 구분하여 인수가격, 즉 주식교환비율을 결정하는 방법에 대해서 살펴보기로 한다.

01 주식교환비율

주식교환비율(exchange ratio: ER)이란 M&A 시에 인수대상기업의 주식 1주에 대하여 교부해주는 인수기업의 주식수를 말한다. 따라서 인수대상기업의 주주들에게 교부해 주는 인수기업의 주식수는 다음과 같이 나타낼 수 있다. 단, N_A는 M&A 전 인수기업의 발행주식수, N_B는 M&A 전 인수대상기업의 발행주식수를 의미한다.

> 교부주식수 = M&A 전 인수대상기업의 발행주식수 $\times$ 주식교환비율 $= N_B \times ER$

—‖ 사례 ‖—

주식교환비율이 0.5라면 인수대상기업의 주식 1주당 인수기업의 주식 0.5주씩을 교부해준다는 의미이며, M&A 전 인수대상기업의 발행주식수가 10,000주였다면, 교부주식수는 5,000주(= 10,000주 × 0.5)이다.

이러한 경우 M&A 후 기업의 주가는 다음과 같이 나타낼 수 있다. 여기서 M&A 후 기업이 부채사용기업이라면 분자는 M&A 후 기업의 자기자본가치를 의미한다.

$$\text{M\&A 후 기업의 주가}$$
$$= \frac{\text{M\&A 후 기업의 기업가치(자기자본가치)}}{\text{M\&A 후 기업의 발행주식수}} = \frac{V_{AB}}{N_A + \text{교부주식수}}$$

따라서 주식교환방식의 경우에 인수가격은 인수대상기업의 주주들에게 교부해주는 주식의 가치 또는 M&A 후 기업의 기업가치(자기자본가치) 중에서 인수대상기업 주주들의 지분 해당액으로 나타낼 수 있다.

$$\text{인수가격} = \text{교부주식수} \times \text{M\&A 후 기업의 주가}$$
$$= \text{교부주식수} \times \frac{V_{AB}}{N_A + \text{교부주식수}} = \frac{\text{교부주식수}}{N_A + \text{교부주식수}} \times V_{AB}$$
$$= \text{인수대상기업 주주들의 M\&A 후 지분율} \times \text{M\&A 후 기업의 기업가치}$$

02 시너지효과가 없는 경우의 인수가격

M&A에 따른 시너지효과가 없는 경우에는 인수기업의 주주와 인수대상기업의 주주 모두 자신에게 귀속되는 주당이익이나 주가가 감소되지 않는 수준에서 주식교환비율을 결정하고자 할 것이다.

[1] 주당이익기준

인수기업과 인수대상기업의 M&A 전 주당이익(EPS)을 기준으로 주식교환비율을 결정하는 경우에는 주식교환비율을 다음과 같이 나타낼 수 있다.

$$ER = \frac{\text{M\&A 전 인수대상기업의 } EPS}{\text{M\&A 전 인수기업의 } EPS} = \frac{EPS_B}{EPS_A}$$

—|| **사례** ||—

M&A 전 인수기업의 주당이익(EPS_A)이 ₩100이고, 인수대상기업의 주당이익(EPS_B)이 ₩40인 경우에 M&A 전 주당이익을 기준으로 주식교환비율이 결정된다면 인수대상기업 주식 1주에 해당하는 주당이익은 인수기업 주식 0.4주에 해당하는 주당이익과 동일하므로 인수대상기업 주식 1주와 인수기업 주식 0.4주가 교환되어야 할 것이다. 따라서 M&A 전 주당이익을 기준으로 계산되는 주식교환비율은 0.4이다.

이러한 경우에 각 주주에게 귀속되는 M&A 후 주당이익은 다음과 같이 계산된다. 여기서 인수대상기업 주주에게 귀속되는 주당이익은 M&A 전 인수대상기업 주식 1주에 해당하는 M&A 후의 주당이익이므로 M&A 후 기업의 주당이익에 주식교환비율을 곱한 값이다.

$$\text{인수기업 주주: } EPS_{AB} = \frac{NI_{AB}}{N_{AB}} = \frac{NI_A + NI_B}{N_A + N_B \times ER} = \frac{NI_A + NI_B}{N_A + N_B \times \dfrac{EPS_B}{EPS_A}}$$

$$= \frac{NI_A + NI_B}{\dfrac{1}{EPS_A} \times (N_A \times EPS_A + N_B \times EPS_B)} = EPS_A$$

$$\text{인수대상기업 주주: } EPS_{AB} \times ER = EPS_A \times ER = EPS_A \times \frac{EPS_B}{EPS_A} = EPS_B$$

이와 같이 M&A에 따른 순이익의 추가적인 증분이 발생하지 않는 경우($\Delta NI = 0$)에는 M&A 전 주당이익을 기준으로 주식교환비율을 결정하면 M&A 전·후에 인수기업 주주와 인수대상기업 주주에게 귀속되는 주당이익은 동일하게 된다.

[2] 주가기준

인수기업과 인수대상기업의 M&A 전 주가를 기준으로 주식교환비율을 결정하는 경우에는 주식교환비율을 다음과 같이 나타낼 수 있다.

$$ER = \frac{M\&A\text{전 인수대상기업의 주가}}{M\&A\text{전 인수기업의 주가}} = \frac{P_B}{P_A}$$

|| 사례 ||

M&A 전 인수기업의 주가(P_A)가 ₩1,000이고, 인수대상기업의 주가(P_B)가 ₩500인 경우에 M&A 전 주가를 기준으로 주식교환비율이 결정된다면 인수대상기업 주식 1주의 가치는 인수기업 주식 0.5주에 해당하는 가치와 동일하므로 인수대상기업 주식 1주와 인수기업 주식 0.5주가 교환되어야 할 것이다. 따라서 M&A 전 주가를 기준으로 계산되는 주식교환비율은 0.50이다.

이러한 경우에 각 주주에게 귀속되는 M&A 후 주가는 다음과 같이 계산된다. 여기서 인수대상기업 주주에게 귀속되는 주가는 M&A 전 인수대상기업 주식 1주에 해당하는 M&A 후의 주가이므로 M&A 후 기업의 주가에 주식교환비율을 곱한 값이다.

$$\text{인수기업 주주: } P_{AB} = \frac{V_{AB}}{N_{AB}} = \frac{V_A + V_B}{N_A + N_B \times ER} = \frac{V_A + V_B}{N_A + N_B \times \dfrac{P_B}{P_A}}$$

$$= \frac{V_A + V_B}{\dfrac{1}{P_A} \times (N_A \times P_A + N_B \times P_B)} = P_A$$

$$\text{인수대상기업 주주: } P_{AB} \times ER = P_A \times ER = P_A \times \frac{P_B}{P_A} = P_B$$

이와 같이 M&A에 따른 기업가치의 추가적인 증분이 발생하지 않는 경우($\Delta V = 0$)에는 M&A 전 주가를 기준으로 주식교환비율을 결정하면 M&A 전·후에 인수기업 주주와 인수대상기업 주주에게 귀속되는 주가는 동일하게 된다.

A기업은 주식교환방식으로 B기업을 흡수합병하고자 한다. 모두 무부채기업인 두 기업의 합병 전 재무자료는 다음과 같다.

구분	합병기업(A)	피합병기업(B)
기업가치(V)	₩20,000,000	₩5,000,000
순이익(NI)	₩2,000,000	₩400,000
주식수(N)	20,000주	10,000주
주가(P)	₩1,000	₩500
주당이익(EPS)	₩100	₩40

물음1 합병에 따른 순이익의 추가적인 증분이 발생하지 않는 경우를 가정한다. A기업과 B기업의 합병 전 주당이익을 기준으로 주식교환비율을 결정하는 경우에 합병 후 기업의 주당이익을 계산하고, 각 기업 주주에게 귀속되는 합병 전·후의 주당이익을 비교하시오.

물음2 합병에 따른 기업가치의 추가적인 증분이 발생하지 않는 경우를 가정한다. A기업과 B기업의 합병 전 주가를 기준으로 주식교환비율을 결정하는 경우에 합병 후 기업의 주가를 계산하고, 각 기업 주주에게 귀속되는 합병 전·후의 주가를 비교하시오.

해답

물음1 합병 전·후의 주당이익

$$ER = \frac{EPS_B}{EPS_A} = \frac{₩40}{₩100} = 0.4$$

$$EPS_{AB} = \frac{NI_{AB}}{N_A + 교부주식수} = \frac{₩2,000,000 + ₩400,000}{20,000주 + 10,000주 \times 0.4} = ₩100$$

구분	합병 전 EPS	합병 후 EPS
합병기업(A)	$EPS_A = ₩100$	$EPS_{AB} = ₩100$
피합병기업(B)	$EPS_B = ₩40$	$EPS_{AB} \times ER = ₩100 \times 0.4 = ₩40$

물음2 합병 전·후의 주가

$$ER = \frac{P_B}{P_A} = \frac{₩500}{₩1,000} = 0.5$$

$$P_{AB} = \frac{V_{AB}}{N_A + 교부주식수} = \frac{₩20,000,000 + ₩5,000,000}{20,000주 + 10,000주 \times 0.5} = ₩1,000$$

구분	합병 전 주가	합병 후 주가
합병기업(A)	$P_A = ₩1,000$	$P_{AB} = ₩1,000$
피합병기업(B)	$P_B = ₩500$	$P_{AB} \times ER = ₩1,000 \times 0.5 = ₩500$

03 시너지 효과가 있는 경우의 인수가격

M&A로 인한 시너지효과가 발생하는 경우에는 인수기업과 인수대상기업의 주주들이 수용가능한 주식교환비율의 범위가 존재하게 된다. 이러한 경우 주식교환비율은 주당이익이나 주가를 기준으로 결정할 수도 있고, NPV를 기준으로 결정할 수도 있다.

[1] 주당이익을 기준으로 의사결정하는 경우

M&A 전·후의 주당이익을 비교하여 M&A에 대한 의사결정을 한다고 가정할 경우에 주주들은 M&A 후 자신에게 귀속되는 주당이익이 M&A 전 주당이익보다 커야 M&A에 찬성할 것이므로 주주들이 수용가능한 주식교환비율의 상한과 하한은 다음과 같이 계산된다.

① 주식교환비율의 상한: 인수기업의 주주들은 M&A 후 주당이익이 M&A 전 주당이익보다 커야 M&A에 찬성할 것이므로, 인수기업의 주주들이 M&A에 찬성하기 위한 조건은 다음과 같다. 여기서 $EPS_A = EPS_{AB}$를 만족시키는 ER이 인수기업 주주의 입장에서 수용가능한 주식교환비율의 상한이 된다.

$$EPS_A \leq EPS_{AB} = \frac{NI_{AB}}{N_{AB}} = \frac{NI_A + NI_B + \Delta NI}{N_A + N_B \times ER}$$

② ①에서 제시된 조건식을 ER에 대해서 정리하면 다음과 같다. 즉, 인수기업의 주주들이 허용가능한 최대주식교환비율은 M&A로 인한 순이익의 증가분(ΔNI)이 모두 인수대상기업 주주의 몫으로 귀속되는 주식교환비율이라는 것이다.

$$ER \leq \frac{EPS_B + \dfrac{\Delta NI}{N_B}}{EPS_A}$$

③ 주식교환비율의 하한: 인수대상기업 주주들은 M&A 후 자신에게 귀속되는 주당이익이 M&A 전 주당이익보다 커야 M&A에 찬성할 것이므로, 인수대상기업의 주주들이 M&A에 찬성하기 위한 조건은 다음과 같다. 여기서 $EPS_B = EPS_{AB} \times ER$를 만족시키는 ER이 인수대상기업 주주의 입장에서 수용가능한 주식교환비율의 하한이 된다.

$$EPS_B \leq EPS_{AB} \times ER = \frac{NI_{AB}}{N_{AB}} \times ER = \frac{NI_A + NI_B + \Delta NI}{N_A + N_B \times ER} \times ER$$

④ ③에서 제시된 조건식을 ER에 대해서 정리하면 다음과 같다. 즉, 인수대상기업의 주주들이 수용가능한 최소주식교환비율은 M&A로 인한 순이익의 증가분(ΔNI)이 모두 인수기업 주주의 몫으로 귀속되는 주식교환비율이라는 것이다.

$$ER \geq \frac{EPS_B}{EPS_A + \dfrac{\Delta NI}{N_A}}$$

한편, 주당이익을 기준으로 M&A에 대한 의사결정을 하는 경우에는 M&A에 따른 이익성장률의 변화까지 추가로 고려해야 한다. 예를 들어, 인수기업의 입장에서 M&A 후의 주당이익이 단기적으로는 M&A 전보다 감소할 수도 있으나, 인수대상기업의 이익성장률(g_B)이 인수기업의 이익성장률(g_A)보다 커서 M&A 후 기업의 이익성장률(g_{AB})이 M&A 전보다 증가한다면 장기적으로는 M&A하지 않는 경우에 비해 주당이익이 더 증가될 수 있기 때문이다.

이익성장률과 주당이익

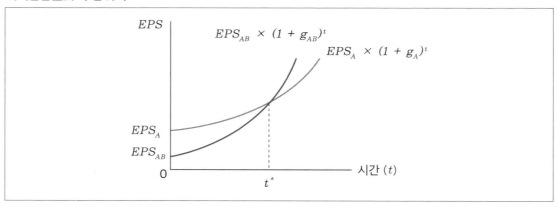

이러한 경우에는 그림(이익성장률과 주당이익)에서 보는 바와 같이 M&A하는 경우에 예상되는 주당이익인 $EPS_{AB} \times (1+g_{AB})^t$이 M&A하지 않는 경우에 예상되는 주당이익인 $EPS_A \times (1+g_A)^t$과 같아지는 데 걸리는 기간(t^*)이 인수기업 입장에서 허용가능한 최대기간보다 짧다면 M&A에 찬성하는 것이 유리할 것이다.

(2) 주가를 기준으로 의사결정하는 경우

회계적이익인 주당이익을 기준으로 M&A에 대한 의사결정을 하는 것보다는 M&A 전·후의 주가를 비교하여 M&A에 대한 의사결정을 하는 것이 보다 타당할 것이다. M&A 전·후의 주가를 비교하여 의사결정하는 경우에 주주들은 M&A 후 자신에게 귀속되는 주가가 M&A 전 주가보다 커야 M&A에 찬성할 것이므로 주주들이 수용가능한 주식교환비율의 상한과 하한은 다음과 같이 계산된다.

① 주식교환비율의 상한: 인수기업의 주주들은 M&A 후 주가가 M&A 전 주가보다 커야 M&A에 찬성할 것이므로, 인수기업의 주주들이 M&A에 찬성하기 위한 조건은 다음과 같다. 여기서 $P_A = P_{AB}$를 만족시키는 ER이 인수기업 주주의 입장에서 수용가능한 주식교환비율의 상한이 된다.

$$P_A \le P_{AB} = \frac{V_{AB}}{N_{AB}} = \frac{V_A + V_B + \Delta V}{N_A + N_B \times ER}$$

② ①에서 제시된 조건식을 ER에 대해서 정리하면 다음과 같다. 즉, 인수기업의 주주들이 허용가능한 최대주식교환비율은 M&A로 인한 기업가치의 증가분(ΔV)이 모두 인수대상기업 주주의 몫으로 귀속되는 주식교환비율이라는 것이다.

$$ER \leq \frac{P_B + \dfrac{\Delta V}{N_B}}{P_A}$$

③ 주식교환비율의 하한: 인수대상기업의 주주들은 M&A 후 자신에게 귀속되는 주가가 M&A 전 주가보다 커야 M&A에 찬성할 것이므로, 인수대상기업의 주주들이 M&A에 찬성하기 위한 조건은 다음과 같다. 여기서 $P_A = P_{AB} \times ER$를 만족시키는 ER이 인수대상기업 주주의 입장에서 수용가능한 주식교환비율의 하한이 된다.

$$P_B \leq P_{AB} \times ER = \frac{V_{AB}}{N_{AB}} \times ER = \frac{V_A + V_B + \Delta V}{N_A + N_B \times ER} \times ER$$

④ ③에서 제시된 조건식을 ER에 대해서 정리하면 다음과 같다. 즉, 인수대상기업의 주주들이 수용가능한 최소주식교환비율은 M&A로 인한 기업가치의 증가분(ΔV)이 모두 인수기업 주주의 몫으로 귀속되는 주식교환비율이라는 것이다.

$$ER \geq \frac{P_B}{P_A + \dfrac{\Delta V}{N_A}}$$

A기업은 주식교환방식으로 B기업을 흡수합병하고자 한다. 모두 무부채기업인 두 기업과 관련된 합병 전·후의 재무자료는 다음과 같다. 다음의 독립된 물음에 답하시오.

구분	합병기업(A)	피합병기업(B)
기업가치(V)	₩20,000,000	₩5,000,000
순이익(NI)	₩2,000,000	₩400,000
주식수(N)	20,000주	10,000주
주가(P)	₩1,000	₩500
주당이익(EPS)	₩100	₩40

물음1 주주들이 합병 전·후의 주당이익을 비교하여 의사결정한다고 가정하며, 합병에 따른 순이익의 추가적인 증분이 ₩200,000만큼 발생(NI_{AB} = ₩2,600,000)할 것으로 예상된다. A기업 주주들이 합병에 찬성할 수 있는 최대주식교환비율을 계산하시오.

물음2 **물음1**의 경우에 B기업 주주들이 합병에 찬성할 수 있는 최소주식교환비율을 계산하시오.

물음3 주주들이 합병 전·후의 주가를 비교하여 의사결정한다고 가정하며, 합병에 따른 기업가치의 추가적인 증분이 ₩4,000,000만큼 발생(V_{AB} = ₩29,000,000)할 것으로 예상된다. A기업 주주들이 합병에 찬성할 수 있는 최대주식교환비율을 계산하시오.

물음4 **물음3**의 경우에 B기업 주주들이 합병에 찬성할 수 있는 최소주식교환비율을 계산하시오.

해답

물음1 주당이익 기준 주식교환비율의 상한

$$EPS_A = ₩100 \leq EPS_{AB} = \frac{NI_{AB}}{N_{AB}} = \frac{₩2,000,000 + ₩400,000 + ₩200,000}{20,000주 + 10,000주 \times ER}$$

$$\therefore ER \leq 0.6 = \frac{EPS_B + \dfrac{\Delta NI}{N_B}}{EPS_A} = \frac{₩40 + \dfrac{₩200,000}{10,000주}}{₩100}$$

물음2 주당이익 기준 주식교환비율의 하한

$$EPS_B = ₩40 \leq EPS_{AB} \times ER = \frac{₩2,000,000 + ₩400,000 + ₩200,000}{20,000주 + 10,000주 \times ER} \times ER$$

$$\therefore ER \geq 0.364 = \frac{EPS_B}{EPS_A + \dfrac{\Delta NI}{N_A}} = \frac{₩40}{₩100 + \dfrac{₩200,000}{20,000주}}$$

물음3 주가 기준 주식교환비율의 상한

$$P_A = ₩1,000 \leq P_{AB} = \frac{V_{AB}}{N_{AB}} = \frac{₩20,000,000 + ₩5,000,000 + ₩4,000,000}{20,000주 + 10,000주 \times ER}$$

$$\therefore ER \leq 0.9 = \frac{P_B + \dfrac{\Delta V}{N_B}}{P_A} = \frac{₩500 + \dfrac{₩4,000,000}{10,000주}}{₩1,000}$$

물음4 주가 기준 주식교환비율의 하한

$$P_B = ₩500 \leq P_{AB} \times ER = \frac{₩20,000,000 + ₩5,000,000 + ₩4,000,000}{20,000주 + 10,000주 \times ER} \times ER$$

$$\therefore ER \geq 0.417 = \frac{P_B}{P_A + \dfrac{\Delta V}{N_A}} = \frac{₩500}{₩1,000 + \dfrac{₩4,000,000}{20,000주}}$$

한편, M&A 후 기업가치는 M&A 후 기업의 순이익과 M&A 후 기업의 주가수익비율을 이용해서 표현될 수도 있는데 이에 대해 구체적으로 살펴보면 다음과 같다.

① 주가수익비율(price earnings ratio: PER)이란 주가이익비율이라고도 하며, 주가(P)를 주당이익(EPS)으로 나눈 것을 말한다. 이러한 PER는 주당이익 대비 주가의 비율이지만 다음과 같이 순이익 대비 자기자본가치의 비율이라고도 할 수 있다.

$$PER = \frac{주가}{주당이익} = \frac{주가 \times 발행주식수}{주당이익 \times 발행주식수} = \frac{자기자본가치}{순이익}$$

② 무부채기업을 가정하는 경우에 M&A 후 기업가치는 M&A 후 자기자본가치와 동일하므로 M&A 후 기업가치(V_{AB})는 M&A 후 기업의 순이익(NI_{AB})과 주가수익비율(PER_{AB})을 이용하여 다음과 같이 표현될 수도 있다.

$$V_{AB} = NI_{AB} \times PER_{AB}$$

┤ **사례** ├

합병 후 기업의 순이익은 ₩260만으로 예상되고 합병 후 기업의 PER은 11.154가 될 것으로 예상된다면 합병 후 기업가치는 다음과 같이 계산된다.

$$V_{AB} = NI_{AB} \times PER_{AB} = ₩260만 \times 11.154 = ₩2,900만$$

(3) NPV를 기준으로 의사결정하는 경우

M&A에 따른 시너지효과를 측정할 수 있는 경우에는 NPV를 기준으로 주식교환비율을 측정할 수 있다. NPV를 기준으로 M&A에 대한 의사결정을 한다고 가정할 경우에 주주들은 M&A로 인한 NPV가 0보다 커야 M&A에 찬성할 것이므로 주주들이 수용가능한 주식교환비율의 상한과 하한은 다음과 같이 계산된다.

① 주식교환비율의 상한: 인수기업의 주주들은 M&A로 인한 NPV인 M&A의 NPV가 0보다 커야 M&A에 찬성할 것이므로, 인수기업의 주주들이 M&A에 찬성하기 위한 조건은 다음과 같다. 여기서 '$NPV_A = 0$'을 만족시키는 ER이 인수기업 주주의 입장에서 수용가능한 주식교환비율의 상한이 된다.

$$
\begin{aligned}
NPV_A &= M\&A의\ NPV \\
&= (V_{AB} - V_A) - 인수가격 = (V_{AB} - V_A) - \frac{N_B \times ER}{N_A + N_B \times ER} \times V_{AB} \\
&= \frac{N_A}{N_A + N_B \times ER} \times V_{AB} - V_A = N_A \times (P_{AB} - P_A) \geq 0
\end{aligned}
$$

② 주식교환비율의 하한: 인수대상기업의 주주들은 M&A로 인한 NPV인 M&A 프리미엄이 0보다 커야 M&A에 찬성할 것이므로, 인수대상기업의 주주들이 M&A에 찬성하기 위한 조건은 다음과 같다. 여기서 '$NPV_B = 0$'을 만족시키는 ER이 인수대상기업의 주주입장에서 수용가능한 주식교환비율의 하한이 된다.

$$
\begin{aligned}
NPV_B &= M\&A\ 프리미엄 \\
&= 인수가격 - V_B = \frac{N_B \times ER}{N_A + N_B \times ER} \times V_{AB} - V_B \\
&= N_B \times ER \times P_{AB} - N_B \times P_B = N_B \times (P_{AB} \times ER - P_B) \geq 0
\end{aligned}
$$

한편, 이와 같이 NPV를 기준으로 한 의사결정의 결과는 주가를 기준으로 한 의사결정의 결과와 동일함을 확인하기 바란다.

$$
\begin{aligned}
&M\&A의\ NPV \geq 0 \quad \leftrightarrow \quad P_{AB} \geq P_A \\
&M\&A\ 프리미엄 \geq 0 \quad \leftrightarrow \quad P_{AB} \times ER \geq P_B
\end{aligned}
$$

예제 4 주식교환비율의 결정

합병 전 기업가치가 ₩20,000,000인 A기업은 합병 전 기업가치가 ₩5,000,000인 B기업을 흡수합병하고자 한다. 합병이 이루어지는 경우에 합병 후 기업의 가치는 ₩29,000,000이 될 것으로 예상되며, 피합병기업인 B기업의 주주들은 B기업 주식의 현재주가 대비 50%의 프리미엄을 요구하고 있다. 합병 전두 기업은 모두 무부채기업이며, 합병 후에도 부채를 사용할 계획은 없다.

구분	합병기업(A)	피합병기업(B)
기업가치(V)	₩20,000,000	₩5,000,000
순이익(NI)	₩2,000,000	₩400,000
주식수(N)	20,000주	10,000주
주가(P)	₩1,000	₩500
주당이익(EPS)	₩100	₩40

물음1 A기업이 합병대가를 현금으로 지급하는 경우를 가정한다. 합병프리미엄과 합병의 NPV 및 합병 후 기업의 주가를 계산하시오.

물음2 A기업이 합병대가로 A기업의 주식을 발행하여 교부하는 경우를 가정한다. 주식교환비율이 B기업 주식의 현재주가에 50%의 프리미엄을 가산한 가격과 A기업 주식의 현재주가를 기준으로 결정되는 경우, 즉 $ER = \dfrac{P_B \times 1.5}{P_A} = \dfrac{₩500 \times 1.5}{₩1,000} = 0.75$로 결정되는 경우에 합병 후 기업의 주가와 합병프리미엄 및 합병의 NPV를 계산하시오.

물음3 A기업이 합병대가로 A기업의 주식을 발행하여 교부하는 경우를 가정한다. 이러한 주식교환방식에 의한 합병 시 **물음1** 과 동일한 합병대가를 지급하기 위한 교부주식수와 주식교환비율을 계산하고, 이러한 조건으로 합병하는 경우에 합병 후 기업의 주가를 계산하시오.

해답

물음1 현금지급방식

시너지효과 $= V_{AB} - (V_A + V_B)$

$\quad\quad\quad\quad = ₩29,000,000 - (₩20,000,000 + ₩5,000,000) = ₩4,000,000$

인수가격 $= 10,000주 \times ₩500 \times 1.5 = ₩7,500,000$

합병프리미엄 $=$ 인수가격 $- V_B = ₩7,500,000 - ₩5,000,000 = ₩2,500,000$

합병의 NPV $= (V_{AB} - V_A) -$ 인수가격 $= (₩29,000,000 - ₩20,000,000) - ₩7,500,000$

$\quad\quad\quad\quad\quad =$ 시너지효과 $-$ 합병프리미엄 $= ₩4,000,000 - ₩2,500,000 = ₩1,500,000$

합병 후 기업의 주가 $= \dfrac{V_{AB} - 인수가격}{N_A} = \dfrac{₩29,000,000 - ₩7,500,000 = ₩21,500,000}{20,000주}$

$\quad\quad\quad\quad\quad = P_A + \dfrac{합병의\ NPV}{N_A} = ₩1,000 + \dfrac{₩1,500,000}{20,000주} = ₩1,075$

물음2 주식교환방식

교부주식수 $= N_B \times ER = 10,000주 \times 0.75 = 7,500주$

합병 후 기업의 주가$(P_{AB}) = \dfrac{V_{AB}}{N_A + 교부주식수} = \dfrac{₩29,000,000}{20,000주 + 7,500주} = ₩1,054.55$

인수가격 $=$ 교부주식수 $\times P_{AB} = 7,500주 \times ₩1,054.55 = ₩7,909,100$

합병프리미엄 $=$ 인수가격 $- V_B = ₩7,909,100 - ₩5,000,000 = ₩2,909,100$

$\quad\quad\quad\quad\quad = N_B \times ER \times P_{AB} - N_B \times P_B = 7,500주 \times ₩1,054.55 - 10,000주 \times ₩500$

합병의 NPV $= (V_{AB} - V_A) -$ 인수가격 $= (₩29,000,000 - ₩20,000,000) - ₩7,909,100$

$\quad\quad\quad\quad\quad = N_A \times P_{AB} - N_A \times P_A = 20,000주 \times (₩1,054.55 - ₩1,000) = ₩1,090,900$

물음3 일정한 합병대가를 지급하기 위한 교부주식수와 주식교환비율

인수가격 $= ₩7,500,000 =$ 교부주식수 $\times P_{AB} =$ 교부주식수 $\times \dfrac{₩29,000,000}{20,000주 + 교부주식수}$

$\therefore$ 교부주식수 $= 6,977주$, 주식교환비율(ER) $= 0.6977$

합병 후 기업의 주가 $= \dfrac{V_{AB}}{N_A + 교부주식수} = \dfrac{₩29,000,000}{20,000주 + 6,977주}$

$\quad\quad\quad\quad\quad = P_A + \dfrac{합병의\ NPV}{N_A} = ₩1,000 + \dfrac{₩1,500,000}{20,000주} = ₩1,075$

<예제 4>의 경우에 물음2와 물음3의 결과와 같이 ₩7,500,000의 인수가격을 지급하기 위해서는 합병 전의 주가를 기준으로 주식교환비율이 결정되어서는 안 된다는 것을 확인할 수 있다. 즉, ₩4,000,000의 시너지효과가 예상되는 상황에서 ₩7,500,000의 인수가격으로 합병이 이루어진다면 피합병기업의 주주들은 합병 전 피합병기업의 주식 1주당 ₩250($= \dfrac{합병프리미엄}{N_B} = \dfrac{₩2,500,000}{10,000주}$)의 이득이 발생하며, 합병기업의 주주들은 합병 전 합병기업의 주식 1주당 ₩75($= \dfrac{합병의\ NPV}{N_A} = \dfrac{₩1,500,000}{20,000주}$)의 이득이 발생하는데, 효율적 시장의 경우에는 합병과 관련된 공시가 이루어지는 시점에서 관련정보가 즉각 합병 전 각 주식의 시장가격에 반영될 것이며, 이와 같이 관련정보가 반영된 후의 주가를 기준으로 주식교환비율을 결정하게 되면 물음3의 경우와 동일한 결론에 도달할 수 있다. 따라서 ₩7,500,000의 인수가격을 부담하기 위해서는 현재시점에서의 주가가 아닌 합병과 관련된 정보가 모두 반영된 후의 주가를 기준으로 주식교환비율이 결정되어야 한다.

$$ER = \dfrac{P_B + \dfrac{합병프리미엄}{N_B}}{P_A + \dfrac{합병의\ NPV}{N_A}} = \dfrac{₩500 + ₩250}{₩1,000 + ₩75} = 0.6977$$

또한, <예제 4>의 경우에 합병 후 기업의 주가(P_{AB})는 인수대가의 지급방식(현금지급방식 또는 주식교환방식)과 무관하게 합병 전 합병기업의 주가(P_A)에서 합병기업의 주식 1주당 이득인 $\dfrac{합병의\ NPV}{N_A}$ 만큼 변동한다는 것을 확인할 수 있다.

$$합병\ 후\ 기업의\ 주가:\ P_{AB} = P_A + \dfrac{합병의\ NPV}{N_A}$$

01 적대적 M&A의 방어방법에 대한 다음 설명들 중에서 가장 옳지 못한 것을 고르시오.

① 적대적 M&A 시도가 있는 경우에 기존 보통주 1주에 대해 저렴한 가격으로 다수의 신주를 매입할 수 있는 권리를 부여하는 방법을 독소조항(poison pills)이라고 한다.

② 다른 주식에 비해 월등히 많은 의결권이 부여된 주식을 차등의결권주(dual class stock)라고 한다.

③ 적대적 M&A 시도가 있는 경우에 기업의 핵심 사업부문을 매각하는 방법을 왕관의 보석 (crown jewel)이라고 한다.

④ 인수기업의 주식공개매수에 맞서 인수대상기업이 인수기업의 주식에 대한 공개매수를 하여 정면대결을 펼치는 전략을 역공개매수(counter tender offer)라고 한다.

⑤ 기존의 경영진이 적대적 M&A로 인해 임기만료 이전에 타의에 의해 해임되는 경우 거액의 보상금을 지급하도록 하는 고용계약을 백기사(white knight)라고 한다.

02 A기업은 B기업을 주식교환방식에 의해 합병하고자 한다. A기업과 B기업은 모두 무부채기업이며, 합병 전 A기업과 B기업의 발행주식수는 각각 300주와 200주이고, 주가는 각각 900원과 400원이다. 합병 후 기업가치는 400,000원이 될 것으로 예상되는 경우에 합병대가가 100,000원이 되기 위한 교부주식 수를 계산하시오.

① 100주   ② 120주   ③ 150주
④ 180주   ⑤ 200주

03 무부채기업인 A기업이 무부채기업인 B기업을 흡수합병하고자 하며, 합병 전 두 기업에 대한 자료는 다음과 같다. 시너지효과의 발생으로 합병 후 기업의 당기순이익은 합병 전 두 기업 당기순이익의 합계보다 200,000원 증가하고, 합병 후 기업의 기업가치는 합병 전 두 기업 기업가치의 합계보다 500,000원 증가할 것으로 예상된다. 주당순이익을 기준으로 의사결정하는 경우에 B기업의 주주들이 합병에 동의하는 최소주식교환비율을 계산하시오.

구분	A기업	B기업
당기순이익	800,000원	300,000원
발행주식수	200주	100주
주가	10,000원	8,000원

① 0.4 ② 0.5 ③ 0.6

④ 0.7 ⑤ 0.8

01   ⑤   기존의 경영진이 적대적 M&A로 인해 임기만료 이전에 타의에 의해 해임되는 경우 거액의 보상금을 지급하도록 하는 고용계약은 황금낙하산(golden parachute)에 대한 설명이며, 백기사(white knight)는 인수대상기업의 기존 대주주(경영진)에게 우호적인 제3자를 말한다.

02   ①   합병대가 $= 100,000원 = 교부주식수 \times \dfrac{400,000원}{300주 + 교부주식수}$

∴ 교부주식수 $= 100주$

03   ③ $EPS_B = \dfrac{NI_B}{N_B} = \dfrac{300,000원}{100주} = 3,000원$

$\le EPS_{AB} \times ER = \dfrac{NI_{AB}}{N_A + N_B \times ER} \times ER = \dfrac{800,000원 + 300,000원 + 200,000원}{200주 + 100주 \times ER} \times ER$

∴ $ER \ge 0.6$

cpa.Hackers.com

해커스 윤민호 재무관리

회계사 · 세무사 · 경영지도사 단번에 합격! 해커스 경영아카데미
cpa.Hackers.com

제9장

기업재무론의 기타주제

제1절 배당정책

01 배당정책의 기초개념

(1) 배당정책의 의의

배당정책(dividend policy)이란 기업의 당기순이익을 주주에게 지급하는 현금배당금과 재투자를 위한 유보이익으로 나누는 의사결정을 말한다. 배당금은 기업이 주주들에게 자본제공의 대가로 지급하는 것이지만, 배당금을 많이 지급하는 것이 주주에게 반드시 유리한 것은 아니다. 왜냐하면, 기업이 수익성 높은 투자기회를 보유하고 있는 경우에는 이익을 유보하여 재투자하는 것이 미래에 주주에게 더 많은 부를 가져다 줄 수 있기 때문이다. 따라서 배당정책의 목표는 배당정책이 기업가치에 미치는 영향을 분석하여 기업가치를 극대화할 수 있는, 즉 주주부를 극대화할 수 있는 최적배당정책을 찾는 것이라고 할 수 있다.

(2) 배당의 종류

배당의 종류에는 현금배당, 주식배당, 어음배당, 재산배당 등이 있으나 우리나라 상법에서는 현금배당과 주식배당만 인정하고 있다.

① 현금배당: 가장 일반적인 형태의 배당으로써 현금으로 배당금을 지급하는 것을 말한다. 현금배당은 연차배당과 중간배당으로 구분되는데, 중간배당은 회계연도 중에 연 1회에 한하여 지급할 수 있으며, 주권상장법인의 경우에는 분기배당도 가능하다.

② 주식배당: 이익잉여금의 자본금 전입을 통해 주식으로 배당금을 지급하는 것을 말한다. 예를 들어 10% 주식배당을 할 경우 기존에 10주를 소유한 주주는 신주 1주를 배당으로 받게 된다. 따라서 주식배당의 경우에 기업의 입장에서 실질적인 현금유출은 없다.

이와 같이 배당의 종류에는 현금배당과 주식배당이 있으나, 주식배당은 실질적인 현금유출이 없기 때문에 일반적으로 배당이라 함은 현금배당을 의미한다.

(3) 배당수준의 척도

기업이 어느 정도의 배당을 지급하는지를 나타내는 척도로는 다음과 같은 여러 가지 개념들이 이용된다.

① 주당배당액(dividend per share: DPS): 총현금배당액을 유통주식수로 나눈 것으로써 1주당 지급되는 현금배당액을 말한다.

② 배당성향(dividend payout): 당기순이익 중에서 배당으로 지급된 금액의 비율을 말하며, 총현금배당액을 당기순이익으로 나누어 계산한다.

③ 배당률(dividend ratio): 액면가액 대비 지급되는 주당배당금의 비율을 말하며, 주당배당액을 주당액면가액으로 나누어 계산한다.

④ 배당수익률(dividend yield): 주주가 배당금을 수취하여 얻는 수익률을 말하며, 주당배당액을 주식의 주당시장가격으로 나누어 계산한다.

$$주당배당액 = \frac{총현금배당액}{유통주식수} \qquad 배당성향 = \frac{총현금배당액}{당기순이익}$$

$$배당률 = \frac{주당배당액}{주당액면가액} \qquad 배당수익률 = \frac{주당배당액}{주당시장가격}$$

02 MM의 배당무관련이론

MM의 배당무관련이론(1961년)은 기업가치는 기업이 보유하고 있는 자산의 수익성과 위험에 의해서 결정되는 것이지, 기업의 이익을 배당금과 유보이익으로 나누는 배당정책과는 무관하다는 이론이다.

(1) 가정

MM의 배당무관련이론은 다음의 가정에 기초하고 있다.

① 완전자본시장을 가정한다. 즉, 거래비용이나 세금 등 거래의 마찰적 요인이 존재하지 않고 투자자들의 정보획득에 비용이나 제약이 없다.

② 투자자들은 기업의 미래 이익과 배당에 대해 확실하게 예측가능하고 이에 대해 동질적으로 기대하며, 배당소득과 자본이득에 대해 무차별하다.

③ 기업은 자기자본만으로 자금을 조달하며, 외부자금조달에 아무런 제약이 없다.

(2) 배당무관련이론

MM의 배당무관련이론은 합리적이고 완전한 경제환경(rational and perfect economic environment) 하에서는 금융환상(financial illusion)이 존재할 수 없다는 것인데, 이를 주가의 결정과정과 기업가치의 평가과정으로 구분하여 살펴보기로 한다.

1) 주가의 결정과정

기업이 현금배당을 지급하는 경우에 주가는 주당배당액만큼 정확하게 하향조정되며, 이에 따라 주주의 배당소득이 주가하락액과 정확하게 상쇄되어 주주의 총부는 달라지지 않는다. 즉, 배당부주가 수준에서 현금배당을 지급하는 경우에 주주에게는 현금배당액만큼의 현금유입이 발생하지만 동액만큼의 주가하락(배당락)으로 인해 주주의 총부는 현금배당 지급 여부와는 무관하게 일정하게 된다.

주주의 요구수익률이 20%이고, 발행주식수가 100주인 기업의 1년 후 배당부주가가 ₩24,000이라고 가정하면, 1년 후 시점에 배당을 지급하지 않는 경우와 1주당 ₩1,000의 현금배당을 지급하는 경우에 현재시점의 주가는 각각 다음과 같다.

<현금배당을 지급하지 않는 경우>

1년 후 주주의 부: 현금배당 수령액 = ₩0
배당부주가 = ₩24,000

$$\text{현재시점의 주가} = \frac{d_1 + P_1}{1 + k_e} = \frac{₩0 + ₩24,000}{1 + 20\%} = ₩20,000$$

<1주당 ₩1,000의 현금배당을 지급하는 경우>

1년 후 주주의 부: 현금배당 수령액 = ₩1,000
배당락주가 = ₩23,000

$$\text{현재시점의 주가} = \frac{d_1 + P_1}{1 + k_e} = \frac{₩1,000 + ₩23,000}{1 + 20\%} = ₩20,000$$

이와 같이 완전자본시장을 가정하는 경우에 단순한 배당정책의 차이는 주주의 총부(총현금흐름)를 변화시키지 못하며, 이에 따라 배당정책은 기업가치(주주부)에 영향을 미치지 못한다는 것이다.

2) 기업가치의 평가과정

1년 후에 d_1의 주당배당액을 지급하고, P_1의 배당락주가가 될 주식을 N주만큼 발행한 무부채기업의 현재 기업가치(자기자본가치)는 다음과 같다.

① $V_0 = S_0 = N \times P_0 = N \times \dfrac{d_1 + P_1}{1 + k_e} = \dfrac{D_1 + N \times P_1}{1 + k_e}$

1년 후 시점의 총배당금(D_1)을 지급한 후에 신규투자(I_1)를 실행하기 위해서는 유보이익($NI_1 - D_1$) 이외에 추가로 필요한 자금은 배당락주가(P_1) 수준에 신주를 ΔN주만큼 발행하여 조달하게 된다.

② 신주발행액 = 신규투자액 - 유보이익

$\qquad \Delta N \times P_1 = \qquad I_1 \qquad -(NI_1 - D_1)$

②식을 D_1에 관해 정리한 후, ①식에 대입하면 현재시점의 기업가치는 다음과 같이 나타낼 수 있다.

$$D_1 = \Delta N \times P_1 - I_1 + NI_1$$

$$V_0 = \frac{\Delta N \times P_1 - I_1 + NI_1 + N \times P_1}{1 + k_e} = \frac{(N + \Delta N) \times P_1 - I_1 + NI_1}{1 + k_e} = \frac{V_1 - I_1 + NI_1}{1 + k_e}$$

이와 같이 현재의 기업가치를 결정짓는 요인은 1년 후의 기업가치(V_1)와 1년 후의 투자액(I_1) 및 순이익(NI_1)이며, 순이익을 배당금과 유보이익으로 나누는 배당정책은 기업가치(주주부)와 무관함을 확인할 수 있다. 즉, 외부자금조달에 제약이 없는 완전자본시장을 가정하는 경우에는 배당을 많이 지급해서 투자에 필요한 자금이 부족하면 신주발행을 통해 자금을 조달할 수 있으므로 기업의 배당정책이 투자정책에 영향을 미치지 못하기 때문에 기업가치는 기업이 보유하는 자산의 수익성과 위험에 의해서 결정될 뿐이며, 배당정책과는 무관하다는 것이다.

(3) 자가배당조정

배당정책과 기업가치의 무관련성은 자가배당조정이라는 개념을 통해서도 확인할 수 있다. 여기서 자가배당조정(home-made dividend)이란 완전자본시장을 가정하는 경우에 기업이 지급하는 배당수준과는 무관하게 주주들이 자신이 원하는 수준으로 배당을 자유로이 조정하는 것을 말한다.

① 기업이 배당을 지급하지 않는 경우에 주주들은 보유주식의 일부를 처분하여 자신의 현금수요를 충족시킬 수 있다.

② 주주가 원하는 수준을 초과하여 배당이 지급되는 경우에는 잉여현금을 이용해 주식을 추가로 매입함으로써 자신이 원하는 수준으로 배당을 조정할 수 있다.

이와 같이 주주들은 자가배당조정을 통해 기업이 지급하는 배당수준과는 무관하게 자신들이 원하는 수준으로 배당을 조정할 수 있으므로, 기업의 배당정책은 기업가치(주주부)에 아무런 영향을 미치지 못한다는 것이다.

03 시장불완전요인과 배당정책

앞에서 살펴본 MM의 배당무관련이론은 완전자본시장을 가정한 것이었다. 그러나 현실의 자본시장은 개인소득세, 정보비대칭, 외부자금조달의 제약, 자금조달비용, 주식거래수수료, 대리비용, 미래의 불확실성 등 자본시장을 불완전하게 만드는 많은 요인들이 존재한다. 따라서 여기서는 이러한 시장불완전요인들을 고려할 경우 배당정책이 기업가치에 어떤 영향을 미치는가에 대한 다양한 논쟁에 대해서 살펴보기로 한다.

(1) 개인소득세

1) 현금배당의 부정적 효과

현실의 자본시장에는 개인소득세가 존재하며, 일반적으로 배당소득세율이 자본이득세율보다 높기 때문에 개인소득세를 고려할 경우 현금배당이 기업가치(주주부)에 부정적인 영향을 미치게 된다. 즉, 배당성향이 높은 주식에 투자하는 경우 세금부담이 더 많아지므로 투자자들의 세후현금흐름이 감소하게 되어 현금배당이 기업가치(주가)에 부정적인 영향을 미치게 된다는 것이다.

주주의 요구수익률이 20%, 1년 후 배당부주가가 ₩24,000, 자본이득세율은 0%, 배당소득세율(t_{div})은 30%라고 가정하면, 1년 후 시점에 배당을 지급하지 않는 경우와 1주당 ₩1,000의 현금배당을 지급하는 경우에 현재시점의 주가는 각각 다음과 같다.

<현금배당을 지급하지 않는 경우>
1년 후 주주의 부: 배당부주가 = ₩24,000

$$현재시점의\ 주가 = \frac{d_1 + P_1}{1 + k_e} = \frac{₩0 + ₩24,000}{1 + 20\%} = ₩20,000$$

<1주당 ₩1,000의 현금배당을 지급하는 경우>
1년 후 주주의 부: 세후 현금배당 수령액 = ₩1,000 × (1 − 30%) = ₩700
　　　　　　　　　배당락주가 = ₩23,000

$$현재시점의\ 주가 = \frac{d_1 \times (1 - t_{div}) + P_1}{1 + k_e} = \frac{₩700 + ₩23,000}{1 + 20\%} = ₩19,750$$

2) 밀러와 숄즈의 무관련이론

밀러와 숄즈(M. H. miller&M. scholes)는 1977년에 발표한 논문에서 개인소득세가 존재하는 상황에서도 개인의 레버리지(차입)에 의한 이자비용의 발생을 통해 배당소득세를 회피할 수 있다면 배당정책은 기업가치(주가)에 영향을 미치지 않는다고 주장하였다.

투자자가 보유하고 있는 주식의 현재주가는 ₩20,000원이고, 1년 후 시점에 ₩800의 배당을 실시하여 배당락주가는 ₩23,200이 될 것으로 예상되며, 차입이자율은 20%, 배당소득세율은 30%이다. 개인의 과세소득 계산 시에 이자비용이 손비로 인정되며 면세무위험채권이 존재한다고 가정한다.

① 면세무위험채권이 존재하는 경우에는 예상되는 배당소득과 동일한 금액의 이자비용을 부담하도록 자금을 차입하여 면세무위험채권에 투자함으로써 배당소득세를 회피할 수 있다.

② 1년 후 배당소득인 ₩800과 동일한 금액의 이자비용을 부담하도록 현재시점에서 ₩4,000 ($= \dfrac{배당소득}{차입이자율} = \dfrac{₩800}{0.2}$)을 차입해서 이를 면세무위험채권에 투자하면, 기말의 과세소득(배당소득 − 이자비용)은 ₩0이 된다.

③ 면세무위험채권의 수익률이 차입이자율과 동일한 20%라면 면세무위험채권 투자에 따른 ₩800 (= ₩4,000×0.2)의 면세소득을 얻게 됨에 따라 배당소득세를 완벽하게 회피할 수 있다.

| 사례 |

투자자가 보유하고 있는 주식의 현재주가는 ₩20,000이고, 1년 후 시점에 ₩800의 배당을 실시하여 배당락주가는 ₩23,200이 될 것으로 예상되며, 차입이자율은 20%, 배당소득세율은 30%이다. 개인의 과세소득 계산 시에 이자비용이 손비로 인정되며 면세무위험채권이 존재하지 않는다고 가정한다.

---

① 면세무위험채권이 존재하지 않는 경우에는 자금을 차입하여 주식을 추가로 매입할 경우에 예상되는 총배당소득과 동일한 금액의 이자비용을 부담하도록 자금을 차입하여 주식에 추가로 투자해서 배당소득을 자본이득으로 전환함으로써 배당소득세를 회피할 수 있다.

② 1년 후 배당소득과 동일한 금액의 이자비용을 부담하도록 자금을 차입해서 주식에 추가로 투자하기 위해서는 현재시점에 ₩5,000을 차입해야 한다. 여기서 현재시점의 차입액은 다음과 같이 계산된다.

$$\underbrace{\left(1주 + \frac{차입액}{₩20,000}주\right) \times ₩800}_{배당소득} = \underbrace{차입액 \times 0.2}_{이자비용}$$

③ 현재시점에 ₩5,000을 차입하여 주식을 0.25주$\left(= \dfrac{차입액}{현재주가} = \dfrac{₩5,000}{₩20,000}\right)$만큼 추가로 매입하는 경우에 1.25주에서 발생하는 1년 후 배당소득과 ₩5,000 차입에 따른 이자비용이 각각 ₩1,000으로 동일해짐에 따라 과세소득은 ₩0이 되며, 배당소득 ₩800이 자본이득 ₩800(=0.25주×₩3,200)으로 전환된다.

3) 배당의 고객효과

개인소득세를 고려할 경우 현금배당이 기업가치에 부정적인 영향을 미친다고 한다면, 배당을 많이 지급할수록 기업가치가 하락할 것이므로 배당을 하는 기업은 없을 것이다. 그러나 개인소득세가 존재하는 상황에서도 현실의 기업들은 각각 다른 배당정책을 실시하고 있는데, 이는 배당정책이 기업가치에 영향을 미치지 않는다는 것을 반증하는 것이며, 이러한 현상은 다음과 같은 배당의 고객효과에 의해 설명될 수 있다.

① 누진세율구조의 개인소득세로 인해 고세율을 적용받는 고소득 투자자들은 세금부담이 적은 자본이득을 선호하며, 저세율을 적용받는 저소득 투자자들은 당기에 소비가능한 소득인 배당소득을 선호하는데, 이와 같이 투자자들이 자신의 선호를 만족시킬 수 있는 배당정책을 실시하는 기업의 주식에 투자하는 현상을 배당의 고객효과(clientele effect)라고 한다.

② 배당의 고객효과가 성립하는 경우에는 특정한 배당정책을 원하는 투자자들이 그와 동일한 배당정책을 실시하는 기업의 주식에만 투자할 것이므로 시장이 배당성향별로 분리되어 형성되며, 각 분리된 시장 내에서의 수요와 공급에 의해 기업가치(주가)가 결정된다.

따라서 분리된 시장별로 수요와 공급이 일치하는 균형상태에서는 단순한 배당정책의 변경이 구성주주의 변경만 가져올 뿐 기업가치의 변동을 가져올 수 없기 때문에 배당정책이 기업가치에 미치는 영향은 없다는 것이다.

(2) 정보비대칭과 배당의 신호효과

배당의 신호효과(signalling effect)란 현실의 자본시장에서는 기업 외부의 투자자들이 기업의 내용에 대한 불완전한 정보를 보유하고 있으며, 이러한 상황에서는 현금배당이 기업의 내용에 관한 긍정적 정보를 외부의 투자자들에게 전달하는 효과를 가져온다는 것이다. 즉, 기업이 현금배당을 지급하는 경우에 이러한 현금배당이 기업의 재무적 건전성이나 충분한 현금동원능력, 미래현금흐름 창출능력에 대한 경영자의 확신 등과 같은 기업에 대한 긍정적인 정보를 투자자들에게 전달해주는 신호가 되며, 이에 따라 기업가치(주가)가 상승할 수 있다는 것이다.

그러나 이러한 주장에 대해서 MM은 배당의 신호효과가 주가를 상승시키지만, 이는 배당으로 인해 주가가 상승하는 것이 아니라 미래현금흐름 창출능력에 대한 경영자의 확신 등 기업에 대한 긍정적인 정보 때문에 주가가 상승하는 것이라고 반박하였다. 즉, 기업에 대한 긍정적인 정보를 배당 이외의 다른 수단을 통해서 전달할 경우에도 주가는 상승할 것이므로 배당정책 자체가 기업가치에 영향을 미치지는 않는다는 것이다.

(3) 외부자금조달의 제약

완전자본시장의 경우에는 기업이 투자자금을 언제든지 외부에서 조달할 수 있으므로 기업의 투자정책이 배당정책에 의해 영향을 받지 않지만, 외부자금조달이 불가능한 경우에는 과다한 배당을 지급하면 수익성 있는 투자기회를 상실할 수도 있기 때문에 배당정책은 이익의 재투자문제와 직결된다.

1) 고든의 모형

고든(M. J. Gordon)은 외부자금조달에 제약이 있는 경우에는 유보이익의 재투자수익률인 자기자본이익률(return on equity: ROE)과 주주의 요구수익률(k_e) 간의 관계에 따라 다음과 같이 기업가치를 극대화하는 배당정책이 존재할 수 있다고 주장하였다.

구분	최적배당정책
$ROE > k_e$	배당을 줄이고 유보를 증가
$ROE = k_e$	배당정책과 기업가치는 무관련
$ROE < k_e$	유보를 줄이고 배당을 증가

2) 배당의 잔여이론

배당의 잔여이론(residual theory of dividends)이란 외부자금조달에 제약이 있는 경우에 투자결정과 자본조달결정에 의해 자동적으로 배당정책이 결정된다는 이론으로써, 순이익 중에서 투자에 필요한 자금을 유보하고 남는 잔여이익을 배당으로 지급한다는 것이다. 그러나 이와 같이 잔여이익을 배당으로 지급하는 경우에는 주주에게 지급되는 배당금이 투자기회에 따라 변동하게 되어 주주현금흐름의 불안정성이 증가될 수 있으며, 정보비대칭을 고려하는 경우에 불필요한 신호효과를 가져올 수 있다는 문제점이 있다.

〔4〕 기타 시장불완전요인

1) 자금조달비용

과다한 배당을 지급하는 경우에는 투자자금 중의 일부를 외부에서 조달해야 하며, 이러한 경우에는 신주발행비용과 같은 자금조달비용이 발생하게 된다. 따라서 자금조달비용을 고려하면 현금배당이 기업가치에 부정적인 영향을 미치게 된다.

2) 주식거래수수료

기업이 배당을 지급하지 않는 경우에 주주들이 자신의 현금수요를 충족시키기 위해서 자본이득을 실현하고자 보유주식을 처분한다면 이러한 과정에서 주식매도에 따른 거래수수료의 유출이 발생하게 된다. 따라서 거래수수료를 고려하는 경우에 주주들은 자본이득보다 배당소득을 선호하게 되므로 현금배당이 주주부(기업가치)에 긍정적인 영향을 미치게 된다.

3) 대리비용

기업이 현금배당을 많이 지급하는 경우에는 경영자의 재량적인 소비가 가능한 기업내부의 여유현금이 감소하게 되어 경영자의 특권적 소비를 감소시킬 수 있다. 따라서 현금배당이 대리비용을 감소시킬 수 있으므로 기업가치에 긍정적인 영향을 미치게 된다.

4) 미래의 불확실성

고든(M. J. Gordon)은 현금배당에 따른 배당소득은 이익의 유보를 통한 자본이득보다 확실한 소득(손안의 새)이기 때문에 현금배당을 지급하는 경우에 주주현금흐름의 불확실성이 감소하므로 주주들의 요구수익률이 감소하고 이에 따라 현금배당이 주주부(기업가치)에 긍정적인 영향을 미치게 된다고 주장하였다. 그러나 이러한 견해에 대해서 MM은 주주의 위험은 기업의 투자정책, 즉 자산의 수익성과 위험에 의해 결정되는 것이므로, 배당정책이 주주의 위험을 결정짓는 요인은 아니라고 비판하였다. 고든과 MM 사이의 이러한 논쟁을 '손안의 새 논쟁(bird-in-hand argument)'이라고 한다.

04 배당정책의 현실

지금까지 배당정책과 관련된 여러 가지 이론들에 대해서 살펴보았는데, 여기서는 현실적으로 기업들의 배당정책에 영향을 미치는 요인과 대부분의 기업들이 취하고 있는 안정배당정책 및 우리나라의 배당제도에 대해서 살펴보기로 한다.

〔1〕 배당정책에 영향을 미치는 요인

현실적으로 대부분의 기업들은 배당수준을 결정할 때 다음과 같은 다양한 요인들을 고려하게 된다.

① 당기순이익: 당기순이익은 배당의 원천이므로 배당수준을 결정할 때 고려하는 중요한 요인이다. 당기순이익이 많을수록 기업의 배당지급여력이 증가하므로 주주들은 많은 배당을 기대한다.

② 새로운 투자기회: 새로운 투자기회를 고려하여 배당수준을 결정해야 한다. 수익성이 있는 투자기회를 가지고 있다면 배당을 줄이고 유보이익을 늘리는 것이 유리하다.

③ 유동성: 배당금을 지급하면 현금유출이 발생하므로 기업의 자금사정이나 유동성을 고려하여 배당수준을 결정해야 한다.

④ 법률상의 제한: 상법이나 자본시장과금융투자업에관한법률 등에서는 기업이 건전한 자본구조를 유지할 수 있도록 과다한 배당을 제한하고 있으므로 이러한 법률상의 제한을 고려하여 배당수준을 결정해야 한다.

⑤ 기업의 지배력: 배당을 많이 지급할수록 외부자금조달의 필요성이 증가하게 되는데, 이때 신주발행을 통해 외부자금을 조달하게 되면 새로운 외부주주가 유입되어 기존주주의 기업 지배력에 영향을 미칠 수 있으므로 이러한 점을 고려하여 배당수준을 결정해야 한다.

⑥ 기타 요인: 배당수준을 결정할 때 위의 요인들 외에 사채권자의 배당제한이나 부채상환계획 및 동종업계의 배당성향 등도 고려해야 한다.

[2] 안정배당정책

안정배당정책(stable dividend policy)이란 주당배당액을 안정적으로 유지하는 정책을 말한다. 대부분의 기업들은 일반적으로 배당정책결정 시에 안정배당정책을 취하고 있는데, 그 이유는 안정적인 배당을 지급하는 주식의 경우에는 주주현금흐름의 불안정성이 감소하며, 배당금의 변동에 따른 불필요한 신호효과를 배제할 수 있기 때문이다. 다만, 안정배당정책을 실시하는 기업이라고 해서 주당배당액을 항상 일정한 수준으로 유지하는 것은 아니며, 기업이 계획하는 장기적인 목표배당성향과 단기적인 순이익의 변동을 고려해서 주당배당액을 일정한 범위 내에서 완만하게 변동시키는 정책을 취하게 된다. 이와 관련하여 린트너(J. Lintner)가 제시한 배당의 부분조정모형은 다음과 같다.

> 당기주당배당액 − 전기주당배당액
> = 조정계수 × (목표배당성향 × 당기주당이익 − 전기주당배당액)

╫ 사례 ╫

전기주당이익이 ₩100이고 전기주당배당액이 ₩30인 기업의 당기주당이익이 ₩150인 경우에 목표배당성향(30%)만을 반영하는 경우에는 당기주당배당액은 ₩45으로 전기에 비해 ₩15(30% × ₩150 − ₩30)을 증가시켜야 하지만, 이를 한꺼번에 당기배당에 반영하는 것이 아니라 일정한 조정계수(0.4로 가정함.)를 도입하여 당기에는 주당배당액의 변동을 40%만큼만 반영하고 이후의 배당에 점진적으로 반영해가는 방식이다. 따라서 이를 모두 반영한 전기 대비 주당배당액의 변동액은 ₩6이므로, 당기주당배당액은 ₩36이 된다.

당기주당배당액 − 전기주당배당 = 0.4 × (30% × ₩150 − ₩30) = ₩6

05 우리나라의 배당제도

(1) 배당지급절차

우리나라의 상법 등에서 규정하고 있는 배당지급절차와 관련한 중요한 시점에 대해서 살펴보면 다음과 같다.

배당지급절차

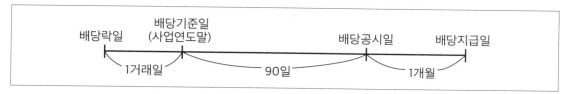

① **배당기준일(record date)**: 배당받을 권리를 갖는 주주를 확정짓기 위해 주주명부를 폐쇄하는 날로서, 이 기준일에 주주명부에 등록되어 있는 주주가 배당받을 권리를 부여받게 된다. 우리나라의 경우 배당기준일은 매 사업연도(회계연도) 최종일이다. 따라서 3월말 결산법인은 3월 31일이 배당기준일이며, 12월말 결산법인은 12월 31일이 배당기준일이지만 12월 31일에는 증권시장이 휴장되기 때문에 12월 30일이 배당기준일이다.

② **배당락일(ex-dividend date)**: 배당받을 권리가 상실되는 첫 거래일을 말한다. 우리나라의 경우 매매체결일을 포함하여 매매체결일로부터 3일째 거래일에 결제가 이루어지므로 배당락일은 배당기준일의 1거래일 전이다. 따라서 3월말 결산법인의 경우에는 3월 29일이 배당부 최종일이며, 3월 30일이 배당락일이 된다. 그리고 12월말 결산법인의 경우에는 12월 28일이 배당부 최종일이며, 12월 29일이 배당락일이 된다. 참고로 우리나라의 경우에는 주식배당의 경우에만 이를 배당락 산정에 반영한다.

③ **배당공시일(announcement date)**: 배당에 관한 결의사항을 공시하는 날이다. 우리나라의 경우 매 사업연도 말부터 90일 이내에 주주총회를 개최하여 배당에 관한 사항을 결의하고 공시하도록 규정하고 있다.

④ **배당지급일(payment date)**: 배당기준일 현재 주주명부에 기재된 주주들에게 배당금을 지급하는 날이다. 우리나라의 경우 배당에 관한 주주총회의 결의일로부터 1개월 이내에 배당금을 지급하도록 규정하고 있다.

(2) 배당지급절차의 문제점

우리나라의 상법 등에서 규정하고 있는 배당지급절차는 다음과 같은 문제점을 가지고 있다.

① 배당금이 확정되기 전에 배당락조치가 이루어지므로 배당락에 따른 주가조정은 실제 배당률을 반영하지 못한다. 따라서 배당락에 따른 적절한 주가조정이 이루어지기 위해서는 배당기준일이 배당공시일 이후가 되어야 한다.

② 배당에 관한 사항을 주주총회에서 결정하므로 배당정책이 기업의 장기경영계획에 맞추어 실시되지 못한다. 따라서 기업의 장기경영계획에 맞추어 배당정책이 실시되기 위해서는 배당에 관한 사항을 이사회에서 결정하는 것이 바람직하다.

③ 사업연도말부터 3~4개월 후에 배당금이 지급되므로 배당금의 지급이 너무 지연된다.

06 특수배당정책

지금까지 살펴본 배당정책은 현금배당을 전제로 한 것이었다. 그러나 현실적으로는 기업의 사정에 따라 자사주매입이나 주식배당, 무상증자, 주식분할 및 주식병합 등 특수한 형태의 배당정책들이 이용되고 있다.

[1] 자사주매입

자사주매입(stock repurchase)이란 이미 발행한 자사의 주식을 매입하는 것을 말한다. 기업은 자사주를 매입하여 자본금을 감소시킬 목적으로 소각하거나 재발행을 목적으로 보유하기도 하는데, 재발행을 목적으로 보유하는 자사주를 금고주(treasury stock)라고도 한다.

기업이 현금배당을 할 재원으로 자사주를 매입하면 주주에게 현금을 지급하는 것과 유사한 효과를 갖게 되므로 자사주매입은 특수한 형태의 배당으로 볼 수 있다. 또한 자사주매입은 안정적인 유지가 기대되는 현금배당에 비해 신축적인 운용이 가능하다. 자사주매입의 효과를 구체적으로 살펴보면 다음과 같다.

1) 긍정적 효과

① 개인소득세의 존재를 고려하면, 현금배당을 지급하는 경우에 주주는 배당소득세를 부담하며 자사주매입을 실시하는 경우에 주주는 자본이득세를 부담하는데, 일반적으로 배당소득세율이 자본이득세율보다 높기 때문에 자사주매입이 주주의 배당소득세를 회피하는 수단으로 이용될 수 있다.

② 기업이 여유현금을 이용하여 자사주매입을 실시하는 경우에는 현금배당을 지급하는 것과 동일하게 기업의 미래현금흐름과 관련된 긍정적 기대에 대한 신호를 전달하는 효과가 있을 수 있다.

③ 재발행을 목적으로 자사주를 매입하면 주가가 저평가되어 있다는 정보를 전달하는 효과를 가져올 수도 있으며, 기업도 이러한 신호효과를 이용하여 주가를 안정화시킬 수 있다.

④ 자사주를 매입하여 적대적 M&A의 방어수단으로 활용할 수 있으며, 금고주로 보유하고 있다가 경영자의 성과급으로 지급하는 stock option의 실행수단으로 이용할 수도 있다.

2) 부정적 효과

① 자본금을 감소시킬 목적으로 자사주를 매입하면 투자기회의 고갈이라는 부정적 신호를 전달하는 효과를 가져올 수도 있다.

② 자사주를 매입하면 부채비율이 증가하여 자본구조가 악화될 수 있다.

[2] 주식배당과 무상증자

주식배당(stock dividend)이란 이익잉여금을 현금으로 배당하지 않고 주식으로 교부하는 것을 말한다. 즉, 이익잉여금을 자본금으로 전입하고 이를 근거로 신주를 발행하여 기존주주들에게 무상으로 나누어주는 것을 말한다. 반면에, 무상증자란 자본잉여금이나 법정적립금을 자본금으로 전입하고 이를 근거로 신주를 발행하여 기존주주들에게 무상으로 나누어주는 것을 말한다. 주식배당과 무상증자는 자본금으로 전입하는 재원만 차이가 있을 뿐 실질적으로는 동일하며, 현금의 유입은 없이 자본금이 증가하므로 이를 형식적 증자라고도 한다.

기업이 주식배당이나 무상증자를 실시하는 경우에 자기자본총액의 변동 없이 주식수가 증가하여 주가가 비례적으로 하락하기 때문에 주주의 부에 아무런 영향을 미치지 못하지만 현실적으로는 다음과 같은 효과가 있다.

1] 긍정적 효과

① 주가가 너무 높게 형성되어 있는 상황에서는 자기자본총액의 변동 없이 발행주식수가 증가하므로 주식배당이나 무상증자 후의 주당 시장가격이 하락함에 따라 주식의 시장성을 높여서 주식거래의 활성화를 도모할 수 있다.

② 주당배당액을 안정적으로 유지하는 안정배당정책을 실시하는 기업의 경우에 주주들은 보유주식수 증가에 따라 미래에 더 많은 배당소득을 기대할 수 있다.

③ 이익의 사외유출을 방지하고 잉여금을 영구히 자본화하여 투자자금으로 활용할 수 있으므로 수익성 있는 투자기회를 보유하고 있다는 신호로 해석될 수 있다.

2] 부정적 효과

① 현금배당을 지급하지 못할 정도로 어려운 상황이라는 것을 알려주는 부정적 신호로 해석되어 기업가치에 부정적인 영향을 미칠 수 있다.

② 주식수가 증가함에 따라 미래의 배당압력이 가중되어 장기적으로는 더 많은 현금유출을 초래할 수 있다.

③ 신주발행에 따른 신주발행비용이 발생된다.

[3] 주식분할

주식분할(stock split, 액면분할이라고도 한다.)이란 하나의 주식을 여러 개의 동일주식으로 분할하는 것을 말한다. 주식분할은 발행주식수가 증가되는 반면, 주당 액면가액과 시장가격이 비례적으로 하락하기 때문에 주주부에는 아무런 영향을 미치지 않는다. 주식분할은 주가가 너무 높게 형성된 경우에 이를 인위적으로 하락시켜 주식의 매매를 원활히 하기 위한 수단으로 이용되는 것이 일반적이다.

[4] 주식병합

주식병합(reverse split, 액면병합이라고도 한다.)이란 주식분할과는 반대되는 개념으로서 액면가액을 높여서 여러 개의 주식을 하나의 주식으로 통합하는 것을 말한다. 주식병합은 발행주식수가 감소되는 반면, 주당 액면가액과 시장가격이 비례적으로 상승하기 때문에 주주부에는 아무런 영향을 미치지 않는다. 주식병합은 주가가 너무 낮게 형성된 경우에 이를 적정수준으로 상승시킬 목적으로 이용되는 것이 일반적이다.

(5) 현금배당과 특수배당정책의 비교

지금까지 살펴본 현금배당과 특수배당정책을 비교하면 다음과 같다. 단, 자사주매입의 경우에 시장가격으로 매입함을 가정한다.

구분	현금배당	자사주매입	주식배당 (무상증자)	주식분할	주식병합
자기자본가치	감소	감소	불변	불변	불변
발행주식수	불변	감소	증가	증가	감소
주가	하락	불변	하락	하락	상승
주당이익(EPS)	불변	증가	감소	감소	증가
주가수익비율(PER)	감소	감소	불변	불변	불변

위의 표에서, 주가수익비율(PER)의 경우에는 $\dfrac{주가}{주당이익}$ 으로 분석할 수도 있으나, $\dfrac{자기자본가치}{당기순이익}$ 으로 분석할 수도 있다. 이러한 경우에 동일한 금액만큼의 현금배당을 지급하는 경우와 자사주를 매입하는 경우를 비교하면, 동일한 금액만큼 자기자본가치가 감소하고 당기순이익은 변동하지 않으므로 현금배당을 지급하든 자사주를 매입하든 PER에 미치는 효과는 동일하게 된다.

예제 1 재무정책의 효과 비교

(주)파랑의 현재 발행주식수는 20,000주, 당기순이익은 ₩50,000,000, 주가는 ₩10,000이다. 주가가 이론적 주가로 변한다고 가정할 때 (주)파랑이 고려하고 있는 다음 재무정책들의 효과와 관련된 물음에 답하시오.

물음1 현재 (주)파랑의 자기자본가치, 주당이익, 주가수익비율(PER)을 계산하시오.

물음2 순이익의 20%를 현금배당으로 지급하는 경우에 현금배당 실시 후 자기자본가치, 발행주식수, 주가, 주당이익, 주가수익비율(PER)을 계산하시오.

물음3 순이익의 20%에 해당하는 금액으로 자사주를 현재주가에 매입하는 경우에 자사주매입 실시 후 자기자본가치, 발행주식수, 주가, 주당이익, 주가수익비율(PER)을 계산하시오.

물음4 발행주식수의 20%를 주식으로 배당하는 경우에 주식배당 실시 후 자기자본가치, 발행주식수, 주가, 주당이익, 주가수익비율(PER)을 계산하시오.

물음5 2 : 1로 주식을 분할하는 경우에 주식분할 실시 후 자기자본가치, 발행주식수, 주가, 주당이익, 주가수익비율(PER)을 계산하시오.

물음6 2 : 1로 주식을 병합하는 경우에 주식병합 실시 후 자기자본가치, 발행주식수, 주가, 주당이익, 주가수익비율(PER)을 계산하시오.

해답

물음1 재무정책 실시 이전
자기자본 = 20,000주 × ₩10,000 = ₩200,000,000
주당이익 = ₩50,000,000 ÷ 20,000주 = ₩2,500
PER = ₩10,000 ÷ ₩2,500 = 4

물음2 현금배당
자기자본가치 = ₩200,000,000 - ₩50,000,000 × 20% = ₩190,000,000
발행주식수 = 20,000주(불변)
주가 = ₩190,000,000 ÷ 20,000주 = ₩9,500
주당이익 = ₩50,000,000 ÷ 20,000주 = ₩2,500
PER = ₩9,500 ÷ ₩2,500 = 3.8

물음3 자사주매입
자기자본가치 = ₩200,000,000 - ₩50,000,000 × 20% = ₩190,000,000
발행주식수 = 20,000주 - ₩50,000,000 × 20% ÷ ₩10,000 = 19,000주
주가 = ₩190,000,000 ÷ 19,000주 = ₩10,000
주당이익 = ₩50,000,000 ÷ 19,000주 = ₩2,631.58
PER = ₩10,000 ÷ ₩2,631.58 = 3.8

물음4 주식배당
자기자본가치 = ₩200,000,000(불변)
발행주식수 = 20,000주 + 20,000주 × 20% = 24,000주
주가 = ₩200,000,000 ÷ 24,000주 = ₩8,333.33
주당이익 = ₩50,000,000 ÷ 24,000주 = ₩2,083.33
PER = ₩8,333.33 ÷ ₩2,083.33 = ₩200,000,000 ÷ ₩50,000,000 = 4

물음5 주식분할
자기자본가치 = ₩200,000,000(불변)
발행주식수 = 20,000주 × 2 = 40,000주
주가 = ₩200,000,000 ÷ 40,000주 = ₩5,000
주당이익 = ₩50,000,000 ÷ 40,000주 = ₩1,250
PER = ₩5,000 ÷ ₩1,250 = ₩200,000,000 ÷ ₩50,000,000 = 4

물음6 주식병합
자기자본가치 = ₩200,000,000(불변)
발행주식수 = 20,000주 ÷ 2 = 10,000주
주가 = ₩200,000,000 ÷ 10,000주 = ₩20,000
주당이익 = ₩50,000,000 ÷ 10,000주 = ₩5,000
PER = ₩20,000 ÷ ₩5,000 = ₩200,000,000 ÷ ₩50,000,000 = 4

참고로 <예제 1>의 해답에 제시된 내용을 요약하면 다음과 같다.

구분	이전	현금배당	자사주매입	주식배당	주식분할	주식병합
자기자본	₩200,000,000	₩190,000,000	₩190,000,000	₩200,000,000	₩200,000,000	₩200,000,000
발행주식수	20,000주	20,000주	19,000주	24,000주	40,000주	10,000주
주가	₩10,000	₩9,500	₩10,000	₩8,333	₩5,000	₩20,000
주당이익	₩2,500	₩2,500	₩2,632	₩2,083	₩1,250	₩5,000
PER	4	3.8	3.8	4	4	4

07 자사주매입과 유상증자에 따른 주주 간 부의 이전

자사주매입 시 자사주의 매입가격과 유상증자 시 신주의 발행가격은 재무정책 실시 이후의 주가에 영향을 미치게 된다. 이러한 자사주의 매입가격과 신주의 발행가격이 주가의 변동에 미치는 영향과 이에 따른 주주 간 부의 이전 문제에 대해 살펴보기로 한다.

(1) 자사주매입에 따른 효과

1) 자사주의 매입가격이 주가에 미치는 영향

자사주를 시장가격으로 매입하는 경우에는 자기자본의 가치와 발행주식수가 동일한 비율로 감소하게 되어 주가는 변동하지 않지만, 시장가격보다 높은 가격에 매입하면 주가가 하락하게 되고 시장가격보다 낮은 가격에 매입하면 주가가 상승하게 된다.

┨ 사례 ┠

현재 발행주식수가 2주이고, 주가가 ₩100인 기업이 자사주 1주를 매입하는 경우

매입가격이 ₩100인 경우의 주가: $\dfrac{₩100 \times 2주 - ₩100 \times 1주}{2주 - 1주} = ₩100$

매입가격이 ₩110인 경우의 주가: $\dfrac{₩100 \times 2주 - ₩110 \times 1주}{2주 - 1주} = ₩90$

매입가격이 ₩80인 경우의 주가: $\dfrac{₩100 \times 2주 - ₩80 \times 1주}{2주 - 1주} = ₩120$

2) 자사주의 매입방식에 따른 주주 간 부의 이전

자사주매입이 전체주주들에게 지분비례대로 이루어지는 경우에는 자사주의 매입가격과 무관하게 주주 간 부의 이전 문제가 발생하지 않지만, 지분비례대로 이루어지지 않는 경우에는 자사주의 매입가격에 따라 부의 이전 문제가 발생할 수 있다. 즉, 특정한 주주의 주식만을 대상으로 시장가격보다 높은 가격에 자사주를 매입하는 경우에는 나머지 주주에게서 해당 특정주주에게로 부가 이전되며, 반대로 낮은 가격에 자사주를 매입하는 경우에는 해당 특정주주에게서 나머지 주주에게로 부가 이전된다.

자사주 매입가격	주가	처분주주의 부	잔여주주의 부
매입가격=시장가격	불변	불변	불변
매입가격>시장가격	하락	증가	감소
매입가격<시장가격	상승	감소	증가

예제 2   현금배당과 자사주매입

(주)파랑은 여유현금 ₩2,000,000으로 주주에 대한 현금배당 또는 자사주매입을 실시하고자 한다. (주)파랑의 발행주식수는 2,000주이며, 현재 (주)파랑 주식의 시장가격은 주당 ₩10,000이다.

물음1 (주)파랑이 여유현금 ₩2,000,000을 현금배당으로 지급하는 경우에 (주)파랑 주식 400주를 보유하고 있는 투자자 甲의 현금배당 전·후의 부를 비교하시오.

물음2 (주)파랑이 여유현금 ₩2,000,000으로 주주들의 지분에 비례하여 자사주를 매입하는 경우에 (주)파랑 주식 400주를 보유하고 있는 투자자 甲의 자사주매입 전·후의 부를 비교하시오. 단, 주당 매입가격은 현재 주식의 시장가격과 동일한 주당 ₩10,000으로 가정한다.

물음3 (주)파랑이 여유현금 ₩2,000,000으로 주주들의 지분에 비례하여 자사주를 매입하는 경우에 (주)파랑 주식 400주를 보유하고 있는 투자자 甲의 자사주매입 전·후의 부를 비교하시오. 단, 주당 매입가격은 현재 주식의 시장가격보다 높은 주당 ₩16,000으로 가정한다.

물음4 (주)파랑이 여유현금 ₩2,000,000으로 (주)파랑 주식 400주를 보유하고 있는 투자자 甲의 주식만을 주당 ₩16,000에 매입하는 경우에 투자자 甲과 나머지 주주들의 자사주매입 전·후의 부를 비교하시오.

해답

[물음1] 현금배당

$$배당락주가 = \frac{2{,}000주 \times ₩10{,}000 - ₩2{,}000{,}000}{2{,}000주} = ₩9{,}000$$

$$= 배당부주가 - 주당배당액 = ₩10{,}000 - \frac{₩2{,}000{,}000}{2{,}000주} = ₩9{,}000$$

	현금배당 이전		현금배당 이후	부의 증감
주식	400주 × ₩10,000 = ₩4,000,000	주식	400주 × ₩9,000 = ₩3,600,000	
		현금	400주 × ₩1,000 = ₩400,000	
합계	₩4,000,000	합계	₩4,000,000	없음

[물음2] 시장가격에 의한 자사주매입

$$총\ 매입주식수 = \frac{₩2{,}000{,}000}{₩10{,}000} = 200주\,(보유지분의\ 10\%씩\ 자사주매입)$$

$$자사주매입\ 후\ 주가 = \frac{2{,}000주 \times ₩10{,}000 - ₩2{,}000{,}000}{2{,}000주 - 200주} = ₩10{,}000$$

	자사주매입 이전		자사주매입 이후	부의 증감
주식	400주 × ₩10,000 = ₩4,000,000	주식	360주 × ₩10,000 = ₩3,600,000	
		현금	40주 × ₩10,000 = ₩400,000	
합계	₩4,000,000	합계	₩4,000,000	없음

[물음3] 고가 자사주매입과 주가의 변동

$$총\ 매입주식수 = \frac{₩2{,}000{,}000}{₩16{,}000} = 125주\,(보유지분의\ 6.25\%씩\ 자사주매입)$$

$$자사주매입\ 후\ 주가 = \frac{2{,}000주 \times ₩10{,}000 - ₩2{,}000{,}000}{2{,}000주 - 125주} = ₩9{,}600$$

	자사주매입 이전		자사주매입 이후	부의 증감
주식	400주 × ₩10,000 = ₩4,000,000	주식	375주 × ₩9,600 = ₩3,600,000	
		현금	25주 × ₩16,000 = ₩400,000	
합계	₩4,000,000	합계	₩4,000,000	없음

[물음4] 고가 자사주매입과 주주 간 부의 이전

$$총\ 매입주식수 = \frac{₩2{,}000{,}000}{₩16{,}000} = 125주$$

$$자사주매입\ 후\ 주가 = \frac{2{,}000주 \times ₩10{,}000 - ₩2{,}000{,}000}{2{,}000주 - 125주} = ₩9{,}600$$

구분		자사주매입 이전		자사주매입 이후	부의 증감
투자자 甲	주식	400주 × ₩10,000 = ₩4,000,000	주식	275주 × ₩9,600 = ₩2,640,000	
			현금	125주 × ₩16,000 = ₩2,000,000	
	소계	₩4,000,000	소계	₩4,640,000	₩640,000
나머지 주주들	주식	1,600주 × ₩10,000 = ₩16,000,000	주식	1,600주 × ₩9,600 = ₩15,360,000	-₩640,000

(2) 유상증자에 따른 효과

1) 유상증자 시 신주의 발행가격이 주가에 미치는 영향

유상증자 시 신주를 시장가격으로 발행하는 경우에는 자기자본의 가치와 발행주식수가 동일한 비율로 증가하게 되어 주가는 변동하지 않지만, 시장가격보다 낮은 가격에 발행하면 주가가 하락하게 되고 시장가격보다 높은 가격에 발행하면 주가가 상승하게 된다.

사례

현재 발행주식수가 1주이고, 주가가 ₩100인 기업이 신주 1주를 추가로 발행하는 경우

발행가격이 ₩100인 경우의 주가: $\dfrac{₩100 \times 1주 + ₩100 \times 1주}{1주 + 1주} = ₩100$

발행가격이 ₩110인 경우의 주가: $\dfrac{₩100 \times 1주 + ₩110 \times 1주}{1주 + 1주} = ₩105$

발행가격이 ₩80인 경우의 주가: $\dfrac{₩100 \times 1주 + ₩80 \times 1주}{1주 + 1주} = ₩90$

2) 유상증자 시 신주의 배정방식에 따른 주주 간 부의 이전

기업이 유상증자를 실시하는 경우에 기존주주는 보유지분에 비례하여 우선적으로 신주를 인수할 수 있는 권리인 신주인수권(pre-emptive right)이 있다. 이는 유상증자의 주된 목적이 외부자금의 조달이지만, 신주인수권이 부여되는 방식에 따라 기존주주의 기업지배권에 중대한 변화가 발생할 수 있기 때문이다. 그러나, 기존주주의 신주인수권만을 인정하는 경우 유상증자의 본원적 목적인 자금의 조달이 순조로이 진행되지 못할 우려가 있으므로, 정관의 규정 등을 통해 기존주주 이외의 제3자에 대한 신주인수권 부여도 가능하다.

그런데, 이러한 제3자에 대한 신주인수권 부여 방식은 신주의 발행가격 결정과 함께 주주 간 부의 이전 문제를 발생시킬 수 있다. 즉, 기존주주에게 지분비례대로 신주인수권을 부여하는 주주배정 유상증자의 경우에는 신주의 발행가격과 무관하게 주주 간 부의 이전 문제가 발생하지 않지만, 제3자에게 신주인수권을 부여하는 제3자배정 유상증자의 경우에는 신주를 시가보다 낮은 가격에 발행하면 기존주주로부터 신규주주에게로 부가 이전되며, 시가보다 높은 가격에 발행하면 신규주주로부터 기존주주에게로 부가 이전된다.

신주의 발행가격	주가	기존주주의 부	신규주주의 부
발행가격 = 시장가격	불변	불변	불변
발행가격 < 시장가격	하락	감소	증가
발행가격 > 시장가격	상승	증가	감소

예제 3 유상증자에 따른 효과

(주)파랑은 새로운 투자안에 소요되는 자금 ₩5,400,000을 조달하기 위해 유상증자를 실시하고자 한다. 유상증자 직전 (주)파랑의 발행주식수는 2,000주이며, (주)파랑 주식의 시장가격은 주당 ₩12,000이다.

물음1 (주)파랑이 기존주주의 지분에 비례해서 신주를 배정하는 주주배정 유상증자를 실시하는 경우에 유상증자 후 주가를 계산하고, (주)파랑 주식 200주를 보유하고 있던 투자자 甲이 유상증자에 참여하는 경우에 유상증자 전·후의 부를 비교하시오. 단, 신주의 발행가격은 시장가격과 동일한 주당 ₩12,000으로 가정한다.

물음2 (주)파랑이 기존주주의 지분에 비례해서 신주를 배정하는 주주배정 유상증자를 실시하는 경우에 유상증자 후 주가를 계산하고, (주)파랑 주식 200주를 보유하고 있던 투자자 甲이 유상증자에 참여하는 경우에 유상증자 전·후의 부를 비교하시오. 단, 신주의 발행가격은 시장가격보다 낮은 주당 ₩10,800으로 가정한다.

물음3 (주)파랑이 신규투자자 乙에게만 신주를 배정하는 제3자배정 유상증자를 실시하는 경우에 유상증자 후 주가를 계산하고, 신규투자자 乙과 기존주주의 유상증자 전·후의 부를 비교하시오. 단, 신주의 발행가격은 시장가격보다 낮은 주당 ₩10,800으로 가정한다.

해답

물음1 시장가격에 의한 유상증자

신주 발행주식수 $= \dfrac{\text{₩}5,400,000}{\text{₩}12,000} = 450$주

유상증자 후 주가 $= \dfrac{2,000주 \times \text{₩}12,000 + 450주 \times \text{₩}12,000}{2,000주 + 450주} = \text{₩}12,000$

	유상증자 이전		유상증자 이후	부의 증감
주식	200주 × ₩12,000 = ₩2,400,000	주식	245주 × ₩12,000 = ₩2,940,000	
현금	45주 × ₩12,000 = ₩540,000			
합계	₩2,940,000	합계	₩2,940,000	없음

물음2 저가 유상증자와 주가의 변동

신주 발행주식수 $= \dfrac{\text{₩}5,400,000}{\text{₩}10,800} = 500$주

유상증자 후 주가 $= \dfrac{2,000주 \times \text{₩}12,000 + 500주 \times \text{₩}10,800}{2,000주 + 500주} = \text{₩}11,760$

	유상증자 이전		유상증자 이후	부의 증감
주식	200주 × ₩12,000 = ₩2,400,000	주식	250주 × ₩11,760 = ₩2,940,000	
현금	50주 × ₩10,800 = ₩540,000			
합계	₩2,940,000	합계	₩2,940,000	없음

물음3 저가 유상증자와 주주 간 부의 이전

신주 발행주식수 $= \dfrac{\text{₩}5,400,000}{\text{₩}10,800} = 500$주

유상증자 후 주가 $= \dfrac{2,000주 \times \text{₩}12,000 + 500주 \times \text{₩}10,800}{2,000주 + 500주} = \text{₩}11,760$

구분		유상증자 이전		유상증자 이후	부의 증감
투자자 乙	현금	500주 × ₩10,800 = ₩5,400,000	주식	500주 × ₩11,760 = ₩5,880,000	₩480,000
나머지 주주들	주식	2,000주 × ₩12,000 = ₩24,000,000	주식	2,000주 × ₩11,760 = ₩23,520,000	-₩480,000

3) 유상증자 시 신주인수권의 가치평가

기업은 유상증자 시 투자자들의 투자를 유도하기 위해서 신주의 발행가격을 시장에서의 주가보다 낮은 가격에 결정하는 것이 일반적이다. 이와 같은 경우에 시장가격보다 낮은 가격에 신주를 인수할 수 있는 권리는 별도의 경제적 가치를 가지게 되는데 이를 신주인수권의 가치라고 한다. <예제 3>의 물음2 와 같이 기존주주의 보유지분에 비례하여 신주가 배정되는 일반적인 주주배정 유상증자를 가정하여 이러한 신주인수권의 가치에 대해 구체적으로 살펴보면 다음과 같다.

① 신주인수권은 일반적으로 기존주주에게 부여되는 권리이며, 유상증자 시 기존주주는 보유주식 1주당 1개의 신주인수권을 갖게 된다. 즉, <예제 3>의 물음2 와 같은 경우에 기존주식수가 2,000주이므로 발행되는 신주인수권은 총 2,000개이고, 신주의 발행주식수가 500주이므로 신주인수권 1개 (기존주식 1주)당 신주 0.25주를 인수할 수 있는 권리가 부여된다. 따라서 신주인수권의 가치는 구주 1주당 신주인수권의 가치로 계산된다.

② 신주인수권의 가치는 권리부주가와 권리락주가의 차이로 계산되는데 여기서 권리부주가는 신주를 인수할 수 있는 권리가 있는 상황에서의 주가를 의미하고, 권리락주가는 신주배정기준일이 경과되어 신주인수권이 상실된 후의 주가를 의미한다. <예제 3>의 물음2 와 같은 경우에 신주인수권의 가치는 다음과 같이 계산된다.

$$
\text{권리부주가} = ₩12,000
$$

$$
\text{권리락주가} = \frac{\text{기존 자기자본의 가치} + \text{신주 납입액}}{\text{기존 주식수} + \text{신주 주식수}}
$$

$$
= \frac{2,000주 \times ₩12,000 + 500주 \times ₩10,800}{2,000주 + 500주} = ₩11,760
$$

$$
\text{신주인수권의 가치} = \text{권리부주가} - \text{권리락주가} = ₩12,000 - ₩11,760 = ₩240
$$

③ 신주인수권은 인수 후의 주가보다 낮은 가격에 신주를 인수할 수 있는 권리이므로 <예제 3>의 물음2 와 같은 경우에 구주 1주당 신주인수권의 가치는 다음과 같이 계산할 수도 있다.

$$
\text{신주인수권의 가치} = \frac{\text{권리락주가} - \text{주당 발행가격}}{\text{신주 1주를 인수하기 위해 필요한 신주인수권의 개수}}
$$

$$
= (₩11,760 - ₩10,800) \div 4개 = ₩240
$$

④ 신주인수권을 보유하는 투자자는 신주인수권 4개와 현금 ₩10,800으로 신주 1주를 인수하여 신주인수권을 행사할 수도 있고, 신주인수권을 표창하는 신주인수권증서가 발행되는 경우에는 신주배정기준일 이전에 신주인수권을 처분하여 현금화할 수도 있다.

제2절 리스금융

01 리스의 기초개념

(1) 리스의 의의

리스(lease)란 리스제공자가 자산의 사용권을 합의된 기간 동안 리스이용자에게 이전하고 리스이용자는 그 대가로 사용료를 리스제공자에게 지급하는 계약을 말한다.

리스거래의 구조

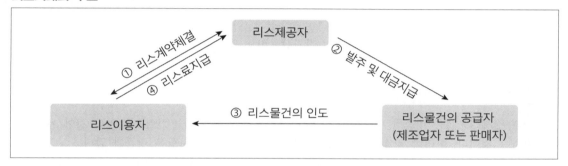

① **리스계약체결:** 리스이용자가 리스물건(리스자산)과 리스물건의 공급자를 지정하고, 향후 리스제공자에게 지급할 리스료 등을 리스제공자와 협의하여 리스계약을 체결한다.

② **발주 및 대금지급:** 리스제공자는 리스이용자가 지정한 리스물건의 공급자에게 발주하고 리스물건의 대금을 지급한다. 따라서 리스기간 동안 리스물건의 법적 소유권은 리스제공자에게 있다.

③ **물건의 인도:** 리스물건의 공급자가 리스물건을 리스이용자에게 인도한다.

④ **리스료지급:** 리스이용자는 리스물건의 사용대가로 리스계약에 명시된 리스료를 리스제공자에게 지급한다.

리스이용자는 리스를 통해 일정한 리스료의 지급만으로 필요한 자산을 이용할 수 있기 때문에 자산을 직접 구입하는 데 소요되는 자금을 직접 조달하는 것과 같은 효과를 얻게 되며, 리스제공자는 일정기간 자산의 소유권을 그대로 유지하면서 리스료의 수취를 통해 투자원금과 이자 및 부대비용을 회수할 수 있다.

(2) 리스의 분류

리스는 리스자산의 소유에 따른 위험(risk)과 보상(reward)의 이전 여부에 따라 다음과 같이 운용리스와 금융리스로 구분된다.

① 운용리스(operating lease): 리스이용자에게 리스자산의 소유에 따른 위험과 보상의 대부분이 이전되지 않는 리스를 말한다. 운용리스의 경우에 리스이용자는 리스계약을 단순한 임대차계약으로 간주하여 리스자산을 리스이용자의 자산으로 회계처리하지 않고, 지급하는 리스료만을 비용으로 인식한다. 따라서 운용리스의 경우에 리스이용자는 리스와 관련된 자산과 부채가 장부에 계상되지 않으면서 해당 자산의 구입에 필요한 자금을 조달한 효과를 얻게 되는데, 이를 부외금융효과라고 한다.

② 금융리스(financial lease): 리스이용자에게 리스자산의 소유에 따른 위험과 보상의 대부분이 이전되는 리스를 말한다. 금융리스는 자금조달에 의한 자산의 취득으로써 일종의 할부구입으로 간주되기 때문에 이러한 경제적 실질을 반영하여 리스이용자는 매기 지급할 리스료의 현재가치를 자산과 부채로 인식하고 그에 따른 리스자산의 감가상각비도 인식한다.

02 리스의 경제성분석

리스의 경제성분석은 리스를 이용하는 방법과 자산을 직접 구입하는 방법 중 어느 것이 유리한지를 평가하는 것이다. 이러한 리스의 경제성분석과 관련하여 주의할 사항은 다음과 같다.

① 리스를 이용하는 경우에 운용리스를 가정한다. 따라서 리스이용자인 기업은 리스와 관련하여 매기 지급할 리스료만을 비용으로 인식한다.

② 자산을 직접 구입하는 방법은 차입금으로 자금을 조달하여 구입하는 방법, 즉 차입구매를 가정한다. 왜냐하면, 리스를 이용하는 경우에 매기 지급하는 리스료는 고정적으로 발생하는 현금유출이므로 기업의 재무위험을 증가시키는데, 비교대상인 자산을 직접 구입하는 방법도 기업의 재무위험에 미치는 영향이 리스를 이용하는 경우와 동일해야 하기 때문이다.

리스의 경제성분석도 투자안의 경제성분석(자본예산)과 동일한 논리로 평가한다. 즉, 차입구매 대비 리스의 증분현금흐름을 측정하고, 이를 적절한 할인율로 할인한 후, NPV법에 의해 평가한다.

(1) 현금흐름측정

리스를 이용하는 경우와 차입구매의 경우에 발생되는 비교대상현금흐름은 다음과 같다. 단, 현금흐름은 투자시점과 리스기간 동안 매기 말에 발생하는 것으로 가정한다.

구분	① 리스 시 현금흐름	② 차입구매 시 현금흐름	증분현금흐름(①-②)
CF_0	無	- 구입가격	+ 구입가격
$CF_{1 \sim n}$	$(R - C) \times (1 - t)$ - 리스료 × (1 - t)	$(R - C) \times (1 - t)$ + t × 감가상각비	- 리스료 × (1 - t) - t × 감가상각비
CF_n	無	+ 잔존가치	- 잔존가치

① 차입구매의 경우에 차입에 따른 유입액과 원리금 상환에 따른 유출액은 현금흐름에서 고려하지 않고 할인율에 반영한다. 즉, 원리금의 상환방법과는 무관하게 차입금 조달에 따른 현금유입액과 미래 지급할 원리금상환액의 현재가치는 동일하기 때문에 차입 및 원리금 상환과 관련된 현금흐름은 리스의 경제성분석 시에 고려하지 않는다.

② 리스를 이용하는 경우든, 차입구매를 하는 경우든 동일한 자산을 이용하여 창출되는 영업수익(R)과 영업비용(C)은 동일할 것이므로 $(R-C)\times(1-t)$는 동일하다.

[2] 리스의 경제성분석에 적용할 할인율

리스를 이용하는 경우에 지급하는 리스료는 매기 고정적으로 발생하는 현금유출이며, 리스를 이용하는 방법에 대한 대안이 차입구매이므로 리스의 경제성분석에 적용할 적절한 할인율은 차입구매 시에 부담하는 자본비용인 세후타인자본비용이다.

예제 4 리스의 경제성분석

(주)파랑은 신규사업 실행을 위해 필요한 기계장치의 도입방안을 검토하고 있다. 기계장치의 구입가격은 ₩4,500, 내용연수는 3년, 내용연수 말 잔존가치는 없으며, (주)파랑의 감가상각방법은 정액법이다. 법인세율이 40%인 상황에서 (주)파랑은 기계장치의 구입가격에 해당하는 ₩4,500을 연 10%의 이자율로 차입하여 기계장치를 구입할 수도 있고, 3년간 매년 말 ₩2,000씩을 지급하는 조건의 리스를 이용할 수도 있다. 단, 연금의 현재가치이자요소는 $PVIFA_{(10\%,\ 3)} = 2.4869$, $PVIFA_{(6\%,\ 3)} = 2.6730$이다.

물음1 (주)파랑의 입장에서 차입 후 구매하는 방안과 리스를 이용하는 방안 중에서 보다 유리한 방안은 어떠한 것인지 의사결정하시오.

물음2 (주)파랑의 입장에서 기계장치를 리스하면서 지급가능한 최대리스료(매년 말 지급조건)를 계산하시오.

해답

물음1 리스이용의 NPV

세후타인자본비용 $= k_d \times (1-t) = 10\% \times (1-0.4) = 6\%$

세후 리스료 $=$ 리스료 $\times (1-t) =$ ₩2,000 $\times (1-0.4) =$ ₩1,200

감가상각비의 감세효과 $= t \times$ 감가상각비 $= 0.4 \times$ ₩1,500 $=$ ₩600

리스이용의 NPV $=$ ₩4,500 $-$ (₩1,200 $+$ ₩600) $\times PVIFA_{(6\%,\ 3)}$

$\qquad\qquad\qquad =$ ₩4,500 $-$ ₩1,800 $\times$ 2.673 $= -$₩311.4

∴ 리스를 이용하는 방안보다 차입 후 구매하는 방안이 보다 유리하다.

물음2 지급가능 최대리스료

리스이용의 NPV $=$ ₩4,500 $-$ [리스료 $\times (1-0.4) +$ ₩600] $\times$ 2.673 ≥ 0

∴ 지급가능 최대리스료 $=$ ₩1,805.84

(3) 리스의 부채대체효과를 이용한 리스의 경제성분석

리스의 이용은 리스이용자에게 리스로 인해 미래에 유출될 금액의 현재가치에 해당하는 만큼의 부채를 부담하는 결과를 가져온다. 따라서 최적부채수준을 달성하고 있는 기업이 리스를 이용하는 경우에 계속해서 최적부채수준을 유지하기 위해서는 기존의 부채를 상환해야 하며, 최적수준에 미달하는 부채를 사용하고 있는 기업이 리스를 이용하는 경우에도 다른 투자안의 실행을 위해 부채를 사용할 수 있는 기회를 상실하게 된다. 이와 같이 리스의 이용으로 인해 발생하는 기존부채의 상환 또는 신규부채 사용 기회의 상실을 리스의 부채대체효과라고 한다.

① 리스의 부채대체효과는 리스를 이용함에 따라 발생하게 될 미래 현금유출액의 현재가치로 측정될 수 있는데, <예제 4>의 경우에 리스의 부채대체효과는 다음과 같다.

$$리스의\ 부채대체효과 = ₩1,800 \times PVIFA_{(6\%,\ 3)} = ₩4,811.4$$

② <예제 4>에서 리스를 이용하는 경우에는 구매 시에 필요한 기계구입대금(₩4,500)의 차입을 리스로 인해 미래에 유출될 금액의 현재가치(₩4,811.4)에 해당하는 부채로 대체하는 효과가 있으므로 이러한 리스의 부채대체효과를 이용하여 다음과 같이 리스의 경제성분석을 할 수도 있다.

$$리스이용의\ NPV = 구입대금\ 절약액 - 리스의\ 부채대체효과$$
$$= ₩4,500 - ₩4,811.4 = -₩311.4$$

제3절 재무비율분석

01 재무비율분석의 의의

재무비율분석(financial ratio analysis)은 재무제표상의 개별항목 간 비율을 산출하여 기업의 재무상태와 재무성과를 분석·판단하는 기법을 말한다. 재무비율은 재무제표 항목 간의 관계를 나타내는 것으로 여러 가지 방법으로 표현된다.

사례

유동자산이 ₩200,000이고 유동부채가 ₩100,000일 경우에 이를 2 : 1 혹은 200%로 표현하여 유동자산이 유동부채의 두 배라는 사실을 나타낸다.

재무비율분석은 은행이 자금대출 시에 기업의 신용분석수단으로 사용한 데에서 비롯되었으나, 오늘날에는 그 활용범위가 넓어져 투자자들의 투자분석수단으로도 많이 이용되고 있다. 재무비율분석은 기업의 유동성·안전성·수익성 등을 평가하는 데 유용한 정보를 제공하지만, 어떤 비율이든지 양·부를 결정하는 절대적인 기준치가 존재하지 않기 때문에 동종 산업의 기업 간 비교 및 특정 기업의 기간별 비교를 통하여 상대적으로 종합하여 판단하는 것이 바람직하다.

02 재무비율의 종류

재무비율은 그 성격이나 특성에 따라 여러 종류로 분류할 수 있으나, 일반적인 분류기준은 다음과 같다.

(1) 유동성비율

유동성비율은 기업의 단기채무 지급능력을 분석하기 위해 이용하는 비율이며, 주로 단기채무의 지급을 위해 단기간 내에 현금화 가능한 자산의 보유정도를 측정하는 비율이다.

① 유동비율 = 유동자산 ÷ 유동부채

② 당좌비율 = 당좌자산 ÷ 유동부채 = (유동자산 − 재고자산) ÷ 유동부채

③ 현금비율 = 현금및현금성자산 ÷ 유동부채

④ 순운전자본비율 = 순운전자본 ÷ 총자산 = (유동자산 − 유동부채) ÷ 총자산

(2) 안정성비율

안정성비율(레버리지비율이라고도 한다.)은 기업의 장기적인 재무적 안정성을 분석하기 위해 이용하는 비율이며, 주로 타인자본인 부채와 자기자본인 자본의 구성을 나타내는 비율이다. 여기서 총자산은 일반적으로 총자본(= 타인자본 + 자기자본)과 동일한 개념이다.

① 부채비율 = 부채 ÷ 자기자본

② 자기자본비율 = 자기자본 ÷ 총자산

③ 비유동장기적합률 = 비유동자산 ÷ (비유동부채 + 자기자본)

④ 이자보상비율 = (세전이익 + 이자비용) ÷ 이자비용 = 영업이익 ÷ 이자비용

(3) 활동성비율

활동성비율은 기업이 보유하는 자산 활용의 효율성을 분석하기 위해 이용하는 비율이며, 주로 매출액을 관련 자산금액 또는 부채금액으로 나눈 회전율을 이용해서 측정한다.

① 총자산회전율 = 매출액 ÷ 평균총자산
② 매출채권회전율 = 매출액(또는 외상매출액) ÷ 평균매출채권
③ 매출채권회수(회전)기간 = 365 ÷ 매출채권회전율
④ 재고자산회전율 = 매출액(또는 매출원가) ÷ 평균재고자산
⑤ 재고자산회전기간 = 365 ÷ 재고자산회전율
⑥ 매입채무회전율 = 매출액(또는 외상매입액) ÷ 평균매입채무
⑦ 매입채무지급(회전)기간 = 365 ÷ 매입채무회전율

한편, 활동성비율과 관련하여 추가로 살펴볼 내용으로 기업의 영업주기와 현금주기가 있다. 여기서 영업주기는 제조기업의 경우에 원재료를 매입하여 생산과정이 진행되고 생산이 완료된 후 제품을 판매하여 외상대금이 회수되기까지의 기간을 의미하며, 현금주기는 매입채무의 지급시점부터 매출채권의 회수시점까지의 기간을 의미한다.

① 영업주기 = 재고자산회전기간 + 매출채권회수기간
② 현금주기 = 영업주기 - 매입채무지급기간

(4) 수익성비율

수익성비율이란 기업의 이익창출능력을 분석하기 위해 이용하는 비율이며, 주로 매출액 또는 자본에 대한 이익의 비율로 측정한다.

① 매출총이익률 = 매출총이익 ÷ 매출액
② 매출액영업이익률 = 영업이익 ÷ 매출액
③ 매출액순이익률 = 당기순이익 ÷ 매출액
④ 총자산영업이익률 = 영업이익 ÷ 평균총자산
⑤ 총자산순이익률(return on assets: ROA) = 당기순이익 ÷ 평균총자산
⑥ 자기자본순이익률(return on equity: ROE) = 당기순이익 ÷ 평균자기자본

(5) 성장성비율

성장성비율이란 기업의 규모나 경영성과가 이전에 비해 얼마나 성장했는지를 분석하기 위해 이용하는 비율이며, 주로 전기 대비 당기의 증가율로 측정한다.

① 매출액증가율 = (당기매출액 - 전기매출액) ÷ 전기매출액
② 순이익증가율 = (당기순이익 - 전기순이익) ÷ 전기순이익
③ 자산증가율 = (당기말총자산 - 전기말총자산) ÷ 전기말총자산

(6) 생산성비율

생산성비율이란 기업이 보유하는 생산요소의 효율적 이용정도를 분석하기 위해 이용하는 비율이며, 주로 투입량 대비 산출량의 비율로 측정하는데 산출량으로는 주로 부가가치의 개념이 이용된다.

① 부가가치율 = 부가가치 ÷ 매출액

② 노동생산성 = 부가가치 ÷ 평균종업원수

③ 자본생산성(총자본투자효율) = 부가가치 ÷ 평균총자본

(7) 시장가치비율

시장가치비율은 기업에 대한 시장에서의 가치평가를 분석하기 위해 이용하는 비율이며, 주로 주식의 시장가치인 주가와 관련된 다른 항목 간의 비율로 측정한다.

① 주가수익비율(price earnings ratio: PER) = 주가 ÷ 주당이익

② 주가대장부금액비율(price book value ratio: PBR) = 주가 ÷ 주당자기자본장부금액

03 ROI - ROE 분석

(1) ROI 분석

총자본순이익률(return on investment: ROI)이란 듀폰(Du Pont)사에 의해서 개발된 분석기법으로써 기업의 투자성과를 나타내는 투자수익률(ROI)을 이용하여 기업 전체적인 입장에서 각종 재무요인들을 체계적으로 관리하고 문제요인을 발견하여 중점관리하고자 이용되는 기법을 말하며, 총자산순이익률(return on asset: ROA)이라고도 한다.

ROI-ROE 분석

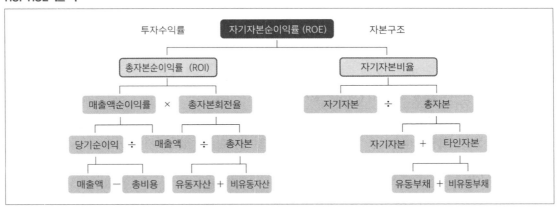

ROI는 기업자산의 효율적 사용으로 인한 성과를 측정하고자 당기순이익의 창출을 위해 운용한 총자본(타인자본 + 자기자본)에 대한 당기순이익의 비율로 계산되므로, 수익성을 나타내는 매출액순이익률과 활동성을 나타내는 총자본회전율로 분해하여 분석할 수 있다.

$$ROI = \frac{당기순이익}{총자본} = \frac{당기순이익}{매출액} \times \frac{매출액}{총자본} = 매출액순이익률 \times 총자본회전율$$

이러한 ROI는 기업의 경영성과와 문제점을 기업 전체적인 입장에서 종합적으로 평가할 수 있다는 유용성이 있으나, 다음과 같은 문제점이 있다.

① ROI는 타인자본과 자기자본이 결합된 총자본 대비 주주에게 귀속되는 당기순이익의 비율로 측정된다는 문제점이 있다. 따라서 기업의 진정한 영업활동에서의 효율성을 측정하기 위해서는 다음과 같이 총자본 대비 세후영업이익의 비율인 투하자본수익률(return on invested capital: ROIC)로 측정되는 것이 보다 타당하다.

$$투하자본수익률(ROIC) = \frac{EBIT \times (1-t)}{총투하자본 = IC}$$

② ROI는 타인자본과 자기자본의 합계인 총자본을 고려하기 때문에 자본구조에 따른 영향을 고려하지 못하는 문제점이 있다. 이에 따라 기업의 자본구조를 고려하고, 주주의 입장에서 주주가 투자한 자금의 효율적 사용에 대한 측정치로 계산되는 비율이 다음에서 살펴볼 자기자본순이익률(ROE)이다.

(2) ROE 분석

자기자본순이익률(return on equity: ROE)이란 주주의 입장에서 주주가 투자한 자금의 효율적 사용에 대한 평가를 위해 이용되는 측정치이다. ROE는 자기자본에 대한 당기순이익의 비율로 계산되므로, ROI에 추가적으로 기업의 자본구조를 고려한 것이라고 할 수 있다.

$$ROE = \frac{당기순이익}{자기자본} = \frac{당기순이익}{총자본} \times \frac{총자본}{자기자본} = ROI \times \frac{총자본}{자기자본}$$
$$= \frac{당기순이익}{매출액} \times \frac{매출액}{총자본} \times \frac{총자본}{자기자본}$$
$$= 매출액순이익률 \times 총자본회전율 \times \frac{1}{자기자본비율}$$

또한 ROE를 다음과 같이 분해하여 분석함으로써 기업의 문제요인을 발견하고 중점관리할 수 있다.

$$ROE = \frac{당기순이익}{세전이익} \times \frac{세전이익}{영업이익} \times \frac{영업이익}{매출액} \times \frac{매출액}{총자본} \times \frac{총자본}{자기자본}$$

① 세전이익 대비 세금부담률: $\frac{당기순이익}{세전이익} = \frac{세전이익 - 법인세비용}{세전이익} = 1 - \frac{법인세비용}{세전이익}$

② 영업이익 대비 이자비용부담률: $\frac{세전이익}{영업이익} = \frac{영업이익 - 이자비용}{영업이익} = 1 - \frac{이자비용}{영업이익}$

③ 수익성: $\frac{영업이익}{매출액} = 매출액영업이익률$

④ 활동성: $\frac{매출액}{총자본} = 총자본회전율$

⑤ 자본구조: $\frac{총자본}{자기자본} = \frac{1}{자기자본비율} = 1 + 부채비율$

1년은 360일로 가정하며, 모든 회전율은 매출액에 대하여 계산한다. A기업의 매출채권은 180억원이고, 유동부채는 100억원이다. A기업의 유동비율이 150%이고, 재고자산회전율이 10회이며, 매출채권회수기간이 90일인 경우를 가정하여 물음에 답하시오.

물음1 유동자산을 계산하시오.

물음2 매출채권회전율을 계산하시오.

물음3 매출액을 계산하시오.

물음4 재고자산을 계산하시오.

물음5 당좌비율을 계산하시오.

해답

물음1 유동비율과 유동자산

$$유동비율 = 150\% = \frac{유동자산}{유동부채 = 100억}$$

$$\therefore 유동자산 = 150억 원$$

물음2 매출채권회수기간과 매출채권회전율

$$매출채권회수기간 = 90일 = \frac{360일}{매출채권회전율}$$

$$\therefore 매출채권회전율 = \frac{360}{90} = 4회$$

물음3 매출채권회전율과 매출액

$$매출채권회전율 = 4회 = \frac{매출액}{매출채권 = 180억}$$

$$\therefore 매출액 = 720억$$

물음4 재고자산회전율과 재고자산

$$재고자산회전율 = 10회 = \frac{매출액 = 720억}{재고자산}$$

$$\therefore 재고자산 = 72억$$

물음5 당좌비율과 당좌자산

$$당좌비율 = \frac{당좌자산}{유동부채} = \frac{유동자산 - 재고자산}{유동부채} = \frac{150억 - 72억 = 78억}{100억} = 78\%$$

01 시장의 불완전성이 배당정책에 미치는 영향에 대한 다음 설명들 중에서 가장 옳지 못한 것을 고르시오.

① 자기자본대리비용을 고려하는 경우에 배당의 증가는 기업가치에 긍정적 영향을 줄 수 있다.

② 개인소득세의 존재를 고려하는 경우에는 배당의 증가는 기업가치에 부정적 영향을 줄 수 있다.

③ Miller와 Scholes는 배당소득세가 존재하더라도 개인적인 차입에 따른 이자비용의 발생을 통해 배당소득세를 회피할 수 있으므로 기업가치는 배당정책과 무관하다고 주장하였다.

④ 배당의 신호효과를 고려하는 경우에 배당의 증가는 기업가치에 긍정적 영향을 줄 수 있다.

⑤ 신주발행에 관련된 비용을 고려하는 경우에 배당의 증가는 기업가치에 긍정적 영향을 줄 수 있다.

02 A기업은 신규투자안의 실행에 필요한 자금 80만원을 조달하기 위해 주당 8,000원에 주주배정 유상증자를 실시하려고 한다. 기발행주식수는 400주이며, 주주배정 유상증자 직전 주가는 주당 10,000원이다. 기존주주가 보유주식 1주당 1개의 신주인수권을 갖는 경우에 이러한 유상증자 시 신주인수권의 가치를 계산하시오.

① 400원   ② 450원   ③ 500원

④ 550원   ⑤ 600원

03 B기업의 부채비율은 200%이고, 총자산회전율은 2.0이다. B기업의 자기자본순이익률이 30%인 경우에 B기업의 매출액순이익률을 계산하시오.

① 5%   ② 10%   ③ 15%

④ 20%   ⑤ 25%

정답 및 해설

01   ⑤   배당을 늘리면 미래에 신주발행을 통해 투자자금을 확보해야 하는 가능성이 높아지며 신주발행에 관련된 비용도 증가할 수 있으므로 기업가치에 부정적인 영향을 줄 수 있다.

02   ①   신주 발행주식수 $= 800,000$원 $\div 8,000$원 $= 100$주

권리락주가 $= \dfrac{400주 \times 10,000원 + 100주 \times 8,000원}{400주 + 100주} = 9,600원$

신주인수권가치 $= 10,000$원 $- 9,600$원 $= 400$원

03   ①   자기자본순이익률 $= 30\% =$ 매출액순이익률 $\times$ 총자산회전율 $\times (1 +$ 부채비율$)$

$=$ 매출액순이익률 $\times 2.0 \times (1 + 200\%)$

$\therefore$ 매출액순이익률 $= 5\%$

cpa.Hackers.com

해커스 윤민호 재무관리

회계사 · 세무사 · 경영지도사 단번에 합격! 해커스 경영아카데미
cpa.Hackers.com

제4부

금융투자론

해커스 윤민호 재무관리

제10장

주식의 가치평가와
투자전략

제1절 주식가치평가의 기초개념

증권시장에서 주식투자를 하는 경우에 가장 중요한 것은 투자대상인 주식의 가치를 평가하는 것이다. 왜냐하면, 주식의 가치를 분석함으로써 현재 증권시장에서 형성된 주식가격의 과대 또는 과소평가 여부를 판단하여 투자대상주식을 선별할 수 있기 때문이다. 이러한 주식의 가치를 평가하는 방법은 내재가치평가모형과 상대가치평가모형으로 구분할 수 있다.

내재가치평가모형	배당평가모형 경제적 부가가치를 이용한 주식가치평가 기업잉여현금흐름을 이용한 주식가치평가
상대가치평가모형	PER 을 이용한 주식가치평가 PBR 을 이용한 주식가치평가 PSR 을 이용한 주식가치평가

① 내재가치평가모형: 투자자가 주식투자로부터 얻을 것으로 기대되는 미래현금흐름을 해당 주식에 대한 주주의 요구수익률로 할인하여 주식의 가치를 평가하는 방법으로써 현금흐름할인모형이라고도 한다.

② 상대가치평가모형: 주당순이익(EPS), 주당자기자본장부금액(BPS), 주당매출액(SPS)에 적정한 주가배수인 주가수익비율(PER), 주가 대 장부금액비율(PBR), 주가 대 매출액비율(PSR)을 곱하여 주식의 상대적인 가치를 평가하는 방법이다.

한편, 주식의 종류에는 보통주와 우선주가 있지만 증권시장에서 유통되는 거의 대부분의 주식은 보통주이므로 본 장에서는 보통주를 중심으로 주식의 가치를 평가하는 방법에 대해서 자세히 살펴보기로 한다.

제2절 내재가치평가모형

01 배당평가모형

배당평가모형은 주식을 보유함에 따라 미래에 수취하게 될 배당금을 주주의 요구수익률로 할인한 현재가치로 주식의 가치를 평가하는 모형이다.

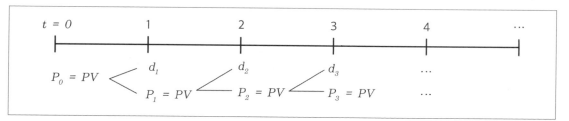

즉, 주식의 가치는 주식을 보유함에 따라 수취하게 될 미래현금흐름의 현재가치인데, 주식을 보유함에 따라 수취하게 될 미래현금흐름은 보유기간 동안 수취하게 될 배당금과 투자종료시점의 처분가액이며, 이때 처분가액은 처분시점 이후 수취하게 될 배당금과 처분가액이므로 이러한 논리를 확대하면 결국 주식을 보유함에 따라 수취하게 될 미래현금흐름의 현재가치는 주식취득 후 영구히 수취하게 될 미래 배당금의 현재가치와 동일하다고 할 수 있기 때문에 미래에 수취하게 될 배당금의 현재가치로 주식의 가치를 평가하는 모형이다.

(1) 무성장모형

무성장모형(zero growth model)은 미래의 배당금이 영구히 일정하다고 가정하는 모형이다. 즉, 주식을 보유함에 따라 수취하게 될 미래의 배당금은 매기 불규칙할 것이지만, 단순화를 위해 기업의 이익이 영구히 일정하게 발생하고 발생된 이익을 전액 배당으로 지급(d = EPS)하여 이익의 내부유보에 따른 재투자가 이루어지지 않는 경우를 가정한 모형이다. 이러한 무성장모형의 경우 주식의 가치(P_0)는 다음과 같이 매기 일정액으로 지급될 배당금(d)을 주주의 요구수익률(k_e)로 할인한 현재가치이다.

$$P_0 = \frac{d}{k_e} = \frac{EPS}{k_e}$$

(주)파랑 주주의 요구수익률은 20%이며, (주)파랑은 기존의 투자로부터 매년 일정하게 ₩4,000의 주당 순이익이 영구히 발생할 것으로 예상되는 기업이다. (주)파랑이 매년 주당순이익을 모두 배당으로 지급 하여, 이익의 내부유보에 따른 재투자를 하지 않을 경우 (주)파랑 주식의 현재시점에서의 적정주가를 계 산하시오.

해답

<주당 현금흐름>

시점	1	2	3	4	⋯
주당이익	₩4,000	₩4,000	₩4,000	₩4,000	⋯
유보/재투자	0	0	0	0	⋯
주당배당액	₩4,000	₩4,000	₩4,000	₩4,000	⋯

현재시점의 적정주가: $P_0 = \dfrac{d = EPS_1}{k_e} = \dfrac{₩4,000}{0.2} = ₩20,000$

1) 배당부주가와 배당락주가

주식을 발행한 회사가 배당을 지급한다고 할 때 배당을 지급하기 직전에 배당을 받을 권리가 있는 시 점의 주가를 배당부주가(권리부주가)라고 하며, 배당이 지급된 직후의 주가를 배당락주가(권리락주가) 라고 한다. <예제 1>에서 (주)파랑 주식의 현재 적정주가는 ₩20,000인데, 1년 후 시점에서 배당금 ₩4,000을 지급하기 직전의 주가인 배당부주가와 ₩4,000의 현금배당이 지급된 직후의 주가인 배당 락주가를 계산하면 다음과 같다.

$$P_1(배당부주가) = ₩4,000 + \frac{₩4,000}{0.2} = ₩24,000$$

$$P_1(배당락주가) = \frac{₩4,000}{0.2} = ₩20,000$$

2) 주식투자 시의 수익률

현재시점에서 P_0에 주식을 구입하여 1년 후 시점에서 d_1의 배당금을 수취하고 주가가 P_1이 되었다면 1년간 주식투자의 수익률은 다음과 같이 배당수익률과 자본이득률로 구분할 수 있다.

$$주식투자의 수익률 = 배당수익률 + 자본이득률 = \frac{d_1}{P_0} + \frac{P_1 - P_0}{P_0}$$

① <예제 1>에서 (주)파랑 주식을 현재시점에서 적정주가인 ₩20,000에 매입하여 1년 후 시점에서 배당을 수취하기 직전에 배당부주가에 처분하는 경우의 수익률은 다음과 같다.

$$\text{배당수익률} + \text{자본이득률} = \frac{₩0}{₩20,000} + \frac{₩24,000 - ₩20,000}{₩20,000} = 0\% + 20\% = 20\%$$

② <예제 1>에서 (주)파랑 주식을 현재시점에서 적정주가인 ₩20,000에 매입하여 1년 후 시점에서 ₩4,000의 배당금을 수취하고 배당락주가에 처분하는 경우의 수익률은 다음과 같다.

$$\text{배당수익률} + \text{자본이득률} = \frac{₩4,000}{₩20,000} + \frac{₩20,000 - ₩20,000}{₩20,000} = 20\% + 0\% = 20\%$$

상기의 어떠한 경우든 (주)파랑 주식의 미래현금흐름을 주주의 요구수익률인 20%로 할인하여 계산된 적정주가로 구입하여 1년간 투자 시 주식투자에 따른 수익률은 20%이며, 이는 적정주가 계산 시 적용한 할인율과 동일함을 확인할 수 있다.

[2] 1회 성장기회가 있는 경우

무성장모형의 가정과는 달리 실제 기업들은 발생된 이익을 매기 전액 배당으로 지급하지 않으며, 성장을 위해 이익 중의 일부를 기업내부에 유보하여 재투자함으로써 기업가치의 증대를 추구한다. 따라서 여기서는 이러한 재투자에 따른 기업가치 증가의 효과를 살펴보기 위해 1회 성장기회(투자기회)가 있는 상황을 가정하여 주식의 가치와 투자수익률에 대해서 살펴보기로 한다.

예제 2 　배당평가모형 - 1회 성장기회가 있는 경우

(주)파랑 주주의 요구수익률은 20%이며, (주)파랑은 기존의 투자로부터 매년 일정하게 ₩4,000의 주당순이익이 영구히 발생할 것으로 예상되는 기업이다. (주)파랑은 1년 후 시점에서 발생된 이익 중 60%를 기업내부에 유보하여 재투자할 경우 매년 말 ₩600의 추가적인 주당순이익이 영구히 발생할 것으로 예상되는 투자안을 보유하고 있다. (주)파랑이 보유하는 성장기회는 1년 후 시점에 단 1회만 존재하는 것으로 가정한다.

물음1 (주)파랑 주식의 현재시점에서의 적정주가를 계산하시오.

물음2 현재시점에서 적정주가에 (주)파랑 주식을 구입하고 1년 후 배당락주가에 처분하는 경우의 투자수익률을 배당수익률과 자본이득률로 구분하여 나타내시오.

해답

<주당 현금흐름>

시점	1		2	3	4	...
주당이익	₩4,000		₩4,000	₩4,000	₩4,000	...
유보/재투자	(2,400)		600	600	600	...
주당배당액	₩1,600	주당이익	₩4,600	₩4,600	₩4,600	
		유보/재투자	0	0	0	
		주당배당액	₩4,600	₩4,600	₩4,600	...

[물음1] 현재시점의 적정주가

$$P_0 = \frac{₩1,600}{1.2} + \frac{₩4,600}{0.2} \times \frac{1}{1.2} = ₩20,500$$

[물음2] 주식투자의 수익률

$$P_1(배당부주가) = ₩1,600 + \frac{₩4,600}{0.2} = ₩24,600$$

$$P_1(배당락주가) = \frac{₩4,600}{0.2} = ₩23,000$$

$$배당수익률 + 자본이득률 = \frac{₩1,600}{₩20,500} + \frac{₩23,000 - ₩20,500}{₩20,500} = 7.8\% + 12.2\% = 20\%$$

1) 유보율과 재투자수익률

기업이 발생된 이익 중에서 기업내부에 유보시키는 금액의 비율을 유보율이라고 하며, 이익 중에서 배당으로 지급하는 금액의 비율을 배당성향이라고 한다. 따라서 유보율과 배당성향의 합은 1이다.

$$\text{유보율}(b) = \frac{\text{유보액}}{\text{당기순이익}}, \quad \text{배당성향}(1-b) = \frac{\text{배당금}}{\text{당기순이익}}$$

한편, 기업이 이익 중의 일부를 기업내부에 유보하여 재투자하는 경우의 수익률은 이익의 내부유보에 따른 자기자본 증가와 재투자에 따른 이익 증가의 상대적인 비율이므로 자기자본이익률(ROE)과 동일한 개념으로 적용할 수 있다. 그리고 자기자본이익률 계산 시 분모의 자기자본은 연평균자기자본을 적용해야 하지만 일반적으로는 계산의 편의를 위해 기초자기자본 대비 이익의 비율을 자기자본이익률로 적용한다.

$$\text{자기자본이익률}(ROE) = \frac{\text{당기순이익}}{\text{자기자본장부금액}} = \frac{\text{주당순이익}}{\text{주당자기자본장부금액}}$$

<예제 2>의 경우에 (주)파랑이 보유하는 성장기회의 재투자수익률, 즉 자기자본이익률(ROE)은 다음과 같이 계산된다.

$$ROE = \frac{\Delta EPS}{\text{주당 유보이익 투자액}} = \frac{\text{\textwon}600}{\text{\textwon}2,400} = 25\%$$

2) 성장기회의 순현재가치

기업이 성장기회를 보유하는 경우의 주가는 성장기회가 없는 경우의 주가와 차이가 발생하는데, 이러한 차이를 기업이 보유하는 성장기회의 (주당)순현재가치(net present value of growth opportunity: NPVGO)라고 한다.

$$\text{NPVGO} = \text{성장기업(주식)의 가치} - \text{무성장기업(주식)의 가치}$$

<예제 1>과 <예제 2>의 자료를 이용하여 (주)파랑이 보유하는 성장기회의 (주당)순현재가치에 대해 구체적으로 살펴보면 다음과 같다.

① <예제 2>와 같은 성장기회가 있는 기업의 주가 ₩20,500과 <예제 1>의 무성장기업의 주가 ₩20,000의 차이인 ₩500이 (주)파랑이 보유하는 성장기회의 (주당)순현재가치이다.

$$\begin{aligned}\text{NPVGO} &= \text{성장기업(주식)의 가치} - \text{무성장기업(주식)의 가치} \\ &= \text{\textwon}20,500 - \text{\textwon}20,000 = \text{\textwon}500\end{aligned}$$

② 이러한 성장기회의 (주당)순현재가치는 <예제 2>에서 (주)파랑이 보유하는 성장기회, 즉 1년 후 시점에서 주당 ₩2,400을 투자하여 이후 영구히 매년 말 ₩600의 추가적인 주당순이익(현금유입)이 발생되는 투자안의 현재시점에서의 NPV와 동일하다.

$$NPV_{t=1} = \frac{₩600}{0.2} - ₩2,400 = ₩3,000 - ₩2,400 = ₩600$$

$$NPVGO = \frac{NPV_{t=1}}{1.2} = \frac{₩600}{1.2} = ₩500$$

3) 성장기회가 있는 경우의 주식가치

성장기회가 있는 기업의 주식가치는 해당 기업이 성장기회가 없다고 가정하는 경우의 주식가치에 해당 기업이 보유하는 성장기회의 (주당)순현재가치를 가산하여 평가할 수 있다.

$$성장기업의\ 주식가치 = 무성장을\ 가정하는\ 경우의\ 주식가치 + NPVGO$$
$$= \frac{d = EPS_1}{k_e} + NPVGO$$

[3] 항상성장모형

항상성장모형(constant growth model)이란 주당 배당금이 매년 일정한 비율로 영구히 성장한다고 가정하는 모형이다. 즉, 기업이 매년 투자할 기회가 있어 이익이 지속적으로 성장하고 이에 따라 지급되는 매년의 배당도 성장하는 경우를 가정한 모형이다. 이러한 항상성장모형의 경우에는 기업이 일정한 유보율(b)을 유지하여 재투자하고, 재투자수익률도 일정하게 유지된다면 기업 이익의 성장률도 일정하게 유지되므로, 이렇게 일정한 성장률로 성장하는 이익 중에서 매년 일정한 비율(1 - b)만큼 배당이 지급된다면 배당의 성장률은 이익의 성장률과 동일하게 된다.

$$EPS_2 = EPS_1 + \Delta EPS = EPS_1 + 유보액_1 \times 재투자수익률$$
$$= EPS_1 + EPS_1 \times 유보율 \times 재투자수익률$$

$$이익의\ 성장률(g) = \frac{EPS_2 - EPS_1}{EPS_1} = 유보율 \times 재투자수익률 = b \times ROE$$

$$배당의\ 성장률(g) = \frac{d_2 - d_1}{d_1} = \frac{EPS_2 \times (1-b) - EPS_1 \times (1-b)}{EPS_1 \times (1-b)} = \frac{EPS_2 - EPS_1}{EPS_1} = b \times ROE$$

이와 같이 매기 유보율과 유보이익의 재투자수익률이 일정하게 유지되어 매기 주당 배당금의 성장률이 g로 일정하게 유지되는 경우에 적정주가는 다음과 같이 계산된다.

$$P_0 = \frac{d_1}{k_e - g} = \frac{EPS_1 \times (1-b)}{k_e - g} \quad (단,\ k_e > g)$$

예제 3 배당평가모형 - 항상성장모형

(주)파랑 주주의 요구수익률은 20%이며, (주)파랑은 기존의 투자로부터 매년 일정하게 ₩4,000의 주당 순이익이 영구히 발생할 것으로 예상되는 기업이다. (주)파랑은 1년 후 시점부터 매년 말 발생된 이익 중 60%를 기업 내부에 유보하여 재투자할 수 있는 성장기회를 보유하고 있다. 재투자수익은 매년 말 일정하게 영구히 발생하며 재투자수익률은 25%로 일정할 것으로 예상된다.

물음1 (주)파랑 주식의 현재시점 적정주가를 계산하시오.

물음2 매년 성장기회를 보유하고 있는 (주)파랑의 성장기회의 (주당)순현재가치를 계산하시오.

물음3 현재시점에서 적정주가에 (주)파랑 주식을 구입하고 1년 후 배당락주가에 처분하는 경우의 투자수익률을 배당수익률과 자본이득률로 구분하여 나타내시오.

해답

<주당 현금흐름>

시점	1		2		3		4	
주당이익	₩4,000		₩4,000		₩4,000		₩4,000	⋯
유보/재투자	(2,400)		600		600		600	⋯
주당배당액	₩1,600	주당이익	4,600		600		600	⋯
		유보/재투자	(2,760)		690		690	⋯
		주당배당액	₩1,840	주당이익	₩5,290			
				유보/재투자	(3,174)		793.5	⋯
				주당배당액	₩2,116	주당이익	₩6,083.5	
						유보/재투자	(3,650.1)	
						주당배당액	₩2,433.4	⋯

물음1 현재시점의 적정주가

1년 후 주당 배당액: $d_1 = EPS_1 \times (1-b) = ₩4,000 \times (1-0.6) = ₩1,600$

성장률: $g = b \times ROE = 0.6 \times 0.25 = 0.15$

$$P_0 = \frac{d_1}{k_e - g} = \frac{₩1,600}{0.2 - 0.15} = ₩32,000$$

물음2 성장기회의 (주당)순현재가치

$NPVGO = $ 성장기업의 주가 $-$ 무성장기업인 경우의 주가

$$= \frac{d_1}{k_e - g} - \frac{EPS_1}{k_e} = ₩32,000 - ₩20,000 = ₩12,000$$

물음3 주식투자의 수익률

$$P_1(\text{배당부주가}) = d_1 + \frac{d_2}{k_e - g} = ₩1,600 + \frac{₩1,840}{0.2 - 0.15} = ₩38,400$$

$$P_1(\text{배당락주가}) = \frac{d_2}{k_e - g} = \frac{₩1,840}{0.2 - 0.15} = ₩36,800$$

$$\text{배당수익률} + \text{자본이득률} = \frac{₩1,600}{₩32,000} + \frac{₩36,800 - ₩32,000}{₩32,000} = 5\% + 15\% = 20\%$$

<예제 3>에서 성장기회의 순현재가치는 다음과 같이 (주)파랑이 보유하고 있는 성장기회의 순현재가치의 현재가치 합계액으로도 계산될 수 있다. 여기서 투자시점을 기준으로 한 각 투자시점별 투자안의 NPV도 이익의 성장률과 동일한 성장률로 성장함을 알 수 있다.

$$NPV_{t=1} = \frac{₩600}{0.2} - ₩2,400 = ₩600$$

$$NPV_{t=2} = \frac{₩690}{0.2} - ₩2,760 = \left(\frac{₩600}{0.2} - ₩2,400\right) \times 1.15 = ₩600 \times 1.15 = ₩690$$

$$\vdots$$

$$NPVGO = \frac{NPV_{t=1}}{k_e - g} = \frac{₩600}{0.2 - 0.15} = ₩12,000$$

또한 <예제 3>에서와 같이 매기 일정한 비율로 이익과 배당이 성장하는 경우에는 배당락주가를 기준으로 한 매기 자본이득률(주가의 성장률)은 이익의 성장률과 동일하다.

$$P_0 = \frac{d_1}{k_e - g}$$

$$P_1(\text{배당락주가}) = \frac{d_2}{k_e - g} = \frac{d_1 \times (1+g)}{k_e - g} = P_0 \times (1+g)$$

$$\therefore \quad g = \frac{P_1 - P_0}{P_0} = \text{자본이득률 (배당락주가 기준)}$$

[4] 음[-]의 성장기회의 순현재가치

성장기회를 보유하는 기업의 성장기회의 순현재가치가 음(-)의 값을 갖는 경우도 있다. 즉, 성장기업의 주가가 성장이 없는 경우의 주가보다 낮을 수도 있다.

예제 4 배당평가모형 - 음[-]의 성장기회의 순현재가치

(주)파랑 주주의 요구수익률은 20%이다. (주)파랑은 기존의 투자로부터 매기 일정하게 ₩4,000의 주당 순이익이 영구히 발생할 것으로 예상되는 기업이며, 1년 후 시점부터 매년 말 발생된 이익 중 60%를 기업내부에 유보하여 재투자할 수 있는 성장기회를 보유하고 있다.

물음1 (주)파랑의 재투자수익률이 20%로 일정할 것으로 예상되는 경우에 (주)파랑의 배당의 성장률과 성장기회의 순현재가치를 계산하시오.

물음2 (주)파랑의 재투자수익률이 15%로 일정할 것으로 예상되는 경우에 (주)파랑의 배당의 성장률과 성장기회의 순현재가치를 계산하시오.

해답

물음1 $ROE = 20\% = k_e$인 경우

$g = b \times ROE = 0.6 \times 0.2 = 0.12$

$NPVGO = \dfrac{d_1}{k_e - g} - \dfrac{EPS_1}{k_e} = \dfrac{₩1,600}{0.2 - 0.12} - ₩20,000 = ₩20,000 - ₩20,000 = ₩0$

물음2 $ROE = 15\% < k_e = 20\%$인 경우

$g = b \times ROE = 0.6 \times 0.15 = 0.09$

$NPVGO = \dfrac{d_1}{k_e - g} - \dfrac{EPS_1}{k_e} = \dfrac{₩1,600}{0.2 - 0.09} - ₩20,000 = ₩14,545 - ₩20,000 = -₩5,454$

<예제 4>에서 보듯이 재투자수익률이 주주의 요구수익률과 동일한 경우 성장기회의 순현재가치는 0이 되며, 재투자수익률이 주주의 요구수익률보다 낮은 경우에는 성장기회의 순현재가치가 음(-)의 값을 갖게 된다. 즉, 재투자수익률은 이익을 기업내부에 유보시켜 투자 시 얻게 되는 수익률이므로 이러한 재투자수익률이 주주의 요구수익률보다 낮음에도 불구하고 이익을 유보하여 투자하는 경우 기업가치가 감소하게 된다.

(5) 배당평가모형과 자기자본비용

지금까지 배당평가모형을 이용하여 주식의 가치를 평가하는 방법에 대해서 살펴보았는데, 이와 관련하여 한 가지 알아둘 점은 현재의 주가가 적정주가라는 가정하에 배당평가모형을 이용해서 기업의 자기자본비용을 다음과 같이 추정할 수도 있다는 것이다.

$$\text{무성장모형의 성립 가정 시: } P_0 = \frac{d}{k_e} \quad\rightarrow\quad k_e = \frac{d}{P_0}$$

$$\text{항상성장모형의 성립 가정 시: } P_0 = \frac{d_1}{k_e - g} \quad\rightarrow\quad k_e = \frac{d_1}{P_0} + g$$

┃ **사례** ┃ ──

현재(t = 0) 주당 1,000원의 배당금을 지급한 (주)파랑의 배당 후 현재 주가가 ₩15,000이고 향후 매년 말 지급될 주당배당금이 매년 5%의 성장률로 증가할 것으로 예상된다면 (주)파랑의 자기자본비용은 다음과 같이 계산된다.

$$k_e = \frac{d_1}{P_0} + g = \frac{\text{₩}1,000 \times 1.05}{\text{₩}15,000} + 0.05 = 0.12$$

(6) 성장률이 변동하는 경우

앞에서 살펴본 항상성장모형과 같이 기업이 현재와 같은 성장률을 영구히 유지한다는 가정은 현실성이 없다. 왜냐하면, 사업초기에는 현재와 같은 고속의 성장률을 유지할 수 있다 하더라도 이후 점차 성장기회가 축소될 수 있고, 성장기회의 수익성도 악화될 수 있기 때문이다. 이러한 경우에는 성장기회의 축소에 따라 기업의 유보율이 변동될 수 있고, 성장기회의 수익성이 낮아짐에 따라 재투자수익률이 변동될 수도 있으므로 이익의 성장률이 변동될 수 있다는 점에 주의해야 한다.

예제 5 | 배당평가모형 – 성장률이 변동하는 경우

(주)파랑은 1년 후 시점(t = 1)에 주당 ₩2,000의 배당금을 지급할 예정이다. 이러한 주당 배당금은 이후 2년간(t = 2, t = 3) 매년 30%로 고성장하지만, 그 이후에는 매년 10%로 영구히 일정하게 성장할 것으로 예상된다. (주)파랑 주주의 요구수익률이 고성장기간 동안은 연 25%이고, 이후 일정성장기간 동안은 연 15%라는 가정하에 (주)파랑 주식의 현재시점 적정주가를 계산하시오.

해답

$$P_0 = \frac{\text{₩}2,000}{1.25} + \frac{\text{₩}2,000 \times 1.3}{1.25^2} + \frac{\text{₩}2,000 \times 1.3^2}{1.25^3} + \frac{\text{₩}2,000 \times 1.3^2 \times 1.1}{0.15 - 0.1} \times \frac{1}{1.25^3} = \text{₩}43,066.88$$

1) 이익의 성장률의 결정요인

기업 이익의 성장률은 유보율과 재투자수익률에 의해 결정된다. 즉, 특정기간 (t = 0~1)동안의 이익의 성장률($g_{0 \sim 1}$)은 다음과 같이 직전기간말의 유보율(b_0)과 해당기간의 재투자수익률($ROE_{0 \sim 1}$)에 의해 결정된다.

$$g_{0 \sim 1} = b_0 \times ROE_{0 \sim 1}$$

기업의 성장기회가 축소되는 경우에는 유보율이 낮아짐에 따라 성장률이 변동하게 되고, 성장기회에서의 수익률이 낮아지는 경우에는 재투자수익률이 낮아짐에 따라 성장률이 변동하게 된다. 이러한 성장률의 변동에 대해 기업의 유보율이 변동하는 경우와 재투자수익률이 변동하는 경우로 구분하여 적정주가 계산에 대해 살펴보기로 한다.

2) 유보율이 변동하는 경우

기업의 성장기회가 축소되는 경우에는 이익 중 유보하여 투자하는 금액은 감소하고 주주에게 배당으로 지급하는 금액은 증가하여 기업의 유보율이 낮아지게 되므로 이익의 성장률이 낮아지게 된다. 이와 같이 유보율의 변동에 따른 성장률의 변동을 고려하여 적정주가를 계산할 때 주의할 점은 유보율과 재투자수익률을 이용해서 계산되는 성장률은 원칙적으로 배당의 성장률이 아니라 이익의 성장률이며, 유보율이 변동하는 경우에는 이익의 성장률과 배당의 성장률이 같지 않을 수 있다는 것이다.

┤ 사례 ├

(주)파랑은 현재시점(t = 0)에 이익 중 60%(b_0)를 유보하여 재투자하였지만, 투자기회가 축소됨에 따라 1년 후 시점(t = 1)에는 이익 중 40%(b_1)를 유보하여 재투자할 것으로 예상된다. (주)파랑의 재투자수익률($ROE_{0 \sim 1}$)이 25%인 경우에 (주)파랑의 이익의 성장률과 배당의 성장률을 계산하면 다음과 같다.

이익의 성장률: $g_{0 \sim 1} = b_0 \times ROE_{0 \sim 1} = 0.6 \times 0.25 = 0.15$

배당의 성장률: $\dfrac{d_1 - d_0}{d_0} = \dfrac{EPS_1 \times (1 - b_1) - EPS_0 \times (1 - b_0)}{EPS_0 \times (1 - b_0)}$

$$= \frac{EPS_0 \times 1.15 \times (1 - 0.4) - EPS_0 \times (1 - 0.6)}{EPS_0 \times (1 - 0.6)} = 0.725$$

상기의 사례와 같이 특정기간의 이익이 일정한 율로 성장하는 경우에 직전기간말의 유보율보다 해당기간말의 유보율이 낮아진다면 배당성향이 높아짐에 따라 배당의 성장률은 이익의 성장률보다 높아지게 된다.

(주)파랑은 전기말 주당순이익(EPS_0) ₩4,000 중에서 60%를 유보하여 재투자하였고 나머지를 전일 주주들에게 배당으로 지급하였다. (주)파랑은 1년 후 시점(t = 1)과 2년 후 시점(t = 2)에는 현재와 동일하게 이익 중 60%를 유보하여 재투자할 계획이지만, 투자기회가 축소됨에 따라 3년 후 시점(t = 3)부터는 영구히 이익 중 40%를 유보하여 재투자할 것으로 예상된다. (주)파랑 주주의 요구수익률이 20%이고, (주)파랑의 재투자수익률이 영구히 25%로 일정하게 유지되는 경우를 가정한다.

물음1 향후 4년간 (주)파랑 주당순이익의 성장률을 계산하시오.

물음2 (주)파랑 주식의 적정주가를 계산하시오.

해답

물음1 이익의 성장률

$g_{0 \sim 1} = b_0 \times ROE_{0 \sim 1} = 0.6 \times 0.25 = 0.15$

$g_{1 \sim 2} = b_1 \times ROE_{1 \sim 2} = 0.6 \times 0.25 = 0.15$

$g_{2 \sim 3} = b_2 \times ROE_{2 \sim 3} = 0.6 \times 0.25 = 0.15$

$g_{3 \sim 4} = b_3 \times ROE_{3 \sim 4} = 0.4 \times 0.25 = 0.1$

물음2 유보율이 변동하는 경우의 적정주가

구분		EPS		(1-b)		DPS
d_1	=	₩4,000 × 1.15	×	(1 − 0.6)	=	₩1,840
d_2	=	₩4,000 × 1.15^2	×	(1 − 0.6)	=	₩2,116
d_3	=	₩4,000 × 1.15^3	×	(1 − 0.4)	=	₩3,650.1
d_4	=	₩4,000 × 1.15^3 × 1.1	×	(1 − 0.4)	=	₩4,015.11

이후 이익과 배당은 모두 10%로 성장

$$P_0 = \frac{₩1,840}{1.2} + \frac{₩2,116}{1.2^2} + \frac{₩3,650.1}{1.2^3} + \frac{₩4,015.11}{0.2 - 0.1} \times \frac{1}{1.2^3} = ₩28,350.69$$

3] 재투자수익률이 변동하는 경우

기업이 투자를 계속하는 경우에는 우수한 투자기회가 점차 고갈됨으로 인해 새로운 성장기회의 재투자수익률이 낮아지게 되며 이에 따라 기업 이익의 성장률이 낮아지게 된다. 이와 같이 재투자수익률 변동에 따른 성장률 변동을 고려하여 적정주가를 계산할 때 주의할 점은 재투자수익률이 변동하여 이익의 성장률이 변동하는 경우에도 유보율이 일정하게 유지되는 경우에는 배당의 성장률이 이익의 성장률과 동일하다는 것이다.

사례

(주)파랑은 이익 중 60%를 유보하여 재투자하는 정책을 계속 유지할 계획이다. 현재부터 1년간 (주)파랑의 재투자수익률($ROE_{0 \sim 1}$)은 25%이지만, 그 이후 1년간의 재투자수익률($ROE_{1 \sim 2}$)은 15%로 낮아질 것으로 예상된다. 향후 2년간 (주)파랑의 기간별 이익의 성장률과 배당의 성장률을 계산하면 다음과 같다.

이익의 성장률: $g_{0 \sim 1} = b_0 \times ROE_{0 \sim 1} = 0.6 \times 0.25 = 0.15$

$\qquad\qquad\quad g_{1 \sim 2} = b_1 \times ROE_{1 \sim 2} = 0.6 \times 0.15 = 0.09$

배당의 성장률:
$$\frac{d_1 - d_0}{d_0} = \frac{EPS_1 \times (1 - b_1) - EPS_0 \times (1 - b_0)}{EPS_0 \times (1 - b_0)}$$

$$= \frac{EPS_0 \times 1.15 \times (1 - 0.6) - EPS_0 \times (1 - 0.6)}{EPS_0 \times (1 - 0.6)} = 0.15$$

$$\frac{d_2 - d_1}{d_1} = \frac{EPS_2 \times (1 - b_2) - EPS_1 \times (1 - b_1)}{EPS_1 \times (1 - b_1)}$$

$$= \frac{EPS_1 \times 1.09 \times (1 - 0.6) - EPS_1 \times (1 - 0.6)}{EPS_1 \times (1 - 0.6)} = 0.09$$

상기의 사례와 같이 기간별 재투자수익률이 변동하는 경우에는 기간별 이익의 성장률이 변동하지만, 유보율이 일정하게 유지되는 경우에는 배당의 성장률이 이익의 성장률과 동일하게 된다.

(주)파랑은 전기말 주당순이익(EPS_0) ₩4,000 중에서 60%를 유보하여 재투자하였고 나머지를 전일 주주들에게 배당으로 지급하였으며, (주)파랑의 유보율은 영구히 일정하게 60%로 유지될 것으로 예상된다. (주)파랑이 보유하는 성장기회에서의 재투자수익률이 현재부터 2년간은 25%로 유지될 것이지만, 이후에는 재투자수익률이 15%로 낮아질 것으로 예상되며, (주)파랑 주주의 요구수익률이 20%인 경우를 가정하여 다음 물음에 답하시오.

물음1 향후 3년간 (주)파랑 주당순이익의 성장률을 계산하시오.

물음2 (주)파랑 주식의 적정주가를 계산하시오.

해답

물음1 이익의 성장률

$$g_{0 \sim 1} = b_0 \times ROE_{0 \sim 1} = 0.6 \times 0.25 = 0.15$$
$$g_{1 \sim 2} = b_1 \times ROE_{1 \sim 2} = 0.6 \times 0.25 = 0.15$$
$$g_{2 \sim 3} = b_2 \times ROE_{2 \sim 3} = 0.6 \times 0.15 = 0.09$$

물음2 재투자수익률이 변동하는 경우의 적정주가

구분		EPS		(1-b)		DPS
d_1	=	₩4,000 × 1.15	×	(1 − 0.6)	=	₩1,840
d_2	=	₩4,000 × 1.15²	×	(1 − 0.6)	=	₩2,116
d_3	=	₩4,000 × 1.15² × 1.09	×	(1 − 0.6)	=	₩2,306.44

이후 이익과 배당은 모두 9%로 성장

$$P_0 = \frac{₩1,840}{1.2} + \frac{₩2,116}{1.2^2} + \frac{₩2,306.44}{0.2 - 0.09} \times \frac{1}{1.2^2} = ₩17,563.64$$

02 경제적 부가가치를 이용한 주식가치평가

(1) 경제적 부가가치

경영성과평가에 이용되던 전통적인 지표는 회계적 순이익이다. 그러나 회계적 순이익은 타인자본의 사용에 대한 대가인 이자비용만을 고려하여 계산되므로 자기자본의 사용에 따른 주주의 기회비용은 고려하지 못하고 있다. 이러한 회계적 순이익의 문제점을 해결하고자 도입된 개념이 경제적 부가가치이다.

① 경제적 부가가치(economic value added: EVA)란 세후영업이익(net operating profit less adjusted taxes: NOPLAT)에서 타인자본은 물론 자기자본까지 포함하는 투하자본(invested capital: IC)에 대한 금액단위의 자본비용을 차감한 금액을 말한다. 따라서 EVA는 기업이 벌어들인 (세전)영업이익에서 법인세와 타인자본비용은 물론 자기자본비용까지 차감한 값으로 기업이 투하자본에 대한 기회비용을 초과하여 벌어들인 초과이익(excess earnings), 즉 경제적 이익(economic profit)을 의미한다.

$$EVA = 세후영업이익 - 총자본비용 = EBIT \times (1-t) - WACC \times IC$$

② EVA는 투하자본에 대한 세후영업이익의 비율 $\left[\dfrac{EBIT \times (1-t)}{IC}\right]$ 인 투하자본수익률(return on invested capital: ROIC)을 이용하여 다음과 같이 나타낼 수도 있다. 여기서 (ROIC - WACC)는 기회비용을 초과해서 벌어들인 초과수익률을 의미한다.

$$EVA = \frac{EBIT \times (1-t)}{IC} \times IC - WACC \times IC = (ROIC - WACC) \times IC$$

③ EVA는 기업의 여러 가지 활동 중에서 근본적인 활동인 영업활동을 통해 달성된 이익을 분석의 대상으로 하여 이익의 질적인 측면까지 고려하기 때문에 회계적 순이익보다 우월한 성과평가의 지표라고 할 수 있다.

이와 같이, EVA는 회계적 순이익이 고려하지 못하고 있는 자기자본비용을 명시적으로 고려하며, 기업의 주된 활동인 영업활동에서 창출된 이익을 평가대상으로 한다는 특징이 있다.

(2) 투하자본

EVA 계산 시 투하자본은 최초영업활동에 투자된 자본, 즉 영업관련자산의 기초장부금액을 의미한다. 따라서 기업의 고유한 영업활동과 관련이 없기 때문에 영업이익의 창출에 기여하지 못하는 비영업관련자산은 투하자본에서 제외된다. 즉, EVA 계산 시 투하자본은 영업관련자산을 의미하므로 다음과 같이 측정된다.

투하자본(영업관련자산) = 순운전자본 + 영업관련비유동자산
= 비유동부채(타인자본) + 자기자본 - 비영업관련자산

이와 같이 EVA는 기업의 고유한 영업활동을 위해 투자된 투하자본을 영업활동에 운용하여 벌어들인 초과이익을 의미하므로, 기업이 고유한 영업활동을 통해 실현한 경영성과를 측정하는 지표인 것이다. 이러한 의미에서 EVA는 이익의 양적 측면은 물론, 질적 측면까지 모두 고려하는 개념이라고 할 수 있다.

[3] 시장부가가치

시장부가가치(market value added: MVA)란 기간별로 발생되는 EVA를 가중평균자본비용으로 할인한 현재가치의 총합계를 말한다.

① MVA는 일정기간 동안 발생하는 초과이익으로써 유량(flow)개념인 EVA를 저량(stock)개념으로 전환시킨 것이다.

$$MVA = PV(EVA) = \sum_{t=1}^{\infty} \frac{EVA_t}{(1 + WACC)^t}$$

② 무성장영구기업을 가정하는 경우에 EVA와 MVA 간의 관계는 다음과 같이 나타낼 수 있다.

$$MVA = PV(EVA) = \frac{EVA}{WACC} = \frac{EBIT \times (1-t) - WACC \times IC}{WACC}$$

③ 이러한 MVA는 최초 투자금액 대비 기업가치의 순증가분을 의미하는데, 여기서 기업가치란 기업이 보유하는 영업관련자산의 가치를 의미한다. 또한 부채의 시장가치가 부채의 장부금액과 동일하다면 MVA는 자기자본가치의 순증가분을 의미하기도 한다.

$$MVA = \frac{EBIT \times (1-t) - WACC \times IC}{WACC} = \frac{EBIT \times (1-t)}{WACC} - IC$$
$$= 기업(영업관련자산)의 \ 시장가치 - 기업(영업관련자산)의 \ 장부금액$$
$$= 자기자본의 \ 시장가치 - 자기자본의 \ 장부금액$$

④ MVA는 자본예산에서 살펴본 NPV와 동일한 개념이므로, MVA를 이용하여 기업가치를 다음과 같이 측정할 수도 있다.

$$기업가치 = 영업관련자산의 \ 가치 + 비영업관련자산의 \ 가치$$
$$= (투하자본 + MVA) + 비영업관련자산의 \ 가치$$

프로젝트의 순현재가치와 시장부가가치

무차입경영을 추구하며 자본비용이 12%인 (주)파랑은 새로운 프로젝트의 실행 여부를 검토하고 있다.

(1) 프로젝트의 실행을 위해 필요한 설비의 구입자금은 ₩3,000이고, 내용연수는 3년, 내용연수 말 잔존 가치는 ₩300으로 추정되며, (주)파랑의 감가상각방법은 정액법이다.

(2) 프로젝트를 실행하는 경우에 예상되는 3년간의 추정손익계산서는 다음과 같다. 단, 고정비용은 설비 의 감가상각비만 발생하며, 법인세율은 25%이다.

구분	1차년	2차년	3차년
매출액	₩2,800	₩3,600	₩4,000
변동비용	(1,820)	(2,340)	(2,600)
고정비용	(900)	(900)	(900)
영업이익	80	360	500
법인세비용	(20)	(90)	(125)
당기순이익	60	270	375

(3) 설비를 도입한 후 발생하는 매출과 변동비용은 모두 매년 말에 현금으로 수취·지급하며, 순운전자 본의 변동은 발생하지 않는다.

물음1 프로젝트의 시점별 증분현금흐름을 계산하고 이를 이용해서 프로젝트의 순현재가치를 계산하시오.

물음2 프프로젝트의 연도별 경제적 부가가치를 계산하고 이를 이용해서 프로젝트의 시장부가가치를 계산하시오.

해답

물음1 증분현금흐름과 순현재가치

$CF_0 = -₩3,000$

$CF_1 = ₩80 \times (1-0.25) + ₩900 = ₩960$

$CF_2 = ₩360 \times (1-0.25) + ₩900 = ₩1,170$

$CF_3 = ₩500 \times (1-0.25) + ₩900 + ₩300 = ₩1,575$

$NPV = -₩3,000 + \dfrac{₩960}{1.12} + \dfrac{₩1,170}{1.12^2} + \dfrac{₩1,575}{1.12^3} = -₩89.1$

물음2 경제적 부가가치와 시장부가가치

$EVA_1 = ₩80 \times (1-0.25) - 0.12 \times ₩3,000 = -₩300$

$EVA_2 = ₩360 \times (1-0.25) - 0.12 \times ₩2,100 = ₩18$

$EVA_3 = ₩500 \times (1-0.25) - 0.12 \times ₩1,200 = ₩231$

$MVA = \dfrac{-₩300}{1.12} + \dfrac{₩18}{1.12^2} + \dfrac{₩231}{1.12^3} = -₩89.1$

(4) MVA를 이용한 주식가치평가

앞에서 살펴본 바와 같이 MVA는 자기자본가치의 순증가분을 의미하므로 이를 이용하여 주식가치를 평가할 수 있다. 즉, 자기자본의 장부금액에 MVA를 합한 자기자본의 시장가치를 발행주식수로 나누어 계산되는 주식가치(P_0)는 주당자기자본장부금액에 주당MVA를 더하여 계산할 수 있다.

$$자기자본의 \ 시장가치 = 자기자본의 \ 장부금액 + MVA$$
$$P_0 = 주당자기자본장부금액 + 주당 MVA$$

예제 9 경제적부가가치(EVA)와 시장부가가치(MVA)를 이용한 주식가치평가

(주)파랑은 건물임대업을 영위하기 위해 자기자본과 무위험부채로 총 200억원을 조달하여 신설된 기업이며, 조달된 자금을 다음과 같이 투자하였다.

(1) 건물임대업을 위해 150억원 상당의 건물을 구입하였으며, 동 건물에서 발생될 세전영업이익은 매년 39억원으로 영구히 일정하게 발생될 것으로 예상된다.

(2) 나머지 자금 중 20억원은 5년 만기 국채에 투자하였으며, 30억원은 주가지수펀드에 투자하였다. 국채와 주가지수펀드의 투자수익률은 각각 연 10%와 15%로 추정된다.

법인세율은 40%이고, 총발행주식수가 100만주인 (주)파랑의 목표부채비율($\frac{B}{S}$)은 100%이며, 임대업의 영업위험만 반영된 베타(β_U)는 1.25라고 가정한다. CAPM과 법인세가 있는 경우의 MM이론이 성립함을 가정한다.

물음1 (주)파랑의 당기 경제적부가가치(EVA)를 계산하시오.

물음2 (주)파랑의 시장부가가치(MVA)를 계산하여, (주)파랑의 기업가치를 계산하시오.

물음3 (주)파랑의 자기자본 장부금액이 110억원인 경우를 가정한다. 주당MVA를 이용하여 (주)파랑 주식의 주당 가치를 계산하시오.

경제적부가가치(EVA)의 계산

$$\beta_L = \beta_U + (\beta_U - \beta_d)(1-t)\frac{B}{S} = 1.25 + (1.25-0) \times (1-0.4) \times 1 = 2$$

$$k_e = R_f + [E(R_m) - R_f] \times \beta_L = 0.1 + (0.15-0.1) \times 2 = 0.2$$

$$WACC = k_d(1-t)\frac{B}{V} + k_e\frac{S}{V} = 0.1 \times (1-0.4) \times 0.5 + 0.2 \times 0.5 = 0.13$$

$$EVA = EBIT \times (1-t) - WACC \times IC = 39억원 \times (1-0.4) - 0.13 \times 150억원 = 3.9억원$$

물음2 시장부가가치(MVA)와 기업가치

$$MVA = \frac{EVA}{WACC} = \frac{3.9억원}{0.13} = 30억원$$

기업가치 = 영업관련자산의 가치 + 비영업관련자산의 가치

= (총투하자본 + MVA) + 비영업관련자산의 가치

= (150억원 + 30억원) + (20억원 + 30억원) = 230억원

물음3 주식가치평가

주당자기자본장부금액 = 110억원 ÷ 100만주 = ₩11,000

주당MVA = 30억원 ÷ 100만주 = ₩3,000

주식의 가치 = 주당자기자본장부금액 + 주당MVA = ₩11,000 + ₩3,000 = ₩14,000

한편, 자기자본의 가치와 주식가치는 자기자본의 장부금액에 잔여이익을 자기자본비용으로 할인한 현재가치를 가산해서 계산할 수도 있다.

① 잔여이익(residual imcome: RI)이란 당기순이익에서 자기자본에 대한 금액단위의 자본비용을 차감한 금액을 말한다. 즉, 주주의 입장에서 자기자본에 대한 기회비용을 초과하여 벌어들인 초과이익을 의미한다.

$$RI = 당기순이익 - 자기자본비용 = NI - k_e \times 자기자본장부금액$$

② 잔여이익은 자기자본의 장부금액에 대한 당기순이익의 비율인 자기자본이익률(ROE)을 이용하여 다음과 같이 나타낼 수도 있다.

$$RI = \frac{NI}{자기자본장부금액} \times 자기자본장부금액 - k_e \times 자기자본장부금액$$
$$= (ROE - k_e) \times 자기자본장부금액$$

③ 잔여이익을 자기자본비용으로 할인한 현재가치는 자기자본가치의 순증가분을 의미하므로 이를 이용해서 자기자본의 가치와 주식가치(P_0)를 다음과 같이 계산할 수 있다.

$$자기자본의 가치 = 자기자본장부금액 + RI의 현재가치$$
$$P_0 = 주당자기자본장부금액 + 주당RI의 현재가치$$

예제 10 **잔여이익(RI)을 이용한 주식가치평가**

(주)파랑은 건물임대업을 영위하기 위해 자기자본 60억원과 무위험부채 90억원으로 총 150억원을 조달하여 신설된 기업이며, 건물임대업을 위해 150억원 상당의 건물을 구입하였다. 동 건물에서 발생될 세전 영업이익은 매년 39억원으로 영구히 일정하게 발생될 것으로 예상되며, (주)파랑의 자기자본비용은 20%이다. 법인세율은 40%이고, 무위험이자율은 10%이며, (주)파랑의 총발행주식수는 100만주이다.

물음 1 (주)파랑의 당기 잔여이익(RI)을 계산하시오.

물음 2 (주)파랑 자기자본의 가치를 계산하시오.

물음 3 (주)파랑 주식의 주당가치를 계산하시오.

해답

물음 1 잔여이익의 계산

RI = 당기순이익 - 자기자본비용 = $(EBIT-I) \times (1-t) - k_e \times$ 자기자본장부금액

= (39억원 - 90억원 × 0.1) × (1 - 0.4) - 0.2 × 60억원 = 6억원

물음 2 잔여이익(RI)과 자기자본의 가치

자기자본의 가치 = 자기자본장부금액 + RI의 현재가치

$$= 60억원 + \frac{6억원}{0.2} = 60억원 + 30억원 = 90억원$$

물음 3 주식가치평가

주식의 가치 = 주당자기자본장부금액 + 주당RI의 현재가치

$$= \frac{60억원}{100만주} + \frac{30억원}{100만주} = ₩6,000 + ₩3,000 = ₩9,000$$

03 기업잉여현금흐름을 이용한 주식가치평가

주식의 내재가치는 해당기업 자기자본의 가치를 발행주식수로 나누어 계산할 수 있으므로 기업잉여현금흐름(FCFF)을 할인해서 자기자본의 가치를 계산하면 주식의 내재가치를 계산할 수 있다. 여기서 자기자본의 가치는 기업잉여현금흐름을 가중평균자본비용으로 할인한 기업가치에서 부채가치를 차감하여 계산할 수도 있고, 주주잉여현금흐름(FCFE)을 자기자본비용으로 할인하여 계산할 수도 있다.

① 기업잉여현금흐름(FCFF)을 이용한 기업가치와 자기자본가치 계산

$$기업가치 = \sum_{t=1}^{\infty} \frac{FCFF_t}{(1+WACC)^t} + 비영업관련자산의\ 가치$$

$$= \sum_{t=1}^{\infty} \frac{FCFF_t}{(1+\rho)^t} + 부채사용효과의\ 현재가치 + 비영업관련자산의\ 가치$$

$$자기자본의\ 가치 = 기업가치 - 부채가치$$

② 주주잉여현금흐름(FCFE)을 이용한 자기자본가치 계산

$$FCFE_t = FCFF_t - 채권자의\ 현금흐름_t$$

$$자기자본의\ 가치 = \sum_{t=1}^{\infty} \frac{FCFE_t}{(1+k_e)^t} + 비영업관련자산의\ 가치$$

예제 11 기업잉여현금흐름을 이용한 주식가치평가

(주)파랑은 건물임대업을 영위하기 위해 자기자본 60억원과 무위험부채 90억원으로 총 150억원을 조달하여 신설된 기업이며, 건물임대업을 위해 150억원 상당의 건물을 구입하였다. 동 건물에서 발생될 세전영업이익은 매년 39억원으로 영구히 일정하게 발생될 것으로 예상되며, (주)파랑의 자기자본비용은 20%이고, 가중평균자본비용은 13%이다. 법인세율은 40%이고, 무위험이자율은 10%이며, (주)파랑의 총발행주식수는 100만주이다.

[물음1] (주)파랑의 기업잉여현금흐름을 계산하여 (주)파랑 주식의 가치를 계산하시오.

[물음2] (주)파랑의 주주잉여현금흐름을 계산하여 (주)파랑 주식의 가치를 계산하시오.

해답

[물음1] 기업잉여현금흐름을 이용한 주식가치평가

기업잉여현금흐름 $= EBIT \times (1-t) = 39$억 원$\times (1-0.4) = 23.4$억 원

기업가치 $= \dfrac{FCFF}{WACC} = \dfrac{23.4억\ 원}{0.13} = 180$억 원

주식의 가치 $= \dfrac{자기자본의\ 가치}{주식수} = \dfrac{180억\ 원 - 90억\ 원}{100만주} = ₩9,000$

[물음2] 주주잉여현금흐름을 이용한 주식가치평가

주주잉여현금흐름 $= (EBIT - I) \times (1-t) = (39$억 원$- 90$억 원$\times 0.1) \times (1-0.4) = 18$억 원

자기자본의 가치 $= \dfrac{FCFE}{k_e} = \dfrac{18억\ 원}{0.2} = 90$억 원

주식의 가치 $= \dfrac{자기자본의\ 가치}{주식수} = \dfrac{90억\ 원}{100만주} = ₩9,000$

제3절 상대가치평가모형

내재가치평가모형의 경우에는 미래현금흐름을 예측하는 과정에 평가자의 주관이 반영되기 때문에 현실적인 적용에 어려운 점이 많다. 이에 따라 다른 자산들과의 상대적인 가치를 비교하는 상대가치평가모형이 실무상 자주 이용되는데, 상대가치평가모형이란 주당순이익(EPS), 주당자기자본장부금액(BPS), 주당매출액(SPS)에 주가배수[주가수익비율(PER), 주가 대 장부금액비율(PBR), 주가 대 매출액비율(PSR)]를 곱하여 주식의 상대적인 가치를 평가하는 방법을 말한다.

01 PER을 이용한 주식가치평가

(1) PER의 의미와 결정요인

주가수익비율(price earnings ratio: PER)이란 주가이익비율이라고도 하며, 현재의 주가(P_0)를 주당이익(EPS)으로 나눈 값을 말한다. 이러한 PER은 기업이 보고한 과거 1년간의 주당이익(EPS_0)을 기준으로 계산하는 후행PER(trailing PER$= P_0 \div EPS_0$)과 향후 1년간의 기대주당이익(EPS_1)을 기준으로 계산하는 선행PER(forward PER$= P_0 \div EPS_1$)로 구분할 수 있는데, 여기서는 예측가치가 보다 높은 선행PER을 이용해서 PER의 의미와 결정요인에 대해 살펴보기로 한다.

$$PER = \frac{주가}{기대주당이익} = \frac{P_0}{EPS_1}$$

① PER은 기업의 단위당 수익력에 대한 상대적인 주가수준을 알아볼 수 있는 비율이다. 즉, 규모만 다르고 이익의 질에 차이가 없는 두 기업 주식의 PER이 다르다면, PER이 상대적으로 높은 기업 주식의 주가는 고평가되어있고, PER이 상대적으로 낮은 기업 주식의 주가는 저평가되어있다고 판단할 수 있다.

② 미래 이익의 성장성이나 위험 등 이익의 질이 다른 경우에는 투자자들이 해당 기업의 이익 ₩1에 대해 지불하고자 하는 가격이 다를 것이기 때문에 주가가 적정주가로 형성되어있는 경우에도 주식들마다 PER은 다를 수 있다. 따라서 PER은 해당기업의 이익의 질에 대한 시장의 평가가 반영된 비율이라고 할 수 있다.

③ 성장기회의 순현재가치를 이용해서 살펴보면, 기업의 PER은 기업의 성장성(NPVGO)과 위험(k_e)에 의해 결정되며, 성장성(NPVGO)이 높고 위험(k_e)이 적을수록 PER은 커지게 된다.

$$PER = \frac{P_0}{EPS_1} = \frac{\dfrac{EPS_1}{k_e} + NPVGO}{EPS_1} = \frac{1}{k_e} + \frac{NPVGO}{EPS_1}$$

④ 특수한 형태로서 성장기회가 없는 경우, 즉 NPVGO = 0인 경우에 $PER = \dfrac{1}{k_e}$ 이므로 무성장기업의 PER은 할인율의 역수로 표현할 수도 있다.

⑤ 배당평가모형 중에서 항상성장모형의 적용이 가능한 경우에 PER은 기업의 성장성(g)과 위험(k_e) 및 배당성향($1-b$)에 의해 결정된다고 할 수 있다.

$$PER = \frac{P_0}{EPS_1} = \frac{\dfrac{d_1}{k_e - g}}{EPS_1} = \frac{\dfrac{EPS_1 \times (1-b)}{k_e - g}}{EPS_1} = \frac{1-b}{k_e - g}$$

(2) PER을 이용한 주식가치평가

해당 기업의 이익 ₩1에 대해 적용할 적정PER을 알 수 있다면, 해당 기업의 기대주당이익에 적정PER 을 곱해서 적정주가를 추정할 수 있다.

$$PER = \frac{P_0}{EPS_1} \quad \rightarrow \quad 적정\,P_0 = 적정\,PER \times EPS_1$$

여기서 문제가 되는 사항은 해당 기업의 이익에 대해 적용할 적정PER의 결정인데, 대표적으로 이용되는 적정PER은 다음과 같다.

① 해당 기업이 속한 산업의 평균PER
② 해당 기업의 과거 평균PER
③ 배당평가모형을 이용한 PER
④ 기업의 성장성과 위험 및 배당성향을 이용한 회귀분석모형

이 중에서 주식들 간의 상대적인 비교 시에는 ① 해당 기업이 속한 산업의 평균PER이 일반적으로 이용되고 있다.

02 PBR을 이용한 주식가치평가

주가 대 장부금액비율(price book value ratio: PBR)이란 현재의 주가를 현재의 주당자기자본장부금 액(book value per share: BPS_0)으로 나눈 값을 말한다.

$$PBR = \frac{주가}{주당자기자본장부금액} = \frac{P_0}{BPS_0}$$

따라서 해당 기업의 적정PBR을 알 수 있다면, 해당 기업의 주당자기자본장부금액에 적정PBR을 곱해서 적정주가를 추정할 수 있다.

$$PBR = \frac{P_0}{BPS_0} \quad \rightarrow \quad 적정\,P_0 = 적정\,PBR \times BPS_0$$

여기서 적정PBR은 해당 기업이 속한 산업의 평균PBR이나 해당 기업의 과거 평균PBR 등을 사용할 수 있다. 그리고 순이익의 변동위험이 크고, 순자산(또는 자산)의 장부금액이 시장가치와 유사한 증권업과 같은 금융업종의 기업에 대해서는 일반적으로 PER모형보다는 PBR모형을 이용하여 적정주가를 추정하는 것이 일반적임을 부언해 둔다.

03 PSR을 이용한 주식가치평가

주가 대 매출액비율(price sales ratio: PSR)이란 현재의 주가를 기대주당매출액(sales per share: SPS_1)으로 나눈 값을 말한다.

$$PSR = \frac{주가}{기대주당매출액} = \frac{P_0}{SPS_1}$$

따라서 해당 기업의 적정PSR을 알 수 있다면, 해당 기업의 기대주당매출액에 적정PSR을 곱해서 적정주가를 추정할 수 있다.

$$PSR = \frac{P_0}{SPS_1} \quad \rightarrow \quad 적정 P_0 = 적정 PSR \times SPS_1$$

여기서 적정PSR은 해당 기업이 속한 산업의 평균PSR이나 해당 기업의 과거 평균PSR 등을 사용할 수 있다. 최근 들어 PER모형이나 PBR모형보다 PSR모형에 관심이 증가하고 있는데, 그 이유는 당기순이익이나 장부금액은 기업이 적용한 회계처리방법에 따라 달라질 수 있지만 매출액은 회계처리방법에 따라 달라지지 않으므로 PSR로 평가한 주식의 가치가 더 신뢰성이 높을 수 있기 때문이다.

비상장기업인 (주)파랑의 주식가치를 평가하고자 (주)파랑과 동일한 업종을 영위하는 비교대상 상장기업들의 평균주가배수를 조사한 결과가 다음과 같다. 비상장기업인 (주)파랑의 주식에 적용할 적정한 주가배수는 업종평균 주가배수에 20%의 discount가 적용되는 것이 타당할 것으로 판단된다.

업종평균PER	업종평균PBR	업종평균PSR
5	1.4	1.2

물음1 (주)파랑의 당기 주당이익은 ₩2,000으로 예상된다. 업종평균PER을 이용하여 적정주가를 추정하는 경우에 (주)파랑 주식의 적정주가를 계산하시오.

물음2 (주)파랑의 주당자기자본장부금액은 ₩8,000이다. 업종평균PBR을 이용하여 적정주가를 추정하는 경우에 (주)파랑 주식의 적정주가를 계산하시오.

물음3 (주)파랑의 당기 주당매출액은 ₩10,000으로 예상된다. 업종평균PSR을 이용하여 적정주가를 추정하는 경우에 (주)파랑 주식의 적정주가를 계산하시오.

해답

물음1 PER을 이용한 주식가치평가
적정PER = 업종평균PER × (1 - 0.2) = 5 × (1 - 0.2) = 4
적정주가 = 적정PER × 기대주당이익 = 4 × ₩2,000 = ₩8,000

물음2 PBR을 이용한 주식가치평가
적정PBR = 업종평균PBR × (1 - 0.2) = 1.4 × (1 - 0.2) = 1.12
적정주가 = 적정PBR × 주당자기자본장부금액 = 1.12 × ₩8,000 = ₩8,960

물음3 PSR을 이용한 주식가치평가
적정PSR = 업종평균PSR × (1 - 0.2) = 1.2 × (1 - 0.2) = 0.96
적정주가 = 적정PSR × 기대주당매출액 = 0.96 × ₩10,000 = ₩9,600

01 자본시장의 효율성

자본시장은 기업이 주식이나 회사채를 발행하여 장기적인 자금조달을 가능하게 하고, 국가경제에 가장 중요한 영향을 미치는 금융시장인데, 이러한 자본시장이 그 기능을 제대로 수행하기 위해서는 다음과 같은 세 가지 효율성이 충족되어야 한다.

① 운영의 효율성(operational efficiency): 자본시장에서 거래비용이나 세금 등 거래의 마찰적 요인이 존재하지 않아 증권거래가 원활하게 이루어지는 효율성을 말하며, 내적 효율성(internal efficiency)이라고도 한다.

② 정보의 효율성(informational efficiency): 자본시장에서 특정 증권과 관련된 정보가 즉각적이고 충분하게 해당 증권의 시장가격에 반영되는 효율성을 말하며, 외적 효율성(external efficiency)이라고도 한다.

③ 배분의 효율성(allocational efficiency): 자본시장에서 운영의 효율성과 정보의 효율성이 충족되어 자금의 수요자와 공급자 간에 자금의 최적적인 배분이 이루어지는 효율성을 말한다.

이상의 세 가지 조건을 모두 갖춘 이상적인 자본시장을 완전자본시장(perfect capital market)이라고 하는데, 이와 같은 완전자본시장은 현실의 세계에서는 존재할 수 없다. 따라서 현실적으로는 자본시장이 세 가지 조건 중 '정보의 효율성'을 충족하면 그 기능을 제대로 수행하는 것으로 간주하는데, 이와 같이 '정보의 효율성'을 충족하는 자본시장을 효율적 자본시장(efficient capital market)이라고 한다.

효율적 자본시장

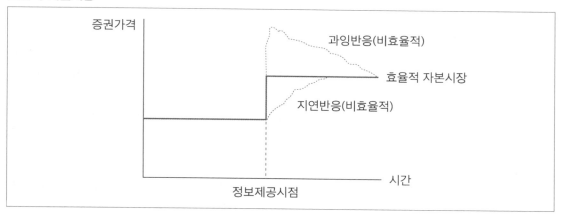

이러한 효율적 자본시장이 되기 위해서는 '정보의 효율성'을 충족하여 특정 증권과 관련된 정보가 즉각적이고 충분하게 해당 증권의 시장가격에 반영되어야 하는데, 여기서 관련정보가 시장가격에 즉각적으로 반영된다는 것은 정보가 시장에 알려짐과 동시에 지연됨이 없이 신속하게 시장가격에 반영된다는 것을 의미하며, 충분하게 반영된다는 것은 정보가 갖는 가치만큼 정확하게 시장가격이 변동한다는 것을 의미한다. 즉, 효율적 자본시장에서는 시장참가자들이 자신의 이익을 극대화하기 위해 주어진 정보를 신속하고 정확하게 경쟁적으로 분석하여 거래할 것이므로, 어떠한 새로운 정보가 주어지는 경우에 지연반응이나 과잉반응 없이 해당 정보가 갖는 가치만큼 즉각적으로 시장가격이 변동하여, 증권의 시장가격은 관련된 모든 정보가 반영된 적절한 가격으로 형성된다는 것이다.

02 효율적 시장가설

앞에서 살펴본 효율적 자본시장이 현실적으로 성립하는지, 성립한다면 어느 정도 성립하는지를 검증해보기 위해 제기된 이론이 효율적 시장가설이다. 즉, 효율적 시장가설(efficient market hypothesis: EMH)이란 '자본시장에서 형성된 증권가격이 이용가능한 정보를 충분히 그리고 즉시 반영한다.'는 가설에 입각하여 자본시장의 효율성을 검증하고자 하는 이론이다.

(1) EMH의 유형

효율적 시장가설(EMH)은 증권가격에 반영되는 정보의 범위에 따라 다음과 같이 세 가지 유형으로 구분된다.

1) 약형의 EMH

약형의 EMH(weak-form of EMH)는 자본시장에서 형성된 증권가격이 해당 증권의 과거 가격이나 거래량과 같은 역사적 정보를 모두 반영하고 있다는 가설이다. 따라서 약형의 EMH가 성립하는 시장에서는 역사적 정보가 현재의 시장가격에 모두 반영되어 있기 때문에 역사적 정보를 이용하여 투자하더라도 비정상적인 초과이익을 얻을 수 없다.

2) 준강형의 EMH

준강형의 EMH(semi-strong-form of EMH)는 자본시장에서 형성된 증권가격이 해당 증권과 관련된 공식적으로 이용가능한 정보를 모두 반영하고 있다는 가설이다. 여기서 공식적으로 이용가능한 정보란 역사적 정보를 포함하여 기업의 보고된 회계정보, 기업의 재무정책, 증권관계기관의 분석자료, 공시자료, 정부의 경제정책 등 누구나 이용가능한 정보를 의미한다. 따라서 준강형의 EMH가 성립하는 시장에서는 공식적으로 이용가능한 정보를 이용하여 투자하더라도 비정상적인 초과이익을 얻을 수 없다.

3) 강형의 EMH

강형의 EMH(strong-form of EMH)는 자본시장에서 형성된 증권가격이 해당 증권과 관련된 공식적으로 이용가능한 정보뿐만 아니라 공식적으로 이용이 불가능한 미공개된 내부정보까지 모두 반영하고 있다는 가설이다. 따라서 강형의 EMH가 성립하는 시장에서는 어떠한 정보를 이용하여 투자하더라도 비정상적인 초과이익을 얻을 수 없다.

EMH의 유형

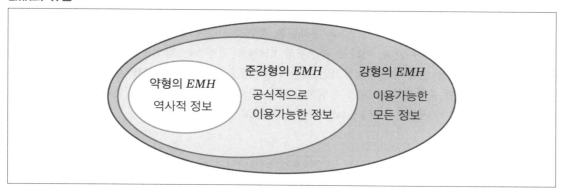

한편, 이러한 EMH의 유형과 관련하여 주의할 점은 준강형의 EMH가 성립하는 시장은 약형의 EMH가 성립하는 시장보다 더 효율적이므로 준강형의 EMH가 성립하는 경우에는 약형의 EMH는 당연히 성립하는 것이며, 강형의 EMH가 성립하는 시장은 준강형의 EMH가 성립하는 시장보다 더 효율적이므로 강형의 EMH가 성립하는 경우에는 준강형 및 약형의 EMH는 당연히 성립한다는 것이다.

(2) EMH의 검증

1) 약형의 EMH 검증

약형의 EMH가 성립하는 시장에서는 역사적 정보가 현재의 시장가격에 모두 반영되어 있기 때문에 미래의 가격변동은 과거의 가격이나 거래량의 변동과는 무관하게 독립적으로 무작위성을 가지고 변동(random walk)할 것이다. 따라서 약형의 EMH를 검증하는 방법은 증권가격의 시계열자료들이 기간별로 각각 독립적인지 여부를 확인하여 독립성이 있으면 약형의 EMH가 성립하고, 독립성이 없으면 약형의 EMH가 성립하지 않는 것으로 판단하는 것이다. 약형의 EMH를 검증하는 방법에는 연의 검증, 시계열상관분석, 필터기법 등이 있다.

① 연의 검증(run test): 연(run)이란 가격상승을 (+), 가격하락을 (−)로 표시할 때 동일한 부호를 갖는 가격변동들의 연속을 말한다. 현실시장에서 관찰되는 연의 수와 무작위성을 가정하는 경우의 이론적인 연의 수 간에 통계적인 유의성이 있는 경우에 약형의 EMH가 성립한다고 판단한다.

② 시계열상관분석(serial correlation analysis): 자기상관분석(autocorrelation analysis)이라고도 하는데, 특정시점의 가격변동과 일정 기간 경과 후의 가격변동 간의 상관관계를 분석하여 시계열상관계수가 0에 가까운 경우에 약형의 EMH가 성립한다고 판단한다.

③ 필터기법(filter technique): 가격변동의 일정 폭을 정해놓고 가격이 저점으로부터 일정 비율(필터)만큼 상승하면 매입하고 고점으로부터 일정 비율만큼 하락하면 매도하는 투자전략의 성과를 단순한 매입보유(buy and holding)전략과 비교하여 비정상적인 초과이익이 발생하지 않는 경우에 약형의 EMH가 성립한다고 판단한다.

2) 준강형의 EMH 검증

준강형의 EMH가 성립하는 시장에서는 모든 투자자들이 공식적으로 이용가능한 정보를 이용해서 경쟁적으로 거래할 것이므로 공식적으로 이용가능한 정보가 시장에 공시되는 시점 이후에는 증권가격에 유의적인 변동이 없어야 한다. 따라서 준강형의 EMH를 검증하는 방법은 관련 정보가 공시된 시점 전·후의 주가변동을 관찰하여 비정상적인 초과이익이 없으면 준강형의 EMH가 성립하고, 비정상적인 초과이익이 있으면 준강형의 EMH가 성립하지 않는 것으로 판단하는 것인데, 이러한 방법을 사건연구 (event study) 또는 잔차분석(residual analysis)이라고 한다.

3) 강형의 EMH 검증

강형의 EMH가 성립하는 시장에서는 공식적으로 이용이 불가능한 미공개된 내부정보까지 현재의 시장가격에 모두 반영되어 있기 때문에 내부정보를 이용하여 투자하더라도 비정상적인 초과이익을 얻을 수 없어야 한다. 따라서 강형의 EMH를 검증하는 방법은 기업내부자나 전문투자자집단과 같이 미공개된 내부정보의 이용이 가능할 것으로 예상되는 특정 투자자집단의 투자성과를 분석하여 이들이 비정상적인 초과이익을 얻지 못한 경우에는 강형의 EMH가 성립하고, 비정상적인 초과이익을 얻은 경우에는 강형의 EMH가 성립하지 않는 것으로 판단하는 것이다. 그러나 특정 투자자집단의 비정상적인 초과이익을 파악하는 것 자체가 쉽지 않다는 문제점이 있다.

지금까지 세 가지 EMH의 검증방법에 대해서 살펴보았는데, 현재까지 발표된 연구결과에 따르면 대체로 자본시장에서 준강형의 EMH는 성립하는 것으로 나타나고 있다. 즉, 일반적으로 증권의 시장가격은 공식적으로 이용가능한 정보를 모두 반영한다는 것이다.

03 증권분석과 효율적 시장가설

증권분석(security analysis)이란 증권의 매매종목과 매매시점을 결정하기 위해 투자 대상인 증권들을 분석하는 것을 말한다. 대표적인 증권분석방법에는 기술적 분석과 기본적 분석 및 포트폴리오 분석 등이 있는데, 여기서는 이러한 증권분석방법과 효율적 시장가설의 관계에 대해서 살펴보기로 한다.

(1) 기술적 분석

기술적 분석(technical analysis)이란 증권의 가격이나 거래량이 일정한 패턴이나 추세를 갖는다는 가정하에 과거의 가격이나 거래량의 변동형태를 분석하여 미래의 가격변동을 예측하는 분석기법을 말한다. 이러한 기술적 분석에서는 매매종목의 선택보다는 매매시점의 선택이 보다 중요한 의미를 갖는다. 그러나 약형의 EMH가 성립하는 시장이라면 기술적 분석은 효과적이지 못하다. 왜냐하면, 약형의 EMH가 성립하는 시장에서는 과거의 가격이나 거래량의 변동형태와 같은 역사적 정보가 현재의 시장가격에 모두 반영되어 있으므로 미래의 가격은 과거의 가격이나 거래량의 변동과는 무관하게 독립적으로 무작위성을 가지고 변동할 것이기 때문이다.

(2) 기본적 분석

기본적 분석(fundamental analysis)이란 증권의 시장가격이 장기적으로는 내재가치에 수렴할 것이라는 가정하에 특정 증권의 내재가치를 분석하여 시장가격과 비교를 통해 해당 증권가격의 과대 또는 과소평가 여부를 분석하는 기법을 말하는데, 지금까지 살펴본 주식가치평가방법들이 기본적 분석에 의한 방법이라고 할 수 있다. 이러한 기본적 분석에서는 과대 또는 과소평가된 매매종목의 선택이 보다 중요한 의미를 갖는다.

그러나 준강형의 EMH가 성립하는 시장이라면 기본적 분석은 효과적이지 못하다. 왜냐하면, 준강형의 EMH가 성립하는 시장에서는 모든 투자자들이 공식적으로 이용가능한 정보를 이용해서 경쟁적으로 거래할 것이므로 증권의 시장가격은 내재가치와 일치할 것이기 때문이다.

(3) 포트폴리오 분석

포트폴리오 분석(portfolio analysis)이란 두 개 이상의 복수증권으로 포트폴리오를 구성하여 특정 기대수익률하에서 위험을 최소화하거나 특정 위험하에서 기대수익률을 최대화하는 분석기법을 말한다. 앞에서 살펴본 바와 같이 준강형의 EMH가 성립하는 시장이라면 개별종목의 기술적 분석 및 기본적 분석은 효과적이지 못하므로 포트폴리오 분석을 통한 분산투자가 최선의 투자전략이라고 할 수 있다.

04 주식투자전략

앞에서 설명한 바와 같이 지금까지의 연구결과에 의하면 자본시장은 대체로 준강형의 EMH가 성립하는 것으로 나타나고 있지만, 현실의 자본시장은 준강형의 EMH가 완벽하게 성립하지는 않는다. 즉, 특정 증권과 관련된 정보가 즉각적이고 충분하게 해당 증권의 시장가격에 반영되지는 않는다. 따라서 이러한 현상을 고려한 주식투자전략은 크게 적극적 투자전략과 소극적 투자전략으로 구분할 수 있다.

(1) 적극적 투자전략

적극적 투자전략(active investment strategy)이란 미래의 주가변동에 대한 예측을 통해 위험을 부담하더라도 투자수익을 극대화하고자 하는 투자전략을 말한다. 즉, 적극적 투자전략은 시장이 비효율적일 수 있음을 전제로 하여, 투자자가 보유하고 있는 우월한 미래예측능력이나 정보분석능력을 바탕으로 시장평균 이상의 투자성과를 추구하는 것이다. 이러한 적극적 투자전략은 미래의 주가변동을 예측하기 위해 이용하는 정보의 종류에 따라 기술적 분석과 기본적 분석으로 구분할 수 있다.

1) 기술적 분석

기술적 분석이란 앞에서 살펴본 바와 같이 특정 종목의 과거 주가와 거래량 등의 변동형태를 분석하여 미래의 주가변동을 예측하고자 하는 투자전략이다. 즉, 과거 주가와 거래량 등이 기록된 주가차트를 이용해서 주가의 변동패턴을 파악하여 미래의 주가변동을 예측하고자 하는 투자전략이다. 이러한 기술적 분석은 해당 종목의 적절한 매매시점을 선정하고자 하는 것이 주목적이다.

2) 기본적 분석

기본적 분석이란 앞에서 살펴본 바와 같이 특정 주식의 내재가치를 분석하고, 내재가치와 시장가격을 비교하여 미래의 주가변동을 예측하고자 하는 투자전략이다. 즉, 거시경제와 개별산업에 대한 분석을 바탕으로 해당 기업의 미래성과를 예측하여 주식의 내재가치를 측정하고 이를 시장가격과 비교하여 내재가치에 비해 시장가격이 저평가된 종목을 매수하고 고평가된 종목을 매도함으로써 초과수익을 달성하고자 하는 전략이다. 이러한 기본적 분석은 적절한 매매종목을 선정하고자 하는 것이 주목적이다.

(2) 소극적 투자전략

소극적 투자전략(passive investment strategy)이란 시장이 효율적이므로 초과수익을 달성하는 것이 불가능하다는 전제하에 시장의 평균수익을 달성하되 위험을 최소화하고자 하는 투자전략으로써 포트폴리오 분석을 통한 투자전략이다. 이러한 소극적 투자전략에는 지수펀드전략과 enhanced지수펀드전략이 있다.

1) 지수펀드전략

지수펀드(index fund)전략은 주가지수를 완전복제하는 지수펀드(index fund)를 구성하여 투자하는 전략이다. 즉, 주가지수 산출에 포함되는 전체 주식을 주가지수와 동일하게 시가총액비중대로 포함하는 포트폴리오를 구성하면 주가지수를 완전복제할 수 있는데, 이는 <제4장 자본자산가격결정모형>에서 살펴본 시장포트폴리오를 구성하는 것과 동일한 개념이다. 이러한 지수펀드의 목표는 벤치마크인 주가지수를 그대로 추적하여 분산투자효과를 통해 안전성을 확보하고, 시장(주가지수)과 동일한 수익률을 추구하는 데 있다.

다만, 이와 같이 주가지수를 완전복제하는 방식은 운용목적상 관리적 측면과 비용적 측면에서 효율적이지 못하므로 각종 계량기법을 통해 전체종목 중에서 일부종목을 선별하여 지수에 대한 추적오차(tracking error)를 최소화하도록 운용하는 부분복제방식을 일반적으로 이용하고 있다.

2) enhanced지수펀드전략

enhanced지수펀드전략은 약간의 위험을 부담하더라도 제한된 범위 내에서 개별주식에 대한 투자비중을 조절하거나 파생상품을 활용하여 주가지수대비 초과수익을 목표로 하는 투자전략이다. 앞에서 언급한 지수펀드는 주가지수를 그대로 추적하는 지수펀드라는 의미에서 순수지수펀드라고 한다. 반면에, enhanced지수펀드는 주가지수의 움직임을 추적하되 추가적으로 약간의 초과수익을 달성하고자 하는 투자전략이다. 이러한 enhanced지수펀드전략은 주식을 활용하는 전략과 파생상품을 활용하는 전략으로 구분될 수 있다.

① 주식을 활용(stock-level)하는 전략의 경우에는 정해진 범위 내에서 기본적 분석을 통해 시장대비 초과수익을 달성할 수 있을 것으로 예상되는 종목이나 상황에 따라 선호되는 종목스타일(또는 섹터)에 대한 투자비중을 조절하는 방식, 또는 개별적인 이벤트를 활용한 단기적인 투자를 통해 지수대비 초과수익을 추구하는 방식이 주로 이용된다.

② 파생상품을 활용(derivatives-based)하는 전략의 경우에는 선물가격이 이론가격을 벗어나는 경우에 시장가격의 불균형을 이용한 차익거래를 실행하거나, 현물주식포트폴리오와 주가지수선물 간의 전환(switching) 등을 통해 초과수익을 추구한다. 파생상품을 활용한 초과수익 전략에 대해서는 <제12장 선물의 가격결정과 투자전략> 이후의 내용에서 살펴보기로 한다.

한편, enhanced지수펀드전략에서 초과수익을 추구하는 경우에도 주가지수에서 약간 변형(tilting)된 포트폴리오를 구성하거나, 파생상품을 이용하여 시장가격 불균형에 따른 차익거래이익을 추구하는 등의 방식으로 운용되므로 벤치마크인 주가지수에 모든 운용의 기초를 둔다는 점에서 적극적 투자전략과는 구분된다고 할 수 있다.

05 자본시장의 이례적 현상

앞에서 설명한 바와 같이 자본시장은 대체로 준강형의 EMH가 성립하는 것으로 나타나고 있지만, 현실의 자본시장에서는 준강형의 EMH에 일치하지 않는 이례적인 현상들도 목격된다. 여기서는 자본시장의 대표적인 이례적 현상들에 대해서 살펴보기로 한다.

[1] 주식수익률의 계절성

준강형의 EMH가 성립하는 시장이라면 주식수익률이 특정한 월이나 요일과 무관해야 하지만 그렇지 못한 현상이다.

① 1월효과(January effect): 1월의 수익률이 1월을 제외한 다른 월의 수익률보다 높게 나타나는 현상을 말한다.

② 주말효과(Weekend effect): 주말(금요일)의 수익률이 주초(월요일과 화요일)의 수익률보다 높게 나타나는 현상을 말한다.

[2] 저 PER효과

저 PER효과란 저 PER 주식의 수익률이 고 PER 주식의 수익률보다 더 높게 나타나는 현상을 말한다. 준강형의 EMH가 성립하는 시장이라면 주식수익률이 PER과는 무관해야 하지만 그렇지 못한 현상이다. 그러나 최근의 연구결과에 의하면 1990년대 이후에는 저 PER효과가 거의 없는 것으로 나타났다.

[3] 저 PBR효과

저 PBR효과란 저 PBR 주식의 수익률이 고 PBR 주식의 수익률보다 높게 나타나는 현상을 말한다. 준강형의 EMH가 성립하는 시장이라면 주식수익률이 PBR과는 무관해야 하지만 그렇지 못한 현상이다.

[4] 기업규모효과

기업규모효과(firm size effect)란 소규모기업 주식의 수익률이 대규모기업 주식의 수익률보다 더 높게 나타나는 현상을 말한다. 준강형의 EMH가 성립하는 시장이라면 주식수익률이 기업의 규모와는 무관해야 하지만 그렇지 못한 현상이다.

06 투자성과의 평가

향후 투자계획의 보완과 수정을 위해 투자성과를 사후적으로 평가하는 과정은 반드시 필요하다. 이러한 투자성과의 평가 시에 유의할 사항은 투자에 따라 달성된 수익률뿐만이 아니라 그러한 성과를 달성하기 위해 부담한 위험도 반드시 고려해야 한다는 것이다. 왜냐하면, 동일한 수익률을 달성한 경우에도 부담한 위험이 보다 큰 투자성과는 바람직하지 못하기 때문이다.

위험을 고려해서 투자성과를 평가하는 경우에 투자과정에서 부담한 총위험을 기준으로 평가할 수도 있고, 체계적위험을 기준으로 평가할 수도 있다. 총위험을 기준으로 투자성과를 평가하는 측정치로는 샤프지수가 있고, 체계적위험을 기준으로 투자성과를 평가하는 측정치로는 트레이너지수와 젠센지수가 있다. 이러한 측정치들은 모두 부담한 위험 대비 초과수익률을 이용해서 투자성과를 평가하는데, 여기서 초과수익률이라 함은 무위험이자율을 초과하여 실현된 수익률을 말한다.

[1] 총위험을 기준으로 한 투자성과의 평가

총위험을 기준으로 투자성과를 평가하는 방법은 사전적 모형인 자본시장선(CML)을 사후적 모형으로 전환하여 투자성과를 평가하는 방법이라고 할 수도 있다. 이와 같이 총위험을 기준으로 투자성과를 평가하는 측정치에는 샤프지수가 있다.

샤프지수(Sharpe's measure)는 포트폴리오의 총위험(수익률의 표준편차) 1단위당 초과수익률을 말하며, 투자보수 대 변동성 비율(reward to variability ratio: RVAR)이라고도 한다.

$$\text{샤프지수} = \text{RVAR} = \frac{\overline{R_P} - \overline{R_f}}{\sigma_P}$$

단, $\overline{R_P}$: 포트폴리오로부터 실현된 수익률의 평균치

$\overline{R_f}$: 무위험이자율의 평균치

σ_P: 포트폴리오로부터 실현된 수익률의 표준편차

개별적인 포트폴리오의 투자성과를 평가하는 경우에는 포트폴리오의 샤프지수가 시장포트폴리오의 총위험 1단위당 초과수익률($\frac{\overline{R_m} - \overline{R_f}}{\sigma_m}$)보다 크면 투자성과가 우수하다고 판단할 수 있다. 또한, 다수의 포트폴리오들을 비교하여 평가하는 경우에는 샤프지수가 가장 큰 포트폴리오의 투자성과가 가장 우수하다고 할 수 있다.

[2] 체계적위험을 기준으로 한 투자성과의 평가

체계적위험을 기준으로 투자성과를 평가하는 방법은 사전적 모형인 증권시장선(SML)을 사후적 모형으로 전환하여 투자성과를 평가하는 방법이라고 할 수도 있다. 이와 같이 체계적위험을 기준으로 투자성과를 평가하는 측정치에는 트레이너지수와 젠센지수가 있다.

1) 트레이너지수

트레이너지수(Treynor's measure)는 포트폴리오의 체계적위험(베타) 1단위당 초과수익률을 말하며, 투자보수 대 체계적위험 비율(reward to volatility ratio: RVOL)이라고도 한다.

$$\text{트레이너지수} = RVOL = \frac{\overline{R_P} - \overline{R_f}}{\beta_P}$$

단, β_P: 포트폴리오로부터 실현된 수익률에 의한 베타

개별적인 포트폴리오의 투자성과를 평가하는 경우에는 포트폴리오의 트레이너지수가 시장포트폴리오의 체계적위험 1단위당 초과수익률($\frac{\overline{R_m} - \overline{R_f}}{\beta_m} = \overline{R_m} - \overline{R_f}$)보다 크면 투자성과가 우수하다고 판단할 수 있다. 또한, 다수의 포트폴리오들을 비교하여 평가하는 경우에는 트레이너지수가 가장 큰 포트폴리오의 투자성과가 가장 우수하다고 할 수 있다.

2) 젠센지수

젠센지수(Jensen's measure)는 실제로 실현된 평균수익률(또는 초과수익률)과 체계적위험에 기초하여 예측된 평균수익률(또는 초과수익률)간의 차이로 다음과 같이 측정되며, 젠센의 알파(α_P)라고도 한다.

$$\text{젠센지수} = \alpha_P = \overline{R_P} - [\overline{R_f} + (\overline{R_m} - \overline{R_f}) \times \beta_P] = (\overline{R_P} - \overline{R_f}) - (\overline{R_m} - \overline{R_f}) \times \beta_P$$

개별적인 포트폴리오의 투자성과를 평가하는 경우에는 포트폴리오의 젠센지수가 0보다 크면 투자성과가 우수하다고 판단할 수 있다. 또한, 다수의 포트폴리오들을 비교하여 평가하는 경우에는 젠센지수가 가장 큰 포트폴리오의 투자성과가 가장 우수하다고 할 수 있다.

(3) 평가방법의 비교

위험을 고려해서 투자성과를 평가하는 경우에 앞서 학습한 어떠한 측정치를 이용하느냐에 따라 평가의 결과가 달라질 수 있으므로 측정치 선정에 유의해야 한다.

① 샤프지수는 포트폴리오의 총위험을 기준으로 투자성과를 평가하는 방법이며, 트레이너지수와 젠센지수는 포트폴리오의 체계적위험을 기준으로 투자성과를 평가하는 방법이다. 따라서 구성된 포트폴리오가 충분히 분산투자되지 못한 경우에는 총위험을 기준으로 투자성과를 평가하는 것이 보다 타당하며, 구성된 포트폴리오가 충분히 분산투자된 경우에는 체계적위험을 기준으로 투자성과를 평가하는 것이 보다 타당할 것이다.

② 샤프지수와 트레이너지수는 상대적 비율로써 투자성과를 평가하는 방법이며, 젠센지수는 절대적 크기로써 투자성과를 평가하는 방법이다. 따라서 동일하게 체계적위험을 기준으로 투자성과를 평가하는 트레이너지수와 젠센지수의 경우에도 평가결과가 서로 상이할 수 있다.

한편, 개별적인 포트폴리오의 투자성과를 평가하는 경우에 비교대상이 되는 시장포트폴리오를 구성하는 것이 현실적으로는 불가능하기 때문에 일반적으로 투자의 벤치마크 대상이 되는 지수의 성과를 비교대상으로 이용함을 부언해둔다.

지난 10년간 펀드 A와 한국종합주가지수(KOSPI)의 연간 평균수익률과 연간 수익률의 표준편차 및 베타는 다음과 같다. 이 기간 동안 연간 무위험이자율이 5%로 변동이 없었다는 가정하에 물음에 답하시오.

구분	평균수익률	표준편차	베타
펀드 A	12%	10%	0.5
KOSPI	15%	12%	1.0

물음1 펀드 A의 샤프지수(Sharpe's measure)를 계산하시오.

물음2 펀드 A의 트레이너지수(Treynor's measure)를 계산하시오.

물음3 펀드 A의 젠센지수(Jensen's measure)를 계산하시오.

해답

물음1 샤프지수

$$\frac{\overline{R_P} - \overline{R_f}}{\sigma_P} = \frac{0.12 - 0.05}{0.1} = 0.7$$

물음2 트레이너지수

$$\frac{\overline{R_P} - \overline{R_f}}{\beta_P} = \frac{0.12 - 0.05}{0.5} = 0.14$$

물음3 젠센지수

$$\alpha_P = \overline{R_P} - [\overline{R_f} + (\overline{R_m} - \overline{R_f}) \times \beta_P] = 0.12 - [0.05 + (0.15 - 0.05) \times 0.5] = 0.02$$

(4) 파마와 프렌치의 3요인모형

유진 파마(Eugene Fama)와 케네스 프렌치(Kenneth French)에 의해 1993년 발표된 파마와 프렌치의 3요인모형은 CAPM에서 공통요인으로 고려되었던 시장요인(market factor) 외에 기업규모요인(size factor)과 가치요인(value factor)까지 공통요인으로 고려하는 모형이다.

① 앞에서 살펴본 젠센의 알파(α_P)는 포트폴리오의 체계적위험에 기초하여 CAPM을 통해 예측된 초과수익률보다 더 달성된 초과수익률, 즉 CAPM에 의해 설명되지 못하는 초과수익률부분이며, 이는 투자자의 자산배분능력이나 종목선정능력에 기인하는 것으로 해석되어 왔다.

$$\text{CAPM: } E(R_P) = R_f + [E(R_m) - R_f] \times \beta_P$$
$$\rightarrow \text{ 젠센의 } \alpha_P = (\overline{R_P} - \overline{R_f}) - (\overline{R_m} - \overline{R_f}) \times \beta_P$$

② 파마와 프렌치의 3요인모형은 자본시장의 이례적 현상으로 간주되어 왔던 기업규모효과와 저 PBR 효과를 추가적인 공통요인으로 고려하여, 시장요인과 기업규모요인(SMB) 및 가치요인(HML)의 3가지 공통요인을 가정하는 다음과 같은 모형이다.

$$\text{3요인모형: } E(R_P) = R_f + [E(R_m) - R_f] \times \beta_{P1} + SMB \times \beta_{P2} + HML \times \beta_{P3}$$
$$\rightarrow \alpha_P' = (\overline{R_P} - \overline{R_f}) - \left[(\overline{R_m} - \overline{R_f}) \times \beta_{P1} + SMB \times \beta_{P2} + HML \times \beta_{P3} \right]$$

$$\text{단, SMB(Small Minus Big) = 소형주수익률 } - \text{ 대형주수익률}$$
$$\text{HML(High Minus Low) = 가치주수익률 } - \text{ 성장주수익률}$$

③ 기업규모요인과 관련해서는 개별기업들의 시가총액을 기준으로 소형주와 대형주를 구분하며, 가치요인과 관련해서는 BM(book-to-market) ratio를 기준으로 가치주와 성장주를 구분한다. 여기서 BM ratio는 자기자본장부금액을 자기자본시장가치로 나눈 비율인 PBR의 역수이므로 상대적으로 PBR이 낮아서 BM ratio이 높은 주식은 가치주로 분류되고, 상대적으로 PBR이 높아서 BM ratio이 낮은 주식은 성장주로 분류된다.

01 A기업의 올해 말(t = 1)에 기대되는 주당순이익은 3,000원이고, A기업의 배당성향 40%와 자기자본순이익률 20%는 영구히 일정하게 유지될 것으로 예상된다. A기업 주주의 요구수익률이 15%인 경우에 A기업 주식의 현재 적정가격에 반영된 성장기회의 (주당)순현재가치를 계산하시오. 단, 배당은 매년 말 연 1회 지급한다.

① 15,000원   ② 17,500원   ③ 20,000원

④ 22,500원   ⑤ 25,000원

02 B기업의 내부유보율 60%와 유보이익의 재투자수익률(ROE) 20%는 영구히 일정하게 유지될 것으로 기대된다. B기업의 자기자본비용은 20%이고, 현재 주가는 적정주가와 동일한 10,000원이다. 관련된 다음 설명들 중에서 가장 옳지 못한 것을 고르시오. 단, 제시된 요인 이외의 다른 요인의 변동은 없다고 가정한다.

① 주식의 베타가 상승하면 주가는 하락한다.

② 내부유보율을 증가시키거나 유보이익의 재투자수익률이 상승하면 배당의 성장률은 상승한다.

③ 유보이익의 재투자수익률이 상승하면 주가는 상승한다.

④ 내부유보율을 증가시키면 주가는 상승한다.

⑤ 투자자들의 위험회피정도가 상승하면 주가는 하락한다.

03 주가분석과 효율적 시장가설(EMH)에 대한 다음 설명들 중에서 가장 옳지 못한 것을 고르시오.

① 기술적 분석은 주가가 일정한 추세와 패턴을 가지고 변동한다는 가정하에 과거 주가의 변동 행태를 분석하여 미래의 주가변동을 예측하는 기법을 말하며, 약형의 효율적 시장가설에 의해 부정된다.

② 기본적 분석은 주가 이외의 다른 요인과 주가와의 관계를 통해 주식의 내재가치를 분석하여 주가의 과대 또는 과소평가 여부를 분석하는 기법을 말하며, 준강형의 효율적 시장가설에 의해 부정된다.

③ 저 PBR주인 가치주의 수익률이 고 PBR주인 성장주의 수익률에 비해 일반적으로 높게 나타나는 현상이 지속되고 있다면 이는 시장이 약형으로 효율적이지 않다는 증거로 볼 수 있다.

④ 기업이 신규 사업에 대한 정보를 공시한 직후에 기업의 주가가 즉각 변동한다면 이는 시장이 강형으로 효율적이지 않다는 증거로 볼 수 있다.

⑤ CAPM과 강형 EMH가 성립하는 경우에도 베타가 같은 두 주식의 사후적인 실현수익률은 다를 수 있다.

01 ③ $g = b \times ROE = (1 - 0.4) \times 0.2 = 0.12$

$$NPVGO = \frac{EPS_1 \times (1 - b)}{k_e - g} - \frac{EPS_1}{k_e} = \frac{3{,}000원 \times (1 - 0.6)}{0.15 - 0.12} - \frac{3{,}000원}{0.15}$$

$$= 40{,}000원 - 20{,}000원 = 20{,}000원$$

02 ④   자기자본비용과 유보이익의 재투자수익률이 동일하므로 내부유보율이 변동해도 주가는 변하지 않는다.

03 ③   주가 이외의 정보를 이용해서 초과수익의 달성이 가능한 상황이므로 시장이 준강형으로 효율적이지 않다는 증거로 볼 수 있다.

cpa.Hackers.com

해커스 윤민호 재무관리

제11장

채권의 가치평가와
투자전략

제1절 채권가치평가의 기초개념

01 채권의 종류와 채권가격

채권(bond)이란 채무자인 발행자가 자금을 조달하기 위해 계약에 따라 매 이자지급일에 정해진 이자를 지급하고 만기에 원금을 상환할 것을 채권자인 (채권)투자자에게 약속하기 위해 발행하는 증서를 말한다. 여기서 채권의 만기에 상환하는 원금을 액면금액(face value)이라 하며, 매 이자지급일에 지급하는 이자를 액면이자(액면금액×액면이자율)라 하고, 이자지급액의 결정을 위해 채권에 표시되어있는 이자율을 액면이자율(표시이자율, 표면이자율)이라고 한다.

채권의 가장 일반적인 형태는 약정된 이자의 지급과 만기에 원금을 상환하는 것이지만, 채권의 종류에 따라서는 이자의 지급이 없거나, 만기가 없어서 원금의 상환이 없거나, 혹은 매 이자지급액이 변동되는 채권도 존재한다. 그러나 어떤 형태의 채권이든 채권의 가격은 계약에 따라 정해진 미래현금흐름을 투자자의 요구수익률인 시장이자율로 할인한 현재가치이다.

(1) 이표채권

이표채권(coupon bond)은 고정금리부채권(fixed-income bond)이라고도 하는데, 매 이자지급일에 약정된 고정적인 이자를 지급하고 만기에 원금을 상환하는 채권으로써 가장 일반적인 형태의 채권이다. 시장이자율이 R이라고 할 때 만기가 n기간인 이표채권의 가격(P_0)은 다음과 같이 계산된다.

$$P_0 = \frac{액면이자}{(1+R)} + \frac{액면이자}{(1+R)^2} + \cdots + \frac{액면이자+액면금액}{(1+R)^n}$$

한편, 이표채권은 채권가격과 액면금액 간의 관계에 따라 분류될 수도 있다. 즉, 액면이자율이 시장이자율보다 낮아서 채권가격이 액면금액보다 낮은 채권을 할인채(discount bond)라 하고, 이와 반대의 형태를 할증채(premium bond)라 하며, 액면이자율이 시장이자율과 같아서 채권가격이 액면금액과 동일한 채권을 액면채(par bond)라고 한다.

> 할인채: 액면이자율 < 시장이자율 → 채권가격 < 액면금액
> 액면채: 액면이자율 = 시장이자율 → 채권가격 = 액면금액
> 할증채: 액면이자율 > 시장이자율 → 채권가격 > 액면금액

(2) 무이표채권

무이표채권(zero-coupon bond)은 이자의 지급은 없고 만기에 원금만 상환해주는 채권으로써 순수할인채권(pure discount bond)이라고도 한다. 시장이자율이 R이라고 할 때 만기가 n기간인 무이표채권의 가격(P_0)은 다음과 같이 계산된다.

$$P_0 = \frac{액면금액}{(1+R)^n}$$

(3) 영구채권

영구채권(perpetuity bond 또는 consol)은 만기가 없는 채권, 즉 만기가 없기 때문에 원금상환은 없고 매 이자지급일에 약정된 이자만 영구히 지급하는 채권이다. 시장이자율이 R이라고 할 때 영구채권의 가격(P_0)은 다음과 같이 계산된다.

$$P_0 = \frac{액면이자}{(1+R)} + \frac{액면이자}{(1+R)^2} + \cdots + \frac{액면이자}{(1+R)^\infty} = \frac{액면이자}{R}$$

(4) 변동금리부채권

변동금리부채권(floating rate note: FRN)이란 매 이자지급일에 지급되는 이자금액이 매 기간의 시장 이자율에 따라 변동되는 채권을 말한다. 이러한 변동금리부채권은 장기적인 이자율예측이 어려운 상황에서 미래 이자율 변동에 따른 채권가격변동의 위험을 회피하고자 하는 목적으로 이용된다.

① 변동금리부채권은 지급이자율이 미리 정해진 시장의 대표이자율(기준이자율)에 연동되어 변동하므로 매 기간의 이자지급액이 정기적으로 재조정되는데, 여기서 지급이자율은 기준이자율(prime rate)에 (신용)가산이자율을 더하여 결정되며, 가산이자율은 발행자의 신용도에 따라 차등화된다. 그리고 매 기간에 적용될 기준이자율의 수준은 이자지급기간 개시 전에 확정되어 당기간말에 지급될 이자액이 전기간말(또는 당기간초)의 이자율에 따라 결정된다.

매 기간의 지급이자율 = 기준이자율 + 가산이자율

┤ 사례 ├

91일물 CD금리 + 2%
LIBOR(London inter-bank offered rates)금리 + 1%

② 변동금리부채권은 매 기간에 적용될 기준이자율 수준이 전기간말(또는 당기간초)의 이자율에 따라 결정되므로 이자지급 직후 채권의 가격은 액면금액과 동일하다. 즉, 시장이자율이 R이라고 할 때 변동금리부채권의 가격(P_0)은 다음과 같이 계산된다.

$$\begin{aligned} P_{n-1} &= \frac{액면이자 + 액면금액}{(1+R)} \\ &= \frac{액면금액 \times (기준이자율 + 가산이자율) + 액면금액}{1 + (기준이자율 + 가산이자율)} = 액면금액 \\ &= P_{n-2} = P_{n-3} = \cdots = P_0 \end{aligned}$$

따라서 변동금리부채권은 시장의 실세이자율을 반영한 이자를 지급하기로 하고 매 이자지급일마다 계속해서 액면금액에 해당하는 금액을 차입·상환(roll over)하는 것과 동일하다고 할 수 있다.

20×1년 초 발행된 액면금액 ₩100,000의 3년 만기 변동금리부채권에 대한 자료가 다음과 같을 때 물음에 답하시오.

    지급이자율: 1년 만기 LIBOR 이자율

    이자지급액 확정일: 20×1년 초, 20×1년 말, 20×2년 말

    이자지급일: 20×1년 말, 20×2년 말, 20×3년 말

물음1 각 이자지급액 확정일의 1년 만기 LIBOR가 다음과 같을 경우 동 채권에서 발생하는 현금흐름을 나타내시오.

이자지급액 확정일	20×1년 초	20×1년 말	20×2년 말
1년 만기 LIBOR	10%	12%	8%

물음2 각 이자지급일에 이자를 지급한 직후의 채권가격과 현재의 채권가격을 계산하시오.

해답

물음1 변동금리부채권의 현금흐름

1) 이자지급액

이자지급액 확정일	1년 만기 LIBOR	이자지급일	적용이자율 (LIBOR)	이자지급액
20×1년 초	10%			
20×1년 말	12%	20×1년 말	10%	₩10,000
20×2년 말	8%	20×2년 말	12%	₩12,000
		20×3년 말	8%	₩8,000

2) 채권의 현금흐름

시점	20×1년 말	20×2년 말	20×3년 말
현금흐름	₩10,000	₩12,000	₩108,000

물음2 각 이자지급일의 이자지급 직후 채권가격

20×2년 말: $P_2 = \dfrac{\text{₩}8,000 + \text{₩}100,000}{1 + 8\%} = \text{₩}100,000$

20×1년 말: $P_1 = \dfrac{\text{₩}12,000 + \text{₩}100,000}{1 + 12\%} = \text{₩}100,000$

20×1년 초: $P_0 = \dfrac{\text{₩}10,000 + \text{₩}100,000}{1 + 10\%} = \text{₩}100,000$

지금까지 살펴본 변동금리부채권도 여러 가지 채권들 중의 한 형태이지만, 가장 일반적인 채권의 형태는 이표채권, 즉 고정금리부채권이므로 앞으로 특별한 언급이 없는 한 고정금리부채권을 가정하여 논의를 전개함을 부언해 둔다.

02 채권가격의 특성

(1) 말킬의 채권가격정리

채권가격에 영향을 미치는 요인은 액면금액과 액면이자(액면이자율), 만기 및 시장이자율이다. 이 중 시장이자율을 제외한 나머지 요인은 채권 발행 시에 이미 결정된 사항이므로 발행 이후 채권가격의 변동을 유발하는 주요한 요인은 시장이자율의 변동이다.

$$P_0 = \frac{C}{(1+R)} + \frac{C}{(1+R)^2} + \cdots + \frac{C+F}{(1+R)^n}$$

단, C: 액면이자,　F: 액면금액,　R: 시장이자율

말킬(B. Malkiel)은 시장이자율과 만기 및 액면이자율이 채권가격에 미치는 영향을 다음과 같이 정리하였다.

1) 채권가격과 시장이자율

① 채권가격은 시장이자율과 역의 관계를 갖는다. 즉, 시장이자율이 하락하면 채권가격은 상승하고, 시장이자율이 상승하면 채권가격은 하락한다.

② 동일한 정도만큼의 시장이자율 상승에 따른 채권가격의 하락폭보다 시장이자율 하락에 따른 채권가격의 상승폭이 더 크다. 이를 채권가격의 볼록성이라고 한다.

채권가격과 시장이자율

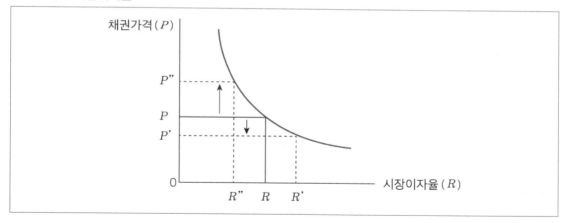

2) 채권가격과 만기

③ 만기가 긴 채권일수록 동일한 이자율 변동에 따른 채권가격의 변동폭이 크다.

④ 만기가 긴 채권일수록 이자율 변동에 따른 채권가격의 변동폭이 크지만, 그 변동폭의 차이는 만기가 길어짐에 따라 점차 감소한다.

만기와 채권가격 변동폭 간의 관계

구분		3년 만기	6년 만기	9년 만기	12년 만기
채권가격	R=11%	₩10,000	₩10,000	₩10,000	₩10,000
	R=10%	₩11,000	₩11,500	₩11,800	₩12,000
채권가격의 변동폭		₩1,000 <	₩1,500 <	₩1,800 <	₩2,000
채권가격 변동폭의 차이		₩500	> ₩300	> ₩200	

3) 채권가격과 액면이자율

⑤ 액면이자율이 낮은 채권일수록 이자율 변동에 따른 채권가격의 변동률이 크다.

이상과 같은 채권가격의 특성을 이용한다면 자본이득을 추구하는 채권투자자 입장에서는 시장이자율의 하락이 예상되는 시기에는 채권을 매입해야 하며, 여러 가지 채권들 중에서 이자소득은 적을지라도 액면이자율이 낮은 채권을, 만기가 아주 길 필요는 없지만 되도록이면 만기가 긴 채권을 매입하는 것이 유효한 투자전략이라는 것을 알 수 있으며, 이러한 자본이득은 이자율의 상승이 예상되는 시기보다는 이자율의 하락이 예상되는 시기에 보다 더 극대화될 수 있다는 해석도 가능할 것이다. 다만, 시장이자율 변동에 대한 예측이 빗나가는 경우에는 보다 더 큰 손실이 발생할 수 있음도 고려해야만 한다. 즉, 보다 더 위험이 큰 투자전략이라는 것이다.

[2] 시간의 경과에 따른 채권가격의 변동

다른 요인들의 불변을 가정하는 경우, 시간이 경과함에 따라 할증채나 할인채의 가격은 액면금액을 향해 지수적으로 증감한다. 즉, 다른 요인들은 변화가 없는 상태에서 시간이 경과하여 만기에 근접할수록 그림(시간의 경과에 따른 채권가격의 변동)과 같이 할증채와 할인채의 할증폭과 할인폭은 점차 감소하며, 시간이 경과함에 따른 채권가격의 변동폭은 점차 증가한다.

① 다른 요인의 변동이 없는 경우에 시간의 경과와 무관하게 액면채의 가격은 변동하지 않는다.
② 다른 요인의 변동이 없는 경우에 시간이 경과함에 따라 할인채의 가격은 체증적으로 상승하며, 할증채의 가격은 체증적으로 하락한다.

시간의 경과에 따른 채권가격의 변동

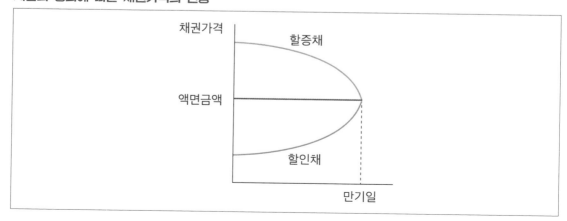

현재시점에 P_0의 가격으로 채권을 구입하고 1년 후 시점에 I_1의 액면이자를 수취한 후 채권가격이 P_1이 되었다면 1년간 채권투자의 수익률은 다음과 같이 이자수익률과 자본이득률로 구분할 수 있다. 여기서 이자수익률은 채권가격 대비 액면이자의 비율로 계산되며 경상수익률(current yield), 현행수익률 또는 현재수익률이라고도 부른다.

$$\text{채권투자의 수익률} = \text{이자수익률} + \text{자본이득률} = \frac{I_1}{P_0} + \frac{P_1 - P_0}{P_0}$$

① 다른 요인의 변동이 없는 경우에 액면채는 시간의 경과와 무관하게 가격이 변동하지 않으므로 액면이자율과 동일한 이자수익률은 시간의 경과와 무관하게 일정한 양(+)의 값이며, 자본이득률은 0이다.

② 다른 요인의 변동이 없는 경우에 할인채는 시간이 경과함에 따라 가격이 점차 상승하므로 이자수익률은 점차 하락하며, 자본이득률은 양(+)의 값이다.

③ 다른 요인의 변동이 없는 경우에 할증채는 시간이 경과함에 따라 가격이 점차 하락하므로 이자수익률은 점차 상승하며, 자본이득률은 음(−)의 값이다.

제2절 채권수익률

채권수익률이란 투자자가 채권에 투자해서 얻게 되는 수익률을 말한다. 채권수익률을 나타내는 측정치에는 만기수익률과 현물이자율 및 선도이자율 등이 있는데, 본 절에서는 이러한 여러 가지 채권수익률에 대해서 자세히 살펴보기로 한다.

01 만기수익률

채권을 매입하는 투자자는 채권을 매입한 이후에 이자소득과 자본이득을 얻게 된다. 이러한 채권투자에서 얻게 되는 수익률을 나타내는 대표적인 측정치가 만기수익률이다. 만기수익률(yield to maturity: YTM)이란 채권을 현재의 가격으로 매입하여 만기까지 보유 시 얻을 것으로 기대되는 연평균 투자수익률을 의미하며, 시장이자율(기회비용, 채권투자자의 요구수익률)과 동일한 개념이다.

① 만기수익률은 채권의 현재가격(투자금액)과 미래현금흐름의 현재가치를 일치시키는 할인율이라 할 수 있으므로, 이는 곧 채권투자에 있어서의 내부수익률(IRR)이다.

$$현재가격 = \frac{액면이자}{(1+YTM)} + \frac{액면이자}{(1+YTM)^2} + \cdots + \frac{액면이자 + 액면금액}{(1+YTM)^n}$$

② 만기수익률은 채권의 현재가격과 미래현금흐름을 이용하여 계산되는 사전적인 수익률이므로 이후의 상황변화에 따라 채권투자에서 실제로 실현되는 사후적인 실현수익률과는 다를 수 있다. 사후적인 실현수익률이 만기수익률과 같기 위해서는 채권을 만기까지 보유해야 하며, 원리금이 정상적으로 지급되어야 하고, 만기까지의 기간 중에 지급되는 이자가 만기수익률로 채권의 만기까지 재투자(내부수익률법의 가정)되어야 한다.

02 현물이자율

(1) 의의

현물이자율(spot rate: $_0R_n$)이란 현재시점부터 일정기간 후의 현금흐름에 적용되는 이자율로써, n기 후의 현금흐름을 현재가치로 계산할 때 적용할 할인율을 의미한다. 이러한 현물이자율은 만기까지의 기간 중에 현금흐름이 발생하지 않는 n년 만기 무이표채권의 현재가격에 반영된 기간별 이자율로 파악할 수 있다. 즉, 특정 만기를 갖는 무이표채권의 현재가격이 적정가격이라는 전제하에 해당 무이표채권을 현재가격으로 매입하여 만기까지 보유 시 얻을 것으로 기대되는 연평균수익률인 해당 무이표채권의 만기수익률이 곧 해당 기간의 현금흐름에 적용되는 현물이자율이라는 것이다.

$$n년 만기 현물이자율: n년 만기 무이표채권의 \ P_0 = \frac{액면금액}{(1+{_0R_n})^n} 에서 계산되는 \ {_0R_n}$$

예제 2 현물이자율의 계산

다음의 3가지 채권은 모두 액면금액이 ₩100,000인 무이표채권으로 각 채권의 잔존만기만 상이하다. 각
채권의 현재가격에 반영된 기간별 현물이자율을 계산하시오.

구분	잔존만기	현재가격
채권 A	1년	₩90,909
채권 B	2년	₩81,162
채권 C	3년	₩69,305

물음1 채권 A를 이용해서 1년 만기 현물이자율을 계산하시오.

물음2 채권 B를 이용해서 2년 만기 현물이자율을 계산하시오.

물음3 채권 C를 이용해서 3년 만기 현물이자율을 계산하시오.

해답

물음1 1년 만기 현물이자율

$$_0R_1 = \frac{₩100,000}{₩90,909} - 1 = 10\%$$

물음2 2년 만기 현물이자율

$$_0R_2 = \sqrt{\frac{₩100,000}{₩81,162}} - 1 = 11\%$$

물음3 3년 만기 현물이자율

$$_0R_3 = \sqrt[3]{\frac{₩100,000}{₩69,305}} - 1 = 13\%$$

(2) 현물이자율과 채권가격의 계산

단기이자율과 장기이자율이 동일하지 않고 기간별로 이자율이 상이한 경우에는 현재가치 계산 시 미래에 발생할 매기의 현금흐름을 해당 기간에 적용되는 현물이자율로 각각 할인하여 채권의 가격을 계산해야 한다.

예제 3 이표채권의 균형가격계산

현재 채권시장에서 거래되고 있는 채권들과 관련된 다음 자료를 이용해서 물음에 답하시오. 단, 채권 D는 연 1회 이자후급조건인 이표채권이다.

구분	잔존만기	현재가격	액면금액	액면이자율
채권 A	1년	₩90,909	₩100,000	0%
채권 B	2년	₩81,162	₩100,000	0%
채권 C	3년	₩69,305	₩100,000	0%
채권 D	3년	?	₩1,000,000	10%

물음1 채권 A, B, C의 현재가격과 균형을 이룰 이표채권 D의 균형가격을 계산하시오.

물음2 이표채권 D의 현재 시장가격이 ₩930,000인 경우에 실행가능한 차익거래과정을 보이고, 획득가능한 차익거래이익을 계산하시오. 단, 차익거래는 이표채권 D 1단위를 매입 또는 공매하는 것을 기준으로 나타내시오.

해답

물음1 현물이자율을 이용한 이표채권의 균형가격 계산

$_0R_1 = 10\%$, $_0R_2 = 11\%$, $_0R_3 = 13\%$

채권 D의 균형가격: $P_0 = \dfrac{₩100,000}{(1+10\%)} + \dfrac{₩100,000}{(1+11\%)^2} + \dfrac{₩1,100,000}{(1+13\%)^3} = ₩934,426.5$

물음2 차익거래

거래내용	현금흐름			
	현재시점	1년 후	2년 후	3년 후
채권 A 공매(1단위)	₩90,909	-₩100,000		
채권 B 공매(1단위)	₩81,162		-₩100,000	
채권 C 공매(11단위)	₩762,355 = ₩69,305 × 11			-₩100,000 × 11
채권 D 매입(1단위)	-₩930,000	₩100,000	₩100,000	₩1,100,000
합계(차익거래이익)	₩4,426	₩0	₩0	₩0

<예제 3>에서와 같은 차익거래과정에서 공매에 따라 채권 A, 채권 B, 채권 C의 가격은 하락(채권수익률 상승)하고, 매입에 따라 채권 D의 가격은 상승(채권수익률 하락)하여 시장의 균형이 달성된다.

이와 같이 채권의 균형가격은 채권에서 발생될 매기의 현금흐름을 해당 기간에 적용되는 현물이자율로 각각 할인한 후 합산하여 계산되며, 이렇게 계산된 가격으로 채권 매입 시 채권의 매입가격과 미래현금흐름 간의 관계에서 만기수익률이 계산될 수 있다. 즉, <예제 3>의 이표채권 D(액면금액 ₩1,000,000, 만기 3년, 액면이자율 10%)를 균형가격인 ₩934,426.5에 매입하였다면, 이러한 투자의 만기수익률은 다음과 같이 계산된다.

$$₩934,426.5 = \frac{₩100,000}{(1+YTM)} + \frac{₩100,000}{(1+YTM)^2} + \frac{₩100,000 + ₩1,000,000}{(1+YTM)^3}$$

$$YTM = 12.77\%$$

이러한 채권의 만기수익률은 현물이자율들의 가중평균개념이므로 현물이자율과는 같지 않은 것이 일반적이다. 그러나 무이표채권의 경우 만기수익률과 현물이자율은 동일할 것이며, 이표채권의 경우에도 장·단기이자율이 동일하다면 만기수익률과 현물이자율은 동일할 것이다.

채권 A와 채권 B의 액면금액과 액면이자율은 모두 ₩100,000과 연 10%로 동일하다. 잔존만기가 2년인 채권 A는 연간 1회 이자후급조건의 채권이며, 잔존만기가 1년인 채권 B는 6개월마다 연간 2회 이자후급 조건의 채권이다. 현물이자율과 만기수익률(시장이자율)은 모두 이자계산기간당 이자율을 연간 기준으로 표시한 연표시이자율(annual percentage rate)이다.

물음1 1년, 2년 만기 현물이자율이 각각 연 8%와 연 11%인 경우를 가정하여 채권 A의 균형가격을 계산하시오.

물음2 채권 A의 만기수익률이 연 10%인 경우를 가정하여 채권 A의 시장가격을 계산하시오.

물음3 6개월, 1년 만기 현물이자율이 각각 연 6%와 연 8%인 경우를 가정하여 채권 B의 균형가격을 계산하시오.

물음4 채권 B의 만기수익률이 연 10%인 경우를 가정하여 채권 B의 시장가격을 계산하시오.

해답

물음1 현물이자율을 이용한 채권가격 계산

$$P_A = \frac{CF_1}{1 + {_0}R_1} + \frac{CF_2}{(1 + {_0}R_2)^2} = \frac{₩10,000}{1.08} + \frac{₩110,000}{1.11^2} = ₩98,537.73$$

물음2 만기수익률을 이용한 채권가격 계산

$$P_A = \frac{CF_1}{1 + YTM} + \frac{CF_2}{(1 + YTM)^2} = \frac{₩10,000}{1.1} + \frac{₩110,000}{1.1^2} = ₩100,000$$

물음3 연 2회 이자지급 채권에 대한 현물이자율 적용

$$P_B = \frac{CF_{0.5}}{1 + \frac{{_0}R_{0.5}}{2}} + \frac{CF_1}{1 + {_0}R_1} = \frac{₩5,000}{1.03} + \frac{₩105,000}{1.08} = ₩102,076.59$$

물음4 연 2회 이자지급 채권에 대한 만기수익률 적용

$$P_B = \frac{CF_{0.5}}{1 + \frac{YTM}{2}} + \frac{CF_1}{(1 + \frac{YTM}{2})^2} = \frac{₩5,000}{1.05} + \frac{₩105,000}{1.05^2} = ₩100,000$$

03 선도이자율

선도이자율(forward rate: $_{n-1}f_n$)이란 미래 특정기간에 적용하기로 현재시점에서 결정된 이자율을 의미한다. 이러한 선도이자율은 앞에서 살펴본 만기가 다른 현물이자율들 간의 관계에서 계산할 수 있으며, 이렇게 계산된 선도이자율은 현물이자율에 의해 암시되는 미래의 기간당 이자율이므로 내재적 선도이자율(implied forward rate)이라고도 한다.

$$(1+_0R_2)^2 = (1+_0R_1) \times (1+_1f_2)$$
$$(1+_0R_3)^3 = (1+_0R_1) \times (1+_1f_2) \times (1+_2f_3)$$
$$= (1+_0R_2)^2 \times (1+_2f_3) = (1+_0R_1) \times (1+_1f_3)^2$$
$$(1+_0R_4)^4 = (1+_0R_1) \times (1+_1f_2) \times (1+_2f_3) \times (1+_3f_4)$$
$$= (1+_0R_3)^3 \times (1+_3f_4) = (1+_0R_2)^2 \times (1+_2f_4)^2$$

이러한 내용을 현물이자율을 중심으로 표현하는 경우에 장기현물이자율은 단기현물이자율과 미래 단일기간 선도이자율들의 기하평균이라고 할 수 있다.

$$_0R_2 = \sqrt{(1+_0R_1) \times (1+_1f_2)} - 1$$
$$_0R_3 = \sqrt[3]{(1+_0R_1) \times (1+_1f_2) \times (1+_2f_3)} - 1$$
$$_0R_4 = \sqrt[4]{(1+_0R_1) \times (1+_1f_2) \times (1+_2f_3) \times (1+_3f_4)} - 1$$

현재의 1년, 2년, 3년 만기 현물이자율은 각각 10%, 11%, 13%이다. 기간별 선도이자율 계산과 관련된 다음 물음에 답하시오.

물음1 현재로부터 1년 후 시점부터 1년간의 선도이자율($_1f_2$)을 계산하시오.

물음2 현재로부터 2년 후 시점부터 1년간의 선도이자율($_2f_3$)을 계산하시오.

해답

물음1 1년, 2년 만기 현물이자율과 선도이자율

$$_1f_2 = \frac{(1+_0R_2)^2}{1+_0R_1} - 1 = \frac{1.11^2}{1.1} - 1 = 12.009\%$$

물음2 2년, 3년 만기 현물이자율과 선도이자율

$$_2f_3 = \frac{(1+_0R_3)^3}{(1+_0R_2)^2} - 1 = \frac{1.13^3}{1.11^2} - 1 = 17.11\%$$

$$= \frac{(1+_0R_3)^3}{(1+_0R_1) \times (1+_1f_2)} - 1 = \frac{1.13^3}{1.1 \times 1.12009} - 1 = 17.11\%$$

한편, 이표채권의 만기수익률은 현물이자율들의 가중평균개념이며, 장기현물이자율은 단기현물이자율과 미래 단일기간 선도이자율들의 기하평균이므로, n년 만기 무이표채권의 만기수익률인 n년 만기 현물이자율($_0R_n$)과 n년 만기 이표채권의 만기수익률(YTM) 및 n−1시점부터 n시점까지의 선도이자율($_{n-1}f_n$) 간에는 다음과 같은 관계가 있다.

> 만기가 길어짐에 따라 현물이자율이 상승($_0R_1 < _0R_2 < _0R_3 < \cdots$)하는 경우
> : $YTM < _0R_n < _{n-1}f_n$
> 만기가 길어짐에 따라 현물이자율이 하락($_0R_1 > _0R_2 > _0R_3 > \cdots$)하는 경우
> : $YTM > _0R_n > _{n-1}f_n$

제3절 채권수익률의 결정요인

앞에서 살펴본 바와 같이 채권의 가격은 채권의 미래현금흐름을 시장이자율로 할인한 현재가치이므로 시장이자율, 즉 채권수익률을 결정짓는 요인에 대해서 살펴볼 필요가 있다. 채권수익률을 결정짓는 요인에는 여러 가지가 있지만 이러한 요인들은 크게 다음의 4가지 요인으로 집약될 수 있다. 이러한 요인들 중에서 ①에 의해 그 사회의 실질(무위험)이자율이 결정되고, 이에 ②를 고려하여 그 사회의 명목(무위험)이자율이 결정된다. 또한 ③ 만기와 ④ 발행자의 신용도 등에 따른 위험프리미엄이 채권수익률에 추가된다.

① 그 사회의 자본의 한계생산성 또는 사회구성원들의 시차선호
② 그 사회의 예상인플레이션율
③ 해당 채권의 만기
④ 해당 채권 발행자의 신용도

한편, 상기의 요인들 중에서 ①과 ②는 개별채권의 특성과는 무관하게 해당사회의 경제 전반적인 특성에 의해 결정되는 채권수익률 결정의 외적요인이며, ③과 ④는 개별채권의 특성이 반영되는 채권수익률 결정의 내적요인이다. 따라서 여러 가지 채권들의 수익률에 차이를 발생시키는 요인은 ③과 ④라고 할 수 있으므로, 본 절에서는 만기의 차이에 따른 채권수익률의 차이를 말하는 이자율의 기간구조와 발행자 신용도의 차이에 따른 채권수익률의 차이를 말하는 이자율의 위험구조에 대해 살펴보기로 한다.

01 이자율의 기간구조

이자율의 기간구조(term structure of interest rates)란 일정시점에서 다른 조건은 동일하고 만기만 서로 다른 무이표채권의 만기와 현물이자율의 관계, 즉 단기이자율과 장기이자율 간의 관계를 말한다. 그리고 이를 그림으로 나타낸 것을 수익률곡선(yield curve)이라고 하는데, 예를 들어 1년, 2년, 3년 만기 현물이자율이 각각 10%, 11%, 13%인 경우에 수익률곡선은 그림(수익률곡선)과 같다.

수익률곡선

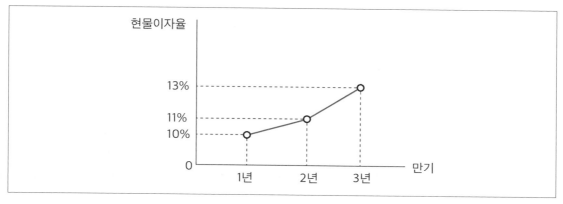

이러한 만기와 현물이자율 간의 관계를 나타내는 수익률곡선은 시장의 상황에 따라 각각 다른 형태로 나타날 수 있다. 즉, 수익률곡선이 우상향하는 경우에는 장기이자율이 단기이자율보다 높은 경우이고, 수익률곡선이 우하향하는 경우에는 장기이자율이 단기이자율보다 낮은 경우이며, 수익률곡선이 수평이면 장·단기 이자율이 동일한 상황이다.

여러 가지 형태의 수익률곡선

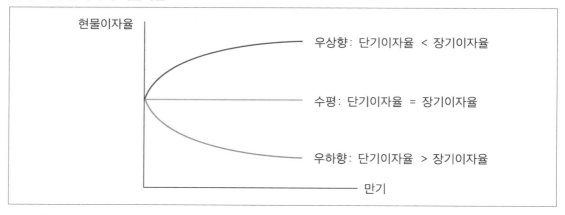

이와 같이 만기와 현물이자율의 관계, 즉 단기이자율과 장기이자율이 어떤 관계를 가지고 있으며, 차이가 나는 이유가 무엇인지를 설명하는 이론을 이자율의 기간구조이론이라고 하는데, 여기서는 대표적인 이자율의 기간구조이론에 대해서 살펴보기로 한다.

(1) 불편기대이론

불편기대이론(unbiased expectation theory)이란 장·단기이자율의 차이는 선도이자율에 의해 결정되는 것이며, 선도이자율은 해당 미래기간의 이자율에 대한 투자자들의 예상치인 기대현물이자율을 그대로 반영한다는 이론이다. 즉, 기간별 선도이자율이 미래 기간별 기대현물이자율과 일치하도록 현재의 장기현물이자율이 결정된다는 것이다. 따라서 불편기대이론에서의 장기현물이자율은 현재의 단기현물이자율과 미래의 기간별 기대현물이자율들의 기하평균으로 표현된다.

$$_{n-1}f_n = E(_{n-1}R_n)$$
$$(1+_0R_n)^n = (1+_0R_1) \times (1+_1f_2) \times (1+_2f_3) \times \cdots \times (1+_{n-1}f_n)$$
$$= (1+_0R_1) \times [1+E(_1R_2)] \times [1+E(_2R_3)] \times \cdots \times [1+E(_{n-1}R_n)]$$

이와 같이 기간별 선도이자율이 미래 기간별 기대현물이자율과 일치한다는 불편기대이론은 다음과 같은 가정하에 전개된 이론이다.

① 투자자들이 미래의 이자율을 정확히 예측할 수 있거나, 이자율 예측의 불확실성을 제거할 수 있다고 가정한다.

② 위험중립형 투자자를 가정한다. 일반적으로 장기채권에 투자 시 단기채권에 비해 보다 더 많은 위험을 부담하게 되지만, 불편기대이론에서는 선도이자율 결정 시 기대현물이자율 외에 추가적인 보상을 고려하지 않고 있기 때문이다. 이러한 사항은 다음에서 설명하는 유동성프리미엄이론과 비교하여 살펴볼 필요가 있다.

③ 장·단기채권 간에 완전한 대체관계가 존재한다고 가정한다. 불편기대이론이 성립하는 경우에는 장기채권에 대한 투자와 단기채권에 대한 반복투자가 사전적으로는 동일한 성과를 가져올 것으로 기대된다. 즉, 연간 $_0R_2$의 수익률로 2년간 투자하는 전략의 성과와 첫 번째 1년간은 $_0R_1$의 수익률로 투자하고, 다음 1년간은 $_1R_2 = E(_1R_2) = _1f_2$의 수익률로 투자하여 2년간 반복해서 투자하는 전략의 연평균 투자수익률은 동일하게 된다. 이러한 사항은 다음에서 설명하는 시장분할이론과 비교하여 살펴볼 필요가 있다.

이와 같은 불편기대이론이 성립하는 경우에 장기이자율과 단기이자율 간의 관계를 나타내는 수익률곡선의 형태는 미래 이자율에 대한 투자자들의 예상에 따라 그림(불편기대이론의 수익률곡선)과 같이 나타나게 된다.

불편기대이론의 수익률곡선

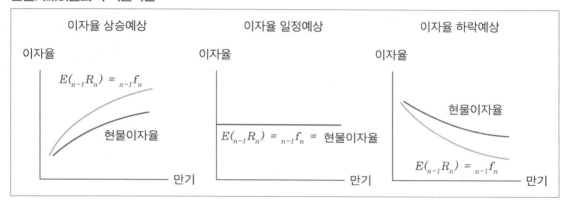

① 미래의 이자율이 상승할 것으로 예상하는 경우에는 장기이자율이 단기이자율보다 높아져서 우상향의 수익률곡선이 나타나게 된다. 즉, 투자자들이 이자율의 상승(채권가격 하락)으로 인한 손실을 최소화하기 위해 장기채권을 매도하고 단기채권을 매입하게 되므로 수익률곡선이 우상향의 형태가 된다는 것이다.

② 미래의 이자율이 일정할 것으로 예상하는 경우에는 장·단기이자율이 같아져서 수평의 수익률곡선이 나타나게 된다.

③ 미래의 이자율이 하락할 것으로 예상하는 경우에는 장기이자율이 단기이자율보다 낮아져서 우하향의 수익률곡선이 나타나게 된다. 즉, 투자자들이 이자율의 하락(채권가격 상승)으로 인한 이득을 최대화하기 위해 단기채권을 매도하고 장기채권을 매입하게 되므로 수익률곡선이 우하향의 형태가 된다는 것이다.

한편, 불편기대이론은 선도이자율이 미래 기대현물이자율과 일치하도록 현재의 장기이자율이 결정된다는 이론이므로, 불편기대이론의 성립을 가정하는 경우에는 현물이자율들로부터 계산되는 선도이자율을 미래 기대현물이자율의 불편추정치로 이용할 수 있다.

(2) 유동성프리미엄이론

앞에서 살펴본 불편기대이론의 문제점은 이론이 갖는 가정들의 타당성 여부인데, 대표적인 문제점은 선도이자율이 예상되는 미래 기대현물이자율에 의해서만 결정된다고 가정한다는 점이다.

① 장기채권에 투자할 경우 단기채권에 대한 투자와 비교하여 채권가격의 변동위험이 증가하고 유동성이 제약됨에도 불구하고 불편기대이론에서는 선도이자율 결정 시 기대현물이자율 이외에 추가적인 보상을 고려하지 않고 있다.

② 역사적으로 보았을 때 미래 이자율의 하락이 예상되는 경우에도 일반적으로 장기이자율이 단기이자율보다 높아서 우상향의 수익률곡선이 나타나게 되는데, 불편기대이론에 의해서는 이러한 현상이 설명되지 못한다.

이와 같은 불편기대이론의 문제점을 해결하기 위해 도입된 이론이 유동성프리미엄이론(liquidity premium theory)이다. 유동성프리미엄이론은 유동성선호이론(liquidity preference theory)이라고도 하며, 투자자들이 장기채권에 투자 시 단기채권투자에 비해 증가되는 위험과 유동성의 제약에 대한 추가적인 보상을 요구하게 된다는 이론이다. 즉, 기간별 선도이자율이 미래 기간별 기대현물이자율과 만기 증가에 따라 추가적으로 요구되는 보상인 유동성프리미엄(liquidity premium: $_{n-1}L_n$)의 합으로 구성된다는 것이다.

$$_{n-1}f_n = E(_{n-1}R_n) + _{n-1}L_n$$
$$(1 + _0R_n)^n = (1 + _0R_1) \times (1 + _1f_2) \times (1 + _2f_3) \times \cdots \times (1 + _{n-1}f_n)$$
$$= (1 + _0R_1) \times [1 + E(_1R_2) + _1L_2] \times [1 + E(_2R_3) + _2L_3] \times \cdots \times [1 + E(_{n-1}R_n) + _{n-1}L_n]$$

따라서 유동성프리미엄이론에서는 선도이자율이 기대현물이자율보다 유동성프리미엄만큼 높게 결정되며, 만기가 증가할수록 유동성프리미엄이 증가하므로 일반적으로 장기이자율이 단기이자율보다 높게 형성된다. 이러한 유동성프리미엄이론에서의 수익률곡선에 대해 구체적으로 살펴보면 그림(유동성프리미엄이론의 수익률곡선)과 같다.

유동성프리미엄이론의 수익률곡선

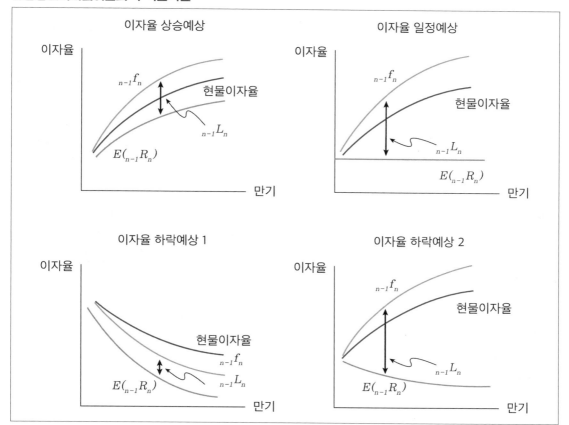

① 미래의 이자율이 상승할 것으로 예상하는 경우에는 장기이자율이 단기이자율보다 높아져서 우상향의 수익률곡선이 나타나게 된다.

② 미래의 이자율이 일정할 것으로 예상하는 경우에도 선도이자율이 유동성프리미엄만큼 기대현물이자율보다 높게 결정되고 이에 따라 장기이자율이 단기이자율보다 높아져서 우상향의 수익률곡선이 나타나게 된다.

③ 미래의 이자율이 하락할 것으로 예상하는 경우에는 투자자들이 요구하는 유동성프리미엄이 작다면 장기이자율이 단기이자율보다 낮게 형성되어 우하향의 수익률곡선이 나타날 수도 있지만, 투자자들이 요구하는 유동성프리미엄이 크다면 장기이자율이 단기이자율보다 높게 형성되어 우상향의 수익률곡선이 나타날 수도 있다.

이러한 유동성프리미엄이론은 장기채권에 투자 시 추가적으로 부담하는 위험에 대한 보상을 고려하는 이론이므로 위험회피형투자자를 가정하고 있으며, 장·단기채권 간의 대체관계는 성립하지 않는다. 이렇게 유동성프리미엄이론은 장기채권일수록 유동성프리미엄이 증가한다고 주장하지만, 장기채권에 투자 시 유동성이 제약되고 가격변동위험이 커질 수 있으나, 투자기간 중 재투자위험은 단기채권에 비해 작다는 점도 고려해야 할 것이다.

불편기대이론과 유동성프리미엄이론

현재의 1년, 2년 만기 현물이자율은 각각 8%와 10%이며, 시장에서는 액면금액이 ₩100,000인 2년 만기 무이표채권 A가 거래되고 있다.

물음1 무이표채권 A의 현재 균형가격을 계산하고, 현재로부터 1년 후 시점부터 2년 후 시점까지의 선도이자율($_1f_2$)을 계산하시오.

물음2 이자율의 기간구조이론 중에서 불편기대이론의 성립을 가정한다. 무이표채권 A의 1년 후 기대가격을 계산하고, 무이표채권 A를 현재시점에 균형가격으로 매입하여 1년간 보유하는 경우의 기대수익률을 계산하시오.

물음3 이자율의 기간구조이론 중에서 유동성프리미엄이론의 성립을 가정하며, 각 기간별 유동성프리미엄은 $_0L_1$ = 0bp, $_1L_2$ = 50bp이다. 무이표채권 A의 1년 후 기대가격을 계산하고, 무이표채권 A를 현재시점에 균형가격으로 매입하여 1년간 보유하는 경우의 기대수익률을 계산하시오. 단, 1bp(basis point) = 0.01%포인트를 말한다.

해답

물음1 채권의 균형가격과 선도이자율

$$P_0 = \frac{₩100,000}{1.1^2} = ₩82,644.63$$

$$_1f_2 = \frac{1.1^2}{1.08} - 1 = 12.04\%$$

물음2 불편기대이론과 기대현물이자율

$$E(_1R_2) = {_1f_2} = 12.04\%$$

$$E(P_1) = \frac{₩100,000}{1 + E(_1R_2)} = \frac{₩100,000}{1.1204} = ₩89,253.84$$

1년간의 기대수익률 $= \dfrac{₩89,253.84}{₩82,644.63} - 1 = 8\%$

물음3 유동성프리미엄이론과 기대현물이자율

$$E(_1R_2) = {_1f_2} - {_1L_2} = 12.04\% - 0.5\% = 11.54\%$$

$$E(P_1) = \frac{₩100,000}{1 + E(_1R_2)} = \frac{₩100,000}{1.1154} = ₩89,653.94$$

1년간의 기대수익률 $= \dfrac{₩89,653.94}{₩82,644.63} - 1 = 8.48\%$

(3) 시장분할이론

시장분할이론(market segmentation theory)이란 투자자마다 제도적 또는 법률적 여건이나 보유자금의 성격 또는 운용방식의 차이에 따라 자신이 선호하는 채권의 만기 영역이 다르기 때문에 투자자들의 선호구조에 따라 채권시장이 구분된 만기를 갖는 하위 영역들로 완전히 분할되고, 만기별로 분할된 하위 채권시장 내의 수요와 공급에 따라 구분된 만기별 채권의 만기수익률이 결정된다는 이론이다. 따라서 시장분할이론은 앞에서 살펴본 불편기대이론에서 가정하고 있던 장·단기채권 간의 완전한 대체관계를 부정하고 있다.

이와 같이 시장분할이론에서는 채권의 만기수익률이 분할된 하위 시장 내의 수요와 공급에 따라 각각의 만기별로 독립적으로 결정되므로 수익률곡선이 그림(시장분할이론의 수익률곡선)과 같이 불연속적인 형태를 갖게 된다. 그러나 효율적 시장에서 차익거래기회를 고려하는 경우 수익률곡선이 불연속적인 형태로 존재한다는 것은 불가능하므로 시장분할이론은 논리적 타당성이 없다는 문제점이 있다.

시장분할이론의 수익률곡선

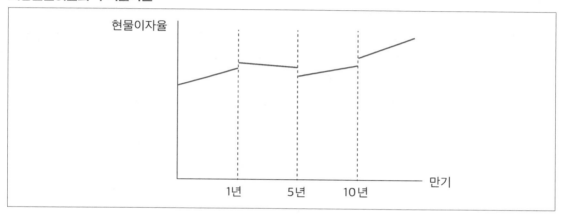

(4) 선호영역이론

선호영역이론(preferred habitat theory)이란 앞에서 설명한 시장분할이론과 같이 투자자들마다 선호하는 만기영역이 따로 존재하지만, 자신이 선호하는 영역 이외의 채권에 충분한 프리미엄이 존재한다면 다른 만기 영역의 채권에도 투자할 수 있다는 이론이다. 따라서 선호영역이론은 채권시장이 만기에 따라 부분적으로 분할되어 있어 장·단기채권 간에 부분적인 대체가 가능하다는 이론이므로, 불편기대이론과 시장분할이론을 절충한 형태라고 할 수 있다.

02 이자율의 위험구조

이자율의 위험구조(risk structure of interest rates)란 발행자의 신용도의 차이에 따른 채권수익률의 차이를 말한다. 즉, 동일한 조건으로 발행되는 채권이라 하더라도 정부가 발행한 채권과 개별기업이 발행한 채권의 수익률은 채무불이행위험 등에 따라 차이가 발생하게 되는데, 이러한 차이를 이자율의 위험구조라고 한다. 여기서는 이자율의 위험구조가 발생하는 채권투자의 위험과 수익률 스프레드에 대해서 살펴보기로 한다.

(1) 채권투자의 위험

채권투자 시에는 채권에서 발생될 미래현금흐름이 계약에 따라 미리 결정되어 있으므로 주식과 같은 일반적인 위험자산보다 더 적은 위험을 부담하게 된다. 그러나 무위험자산이 아닌 경우에는 채권투자 시에도 위험을 부담하게 되는데, 채권투자 시 대표적인 위험으로는 다음과 같은 것들이 있다.

① 채무불이행위험: 발행자의 신용도에 따른 위험으로 발행자가 지급불능상태에 처하여 약속된 원리금이 지급되지 못할 위험을 말한다.

② 이자율위험: 투자기간 동안의 시장이자율 변동에 따른 위험을 말하며, 재투자위험과 가격위험으로 구분된다. 여기서 재투자위험은 투자기간 중 수취하는 액면이자의 재투자수익이 변동될 위험을 말하며, 가격위험은 채권가격의 변동위험을 말한다.

③ 인플레이션위험: 투자기간 중 예상치 못한 물가상승으로 인해 실질수익률이 하락될 위험을 말한다.

④ 유동성위험: 채권의 시장성 상실에 따른 위험을 말한다.

⑤ 수의상환위험: 채권의 발행자가 채권의 만기 이전에 채권을 상환할 위험을 말한다.

이러한 채권투자의 위험들 중에서 채권투자자가 통제가능한 가장 중요한 위험은 이자율위험 중에서 가격위험이라고 할 수 있다. 가격위험에 대한 구체적인 논의는 <제4절 듀레이션>에서 살펴보기로 한다.

(2) 수익률 스프레드

수익률 스프레드를 이해하기 위해서는 다음과 같은 약속된 만기수익률과 기대수익률에 대한 이해가 선행되어야 한다.

① 약속된 만기수익률: 채권의 현재가격과 약속된 미래현금흐름에 의해 계산되는 만기수익률(YTM)을 말한다.

② 기대수익률: 미래 상황의 확률분포에 따른 예상 실현수익률의 기댓값을 말한다.

여기서 위험채권의 약속된 만기수익률과 무위험채권의 수익률(무위험이자율)간의 차이를 채권수익률의 스프레드(spread)라고 부르는데, 이는 채권투자 시의 위험프리미엄을 의미한다. 이러한 채권수익률의 스프레드 중에서 만기수익률과 기대수익률의 차이를 채무불이행위험프리미엄이라 하고, 나머지 부분인 기대수익률과 무위험이자율의 차이를 기타의 위험프리미엄이라 한다.

채권수익률의 스프레드 = 약속된 만기수익률 − 무위험이자율

채무불이행위험프리미엄 = 약속된 만기수익률 − 기대수익률

기타의 위험프리미엄 = 기대수익률 − 무위험이자율

┤ 사례 ├

연간 무위험이자율이 8%인 상황에서 1년 후 만기일이 도래하는 액면금액 ₩100,000, 액면이자율 12%(연 1회 이자 후급조건)인 채권의 현재 시장가격이 ₩100,000이라면, 이 채권의 약속된 만기수익률은 12%이다. 1년 후 약속된 원리금 ₩112,000이 전액 지급될 확률이 75%이고, 25%의 확률로는 액면금액 ₩100,000만 지급될 것으로 예상되는 경우에 1년 후 기대현금흐름은 ₩109,000이며, 1년간의 기대수익률은 9%이다.

> 채권수익률의 스프레드 = 약속된 만기수익률 − 무위험이자율 = 12% − 8% = 4%
>
> 채무불이행위험프리미엄 = 약속된 만기수익률 − 기대수익률 = 12% − 9% = 3%
>
> 기타의 위험프리미엄 = 기대수익률 − 무위험이자율 = 9% − 8% = 1%

제4절 듀레이션

앞에서 살펴본 바와 같이 시장이자율의 변동에 따른 채권투자의 위험을 이자율위험이라고 하는데, 이 자율위험은 재투자위험과 가격위험으로 구분할 수 있다.

① 재투자위험은 이표채권에 투자하는 경우에 시장이자율이 변동하여 투자기간 중 수취하는 이자의 재투자수익이 변동될 위험을 의미하며, 가격위험은 시장이자율 변동에 따라 채권가격이 변동될 위 험을 의미한다. 단, 무이표채권은 액면이자의 지급이 없으므로 재투자위험이 없다.

② 재투자위험과 가격위험은 시장이자율 변동에 따라 채권투자의 성과에 서로 상반된 영향을 미치게 된다. 즉, 투자기간 중 시장이자율이 하락하는 경우에는 수취한 이자의 재투자수익이 감소하지만 보유 채권의 가격은 상승하여 자본이득이 발생하게 되며, 시장이자율이 상승하는 경우에는 이자의 재투자수익이 증가하지만 보유 채권의 가격은 하락하여 자본손실이 발생하게 된다.

따라서 시장이자율의 변동에 따른 재투자수익과 채권가격의 변동으로 인해 실제 채권 투자에서 실현되는 수익률은 최초 채권구입 시 기대했던 만기수익률과 다를 수 있는데, 본 절에서는 이러한 이자율위험 중에서 가격위험에 초점을 맞추어 이자율의 변동에 따른 채권가격 변동의 민감도를 의미하는 듀레이션에 대해서 살펴보기로 한다.

01 듀레이션의 의의

(1) 듀레이션의 개념

앞에서 살펴본 채권가격의 특성(말킬의 채권가격정리)에서도 언급한 바와 같이 만기가 긴 채권일수록 동일한 이자율 변동에 따른 채권가격의 변동폭이 크다. 즉, 채권의 만기가 길어질수록 이자율 변동에 따른 채권의 가격위험이 커지게 된다. 그런데 채권에 표시된 만기는 동일하다 하더라도 발행조건에 따라 실질적인 만기는 서로 다를 수 있다.

| 사례 |

다음과 같은 현금흐름을 갖는 두 가지 채권이 있다고 하자. 채권 A와 채권 B 모두 표시된 만기는 3년으로 동일하지만, 그 현금흐름의 양상은 상이하다.

구분	채권의 현금흐름		
	t=1	t=2	t=3
채권 A(무이표)			₩300
채권 B(원리금균등분할상환)	₩100	₩100	₩100

① 채권 A의 경우에 만기이전시점에는 현금흐름이 발생하지 않고 만기시점인 3년 말 시점에만 채권의 전체 현금흐름이 발생하기 때문에 실질적인 만기가 3년이다.

② 채권 B의 경우에 표시된 만기는 3년으로 채권 A와 동일하지만 전체 현금흐름 중에서 일부 현금흐름이 만기이전시점에 발생하므로 채권 B의 실질적인 만기는 3년보다 짧다. 즉, 논의의 편의를 위해 화폐의 시간가치를 무시한다고 했을 때 채권 B의 실질적인 만기는 다음과 같이 2년이라고 할 수 있다.

$$\frac{₩100}{₩300} \times 1년 + \frac{₩100}{₩300} \times 2년 + \frac{₩100}{₩300} \times 3년 = 2년$$

③ 이와 같이 전체 현금흐름 ₩300 중에서 ₩100(t = 1)의 현금흐름은 만기가 1년, ₩100(t = 2)의 현금흐름은 만기가 2년, ₩100(t = 3)의 현금흐름은 만기가 3년이므로, 이를 이용하여 전체현금흐름 중에서 개별시점의 현금흐름이 차지하는 비중을 기준으로 한 가중평균만기(실질적인 만기)를 듀레이션이라고 한다. 다만, 실제 듀레이션 계산 시에는 화폐의 시간가치를 고려하여 현금흐름의 현재가치를 기준으로 가중평균하여 계산한다.

(2) 듀레이션의 계산

듀레이션(duration: D)은 현금흐름의 현재가치기준 가중평균만기로써, 채권을 현재가격으로 매입했을 때 투자원금이 현재가치기준으로 회수되는 데 걸리는 가중평균회수기간을 의미하며, 매기 현금흐름의 현재가치가 전체 현금흐름의 현재가치에서 차지하는 비중에 해당 현금흐름 발생 시까지의 기간을 곱한 값의 합으로 계산된다. 이러한 듀레이션은 맥콜리(McCaulay)라는 학자가 고안하였으므로 이를 맥콜리의 듀레이션이라고 한다.

$$P_0 = \frac{CF_1}{(1+R)} + \frac{CF_2}{(1+R)^2} + \frac{CF_3}{(1+R)^3} + \cdots + \frac{CF_n}{(1+R)^n}$$

$$D = \sum_{t=1}^{n} \left(\frac{PV_t}{\Sigma PV} \times t \right) = \left(\sum_{t=1}^{n} \frac{CF_t}{(1+R)^t} \times t \right) \times \frac{1}{P_0}$$

$$= \left[\frac{CF_1}{1+R} \times 1 + \frac{CF_2}{(1+R)^2} \times 2 + \frac{CF_3}{(1+R)^3} \times 3 + \cdots + \frac{CF_n}{(1+R)^n} \times n \right] \times \frac{1}{P_0}$$

3년 만기, 액면금액 ₩100,000, 액면이자율 10%(연 1회 이자 후급조건)인 채권 A의 만기수익률(시장이자율)이 연 10%이다.

① 채권 A의 만기수익률(시장이자율)을 이용해서 계산되는 채권 A의 현재가격과 맥콜리 듀레이션은 다음과 같이 계산된다.

$$P_0 = \frac{₩10,000}{1.1} + \frac{₩10,000}{1.1^2} + \frac{₩110,000}{1.1^3} = ₩100,000$$

$$D = \frac{₩10,000/1.1}{₩100,000} \times 1 + \frac{₩10,000/1.1^2}{₩100,000} \times 2 + \frac{₩110,000/1.1^3}{₩100,000} \times 3$$

$$= \left(\frac{₩10,000}{1.1} \times 1 + \frac{₩10,000}{1.1^2} \times 2 + \frac{₩110,000}{1.1^3} \times 3 \right) \times \frac{1}{₩100,000} = 2.7355년$$

② 해당 채권의 시장이자율($R = YTM$)을 이용해서 계산되는 맥콜리 듀레이션과 달리 기간별 현물이자율을 이용해서 계산되는 듀레이션을 현가듀레이션이라고 한다. 상기의 사례에서 1년, 2년, 3년 만기 현물이자율이 각각 8%, 10%, 11%인 경우에 채권 A의 현재가격과 현가듀레이션은 다음과 같이 계산된다.

$$P_0 = \frac{₩10,000}{1.08} + \frac{₩10,000}{1.1^2} + \frac{₩110,000}{1.11^3} = ₩97,954.77$$

$$현가D = \frac{₩10,000/1.08}{₩97,954.77} \times 1 + \frac{₩10,000/1.1^2}{₩97,954.77} \times 2 + \frac{₩110,000/1.11^3}{₩97,954.77} \times 3$$

$$= \left(\frac{₩10,000}{1.08} \times 1 + \frac{₩10,000}{1.1^2} \times 2 + \frac{₩110,000}{1.11^3} \times 3 \right) \times \frac{1}{₩97,954.77} = 2.7266년$$

일반적으로 듀레이션이라고 하면 해당 채권의 시장이자율($R = YTM$)을 이용해서 계산되는 맥콜리 듀레이션을 의미하므로 이후에는 특별한 언급이 없는 한 맥콜리 듀레이션을 위주로 살펴보기로 한다.

[3] 채권의 종류에 따른 듀레이션

듀레이션은 만기 이전에 발생하는 현금흐름까지 고려하여 계산되는 현금흐름의 현재가치기준 가중평균만기이므로 현금흐름의 유형에 따라 듀레이션은 달라진다. 따라서 채권의 종류별로 듀레이션을 살펴보면 다음과 같다.

① 무이표채권의 듀레이션 = 잔존만기: 무이표채권은 이자의 지급이 없으므로 실질 만기가 표현된 만기와 동일하다.

② 이표채권의 듀레이션 < 잔존만기: 이표채권은 만기 이전 액면이자의 지급이 있으므로 실질 만기가 표현된 만기보다 짧다.

③ 영구채권의 듀레이션[1] $= \dfrac{1+R}{R}$: 영구채권의 듀레이션은 시간의 경과와는 무관하게 시장이자율 ($R = YTM$)에 따라 결정된다.

④ 포트폴리오의 듀레이션 $= \sum (w_i \times D_i)$: 듀레이션은 만기수익률이 동일한 채권들 간에 가법성이 적용된다. 따라서 포트폴리오의 듀레이션은 포트폴리오에 포함된 개별채권 듀레이션들의 투자비율을 이용한 가중평균으로 계산된다.

⑤ 변동금리부채권(FRN)의 듀레이션 = 현재시점 ~ 다음 이자지급일: 변동금리부채권은 매 이자지급일마다 기준이자율의 수준이 다시 결정되고 채권의 가치가 액면금액으로 조정되므로 매 이자지급일에 변동금리부채권이 다시 발행되는 것으로 이해하면 된다.

[4] 듀레이션에 영향을 미치는 요인

채권의 듀레이션은 채권의 (잔존)만기와 액면이자율 및 만기수익률(시장이자율) 등에 따라 달라진다. 이러한 여러 가지 요인들이 채권의 듀레이션에 미치는 영향을 살펴보면 다음과 같다.

① 다른 조건이 동일하다면 만기가 긴 채권일수록 일반적으로 듀레이션이 길다. 만기가 긴 채권일수록 현금흐름의 회수기간이 길어지기 때문에 채권의 만기와 듀레이션은 일반적으로 비례하며, 시간의 경과에 따라 만기일에 근접할수록 채권의 잔존만기가 감소하므로 듀레이션은 감소한다.

② 다른 조건이 동일하다면 액면이자율이 높은 채권일수록 듀레이션이 짧고, 연간 이자지급횟수가 많은 채권일수록 듀레이션이 짧다. 액면이자율이 높은 채권일수록 만기 이전에 발생하는 현금흐름의 가중치가 증가하며, 액면이자율이 동일한 경우에도 연간이자지급 횟수가 많으면 이자수취가 짧은 기간 내에 이루어져서 이에 대한 현재가치 비중이 투자시점에 가까워지기 때문이다.

③ 동일 채권에 대해서도 만기수익률이 높을수록 듀레이션이 짧다. 만기수익률이 높으면 전체 현금흐름의 현재가치 중에서 초반부 현금흐름의 현재가치가 차지하는 비중이 상대적으로 커지기 때문에 듀레이션이 짧아진다.

---

1) 영구채권의 듀레이션

$$P_0 = \frac{C}{R}$$

$$D = \left[\frac{C}{(1+R)} \times 1 + \frac{C}{(1+R)^2} \times 2 + \frac{C}{(1+R)^3} \times 3 + \cdots \right] \times \frac{1}{\frac{C}{R}}$$

$$= \frac{R}{(1+R)} \times 1 + \frac{R}{(1+R)^2} \times 2 + \frac{R}{(1+R)^3} \times 3 + \cdots$$

$$D \times \frac{1}{(1+R)} = \frac{R}{(1+R)^2} \times 1 + \frac{R}{(1+R)^3} \times 2 + \cdots$$

$$D - D \times \frac{1}{(1+R)} = \frac{R}{(1+R)} \times 1 + \frac{R}{(1+R)^2} \times 1 + \frac{R}{(1+R)^3} \times 1 + \cdots = \frac{R}{R} = 1$$

$$\therefore D = \frac{1+R}{R}$$

④ 수의상환권이나 상환청구권의 특정한 권리가 추가로 부여되어 있는 채권의 듀레이션은 다른 조건이 동일한 일반채권의 듀레이션보다 짧다. 여기서 수의상환권이란 채권의 발행자가 만기일 이전에 미리 정해진 가격으로 채권을 상환할 수 있는 권리를 말하며, 상환청구권이란 채권자가 만기일 이전에 미리 정해진 가격으로 채권의 상환을 요구할 수 있는 권리를 말하는데, 이러한 권리가 추가로 부여되어 있는 채권은 만기일 이전에 조기 상환될 가능성이 있기 때문이다.

이와 같이 채권의 듀레이션에는 여러 가지 요인들이 영향을 미치게 되는데 여기서는 채권의 만기와 시간의 경과가 듀레이션에 미치는 영향에 대해서 보다 구체적으로 살펴보기로 한다.

1) 만기와 듀레이션

채권의 만기와 듀레이션은 일반적으로 비례한다. 채권의 종류별로 만기와 듀레이션 간의 관계에 대해 보다 자세히 살펴보면 다음과 같다.

① 무이표채권의 경우에는 듀레이션이 만기와 일치하므로 듀레이션이 만기와 정비례한다.

② 이표채권의 경우에는 만기와 듀레이션이 일반적으로는 비례하지만 정비례하지는 않는다. 만기가 길수록 현금흐름의 현재가치가 상대적으로 더 크게 감소하는 할인기간의 승수효과의 영향으로 듀레이션은 직선이 아닌 곡선의 형태로 나타나게 된다.

③ 이표채권 중에서 액면채(par bond)나 할증채(premium bond)의 경우에는 만기가 긴 채권일수록 듀레이션이 체감적으로 증가하여 점차 영구채권의 듀레이션인 $\frac{1+R}{R}$로 수렴한다.

④ 이표채권 중에서 할인채(discount bond)의 경우에는 만기가 긴 채권일수록 듀레이션이 일정수준까지는 체감적으로 증가하다가 최고점에 도달한 이후 다시 감소하면서 점차 영구채권의 듀레이션인 $\frac{1+R}{R}$로 수렴한다. 따라서 이표채권 중에서 할인채의 경우에는 만기가 긴 채권의 듀레이션이 보다 짧을 수도 있다.

채권의 종류별 만기와 듀레이션

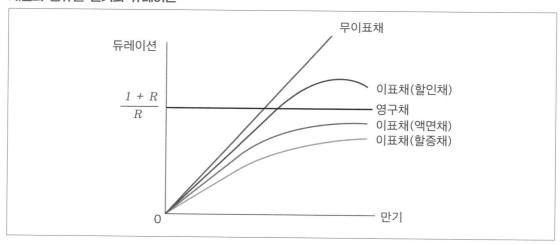

2) 시간의 경과와 듀레이션

시간의 경과에 따라 만기일에 근접할수록 듀레이션은 감소한다. 채권의 종류별로 시간의 경과에 따른 듀레이션의 감소에 대해 구체적으로 살펴보면 다음과 같다.

① 무이표채권의 경우에는 듀레이션이 만기와 일치하므로 시간의 경과에 정비례하여 듀레이션이 감소한다.

② 이표채권의 경우에도 시간이 경과함에 따라 듀레이션이 감소하지만, 그 감소폭은 만기일에 근접할수록 급격히 증가한다. 이는 앞서 살펴본 바와 같이 만기와 듀레이션 간의 관계가 직선이 아닌 곡선의 형태로 나타나기 때문이다.

③ 기발생된 액면이자, 즉 경과이자가 적거나 없는 채권은 경과이자가 많은 채권보다 듀레이션이 길다. 액면이자의 지급에 따라 채권의 총가격(full price)이 지급된 액면이자만큼 하락하면서 채권의 듀레이션이 일시적으로 다시 증가하기 때문이다. 이에 따라 시간의 경과에 따른 이표채권의 듀레이션 감소는 톱니 형태를 이루게 되며, 만기에 임박한 경우에 비해 잔존만기가 길수록 경과이자의 축적과 소멸의 영향을 더 많이 받는다.

∥ 사례 ∥

연 1회 이자후급조건인 채권의 잔존만기가 1년이며 현재시점에서 곧 지급될 액면이자가 ₩20이고, 1년 후 지급될 액면이자와 액면금액의 현재가치가 ₩110인 경우를 가정한다.

> 이자지급 직전 채권의 현재가격: $P_0 = ₩20 + ₩110 = ₩130$
>
> 이자지급 직전 채권의 듀레이션: $D = (₩20 \times 0 + ₩110 \times 1) \times \dfrac{1}{₩130} = 0.84$년
>
> 이자지급 직후 채권의 현재가격: $P_0 = ₩110$
>
> 이자지급 직후 채권의 듀레이션: $D = (₩110 \times 1) \times \dfrac{1}{₩110} = 1$년

---

02 듀레이션의 이용

(1) 듀레이션과 채권가격의 이자율탄력성

실제 채권투자 시 듀레이션은 앞에서 살펴본 현금흐름의 현재가치기준 가중평균만기의 개념보다는 시장이자율의 변동에 따른 채권가격변동의 민감도라는 개념으로 주로 이용된다. 시장이자율의 변동에 따른 채권가격변동의 민감도는 다음과 같이 채권가격의 이자율탄력성을 이용하여 측정할 수 있다.

$$P_0 = \frac{CF_1}{1+R} + \frac{CF_2}{(1+R)^2} + \cdots + \frac{CF_n}{(1+R)^n}$$

$$\text{채권가격의 이자율탄력성} = \frac{dP/P_0}{dR/R} = \frac{dP}{dR} \times \frac{R}{P_0}$$

$$= \left[\frac{CF_1}{(1+R)^2} \times (-1) + \frac{CF_2}{(1+R)^3} \times (-2) + \cdots + \frac{CF_n}{(1+R)^{n+1}} \times (-n) \right] \times \frac{R}{P_0}$$

$$= -\frac{R}{1+R} \times \left[\frac{CF_1}{1+R} \times 1 + \frac{CF_2}{(1+R)^2} \times 2 + \cdots + \frac{CF_n}{(1+R)^n} \times n \right] \times \frac{1}{P_0}$$

$$= -\frac{R}{1+R} \times D$$

여기서 이자율탄력성이 음수(−)인 것은 이자율과 채권가격 간의 역관계를 보여주는 것이며, 탄력성의 정도를 양(+)으로 표현하기 위해 (−)를 붙여서 사용하기도 한다. 이러한 채권가격의 이자율탄력성은 듀레이션에 비례하기 때문에 듀레이션이 긴 채권일수록 채권가격이 이자율 변동에 보다 더 민감하다는 것을 알 수 있으며, 실무적으로는 이자율탄력성보다 듀레이션이 특정 채권의 가격위험을 나타내는 척도로 주로 이용된다.

(2) 듀레이션과 채권가격의 변동

채권가격의 이자율탄력성을 계산하는 식을 다시 정리하면 이자율 변동 시 채권가격의 변동액과 채권가격의 변동률은 다음과 같이 나타낼 수 있다. 물론 채권가격 결정식(현금흐름할인법)을 이용하여 이자율 변동 후의 채권가격을 다시 계산할 수도 있으나 듀레이션을 이용해서 보다 간편하게 이자율 변동 후의 채권가격을 계산할 수 있다는 것이다.

$$\text{이자율 변동 시 채권가격의 변동액:} \quad \Delta P = -D \times \frac{1}{1+R} \times P_0 \times \Delta R$$

$$\text{이자율 변동 시 채권가격의 변동률:} \quad \frac{\Delta P}{P_0} = -D \times \frac{1}{1+R} \times \Delta R$$

여기서 $D \times \frac{1}{1+R}$ 을 수정듀레이션(modified duration: D^m)이라고 하는데, 수정듀레이션이란 시장이자율 변동에 따른 채권가격의 변동률을 말한다. 예를 들어 특정 채권의 수정듀레이션이 2라면 시장이자율이 1%p 상승하는 경우에 해당 채권의 가격은 2%만큼 하락한다는 것을 의미한다. 이러한 수정듀레이션을 이용하여 이자율 변동에 따른 채권가격의 변동을 표현하면 다음과 같다.

$$D^m = D \times \frac{1}{1+R} = -\frac{dP/P_0}{dR}$$

$$\Delta P = -D^m \times P_0 \times \Delta R$$

$$\frac{\Delta P}{P_0} = -D^m \times \Delta R$$

예제 7 이자율 변동 시 채권가격 변동액의 계산

시장이자율(만기수익률)이 연 10%인 상황에서 3년 만기, 액면금액 ₩100,000, 액면이자율 10%(연 1회 이자 후급조건)인 채권 A가 시장에서 거래되고 있다. 이자율 변동 시 채권가격의 변동을 듀레이션을 이용하여 계산하는 경우에 다음 물음에 답하시오.

물음1 시장이자율(만기수익률)이 연 10%인 현재 채권 A의 가격과 듀레이션을 계산하시오.

물음2 채권 A의 만기수익률이 0.1%p 상승하는 경우 이자율 변동 후의 채권가격을 계산하시오.

물음3 채권 A의 만기수익률이 2%p 하락하는 경우 이자율 변동 후의 채권가격을 계산하시오.

해답

물음1 채권가격과 듀레이션

$$P_0 = \frac{W10,000}{1.1} + \frac{W10,000}{1.1^2} + \frac{W110,000}{1.1^3} = W100,000$$

$$D = \left(\frac{W10,000}{1.1} \times 1 + \frac{W10,000}{1.1^2} \times 2 + \frac{W110,000}{1.1^3} \times 3 \right) \times \frac{1}{W100,000} = 2.7355년$$

물음2 $\Delta R = 0.1\%p$인 경우의 채권가격 변동

$$\Delta P = -D \times \frac{1}{1+R} \times P_0 \times \Delta R$$

$$= -2.7355년 \times \frac{1}{1+10\%} \times W100,000 \times 0.001 = -W248.68$$

$$P_0^{후} = W100,000 - W248.68 = W99,751.32$$

물음3 $\Delta R = -2\%p$인 경우의 채권가격 변동

$$\Delta P = -D \times \frac{1}{1+R} \times P_0 \times \Delta R$$

$$= -2.7355년 \times \frac{1}{1+10\%} \times W100,000 \times (-0.02) = W4,973.64$$

$$P_0^{후} = W100,000 + W4,973.64 = W104,973.64$$

<예제 7>에서 변동 후의 이자율로 미래현금흐름을 할인하는 현금흐름할인법을 이용하여 이자율 변동 후의 정확한 채권가격을 계산하면, 그 결과는 다음과 같다.

$$P_0^{\tilde{\tilde{\tau}}} = \frac{\text{₩}10{,}000}{1.101} + \frac{\text{₩}10{,}000}{1.101^2} + \frac{\text{₩}110{,}000}{1.101^3} = \text{₩}99{,}751.75 \quad (\Delta P = -\text{₩}248.25)$$

$$P_0^{\tilde{\tilde{\tau}}} = \frac{\text{₩}10{,}000}{1.08} + \frac{\text{₩}10{,}000}{1.08^2} + \frac{\text{₩}110{,}000}{1.08^3} = \text{₩}105{,}154.19 \quad (\Delta P = \text{₩}5{,}154.19)$$

이와 같이 듀레이션을 이용하면 이자율 변동 후의 채권가격을 보다 간편하게 계산할 수 있다는 장점이 있으나, 듀레이션을 이용해서 계산되는 이자율 변동 후의 채권가격과 실제 이자율 변동 후의 채권가격 간에 차이가 발생한다는 문제점이 있다. 즉, <예제 7>에서 보듯이 0.1%p와 같은 극히 미미한 이자율 변동 시에는 듀레이션을 이용해서 계산되는 채권가격과 실제 채권가격에 큰 차이가 없지만, 2%p와 같이 보다 큰 이자율 변동 시에는 듀레이션을 이용해서 계산되는 채권가격과 실제 채권가격의 차이가 크다. 이러한 문제점은 후술하는 볼록성을 이용해서 해결할 수 있다.

[3] 볼록성과 채권가격의 변동

이자율 변동이 클 경우 듀레이션을 이용한 채권가격과 실제 채권가격의 차이가 큰 이유는 본래 이자율과 채권가격 간의 관계가 원점에 대하여 볼록한 형태를 지니고 있지만, 듀레이션은 이자율과 채권가격 간의 관계를 선형으로 가정하고 있기 때문이다. 즉, 앞에서 살펴본 바와 같이 듀레이션을 이용한 채권가격변동의 측정은 채권가격을 이자율에 대해 1차 미분한 값에 기초로 하고 있어서 채권가격선상의 접선의 기울기 성격을 갖는다는 것이다. 따라서 보다 정확한 이자율 변동 후의 채권가격을 파악하기 위해서는 듀레이션과 더불어 볼록성(convexity: C)도 함께 고려해야 한다.

볼록성과 듀레이션의 오차

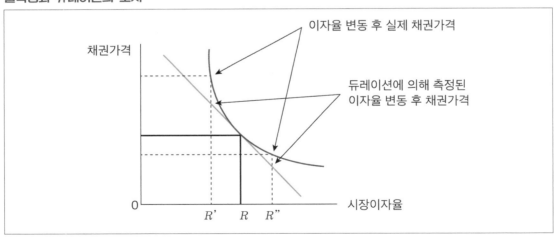

그림(볼록성과 듀레이션의 오차)에서 보듯이 듀레이션은 채권가격의 볼록성을 고려하지 못하며, 채권가격의 볼록성까지 고려하는 경우 이자율 변동 후 실제 채권가격은 듀레이션에 의해 측정된 채권가격보다 항상 크다는 것을 알 수 있다. 이러한 볼록성의 효과는 이자율 변동이 크면 클수록 그 효과가 더 커지게 되고, 동일한 정도만큼의 이자율 상승 시보다 이자율 하락 시 그 효과가 더 커지게 된다.

1) 볼록성을 고려한 채권가격 변동액의 계산

볼록성은 수학적으로 이자율 변동에 따른 채권가격선의 기울기의 변동을 나타내는 개념으로써 채권가격을 이자율로 2차 미분한 값에 해당된다. 이러한 볼록성까지 고려하여 이자율 변동에 따른 채권가격의 변동을 측정하는 방법에 대해 구체적으로 살펴보면 다음과 같다.

① 테일러 확장식(Taylor series)에 의하면 이자율 변동에 따른 채권가격의 변동액(ΔP)과 채권가격의 변동률($\frac{\Delta P}{P_0}$)은 다음과 같이 표현된다.

$$\Delta P = \text{이자율 변동 후의 채권가격} - \text{이자율 변동 전의 채권가격}$$
$$= \frac{1}{1!} \times \frac{dP}{dR} \times \Delta R + \frac{1}{2!} \times \frac{d^2P}{dR^2} \times (\Delta R)^2 + \text{3차 이상 미분항들의 합}$$
$$\frac{\Delta P}{P_0} = \frac{1}{1!} \times \frac{dP}{dR} \times \frac{1}{P_0} \times \Delta R + \frac{1}{2!} \times \frac{d^2P}{dR^2} \times \frac{1}{P_0} \times (\Delta R)^2 + \text{3차 이상 미분항들의 합}$$

② 테일러 확장식에서 3차 이상 미분항들의 합은 거의 0에 근접하므로 이를 무시하면 이자율 변동에 따른 채권가격의 변동은 다음과 같이 표현될 수 있다.

$$\Delta P = -D^m \times P_0 \times \Delta R + \frac{1}{2} \times C \times P_0 \times (\Delta R)^2$$

$$\frac{\Delta P}{P_0} = -D^m \times \Delta R + \frac{1}{2} \times C \times (\Delta R)^2$$

$$\text{수정듀레이션: } D^m = -\frac{dP}{dR} \times \frac{1}{P_0} = \sum_{t=1}^{n} \frac{CF_t \times t}{(1+R)^{t+1}} \times \frac{1}{P_0}$$

$$\text{볼록성: } C = \frac{d^2P}{dR^2} \times \frac{1}{P_0} = \sum_{t=1}^{n} \frac{CF_t \times t \times (t+1)}{(1+R)^{t+2}} \times \frac{1}{P_0}^{2)}$$

---

2) 경우에 따라서는 $\frac{1}{2}$을 포함하여 볼록성을 $C' = \frac{1}{2} \times \sum_{t=1}^{n} \frac{CF_t \times t \times (t+1)}{(1+R)^{t+2}} \times \frac{1}{P_0}$ 로 규정하기도 한다. 이러한 경우에 이자율 변동에 따른 채권가격의 변동액은 다음과 같이 나타낼 수 있다.

$$\Delta P = -D^m \times P_0 \times \Delta R + C' \times P_0 \times (\Delta R)^2$$

잔존만기가 2년인 채권 A는 액면금액이 ₩10,000이고, 액면이자율은 연 6%이며, 액면이자를 연 1회 후급으로 지급하는 채권이다. 채권 A의 만기수익률이 6%인 상황을 가정하여 물음에 답하시오.

물음1　채권 A의 듀레이션을 계산하시오.

물음2　채권 A의 수정듀레이션을 계산하시오.

물음3　채권 A의 볼록성을 계산하시오.

물음4　이상의 계산 결과를 이용해서 채권 A의 만기수익률이 현재의 6%에서 7%로 1%p 상승하는 경우의 이자율 변동 후 채권가격을 계산하시오.

해답

물음1　채권가격과 듀레이션

$$P_0 = \frac{₩600}{1.06} + \frac{₩10,600}{1.06^2} = ₩10,000$$

$$D = \sum_{t=1}^{n} \frac{CF_t \times t}{(1+R)^t} \times \frac{1}{P_0} = \left(\frac{₩600}{1.06} \times 1 + \frac{₩10,600}{1.06^2} \times 2 \right) \times \frac{1}{₩10,000} = 1.9434년$$

물음2　수정듀레이션

$$D^m = D \times \frac{1}{1+R} = 1.9434 \times \frac{1}{1.06}$$

$$= \sum_{t=1}^{n} \frac{CF_t \times t}{(1+R)^{t+1}} \times \frac{1}{P_0} = \frac{1}{1.06} \times \left(\frac{₩600}{1.06} \times 1 + \frac{₩10,600}{1.06^2} \times 2 \right) \times \frac{1}{₩10,000} = 1.8334$$

물음3　볼록성

$$C = \sum_{t=1}^{n} \frac{CF_t \times t \times (t+1)}{(1+R)^{t+2}} \times \frac{1}{P_0}$$

$$= \frac{1}{1.06^2} \times \left(\frac{₩600}{1.06} \times 1 \times 2 + \frac{₩10,600}{1.06^2} \times 2 \times 3 \right) \times \frac{1}{₩10,000} = 5.1384$$

물음4　듀레이션과 볼록성을 모두 고려한 채권가격의 변동

$$\Delta P = -D^m \times P_0 \times \Delta R + \frac{1}{2} \times C \times P_0 \times (\Delta R)^2$$

$$= -1.8334 \times ₩10,000 \times 0.01 + \frac{1}{2} \times 5.1384 \times ₩10,000 \times 0.01^2$$

$$= -₩183.34 + ₩2.5692 = -₩180.7708$$

∴ 이자율 변동 후 채권가격 = ₩10,000 - ₩180.7708 = ₩9,819.2292

2) 볼록성의 특성

앞서 살펴본 바와 같이 볼록성은 채권가격선의 볼록한 정도를 의미하는데 이러한 볼록성의 특성에 대해 구체적으로 살펴보면 다음과 같다.

① 모든 볼록성은 양(+)의 가치이다. 즉, 듀레이션에 의한 가격변동은 1차 미분값인 음(−)의 기울기이지만, 그 정도가 체감하기 때문에 2차 미분값인 볼록성은 항상 양(+)의 값을 갖는다.

② 채권가격의 볼록성으로 인해 실제채권가격은 이자율 상승 시 듀레이션에 의한 채권가격 변동보다 덜 하락하고, 이자율 하락 시 듀레이션에 의한 채권가격 변동보다 더 상승한다. 따라서 볼록성은 항상 채권투자자에게 유리하며, 볼록성이 큰 채권에 대해 상대적으로 높은 가격이 형성될 수 있는데 이를 볼록성프리미엄이라고 한다.

③ 볼록성은 듀레이션이 증가함에 따라 체증적으로 증가한다. 시장이자율이 하락해서 채권가격이 상승하면 듀레이션(채권가격선 기울기의 절댓값)은 증가하고, 이에 따라 볼록성(기울기의 변동)도 증가하게 되는데, 듀레이션이 증가하면 채권가격선의 기울기가 보다 가파르게 되어 기울기의 변동정도가 더 커지기 때문이다.

한편, 수의상환권이나 상환청구권 등의 특정한 권리가 추가로 부여되어 있는 채권의 볼록성은 일반채권의 볼록성과 다를 수 있는데 이에 대해 구체적으로 살펴보면 다음과 같다.

① 수의상환권이란 채권의 발행자가 만기일 이전에 미리 정해진 가격으로 채권을 상환할 수 있는 권리를 말한다. 이러한 수의상환권이 부여된 채권은 이자율이 상승하는 경우에는 일반채권과 별다른 차이가 없지만, 이자율이 하락해서 채권의 가격이 상승하는 경우에는 수의상환권의 행사가능성 때문에 음(−)의 볼록성을 갖는다.

② 상환청구권이란 채권자가 만기일 이전에 미리 정해진 가격으로 채권의 상환을 요구할 수 있는 권리를 말한다. 이러한 상환청구권이 부여된 채권은 이자율이 하락하는 경우에는 일반채권과 별다른 차이가 없지만, 이자율이 상승해서 채권의 가격이 하락하는 경우에는 상환청구권의 행사가능성 때문에 일반채권에 비해 볼록성이 커진다.

수의상환채권과 상환청구권부채권의 볼록성

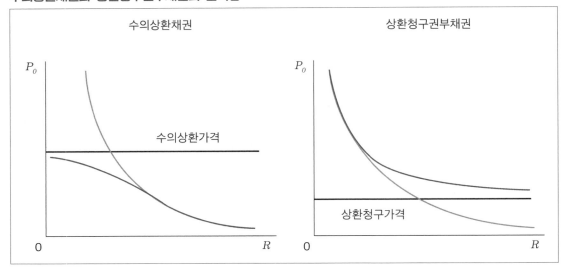

(4) 연간 이자지급횟수가 2회 이상인 채권

앞서 살펴본 듀레이션과 볼록성은 연간 1회 이자를 지급하는 채권을 가정한 것이었다. 그러나 현실적인 이표채권은 연간 2회 또는 4회 이자를 지급하는 것이 일반적이므로 여기서는 연간 m회 이자를 지급하는 이표채권의 가격과 듀레이션 및 볼록성 등에 대해 살펴보기로 한다.

1) 채권가격과 듀레이션

채권의 현재가격을 계산하기 위해 제시되는 시장이자율(만기수익률)은 연표시이자율(annual percentage rate)이다. 따라서 연간 m회 이자를 지급하는 이표채권에 적용될 시장이자율이 R인 경우에는 이자계산기간당 이자율($\frac{R}{m}$)을 이용해서 채권가격을 계산하며, 이에 따라 총 m×n회 현금흐름이 발생하는 n년 만기 이표채권의 현재가격과 듀레이션은 다음과 같이 계산된다.

$$P_0 = \frac{CF_1}{1+\dfrac{R}{m}} + \frac{CF_2}{\left(1+\dfrac{R}{m}\right)^2} + \cdots + \frac{CF_{m\times n}}{\left(1+\dfrac{R}{m}\right)^{m\times n}}$$

$$D = \left[\frac{CF_1}{(1+\dfrac{R}{m})} \times \frac{1}{m} + \frac{CF_2}{(1+\dfrac{R}{m})^2} \times \frac{2}{m} + \cdots + \frac{CF_{m\times n}}{(1+\dfrac{R}{m})^{m\times n}} \times \frac{m\times n}{m}\right] \times \frac{1}{P_0}$$

$$= \frac{1}{m} \times \left[\frac{CF_1}{(1+\dfrac{R}{m})} \times 1 + \frac{CF_2}{(1+\dfrac{R}{m})^2} \times 2 + \cdots + \frac{CF_{m\times n}}{(1+\dfrac{R}{m})^{m\times n}} \times m\times n\right] \times \frac{1}{P_0}$$

2) 채권가격의 이자율탄력성

연간 m회 이자를 지급하는 n년 만기 이표채권의 경우에 시장이자율 변동에 따른 채권가격변동의 민감도를 나타내는 채권가격의 이자율탄력성은 다음과 같다.

$$채권가격의\ 이자율탄력성 = \frac{dP/P_0}{dR/R} = \frac{dP}{dR} \times \frac{R}{P_0}$$

$$= -\frac{1}{1+\frac{R}{m}} \times \frac{1}{m} \times \left[\frac{CF_1}{(1+\frac{R}{m})} \times 1 + \frac{CF_2}{(1+\frac{R}{m})^2} \times 2 + \cdots + \frac{CF_{m \times n}}{(1+\frac{R}{m})^{m \times n}} \times m \times n \right] \times \frac{R}{P_0}$$

$$= -\frac{R}{1+\frac{R}{m}} \times \frac{1}{m} \times \left[\frac{CF_1}{(1+\frac{R}{m})} \times 1 + \frac{CF_2}{(1+\frac{R}{m})^2} \times 2 + \cdots + \frac{CF_{m \times n}}{(1+\frac{R}{m})^{m \times n}} \times m \times n \right] \times \frac{1}{P_0}$$

$$= -\frac{R}{1+\frac{R}{m}} \times D$$

3) 수정듀레이션과 볼록성 및 채권가격의 변동

채권가격의 이자율탄력성을 계산하는 식을 다시 정리하면 이자율 변동 시 채권가격의 변동액과 변동률은 다음과 같이 나타낼 수 있다. 여기서 이자율 변동의 크기를 나타내는 ΔR은 연표시이자율의 변동을 의미함에 주의하기 바란다.

$$이자율\ 변동\ 시\ 채권가격의\ 변동액:\ \Delta P = -D \times \frac{1}{1+\frac{R}{m}} \times P_0 \times \Delta R$$

$$이자율\ 변동\ 시\ 채권가격의\ 변동률:\ \frac{\Delta P}{P_0} = -D \times \frac{1}{1+\frac{R}{m}} \times \Delta R$$

이와 같이 연간 m회 이자를 지급하는 n년 만기 이표채권의 경우에 시장이자율 변동에 따른 채권가격 변동률을 의미하는 수정듀레이션과 이러한 수정듀레이션을 이용하여 이자율 변동에 따른 채권가격의 변동을 나타내면 다음과 같다.

$$D^m = D \times \frac{1}{1+\frac{R}{m}} = -\frac{dP/P_0}{dR}$$

$$\Delta P = -D^m \times P_0 \times \Delta R$$

$$\frac{\Delta P}{P_0} = -D^m \times \Delta R$$

또한, 채권가격의 볼록성까지 고려하는 경우에 연간 m회 이자를 지급하는 n년 만기 이표채권의 이자율 변동에 따른 채권가격의 변동은 다음과 같이 나타낼 수 있다.

$$\Delta P = -D^m \times P_0 \times \Delta R + \frac{1}{2} \times C \times P_0 \times (\Delta R)^2$$

$$\frac{\Delta P}{P_0} = -D^m \times \Delta R + \frac{1}{2} \times C \times (\Delta R)^2$$

$$\text{수정듀레이션: } D^m = D \times \frac{1}{1+\frac{R}{m}} = \frac{1}{m} \times \sum_{t=1}^{m \times n} \frac{CF_t \times t}{(1+\frac{R}{m})^{t+1}} \times \frac{1}{P_0}$$

$$\text{볼록성: } C = \left(\frac{1}{m}\right)^2 \times \sum_{t=1}^{m \times n} \frac{CF_t \times t \times (t+1)}{(1+\frac{R}{m})^{t+2}} \times \frac{1}{P_0}$$

예제 9   연간 이자지급횟수가 2회인 채권의 듀레이션과 볼록성

잔존만기가 1년인 채권 A는 액면금액이 ₩10,000이고, 액면이자율은 연 6%이며, 액면이자를 연 2회 6개월마다 후급으로 지급하는 채권이다. 채권 A의 만기수익률이 연 6%인 상황을 가정하여 물음에 답하시오.

물음1 채권 A의 듀레이션을 계산하시오.

물음2 채권 A의 수정듀레이션을 계산하시오.

물음3 채권 A의 볼록성을 계산하시오.

물음4 이상의 계산 결과를 이용해서 채권 A의 만기수익률이 현재의 6%에서 7%로 1%p 상승하는 경우의 이자율 변동 후 채권가격을 계산하시오.

해답

물음1 채권가격과 듀레이션

$$P_0 = \frac{\text{₩}300}{1.03} + \frac{\text{₩}10,300}{1.03^2} = \text{₩}10,000$$

$$D = \frac{1}{m} \times \sum_{t=1}^{m \times n} \frac{CF_t \times t}{(1 + \frac{R}{m})^t} \times \frac{1}{P_0} = \left(\frac{\text{₩}300}{1.03} \times 0.5 + \frac{\text{₩}10,300}{1.03^2} \times 1 \right) \times \frac{1}{\text{₩}10,000}$$

$$= \frac{1}{2} \times \left(\frac{\text{₩}300}{1.03} \times 1 + \frac{\text{₩}10,300}{1.03^2} \times 2 \right) \times \frac{1}{\text{₩}10,000} = 0.9854\text{년}$$

물음2 수정듀레이션

$$D^m = D \times \frac{1}{1 + \frac{R}{m}} = 0.9854 \times \frac{1}{1.03}$$

$$= \frac{1}{m} \times \sum_{t=1}^{m \times n} \frac{CF_t \times t}{(1 + \frac{R}{m})^{t+1}} \times \frac{1}{P_0} = \frac{1}{2} \times \frac{1}{1.03} \times \left(\frac{\text{₩}300}{1.03} \times 1 + \frac{\text{₩}10,300}{1.03^2} \times 2 \right) \times \frac{1}{\text{₩}10,000}$$

$$= 0.9567$$

물음3 볼록성

$$C = \left(\frac{1}{m} \right)^2 \times \sum_{t=1}^{m \times n} \frac{CF_t \times t \times (t+1)}{(1 + \frac{R}{m})^{t+2}} \times \frac{1}{P_0}$$

$$= \left(\frac{1}{2} \right)^2 \times \frac{1}{1.03^2} \times \left(\frac{\text{₩}300}{1.03} \times 1 \times 2 + \frac{\text{₩}10,300}{1.03^2} \times 2 \times 3 \right) \times \frac{1}{\text{₩}10,000} = 1.3864$$

물음4 듀레이션과 볼록성을 모두 고려한 채권가격의 변동

$$\Delta P = -D^m \times P_0 \times \Delta R + \frac{1}{2} \times C \times P_0 \times (\Delta R)^2$$

$$= -0.9567 \times \text{₩}10,000 \times 0.01 + \frac{1}{2} \times 1.3864 \times \text{₩}10,000 \times 0.01^2 = -\text{₩}94.9768$$

∴ 이자율 변동 후 채권가격 = ₩10,000 − ₩94.9768 = ₩9,905.0232

제5절 채권투자전략

채권투자전략도 주식투자전략과 마찬가지로 적극적 투자전략과 소극적 투자전략으로 분류할 수 있는데, 본 절에서는 이러한 채권투자전략에 대해서 자세히 살펴보기로 한다.

01 적극적 투자전략

적극적 투자전략(active investment strategy)이란 채권시장이 비효율적이라는 전제하에 시장가격의 불균형을 이용한 수익을 추구하거나, 투자자가 우월한 정보 분석능력이나 미래 예측능력을 통해서 시장평균 이상의 투자성과를 낼 수 있다는 가정하에 채권을 운용하는 전략을 말한다. 이러한 적극적 투자전략은 미래에 대한 예측을 근거로 위험을 감수하면서 시장을 초과하는 수익을 추구하는 전략이라고 할 수 있는데, 대표적인 방법으로는 이자율예측전략과 수익률곡선타기전략 및 스프레드운용전략을 들 수 있다.

(1) 이자율예측전략

이자율예측전략(forecasting interest rate strategy)이란 미래의 이자율 변동에 대한 투자자의 예측을 근거로 투자하는 전략을 말한다. 즉, 이자율의 하락(채권가격의 상승)이 예상되는 경우에는 채권을 추가로 매입하고, 이자율의 상승(채권가격의 하락)이 예상되는 경우에는 보유채권을 처분하는 전략이다. 이러한 이자율 예측전략은 다음과 같은 채권포트폴리오의 교체매매 전략에도 이용될 수 있다.

① 이자율의 하락이 예상되는 상황에서는 보유 중인 단기채권을 매도하여 유입되는 자금으로 장기채권을 매입함으로써 전체 포트폴리오의 듀레이션을 증가시키는 전략을 취하여 이자율의 하락에 따른 채권포트폴리오의 가치상승을 극대화시키는 전략을 취한다.

② 이자율의 상승이 예상되는 상황에서는 보유 중인 장기채권을 매도하여 유입되는 자금으로 단기채권을 매입함으로써 전체 포트폴리오의 듀레이션을 감소시키는 전략을 취하여 이자율의 상승에 따른 채권포트폴리오의 가치하락을 최소화시키는 전략을 취한다.

> 이자율 하락 예상: 단기채권 매도 + 장기채권 매입
> → 채권포트폴리오의 듀레이션 증가
> 이자율 상승 예상: 장기채권 매도 + 단기채권 매입
> → 채권포트폴리오의 듀레이션 감소

다만, 이러한 이자율예측전략은 미래의 이자율에 대한 예측이 빗나갈 경우에 더 큰 손실을 부담할 수도 있다는 한계점이 있다.

(2) 수익률곡선타기전략

수익률곡선타기전략(riding yield curve strategy)이란 현재의 수익률곡선이 우상향의 형태이고 투자기간동안 이러한 형태가 변하지 않을 것으로 예측되는 경우에 목표투자기간보다 만기가 긴 채권을 매입한 후 만기일 이전에 처분하여 시간의 경과에 따른 자본이득을 추구하는 전략을 말하는데, 이러한 수익률곡선타기전략은 다음과 같은 수익률곡선상의 롤링효과와 쇼울더효과를 이용하는 전략이다.

① 롤링효과(rolling effect): 수익률곡선이 우상향의 형태인 경우에 보유채권의 잔존만기가 감소하면 해당 채권에 대한 수익률이 하락하여 채권가격이 상승하는 효과를 말한다.

② 쇼울더효과(shoulder effect): 시간의 경과와 잔존만기 감소로 인한 수익률 하락폭이 장기채권에 비해서 단기채권에서 더욱 두드러지는 현상을 말한다.

이와 같이 수익률곡선타기전략은 채권을 매입한 후 시간이 경과하여 보유채권의 잔존만기가 짧아지면 롤링효과와 쇼울더효과로 인해 해당 채권의 수익률이 하락하면서 발생하는 자본이득(채권가격의 상승)을 추구하고자 하는 전략인데, 수익률곡선의 형태가 예측대로 유지되어야만 투자목표의 실현이 가능하다는 한계점이 있다.

예제 10 ┃ 수익률곡선타기전략

현재의 1년, 2년, 3년 만기 현물이자율이 각각 15%, 18%, 20%이다. 현재 ₩1,000을 보유하고 있는 투자자 甲은 목표투자기간 2년간의 투자전략으로 다음과 같은 투자전략들을 비교하고자 한다.
투자전략 A: 1년 만기 순수할인채권에 2년간 반복투자
투자전략 B: 2년 만기 순수할인채권을 매입
투자전략 C: 3년 만기 순수할인채권을 매입하여 2년 후 처분

물음 1 현재의 수익률곡선이 향후에도 계속해서 유지될 것으로 예상된다. 즉, 향후에 시점과 무관하게 1년, 2년, 3년 만기 현물이자율은 각각 15%, 18%, 20%가 유지될 것으로 예상된다. 각 투자전략의 2년간 연평균수익률을 계산하시오.

물음 2 1년, 2년, 3년 만기 현물이자율이 1년 후 시점에는 각각 20%, 18%, 15%가 되고, 2년 후 시점에는 각각 25%, 20%, 18%가 될 것으로 예상된다. 각 투자전략의 2년간 연평균수익률을 계산하시오.

해답

[물음1] 수익률곡선이 변동하지 않는 경우

투자전략 A: $\sqrt{1.15 \times 1.15} - 1 = 0.15$

투자전략 B: $\sqrt{1.18^2} - 1 = 0.18$

투자전략 C: $\sqrt{\dfrac{1.2^3}{1.15}} - 1 = 0.2258$

[물음2] 수익률곡선이 변동하는 경우

투자전략 A: $\sqrt{1.15 \times 1.2} - 1 = 0.1747$

투자전략 B: $\sqrt{1.18^2} - 1 = 0.18$

투자전략 C: $\sqrt{\dfrac{1.2^3}{1.25}} - 1 = 0.1758$

(3) 스프레드운용전략

스프레드운용전략(spread strategy)이란 채권수익률의 스프레드가 확대 또는 축소되는 시점을 예상하여 교체매매를 함으로써 투자성과를 극대화하고자 하는 전략을 말한다. 여기서 스프레드(spread)란 서로 다른 채권수익률 간의 차이를 말하는데, 스프레드운용 전략은 특정 사건의 발생으로 인해 스프레드가 비정상적으로 확대 또는 축소되었다가도 시간이 경과함에 따라 다시 원래의 스프레드 상태로 돌아오는 특성을 이용하는 전략이다.

① 스프레드가 비정상적으로 확대되어 향후 스프레드의 축소가 예상되는 경우에는 수익률이 낮은 채권을 처분하여 유입되는 자금으로 수익률이 높은 채권을 매입한다.

② 스프레드가 비정상적으로 축소되어 향후 스프레드의 확대가 예상되는 경우에는 수익률이 높은 채권을 처분하여 유입되는 자금으로 수익률이 낮은 채권을 매입한다.

━━‖ **사례** ‖━━

비교적 일정하게 유지되던 국채 수익률과 회사채 수익률의 스프레드가 경기침체기에는 확대되는 경향이 있다. 이러한 경우에는 국채를 처분하고 회사채를 매입한 후에 경기가 회복되어 스프레드가 축소되면 다시 회사채를 처분하고 국채를 매입하는 교체매매를 실행한다.

이러한 스프레드운용전략은 결국 상대적으로 비싼 채권을 처분하여 유입되는 자금으로 상대적으로 싼 채권을 매입하여 투자성과를 극대화하기 위한 전략이라고 할 수 있다.

02 소극적 투자전략

소극적 투자전략(passive investment strategy)이란 채권시장이 효율적임을 전제로 하여 채권투자에 따른 위험을 최소화하고자 하는 전략을 말한다. 이러한 소극적 투자전략은 채권의 시장가격이 공정하게 결정된 균형가격이며 투자자는 우월한 정보 분석능력이나 미래 예측능력을 갖고 있지 못하여 시장평균을 초과하는 투자성과를 기대하기 어렵다고 보기 때문에 채권가격의 결정요인들에 대한 예측을 최소화함으로써 예측에 수반되는 위험을 최소화하고자 하는 전략이라고 할 수 있는데, 대표적인 방법으로는 만기보유전략과 지수펀드전략 및 면역전략을 들 수 있다.

(1) 만기보유전략

만기보유전략(buy and hold strategy)이란 채권을 매입하여 만기까지 보유하는 전략을 말하며, 투자시점에 미리 투자수익률을 확정시킬 수 있는 전략이다. 즉, 채권발행자의 채무불이행이 발생하지 않는 상황에서 채권을 매입하여 만기까지 보유하면 무이표채권의 경우에는 매입 당시의 만기수익률을 그대로 실현할 수 있으며, 이표채권의 경우에는 만기 이전에 수취하는 액면이자의 재투자수익률이 변동될 위험을 부담하지만 실제 실현되는 수익률이 매입 당시의 만기수익률과 거의 유사하게 된다.

(2) 지수펀드전략

지수펀드전략(index fund strategy)이란 시장을 대표하는 특정한 채권지수의 성과를 그대로 복제하여 시장의 수익과 위험을 그대로 취하도록 채권포트폴리오를 구성하는 전략을 말한다. 이러한 지수펀드전략의 내용은 <제10장 주식의 가치평가와 투자전략>에서 살펴본 지수펀드전략과 동일한데, 채권의 경우에는 지수펀드 구성 시 편입해야 할 채권의 유통물량이 부족할 경우 실행이 곤란하다는 점을 추가로 고려해야 한다.

(3) 면역전략

면역전략(immunization)이란 시장이자율의 변동에 따른 채권포트폴리오의 가치변화를 0으로 만들어서 이자율 변동위험을 완전히 제거하고자 하는 전략이다. 즉, 면역전략은 시장이자율의 변동과 무관하게 채권포트폴리오의 가치가 일정한 수준으로 유지되도록 하는 전략인데, 여기서는 대표적인 면역전략으로 순자산가치면역전략과 목표시기면역전략에 대해서 살펴보기로 한다.

1) 순자산가치면역전략

일반 제조기업이나 상기업과는 달리 금융기관의 경우 이자율 변동에 따라 자산과 부채의 가치가 민감하게 변동한다. 특히 은행들의 부채는 주로 투자자들의 단기성예금으로 구성되지만, 자산은 개인이나 기업에 대한 장기대출로 구성되므로 자산의 듀레이션이 부채의 듀레이션보다 상대적으로 크기 마련이며, 이에 따라 이자율 변동 시 자산가치 변동액의 크기와 부채가치 변동액의 크기가 상이하여 순자산가치가 변동하게 된다. 이러한 상황에서 자산과 부채의 구성을 적절하게 조절하여 이자율 변동과 무관하게 순자산가치가 일정하게 유지될 수 있도록 하는 투자전략이 순자산가치면역전략이다.

① 순자산가치면역전략(net worth immunization)이란 이자율 변동 시의 자산가치 변동액(ΔA)과 부채가치 변동액(ΔL)의 크기를 일치시켜 순자산가치의 변동액(ΔK)을 0으로 만드는 전략을 말한다.

② 순자산가치면역전략을 식으로 표현하면 다음과 같은데, 여기서 A와 L은 자산과 부채의 시장가치를, D_A와 D_L은 시장가치를 기준으로 가중평균된 자산과 부채의 듀레이션을 의미한다.

$$\Delta K = \Delta A - \Delta L = -D_A \times \frac{1}{1+R_A} \times A \times \Delta R_A - \left(-D_L \times \frac{1}{1+R_L} \times L \times \Delta R_L\right) = 0$$

$$\text{면역화조건: } D_A \times \frac{1}{1+R_A} \times A \times \Delta R_A = D_L \times \frac{1}{1+R_L} \times L \times \Delta R_L$$

③ 모든 자산과 부채의 시장이자율이 동일($R_A = R_L$)한 경우를 가정하면 면역화조건은 다음과 같이 나타낼 수 있다.

$$\Delta K = \Delta A - \Delta L = -D_A \times \frac{1}{1+R} \times A \times \Delta R - \left(-D_L \times \frac{1}{1+R} \times L \times \Delta R\right) = 0$$

$$\text{면역화조건: } D_A \times A = D_L \times L$$

만약, 면역화되어 있지 못한 경우라면 자산과 부채의 구성을 변경하여 자산과 부채의 듀레이션을 조정함으로써 순자산가치면역전략을 실행할 수 있다.

① $D_A \times A > D_L \times L$인 상황이라면 시장이자율이 상승하는 경우에 자산가치 감소액이 부채가치 감소액보다 크게 되어 순자산가치가 감소될 위험을 부담하므로 면역화를 위해서는 자산의 듀레이션(또는 자산의 시장가치)을 감소시키거나, 부채의 듀레이션(또는 부채의 시장가치)을 증가시켜야 한다. 자산의 듀레이션을 감소시키는 구체적인 실행방안으로는 장기대출을 단기대출로 전환유도 또는 만기일시상환조건의 대출을 원리금균등분할상환조건의 대출로 전환유도, 고정금리조건의 대출을 변동금리조건의 대출로 전환유도 등의 방안을 들 수 있다.

② 면역화를 위해 자산이나 부채의 구성을 조정하는 것은 결코 쉽지 않은 일이기 때문에 실무에서는 채권선물을 이용하여 보다 쉽게 자산이나 부채의 듀레이션을 조정하는데 채권선물을 이용하는 방법에 대해서는 <제12장 선물가격의 결정과 투자전략>에서 살펴보기로 한다.

이러한 순자산가치면역전략은 시장이자율의 변동에 대비하기 위해 자산과 부채를 종합적으로 통합하여 관리하는 자산부채종합관리(asset liability management: ALM)의 듀레이션갭관리에도 그대로 적용된다.

① 모든 자산과 부채의 시장이자율이 동일한 경우를 가정하여 이자율 변동에 따른 순자산가치의 변동액을 식으로 표현하면 다음과 같다.

$$\begin{aligned}
\Delta K &= \Delta A - \Delta L \\
&= -D_A \times \frac{1}{1+R} \times A \times \Delta R - \left(-D_L \times \frac{1}{1+R} \times L \times \Delta R\right) \\
&= -\left(D_A - D_L \times \frac{L}{A}\right) \times \frac{1}{1+R} \times A \times \Delta R
\end{aligned}$$

② 상기 식에서 $(D_A - D_L \times \frac{L}{A})$를 자본의 듀레이션갭이라고 하는데, 이자율 변동 시 순자산가치의 변동을 면역화하고자 한다면 듀레이션갭을 0으로 유지하면 될 것이다.

$$\text{자본의 듀레이션갭: } D_A - D_L \times \frac{L}{A}$$

한편, 면역화를 추구하는 전략이 아니라 미래의 이자율 변동을 예상하여 이득을 추구하는 적극적인 투자전략이라면, 이자율의 하락이 예상되는 경우에는 $D_A \times A > D_L \times L$, 즉 $(D_A - D_L \times \frac{L}{A}) > 0$이 되도록 자산과 부채의 구성을 조정하면 이자율의 하락에 따른 자산가치의 증가액이 부채가치의 증가액보다 크게 되어 이득을 얻을 수 있다.

$$\text{이자율 하락 예상: } D_A \times A > D_L \times L \text{ (듀레이션갭 > 0)} \rightarrow \text{순자산가치 증가}$$
$$\text{이자율 상승 예상: } D_A \times A < D_L \times L \text{ (듀레이션갭 < 0)} \rightarrow \text{순자산가치 증가}$$

파랑은행이 보유하는 자산과 부채의 장부금액과 시장가치 및 듀레이션에 대한 다음 자료를 이용해서 물음에 답하시오.

구분	장부금액	시장가치	듀레이션
<자산>			
현금	₩100	₩100	
단기금융상품	200	200	1년
국채	300	300	3년
주택담보대출	500	400	10년
자산합계	₩1,100	₩1,000	
<부채>			
보통예금	₩50	₩50	
CD	100	100	6개월
단기채무	150	150	1년
장기차입금	400	500	10년
부채합계	₩700	₩800	

물음1 파랑은행이 보유하는 자산의 듀레이션과 부채의 듀레이션을 계산하시오.

물음2 파랑은행의 순자산이 이자율 변동위험에서 면역화되지 못함을 보이시오.

물음3 면역화를 위해 자산의 듀레이션을 조정하는 경우 자산의 듀레이션이 얼마로 조정되어야 하는지 계산하시오.

물음4 **물음3** 과 달리 파랑은행이 2년 만기 무이표채권을 발행하여 유입되는 자금으로 6년 만기 무이표채권에 투자하여 순자산가치의 변동위험을 제거하고자 한다면, 2년 만기 무이표채권의 발행을 통해 조달해야 하는 금액을 계산하시오.

해답

물음1 자산과 부채의 듀레이션

$$D_A = \frac{\text{₩}100}{\text{₩}1,000} \times 0\text{년} + \frac{\text{₩}200}{\text{₩}1,000} \times 1\text{년} + \frac{\text{₩}300}{\text{₩}1,000} \times 3\text{년} + \frac{\text{₩}400}{\text{₩}1,000} \times 10\text{년} = 5.1\text{년}$$

$$D_L = \frac{\text{₩}50}{\text{₩}800} \times 0\text{년} + \frac{\text{₩}100}{\text{₩}800} \times 0.5\text{년} + \frac{\text{₩}150}{\text{₩}800} \times 1\text{년} + \frac{\text{₩}500}{\text{₩}800} \times 10\text{년} = 6.5\text{년}$$

물음2 면역화 여부 판단

$$D_A \times A = 5.1\text{년} \times \text{₩}1,000 = 5,100 < D_L \times L = 6.5\text{년} \times \text{₩}800 = 5,200$$

∴ 현재 상태에서는 면역화되어 있지 못하다. 즉, 이자율이 하락하는 경우에 자산가치 증가액보다 부채가치 증가액이 더 커서 순자산가치가 감소될 위험이 있다.

물음3 자산의 듀레이션 조정을 통한 면역화

$$D_A^* \times A = D_A^* \times \text{₩}1,000 = D_L \times L = 6.5\text{년} \times \text{₩}800$$

∴ 조정 후 자산의 듀레이션: $D_A^* = 5.2\text{년}$

물음4 추가적인 부채 차입을 통한 면역화

$$D_A \times A = \left(\frac{\text{₩}1,000}{\text{₩}1,000 + X} \times 5.1\text{년} + \frac{X}{\text{₩}1,000 + X} \times 6\text{년} \right) \times (\text{₩}1,000 + X)$$

$$= D_L \times L = \left(\frac{\text{₩}800}{\text{₩}800 + X} \times 6.5\text{년} + \frac{X}{\text{₩}800 + X} \times 2\text{년} \right) \times (\text{₩}800 + X)$$

∴ 2년 만기 무이표채권 발행액: $X = \text{₩}25$

한편, 금융기관의 재무적 건전성과 안전성을 측정하는 데 흔히 이용되는 지표로 자기자본비율이 있다. 자기자본비율이란 총자산에서 자기자본이 차지하는 비율을 말하는데, 이자율 변동과 무관하게 자기자본비율을 일정하게 유지하고자 하는 경우의 전략에 대해 구체적으로 살펴보면 다음과 같다.

① 이자율 변동과 무관하게 자기자본비율을 일정하게 유지하고자 하는 경우에는 이자율 변동에 따른 자산가치의 변동률과 자기자본가치의 변동률이 일치해야 한다.

$$\text{자기자본비율} = \frac{K}{A} = \frac{K \times (1 + \text{자기자본가치 변동률})}{A \times (1 + \text{자산가치 변동률})} = \frac{K'}{A'}$$

② 자산가치의 변동률과 자기자본가치의 변동률이 일치하면 이는 부채가치의 변동률과도 일치하게 되므로 이자율 변동과 무관하게 자기자본비율을 일정하게 유지하기 위해서는 다음의 조건이 만족되어야 한다. 단, 모든 자산과 부채의 시장이자율이 동일한 경우를 가정한다.

$$\frac{\Delta A}{A} = -D_A \times \frac{1}{1 + R} \times \Delta R = -D_L \times \frac{1}{1 + R} \times \Delta R = \frac{\Delta L}{L}$$

$$\therefore D_A = D_L$$

2) 목표시기면역전략

목표시기면역전략(target date immunization)이란 투자기간동안의 이자율 변동과 무관하게 채권매입 당시의 수익률을 실현시키고자 하는 전략을 말한다. 즉, 목표시기면역전략은 채권포트폴리오의 듀레이션을 적절하게 조절하여 서로 상반된 효과를 지니는 재투자위험과 가격위험을 상쇄시킴으로써 투자자의 부를 일정하게 유지하고자 하는 전략이다.

① 채권을 매입한 이후 시장이자율이 하락하는 경우에 발생하는 자본이득은 투자기간이 경과함에 따라 액면이자의 재투자수익 감소에 의해 점차 상쇄되어 가며, 시장이자율이 상승하는 경우에 발생하는 자본손실은 투자기간이 경과함에 따라 액면이자의 재투자수익 증가에 의해 점차 상쇄되어 간다.

② 채권에 대한 투자기간이 증가하는 경우에 재투자위험은 점차 증가하지만 가격위험은 점차 감소하게 된다. 즉, 채권에 대한 투자기간이 채권의 듀레이션보다 짧은 경우에는 상대적으로 재투자위험에 비해 가격위험이 크게 되고, 투자기간이 채권의 듀레이션과 일치하는 경우에는 재투자위험과 가격위험이 일치하여 두 위험이 완전히 상쇄되며, 투자기간이 채권의 듀레이션보다 긴 경우에는 상대적으로 가격위험에 비해 재투자위험이 크게 된다.

③ 재투자위험과 가격위험이 완전히 상쇄되는 투자기간은 채권의 듀레이션과 동일하므로 목표투자기간과 투자하는 채권포트폴리오의 듀레이션을 일치시키면 투자기간 중의 이자율 변동과 무관하게 채권매입 당시의 수익률을 실현시킬 수 있다.

면역화조건: 목표투자기간 = 채권(포트폴리오)의 듀레이션

이러한 목표시기면역전략은 일정기간 후 상환해야 하는 채무를 부담하고 있는 경우에 동 채무의 현재가치만큼을 채권포트폴리오로 운용하되 이자율 변동과 무관하게 약정채무의 상환에 문제가 발생하지 않도록 하는 전략에도 적용된다. 이 경우 채권포트폴리오의 듀레이션이 채무상환시점과 일치하도록 포트폴리오를 구성하면 이자율 변동으로부터 면역화될 수 있는데, 이는 자산의 가치와 부채의 가치가 일치하는 상황에서 자산의 듀레이션과 부채의 듀레이션을 일치시키는 순자산가치면역전략으로 해석될 수도 있다.

예제 12 목표시기면역전략

투자자 甲은 5년 후에 ₩161,051을 상환해야 하는 채무를 부담하고 있다. 현재 ₩100,000을 보유하고 있는 투자자 甲이 3년 만기 무이표채권과 영구채권으로 포트폴리오를 구성하여 목표시기면역전략을 수행하고자 한다. 시장이자율은 연 10%이며, 수평의 수익률곡선 및 수익률곡선의 평행이동을 가정한다.

물음1 투자자 甲이 부담하고 있는 채무(부채)의 듀레이션과 현재가치를 계산하시오.

물음2 투자자 甲이 이용가능한 무이표채권과 영구채권의 듀레이션을 계산하시오.

물음3 투자자 甲이 현재시점에 무이표채권과 영구채권에 투자해야 하는 금액을 계산하시오.

해답
물음1 부채의 듀레이션과 현재가치
부채의 듀레이션(목표투자기간) = 5년
$$부채의\ 현재가치 = \frac{₩161,051}{1.1^5} = ₩100,000$$

물음2 이용가능한 채권의 듀레이션
3년 만기 무이표채권의 듀레이션: $D_{무이표채} = 잔존만기 = 3년$

영구채권의 듀레이션: $D_{영구채} = \dfrac{1+R}{R} = \dfrac{1.1}{0.1} = 11년$

물음3 목표시기면역전략의 실행
목표투자기간 = 5년 = 채권포트폴리오의 듀레이션 = $w_{무이표채} \times 3년 + (1 - w_{무이표채}) \times 11년$
∴ $w_{무이표채} = 0.75$, $w_{영구채} = 0.25$
무이표채권 투자금액 = ₩75,000, 영구채권 투자금액 = ₩25,000

채권을 매입한 이후에 이자율이 변동하면 듀레이션이 변동되고, 시간이 경과함에 따라 잔존만기와 듀레이션이 서로 다른 비율로 감소하기 때문에 이상에서 설명한 전략에 따라 면역화된 포지션이 이후에도 계속해서 유효한 것은 아니다. 따라서 완전한 면역화를 위해서는 다음과 같은 지속적인 포트폴리오의 재조정이 필요하다.

① <예제 12>에서와 같은 포트폴리오를 구성한 직후에 시장이자율이 8%로 변동했다면 잔여목표투자기간은 여전히 5년이지만, 채권포트폴리오를 구성하는 무이표채권과 영구채권의 듀레이션이 다음과 같이 변동하므로 면역화를 유지하기 위해서는 포트폴리오의 재조정이 필요하다. 즉, 영구채권을 일부 처분한 자금으로 무이표채권에 추가로 투자하여 전체자금의 80.95%가 무이표채권에, 나머지 19.05%가 영구채권에 투자되도록 재조정해야 한다.

> 무이표채권의 듀레이션: $D_{무이표채} = 3$년
>
> 영구채권의 듀레이션: $D_{영구채} = \dfrac{1+R}{R} = \dfrac{1.08}{0.08} = 13.5$년
>
> 5년 $= w_{무이표채} \times 3$년 $+ (1 - w_{무이표채}) \times 13.5$년
>
> $\therefore\ w_{무이표채} = 0.8095,\ w_{영구채} = 0.1905$

② <예제 12>에서와 같은 포트폴리오를 구성한 이후에 시장이자율은 변동 없이 10%로 유지된다고 하더라도 1년의 시간이 경과되었다면 잔여목표투자기간은 4년이지만 채권포트폴리오를 구성하는 무이표채권과 영구채권의 듀레이션이 다음과 같이 변동하므로 면역화를 유지하기 위해서는 포트폴리오의 재조정이 필요하다. 즉, 영구채권의 액면이자 유입액과 영구채권을 일부 처분한 자금을 무이표채권에 추가로 투자하여 전체자금의 77.78%가 무이표채권에, 나머지 22.22%가 영구채권에 투자되도록 재조정해야 한다.

> 무이표채권의 듀레이션: $D_{무이표채} = 2$년
>
> 영구채권의 듀레이션: $D_{영구채} = \dfrac{1+R}{R} = \dfrac{1.1}{0.1} = 11$년
>
> 4년 $= w_{무이표채} \times 2$년 $+ (1 - w_{무이표채}) \times 11$년
>
> $\therefore\ w_{무이표채} = 0.7778,\ w_{영구채} = 0.2222$

이와 같이 시간의 경과에 따라 무이표채권의 듀레이션이 변동하고, 이자율의 변동에 따라 영구채권의 듀레이션이 변동하며, 시간이 경과하거나 이자율이 변동하면 이표채권의 듀레이션이 변동하므로 재면역을 위한 정기적인 포트폴리오의 재조정이 필요하기 때문에 빈번한 재조정 시 면역전략의 비용이 높아진다는 문제점이 있다.

(4) 만기전략

만기전략(maturity strategy)이란 다양한 만기의 채권들로 포트폴리오를 구성해서 만기에 따른 채권투자의 위험을 평준화하고자 하는 전략이다. 즉, 단기채권은 수익성이 낮지만 유동성이 높고 위험이 작다는 장점이 있으며, 장기채권은 위험이 크지만 수익성이 높다는 장점이 있으므로 다양한 만기의 채권들로 포트폴리오를 구성해서 위험을 분산시키고 유동성을 확보하고자 하는 전략이다. 이러한 만기전략에는 사다리형 만기전략과 바벨형 만기전략이 있다.

① 사다리형 만기전략(laddered maturity strategy): 만기가 다른 채권들에 균등하게 투자하는 전략이다. 즉, 만기별로 채권을 균등하게 보유하여 이자율 변동으로 인한 만기별 채권가격 변동에 따른 위험을 분산시키고자 하는 전략이다. 또한, 매기마다 일정 비중의 채권이 만기상환되므로 일정한 유동성을 확보할 수 있고, 이렇게 회수되는 자금을 최장기채에 재투자하여 수익성을 추구할 수 있다는 장점이 있다.

② 바벨형 만기전략(barbell maturity strategy): 채권을 단기채권과 중기채권 및 장기채권으로 분류할 경우에 중기채권을 제외한 단기채권과 장기채권만을 보유하는 전략이다. 즉, 단기채권과 장기채권을 적절히 혼합해서 포트폴리오를 구성하여 단기채권의 장점인 유동성과 장기채권의 장점인 수익성을 동시에 확보하고 단기채권과 장기채권의 편입비율 조정을 통해 금리변동에 신속하게 대응할 수 있는 전략이다.

증권시장을 통한 자금조달을 원활히 하기 위해 채권의 신용등급평가제도가 시행되고 있다. 신용등급평가란 특정 채권의 원리금이 약정대로 상환될 수 있는 정도를 이해하기 쉬운 기호나 문장을 이용해서 등급으로 표시하는 것을 말한다. 이러한 신용등급평가를 통해 채권투자자는 해당 채권의 채무불이행위험정도에 대한 정보를 얻을 수 있게 된다.

채권의 신용등급은 발행자의 원리금 상환능력에 따라 달라지며, 일반적으로 AAA부터 D까지의 등급으로 분류되고, 동일 등급내의 상대적인 우열에 따라 +, −기호가 첨부(AA^+, AA^- 등)되기도 한다. 신용등급 중에서 AAA부터 BBB까지는 발행자의 원리금 상환능력이 인정되는 투자적격등급이며, BB에서 C까지는 미래의 상황변화에 따라 발행자의 원리금 상환능력이 영향을 받을 수 있는 투기적인 요소가 있으므로 투자부적격등급(투기등급)으로 분류된다.

신용등급		등급의 정의
투자적격	AAA	원리금의 지급확실성이 최고 수준이며, 어떠한 상황변화가 발생해도 원리금의 지급에는 문제가 없음
	AA	원리금의 지급확실성이 매우 높지만, AAA등급에 비해서는 다소 낮음
	A	원리금의 지급확실성이 높지만, 미래의 환경변화에 따라 다소 영향을 받을 가능성이 있음
	BBB	원리금의 지급확실성이 있으나, 미래의 환경변화에 따라 저하될 가능성이 있음
투자부적격 (투기등급)	BB	원리금의 지급확실성에 현재는 문제가 없으나, 미래의 안정성에 투기적인 요소가 있음
	B	원리금의 지급확실성이 부족하여 투기적임
	CCC	채무불이행의 발생가능성이 있음
	CC	채무불이행의 발생가능성이 높음
	C	채무불이행의 발생가능성이 지극히 높음
상환불능	D	현재 채무불이행 상태에 있음

01 이자율기간구조에 대한 다음 설명들 중에서 가장 옳지 못한 것을 고르시오.

① 수익률곡선은 듀레이션과 현물이자율 간의 관계를 그래프로 나타낸 것이며 일반적으로는 우상향의 형태로 나타난다.

② 불편기대이론에서는 위험중립형 투자자를 가정하며, 선도이자율이 미래의 기간별 기대 현물이자율과 동일하다.

③ 유동성프리미엄에서는 위험회피형 투자자를 가정하며, 선도이자율이 미래의 기간별 기대현물이자율에 유동성프리미엄을 가산한 값과 동일하다.

④ 시장분할이론에서는 투자자들이 선호하는 만기 영역의 채권에만 투자하기 때문에 채권시장이 구분된 만기별로 완전히 분할된다.

⑤ 선호영역이론에서는 투자자들이 선호하는 만기 영역이 존재하지만, 충분한 프리미엄이 존재한다면 선호하는 영역 이외의 채권에도 투자할 수 있다.

02 다음 설명들 중에서 가장 옳지 못한 것을 고르시오.

① 만기수익률은 상이하지만 잔존만기가 동일한 무이표채권들의 듀레이션은 동일하다.

② 액면이자율은 상이하지만 만기수익률이 동일한 영구채권들의 듀레이션은 동일하다.

③ 다른 모든 조건의 변동이 없는 상황이라면 만기수익률이 하락해도 무이표채권의 듀레이션은 변동하지 않는다.

④ 다른 모든 조건의 변동이 없는 상황이라면 시간이 경과해도 영구채권의 듀레이션은 변동하지 않는다.

⑤ 다른 모든 조건이 동일한 경우에 잔존만기가 길수록 모든 이표채권의 듀레이션은 증가한다.

03 투자자 甲은 액면금액이 100,000원이고, 액면이자율이 연 20%(이자는 매년 말 1회 후급)이며, 만기가 3년인 채권의 매입을 검토하고 있다. 이 채권의 현재 만기수익률이 연 10%인 경우에 채권 투자에 따르는 이자율위험을 제거하기 위해 투자기간을 얼마로 해야 하는지 계산하시오. 단, 채권가격과 이자율 사이의 볼록성(convexity) 관계는 무시하며, 가장 근사치를 고르시오.

① 2.25년
② 2.36년
③ 2.47년
④ 2.58년
⑤ 2.69년

정답 및 해설

01 ① 수익률곡선은 만기와 현물이자율 간의 관계를 그래프로 나타낸 것이다.

02 ⑤ 이표채권 중에서 할인채의 경우에는 만기가 긴 채권일수록 듀레이션이 일정수준까지는 체감적으로 증가하다가 최고점에 도달한 이후 다시 감소하면서 점차 영구채권의 듀레이션인 $\dfrac{1+R}{R}$ 로 수렴한다.

03 ④ 이자율위험을 제거하기 위해서는 목표투자기간과 채권의 듀레이션이 일치되어야 한다.

$$P_0 = \frac{20{,}000원}{1.1} + \frac{20{,}000원}{1.1^2} + \frac{120{,}000원}{1.1^3} = 124{,}868.52원$$

$$D = \left(\frac{20{,}000원}{1.1} \times 1 + \frac{20{,}000원}{1.1^2} \times 2 + \frac{120{,}000원}{1.1^3} \times 3 \right) \times \frac{1}{124{,}868.52원} = 2.58년$$

해커스 윤민호 재무관리

회계사 · 세무사 · 경영지도사 단번에 합격! 해커스 경영아카데미
cpa.Hackers.com

제12장

선물가격의 결정과
투자전략

제1절 파생상품의 의의

오늘날에는 거래기법과 금융기법의 발달로 인해 기존의 상거래 개념과는 다르게 재무적 위험을 거래하는 상품들이 개발되어 거래되고 있다. 이러한 상품들은 기초가 되는 일반 상거래(기초상품 또는 기초자산)로부터 미래의 불확실성으로 인한 위험요소를 가치화하여 파생(derive)되었기에 '파생상품(derivatives, 파생금융상품이라고도 함)'이라고 부른다. 파생상품의 대표적인 예로는 선도, 선물, 옵션, 스왑 등을 들 수 있는데, 각 상품의 기본적인 정의를 살펴보면 다음과 같다.

① 선도: 미래의 특정 시점에 특정 자산을 미리 약정한 가격에 매매할 것을 현재시점에 약정하는 거래를 말한다.

② 선물: 미래의 특정 시점에 수량, 규격, 품질 등이 표준화되어 있는 특정 대상을 미리 약정한 가격에 매매할 것을 현재시점에서 약정하는 계약으로써 조직화된 시장에서 표준화된 방법으로 거래되는 것을 말한다.

③ 옵션: 미래의 특정 시점(또는 특정 기간 이내)에 특정 자산을 미리 약정된 가격으로 사거나 팔 수 있는 권리가 부여된 계약을 말한다.

④ 스왑: 특정 기간 동안에 발생하는 일정한 현금흐름을 다른 현금흐름과 교환하기로 계약당사자 간에 합의한 연속된 선도거래를 말한다.

제2절 선물거래의 기초개념

01 선도거래와 선물거래

(1) 현물거래와 선도거래

시장에서 이루어지는 거래는 매매계약의 체결시점과 계약이행시점의 일치 여부에 따라 현물거래와 선도거래로 구분된다.

① 현물거래(spot transaction): 매매계약의 체결과 계약의 이행이 동시에 이루어지는 거래를 말한다. 즉, 현물거래는 계약의 체결과 동시에 거래대상 및 거래대금의 인수도가 이루어지는 거래이며, 다만 계약의 내용에 따라 현재시점에서 수수되어야 할 거래대금의 인수도가 연기되는 경우에는 거래상대방 간의 거래대금에 대한 채권·채무가 발생하게 된다.

② 선도거래(forward transaction): 매매계약의 체결은 현재시점에서 이루어지지만, 계약의 이행(거래대상 및 거래대금의 인수도)은 미리 정한 미래의 특정시점에 이루어지는 거래를 말한다. 즉, 선도거래는 미래의 특정시점에 특정한 자산을 미리 약정한 가격에 매매할 것을 현재시점에 약정하는 거래이다.

선도거래에서 거래의 이행시점인 미래의 특정시점을 선도거래의 만기일(maturity date: T)이라 하고, 거래대상인 특정자산을 선도거래의 기초자산(underlying asset: S)이라 하며, 미리 약정한 매매가격을 선도가격(forward price: F)이라 한다.

─┨ 사례 ┠─

ABC항공사는 항공유가격이 상승할 것을 우려하여 현재로부터 1년 후 시점(만기일)에 1갤런당 ₩2,000의 가격(선도가격)으로 100갤런의 항공유(기초자산)를 매입하기로 현재시점에 계약을 체결하는 선도(매입)거래를 실행하였다.

이러한 선도거래는 거래당사자 간의 직접거래이므로 계약조건은 거래당사자들의 합의에 따라 어떠한 조건(대상, 가격, 수량)으로도 체결될 수 있지만, 자신이 원하는 조건의 계약을 체결할 수 있는 거래상대방에 대한 탐색노력이 필요하다. 또한 선도거래는 거래당사자들이 미리 약정한 바대로 계약을 이행해야 할 의무가 있지만, 원칙적으로 계약을 체결한 거래당사자 간에만 계약의 효력이 있기 때문에 계약불이행의 위험이 존재한다. 이와 같은 선도거래의 문제점 때문에 도입된 것이 선물거래이다.

(2) 선도거래와 선물거래

선물거래(futures transaction)는 거래상대방에 대한 탐색노력과 계약불이행위험의 부담이라는 선도거래의 문제점을 해결하기 위해 도입된 정형화되고 표준화된 선도거래로써, 선물거래소라는 조직화된 시장에서 표준화된 조건에 따라 거래하여 거래상대방에 대한 탐색노력을 감소시키고, 청산소나 일일정산, 증거금 등의 제도적 장치를 마련하여 계약불이행위험을 방지한 것이다.

구분	선도거래	선물거래
시장형태	비조직적 시장(장외시장)	조직화된 시장(선물거래소)
거래방법	당사자 간에 직접계약	공개호가방식
거래조건	당사자 간의 합의	표준화
이행보증	당사자의 신용에 좌우	선물거래소(청산소)가 이행을 보증
결제방법	만기일에 한번 결제	매일매일 결제(일일정산)

선도거래와 선물거래는 이러한 제도적인 차이 이외에는 거의 유사하기 때문에 앞으로 특별한 언급이 없는 한 선물거래를 중심으로 살펴보기로 한다.

02 선물거래의 청산

일단 체결된 선물거래는 계약체결 이후 거래의 이행시점인 선물의 만기일에 청산되거나 만기일 이전 시점에 반대매매에 의해 청산되기도 한다.

(1) 선물거래의 만기청산

1) 만기청산방법

선물거래의 만기청산방법에는 만기일에 기초자산을 인수도하고 미리 약정한 선물가격을 수수하여 거래가 청산되는 실물인수도결제방법과 만기일에 기초자산의 인수도 없이 만기일의 현물가격과 약정된 선물가격의 차액만을 현금으로 결제하여 청산하는 현금결제방법이 있다. 이러한 만기청산방법은 해당 선물거래소에서 미리 정하고 있지만, 일반적으로는 현금결제방법이 많이 이용되는데, 그 이유는 현물 인도의 어려움과 더불어 이후에 살펴볼 주가지수선물의 경우와 같이 기초자산의 실체가 없는 선물도 존재하기 때문이다.

2) 선물거래의 만기손익

선물매입(long position)은 만기일에 기초자산(이를 현물이라고도 한다.)을 약정된 선물가격(F_0)에 매입하기로 약정하는 것을 말하며, 선물매도(short position)는 만기일에 기초자산을 약정된 선물가격에 매도하기로 약정하는 것을 말한다. 이러한 선물거래에 따른 거래당사자의 만기손익은 만기일의 현물가격(S_T)과 최초계약 시 체결된 선물가격(F_0) 간의 관계에 따라 결정된다.

① 선물매입자: 만기일에 선물가격을 지급하고 기초자산을 매입하게 되므로 만기일의 현물가격이 체결된 선물가격보다 높으면($S_T > F_0$) 이익을 얻게 되며, 반대의 경우에는 손실을 부담하게 된다. 따라서 선물매입자의 만기손익은 $S_T - F_0$가 된다.

② 선물매도자: 만기일에 선물가격을 수취하고 기초자산을 매도하게 되므로 만기일의 현물가격이 체결된 선물가격보다 낮으면($S_T < F_0$) 이익을 얻게 되며, 반대의 경우에는 손실을 부담하게 된다. 따라서 선물매도자의 만기손익은 $F_0 - S_T$가 된다.

> 선물매입자 만기손익 = 만기일의 현물가격 − 최초계약 시 선물가격 = $S_T - F_0$
> 선물매도자 만기손익 = 최초계약 시 선물가격 − 만기일의 현물가격 = $F_0 - S_T$

이와 같이 선물매입자(매도자)가 이익을 얻게 되는 상황에서는 선물매도자(매입자)가 동일 금액만큼의 손해를 보게 되어 본질적으로 선물거래는 거래당사자들이 얻는 손익의 합이 0이 되는 zero-sum game이다.

선물거래의 만기손익

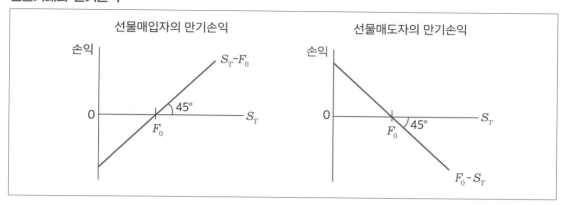

이와 같이 선물거래 당사자들은 만기일의 현물가격에 따라 이익을 얻을 수도 있고 손해를 부담할 수도 있다. 따라서 최초 선물계약 시 선물매입자와 선물매도자 모두가 계약체결에 대한 대가를 수수할 필요가 없으며, 단지 만기일에 기초자산을 매매하기로 약정하는 가격인 선물가격을 결정할 뿐이므로 선물거래에서 가장 중요한 사항은 선물가격의 결정에 관한 것이다.

1년 후 시점에 항공유 100갤런을 1갤런당 ₩2,000에 거래하기로 한 선물계약을 체결한 경우, 다음 각 만기상황에서의 선물매입자와 선물매도자의 만기손익을 계산하시오.

물음1 만기일의 현물가격(S_T)이 ₩2,400인 경우

물음2 만기일의 현물가격(S_T)이 ₩1,700인 경우

해답

물음1 $S_T > F_0$ 경우

선물매입자: $S_T - F_0$ = (₩2,400 - ₩2,000) × 100갤런 = ₩40,000
선물매도자: $F_0 - S_T$ = (₩2,000 - ₩2,400) × 100갤런 = -₩40,000

물음2 $S_T < F_0$ 경우

선물매입자: $S_T - F_0$ = (₩1,700 - ₩2,000) × 100갤런 = -₩30,000
선물매도자: $F_0 - S_T$ = (₩2,000 - ₩1,700) × 100갤런 = ₩30,000

(2) 반대매매에 의한 청산

1) 반대매매에 의한 청산방법

선물거래는 만기일 이전에 최초의 거래와 반대되는 거래를 행하고 그 차액을 현금결제 함으로써 만기일 이전 시점에 청산할 수도 있는데, 이를 반대매매에 의한 청산이라고 한다. 즉, 최초에 선물을 매입했던 투자자는 만기일 이전에 선물을 다시 매도(전매, 전매도)하여 거래를 청산할 수 있고, 최초에 선물을 매도했던 투자자는 만기일 이전에 선물을 다시 매입(환매, 환매수)하여 거래를 청산할 수 있다. 거의 대부분의 선물거래는 만기일 이전에 반대매매에 의해 청산되는 것이 일반적이다.

2) 반대매매에 의한 청산 시 선물거래자의 손익

만기일 이전시점(t)에 반대매매에 의해 선물거래를 청산하는 경우 거래자의 손익은 최초 체결한 선물거래의 선물가격(F_0)과 반대매매 실행 시 선물거래의 선물가격(F_t) 간의 차이가 된다. 즉, 최초의 선물거래에서 F_0에 매입하기로 약정한 투자자는 반대매매 시 F_t에 매도하기로 약정하고 거래가 종결되는 것이므로 매도하기로 약정한 가격에서 매입하기로 약정한 가격을 차감한 차액($F_t - F_0$)이 결제되고 거래가 청산되는 것이다. 따라서 선물을 매입한 투자자는 선물 매입 이후 선물가격이 상승하면 이익이 발생한다. 최초에 선물을 매도한 투자자는 이와 반대로 생각하면 될 것이다.

> 반대매매 시 선물매입자의 손익 = 반대매매 시 선물가격 - 최초계약 시 선물가격 = $F_t - F_0$
> 반대매매 시 선물매도자의 손익 = 최초계약 시 선물가격 - 반대매매 시 선물가격 = $F_0 - F_t$

한편, 이러한 매입자와 매도자의 손익은 반대매매를 하지 않는 경우에도 만기일 이전 특정시점에서 보유하고 있는 선물계약에서 발생하는 선물거래손익과도 동일하다.

선물거래의 만기일 이전 손익

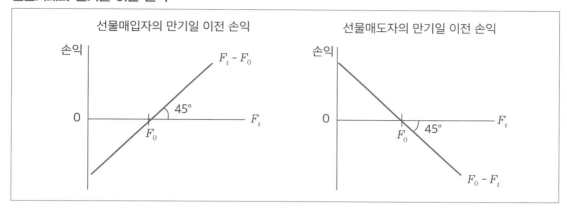

03 선물시장의 구조와 제도

(1) 선물시장의 구조

선물시장은 그림(선물시장의 구조)과 같이 선물거래소와 선물중개회사, 청산소 및 투자자 등으로 구성되어 있다.

선물시장의 구조

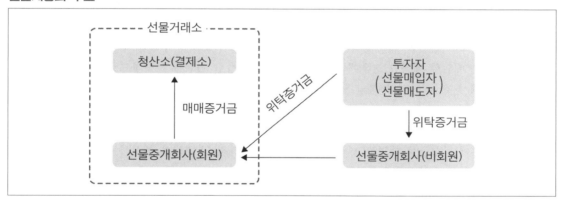

1) 선물거래소

선물거래소(futures exchanges)는 거래대상을 표준화하고 거래방식을 정형화하여 선물거래가 조직적으로 이루어질 수 있도록 제공되는 장소이다. 우리나라의 경우 한국거래소가 이에 해당한다.

2) 선물중개회사

선물중개회사(futures commission merchant: FCM)는 투자자로부터 선물거래의 주문을 받아 선물거래를 대행해 주고 그 대가로 수수료를 받는 회사를 말한다. 선물중개회사는 거래소회원인 중개회사와 비회원인 중개회사로 구분되는데, 거래소회원인 중개회사만 주문을 직접 처리할 수 있으므로 비회원인 중개회사는 거래소회원인 중개회사를 통해 주문을 처리하게 된다.

3) 청산소

청산소(clearing house)란 결제소라고도 하는데, 선물거래소에서 성립된 모든 선물계약에 대하여 거래의 상대방이 되어주며, 후술하는 일일정산제도와 증거금제도를 통해 계약의 이행을 보증하는 역할을 담당하는 기관이다.

즉, 청산소가 없는 선도거래에서는 매입자와 매도자가 직접 거래의 당사자가 되므로 계약의 이행 여부는 계약당사자의 신용에 좌우되는 반면에, 선물거래에서는 선물거래소에서 성립된 모든 선물계약에 대하여 청산소가 거래의 상대방이 되어 줌으로써 계약의 이행을 보증해 준다. 따라서 선물거래의 경우 이러한 청산소의 역할로 인해 매입자와 매도자가 거래상대방의 신용을 확인할 필요 없이 선물거래를 할 수 있게 되므로 선물거래가 보다 활성화될 수 있다.

4) 투자자

선물시장에 참가하는 투자자는 선물거래를 이용하는 목적에 따라 헤져, 투기자, 차익거래자로 구분할 수 있다.

① 헤져(hedger): 현재 현물을 보유하고 있거나 미래에 현물을 매입할 예정인 경우에 부담하는 현물가격의 변동위험을 회피하고자 선물거래를 이용하는 투자자이다. 즉, 현물을 보유하고 있는 경우에는 현물의 가격이 하락할 위험을 부담하므로 이러한 위험을 회피하기 위해서 선물을 매도하고, 미래에 현물을 매입할 예정인 경우에는 현물의 가격이 상승할 위험을 부담하므로 이러한 위험을 회피하기 위해서 선물을 매입하는 투자자이다.

② 투기자(speculator): 선물가격(또는 현물가격)의 변동을 예상하여 이러한 가격변동으로부터 이익을 추구하고자 선물거래를 이용하는 투자자이다. 즉, 미래에 선물가격(또는 현물가격)의 상승을 예상하는 경우에는 선물을 매입하고, 선물가격(또는 현물가격)의 하락을 예상하는 경우에는 선물을 매도하여 이익을 취하고자 하는 투자자이다. 이러한 투기거래에 따른 선물거래에서의 손익에 대해서는 선물거래자의 만기손익과 만기일 이전 손익에서 살펴본 바와 같다.

③ 차익거래자(arbitrageur): 선물가격과 현물가격 간의 불균형을 이용한 차익거래이익을 추구하는 투자자이다. 즉, <제3절 균형선물가격>에서 살펴볼 내용이지만 균형상태에서의 선물가격은 무차익원리에 따라 기초자산인 현물가격과 일정한 관계를 갖고 변동하게 되는데, 일시적인 불균형으로 인해 시장에서의 선물가격이 균형선물가격과 일치하지 않을 경우에 차익거래를 통한 이익을 추구하는 투자자이다.

(2) 일일정산제도와 증거금제도 및 미결제약정수량

1) 일일정산제도

일일정산(marking to market 또는 daily settlement)제도란 선물가격의 변동에 따른 선물거래자의 손익을 매일매일 실현시켜주는 제도를 말한다. 이러한 일일정산제도로 인해 매일의 정산가격(선물가격의 종가)으로 매일매일 계약을 갱신하는 효과를 가져오며, 선물가격이 불리하게 변동되는 경우에도 손실이 누적되지 않고 매일매일 실현되므로 계약불이행위험을 방지할 수 있다.

2) 증거금제도

증거금(margin)이란 일일정산을 원활하게 하고 계약의 이행을 보증하기 위하여 선물중개회사(또는 청산소)에 예치하는 담보금을 말한다. 이러한 증거금은 선물중개회사가 청산소에 예치하는 거래증거금과 투자자가 선물거래를 위해 선물중개회사에 예치하는 위탁증거금으로 구분되며, 위탁증거금은 다음과 같이 세분된다.

① 개시증거금(initial margin): 투자자가 새로운 선물거래를 시작할 때 예치하는 증거금을 말한다. 일반적으로 계약금액의 5~15% 수준에서 결정되며, 선물가격변동에 따른 일일정산은 이러한 증거금계좌(margin account)를 통해 이루어진다.

② 유지증거금(maintenance margin): 선물계약의 이행을 보증하기 위하여 필요한 최소한의 증거금 수준을 말한다. 일반적으로 개시증거금의 75~80% 수준에서 결정된다.

③ 추가증거금(variation margin): 증거금잔고가 유지증거금 이하로 하락하는 경우에 선물거래를 계속 유지하기 위하여 추가로 예치하는 증거금을 말하며, 변동증거금이라고도 한다. 즉, 선물가격이 투자자에게 불리하게 변동하는 경우에는 선물거래손실만큼 증거금계좌에서 현금유출이 발생하여 증거금잔고가 감소하게 되며, 증거금잔고가 유지증거금 이하로 하락하는 경우에 증거금의 추가 예치 요구인 마진콜(margin call)이 발생하는데, 이러한 마진콜에 응하여 개시증거금 수준까지 추가로 예치하는 증거금을 추가증거금이라고 한다. 만약, 투자자가 추가증거금을 예치하지 않는 경우에는 결제소에서 투자자가 보유하고 있는 선물계약의 전부 또는 일부를 반대매매를 통해 청산하게 된다.

④ 초과증거금(excess margin): 증거금잔고가 개시증거금을 초과하는 경우의 그 초과분을 말한다. 선물가격이 투자자에게 유리하게 변동하는 경우에는 선물거래이익만큼 증거금계좌에 현금유입이 발생하여 증거금잔고가 증가하게 되며, 증거금잔고가 개시증거금을 초과하는 경우 그 초과분인 초과증거금은 인출이 가능하다.

(주)파랑이 20×1년 7월 1일 오전 10시에 갤런당 ₩2,000의 가격으로 다음과 같은 항공유 선물계약을 10계약 매입하였다. 1계약의 기초자산은 항공유 100갤런이고, 개시증거금은 계약금액의 15%, 유지증거금은 개시증거금의 80%이라고 가정하는 경우에 계약 체결 이후 일자별 정산가격(선물의 종가)에 따른 증거금의 변동은 다음과 같다.

계약금액: 10계약 × 100갤런 × ₩2,000 = ₩2,000,000

개시증거금: ₩2,000,000 × 15% = ₩300,000

유지증거금: ₩300,000 × 80% = ₩240,000

거래일	정산가격	계약금액	일일손익	증거금잔고
계약체결	₩2,000	₩2,000,000	-	₩300,000
7월 1일	₩1,980	₩1,980,000	-₩20,000	₩280,000
7월 2일	₩1,950	₩1,950,000	-₩30,000	₩250,000
7월 3일	₩1,910	₩1,910,000	-₩40,000	₩210,000 + ₩90,000 = ₩300,000
7월 4일	₩1,900	₩1,900,000	-₩10,000	₩290,000
7월 5일	₩1,940	₩1,940,000	₩40,000	₩330,000

① 7월 3일의 경우에는 증거금잔고(₩210,000)가 유지증거금(₩240,000)에 미달하여 마진콜이 발생한다. 이때 추가증거금을 예치하지 않는 경우에는 청산소에 의한 반대매매를 통해 거래가 청산되어 ₩90,000의 손실이 확정되면서 거래가 종결되고, 계약을 유지하고자 하는 경우에는 개시증거금 수준까지 추가증거금(₩90,000)을 예치해야 한다.

② 7월 5일의 경우에는 증거금잔고(₩330,000)가 개시증거금(₩300,000)을 초과하는 초과증거금이 존재하므로 ₩30,000만큼은 인출이 가능하다.

3) 미결제약정수량

미결제약정수량(open interest)이란 청산되지 않은 계약의 수를 말한다. 이 경우에 계약의 수는 매입포지션과 매도포지션을 합하여 하나의 계약으로 정의한다.

미결제약정수량

거래일 \ 투자자	A	B	C	D	E	거래량	미결제약정수량
1일	+3	-2	-1			3	3
2일				+2	-2	2	5
3일		+2		-2		2	3
4일			-2		+2	2	3
5일	-3		+2		+1	3	1

4거래일의 경우에 C가 2계약을 신규매도하고, E가 2계약을 환매수함에 따라 거래량은 2계약이며, A가 3계약 매입포지션을 보유하고 있고, C가 3계약의 매도포지션을 보유하고 있으므로 미결제약정수량은 3계약이다.

04 선물거래의 종류

선물거래는 거래대상이 되는 기초자산에 따라 크게 상품선물과 금융선물로 구분된다. 상품선물 (commodity futures)은 농·축산물, 에너지, 귀금속 등이 기초자산인 선물이며, 금융선물(financial futures)은 주가지수, 채권/금리, 통화, 개별주식 등이 기초자산인 선물이다.

선물거래의 종류

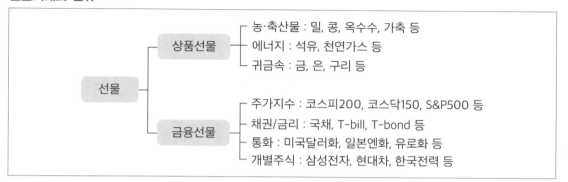

선물거래는 1848년에 시카고상품거래소(Chicago Board of Trade: CBOT)에서 상품(농산물)선물로 시작되었으며, 1972년에 시카고상업거래소(Chicago Mercantile Exchange: CME)에서 금융(통화)선물이 처음으로 거래되었다. 우리나라의 경우에는 1996년에 처음으로 조직화된 시장이 개설되어 코스피200선물이 거래되기 시작하여, 현재는 다음과 같은 선물들이 한국거래소의 파생상품시장에서 거래되고 있다.

> 상품선물: 금선물, 돈육선물
> 주가지수선물: 코스피200선물, 코스닥150선물, KRX300선물 등
> 개별주식선물: 삼성전자, 현대차, 한국전력 등의 보통주에 대한 개별주식선물
> 채권선물: 3개월무위험지표금리선물, 3년/5년/10년 국채선물
> 통화선물: 미국달러선물, 엔선물, 유로선물, 위안선물

05 선물거래의 경제적 기능

(1) 위험이전기능

선물거래는 기초자산가격의 변동위험을 회피하고자 하는 헤져로부터 이러한 가격변동에 따른 이익을 추구하는 투기자에게로 위험을 이전시키는 기능이 있다. 즉, 현재 기초자산을 보유하고 있어서 기초자산의 처분가격이 하락할 위험을 부담하는 투자자는 동 기초자산에 대한 선물을 매도하여 기초자산가격의 변동위험을 거래상대방에게 이전시킬 수 있으며, 미래에 기초자산을 매입할 예정이어서 기초자산의 매입가격이 상승할 위험을 부담하는 투자자는 동 기초자산에 대한 선물을 매입하여 기초자산가격의 변동위험을 거래상대방에게 이전시킬 수 있다.

(2) 가격예시기능

선물가격은 미래의 기초자산가격에 대한 투자자들의 예상이 반영되어 결정되기 때문에 미래의 기초자산가격에 대한 예시기능이 있다. 즉, 선물가격은 기초자산의 수요와 공급 등에 대한 수많은 투자자들의 예상정보가 집약되어 결정되기 때문에 시장정보 이용에 익숙하지 않은 투자자들의 경우에도 선물가격을 이용해서 미래의 기초자산가격을 용이하게 예측할 수 있다.

(3) 시장의 효율성 제고 기능

선물거래에 수많은 투자자들이 참가함에 따라 시장의 효율성이 제고되는 기능이 있다. 즉, 수많은 투자자들이 공개적이고 경쟁적으로 선물거래에 참가함에 따라 정보의 양과 질이 높아지고 이용가능한 정보가 시장가격에 보다 효율적으로 반영되므로 시장의 효율성이 제고됨과 동시에 경제 전체적으로도 자원배분의 효율성이 증대된다.

제3절 균형선물가격

01 현물 - 선물등가식과 차익거래

[1] 현물 - 선물등가식

현물 - 선물등가식(spot-futures parity)이란 차익거래가 발생하지 않는 균형상태하에서의 선물가격과 현물가격(기초자산의 현재가격) 간의 일정한 관계를 나타내는 식이다.

$$F_0 = S_0 \times (1 + R_f)^T$$

단, F_0: 선물가격 S_0: 현물가격(기초자산의 현재가격)
     R_f: 연간 무위험이자율 T: 만기일까지의 기간(연단위)

이러한 선물가격과 현물가격 간의 균형관계를 파악하기 위해 전략 1(선물매입)과 전략 2(현재시점에서 현물을 매입하여 선물의 만기일까지 보유)를 비교해 보기로 한다. 이러한 두 전략은 선물의 만기시점에 기초자산을 보유하고 있다는 것은 동일하지만, 기초자산 취득을 위한 현금유출시점(대가지급시점)이 상이하다.

구분		현재시점(0)	선물만기일(T)
전략 1	선물매입	0	$S_T - F_0$
전략 2	현물매입	$-S_0$	S_T

1) 선물매입의 합성

전략 2의 경우에 현재시점에서 현물을 매입하는 데 필요한 자금을 무위험이자율에 차입하고, 선물의 만기에 동 차입금의 원리금을 상환한다면 전략 1과 전략 2의 현금흐름의 발생시점이 일치하게 된다. 즉, 자금을 차입하여 현물을 매입하면 선물매입전략을 복제할 수 있다.

구분		현재시점(0)	선물만기일(T)
전략 1	선물매입	0	$S_T - F_0$
수정된 전략 2	현물매입	$-S_0$	S_T
	차입	S_0	$-S_0 \times (1 + R_f)^T$
	소계	0	$S_T - S_0 \times (1 + R_f)^T$

이와 같이 전략 1과 수정된 전략 2는 현재시점에서의 순현금흐름이 모두 0이고, 선물의 만기시점에 기초자산을 보유하고 있으며, 기초자산 취득을 위한 현금유출시점(대가지급시점)도 선물의 만기시점으로 동일하다. 따라서 균형상태하의 시장에서는 $-F_0 = -S_0 \times (1 + R_f)^T$이 되어야만 한다.

2) 현물매입의 합성

전략 1의 경우에 선물을 매입하면서 현물가격만큼을 선물의 만기까지 무위험이자율로 대출하면, 전략 1과 전략 2의 현금유출의 발생시점을 현재시점으로 일치시키는 것도 가능하다. 즉, 선물을 매입하고 현물가격만큼을 대출하면 현물매입전략을 복제할 수 있다.

구분		현재시점(0)	선물만기일(T)
수정된 전략 1	선물매입	0	$S_T - F_0$
	대출	$-S_0$	$S_0 \times (1+R_f)^T$
	소계	$-S_0$	$S_T - F_0 + S_0 \times (1+R_f)^T$
전략 2	현물매입	$-S_0$	S_T

이와 같이 수정된 전략 1과 전략 2는 현재시점에서의 순현금흐름이 모두 $-S_0$로 동일하고, 선물의 만기시점에 기초자산을 보유하고 있다는 것도 동일하므로, 균형상태하의 시장에서는 $-F_0 + S_0 \times (1+R_f)^T = 0$이 되어야만 한다.

3) 무위험대출의 합성

현재시점에서 현물가격(S_0)에 현물을 매입하고 동 현물을 선물의 만기시점에 선물가격(F_0)에 매도하기로 하는 선물매도계약을 체결하는 전략을 취하는 경우에는 다음과 같이 현재시점에서 S_0를 무위험이자율로 대출하는 것과 동일한 효과를 가져올 수 있다. 즉, 현물을 매입하고 선물을 매도하는 전략 3을 구성하면 무위험이자율로 대출하는 전략 4를 복제할 수 있다.

구분		현재시점(0)	선물만기일(T)
전략 3	현물매입	$-S_0$	S_T
	선물매도	0	$F_0 - S_T$
	소계	$-S_0$	F_0
전략 4	대출	$-S_0$	$S_0 \times (1+R_f)^T$

이와 같이 현물을 매입하고 선물을 매도하면 선물만기시점의 현물가격(S_T)과는 무관하게 확정적으로 F_0를 확보할 수 있으므로, 균형상태하의 시장에서는 $F_0 = S_0 \times (1+R_f)^T$이 되어야만 한다.

지금까지 살펴본 바와 같이 선물가격과 현물가격(기초자산의 현재가격) 간에는 현물 - 선물등가식이 만족되어야만 차익거래가 발생하지 않는 균형이 이루어질 수 있으며, 그렇지 않은 경우에는 차익거래가 발생하게 된다. 그리고 이러한 현물 - 선물등가식을 고려할 경우 다음과 같은 포지션 간의 관계식을 도출할 수 있다.

선물매입 = 현물매입 + 차입   선물매도 = 현물공매 + 대출
선물매입 + 대출 = 현물매입   선물매도 + 차입 = 현물공매
현물매입 + 선물매도 = 대출   현물공매 + 선물매입 = 차입

(2) 차익거래

1) $F_0 > S_0 \times (1+R_f)^T$인 경우의 차익거래

선물의 시장가격이 균형선물가격보다 과대평가된 경우에는 시장가격에 선물을 매도하고 합성선물을 매입(현물매입 + 차입)하는 차익거래의 실행이 가능하다.

거래내용		현재시점(0)	선물만기일(T)
선물매도		0	$F_0 - S_T$
합성선물매입	현물매입	$-S_0$	S_T
	차입	S_0	$-S_0 \times (1+R_f)^T$
합계(차익거래이익)		0	$F_0 - S_0 \times (1+R_f)^T > 0$

이러한 경우 획득가능한 선물만기일의 차익거래이익은 선물의 시장가격과 균형선물가격 간의 차이만큼이다. 또한 차익거래를 통해 선물의 시장가격은 하락하고 현물가격은 상승하여 차익거래가 발생하지 않는 균형상태에서는 현물 - 선물등가식이 만족되어야 한다.

2) $F_0 < S_0 \times (1+R_f)^T$인 경우의 차익거래

선물의 시장가격이 균형선물가격보다 과소평가된 경우에는 시장가격에 선물을 매입하고 합성선물을 매도(현물공매 + 대출)하는 차익거래의 실행이 가능하다.

거래내용		현재시점(0)	선물만기일(T)
선물매입		0	$S_T - F_0$
합성선물매도	현물공매	S_0	$-S_T$
	대출	$-S_0$	$S_0 \times (1+R_f)^T$
합계(차익거래이익)		0	$S_0 \times (1+R_f)^T - F_0 > 0$

이러한 경우 획득가능한 선물만기일의 차익거래이익은 선물의 시장가격과 균형선물가격 간의 차이만큼이다. 또한 차익거래를 통해 선물의 시장가격은 상승하고 현물가격은 하락하여 차익거래가 발생하지 않는 균형상태에서는 현물 - 선물등가식이 만족되어야 한다.

(주)파랑 주식의 현재가격은 ₩10,000이며, 선물시장에서는 (주)파랑 주식 1주를 기초자산으로 하고 만기일이 1년 후인 선물계약이 거래되고 있다. 완전자본시장을 가정하며, 무위험이자율은 연 10%이고, 차익거래는 상기 선물 1계약을 기준으로 하여 물음에 답하시오.

물음1 균형선물가격을 계산하시오.

물음2 현재 선물의 시장가격이 ₩11,300인 경우에 실행가능한 차익거래과정을 나타내고 선물만기일의 차익거래이익을 구하시오.

물음3 현재 선물의 시장가격이 ₩10,500인 경우에 실행가능한 차익거래과정을 나타내고 선물만기일의 차익거래이익을 구하시오.

해답

물음1 균형선물가격

$$F_0 = S_0 \times (1 + R_f)^T = ₩10,000 \times (1 + 10\%) = ₩11,000$$

물음2 선물의 시장가격이 균형선물가격보다 과대평가된 경우
선물가격 과대평가: 선물시장가격(₩11,300) > 균형선물가격(₩11,000)

거래내용	현재시점	선물만기일(1년 후)
선물매도	-	$₩11,300 - S_T$
현물매입	-₩10,000	S_T
차입	₩10,000	-₩10,000 × 1.1
합계(차익거래이익)	0	₩11,300 - ₩11,000 = ₩300

물음3 선물의 시장가격이 균형선물가격보다 과소평가된 경우
선물가격 과소평가: 선물시장가격(₩10,500) < 균형선물가격(₩11,000)

거래내용	현재시점	선물만기일(1년 후)
선물매입	-	$S_T - ₩10,500$
현물공매	₩10,000	$-S_T$
대출	-₩10,000	₩10,000 × 1.1
합계(차익거래이익)	0	₩11,000 - ₩10,500 = ₩500

한편, <예제 2>의 차익거래는 합성대출이자율 또는 합성차입이자율과 시장이자율을 비교하여 다음과 같이 해석할 수도 있다.

① <예제 2>의 물음2 와 같은 시장상황에서 현물을 매입하고 선물을 매도하여 무위험대출을 합성하는 경우에 얻을 수 있는 합성대출이자율은 다음과 같이 계산할 수 있는데, 이러한 합성대출이자율이 현물매입대금을 차입할 때 부담하는 차입이자율(R_f)보다 높기 때문에 합성대출(현물매입 + 선물매도)과 현물매입대금의 차입을 통한 차익거래가 가능하다.

$$합성대출이자율 = \frac{F_0 - S_0}{S_0} = \frac{\text{₩}11,300 - \text{₩}10,000}{\text{₩}10,000} = 13\%$$

② <예제 2>의 물음3 과 같은 시장상황에서 현물을 매도하고 선물을 매입하여 무위험차입을 합성하는 경우에 부담하는 합성차입이자율은 다음과 같이 계산할 수 있는데, 이러한 합성차입이자율이 현물공매대금을 대출할 때 얻을 수 있는 대출이자율(R_f)보다 낮기 때문에 합성차입(현물공매 + 선물매입)과 현물공매대금의 대출을 통한 차익거래가 가능하다.

$$합성차입이자율 = \frac{F_0 - S_0}{S_0} = \frac{\text{₩}10,500 - \text{₩}10,000}{\text{₩}10,000} = 5\%$$

[3] 보유비용모형

앞에서 살펴본 현물 - 선물등가식에 의할 경우 선물을 매입하는 전략과 차입한 자금으로 현물을 매입하여 선물의 만기까지 보유하는 전략은 동일한 효과를 갖기 때문에, 균형선물가격은 현물을 매입하여 선물의 만기까지 보유하는 경우에 소요되는 모든 비용의 합계와 일치해야 한다는 의미로 해석할 수 있다.

$$F_0 = S_0 \times (1 + R_f)^T = 현물매입대금 + 현물매입대금의 기회비용(이자비용)$$

이러한 논의를 보다 더 확장하면 상품선물의 경우에는 기초자산인 농산물이나 축산물, 귀금속 등의 현물을 매입하여 만기까지 보유하는 경우에 운송비, 보관비, 보험료 등의 보유비용이 추가로 발생하며, 금융선물의 경우에는 기초자산인 주식이나 채권 등의 현물을 매입하여 만기까지 보유하는 경우에 배당소득이나 이자소득 등의 보유수익이 추가로 발생한다. 이러한 현물매입에 따른 보유비용(C)과 보유수익(D)을 고려하면 균형선물가격은 다음과 같은 보유비용모형으로 나타낼 수 있다.

$$F_0 = S_0 \times (1 + R_f)^T + C_T - D_T$$
단, C_T: 보유비용의 선물만기시점가치
D_T: 보유수익의 선물만기시점가치

$$F_0 = [S_0 + PV(C) - PV(D)] \times (1 + R_f)^T$$
단, $PV(C)$: 보유비용의 현재가치
$PV(D)$: 보유수익의 현재가치

그리고 보유비용과 보유수익을 현물매입금액에 대한 연율로 표시할 수 있는 경우에는 현물 - 선물등가식을 다음과 같이 나타낼 수 있다.

$$F_0 = S_0 \times [1 + (R_f + c - d)]^T$$

단, c: 현물가격에 대한 연간 보유비용의 비율
d: 현물가격에 대한 연간 보유수익의 비율

또한, 일반적으로 선물의 만기가 대부분 1년 이하이므로 계산의 편의를 위해 다음과 같은 단리계산방식의 현물 - 선물등가식을 이용하기도 한다.

$$F_0 = S_0 \times [1 + (R_f + c - d) \times \frac{T일}{365일}]$$

단, T일: 선물만기일까지의 잔존일수

예제 3 현물 – 선물등가식과 보유수익

(주)파랑 주식의 현재가격은 ₩10,000이며, 선물시장에서는 (주)파랑 주식 1주를 기초자산으로 하는 선물계약이 거래되고 있다. 무위험이자율은 연 10%이고, 차익거래는 선물 1계약을 기준으로 하며, 완전자본시장을 가정한다.

물음1 선물의 만기일이 2년 후이고, (주)파랑 주식을 보유하는 경우에는 1년 후 시점에 주당 ₩220의 배당금 수취가 예상된다. 균형선물가격을 계산하고, 선물의 시장가격이 ₩12,000인 경우에 실행가능한 차익거래과정을 제시하시오.

물음2 선물의 만기일이 1년 후이고, (주)파랑 주식의 연간 배당수익률이 2%로 예상된다. 균형선물가격을 계산하고, 선물의 시장가격이 ₩11,000인 경우에 실행가능한 차익거래과정을 제시하시오.

해답

물음1 균형선물가격과 차익거래(주당 배당금)

균형선물가격: $F_0 = S_0 \times (1 + R_f)^T - D_T = ₩10,000 \times 1.1^2 - ₩220 \times 1.1$

$$= [S_0 - PV(D)] \times (1 + R_f)^T = (₩10,000 - \frac{₩220}{1.1}) \times 1.1^2 = ₩11,858$$

선물가격 과대평가: 선물시장가격(₩12,000) > 균형선물가격(₩11,858)

거래내용	현재시점	1년 후	선물만기일(2년 후)
선물매도	0		$₩12,000 - S_T$
현물매입	-₩10,000	₩220	S_T
대출		-₩220	$₩220 \times 1.1$
차입	₩10,000		$-₩10,000 \times 1.1^2$
합계(차익거래이익)	0		₩12,000 - ₩11,858 = ₩142

물음2 균형선물가격과 차익거래(연간배당수익률)

균형선물가격: $F_0 = S_0 \times [1 + (R_f - d)]^T = ₩10,000 \times [1 + (10\% - 2\%)] = ₩10,800$

선물가격 과대평가: 선물시장가격(₩11,000) > 균형선물가격(₩10,800)

거래내용	현재시점	선물만기일(1년 후)
선물매도	0	$₩11,000 - S_T$
현물매입	-₩10,000	$S_T + ₩10,000 \times 0.02$
차입	₩10,000	$-₩10,000 \times 1.1$
합계(차익거래이익)	0	₩11,000 - ₩10,800 = ₩200

<예제 3>의 물음1 에서 살펴본 차익거래과정은 현물매입에 필요한 ₩10,000을 모두 선물만기일에 상환하는 조건으로 차입하고, 1년 후 유입되는 배당금수취액을 해당시점부터 선물만기일까지 대출하는 방법인데, 이와 달리 현물매입을 위해 필요한 ₩10,000 중에서 ₩200 = $PV(D)$은 1년 후 유입되는 배당금수취액(₩220)으로 해당시점에 상환하는 조건으로 차입하고, 나머지 ₩9,800 = $[S_0 - PV(D)]$은 선물만기일에 상환하는 조건으로 차입하는 다음과 같은 방법을 이용할 수도 있다.

거래내용	현재시점	1년 후	선물만기일(2년 후)
선물매도	0		₩12,000 − S_T
현물매입	−₩10,000	₩220	S_T
$PV(D)$ 차입	₩200	− ₩200 × 1.1	
$[S_0 - PV(D)]$ 차입	₩9,800		− ₩9,800 × 1.1^2
합계(차익거래이익)	0		₩12,000 − ₩11,858 = ₩142

02 베이시스와 스프레드

(1) 베이시스

베이시스(basis)란 특정시점(t)에서의 선물가격과 현물가격 간의 차이를 의미한다. 일반적으로 상품선물의 경우에는 현물가격−선물가격 = $S_t - F_t$를 베이시스로 정의하며, 금융선물의 경우에는 선물가격−현물가격 = $F_t - S_t$를 베이시스로 정의한다. 이하의 내용에서는 베이시스를 선물가격−현물가격 = $F_t - S_t$로 정의하여 논의를 전개하기로 한다.

$$\text{베이시스(basis)} = \text{선물가격} - \text{현물가격} = F_t - S_t$$

1) 콘탱고와 백워데이션

선물가격이 현물가격보다 높아서 베이시스가 양(+)의 값을 갖는 경우에 이러한 시장상황을 콘탱고(contango)라고 하며, 선물가격이 현물가격보다 낮아서 베이시스가 음(−)의 값을 갖는 경우에 이러한 시장상황을 백워데이션(backwardation)이라고 한다.

$$\text{콘탱고: } F_t > S_t \quad \rightarrow \quad \text{basis} = F_t - S_t > 0$$
$$\text{백워데이션: } F_t < S_t \quad \rightarrow \quad \text{basis} = F_t - S_t < 0$$

2) 수렴현상과 이론베이시스

현물 - 선물등가식을 이용해서 베이시스와 관련된 다음과 같은 사항들을 확인할 수 있다.

① 만기 이전시점(t)에는 선물가격이 현물가격보다 높아서 베이시스가 양(+)의 값을 갖게 되며, 선물만기시점(T)에는 선물가격과 현물가격이 같아져서 베이시스가 0이 된다. 즉, 만기 이전시점의 베이시스는 0이 아니지만, 만기일에 근접할수록 베이시스는 점점 작아지고 만기시점에는 선물가격과 현물가격이 같아져서 베이시스는 0이 되는데, 이를 수렴현상(convergence)이라고 한다.

$$\text{만기 이전시점}(t): F_t > S_t \quad \rightarrow \quad \text{basis} = F_t - S_t > 0$$
$$\text{선물만기시점}(T): F_t = S_t \quad \rightarrow \quad \text{basis} = F_t - S_t = 0$$

② 이론베이시스란 선물가격이 균형선물가격대로 형성되는 경우의 베이시스를 말하는데, 이론베이시스는 현물을 매입하여 만기까지 보유하는 경우의 순보유비용과 동일하다.

$$\text{이론베이시스} = \text{현물매입자금의 기회비용} + \text{보유비용} - \text{보유수익}$$

(2) 스프레드

스프레드(spread)란 만기시점이나 기초자산, 거래소 등의 조건이 상이하지만 매우 밀접한 관련을 갖고 있는 선물가격 간의 차이를 의미한다. 만기만 상이한 선물가격 간의 차이를 만기 간 스프레드 (inter-delivery spread), 기초자산만 상이한 선물가격 간의 차이를 상품 간 스프레드(inter-commodity spread), 거래소만 상이한 선물가격 간의 차이를 거래소 간 스프레드(inter-market spread)라고 한다. 여기서는 가장 일반적인 관심의 대상이 되는 만기 간 스프레드에 대해 살펴보기로 한다.

$$\text{만기 간 spread} = F^{T2} - F^{T1}$$

① 다른 조건은 모두 동일하고 만기만 상이($T_1 < T_2$)한 선물가격 간의 균형관계식은 앞에서 살펴본 현물 - 선물등가식과 유사하게 도출할 수 있다. 즉, 만기가 짧은(T_1) 선물을 F_0^{T1}의 가격에 매입하는 전략과 만기가 긴(T_2) 선물을 F_0^{T2}의 가격에 매입하는 전략의 차이점은 기초자산 취득을 위한 현금 유출시점(대가지급시점)이 상이하다는 것뿐이다. 따라서 만기가 다른 선물가격 간의 균형관계식은 다음과 같다.

$$F_0^{T2} = F_0^{T1} \times (1 + R_f)^{T2 - T1}$$

② <제11장 채권의 가치평가의 투자전략>에서 살펴본 이자율의 기간구조를 고려하는 경우에 현물 - 선물등가식 및 만기가 다른 선물가격 간의 균형관계식은 현물이자율과 선도이자율을 이용하여 나타낼 수 있다. 즉, 동일한 기초자산에 대한 만기 1년 선물가격(F_0^1)과 만기 2년 선물가격(F_0^2)에 대한 현물 - 선물등가식 및 선물가격 간의 관계식은 다음과 같다.

$$F_0^1 = S_0 \times (1 + {}_0R_1)$$
$$F_0^2 = S_0 \times (1 + {}_0R_2)^2 = S_0 \times (1 + {}_0R_1) \times (1 + {}_1f_2) = F_0^1 \times (1 + {}_1f_2)$$
$$\therefore F_0^2 = F_0^1 \times (1 + {}_1f_2)$$

현재 선물시장에서는 (주)파랑 주식 1주를 기초자산으로 하며 만기일이 각각 1년 후와 2년 후인 선물계약이 거래되고 있고, 1년 만기 선물의 시장가격(F_0^1)은 ₩11,000이다. 무위험이자율은 연 10%로 일정하고, 차익거래는 1년 만기 선물 1계약을 기준으로 하며, 완전자본시장을 가정한다.

물음1 2년 만기 선물의 균형가격(F_0^2)을 계산하시오.

물음2 2년 만기 선물의 시장가격(F_0^2)이 ₩12,500인 경우에 실행가능한 차익거래과정을 제시하시오.

해답

물음1 만기가 다른 선물가격 간의 균형관계

$F_0^2 = F_0^1 \times (1 + R_f)^{2-1} = ₩11,000 \times 1.1 = ₩12,100$

물음2 선물가격 간의 불균형을 이용한 차익거래

2년 만기 선물가격 과대평가: 선물시장가격(₩12,500) > 균형선물가격(₩12,100)

거래내용	현재시점	1년 후(T_1)	2년 후(T_2)
2년 만기 선물매도	0		₩12,500 − S_2
1년 만기 선물매입	0	−₩11,000	S_2
차입		₩11,000	$-₩11,000 \times 1.1$
합계(차익거래이익)	0	0	₩12,500 − ₩12,100 = ₩400

03 선물가격과 기대현물가격 간의 관계

미래 특정시점에 기초자산을 매매하기로 하는 선물계약에서의 선물가격은 현재시점에서 투자자들이 예상하는 선물만기시점의 현물가격과 밀접한 관련이 있을 것이다. 따라서 여기서는 이러한 선물가격과 기대현물가격 간의 관계에 대한 여러 가지 이론들에 대해 살펴보기로 한다.

(1) 선물가격과 기대현물가격 간의 관계에 대한 가설

선물가격과 기대현물가격 간의 관계에 대한 가설에는 기대가설과 정상적백워데이션가설 및 콘탱고가설이 있다.

① 기대가설(expectation hypothesis): 선물가격이 기대현물가격과 일치하게 형성된다는 가설이다. 선물거래의 참여자들은 누구도 손실이 예상되는 거래는 하지 않을 것이다. 즉, 선물가격이 기대현물가격보다 낮다면 선물매도자의 손실이 예상되며, 선물가격이 기대현물가격보다 높다면 선물매입자의 손실이 예상되므로 선물가격이 기대현물가격과 같지 않다면 선물계약이 체결될 수 없기 때문에 선물가격은 기대현물가격과 같다는 것이다.

② 정상적백워데이션가설(normal backwardation hypothesis): 선물가격이 기대현물가격보다 낮게 형성된다는 가설이다. 현재 현물을 보유하고 있는 투자자가 선물매도거래를 통해 현물가격의 하락위험을 회피하고자 하는 경우에는 이에 대한 대가를 지불할 수 있을 것이며, 선물매입자가 투기거래자인 경우에는 미래 현물가격의 하락위험을 부담하게 되므로 위험부담에 대한 보상을 요구할 것이다. 따라서 선물거래를 통해 선물매도자(현물보유자)로부터 선물매입자(투기거래자)에게로 위험이 이전되며, 이러한 위험이전에 대한 대가로 기대현물가격보다 낮은 가격에 선물계약이 체결될 수 있다.

③ 콘탱고가설(contango hypothesis): 선물가격이 기대현물가격보다 높게 형성된다는 가설이다. 미래에 현물을 매입할 예정인 투자자가 선물매입거래를 통해 현물가격의 상승위험을 회피하고자 하는 경우에는 이에 대한 대가를 지불할 수 있을 것이며, 선물매도자가 투기거래자인 경우에는 미래 현물가격의 상승위험을 부담하게 되므로 위험부담에 대한 보상을 요구할 것이다. 따라서 선물거래를 통해 선물매입자(현물매입예정자)로부터 선물매도자(투기거래자)에게로 위험이 이전되며, 이러한 위험이전에 대한 대가로 기대현물가격보다 높은 가격에 선물계약이 체결될 수 있다.

선물가격과 기대현물가격 간의 관계에 대한 이러한 가설들 중에서 어떠한 가설이 타당한지는 시장의 상황에 따라 달라진다. 즉, 현물가격의 하락위험을 회피하고자 하는 선물수요(선물매도)가 많은 상황에서는 정상적백워데이션가설과 같이 $F_0 < E(S_T)$이 될 것이고, 현물가격의 상승위험을 회피하고자 하는 선물수요(선물매입)가 많은 상황에서는 콘탱고가설과 같이 $F_0 > E(S_T)$이 될 것이며, 이들이 균형을 이루는 상황에서는 기대가설과 같이 $F_0 = E(S_T)$이 될 것이다.

(2) CAPM과 현물 - 선물등가식

기초자산이 양(+)의 체계적위험(β_i)을 갖는다면, 해당 기초자산에 대한 선물을 매입하는 경우에는 부담하는 체계적위험이 증가하게 되므로 선물가격은 기대현물가격보다 낮게 형성된다. 현물보유에 따른 보유비용과 보유수익이 발생하지 않는다는 가정하에 CAPM과 현물 - 선물등가식을 이용해서 관련된 내용을 살펴보면 다음과 같다.

① 기초자산에 대한 투자자들의 요구수익률이 CAPM에 의해 결정된 k라면 현재시점의 현물가격은 선물만기시점 기대현물가격의 현재가치이므로 현물가격과 기대현물가격 간의 관계식은 다음과 같이 나타낼 수 있다.

$$S_0 = \frac{E(S_T)}{(1+k)^T}$$

$$단, \ k = R_f + [E(R_m) - R_f] \times \beta_i$$

② 선물가격이 현물 - 선물등가식에 의해 결정된다면 현물가격과 기대현물가격간의 관계식을 현물 - 선물등가식에 대입하여 다음과 같은 선물가격과 기대현물가격 간의 관계를 확인할 수 있다.

$$F_0 = S_0 \times (1+R_f)^T = \frac{E(S_T)}{(1+k)^T} \times (1+R_f)^T$$

$$F_0 = E(S_T) \times \left(\frac{1+R_f}{1+k}\right)^T$$

$$단, \ k = R_f + [E(R_m) - R_f] \times \beta_i$$

따라서 선물가격과 기대현물가격 간의 관계는 다음과 같이 무위험이자율(R_f)과 기초자산에 대한 요구수익률(k) 간의 관계, 즉 기초자산의 체계적위험(β_i)의 부호에 따라 결정됨을 알 수 있다.

$$\beta_i = 0 \quad \rightarrow \quad F_0 = E(S_T): \ 기대가설 \ 성립$$
$$\beta_i > 0 \quad \rightarrow \quad F_0 < E(S_T): \ 정상적백워데이션가설 \ 성립$$
$$\beta_i < 0 \quad \rightarrow \quad F_0 > E(S_T): \ 콘탱고가설 \ 성립$$

현실적으로 기초자산의 체계적위험은 대부분 양(+)의 값을 가지므로, 선물가격과 기대현물가격 간의 관계는 일반적으로 정상적백워데이션가설이 성립될 것이다.

제4절 금융선물

선물거래의 초기단계에서는 상품선물거래가 주종을 이루었으나 최근에는 금융선물거래가 주종을 이루고 있다. 따라서 본 절에서는 대표적인 금융선물거래에 대해서 살펴볼 것이지만, 그 내용은 상품선물거래에도 동일하게 적용된다.

01 주가지수선물

주가지수선물(stock index futures)이란 특정 주가지수를 기초자산으로 하는 선물을 말한다. 주가지수선물의 기초자산인 주가지수는 실체가 없기 때문에 선물의 만기시점에 실물인수도를 통한 결제가 불가능하므로 만기일의 현물가격인 만기일의 주가지수와 주가지수선물가격 간의 차액만큼을 현금결제함으로써 거래가 청산된다. 또한 주가지수선물 결제 시에 화폐단위로 환산해서 결제가 가능하도록 지수 1포인트당 인위적인 가치(거래승수)를 부여한다.

[1] 주가지수선물의 균형가격

주가지수선물의 균형가격은 앞에서 살펴본 보유수익이 있는 경우의 현물 - 선물등가식을 이용하여 다음과 같이 계산할 수 있다.

$$F_0 = S_0 \times (1 + R_f)^T - D_T$$
단, D_T: 선물의 만기일까지 지급될 배당금들의 선물만기시점가치

주가지수는 지수산출의 대상이 되는 주식들로 구성된 포트폴리오의 가격수준을 나타내는 지수이므로, 주가지수선물의 기초자산은 해당 주식들로 구성된 포트폴리오라고 할 수 있다. 따라서 선물의 만기일까지 지급될 배당금들의 선물만기시점가치(D_T)는 해당 주식들의 배당금과 배당지급시점을 고려하여 계산해야 한다. 그러나 이는 현실적으로 불가능하므로 주가지수선물의 균형가격은 지수산출에 포함되는 주식들의 평균 연간 배당수익률을 이용하여 다음과 같이 측정하는 것이 일반적이다.

$$F_0 = S_0 \times \left[1 + (R_f - d) \times \frac{T일}{365일}\right]$$
단, T일: 만기일까지의 잔존일수
d: 연간 배당수익률

현재 주가지수는 100p이고, 주가지수 산출에 포함되는 주식들의 평균배당수익률은 연 2%이며, 무위험 이자율은 연 10%이다. 완전자본시장과 계산의 편의를 위해 1년은 360일로 가정하며, 주가지수선물의 1p 당 가격(거래승수)은 ₩250,000이다.

물음1 만기일이 3개월 후인 주가지수선물의 균형가격을 계산하시오.

물음2 만기일이 3개월 후인 주가지수선물의 시장가격이 105p인 경우에 실행가능한 차익거래과정을 제시하시오.

해답

물음1 주가지수선물의 균형가격

$$F_0 = S_0 \times [1 + (R_f - d) \times \frac{T일}{365일}] = 100p \times [1 + (10\% - 2\%) \times \frac{90}{360}] = 102p$$

물음2 주가지수선물을 이용한 차익거래

선물가격 과대평가: 선물시장가격(105p) > 균형선물가격(102p)

거래내용	현재시점	선물만기일(3개월 후)
선물매도	0	$105p - S_T$
현물매입	-100p	$S_T + 100p \times 0.02 \times \frac{90}{360}$
차입	100p	$-100p \times (1 + 0.1 \times \frac{90}{360})$
합계(차익거래이익)	0	$105p - 102p = 3p$

∴ 차익거래이익 $= 3p \times ₩250,000 = ₩750,000$

<예제 5>의 **물음2** 에서 제시된 해답의 차익거래를 화폐단위로 환산해서 나타내면 다음과 같다.

거래내용	현재시점	선물만기일(3개월 후)
선물매도	0	$(105p - S_T) \times ₩250,000$
현물매입	$-100p \times ₩250,000$	$S_T \times ₩250,000$ $+ 100p \times ₩250,000 \times 0.02 \times \frac{90}{360}$
차입	$100p \times ₩250,000$	$-100p \times ₩250,000 \times (1 + 0.1 \times \frac{90}{360})$
합계(차익거래이익)	0	$105p \times ₩250,000 - 102p \times ₩250,000$ $= 3p \times ₩250,000 = ₩750,000$

여기서 현물매입은 선물의 기초자산을 매입하는 것을 의미하지만, 주가지수선물의 경우에 기초자산인 주가지수를 매입하는 것이 불가능하므로, 주가지수를 매입하는 대신에 주가지수펀드를 매입한다. 즉, 주가지수를 복제하여 주가지수와 동일하게 변동하는 주가지수펀드에 ₩25,000,000만큼을 투자한다는 것이다. 따라서 주가지수선물 1계약의 기초자산인 현물 1개를 매입한다는 것은 주가지수×거래승수만큼의 주가지수펀드를 매입하는 것으로 대체할 수 있다.

(2) 우리나라의 주가지수선물

한국거래소에서 거래되는 우리나라의 대표적인 주가지수선물에는 코스피200선물이 있다. 코스피200선물은 한국거래소의 유가증권시장에 상장된 주권 200종목의 시가총액 기준으로 산출된 코스피200지수(산출기준시점 1990. 01. 03.)를 기초자산으로 하는 선물이며, 구체적인 특성은 다음과 같다.

구분	내용
거래대상	코스피200지수
거래단위	코스피200선물가격 × ₩250,000(거래승수)
결제월	3, 6, 9, 12월
상장결제월	3년 이내 7개 결제월(3, 9월: 각 1개, 6월: 2개, 12월: 3개)
가격의 표시	코스피200선물수치(포인트)
호가가격단위	0.05포인트
최소가격변동금액	₩12,500 = ₩250,000 × 0.05포인트
최종거래일	각 결제월의 두 번째 목요일
결제방법	현금결제

즉, 매년 3, 6, 9, 12월의 둘째 목요일을 최종거래일로 하는 선물들이 거래되며, 코스피200선물의 가격은 기초자산인 코스피200지수와 동일하게 포인트로 나타내고, 선물의 만기 시 결제방법은 현금결제방식이다. 또한 코스피200선물의 가격(선물지수) 1포인트당 ₩250,000의 인위적인 가치(거래승수)를 부여하여 결제가 가능하도록 하고 있다.

한편, 한국거래소에서는 코스피200선물 이외에도 다양한 주가지수 관련 선물들이 거래되고 있으며, 유통주식수와 소액주주수, 거래대금, 시가총액 및 재무상태 등을 감안하여 선정한 기업(삼성전자, 현대차, 한국전력 등)이 발행한 주식을 기초자산으로 하는 개별주식선물도 거래되고 있다.

02 채권선물

채권선물(bond futures)이란 이자율이 변화함에 따라 그 가치가 변동하는 채권이나 예금 등을 기초자산으로 하는 선물을 말하며, 금리선물(interest rate futures)이라고도 한다.[1] 채권선물은 기초자산의 만기에 따라 단기채권선물과 장기채권선물로 구분되는데, 일반적으로 단기채권선물의 기초자산은 만기가 1년 이내인 무이표채권이며, 장기채권선물의 기초자산은 만기가 1년을 초과하는 이표채권이다. 이러한 채권선물과 관련하여 주의할 점은 다른 선물거래와 달리 채권선물의 경우에는 선물의 만기 외에 선물의 기초자산인 채권의 만기도 고려해야 한다는 것이다.

> **│ 사례 ║**
>
> 채권선물의 기초자산이 1년 만기 채권이라면 이는 선물의 만기시점에 기초채권의 잔존만기가 1년이라는 것을 의미한다. 따라서 채권선물의 만기가 6개월 후이고, 선물의 기초자산이 1년 만기 채권인 채권선물을 매입한다면, 현재로부터 6개월 후인 채권선물의 만기에 선물가격을 지급하고 채권선물의 만기로부터 1년 후에 만기가 도래하는 채권을 수령하게 된다는 것이다.

[1] 단기채권선물의 균형가격

만기가 1년 이내인 무이표채권을 기초자산으로 하는 단기채권선물의 균형가격도 현물 - 선물등가식을 이용해서 다음과 같이 나타낼 수 있다. 단, 선물의 기초자산이 무이표채권이므로 현물매입에 따른 보유수익은 발생하지 않는다.

$$F_0 = S_0 \times (1 + R_f)^{T_{선물}}$$
단, $T_{선물}$: 선물만기일까지의 기간(연단위)

이해를 돕기 위해 다음과 같은 단기채권선물을 가정하여 단기채권선물의 균형가격에 대해 구체적으로 살펴보기로 한다.

> 채권선물의 만기일: 1년 후
> 채권선물의 기초자산: 액면금액 ₩100, 1년 만기 무이표채권

앞에서 설명한 바와 같이 현재시점에 현물매입대금을 차입해서 채권선물의 기초자산인 채권을 매입하여 보유하면 채권선물을 매입하는 전략을 복제할 수 있다.

구분		현재시점(0)	채권선물만기일 ($T_{선물} = 1$)	기초채권만기일 ($T_{기초채권} = 2$)
전략 1	채권선물매입	0	$-F_0$	₩100
전략 2	현물채권매입	$-S_0$		₩100
	차입	S_0	$-S_0 \times (1 + {}_0R_1)$	
	소계	0	$-S_0 \times (1 + {}_0R_1)$	₩100

---

[1] 명확히 구분하는 경우에 채권선물은 거래대상이 기초자산인 채권이고, 금리선물은 거래대상이 해당 채권의 금리이지만, 기초적인 학습수준에서는 특별히 이를 구분하지 않아도 무방하다.

① 전략 2의 경우에 매입하는 현물채권은 채권선물의 기초자산과 동일한 채권이어야 한다. 즉, 상기 채권선물의 기초자산은 선물의 만기시점인 1년 후에 잔존만기가 1년인 채권이므로, 전략 2의 경우 현재시점에 매입하는 현물채권은 현재로부터 2년 후에 만기일이 도래하는 무이표채권이어야 한다. 따라서 상기 채권선물의 균형가격은 다음과 같다.

$$F_0 = S_0 \times (1 + {_0}R_1)$$
$$\text{단, } S_0 = \frac{\text{₩}100}{(1 + {_0}R_2)^2}$$

② 채권선물의 균형가격은 선도이자율을 이용해서 다음과 같이 나타낼 수도 있다. 즉, 채권선물의 균형가격은 선물의 만기일 이후에 기초채권에서 발생될 현금흐름을 선도이자율을 이용해서 선물의 만기시점의 가치로 할인한 금액과 동일하다.

$$F_0 = S_0 \times (1 + {_0}R_1) = \frac{\text{₩}100}{(1 + {_0}R_2)^2} \times (1 + {_0}R_1) = \frac{\text{₩}100}{1 + {_1}f_2}$$

한편, 단기채권선물의 거래대상은 만기가 1년 이내의 단기채권이므로 계산의 편의를 위해 일반적으로 다음과 같은 이자계산방법을 이용한다.

$$(1 + {_0}R_{T_2} \times \frac{T_2}{365}) = (1 + {_0}R_{T_1} \times \frac{T_1}{365}) \times (1 + {_{T_1}}f_{T_2} \times \frac{T_2 - T_1}{365})$$

단, T_1: 현재부터 선물만기일까지의 기간

T_2: 현재부터 선물기초채권의 만기일까지의 기간

${_0}R_{T_1}$: 현재부터 선물만기일까지의 현물이자율(연율)

${_0}R_{T_2}$: 현재부터 선물기초채권의 만기일까지의 현물이자율(연율)

${_{T_1}}f_{T_2}$: 선물만기일부터 선물기초채권의 만기일까지의 선도이자율(연율)

무이표채권(잔존만기 90일, 액면금액 ₩1,000)을 거래대상으로 하는 만기 30일의 선물계약이 거래되고 있다. 채권시장에서 확인되는 현재부터 30일 동안의 현물이자율($_0R_{30}$)은 연 6%이고, 120일 동안의 현물이자율($_0R_{120}$)은 연 7%이며, 1년은 360일로 가정한다.

물음1 잔존만기가 120일이고 액면금액이 ₩1,000인 무이표채권의 현재가격을 계산하고, 이를 이용해서 상기 선물의 균형가격을 계산하시오.

물음2 현재시점에서 30일 후 시점부터 120일 후 시점까지의 선도이자율($_{30}f_{120}$, 연율)을 계산하고, 이를 이용해서 상기 선물의 균형가격을 계산하시오.

물음3 상기 선물의 시장가격이 ₩990인 경우에 실행가능한 차익거래과정을 제시하시오.

해답

물음1 보유비용모형을 이용한 균형선물가격 계산

$$S_0 = \frac{₩1,000}{1 + {_0R_{120}} \times \dfrac{120}{360}} = \frac{₩1,000}{1 + 0.07 \times \dfrac{120}{360}} = ₩977.20$$

$$F_0 = S_0 \times \left(1 + {_0R_{30}} \times \frac{30}{360}\right) = ₩977.20 \times \left(1 + 0.06 \times \frac{30}{360}\right) = ₩982.09$$

물음2 선도이자율을 이용한 균형선물가격 계산

$$_{30}f_{120} = \left[\frac{1 + {_0R_{T_2}} \times \dfrac{T_2}{360}}{1 + {_0R_{T_1}} \times \dfrac{T_1}{360}} - 1\right] \times \frac{360}{T_2 - T_1} = \left[\frac{1 + 0.07 \times \dfrac{120}{360}}{1 + 0.06 \times \dfrac{30}{360}} - 1\right] \times \frac{360}{90} = 7.2968\%$$

$$F_0 = \frac{액면금액}{1 + {_{30}f_{120}} \times \dfrac{90}{360}} = \frac{₩1,000}{1 + 0.072968 \times \dfrac{90}{360}} = ₩982.09$$

물음3 단기채권선물을 이용한 차익거래
선물가격 과대평가: 선물시장가격(₩990) > 균형선물가격(₩982.09)

거래내용	현재시점	선물만기일 (30일 후)	기초채권만기일 (120일 후)
선물매도	0	₩990	-₩1,000
현물매입	-₩977.20		₩1,000
차입	₩977.20	-₩982.09	
합계(차익거래이익)	0	₩990 - ₩982.09 = ₩7.91	0

<예제 6>의 물음3 에 제시된 차익거래는 선물의 시장가격이 균형선물가격보다 과대평가되어있기 때문에 가능하다고 판단할 수도 있지만, 다음과 같이 채권선물계약의 시장가격에 의해 확정가능한 선도이자율과 현물이자율 간의 관계에 의해 계산되는 내재선도이자율 간의 불균형 때문에 가능하다고 판단할 수도 있다.

채권선물계약에 의해 확정가능한 선도이자율(연율)

$$= \frac{\text{액면금액} - F_0}{F_0} \times \frac{360}{90} = \frac{₩1,000 - ₩990}{₩990} \times \frac{360}{90} = 4.04\%$$

현물이자율에 내재된 선도이자율(연율)

$$= \left[\frac{1 + 0.07 \times \frac{120}{360}}{1 + 0.06 \times \frac{30}{360}} - 1 \right] \times \frac{360}{90} = 7.2968\%$$

(2) 장기채권선물의 균형가격

만기가 1년을 초과하는 이표채권을 기초자산으로 하는 장기채권선물의 균형가격도 현물 - 선물등가식을 이용해서 다음과 같이 나타낼 수 있다. 단, 단기채권선물과의 차이점은 선물의 기초자산이 이표채권이므로 현물매입 시 보유수익(이자수익)이 발생한다는 것이다.

$$F_0 = S_0 \times (1 + R_f)^{T_{\text{선물}}} - D_T$$
단, D_T: 선물의 만기일 이전에 지급되는 액면이자의 선물만기시점가치

이해를 돕기 위해 다음과 같은 장기채권선물을 가정하여 장기채권선물의 균형가격에 대해 구체적으로 살펴보기로 한다.

채권선물의 만기: 1년 후
채권선물의 기초자산: 액면금액 ₩100, 2년 만기 이표채권, 액면이자율 10%(연 1회 이자 후급)

앞에서 설명한 바와 같이 현재시점에 현물매입대금을 차입해서 채권선물의 기초자산인 채권을 매입하여 보유하면 채권선물을 매입하는 전략을 복제할 수 있다.

구분		현재시점(0)	채권선물만기일 ($T_{\text{선물}} = 1$)	이자지급 ($T = 2$)	기초채권만기일 ($T_{\text{기초채권}} = 3$)
전략 1	채권선물매입	0	$-F_0$	₩10	₩110
전략 2	현물채권매입	$-S_0$	₩10	₩10	₩110
	차입	S_0	$-S_0 \times (1 + {_0R_1})$		
	소계	0	$-S_0 \times (1 + {_0R_1}) + ₩10$	₩10	₩110

① 단기채권선물의 경우와 동일하게 상기 채권선물의 기초자산은 선물의 만기시점인 1년 후에 잔존만기가 2년인 채권이므로, 전략 2의 경우에 현재시점에 매입하는 현물채권은 현재로부터 3년 후에 만기일이 도래하는 동일조건의 이표채권이어야 한다. 따라서 상기 채권선물의 균형가격은 다음과 같다.

$$F_0 = S_0 \times (1 + {_0R_1}) - ₩10$$

$$단, \ S_0 = \frac{₩10}{1 + {_0R_1}} + \frac{₩10}{(1 + {_0R_2})^2} + \frac{₩110}{(1 + {_0R_3})^3}$$

② 채권선물의 균형가격은 선도이자율을 이용해서 다음과 같이 나타낼 수도 있다. 즉, 단기채권선물의 경우와 마찬가지로 채권선물의 균형가격은 선물의 만기일 이후에 기초채권에서 발생될 현금흐름을 선도이자율을 이용해서 선물의 만기시점의 가치로 할인한 금액과 동일하다.

$$\begin{aligned} F_0 &= S_0 \times (1 + {_0R_1}) - ₩10 \\ &= \left[\frac{₩10}{1 + {_0R_1}} + \frac{₩10}{(1 + {_0R_2})^2} + \frac{₩110}{(1 + {_0R_3})^3} \right] \times (1 + {_0R_1}) - ₩10 \\ &= \frac{₩10}{1 + {_1f_2}} + \frac{₩110}{(1 + {_1f_2}) \times (1 + {_2f_3})} \end{aligned}$$

예제 7 **장기채권선물**

이표채권(잔존만기 2년, 액면금액 ₩10,000, 액면이자율 9%, 연 1회 이자후급조건)을 거래대상으로 하는 만기 1년의 선물계약이 거래되고 있다. 채권시장에서 확인되는 현재의 1년, 2년, 3년 만기 현물이자율은 각각 9%, 10.49%, 11.65%이다.

물음1 잔존만기가 3년이고, 액면금액과 이자지급조건이 선물의 기초채권과 동일한 이표채권의 현재가격을 계산하고, 이를 이용해서 상기 선물의 균형가격을 계산하시오.

물음2 현재시점에서 1년 후 시점부터 2년 후 시점까지의 선도이자율($_1f_2$)과 2년 후 시점부터 3년 후 시점까지의 선도이자율($_2f_3$)을 계산하고, 이를 이용해서 상기 선물의 균형가격을 계산하시오.

물음3 상기 선물의 시장가격이 ₩9,500인 경우에 실행가능한 차익거래과정을 제시하시오.

해답

물음1 보유비용모형을 이용한 균형선물가격 계산

$$S_0 = \frac{₩900}{1+_0R_1} + \frac{₩900}{(1+_0R_2)^2} + \frac{₩10,900}{(1+_0R_3)^3} = \frac{₩900}{1.09} + \frac{₩900}{1.1049^2} + \frac{₩10,900}{1.1165^3} = ₩9,394.5$$

$$F_0 = S_0 \times (1+_0R_1) - D_T = ₩9,394.5 \times 1.09 - ₩900 = ₩9,340$$

물음2 선도이자율을 이용한 균형선물가격 계산

$$_1f_2 = \frac{(1+_0R_2)^2}{1+_0R_1} - 1 = \frac{1.1049^2}{1.09} - 1 = 0.12$$

$$_2f_3 = \frac{(1+_0R_3)^3}{(1+_0R_2)^2} - 1 = \frac{1.1165^3}{1.1049^2} - 1 = 0.14$$

$$F_0 = \frac{₩900}{1+_1f_2} + \frac{₩10,900}{(1+_1f_2) \times (1+_2f_3)} = \frac{₩900}{1.12} + \frac{₩10,900}{1.12 \times 1.14} = ₩9,340$$

물음3 장기채권선물을 이용한 차익거래

선물가격 과대평가: 선물시장가격(₩9,500) > 균형선물가격(₩9,340)

거래내용	현재시점	선물만기일 (1년 후)	이자지급 (2년 후)	기초채권만기일 (3년 후)
선물매도	0	₩9,500	-₩900	-₩10,900
현물매입	-₩9,394.5	₩900	₩900	₩10,900
차입	₩9,394.5	-₩10,240		
합계(차익거래이익)	0	₩9,500 - ₩9,340 = ₩160	0	0

(3) 우리나라의 단기금리선물[2]

한국거래소에서 거래되는 우리나라의 단기금리선물로는 3개월무위험지표금리선물(Three-Month KOFR Futures)이 있다. 한국무위험지표금리(Korea Overnight Financing Repo Rate: KOFR)란 한국예탁결제원이 국채와 통안증권을 담보로 하는 익익물 기관 간 조건부매매거래(Repurchase Agreement: RP)를 기반으로 산출하는 우리나라의 무위험지표금리(Risk-Free Reference Rate: RFR)를 말하며, 3개월무위험지표금리선물은 한국무위험지표금리(KOFR)의 선물만기 직전 3개월 복리금리를 최종결제일에 현금결제 방식으로 거래하는 계약이다. 3개월무위험지표금리선물의 구체적인 특성은 다음과 같다.

구분	3개월무위험지표금리선물
거래대상	R: 아래의 산식으로 계산되는 KOFR 3개월 복리 금리 $$R = \left[\frac{365}{N} \left\{ \prod_{i=1}^{x} \left(1 + \frac{R_i}{100} \times \frac{d_i}{365} \right) - 1 \right\} \right] \times 100$$ 단, N: 참조기간 일수 　　x: 참조기간 KOFR 산출 기준일수 　　R_i: 산출 기준일별 KOFR 　　d_i: R_i의 적용일수($\sum_{i=1}^{x} d_i = N$)
가격표시방법	$100 - R$
참조기간	결제월 3개월 전 월의 세 번째 수요일부터 결제월의 세 번째 수요일까지
상장계약	분기월 4개와 비분기월(연속월) 4개 상장
거래단위	10억원
호가가격단위	0.005
최소가격변동금액	₩12,500 = 거래승수(₩2,500,000) × 0.005
최종거래일	결제월의 세 번째 수요일의 직전 거래일
결제방법	현금결제

---

2) 미국의 대표적인 단기금리선물에는 T-bill선물이 있다. T-bill은 미국 재무성이 발행하는 만기 1년 이하의 무이표채권이다.

〔4〕 우리나라의 장기채권선물[3] – 국채선물

한국거래소에서 거래되는 우리나라의 장기채권선물에는 국고채를 기초자산으로 하는 국채선물이 있다. 국채선물은 기초자산인 국고채의 만기에 따라 3년 국채선물과 5년 국채선물 및 10년 국채선물로 구분되며, 각 국채선물의 구체적인 특성은 다음과 같다.

구분	3년 국채선물	5년 국채선물	10년 국채선물
거래대상	액면이자율 5%, 6개월 단위 이자지급		
	3년 만기 국고채	5년 만기 국고채	10년 만기 국고채
거래단위	액면 1억원		
결제월	3, 6, 9, 12월		
상장결제월	6월 이내의 2개 결제월		
가격의 표시	액면 ₩100당 원화(백분율방식)		
호가가격단위	0.01포인트		
최소가격변동금액	₩10,000 = ₩100,000,000 × 0.01포인트 × 1/100		
최종거래일	결제월의 세 번째 화요일		
결제방법	현금결제		

국채선물의 거래대상은 가상의 표준물채권이다. 채권선물의 경우에 표준물거래방식을 택하는 이유는 다른 선물거래에 비해 거래대상인 채권의 발행조건이 워낙 다양하며, 다양한 각 채권들을 대상으로 선물거래를 할 경우에 결제가 불편하고 시장관리에도 많은 노력과 비용이 소요되기 때문이다. 따라서 발행조건을 일정하게 표준화한 표준물이라는 현실적으로 존재하지 않는 가상의 채권을 기초자산으로 만들어 이를 거래대상으로 하는 것이다.

1) 국채선물의 최종결제가격

국채선물은 가상의 표준물채권을 거래대상으로 하면서 최종결제방법으로 현금결제방법을 택하고 있기 때문에 최종결제가격을 산정하기 위해서는 선물만기일에 실제로 거래되는 국고채의 가격으로부터 선물만기일의 가상채권의 가격을 추출해야 한다. 국채선물의 최종결제가격 결정에 대해 보다 구체적으로 살펴보면 다음과 같다.

① 최종결제가격 산정을 위해서 거래소는 해당 결제월물의 거래개시일의 직전 거래일에 6개월 단위 이자지급 국고채권들 중에서 최종결제기준채권(basket채권)들을 미리 지정한다.

② 한국금융투자협회가 공시하는 최종결제기준채권들의 선물만기일 수익률의 평균치(R)가 가상채권의 수익률이라고 가정하여 다음과 같이 국채선물의 최종결제가격을 결정한다.

3) 미국의 대표적인 장기채권선물에는 T – bond선물이 있다. T – bond는 미국 재무성이 발행하는 장기국채로써 매 6개월마다 이자를 지급하는 고정금리부채권이다.

제4절 금융선물 531

$$3년\ 국채선물의\ 최종결제가격 = \sum_{i=1}^{6} \frac{5/2}{(1+R/2)^i} + \frac{100}{(1+R/2)^6}$$

$$5년\ 국채선물의\ 최종결제가격 = \sum_{i=1}^{10} \frac{5/2}{(1+R/2)^i} + \frac{100}{(1+R/2)^{10}}$$

$$10년\ 국채선물의\ 최종결제가격 = \sum_{i=1}^{20} \frac{5/2}{(1+R/2)^i} + \frac{100}{(1+R/2)^{20}}$$

단, R: 최종결제기준채권들의 선물만기일 수익률의 평균

2] 국채선물의 이론가격

앞서 살펴본 국채선물의 최종결제가격 결정방법에 따라 국채선물의 이론가격도 최종결제기준채권들의 평균선도이자율을 구하는 다음의 과정을 통해 산출된다.

① 개별기준채권들의 유통수익률로부터 개별기준채권들의 액면금액 ₩100 기준 시장가격(S) 계산

$$시장가격(S) = \frac{1}{\left(1 + \frac{R_1}{2} \times \frac{d_1}{t_1}\right)} \times \left[\sum_{i=0}^{n-1} \frac{액면이자율 \times 100/2}{(1+R_1/2)^i} + \frac{100}{(1+R_1/2)^{n-1}}\right]$$

단, R_1: 개별기준채권의 유통수익률

d_1: 산출일부터 차기 이자지급일까지의 일수

t_1: 직전 이자지급일부터 차기 이자지급일까지의 일수

n: 잔여 이자지급회수

② 시장가격(S)을 기준으로 개별기준채권들의 선물만기시점 선도가격 계산

$$선도가격 = \left[S - \frac{6개월간의\ 이자지급액}{\left(1 + R_2 \times \frac{d_2}{365}\right)}\right] \times \left(1 + R^* \times \frac{t}{365}\right)$$

단, R_2: 산출일부터 선물만기일전 각 이자지급일까지의 적용이자율

d_2: 산출일부터 선물만기일전 각 이자지급일까지의 일수

R^*: 산출일부터 최종거래일까지의 적용이자율

t: 산출일부터 최종거래일까지의 산출잔존기간의 일수

③ 각 개별기준채권들의 선도가격으로부터 내재되어 있는 선도이자율을 계산하고 이를 단순평균하여 평균선도수익률($\bar{f}$) 계산

④ 평균선도수익률($\bar{f}$)을 이용해서 선물의 이론가격 계산

$$3년\ 국채선물의\ 이론가격 = \sum_{i=1}^{6} \frac{5/2}{(1+\bar{f}/2)^i} + \frac{100}{(1+\bar{f}/2)^6}$$

$$5년\ 국채선물의\ 이론가격 = \sum_{i=1}^{10} \frac{5/2}{(1+\bar{f}/2)^i} + \frac{100}{(1+\bar{f}/2)^{10}}$$

$$10년\ 국채선물의\ 이론가격 = \sum_{i=1}^{20} \frac{5/2}{(1+\bar{f}/2)^i} + \frac{100}{(1+\bar{f}/2)^{20}}$$

한편, 우리나라의 경우에 과거에는 10년 국채선물의 결제방법으로 현금결제방법이 아닌 인수도가능채권지정에 의한 인수도결제방법이 적용되기도 했었다. 이러한 인수도결제방법에 대해 구체적으로 살펴보면 다음과 같다.

① 현금결제방법이 아닌 인수도결제방법을 적용한 이유는 인수도결제 시 현금결제지수 산출이 불필요하고 실물인도옵션이 존재하게 되며, 현물시장과 연계된 거래가 활발하게 되어 현물시장의 유동성 증가에 도움이 될 수 있기 때문이다.

② 인수도결제를 위해 거래소는 새로운 종목의 거래개시일에 해당 결제월종목의 인수도적격채권을 미리 지정하며, 최종결제일에 선물매도자는 미리 지정된 인수도적격채권 중에서 인도 시 자신에게 가장 유리한 채권(최유리인도채권)을 인도하고 최종결제대금을 수취하면서 거래가 청산된다.

③ 인수도적격채권이란 각 결제월종목별로 최종결제일에 인수도가 가능하도록 지정된 채권들의 그룹을 말한다. 일반적으로 채권선물 기초자산의 만기에 비해 인수도적격채권의 만기는 보다 확대되는데, 이는 매도압박을 최소화하기 위함이다. 여기서 매도압박(short squeeze)이란 선물매수자가 현물채권시장에서 인수도적격채권을 매집하여 가격을 상승시킴으로써 선물매도자가 상승된 가격에 현물채권을 매수하여 인도하거나 높아진 선물가격에 매도포지션을 청산하는 압박에 처하는 상황을 말한다.

④ 인수도결제방법의 경우에 표준물이 거래의 기준으로 이용되지만, 실제 결제는 다양한 발행조건을 가진 인수도적격채권으로 하게 되므로 상호간의 발행조건상의 차이를 가격으로 조정해줄 필요가 있으며 이때 전환계수라는 것이 이용된다. 전환계수(conversion factor)란 인수도결제 시 표준물과 인수도적격채권 간의 교환비율, 즉 표준물의 최종결제일가치 ₩1에 대한 해당 인수도적격채권의 최종결제일가치의 비율을 의미하며, 인수도적격채권별 전환계수는 인수도적격채권 지정 시 함께 공표된다.

03 통화선물

통화선물(currency futures)이란 주요국의 통화를 거래대상으로 하는 선물을 말하며, 외환선물이라고도 한다. 통화선물과 관련해서는 환율에 대한 개념을 알아둘 필요가 있는 데, 환율(foreign exchange rate)이란 양 국가 통화 간의 교환비율을 말한다.

‖ 사례 ‖

1. 현물환시장에서의 환율이 ₩1,000/$라면 현재의 외환시장에서 ₩1,000과 $1가 교환된다는 것이며, 이는 현재 외환시장에서 $1을 ₩1,000에 매매하고 있다는 의미로 해석할 수 있다.

2. 원달러선물시장에서의 1년 만기 선물환율이 ₩1,100/$라면, 현재의 선물시장에서는 1년 후에 $1를 ₩1,100에 매매하기로 하는 계약이 체결되고 있다는 의미로 해석할 수 있다.

[1] 통화선물의 균형가격

통화선물의 균형가격도 현물 - 선물등가식을 이용해서 나타낼 수 있다. 이는 <제15장 금융투자론의 기타주제>에서 살펴볼 환율결정이론 중에서 이자율평가설에 따라 다음과 같이 나타낼 수 있다. 단, 이후의 논의 전개에서 환율은 달러화에 대한 원화의 교환비율(₩/$)로 표시한다.

$$F_0 = S_0 \times (\frac{1+R_K}{1+R_A})^T$$

단, S_0: 현물환율(₩/$)

R_K: 원화에 대한 연간 명목이자율(한국의 연간 명목이자율)

R_A: 달러화에 대한 연간 명목이자율(미국의 연간 명목이자율)

이해를 돕기 위해 다음과 같은 통화선물계약을 가정하여 통화선물의 균형가격에 대해 구체적으로 살펴보기로 한다.

통화선물의 만기(T): 1년 후
통화선물의 기초자산: $1

앞에서 살펴본 바와 같이 현재시점에서 $현물매입대금을 원화로 차입해서 통화선물의 기초자산인 달러화를 매입하면 상기 통화선물을 매입하는 전략을 복제할 수 있다.

구분		현재시점(0)	선물만기일(T=1)
전략 1	원달러선물매입	0	$1 − ₩$F_0$
전략 2	달러화현물매입	$\$\frac{1}{1+R_A} − ₩S_0 \times \frac{\$1}{1+R_A}$	
	달러화대출	$-\$\frac{1}{1+R_A}$	$\$\frac{1}{1+R_A} \times (1+R_A) = \$1$
	원화차입	$₩S_0 \times \frac{\$1}{1+R_A}$	$-₩S_0 \times \frac{\$1}{1+R_A} \times (1+R_K)$
	소계	0	$-₩S_0 \times \frac{1+R_K}{1+R_A}$

다만, 여기서 주의할 점은 통화선물의 거래대상은 선물의 만기시점인 1년 후 시점의 $1이므로, 전략 2의 경우에 달러화현물의 보유기간 동안에 발생될 달러화에 대한 이자를 고려해야 하기 때문에 현재시점에 매입할 달러화현물의 수량은 $1가 아닌 $\$\frac{1}{1+R_A}$ 라는 것이다. 따라서 상기 1년 만기 통화선물의 균형가격은 다음과 같다.

$$F_0 = S_0 \times \frac{1+R_K}{1+R_A}$$

예제 8 **통화선물**

현재 달러화에 대한 원화의 현물환율은 ₩1,000/\$이며, 한국과 미국의 연간 명목이자율은 각각 30%와 25%이다. \$1를 거래대상으로 하는 1년 만기 원달러선물에 대한 다음 물음에 답하시오.

물음1 1년 만기 원달러선물의 균형선물환율을 계산하시오.

물음2 시장에서의 1년 만기 원달러선물에 대한 선물환율이 ₩1,050/\$인 경우에 실행가능한 차익거래과정을 제시하시오.

해답

물음1 균형선물환율

$$F_0 = S_0 \times \frac{1+R_K}{1+R_A} = ₩1,000/\$ \times \frac{1+0.3}{1+0.25} = ₩1,040/\$$$

물음2 통화선물을 이용한 차익거래

선물환율 과대평가: 시장선물환율(₩1,050/\$) > 균형선물환율(₩1,040/\$)

거래내용	현재시점(0)	선물만기일(1년 후)
원달러선물매도	0	₩1,050 - \$1
달러화현물매입	\$0.8 - ₩800	
달러화대출	-\$0.8	\$0.8 × 1.25 = \$1
원화차입	₩800	-₩800 × 1.3 = -₩1,040
합계(차익거래이익)	0	₩1,050 - ₩1,040 = ₩10

<예제 8>의 **물음2** 에 제시된 차익거래는 시장에서의 선물환율이 균형선물환율보다 과대평가되어있기 때문에 가능하다고 판단할 수도 있지만, 다음과 같이 현물환율과 선물환율의 관계에 비해 한국의 명목이자율이 상대적으로 낮고 미국의 명목이자율이 상대적으로 높음에 따라 차익거래가 가능하다고 판단할 수도 있다.

$$F_0 > S_0 \times \frac{1+R_K}{1+R_A} \quad \rightarrow \quad F_0 \times (1+R_A) > S_0 \times (1+R_K)$$

[2] 우리나라의 통화선물

우리나라의 통화선물에는 미국달러화(USD)를 거래대상으로 하는 미국달러선물과 일본엔화(JPY)를 거래대상으로 하는 엔선물, 유로화(EURO)를 거래대상으로 하는 유로선물 및 중국위안화(CNH)를 거래대상으로 하는 위안선물이 있다. 각 통화선물의 구체적인 특성은 다음과 같다.

구분	미국달러선물	엔선물	유로선물	위안선물
거래대상	미국달러화(USD)	일본엔(JPY)	유로화(EUR)	중국위안화(CNH)
거래단위	US $10,000	JP ¥1,000,000	EU €10,000	CNH ¥100,000
결제월	분기월 중 12개, 그 밖의 월 중 8개	분기월 중 4개, 그 밖의 월 중 4개	분기월 중 4개, 그 밖의 월 중 4개	분기월 중 4개 그 밖의 월 중 4개
상장결제월	총20개 (1년 이내 매월, 1년 초과 매분기월)	1년 이내의 8개 결제월	1년 이내의 8개 결제월	1년 이내의 8개 결제월
가격의 표시	US $1당 원화	JP ¥100당 원화	EU €1당 원화	CNH ¥1당 원화
최소가격변동폭	₩0.1	₩0.1	₩0.1	₩0.01
최소가격변동금액	₩1,000 = US $10,000 × ₩0.1	₩1,000 = JP ¥1,000,000 /100 × ₩0.1	₩1,000 = EU €10,000 × ₩0.1	₩1,000 = CNH ¥100,000 × ₩0.01
최종거래일	결제월의 세 번째 월요일			
결제방법	인수도결제			

또한 이러한 통화선물들의 만기는 1년 이내이므로 다음과 같은 방법으로 이론가격을 계산한다.

$$F_0 = S_0 \times \frac{(1 + R_K \times \frac{T}{365})}{(1 + R_F \times \frac{T}{365})} = S_0 + S_0 \times \frac{(R_K - R_F) \times \frac{T}{365}}{(1 + R_F \times \frac{T}{365})}$$

단, R_F: 거래대상 외국통화에 대한 연이자율

미국달러선물: 런던은행간 매도금리(LIBOR)

엔선물: 동경은행간 매도금리(TIBOR)

유로선물: 유럽은행간 매도금리(EURIBOR)

위안선물: 홍콩은행간 위안화 매도금리

제5절 선물을 이용한 차익거래와 투기거래

선물거래의 대표적인 예로는 차익거래와 투기거래 및 헤지거래를 들 수 있는데, 본 절에서는 차익거래와 투기거래에 대해서 살펴보고, 헤지거래에 대해서는 절을 달리하여 살펴보기로 한다.

01 차익거래

차익거래란 선물과 현물의 시장가격 간 불균형을 이용하여 무위험한 차익을 추구하는 거래를 말한다. 균형상태의 시장에서는 선물가격과 현물가격 간의 관계가 앞에서 살펴본 현물 - 선물등가식과 같은 관계대로 형성되어 베이시스가 이론베이시스와 동일하게 형성되어야 하지만, 현실의 시장에서는 현물과 선물에 대한 수요와 공급의 불균형, 현물가격 변동과 선물가격 변동의 시간차이 등 여러 가지 요인으로 인해 일시적으로 선물가격과 현물가격 간의 균형관계가 이루어지지 않을 수 있다. 따라서 이러한 경우에는 다음과 같은 무위험차익거래가 발생하게 된다.

① $F_0 > S_0 \times (1 + R_f)^T$인 경우: 선물의 시장가격이 균형선물가격보다 과대평가된 경우에는 시장가격에 선물을 매도하고 합성선물을 매입(현물매입 + 차입)하는 차익거래의 실행이 가능하다.

② $F_0 < S_0 \times (1 + R_f)^T$인 경우: 선물의 시장가격이 균형선물가격보다 과소평가된 경우에는 시장가격에 선물을 매입하고 합성선물을 매도(현물공매 + 대출)하는 차익거래의 실행이 가능하다.

02 투기거래

투기거래란 선물가격(또는 현물가격)의 변동을 예상하여 이러한 가격변동으로부터 이익을 추구하고자 선물거래를 이용하는 것을 말한다. 이러한 투기거래는 단순투기거래와 베이시스거래 및 스프레드거래로 구분할 수 있다.

[1] 단순투기거래

가장 단순한 투기거래는 선물가격의 변동을 예상하여 선물가격의 상승이 예상되는 상황에서는 선물을 매입하고, 선물가격의 하락이 예상되는 상황에서는 선물을 매도하여 선물가격이 예상대로 변동하는 경우에 선물가격의 변동에 따른 이익을 취하고자 하는 것이다. 참고로 투기거래에 따른 손익을 요약하면 다음과 같다.

구분	현재시점(0)	선물만기이전(t)	선물만기일(T)
선물매입	0	$F_t - F_0$	$S_T - F_0$
선물매도	0	$F_0 - F_t$	$F_0 - S_T$

(2) 베이시스거래

베이시스거래란 선물가격과 현물가격 간의 차이인 베이시스의 변동을 예상하여 실행하는 투기거래를 말한다. 베이시스를 선물가격－현물가격($= F - S$)으로 정의하는 경우에 베이시스의 확대 또는 축소가 예상되면 다음과 같은 투기거래가 가능하다.

① 베이시스 확대 예상 → 선물매입 + 현물공매: 선물가격이 현물가격에 비해 상대적으로 보다 더 상승하거나 덜 하락할 것으로 예상되는 상황이므로 선물을 매입하고 현물을 공매하여 베이시스 확대액만큼의 이익을 획득할 수 있다.

② 베이시스 축소 예상 → 선물매도 + 현물매입: 선물가격이 현물가격에 비해 상대적으로 보다 더 하락하거나 덜 상승할 것으로 예상되는 상황이므로 선물을 매도하고 현물을 매입하여 베이시스 축소액만큼의 이익을 획득할 수 있다.

일반적으로 선물가격의 변동이나 현물가격의 변동에 비해 베이시스의 변동이 보다 안정적이기 때문에 선물이나 현물만을 이용하는 투기거래에 비해 베이시스를 이용한 투기거래가 위험부담이 작다는 장점이 있다. 다만, 선물과 현물을 모두 이용하는 거래이지만, 예상과 다르게 베이시스가 변동하는 경우에는 손실이 발생할 수도 있다는 점에서 무위험차익거래와는 상이하다.

> **사례**
>
> 현물가격이 ₩100이고 선물가격이 ₩110인 상황에서 향후 베이시스의 축소를 예상하는 투자자가 현물을 매입하고 선물을 매도하는 베이시스거래를 실행하였고, 거래청산시점에서의 현물가격이 ₩80이고 선물가격이 ₩84라면 투자성과는 다음과 같다.
>
> | 구분 | 현재시점 | 청산시점 | 손익 |
> |---|---|---|---|
> | 선물매도 | 0 | ₩110 - ₩84 | ₩26 |
> | 현물매입 | -₩100 | ₩80 | -₩20 |
> | 합계 | -₩100 | ₩106 | ₩6 |
> | 베이시스($= F - S$) | ₩110 - ₩100 = ₩10 | ₩84 - ₩80 = ₩4 | ₩6 축소 |

(3) 스프레드거래

스프레드거래란 조건이 상이한 선물가격들의 차이인 스프레드의 변동을 예상하여 실행하는 투기거래를 말한다. 동일한 기초자산에 대한 원월물 선물가격과 근월물 선물가격 간의 스프레드를 이용한 거래의 경우에 스프레드(= 원월물 선물가격－근월물 선물가격)의 확대 또는 축소가 예상되면 다음과 같은 투기거래가 가능하다. 단, 근월물 선물은 1년 만기 선물로, 원월물 선물은 2년 만기 선물로 가정한다.

① 스프레드 확대 예상 → 2년 만기 선물매입 + 1년 만기 선물매도: 2년 만기 선물가격이 1년 만기 선물가격에 비해 상대적으로 보다 더 상승하거나 덜 하락할 것으로 예상되는 상황이므로 2년 만기 선물을 매입하고 1년 만기 선물을 매도하여 스프레드 확대액만큼의 이익을 획득할 수 있다.

② 스프레드 축소 예상 → 2년 만기 선물매도 + 1년 만기 선물매입: 2년 만기 선물가격이 1년 만기 선물가격에 비해 상대적으로 보다 더 하락하거나 덜 상승할 것으로 예상되는 상황이므로 2년 만기 선물을 매도하고 1년 만기 선물을 매입하여 스프레드 축소액만큼의 이익을 획득할 수 있다.

스프레드거래도 베이시스거래와 마찬가지로 예상과 다르게 스프레드가 변동하는 경우에는 손실이 발생할 수 있는 투기거래이다.

제6절 선물을 이용한 헤지거래

01 헤지거래의 기초개념

(1) 헤지거래의 의의

헤지(hedge)란 선물이나 옵션과 같은 헤지수단을 이용해서 헤지대상인 특정자산의 미래가격변동에 따른 위험을 제거하거나 감소시키는 전략을 말한다. 선물을 이용하는 헤지거래의 기본적인 개념에 대해 살펴보면 다음과 같다.

① 선물을 이용하는 헤지거래의 기본적 전략은 현물에서의 포지션과 반대되는 포지션을 선물거래에서 취하는 것이다. 즉, 현재 현물을 보유 중인 투자자는 선물을 매도하여 현물의 미래처분가격을 확정시킬 수 있고, 미래 현물을 매입할 예정인 투자자는 선물을 매입하여 현물의 미래매입가격을 확정시킬 수 있다는 것이다.

② 순간적으로 현물가격이 변동하는 경우에 이론적으로는 현물가격 변동률(R_S)과 선물가격 변동률(R_F)이 다음과 같이 일치할 것이므로 현물가격 변동률(R_S)과 선물가격 변동률(R_F) 간의 상관계수는 +1이다. 따라서 현물에서의 포지션과 반대되는 포지션을 선물에서 취하는 경우에 이론적으로는 현물가격변동에 따른 모든 위험을 완전히 제거할 수 있다.

$$R_F = \frac{\Delta F}{F_0} = \frac{\Delta S \times (1+R_f)^T}{S_0 \times (1+R_f)^T} = \frac{\Delta S}{S_0} = R_S$$

한편, <제3장 포트폴리오이론>에서 살펴본 분산투자도 위험관리를 위한 수단으로 이용되지만, 관리의 대상이 되는 위험의 종류와 위험관리방법에 있어서 헤지와는 차이가 있다. 즉, 분산투자는 되도록 상관관계가 낮은 자산들에 동일한 포지션을 취해서 비체계적위험을 제거하고자 하는 전략이지만, 헤지는 되도록 상관관계가 높은 자산들에 반대 포지션을 취해서 체계적위험까지도 포함되는 모든 위험을 제거하고자 하는 전략이다.

(2) 매도헤지와 매입헤지

매도헤지란 보유 중인 현물의 가격하락에 따른 손실을 상쇄시키기 위해 선물을 매도하는 헤지를 말하며, 매입헤지란 매입예정인 현물의 가격상승에 따른 손실을 상쇄시키기 위해 선물을 매입하는 헤지를 말한다.

구분	포지션		헤지대상위험
	현물시장	선물시장	
매도헤지	현물매도예정	매도	현물가격의 하락위험
매입헤지	현물매입예정	매입	현물가격의 상승위험

① 매도헤지: 현재 현물을 보유하고 있는 투자자(또는 미래에 현물을 매도할 예정인 투자자)는 미래 현물의 처분가격이 변동될 위험을 부담하므로 동 현물에 대한 선물을 매도하여 미래 처분가격의 변동위험을 헤지할 수 있다. 이러한 매도헤지는 보유 중인 현물가격의 하락이 예상되는 상황에서 주로 이용되며, 예상대로 현물가격이 하락하여 현물포지션에서 손실이 발생하는 경우에도 매도한 선물의 가격 역시 하락하여 선물거래에서 이익이 발생될 것이므로 현물가격의 하락에 따른 손실을 선물거래이익으로 상쇄시키고자 하는 전략이다.

② 매입헤지: 미래에 현물을 매입할 예정인 투자자(또는 현재 현물을 공매한 투자자)는 미래 현물의 매입가격이 변동될 위험을 부담하므로 동 현물에 대한 선물을 매입하여 미래 매입가격의 변동위험을 헤지할 수 있다. 이러한 매입헤지는 매입예정인 현물가격의 상승이 예상되는 상황에서 주로 이용되며, 예상대로 현물가격이 상승하여 현물포지션에서 손실이 발생하는 경우에도 매입한 선물의 가격 역시 상승하여 선물거래에서 이익이 발생될 것이므로 현물가격의 상승에 따른 손실을 선물거래이익으로 상쇄시키고자 하는 전략이다.

---| 사례 |---

1. 미래에 채권을 발행해서 자금을 차입할 예정인 투자자는 미래의 이자율이 상승하면 이자지급액이 증가하거나 채권의 발행가격이 하락할 위험을 부담하므로 채권선물을 매도해야 한다.

2. 외상으로 수출을 해서 미래에 달러화를 수취할 예정인 한국기업은 미래에 달러화를 처분할 예정이므로 미래의 원달러환율이 하락하면 원화수취액이 감소될 위험을 부담하므로 달러화가 기초자산인 원달러선물을 매도해야 한다.

지금까지 매도헤지와 매입헤지에 대해서 간단하게 살펴보았는데, 본 절에서는 논의의 편의를 위해 특별한 언급이 없는 한 현재 현물을 보유 중인 투자자를 가정하여, 매도헤지를 위주로 헤지거래에 대해서 살펴보기로 한다.

(3) 헤지전략

현재 현물을 보유 중인 투자자는 선물을 매도하여 현물의 가격변동위험을 헤지할 수 있는데, 이러한 헤지전략은 ① 보유현물에 대한 포지션을 채권을 보유하는 것과 동일한 포지션으로 전환하는 방식과 ② 보유현물의 가치변동위험을 최소화하는 방식으로 구분할 수 있다. 구체적인 헤지전략에 대해서는 항을 달리하여 자세히 살펴보기로 한다.

02 헤지전략 - 채권보유포지션으로 전환하는 방식

채권보유포지션으로 전환하는 방식이란 보유현물을 기초자산으로 하는 선물을 매도하고 선물의 만기시점에 현물과 선물의 포지션을 청산함으로써 최초에 약정된 선물가격대로 보유현물을 매도하여 선물매도시점부터 선물만기일까지의 기간 동안에 무위험채권을 보유(무위험이자율로 대출)하는 것과 유사한 투자전략을 구성하는 방식을 말한다.

거래내용	현재시점(0)	선물만기일(T)
현물매입(보유)	$-S_0$	S_T
선물매도	0	$F_0 - S_T$
합계	$-S_0$	F_0

① 앞에서 살펴본 바와 같이 현물을 매입하고 해당 현물을 기초자산으로 하는 선물을 매도하면 무위험대출을 하는 것과 동일한 현금흐름이 발생하게 된다.

② 채권보유포지션으로 전환하는 방식은 이러한 논리를 이용하여 현재 보유 중인 현물을 선물만기시점에 현재의 선물가격으로 처분할 것을 선물매도를 통해 미리 약정함으로써 현재시점부터 선물의 만기까지 채권을 보유하는 것과 동일한 포지션으로 전환하는 것이다.

③ 선물의 현재 시장가격이 이론적인 가격대로 형성되어 있는 균형상태의 시장이라면 이러한 전략에 따라 선물의 만기시점까지 발생되는 손익은 현재의 선물가격이 액면금액이고, 선물의 만기일까지의 기간을 잔존만기로 하는 무위험채권을 보유하는 것과 동일하게 된다.

④ 현물을 보유하고 있어서 미래에 현물을 처분할 예정인 상황에서는 선물을 매도하여 선물만기일에 현물을 처분하면서 수취할 금액을 미리 확정시킬 수 있고, 미래에 현물을 매입할 예정인 상황에서는 선물을 매입하여 선물만기일에 현물을 매입하면서 지급할 금액을 미리 확정시킬 수 있다.

한편, 현재 선물의 시장가격이 균형가격보다 과대평가되어 있는 경우에는 이러한 전략을 통해 발생되는 손익은 무위험채권 보유 시의 손익보다 크게 되므로, 앞에서 설명한 바와 같이 최초 현물보유 여부와 무관하게 시장가격의 불균형을 이용하는 차익거래도 가능하게 된다.

[1] 이용할 선물의 계약수

이러한 헤지전략에서 있어서 가장 중요한 사항은 헤지전략의 실행을 위해 이용해야 하는 선물의 계약수이다. 채권보유포지션으로 전환하는 방식 또는 차익거래 시에 이용해야 하는 선물의 계약수(N_F)는 보유하는 현물의 수량을 기준으로 다음과 같이 계산된다. 즉, 현물보유수량에 해당하는 선물매도계약을 체결하면 된다.

$$N_F = \frac{\text{현물보유수량}}{\text{선물 1계약의 거래단위수량}}$$

──╢ 사례 ╟──

현재 금 1,000kg을 보유 중인 투자자가 향후 금가격의 하락을 우려하여 금선물을 매도함으로써 동 선물의 만기까지 채권보유포지션으로 전환하는 경우에 현재시점에서 매도해야 할 금선물의 계약수는 다음과 같다. 단, 금선물 1계약의 기초자산은 금 10kg이라고 가정한다.

$$N_F = \frac{\text{현물보유수량}}{\text{선물 1계약의 거래단위수량}} = \frac{1,000kg}{10kg} = 100\text{계약}$$

무위험이자율이 연 10%인 현재 시장에서는 (주)파랑 주식이 주당 ₩10,000의 가격으로 거래되고 있으며, 동 주식 10주를 기초자산으로 하고 만기가 1년인 선물의 시장가격이 주당 ₩11,300으로 형성되어 있다.

물음1 (주)파랑 주식 20,000주를 보유 중인 투자자 甲이 동 주식가격의 하락을 우려하여 현재의 현물주식보유포지션을 선물의 만기일까지 채권보유포지션으로 전환함으로써 선물만기일의 (주)파랑 주식 처분액을 확정시키고자 상기 선물을 이용하고자 한다. 이용해야 할 선물의 계약수와 헤지전략의 결과를 구체적으로 나타내시오.

물음2 투자자 乙은 현재의 선물가격이 과대평가되어 있다고 판단하여 시장가격의 불균형을 이용한 차익거래를 실행하고자 한다. 이용해야 할 선물의 계약수와 차익거래의 결과를 구체적으로 나타내시오. 단, 차익거래 시에 현재시점의 현물거래대금은 무위험이자율로의 차입 또는 대출을 이용하며, (주)파랑 주식 20,000주를 기준으로 한다.

해답

물음1 채권보유포지션으로 전환

이용할 선물의 계약수: $N_F = \dfrac{\text{현물보유수량}}{\text{선물 1계약의 거래단위수량}} = \dfrac{20,000주}{10주} = 2,000계약$

거래내용	현재시점(0)	선물만기일(T)
현물보유(20,000주)	-20,000주 × ₩10,000	20,000주 × S_T
선물매도(2,000계약)	0	$(₩11,300 - S_T) × 10주 × 2,000계약$ $= ₩11,300 × 10주 × 2,000계약$ $- S_T × 20,000주$
합계	-₩200,000,000	₩11,300 × 10주 × 2,000계약 = ₩226,000,000

물음2 시장가격의 불균형을 이용한 차익거래

이용할 선물의 계약수: $N_F = \dfrac{\text{현물보유수량}}{\text{선물 1계약의 거래단위수량}} = \dfrac{20,000주}{10주} = 2,000계약$

거래내용	현재시점(0)	선물만기일(T)
선물매도(2,000계약)	0	$(₩11,300 - S_T) × 10주 × 2,000계약$ $= ₩11,300 × 10주 × 2,000계약$ $- S_T × 20,000주$
현물매입(20,000주)	-20,000주 × ₩10,000	20,000주 × S_T
차입	₩200,000,000	-₩200,000,000 × 1.1 =-₩220,000,000
합계(차익거래이익)	₩0	₩6,000,000

<예제 9>의 $\boxed{\text{물음1}}$ 채권보유포지션으로 전환하는 전략과 $\boxed{\text{물음2}}$ 무위험차익거래의 전략에 대해서 추가로 확인해야 할 사항은 다음과 같다.

① $\boxed{\text{물음1}}$ 에서 투자자 甲에게 선물의 만기일까지 발생된 손익인 ₩26,000,000은 선물의 시장가격이 균형가격(₩11,000)대로 형성되었을 경우에 얻을 수 있었던 무위험이자에 해당하는 손익인 ₩200,000,000 × 10% = ₩20,000,000 이외에 시장가격의 불균형에 따른 추가적인 이익 ₩300 × 10주 × 2,000계약 = ₩6,000,000이 포함된 금액이다.

② 채권보유포지션으로 전환하는 전략과 무위험차익거래의 전략을 수행하는 경우에 이용해야 하는 선물의 계약수는 모두 현물보유수량을 기준으로 계산된다.

한편, 보유현물이 주식포트폴리오이고 주가지수를 완전복제하는 지수펀드의 형태로 구성된 경우에는 해당 주가지수를 기초자산으로 하는 주가지수선물을 이용해서 채권보유포지션으로 전환할 수 있는데 이때 유의할 사항은 다음과 같다.

① 주가지수선물의 기초자산인 주가지수는 실체가 없지만, 주가지수선물 1계약의 기초자산 1개를 보유하고 있다는 것은 '현물주가지수 × 거래승수'만큼의 주가지수펀드를 보유하고 있다는 것과 동일하다고 해석할 수 있다.

> 주가지수선물 기초자산 1개의 가치 = 현물주가지수 × 거래승수

─┤ **사례** ├─

주가지수가 100p이고 선물의 거래승수가 ₩250,000인 경우에 주가지수선물 1계약의 기초자산 1개를 보유하고 있다는 것은 주가지수 × 거래승수 = 100p × ₩250,000 = ₩25,000,000만큼의 지수펀드를 보유하고 있다는 것과 동일하다.

② 지수펀드의 형태로 구성된 주식포트폴리오를 보유하고 있는 상황에서 주가지수선물을 매도해서 채권보유포지션으로 전환하기 위해 이용해야 하는 선물의 계약수는 다음과 같이 계산된다.

$$N_F = 현물보유수량 = \frac{현물보유금액}{현물주가지수 \times 거래승수}$$

─┤ **사례** ├─

주가지수가 100p인 경우에 지수펀드 100억원을 보유하고 있다면 이는 주가지수선물(1포인트당 ₩250,000)의 기초자산 400개를 보유하고 있는 것과 동일하므로 채권보유포지션으로 전환하기 위해 이용해야 하는 주가지수선물의 계약수도 역시 400계약이다.

$$N_F = 현물보유수량 = \frac{현물보유금액}{현물주가지수 \times 거래승수} = \frac{₩100억}{100p \times ₩250,000} = 400계약$$

(2) 직접헤지와 교차헤지 및 베이시스위험

채권보유포지션으로 전환하는 방식의 경우에 현물보유포지션을 채권보유포지션으로 전환하기 위해서는 다음과 같은 두 가지 조건이 만족되어야 한다.

> 첫째, 헤지대상(현물)과 선물의 기초자산이 일치해야 한다.
> 둘째, 현물포지션의 청산시점이 선물의 만기일과 일치해야 한다.

1) 직접헤지와 교차헤지

첫 번째 조건과 관련해서는 직접헤지와 교차헤지의 개념에 대해서 알아둘 필요가 있는데, 직접헤지 (direct hedge)란 헤지대상과 헤지수단으로 이용하는 선물의 기초자산이 동일한 경우를 말하며, 교차 헤지(cross hedge)란 헤지대상과 헤지수단으로 이용하는 선물의 기초자산이 같지 않은 경우를 말한다. 교차헤지 시의 위험에 대해 구체적으로 살펴보면 다음과 같다.

① 헤지대상을 기초자산으로 하는 선물이 시장에서 거래되는 경우에는 직접헤지가 가능하지만, 헤지 대상을 기초자산으로 하는 선물이 시장에서 거래되지 않는 경우에는 헤지대상과 가격변동이 유사 한 자산을 기초자산으로 하는 선물을 이용하는 교차헤지를 고려할 수 있다.

② 교차헤지가 이루어지는 경우에는 헤지대상의 가격변동과 선물 기초자산의 가격변동이 완전히 일 치하지는 않기 때문에 위험을 부담하게 된다.

─╫ **사례** ╫─

보유현물은 '밀가루'이며, 이용가능한 선물의 기초자산은 '밀'인 경우에 채권보유포지션으로 전환하고자 하는 전략의 결과는 다음과 같다.

거래내용	현재시점(0)	선물만기일(T)
밀가루현물보유	$-S_0^{밀가루}$	$S_T^{밀가루}$
밀선물매도	0	$F_0^{밀} - S_T^{밀}$
합계	$-S_0^{밀가루}$	$F_0^{밀} - (S_T^{밀} - S_T^{밀가루})$

③ 두 번째 조건이 만족되어 선물의 만기시점에 현물포지션을 청산하는 경우에도 선물만기시점의 보유현물 처분가격($S_T^{밀가루}$)과 선물 기초자산의 선물만기시점 가격($S_T^{밀}$)이 같지 않을 것이므로 선물만 기시점에 실제 실현되는 현금흐름이 최초 선물계약의 가격($F_0^{밀}$)과 같지 않을 위험을 부담하게 된다.

2) 베이시스위험

두 번째 조건과 관련해서는 개시베이시스와 커버베이시스에 대해서 알아둘 필요가 있는데, 개시베이시스(initial basis)란 선물계약을 체결하는 시점의 베이시스를 말하며, 커버베이시스(cover basis)란 포지션을 청산하는 시점의 베이시스를 말한다. 베이시스의 변동에 따른 위험 즉, 베이시스위험(basis risk)에 대해 보다 구체적으로 살펴보면 다음과 같다.

① 선물의 만기시점은 표준화되어 있으므로 현물포지션의 청산예정시점을 만기일로 하는 선물이 시장에서 거래되지 않는 것이 일반적인데, 이러한 상황에서는 현물포지션의 청산예정시점보다 만기가 긴 선물계약을 체결하고 현물포지션의 청산시점에 해당 선물을 반대매매에 의해 청산하여 거래를 종결하게 된다.

② 현물포지션의 청산시점이 선물만기시점 이전인 경우에는 청산시점의 베이시스, 즉 커버베이시스에 따라 실제 실현되는 청산시점의 현금흐름이 최초 선물계약의 가격(F_0)과 같지 않을 위험을 부담하게 된다. 현물포지션의 청산시점(t)이 선물만기시점(T) 이전인 경우에 채권보유포지션으로 전환하고자 하는 전략의 결과는 다음과 같다.

거래내용	현재시점(0)	선물만기 이전시점(t)
현물보유	$-S_0$	S_t
선물매도	0	$F_0 - F_t$
합계	$-S_0$	$F_0 - (F_t - S_t)$

③ 베이시스가 0이 되는 선물만기시점(T)이 아닌 선물만기 이전시점(t)에 포지션을 청산하는 경우에는 커버베이시스($= F_t - S_t$)가 0이 되지 않는 한 포지션 청산에 따라 실제 실현되는 현금흐름이 최초 선물계약의 가격(F_0)과 같지 않을 위험인 베이시스위험을 부담하게 된다.

03 헤지전략 - 보유현물의 가치변동위험을 최소화하는 방식

보유현물의 가치변동위험을 최소화하는 방식이란 헤지대상을 기초자산으로 하는 선물이 시장에서 거래되지 않거나, 현물포지션의 청산예정시점이 선물만기일과 일치하지 않는 경우에 채권보유포지션으로의 전환이 아닌 보유현물의 가치가 변동되지 않도록 하는 방식을 말한다. 이러한 헤지 시에 헤지를 위해 이용해야 하는 선물계약수는 헤지비율에 현물수량과 선물 1계약의 거래단위수량을 고려해서 계산되는데 여기서 헤지비율(hedge ratio: HR)이란 현물 1단위의 가치변동위험을 제거하기 위해 필요한 선물의 수량을 말한다.

(1) 완전헤지와 불완전헤지

완전헤지(perfect hedge)란 현물가격의 변동위험이 완전히 제거되는 헤지를 말하며, 불완전헤지(imperfect hedge)란 현물가격의 변동위험이 완전히 제거되지 않는 헤지를 말한다. 현물가격의 변동액(ΔS)과 선물가격의 변동액(ΔF) 간에 완전한 정의 상관관계 ($\rho_{\Delta S \Delta F} = +1$)가 있는 경우에는 완전헤지가 가능하지만, 현실적으로는 완전한 정의 상관관계가 존재하기 어렵기 때문에 일반적으로 현물의 가치변동위험을 최소화하는 방안으로 불완전헤지 시 위험의 최소화를 도모하게 된다.

1) 현물가격의 변동액과 선물가격의 변동액이 일치하는 경우의 헤지

현물가격의 변동액(ΔS)과 선물가격의 변동액(ΔF)이 일치한다면 현물수량과 동일한 수량에 대한 선물을 이용하여 완전헤지를 달성할 수 있다.

① 현물가격의 변동액과 선물가격의 변동액이 일치하는 경우란 보유현물과 동 현물을 기초자산으로 하는 선물을 매도하여 헤지포트폴리오를 구성하고, 헤지포트폴리오를 구성하는 시점의 베이시스인 개시베이시스와 포지션을 청산하는 시점의 베이시스인 커버베이시스가 일치하는 상황을 말한다.

② 현물가격의 변동액과 선물가격의 변동액이 일치하여 개시베이시스와 커버베이시스가 일치하는 경우에는 현물보유수량과 동일한 수량에 대한 선물을 매도하면, 보유현물에서 발생되는 손익이 선물거래에서 발생되는 손익에 의해 정확히 상쇄되어 현물가격의 변동위험이 완전히 제거될 수 있다.

── ‖ 사례 ‖ ──

현재가격(S_0)이 ₩100인 현물 1단위를 보유하고 있는 투자자가 현물가격의 변동위험을 제거하기 위해 동 현물 1단위를 기초자산으로 하는 선물을 현재의 시장가격(F_0)인 ₩110에 매도하고, 이후 포지션을 청산하는 시점에서의 현물가격(S_t)은 ₩70, 선물가격(F_t)은 ₩80이라면 이러한 헤지의 결과는 다음과 같다.

거래내용	현재시점(0)	청산시점(t)	손익
현물보유	$-S_0 = -$₩100	$S_t = $₩70	$\Delta S = S_t - S_0 = -$₩30
선물매도	0	$F_0 - F_t = $₩110$-$₩80	$-\Delta F = F_0 - F_t = $₩30
합계	$-$₩100	$F_0 - (F_t - S_t) = $₩100	0

그러나 현물가격의 변동액과 선물가격의 변동액은 일치하지 않는 것이 일반적이므로 이러한 전략을 통해서 완전헤지를 달성하는 것은 현실적으로 불가능하다. 따라서 이러한 경우에는 현물가격의 변동액과 선물가격의 변동액 간의 민감도를 이용하는 헤지를 생각해 볼 수 있다.

── ‖ 사례 ‖ ──

현재의 현물가격이 ₩100이고 연간 무위험이자율이 10%인 상황에서 동 현물을 기초자산으로 하며 만기가 1년인 선물의 가격이 균형가격에 거래된다고 가정한다. 시장상황의 변화에 따라 현물가격이 순간적으로 ₩20만큼 상승한 경우에 선물가격의 이론적인 변동액은 ₩22으로 현물가격의 변동액과 선물가격의 변동액은 일치하지 않는다.

$$\Delta F = F_0^{변동후} - F_0^{변동전} = ₩120 \times 1.1 - ₩100 \times 1.1 = ₩22$$
$$= \Delta S_0 \times (1 + R_f)^T = ₩20 \times 1.1 = ₩22$$

2) 현물가격의 변동액과 선물가격의 변동액 간의 민감도를 이용한 헤지

현물가격의 변동액과 선물가격의 변동액 간에 완전한 정의 상관관계($\rho_{\Delta S \Delta F} = +1$)가 있어서 현물가격 변동액과 선물가격 변동액 간의 비례적인 관계, 즉 민감도가 항상 일정하게 유지되는 경우에는 현물가격의 변동액과 선물가격의 변동액 간의 민감도를 이용한 완전헤지가 가능하다. 이러한 경우에 보유현물 1단위와 선물매도를 통해 구성되는 헤지포트폴리오(P)의 가치변동(ΔP)이 0이 되도록 하기 위해 이용해야 하는 선물계약수, 즉 헤지비율(HR)은 다음과 같다.

$$P_0 = S_0 + HR \times 선물$$

$$\Delta P = \Delta S + HR \times \Delta F = 0$$

$$\therefore \ HR = -\frac{\Delta S}{\Delta F}$$

단, ΔS: 보유현물 1단위의 가격 변동액
ΔF: 현물 1단위에 대한 선물가격 변동액

따라서 현물 1단위의 가치변동위험을 제거하기 위해 이용해야 하는 선물계약수인 헤지비율(HR)은 선물가격 ₩1 변동 시의 현물가격 변동액이라고 표현할 수도 있다.

① 상기 식에서 최초 선물계약 체결시점의 선물계약의 가치는 0이므로, 보유현물과 선물계약으로 구성된 헤지포트폴리오의 구성시점에서의 가치(P_0)는 보유현물의 가치(S_0)와 동일하다.

② 헤지포트폴리오를 구성한 후에 선물계약의 가치변동액은 선물가격의 변동액과 동일하다. 즉, 최초 선물계약 체결시점의 선물계약의 가치는 0이며, 이후 선물가격이 변동하는 경우에 선물계약의 가치는 $F_t - F_0$이므로 선물계약의 가치변동액은 $(F_t - F_0) - 0 = F_t - F_0$이 되기 때문에 선물계약의 가치변동액은 선물가격의 변동액과 동일하다는 것이다.

③ 현물가격 상승 시 선물가격도 상승하고, 현물가격 하락 시 선물가격도 하락하므로, 상기의 이용해야 하는 선물계약수는 음(−)수로 계산된다. 이는 현물에서의 포지션과 반대되는 포지션을 선물에서 취해야 한다는 의미이다.

한편, 보유현물이 현물 1단위가 아니거나, 선물 1계약의 거래단위수량이 기초자산 1단위가 아니라면, 헤지를 위해 이용해야 하는 선물계약수(N_F)는 다음과 같이 계산된다.

$$N_F = HR \times \frac{현물보유수량}{선물\ 1계약의\ 거래단위수량}$$

현물가격 변동액과 선물가격 변동액 간에 완전한 정의 상관관계가 있어서 현물가격 변동액과 선물가격 변동액 간의 민감도가 항상 일정하게 유지되고, 현물가격이 ₩1 변동하는 경우에 선물의 가격이 ₩1.25씩 변동하는 경우를 가정한다.

① 사례의 경우에는 헤지비율이 -0.8로 계산되므로 현물 1단위를 보유 중인 투자자는 현물 0.8단위에 대한 선물을 매도하여 보유현물의 가치변동위험을 완전히 제거할 수 있다.

$$HR = -\frac{\Delta S}{\Delta F} = -\frac{₩1}{₩1.25} = -0.8 \quad \rightarrow \text{현물 } 0.8\text{단위에 대한 선물매도}$$

② 사례에서 현물가격이 ₩1 하락하는 경우에도 현물 0.8단위에 대해서 매도한 선물의 가격이 ₩1.25만큼 하락하여, 현물포지션에서 발생되는 손실(₩1)이 선물매도 계약에서 발생되는 이익(₩1.25 × 0.8 = ₩1)에 의해 정확히 상쇄되어, 전체 헤지포트폴리오의 가치변동은 0이 된다.

$$\Delta P = \Delta S + HR \times \Delta F = (-₩1) + (-0.8) \times (-₩1.25) = 0$$

③ 만약, 사례에서 투자자가 보유중인 현물수량이 1,000단위이고, 선물 1계약의 기초자산이 현물 10단위라면 현물 1단위의 가격변동위험을 헤지하기 위해 현물 0.8단위에 대한 선물을 매도해야 하므로, 현물 1,000단위의 가격변동위험을 헤지하기 위해서는 현물 800단위에 대한 선물계약을 매도해야 하며, 선물 1계약의 거래단위수량이 현물 10단위이므로 선물을 80계약만큼 매도해야 한다.

$$N_F = HR \times \frac{\text{현물보유수량}}{\text{선물 1계약의 거래단위수량}} = -0.8 \times \frac{1,000\text{단위}}{10\text{단위}} = -80$$

$$\rightarrow \text{선물 80계약 매도}$$

그러나, 현실의 시장에서는 현물가격의 변동액과 선물가격의 변동액 간에 완전한 정의 상관관계가 존재하기 어렵기 때문에 완전헤지를 달성하는 것은 현실적으로 불가능하다.

(2) 최소분산헤지비율

완전헤지가 불가능한 현실의 시장에서는 불완전헤지 시 위험의 최소화를 도모하게 되는데, 불완전헤지의 궁극적인 목표는 현물가격변동위험의 최소화이다. 이러한 전략을 수행하기 위해 현물과 선물로 구성되는 헤지포트폴리오의 위험(분산)을 최소화하는 헤지비율을 최소분산헤지비율(minimum variance hedge ratio)이라고 하는데, 최소분산헤지비율은 가격변동액을 기준으로 측정할 수도 있으며, 가격변동률을 기준으로 측정할 수도 있다. 즉, 상대적으로 가격변동액이 안정적인 농·축산물이나 금속과 같은 상품(commodity)에 대한 헤지의 경우에는 가격변동액을 기준으로 최소분산헤지비율을 측정하는 것이 일반적이며, 상대적으로 가격변동률이 안정적인 주식이나 채권 등의 금융상품에 대한 헤지의 경우에는 가격변동률을 기준으로 최소분산헤지비율을 측정하는 것이 일반적이다.

1) 가격변동액기준

현물 1단위와 선물 HR단위로 헤지포트폴리오(P)를 구성하는 경우에, 헤지포트폴리오의 가치변동위험을 헤지포트폴리오 가치변동액(ΔP)의 분산으로 나타내면 다음과 같다. 단, ΔS는 보유현물 1단위의 가격변동액, ΔF는 현물 1단위에 대한 선물가격변동액을 의미한다.

$$P_0 = S_0 + HR \times 선물$$
$$\Delta P = \Delta S + HR \times \Delta F$$
$$Var(\Delta P) = Var(\Delta S + HR \times \Delta F)$$
$$= Var(\Delta S) + HR^2 \times Var(\Delta F) + 2 \times HR \times Cov(\Delta S, \Delta F)$$

따라서 이러한 헤지포트폴리오 가치변동액(ΔP)의 분산을 최소화하는 최소분산헤지비율(HR)은 다음과 같이 계산된다.

$$\frac{dVar(\Delta P)}{dHR} = 2 \times HR \times Var(\Delta F) + 2 \times Cov(\Delta S, \Delta F) = 0$$
$$\therefore HR = -\frac{Cov(\Delta S, \Delta F)}{Var(\Delta F)} = -\frac{\sigma_{\Delta S}}{\sigma_{\Delta F}} \times \rho_{\Delta S \Delta F}$$

실무적으로 이러한 최소분산헤지비율은 과거 현물가격의 변동액과 선물가격의 변동액에 대한 자료를 이용한 회귀분석을 통해서 도출되는 그림(회귀분석을 이용한 최소분산헤지비율 - 가격변동액기준)과 같은 회귀계수값(기울기)을 이용하게 된다.

회귀분석을 이용한 최소분산헤지비율 - 가격변동액기준

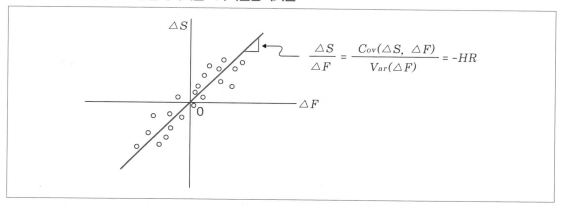

한편, 이상에서 도출한 최소분산헤지비율(HR)은 현물 1단위의 가격변동위험을 최소화하기 위해 필요한 선물의 단위수(HR)이므로 보유현물 전체의 가격변동위험을 최소화하기 위해 필요한 선물의 계약수(N_F)는 현물보유수량과 선물 1계약의 거래단위수량을 고려하여 다음과 같이 계산된다.

$$N_F = HR \times \frac{현물보유수량}{선물\ 1계약의\ 거래단위수량}$$

예제 10 최소분산헤지비율 - 가격변동액기준

(주)파랑은 보유 중인 2,000g의 금을 2개월 후에 처분할 예정이며, 만기가 3개월 후인 금선물을 이용하여 보유 중인 금가격의 하락위험을 헤지하고자 한다. 현재 금 1g의 가격은 ₩30,000이고, 금선물의 가격은 1g당 ₩31,250이며, 금선물 1계약의 거래단위수량은 10g이다. 금가격변동액의 표준편차는 ₩450/g이고, 금선물가격변동액의 표준편차는 ₩500/g이며, 금가격변동액과 금선물가격변동액 간의 상관계수는 0.8이다.

__물음1__ 가격변동액을 기준으로 최소분산헤지비율을 계산하시오.

__물음2__ 최소분산헤지를 위해 (주)파랑이 매입 또는 매도해야 하는 금선물 계약수를 계산하시오.

해답

__물음1__ 최소분산헤지비율

$$HR = -\frac{Cov(\Delta S, \Delta F)}{Var(\Delta F)} = -\frac{\sigma_{\Delta S}}{\sigma_{\Delta F}} \times \rho_{\Delta S \Delta F} = -\frac{₩450}{₩500} \times 0.8 = -0.72$$

__물음2__ 이용할 선물의 계약수

$$N_F = HR \times \frac{\text{현물보유수량}}{\text{선물 1계약의 거래단위수량}} = -0.72 \times \frac{2,000g}{10g} = -144$$

∴ 금선물 144계약을 매도해야 한다.

2) 가격변동률기준

현물 1단위와 현재가격이 F_0인 선물 HR단위로 헤지포트폴리오(P)를 구성하는 경우에, 헤지포트폴리오의 가치변동위험을 헤지포트폴리오 가치변동률(R_P)의 분산으로 나타내면 다음과 같다. 참고로 앞에서 설명한 바와 같이 최초 선물계약 체결시점의 선물계약의 가치는 0이므로, 현물과 선물계약으로 구성된 헤지포트폴리오의 구성시점에서의 가치(P_0)는 현물의 가치(S_0)와 동일하다.

$$P_0 = S_0 + HR \times \text{선물}$$

$$\Delta P = \Delta S + HR \times \Delta F$$

$$R_P = \frac{\Delta P}{P_0} = \frac{\Delta S + HR \times \Delta F}{S_0} = \frac{\Delta S}{S_0} + HR \times \frac{\Delta F}{F_0} \times \frac{F_0}{S_0} = R_S + HR \times R_F \times \frac{F_0}{S_0}$$

$$Var(R_P) = Var(R_S + HR \times R_F \times \frac{F_0}{S_0})$$

$$= Var(R_S) + HR^2 \times (\frac{F_0}{S_0})^2 \times Var(R_F) + 2 \times HR \times \frac{F_0}{S_0} \times Cov(R_S, R_F)$$

따라서 이러한 헤지포트폴리오 가치변동률(R_P)의 분산을 최소화하는 최소분산헤지비율(HR)은 다음과 같이 계산된다.

$$\frac{dVar(R_P)}{dHR} = 2 \times HR \times (\frac{F_0}{S_0})^2 \times Var(R_F) + 2 \times \frac{F_0}{S_0} \times Cov(R_S, \ R_F) = 0$$

$$\therefore \ HR = -\frac{Cov(R_S, \ R_F)}{Var(R_F)} \times \frac{S_0}{F_0} = -\frac{\sigma_{R_S}}{\sigma_{R_F}} \times \rho_{R_S R_F} \times \frac{S_0}{F_0} = -\beta_{SF} \times \frac{S_0}{F_0}$$

실무적으로 이러한 최소분산헤지비율은 과거 현물가격의 변동률과 선물가격의 변동률에 대한 자료를 이용한 회귀분석을 통해서 도출되는 그림(회귀분석을 이용한 최소분산헤지비율 - 가격변동률기준)과 같은 회귀계수값(기울기)인 베타(β_{SF})와 현재의 현물가격 및 선물가격을 이용하여 계산하게 된다.

회귀분석을 이용한 최소분산헤지비율 - 가격변동률기준

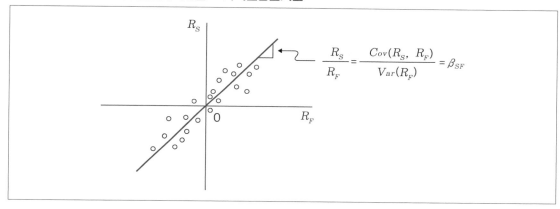

한편, 이상에서 도출한 최소분산헤지비율(HR)은 현물 1단위의 가격변동위험을 최소화하기 위해 필요한 선물의 단위수(HR)이므로 보유현물 전체의 가격변동위험을 최소화하기 위해 필요한 선물의 계약수(N_F)는 현물보유수량과 선물 1계약의 거래단위수량을 고려하여 다음과 같이 계산된다.

$$N_F = HR \times \frac{\text{현물보유수량}}{\text{선물 1계약의 거래단위수량}}$$

그리고 헤지비율(HR)의 계산식을 고려하면 보유현물 전체의 가격변동위험을 최소화하기 위해 필요한 선물의 계약수(N_F)는 다음과 같이 계산할 수도 있다.

$$N_F = HR \times \frac{\text{현물보유수량}}{\text{선물 1계약의 거래단위수량}}$$

$$= -\beta_{SF} \times \frac{S_0}{F_0} \times \frac{\text{현물보유수량}}{\text{선물 1계약의 거래단위수량}}$$

$$= -\beta_{SF} \times \frac{\text{현물보유금액}}{\text{선물 1계약의 가격}}$$

(주)파랑은 보유 중인 2,000g의 금을 2개월 후에 처분할 예정이며, 만기가 3개월 후인 금선물을 이용하여 보유 중인 금가격의 하락위험을 헤지하고자 한다. 현재 금 1g의 가격은 ₩30,000이고, 금선물의 가격은 1g당 ₩31,250이며, 금선물 1계약의 거래단위수량은 10g이다. 금가격변동률의 표준편차는 10%이고, 금선물가격변동률의 표준편차는 12%이며, 금가격변동률과 금선물가격변동률 간의 상관계수는 0.9이다.

물음1 금가격변동률과 금선물가격변동률 간의 민감도(β_{SF})를 계산하시오.

물음2 가격변동률을 기준으로 최소분산헤지비율을 계산하시오.

물음3 최소분산헤지를 위해 (주)파랑이 매입 또는 매도해야 하는 금선물 계약수를 계산하시오.

해답

물음1 금가격변동률과 금선물가격변동률 간의 민감도

$$\beta_{SF} = \frac{R_S}{R_F} = \frac{Cov(R_S, R_F)}{Var(R_F)} = \frac{\sigma_{R_S}}{\sigma_{R_F}} \times \rho_{R_S, R_F} = \frac{0.1}{0.12} \times 0.9 = 0.75$$

물음2 최소분산헤지비율

$$HR = -\frac{Cov(R_S, R_F)}{Var(R_F)} \times \frac{S_0}{F_0} = -\beta_{SF} \times \frac{S_0}{F_0} = -0.75 \times \frac{₩30,000}{₩31,250} = -0.72$$

물음3 이용할 선물의 계약수

$$N_F = HR \times \frac{\text{현물보유수량}}{\text{선물 1계약의 거래단위수량}} = -0.72 \times \frac{2,000g}{10g} = -144$$

$$= -\beta_{SF} \times \frac{\text{현물보유금액}}{\text{선물 1계약의 가격}} = -0.75 \times \frac{₩30,000 \times 2,000g}{₩31,250 \times 10g} = -144$$

∴ 금선물 144계약을 매도해야 한다.

제7절 금융선물을 이용한 헤지와 위험관리

01 주가지수선물을 이용한 헤지와 체계적위험의 관리

현재 주식포트폴리오를 보유하고 있는 투자자는 주가가 하락하는 경우에 손실이 발생할 것이므로, 이러한 상황에서는 주가지수선물을 매도하여 주가의 하락위험을 헤지할 수 있다. 또한 미래에 주식을 매입할 예정인 투자자는 주가가 상승하는 경우에 손실이 발생할 것이므로, 이러한 상황에서는 주가지수선물을 매입하여 주가의 상승위험을 헤지할 수 있다.

[1] 주가지수선물을 이용한 헤지

주가지수선물을 이용한 헤지를 위해서 필요한 선물계약수를 산출하는 방법에는 최소분산헤지와 베타헤지 및 단순헤지가 있다.

1) 최소분산헤지

보유현물이 주식포트폴리오인 경우에는 주가지수선물을 이용하는 헤지가 가능하며, 헤지를 위해 필요한 선물의 계약수는 보유하고 있는 현물주식포트폴리오(S)의 가격변동률과 주가지수선물(F)의 가격변동률 간의 민감도인 β_{SF}를 이용해서 다음과 같이 계산할 수 있다.

$$N_F = -\frac{\text{현물보유금액}}{\text{선물 1계약의 가격}} \times \beta_{SF} = -\frac{\text{현물보유금액}}{\text{선물지수} \times \text{거래승수}} \times \beta_{SF}$$

2) 베타헤지

베타헤지(beta hedge)란 보유하고 있는 현물주식포트폴리오의 주가지수에 대한 베타(β_{SI})를 이용하는 헤지를 말한다.

① 앞에서 학습한 바와 같이 선물가격과 기초자산의 가격이 이론적으로 변동하는 경우에는 선물가격의 변동률과 기초자산가격의 변동률은 일치하므로 주가지수선물의 기초자산인 주가지수(I)의 변동률과 주가지수선물(F)의 가격변동률 간의 민감도(β_{IF})는 1로 가정하는 것이 일반적이다.

② 이러한 가정하에서는 현물주식포트폴리오의 가격변동률과 주가지수선물의 가격변동률 간의 민감도인 β_{SF}가 현물주식포트폴리오의 가격변동률과 주가지수의 변동률 간의 민감도인 β_{SI}와 일치하게 되므로 헤지를 위해 필요한 선물의 계약수는 보유하고 있는 현물주식포트폴리오의 가격변동률과 주가지수의 변동률 간의 민감도인 β_{SI}를 이용해서 다음과 같이 나타낼 수 있다. 여기에서 현물주식포트폴리오의 β_{SI}는 <제4장 자본자산가격결정모형>에서 살펴본 베타(β)와 동일한 의미이다.

$$N_F = -\frac{\text{현물보유금액}}{\text{선물 1계약의 가격}} \times \beta_{SI} = -\frac{\text{현물보유금액}}{\text{선물지수} \times \text{거래승수}} \times \beta_{SI}$$

3) 단순헤지

단순헤지(naive hedge)란 선물을 이용한 전통적인 헤지방법으로 현물주식포트폴리오의 가격변동률과 주가지수선물의 가격변동률이 동일하다는 가정하에 헤지비율로 1을 적용하여 현물주식포트폴리오의 보유금액과 동일한 금액만큼의 선물계약을 이용하는 헤지, 즉 현물과 선물을 1:1의 비율로 헤지하는 것을 말한다.

① 보유하고 있는 주식포트폴리오가 주가지수를 복제한 지수펀드의 형태로 구성된 경우에는 주가지수선물의 기초자산을 보유하고 있는 것과 동일하므로 보유현물인 지수펀드(S)의 가격변동률은 주가지수선물의 기초자산인 주가지수(I)의 변동률 및 주가지수선물(F)의 가격변동률과 일치($R_S = R_I = R_F$)할 것이다.

② 이러한 경우에서는 보유하고 있는 지수펀드의 가격변동률과 주가지수선물의 가격변동률 간의 민감도인 β_{SF}가 1이 되며, 지수펀드의 가격변동률과 주가지수의 변동률 간의 민감도인 β_{SI}도 1이 된다. 따라서 보유현물이 지수펀드인 경우에 지수펀드의 가격변동위험을 헤지하기 위해서 필요한 선물의 계약수는 다음과 같이 현물보유금액과 선물 1계약의 가격만 고려해서 계산할 수 있다.

$$N_F = -\frac{현물보유금액}{선물\ 1계약의\ 가격} \times 1 = -\frac{현물보유금액}{선물지수 \times 거래승수}$$

(2) 주가지수선물을 이용한 체계적위험의 관리

보유 중인 현물주식포트폴리오(S)와 주가지수선물(F)을 적절히 결합하여 포트폴리오(P)를 구성하는 경우에는 전체포트폴리오의 체계적위험(β_{PI})을 목표하는 수준으로 관리할 수 있다. 즉, 현물주식포트폴리오를 보유하고 있는 상황에서 주식시장의 하락이 예상되는 경우에는 주가지수선물을 매도하여 전체포트폴리오의 β_{PI}를 감소시킴으로써 발생가능한 손실을 축소시킬 수 있고, 주식시장의 상승이 예상되는 경우에는 주가지수선물을 매입하여 전체포트폴리오의 β_{PI}를 증가시킴으로써 획득가능한 이익을 확대시킬 수도 있다. 이와 같은 체계적위험의 관리를 위해 이용해야 하는 선물의 계약수에 대해 구체적으로 살펴보면 다음과 같다.

① 앞에서 살펴본 바와 같이 현물주식포트폴리오(S)와 주가지수선물로 구성된 포트폴리오(P)의 수익률(R_P)과 베타(β_{PI})는 다음과 같이 나타낼 수 있다.

$$P_0 = S_0 + N_F \times 선물$$

$$R_P = \frac{\Delta P}{P_0} = \frac{\Delta S + N_F \times \Delta F}{S_0} = \frac{\Delta S}{S_0} + N_F \times \frac{\Delta F}{F_0} \times \frac{F_0}{S_0} = R_S + N_F \times R_F \times \frac{F_0}{S_0}$$

$$\beta_{PI} = \frac{Cov(R_P,\ R_I)}{Var(R_I)} = \frac{Cov(R_S + N_F \times R_F \times \frac{F_0}{S_0},\ R_I)}{Var(R_I)}$$

$$= \frac{Cov(R_S,\ R_I)}{Var(R_I)} + N_F \times \frac{F_0}{S_0} \times \frac{Cov(R_F,\ R_I)}{Var(R_I)} = \beta_{SI} + N_F \times \frac{F_0}{S_0} \times \beta_{FI}$$

② β_{PI}에 대한 식을 정리하면 현물주식포트폴리오의 베타(β_{SI})를 목표하는 베타(β_{PI}) 수준으로 조정하기 위해 이용해야 하는 선물계약수(N_F)는 다음과 같이 계산된다.

$$N_F = \frac{S_0}{F_0} \times \frac{\beta_{PI} - \beta_{SI}}{\beta_{FI}}$$

따라서 주가지수의 변동률과 주가지수선물의 가격변동률이 일치한다고 가정하면 $\beta_{FI} = 1$이 되므로 이용해야 하는 선물계약수(N_F)는 다음과 같이 나타낼 수 있다.

$$N_F = \frac{\text{현물보유금액}}{\text{선물지수} \times \text{거래승수}} \times (\beta_{PI} - \beta_{SI})$$

상기의 식에 따라 계산되는 이용해야 하는 선물계약수(N_F)와 관련하여 추가로 확인해야 할 사항은 다음과 같다.

① 목표로 하는 베타(β_{PI})수준이 0인 경우에 이용해야 하는 선물계약수는 베타헤지의 결과와 동일하다.

② 전체포트폴리오의 β_{PI}를 감소시키고자 하는 경우에 이용해야 하는 선물계약수는 음(−)수로 계산되며 이는 주가지수선물을 매도해야 함을 의미하고, 전체포트폴리오의 β_{PI}를 증가시키고자 하는 경우에 이용해야 하는 선물계약수는 양(+)수로 계산되며 이는 주가지수선물을 매입해야 함을 의미한다.

투자자 甲은 10억원의 주식포트폴리오를 보유하고 있다. 현재의 KOSPI 200지수는 95p이고, KOSPI 200지수를 기초자산으로 하는 KOSPI 200선물의 가격은 균형선물가격과 동일한 100p이다. 단, KOSPI 200선물의 거래승수는 1포인트당 ₩250,000이다.

물음1 투자자 甲이 보유하고 있는 주식포트폴리오가 지수펀드(베타 = 1)인 경우를 가정한다. 투자자 甲이 보유하고 있는 주식포트폴리오의 가치변동위험을 헤지하기 위해서 KOSPI 200선물을 이용하는 경우에 매입 또는 매도해야 하는 KOSPI 200선물의 계약수를 계산하시오.

물음2 투자자 甲이 보유하고 있는 주식포트폴리오가 5개의 종목으로 구성된 포트폴리오(베타 = 2)인 경우를 가정한다. 투자자 甲이 보유하고 있는 주식포트폴리오의 가치변동위험을 헤지하기 위해서 KOSPI 200선물을 이용하는 경우에 매입 또는 매도해야 하는 KOSPI 200선물의 계약수를 계산하시오.

물음3 투자자 甲이 보유하고 있는 주식포트폴리오가 5개의 종목으로 구성된 포트폴리오(베타 = 2)인 경우를 가정한다. 투자자 甲은 향후 주가상승을 예상하여 보유하고 있는 주식포트폴리오의 베타를 4로 높이고자 한다. 이를 위해 KOSPI 200선물을 이용하는 경우에 매입 또는 매도해야 하는 KOSPI 200선물의 계약수를 계산하시오.

해답

물음1 보유현물의 베타가 1인 경우의 헤지

$$N_F = -\frac{\text{현물보유금액}}{\text{선물지수} \times \text{거래승수}} \times \beta_{SI} = -\frac{\text{₩}1,000,000,000}{100p \times \text{₩}250,000} \times 1 = -40$$

∴ KOSPI 200선물 40계약 매도

물음2 보유현물의 베타가 2인 경우의 헤지

$$N_F = -\frac{\text{현물보유금액}}{\text{선물지수} \times \text{거래승수}} \times \beta_{SI} = -\frac{\text{₩}1,000,000,000}{100p \times \text{₩}250,000} \times 2 = -80$$

∴ KOSPI 200선물 80계약 매도

물음3 보유현물의 베타가 2이고 목표베타가 4인 경우의 목표베타관리

$$N_F = \frac{\text{현물보유금액}}{\text{선물지수} \times \text{거래승수}} \times (\beta_{PI} - \beta_{SI}) = \frac{\text{₩}1,000,000,000}{100p \times \text{₩}250,000} \times (4-2) = 80$$

∴ KOSPI 200선물 80계약 매입

02 채권선물을 이용한 헤지와 듀레이션의 관리

현재 채권포트폴리오를 보유하고 있는 투자자는 이자율이 상승하여 채권가격이 하락하는 경우에 손실이 발생할 것이므로, 이러한 상황에서는 채권선물을 매도하여 이자율 상승위험을 헤지할 수 있다. 또한 미래에 채권을 매입할 예정인 투자자는 이자율이 하락하여 채권가격이 상승하는 경우에 손실이 발생할 것이므로, 이러한 상황에서는 채권선물을 매입하여 이자율 하락위험을 헤지할 수 있다.

(1) 채권선물을 이용한 헤지

채권선물을 이용한 헤지를 위해서 필요한 선물계약수를 산출하는 방법에는 단순헤지와 BPV헤지 및 듀레이션헤지가 있다.

1) 단순헤지

단순헤지(naive hedge)란 선물을 이용한 전통적인 헤지방법으로 보유현물의 가격변동률과 선물가격의 변동률이 동일하다는 가정하에 헤지비율로 1을 적용하여 현물보유금액과 동일한 금액만큼의 선물계약을 이용하는 헤지를 말한다. 즉, 단순헤지 시에 필요한 선물의 계약수는 다음과 같이 현물채권보유금액과 채권선물 1계약의 가격만 고려해서 계산된다.

$$N_F = -\frac{S_0}{F_0} = -\frac{\text{현물채권보유금액(또는 액면금액)}}{\text{채권선물 1계약의 가격(또는 액면금액)}}$$

2) BPV헤지

BPV(basis point value)란 채권시장에서 이자율의 최소변동폭인 0.01%포인트(1bp)만큼의 이자율 변동에 따른 채권가격의 변동액을 말한다. 즉, BPV는 이자율변동에 따른 채권가격변동의 민감도를 절대적인 금액으로 측정한 것이다. 따라서 이자율변동으로 인한 채권선물가격변동액에 대한 현물채권가격변동액의 민감도인 헤지비율과 BPV를 이용한 헤지를 위해 필요한 선물의 계약수는 다음과 같이 계산된다.

$$HR = -\frac{\Delta S}{\Delta F} = -\frac{\text{현물채권의 } BPV}{\text{채권선물의 } BPV}$$

$$N_F = -\frac{\text{현물채권보유수량}}{\text{채권선물 1계약의 거래단위수량}} \times \frac{\text{현물채권의 } BPV}{\text{채권선물의 } BPV}$$

3) 듀레이션헤지

이자율 변동 시 현물채권의 가치변동액(ΔS)과 채권선물 1계약의 가치변동액(ΔF)은 현물채권의 듀레이션(D_S)과 채권선물만기시점을 기준으로 계산된 채권선물 기초채권의 듀레이션(D_F)을 이용해서 다음과 같이 나타낼 수 있다. 단, R_S는 현물채권의 이자율이며, R_F는 채권선물 기초채권의 이자율이다.

$$\Delta S = -D_S \times \frac{1}{1+R_S} \times S_0 \times \Delta R_S$$

$$\Delta F = -D_F \times \frac{1}{1+R_F} \times F_0 \times \Delta R_F$$

따라서 현물채권의 가치변동위험을 헤지하기 위해 필요한 선물의 계약수는 다음과 같이 계산된다.

$$N_F = -\frac{\Delta S}{\Delta F} = -\frac{-D_S \times \frac{1}{1+R_S} \times S_0 \times \Delta R_S}{-D_F \times \frac{1}{1+R_F} \times F_0 \times \Delta R_F}$$

여기서 현물채권의 이자율과 선물 기초채권의 이자율이 동일($R_S = R_F$)하고, 이자율의 변동도 동일 ($\Delta R_S = \Delta R_F$)하다고 가정하는 경우에는 헤지를 위해 필요한 선물의 계약수는 다음과 같다.

$$N_F = -\frac{\Delta S}{\Delta F} = -\frac{-D_S \times \frac{1}{1+R_S} \times S_0 \times \Delta R_S}{-D_F \times \frac{1}{1+R_F} \times F_0 \times \Delta R_F} = -\frac{-D_S \times S_0}{-D_F \times F_0} = -\frac{D_S}{D_F} \times \frac{S_0}{F_0}$$

위의 계산식에서 S_0는 현물채권의 시장가치를 의미하며, F_0는 채권선물 1계약의 시장가격을 의미한다. 그리고 이자율이 액면금액을 기준으로 하는 이자율인 경우에는 시장가치 대신에 액면금액을 사용해야 한다. 여기서 액면금액을 기준으로 하는 이자율이란 액면금액에서 할인된 금액을 액면금액으로 나누어서 연단위로 환산한 할인수익률(discount yield: DY)을 말한다. 이와 상대적인 개념으로 채권등가수익률(bond equivalent yield: BEY)이 있는데, 채권등가수익률이란 액면금액에서 할인된 금액을 현재가격으로 나누어서 연단위로 환산한 수익률을 말한다. 할인수익률과 채권등가수익률을 식으로 나타내면 다음과 같다.

$$할인수익률: \quad DY = \frac{액면금액 - 현재가격}{액면금액}$$

$$채권등가수익률: \quad BEY = \frac{액면금액 - 현재가격}{현재가격}$$

[2] 채권선물을 이용한 듀레이션의 관리

보유 중인 현물채권포트폴리오(S)와 채권선물(F)을 적절히 결합하여 포트폴리오(P)를 구성하는 경우에는 전체포트폴리오의 듀레이션(D_P)을 목표하는 수준으로 관리할 수 있다. 즉, 현물채권포트폴리오를 보유하고 있는 상황에서 시장이자율의 상승이 예상되는 경우에는 채권선물을 매도하여 전체포트폴리오의 듀레이션을 감소시킴으로써 발생가능한 손실을 축소시킬 수 있고, 시장이자율의 하락이 예상되는 경우에는 채권선물을 매입하여 전체포트폴리오의 듀레이션을 증가시킴으로써 획득가능한 이익을 확대시킬 수도 있다. 이와 같은 듀레이션의 관리를 위해 이용해야 하는 선물의 계약수에 대해 구체적으로 살펴보면 다음과 같다.

① 앞에서 학습한 바와 같이 현물채권포트폴리오와 채권선물로 구성된 포트폴리오(P)의 가치변동액(ΔP)은 다음과 같이 나타낼 수 있다.

$$P_0 = S_0 + N_F \times \text{선물}$$
$$\Delta P = \Delta S + N_F \times \Delta F$$
$$-D_P \times \frac{1}{1+R_P} \times P_0 \times \Delta R_P = -D_S \times \frac{1}{1+R_S} \times S_0 \times \Delta R_S + N_F \times (-D_F \times \frac{1}{1+R_F} \times F_0 \times \Delta R_F)$$

② 상기의 식에서 현물채권의 이자율과 선물 기초채권의 이자율이 동일($R_S = R_F = R_P$)하고, 이자율의 변동도 동일($\Delta R_S = \Delta R_F = \Delta R_P$)하다고 가정하는 경우에는 다음과 같은 식이 도출된다. 단, 앞에서 살펴본 바와 동일하게 $P_0 = S_0$이다.

$$D_P \times S_0 = D_S \times S_0 + N_F \times D_F \times F_0$$

따라서 보유하는 현물채권포트폴리오의 듀레이션(D_S)을 목표하는 듀레이션(D_P) 수준으로 조정하기 위해 이용해야 하는 선물계약수(N_F)는 다음과 같다.

$$N_F = \frac{S_0}{F_0} \times \frac{D_P - D_S}{D_F}$$

상기의 식에 따라 계산되는 이용해야 하는 선물계약수(N_F)와 관련하여 추가로 확인해야 할 사항은 다음과 같다.

① 목표로 하는 듀레이션(D_P) 수준이 0인 경우에 이용해야 하는 선물계약수는 듀레이션헤지의 결과와 동일하다.

② 전체포트폴리오의 듀레이션을 감소시키고자 하는 경우에 이용해야 하는 선물계약수는 음($-$)수로 계산되며 이는 채권선물을 매도해야 함을 의미하고, 전체포트폴리오의 듀레이션을 증가시키고자 하는 경우에 이용해야 하는 선물계약수는 양($+$)수로 계산되며 이는 채권선물을 매입해야 함을 의미한다.

투자자 甲은 만기일이 1년 후이고 현재 가격이 100억원인 정부발행 순수할인채권을 보유하고 있다. 현재 채권선물시장에서는 만기가 1년 후인 채권선물이 2억원에 거래되고 있으며, 채권선물의 기초자산은 만기가 3개월인 정부발행 순수할인채권이다. 투자자 甲이 보유하고 있는 채권과 선물 기초채권에 적용될 이자율이 동일하고 이자율의 변동도 동일하고 가정한다.

물음1 투자자 甲이 보유하고 있는 채권의 가치변동위험을 헤지하기 위해서 상기 채권선물을 이용하는 경우에 매입 또는 매도해야 하는 채권선물의 계약수를 계산하시오.

물음2 투자자 甲이 이자율의 하락을 예상하여 보유 채권의 듀레이션을 1.5년으로 증가시키고자 상기 채권선물을 이용하는 경우에 매입 또는 매도해야 하는 채권선물의 계약수를 계산하시오.

해답

물음1 채권선물을 이용한 헤지

$$N_F = -\frac{S_0}{F_0} \times \frac{D_S}{D_F} = -\frac{100억원}{2억원} \times \frac{1년}{0.25년} = -200$$

∴ 채권선물 200계약 매도

물음2 채권선물을 이용한 목표듀레이션관리

$$N_F = \frac{S_0}{F_0} \times \frac{D_P - D_S}{D_F} = \frac{100억원}{2억원} \times \frac{1.5년 - 1년}{0.25년} = 100$$

∴ 채권선물 100계약 매입

시장의 불완전요인을 고려한
균형선물가격의 범위

앞에서는 현물 - 선물등가식을 이용해서 시장의 완전성을 가정하는 경우의 균형선물가격에 대해 살펴보았으나, 현실적으로는 다음과 같은 시장의 불완전요인들이 존재함에 따라 차익거래가 발생하지 않는 균형선물가격은 일정한 범위 내에 존재하게 된다.

① 현물의 매도호가와 매입호가가 상이할 수 있다. 즉, 투자자입장에서는 현물에 대한 시장에서의 매도호가에 현물을 매입할 수 있으며, 시장에서의 매입호가에 현물을 매도할 수 있다. 여기서 매도호가는 매도하고자 하는 투자자들이 제시하는 가격을 말하며, 매입호가는 매입하고자 하는 투자자들이 제시하는 가격을 말한다.

② 투자자에게 적용되는 차입이자율과 대출이자율이 상이할 수 있으며, 투자자의 차입이자율이 대출이자율보다 높은 것이 일반적이다.

③ 현물거래와 선물거래 모두에서 최초 거래시점과 포지션 청산시점에 거래수수료가 발생할 수 있다.

④ 현물을 공매하는 경우에 공매대금에 대한 사용제한이 존재할 수 있다. 즉, 일정 예치금율만큼의 공매대금은 예치해야 하며 예치금에 대해서는 일반적인 대출이자율보다 낮은 이자율이 적용될 수 있다.

여기서는 이러한 시장의 불완전요인들을 고려하는 경우에 차익거래가 발생하지 않을 균형선물가격의 범위에 대해 균형선물가격의 상한과 하한으로 구분하여 보다 구체적으로 살펴보기로 한다.

1. 균형선물가격의 상한

시장의 불완전요인을 고려하는 경우에 차익거래가 발생하지 않는 균형선물가격의 상한은 다음과 같은 식으로 나타낼 수 있다.

$$F_0 \leq \left[S_0^{매입가격} - \frac{D}{(1+R_{차입})^t} + TF_0 \right] \times (1+R_{차입})^T + TF_T$$

단, $S_0^{매입가격}$: 투자자의 현물 매입가격(시장의 매도호가)

D: 선물만기일 이전 발생하는 현물의 보유수익

$R_{차입}$: 투자자의 차입이자율

TF_0: 최초 거래시점의 거래수수료(transaction fee)

TF_T: 선물만기일(포지션 청산시점)의 거래수수료

t: 보유수익 발생시점까지의 기간

T: 선물만기일까지의 기간

이러한 균형선물가격의 상한은 시장에서의 선물가격이 균형선물가격의 상한을 초과해서 과대평가된 경우에 발생하게 되는 다음과 같은 차익거래과정을 살펴보면 보다 쉽게 이해될 수 있다.

거래내용	현재시점(0)	보유수익 발생시점(t)	선물만기일(T)
선물매도			$F_0 - S_T$
현물매입	$-S_0^{매입가격}$	D	S_T
거래수수료	$-TF_0$		$-TF_T$
$PV(D)$ 차입	$\dfrac{D}{(1+R_{차입})^t}$	$-D$	
차입	$S_0^{매입가격} - \dfrac{D}{(1+R_{차입})^t} + TF_0$		$-\left[S_0^{매입가격} - \dfrac{D}{(1+R_{차입})^t} + TF_0\right]$ $\times (1+R_{차입})^T$
합계 (차익거래이익)	0	0	$F_0 - \left[S_0^{매입가격} - \dfrac{D}{(1+R_{차입})^t} + TF_0\right]$ $\times (1+R_{차입})^T - TF_T$

2. 균형선물가격의 하한

시장의 불완전요인을 고려하는 경우에 차익거래가 발생하지 않는 균형선물가격의 하한은 다음과 같은 식으로 나타낼 수 있다.

$$F_0 \geq [S_0^{매도가격} \times (1-m) - \frac{D}{(1+R_{대출})^t} - TF_0] \times (1+R_{대출})^T - TF_T + S_0^{매도가격} \times m \times (1+R_{예치금})^T$$

단, $S_0^{매도가격}$: 투자자의 현물 공매가격(시장의 매입호가)

m: 공매대금에 대한 예치금율

$R_{대출}$: 투자자의 대출이자율

$R_{예치금}$: 공매대금의 예치금에 대한 이용료율

이러한 균형선물가격의 하한은 시장에서의 선물가격이 균형선물가격의 하한에 미달해서 과소평가된 경우에 발생하게 되는 다음과 같은 차익거래과정을 살펴보면 보다 쉽게 이해될 수 있다.

거래내용	현재시점(0)	보유수익 발생시점(t)	선물만기일(T)
선물매입			$S_T - F_0$
현물공매	$S_0^{매도가격}$	$-D$	$-S_T$
예치금	$-S_0^{매도가격} \times m$		$S_0^{매도가격} \times m \times (1+R_{예치금})^T$
거래수수료	$-TF_0$		$-TF_T$
$PV(D)$ 대출	$-\dfrac{D}{(1+R_{대출})^t}$	D	
대출	$-\left[\begin{array}{l} S_0^{매도가격} \times (1-m) \\ -\dfrac{D}{(1+R_{대출})^t} - TF_0 \end{array} \right]$		$\left[\begin{array}{l} S_0^{매도가격} \times (1-m) \\ -\dfrac{D}{(1+R_{대출})^t} - TF_0 \end{array} \right] \times (1+R_{대출})^T$
합계 (차익거래이익)	0	0	$\left[\begin{array}{l} S_0^{매도가격} \times (1-m) \\ -\dfrac{D}{(1+R_{대출})^t} - TF_0 \end{array} \right] \times (1+R_{대출})^T$ $- TF_T + S_0^{매도가격} \times m \times (1+R_{예치금})^T - F_0$

주식 A를 발행한 기업은 현재부터 6개월 후 시점에 주당 400원의 배당을 지급할 예정이며, 현재 시장에서는 주식 A 1주를 기초자산으로 하고 만기가 1년인 주식선물이 거래되고 있다. 현재의 금융시장 상황은 다음과 같다. 단, 차익거래는 주식 A 1주를 기준으로 하고, 이자계산 시 $(1+연이자율 \times \frac{월수}{12개월})$를 적용하며, 배당금과 관련해서는 현재시점부터 배당지급시점까지 배당금의 현재가치만큼을 차입 또는 대출함을 가정한다.

(1) 주식 A의 현재가격: 10,250원에 매입 가능, 10,000원에 매도 가능
(2) 이자율: 차입이자율 연 13%, 대출이자율 연 10%
(3) 현물 거래비용: 주식 A 1주 매입, 매도(공매) 시 40원
(4) 선물 거래비용: 선물 1계약 매입, 매도, 청산 시 10원
(5) 주식 A 공매대금의 20%를 예치해야 하며, 예치금에 대해서는 5%의 이용료 지급

물음 1 주식선물의 현재가격이 12,000원인 경우를 가정하여 실행가능한 차익거래과정을 나타내고 획득가능한 선물만기시점의 차익거래이익을 구하시오.

물음 2 주식선물의 현재가격이 10,000원인 경우를 가정하여 실행가능한 차익거래과정을 나타내고 획득가능한 선물만기시점의 차익거래이익을 구하시오.

해답

물음1 균형선물가격의 상한과 차익거래

$$F_0 \leq \left(₩10,250 - \frac{₩400}{1 + 0.13 \times \frac{6}{12}} + ₩50 \right) \times 1.13 + ₩50 = ₩11,264.59$$

∴ 주식선물 과대평가: 선물시장가격(₩12,000) > 균형선물가격의 상한(₩11,264.59)

거래내용	현재시점(0)	6개월 후	선물만기일(1년 후)
선물 1계약 매도			₩12,000 − S_T
A주식 1주 매입	−₩10,250	₩400	S_T
거래수수료	−₩50		−₩50
배당금의 현가 차입	$\dfrac{₩400}{1 + 0.13 \times \frac{6}{12}}$	−₩400	
차입	₩9,924.41		−₩9,924.41×1.13
합계(차익거래이익)	0	0	₩735.41

물음2 균형선물가격의 하한과 차익거래

$$F_0 \geq \left(₩8,000 - \frac{₩400}{1 + 0.1 \times \frac{6}{12}} - ₩50 \right) \times 1.1 - ₩50 + ₩2,000 \times 1.05 = ₩10,375.95$$

∴ 주식선물 과소평가: 선물시장가격(₩10,000) < 균형선물가격의 하한(₩10,375.95)

거래내용	현재시점(0)	6개월 후	선물만기일(1년 후)
선물 1계약 매입			S_T − ₩10,000
A주식 1주 공매	₩10,000	−₩400	− S_T
거래수수료	−₩50		−₩50
예치금	−₩2,000		₩2,000×1.05
배당금의 현가 대출	$-\dfrac{₩400}{1 + 0.1 \times \frac{6}{12}}$	₩400	
대출	−₩7,569.05		₩7,569.05×1.1
합계(차익거래이익)	0	0	₩375.95

01 배당을 지급하지 않는 A주식(현물)의 현재주가는 1,000원이며, A주식 1주를 기초자산으로 하고 만기가 1년인 주식선물이 시장에서 1,300원에 거래되고 있다. 무위험이자율이 연 25%인 경우에 실행가능한 차익거래전략의 결과로 가장 옳은 것을 고르시오.

① 현물가격은 상승하고 선물가격은 하락한다.
② 현물가격은 하락하고 선물가격은 상승한다.
③ 현물가격과 선물가격 모두 하락한다.
④ 현물가격과 선물가격 모두 상승한다.
⑤ 현재의 시장은 균형상태이므로 차익거래의 실행이 불가능하다.

02 달러화에 대한 원화의 현물환율은 1,200원/$이며, 한국과 미국의 연간 명목이자율은 각각 25%와 20%이다. 1달러를 기초자산으로 하고 만기가 1년인 원달러선물의 시장가격이 1,300원/$인 경우에 실행가능한 차익거래의 결과로 가장 옳은 것을 고르시오.

① 현물환율 상승 + 선물환율 하락 + 한국이자율 하락 + 미국이자율 상승
② 현물환율 상승 + 선물환율 하락 + 한국이자율 상승 + 미국이자율 하락
③ 현물환율 하락 + 선물환율 상승 + 한국이자율 하락 + 미국이자율 상승
④ 현물환율 하락 + 선물환율 상승 + 한국이자율 상승 + 미국이자율 하락
⑤ 현재의 시장은 균형상태이므로 차익거래의 실행이 불가능하다.

03 투자자 甲은 현재가치가 1억원이고 베타가 1.5인 주식포트폴리오를 보유하고 있다. 현재 주가지수는 80포인트이고 주가지수선물의 가격은 100포인트이며 거래승수는 1포인트당 5만원이라고 가정한다. 투자자 甲이 주가변동위험을 헤지하기 위해 매도해야 하는 주가지수선물의 계약수를 계산하시오.

① 25계약   ② 30계약   ③ 35계약
④ 40계약   ⑤ 45계약

정답 및 해설

01 ① 균형 $F_0 = S_0 \times (1 + R_f)^T = 1{,}000$원 $\times 1.25 = 1{,}250$원

선물가격이 과대평가된 상황이므로 [선물매도 + 현물매입 + 차입]의 차익거래가 가능하며, 차익거래로 인해 현물가격은 상승하고 선물가격은 하락한다.

02 ② 균형 $F_0 = S_0 \times \dfrac{1 + R_K}{1 + R_A} = 1{,}200$원/$\$ \times \dfrac{1.25}{1.2} = 1{,}250$원/$\$$

선물환율이 과대평가된 상황이므로 [원달러 선물매도 + 원화차입 + 달러화 현물매입 + 달러화대출]의 차익거래가 가능하며, 차익거래로 인해 현물환율은 상승하고 선물환율은 하락하며, 한국이자율은 상승하고 미국이자율은 하락한다.

03 ② $N_F = -\dfrac{\text{현물보유금액}}{\text{선물지수} \times \text{거래승수}} \times \beta_{SI} = -\dfrac{1억원}{100p \times 5만원} \times 1.5 = -30계약$

해커스 윤민호 재무관리

제13장

옵션가격의 결정과 투자전략

제1절 옵션거래의 기초개념

01 옵션의 의의

(1) 옵션의 정의

옵션(option)이란 미래의 특정시점(또는 특정시점 이내)에 특정한 자산을 미리 약정된 가격에 사거나 팔 수 있는 권리가 부여된 계약을 말한다.

① 만기일(maturity date: T) 또는 만기: 만기일이란 권리를 행사할 수 있는 마지막 날을 말하며, 만기란 만기일까지의 기간을 말한다. 만기일이 경과하고 나면 옵션에 부여된 권리는 자동으로 소멸된다.

② 기초자산(underlying asset: S): 기초자산이란 거래대상인 특정자산을 말한다. 옵션은 이러한 기초자산에 따라 상품옵션과 금융옵션으로 구분된다. 상품옵션(commodity option)은 농·축산물, 에너지, 귀금속 등의 일반상품을 기초자산으로 하는 옵션을 말하며, 금융옵션(financial option)은 개별주식, 주가지수, 금리, 통화 등의 금융자산을 기초자산으로 하는 옵션을 말한다.

③ 행사가격(exercise price: X): 행사가격이란 권리를 행사하여 기초자산을 사거나 팔 때 적용할 미리 약정된 가격을 말한다.

사례

20×1년 7월 1일에 ₩10,000의 가격으로 A주식 1주를 살 수 있는 권리가 부여된 옵션이라면, 만기일은 20×1년 7월 1일이고, 기초자산은 A주식 1주이며, 행사가격은 ₩10,000이다. 그리고 현재시점이 20×1년 4월 1일이라면 옵션의 만기는 3개월이다.

---

(2) 옵션의 종류

옵션은 권리의 종류에 따라 콜옵션과 풋옵션으로 구분되는데, 콜옵션(call option)이란 약정된 가격으로 기초자산을 살 수 있는 권리가 부여된 옵션을 말하며, 풋옵션(put option)이란 약정된 가격으로 기초자산을 팔 수 있는 권리가 부여된 옵션을 말한다. 또한 옵션은 권리를 행사할 수 있는 시기에 따라 유럽형 옵션과 미국형 옵션으로 구분되는데, 유럽형 옵션(european option)은 만기일에만 권리행사가 가능한 옵션이며, 미국형 옵션(american option)은 만기일 이전에는 언제든지 권리행사가 가능한 옵션이다. 본서에서는 특별한 언급이 없는 한 주식을 기초자산으로 하는 유럽형 옵션을 가정하여 설명하기로 한다.

(3) 옵션의 특성

옵션매입자는 옵션에 부여된 권리만을 보유할 뿐 의무는 부담하지 않으며, 옵션매도자는 옵션에 부여된 의무만을 부담할 뿐 권리는 없다. 이와 같은 점에서 만기일에 반드시 거래를 이행해야 하는 선물거래와 구분되는 옵션의 특성에 대해 구체적으로 살펴보면 다음과 같다.

① 옵션매입자는 옵션에 부여된 권리만을 보유할 뿐 의무는 부담하지 않기 때문에 자신에게 유리한 경우에만 권리를 행사하고 불리한 경우에는 권리의 행사를 포기할 수 있다.

━━‖ 사례 ‖━━

만기일은 20×1년 7월 1일이고, 기초자산은 A주식 1주이며, 행사가격은 ₩10,000인 유럽형 콜옵션을 가정한다. 만기일에 A주식의 주가가 ₩12,000이라면 옵션매입자는 콜옵션의 행사가격 ₩10,000으로 A주식을 구입할 경우에 ₩2,000만큼 이득이 발생하므로 권리를 행사하지만, 만기일에 A주식의 주가가 ₩9,000이라면 콜옵션의 행사가격 ₩10,000으로 A주식을 구입할 경우에 ₩1,000만큼 손실이 발생하므로 권리의 행사를 포기한다.

② 옵션매도자는 옵션에 부여된 의무만을 부담할 뿐 권리는 없기 때문에 옵션매입자가 권리를 행사하면 반드시 거래를 이행해야 할 의무가 있으며 옵션매입자가 권리를 행사하지 않으면 옵션매도자의 의무는 자동으로 소멸된다.

이러한 옵션의 특성을 고려할 때 옵션매입자는 옵션의 만기일에 0 이상의 이득을 취할 수 있으며, 옵션매도자는 어떠한 경우에도 옵션의 만기일에 이득이 발생될 수 없다.

① 옵션매입자는 자신에게 불리한 상황에서는 권리행사를 포기하고 유리한 상황에서는 권리를 행사하여 이득을 취할 수 있기 때문에, 기초자산의 미래가격에 따라 옵션의 만기일에 0 이상의 이득을 취할 수 있다.

② 옵션매도자는 자신에게 불리한 상황에서는 옵션매입자가 권리를 행사하여 자신에게 손실이 발생하며 자신에게 유리한 상황에서는 옵션매입자가 권리행사를 포기하기 때문에 어떠한 경우에도 옵션의 만기일에 이득이 발생될 수 없다.

이와 같이 옵션의 매입자는 옵션의 만기일에 0 이상의 이득을 취할 수 있으므로, 최초 옵션매입 시 권리취득에 대한 대가를 옵션의 매도자에게 지급해야 하는데, 이를 옵션가격(또는 옵션프리미엄)이라고 한다. 따라서 옵션거래에서 가장 중요한 사항은 일정한 조건의 옵션에 대해 수수할 옵션가격의 결정에 관한 것이다.

02 옵션의 만기일가치와 옵션거래자의 만기손익

[1] 옵션의 만기일가치

만기일과 행사가격이 미리 정해져 있는 유럽형 옵션의 만기일가치는 만기일의 기초자산가격(S_T)에 따라 달라진다.

① 유럽형 콜옵션의 매입자는 만기일의 기초자산가격이 옵션의 행사가격(X)보다 높으면($S_T > X$) 콜옵션을 행사해서 $S_T - X$의 이득을 얻게 되고, 만기일의 기초자산가격이 옵션의 행사가격과 같거나 낮으면($S_T \leq X$) 권리행사를 포기한다.

② 유럽형 콜옵션의 매도자는 만기일의 기초자산가격이 옵션의 행사가격보다 높으면($S_T > X$) 콜옵션 매입자의 권리행사에 따른 의무 이행으로 인해 $X - S_T$의 손실을 부담하게 되고, 만기일의 기초자산가격이 옵션의 행사가격과 같거나 낮으면($S_T \leq X$) 콜옵션 매입자의 권리행사 포기로 인해 의무가 소멸된다.

구분	$S_T \leq X$	$S_T > X$
콜옵션 매입자	권리행사 포기	권리행사
콜옵션 매도자	의무 소멸	의무 이행

③ 유럽형 풋옵션의 매입자는 만기일의 기초자산가격이 옵션의 행사가격보다 낮으면($S_T < X$) 풋옵션을 행사해서 $X - S_T$의 이득을 얻게 되고, 만기일의 기초자산가격이 옵션의 행사가격과 같거나 높으면($S_T \geq X$) 권리행사를 포기한다.

④ 유럽형 풋옵션의 매도자는 만기일의 기초자산가격이 옵션의 행사가격보다 낮으면($S_T < X$) 풋옵션 매입자의 권리행사에 따른 의무 이행으로 인해 $S_T - X$의 손실을 부담하게 되고, 만기일의 기초자산가격이 옵션의 행사가격과 같거나 높으면($S_T \geq X$) 풋옵션 매입자의 권리행사 포기로 인해 의무가 소멸된다.

구분	$S_T < X$	$S_T \geq X$
풋옵션 매입자	권리행사	권리행사 포기
풋옵션 매도자	의무 이행	의무 소멸

따라서 옵션만기일의 기초자산가격(S_T)에 따라 콜옵션의 만기일가치와 풋옵션의 만기일가치는 다음과 같다.

구분	$S_T \leq X$	$S_T > X$
콜옵션의 만기일가치 $C_T = Max[0, \ S_T - X]$	0 (권리행사 포기)	$S_T - X$ (권리행사)
풋옵션의 만기일가치 $P_T = Max[X - S_T, \ 0]$	$X - S_T$ (권리행사)	0 (권리행사 포기)

옵션의 만기일가치

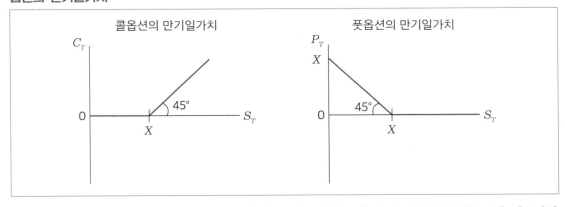

한편, 옵션만기일의 기초자산가격(S_T) 수준에 따른 기초자산(주식)의 옵션만기일가치(S_T)와 기초자산가격의 수준과는 무관하게 옵션의 만기일에 X를 지급하는 무위험채권의 옵션만기일가치(B_T)를 나타내면 그림[기초자산(주식)과 무위험채권의 옵션만기일가치]과 같다.

기초자산(주식)과 무위험채권의 옵션만기일가치

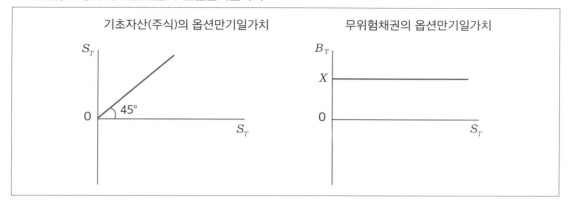

기초자산(주식)의 옵션만기일가치   무위험채권의 옵션만기일가치

(2) 옵션거래자의 만기손익

앞에서 살펴본 바와 같이 최초 옵션거래 시에 옵션매입자는 옵션매도자에게 옵션의 현재가치(C_0, P_0)에 해당하는 옵션프리미엄을 지급하게 된다. 이러한 옵션프리미엄의 수수를 고려하여 옵션거래자의 만기손익을 나타내면 다음과 같다. 이러한 옵션거래의 만기손익 계산 시에는 최초 옵션거래 시에 수수한 옵션프리미엄에 대한 화폐의 시간가치를 반영하는 것이 이론적으로 타당하지만, 대부분의 옵션은 만기가 매우 짧기 때문에 화폐의 시간가치를 무시하는 것이 일반적이다.

$$콜옵션\ 매입자(+\ C)의\ 만기손익:\ +C_T-C_0\times(1+R_f)^T\quad\rightarrow\quad +C_T-C_0$$
$$콜옵션\ 매도자(-\ C)의\ 만기손익:\ -C_T+C_0\times(1+R_f)^T\quad\rightarrow\quad -C_T+C_0$$
$$풋옵션\ 매입자(+\ P)의\ 만기손익:\ +P_T-P_0\times(1+R_f)^T\quad\rightarrow\quad +P_T-P_0$$
$$풋옵션\ 매도자(-\ P)의\ 만기손익:\ -P_T+P_0\times(1+R_f)^T\quad\rightarrow\quad -P_T+P_0$$

옵션거래자의 만기손익

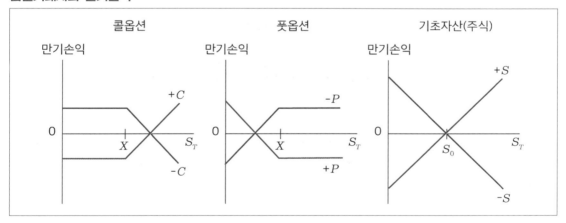

콜옵션   풋옵션   기초자산(주식)

한편, 옵션의 매입자가 이익을 얻게 되는 상황에서는 옵션의 매도자가 동일한 금액만큼의 손해를 보게 되므로, 옵션거래도 선물거래와 마찬가지로 거래당사자들이 얻는 손익의 합이 0이 되는 zero-sum game이다.

예제 1 옵션거래자의 만기손익

1년 후 시점에 (주)파랑 주식 1주를 주당 ₩2,000에 살 수 있는 콜옵션을 거래한 경우, 다음 각 만기일 상황에서의 콜옵션 매입자와 콜옵션 매도자의 만기손익을 계산하시오. 단, 최초 옵션거래 시 수수하는 옵션프리미엄은 고려하지 않는 것으로 한다.

물음1 만기일의 기초자산가격(S_T)이 ₩2,400인 경우

물음2 만기일의 기초자산가격(S_T)이 ₩1,700인 경우

해답

물음1 기초자산가격 상승 시 콜옵션 거래자의 손익

콜옵션 매입자: $S_T - X = ₩2,400 - ₩2,000 = ₩400$

콜옵션 매도자: $X - S_T = -(S_T - X) = -(₩2,400 - ₩2,000) = -₩400$

물음2 기초자산가격 하락 시 콜옵션 거래자의 손익

콜옵션 매입자: ₩0(옵션의 매입자는 불리한 상황에서 권리행사를 포기한다.)

콜옵션 매도자: ₩0(옵션의 행사 여부는 옵션의 매입자가 결정한다.)

03 옵션의 기능

(1) 위험관리기능

기초자산(주식)을 보유하고 있는 투자자는 풋옵션을 매입하여 주가하락위험에 대비할 수 있다. 보유하고 있는 주식의 가격이 하락하는 경우에도 풋옵션의 행사가격만큼은 보장받을 수 있기 때문이다. 또한 미래에 주식을 매입할 예정인 투자자는 콜옵션을 매입하여 주가상승위험에 대비할 수 있다. 매입할 주식의 주가가 상승하는 경우에도 콜옵션의 행사가격만 지불하면 주식을 매입할 수 있기 때문이다.

(2) 레버리지기능

옵션을 이용하는 경우에는 기초자산을 직접 거래하는 것에 비해 적은 투자금액이 소요되므로 기초자산을 직접 거래하는 것에 비해 수익률이 보다 확대되는 레버리지효과를 얻을 수 있다.

‖ 사례 ‖

현재주가가 ₩10,000인 주식을 직접매입하는 전략과 해당주식을 기초자산으로 하며 행사가격이 ₩10,000인 콜옵션을 ₩1,000의 옵션프리미엄을 지급하고 매입하는 전략의 투자성과(수익률)를 비교하면 다음과 같다. 단, 옵션만기일의 기초자산가격(S_T)은 ₩15,000으로 가정한다.

주식매입전략의 수익률: $\dfrac{S_T - S_0}{S_0} = \dfrac{₩15,000 - ₩10,000}{₩10,000} = 50\%$

콜옵션매입전략의 수익률: $\dfrac{(S_T - X) - C_0}{C_0} = \dfrac{(₩15,000 - ₩10,000) - ₩1,000}{₩1,000} = 400\%$

(3) 신금융상품창조기능

옵션의 손익구조가 행사가격을 기준으로 비대칭적이기 때문에 옵션을 다른 금융상품(기초자산 또는 다른 옵션)과 결합하여 투자하는 경우에는 기존의 금융상품에서 기대할 수 없었던 다양한 손익구조를 갖는 새로운 금융상품을 만들어 낼 수 있다. 이러한 새로운 금융상품을 개발하고 연구하는 학문분야를 금융공학(financial engineering)이라고 한다.

제2절 옵션가격결정의 기초

앞에서 살펴본 바와 같이 옵션의 매입자는 옵션의 만기일에 0 이상의 이득을 취할 수 있으므로, 최초 옵션매입 시 권리취득에 대한 대가인 옵션가격(옵션프리미엄)을 옵션의 매도자에게 지급해야 한다. 따라서 옵션거래에서 가장 중요한 사항은 일정한 조건의 옵션에 대해 수수할 옵션가격의 결정에 관한 것인데, 이에 대한 구체적인 사항은 <제14장 옵션가격결정모형>에서 살펴보기로 하고, 본 절에서는 그 이전 단계로 풋 - 콜등가식과 옵션가격의 구성요소, 옵션가격의 범위 및 결정요인 등에 대해서 살펴보기로 한다.

01 풋 - 콜등가식

[1] 풋 - 콜등가식의 도출

풋 - 콜등가식(put-call parity)이란 기초자산과 만기 및 행사가격의 모든 조건이 동일한 유럽형 콜옵션가격과 풋옵션가격 간의 균형관계식을 말한다. 이는 기초자산과 옵션들을 결합하여 무위험헤지포트폴리오를 구성하는 다음과 같은 투자전략을 이용해서 도출할 수 있다.

① 기초자산(주식) 1주를 매입하고, 동 주식 1주를 기초자산으로 하며 행사가격과 만기가 동일한 풋옵션 1개를 매입하고 콜옵션 1개를 매도하는 무위험헤지포트폴리오의 만기일가치는 만기일의 기초자산가격과 무관하게 옵션의 행사가격인 X가 된다.

구분	현재시점 투자금액	만기일 가치	
		$S_T \leq X$	$S_T > X$
주식 1주 매입	S_0	S_T	S_T
풋옵션 1개 매입	P_0	$X - S_T$	0
콜옵션 1개 매도	$- C_0$	0	$-(S_T - X)$
합계	$S_0 + P_0 - C_0$	X	X

② 균형상태의 시장에서는 무위험헤지포트폴리오의 수익률이 무위험이자율과 같아야 한다는 논리에서 풋 - 콜등가식이 도출된다. 즉, 무위험헤지포트폴리오 구성 시 현재시점의 투자금액은 옵션만기일의 X를 무위험이자율로 할인한 현재가치와 같아야 한다는 것이다.

$$\text{풋 - 콜 등가식: } S_0 + P_0 - C_0 = PV(X) = \frac{X}{(1 + R_f)^T}$$

(2) 풋 - 콜등가식의 의미

1) 유럽형 콜옵션가격과 풋옵션가격 간의 균형관계식

풋 - 콜등가식은 기초자산과 만기 및 행사가격의 모든 조건이 동일한 유럽형 콜옵션가격과 풋옵션가격 간의 균형관계를 나타내는 식이다. 만약, 시장에서의 콜옵션가격과 풋옵션가격 간에 풋 - 콜등가식에 의한 균형관계가 성립되지 않고 있다면, 기초자산과 콜옵션, 풋옵션 및 무위험이자율로의 차입 또는 대출을 이용한 무위험차익거래의 실행이 가능하게 된다. 따라서 무위험차익거래가 발생되지 않는 균형 상태의 시장에서는 콜옵션가격과 풋옵션가격 간에 풋 - 콜등가식에 의한 균형관계가 성립되어야만 한다.

2) 합성포지션

풋 - 콜등가식은 기초자산(주식) 1주를 매입하고, 동 주식 1주를 기초자산으로 하며 행사가격과 만기가 동일한 풋옵션 1개를 매입하고 콜옵션 1개를 매도하는 포트폴리오를 구성하면, 만기일이 옵션만기일과 동일하고, 액면금액이 옵션의 행사가격과 동일한 무위험 무이표채권을 매입(무위험이자율로 대출)하는 것과 동일한 복제포트폴리오의 구성이 가능함을 보여준다.

$$
\underset{\text{주식 1주 매입}}{S_0} + \underset{\text{풋옵션 1개 매입}}{P_0} - \underset{\text{콜옵션 1개 매도}}{C_0} = \underset{R_f \text{ 대출}}{PV(X)}
$$

또한, 다음과 같은 다양한 합성포지션의 구성이 가능하다. 다만, 아래의 합성포지션 구성 시에 주식과 풋옵션 및 콜옵션은 모두 1개씩 결합된다는 것에 주의하기 바란다.

풋-콜등가식	합성포지션의 구성전략	
$S_0 = C_0 - P_0 + PV(X)$	합성주식 매입	= 콜옵션 매입 + 풋옵션 매도 + R_f 대출
$P_0 = C_0 - S_0 + PV(X)$	합성풋옵션 매입	= 콜옵션 매입 + 주식 공매 + R_f 대출
$C_0 = S_0 + P_0 - PV(X)$	합성콜옵션 매입	= 주식 매입 + 풋옵션 매입 + R_f 차입

참고로 합성포지션 구성 시 (+)의 부호는 매입을 의미하며 (−)의 부호는 매도(공매)를 의미한다. 따라서 $+PV(X)$는 무위험채권매입(무위험이자율로 대출)을 의미하며, $-PV(X)$는 무위험채권공매(무위험채권발행, 무위험이자율로 차입)를 의미한다.

(주)파랑 주식의 현재가격은 ₩11,000이고, 이 주식 1주를 기초자산으로 하고 만기는 1년, 행사가격이 ₩11,000인 유럽형 콜옵션의 가격은 ₩1,200이며, 연간 무위험이자율은 10%이다. 차익거래과정은 (주)파랑 주식 1주를 기준으로 나타내고, 차익거래이익은 현재시점의 금액으로 나타내시오.

물음1 상기 콜옵션과 모든 조건이 동일한 풋옵션의 균형가격을 계산하시오.

물음2 상기 콜옵션과 모든 조건이 동일한 풋옵션 1개를 매입하는 것과 동일한 합성포지션의 구성전략을 나타내고, 이러한 전략의 만기일가치가 풋옵션 1개 매입 시의 만기일가치와 동일함을 구체적으로 나타내시오.

물음3 상기 콜옵션과 모든 조건이 동일한 풋옵션의 시장가격이 ₩500인 경우에 실행가능한 차익거래과정과 차익거래이익을 나타내시오.

물음4 상기 콜옵션과 모든 조건이 동일한 풋옵션의 시장가격이 ₩50인 경우에 실행가능한 차익거래과정과 차익거래이익을 나타내시오.

해답

물음1 풋옵션의 균형가격

$$P_0 = C_0 - S_0 + \frac{X}{(1+R_f)^T} = ₩1,200 - ₩11,000 + \frac{₩11,000}{1.1} = ₩200$$

물음2 합성풋옵션 매입

합성풋옵션 1개 매입 = 주식 1주 공매 + 콜옵션 1개 매입 + R_f 대출

거래내용		만기일 현금흐름	
		$S_T \leq ₩11,000$	$S_T > ₩11,000$
전략 1	풋옵션 1개 매입	$₩11,000 - S_T$	0
전략 2	주식 1주 공매	$-S_T$	$-S_T$
	콜옵션 1개 매입	0	$S_T - ₩11,000$
	$PV(X)$ 대출	₩11,000	₩11,000
	소계	$₩11,000 - S_T$	0

차익거래: 풋옵션가격의 과대평가

상대적으로 과대평가된 풋옵션을 매도하고 합성풋옵션을 매입(주식 공매 + 콜옵션 매입 + R_f 대출)하여 차익 거래이익을 획득할 수 있다.

거래내용	현재시점 현금흐름	만기일 현금흐름	
		$S_T \leq ₩11,000$	$S_T > ₩11,000$
풋옵션 1개 매도	₩500	$-(₩11,000 - S_T)$	0
주식 1주 공매	₩11,000	$-S_T$	$-S_T$
콜옵션 1개 매입	-₩1,200	0	$S_T - ₩11,000$
$PV(X)$ 대출	-₩10,000	₩11,000	₩11,000
합계(차익거래이익)	$P_0 - [C_0 - S_0 + PV(X)]$ = ₩500 - ₩200 = ₩300	0	0

∴ 현재시점을 기준으로 한 차익거래이익은 풋옵션의 시장가격(₩500)과 풋옵션의 균형가격(₩200)의 차 이인 ₩300이다.

차익거래: 풋옵션가격의 과소평가

상대적으로 과소평가된 풋옵션을 매입하고 합성풋옵션을 매도(주식 매입 + 콜옵션 매도 + R_f 차입)하여 차익 거래이익을 획득할 수 있다.

거래내용	현재시점 현금흐름	만기일 현금흐름	
		$S_T \leq ₩11,000$	$S_T > ₩11,000$
풋옵션 1개 매입	-₩50	$₩11,000 - S_T$	0
주식 1주 매입	-₩11,000	S_T	S_T
콜옵션 1개 매도	₩1,200	0	$-(S_T - ₩11,000)$
$PV(X)$ 차입	₩10,000	-₩11,000	-₩11,000
합계(차익거래이익)	$[C_0 - S_0 + PV(X)] - P_0$ = ₩200 - ₩50 = ₩150	0	0

∴ 현재시점을 기준으로 한 차익거래이익은 풋옵션의 시장가격(₩50)과 풋옵션의 균형가격(₩200)의 차이 인 ₩150이다.

02 옵션가격의 범위

균형상태의 시장에서 현재시점의 옵션가격은 일정한 범위 내에 존재해야 한다. 유럽형 콜옵션과 유럽형 풋옵션으로 구분하여 각 옵션가격의 상한과 하한을 나타내면 다음과 같다.

구분	하한	상한
콜옵션	$C_0 \geq Max[0, \ S_0 - PV(X)]$	$C_0 \leq S_0$
풋옵션	$P_0 \geq Max[0, \ PV(X) - S_0]$	$P_0 \leq PV(X)$

옵션가격의 범위

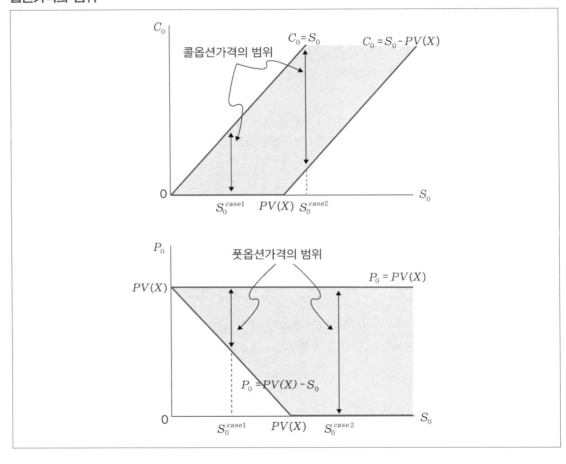

[1] 유럽형 콜옵션가격의 범위

유럽형 콜옵션가격(C_0)의 하한은 $S_0 - PV(X)$이고, 상한은 S_0이며, 그 값은 0보다 작을 수는 없다.

① $C_0 \geq 0$: 옵션은 권리이기 때문에 옵션의 가치가 0보다 작을 수 없다.

② $C_0 \geq S_0 - PV(X)$: 콜옵션가격은 기초자산의 현재가격에서 행사가격의 현재가치를 차감한 값보다 작을 수 없다. 이러한 콜옵션가격의 하한은 가장 단순하게 풋 - 콜등가식을 이용해서 확인할 수 있다. 즉, 이후에 살펴볼 내용이지만 풋옵션도 권리이기 때문에 풋옵션의 가격도 0보다 작을 수 없다는 것을 고려하면 다음과 같은 사항을 확인할 수 있다.

$$C_0 = S_0 - PV(X) + P_0 \geq S_0 - PV(X) \quad (\because P_0 \geq 0)$$

한편, 동일한 사항을 콜옵션 매입 시 옵션의 만기일가치와 기초자산 매입 및 무위험채권 공매(무위험이자율로 차입)의 만기일가치를 비교해서도 확인할 수 있다.

구분		투자금액	만기일가치	
			$S_T \leq X$	$S_T > X$
전략 1	콜옵션 매입	C_0	0	$S_T - X$
전략 2	기초자산 매입	S_0	S_T	S_T
	무위험채권 공매	$- PV(X)$	$- X$	$- X$
	소계	$S_0 - PV(X)$	$S_T - X \leq 0$	$S_T - X$

이와 같이 콜옵션 매입 시 옵션의 만기일가치는 Max[0, $S_T - X$]이며, 기초자산 매입 및 무위험채권 공매(무위험이자율로 차입)의 만기일가치는 만기일의 기초자산가격과 무관하게 항상 $S_T - X$이다. 따라서 콜옵션 매입 시 최소한 기초자산 매입 및 무위험채권 공매(무위험이자율로 차입) 시의 투자금액인 $S_0 - PV(X)$만큼은 지불해야 한다.

③ $C_0 \leq S_0$: 콜옵션의 가격은 기초자산의 현재가격보다 클 수 없다. 콜옵션은 행사가격을 지불하고 기초자산을 매입할 수 있는 권리이므로 이러한 권리의 가격이 기초자산의 현재가격보다 클 수는 없다. 콜옵션의 가격이 기초자산의 현재가격보다 크다면, 누구도 콜옵션을 매입하지 않을 것이기 때문이다. 또한 $C_0 > S_0$인 상황에서는 콜옵션을 매도하여 수취하는 프리미엄 중의 일부로 기초자산을 현재가격에 매입하는 차익거래가 발생할 수 있기 때문이다.

(주)파랑 주식의 현재가격은 ₩12,000이고, 이 주식 1주를 기초자산으로 하고 만기는 1년, 행사가격이 ₩11,000인 유럽형 콜옵션이 거래되고 있으며, 연간 무위험이자율은 10%이다. 차익거래과정은 (주)파랑 주식 1주를 기준으로 나타내고 차익거래이익은 현재시점의 금액으로 나타내시오.

물음1 (주)파랑 주식에 대한 콜옵션가격의 상한과 하한을 나타내시오.

물음2 (주)파랑 주식에 대한 콜옵션의 시장가격이 ₩1,800인 경우에 실행가능한 구체적인 차익거래과정과 획득 가능한 최소한의 차익거래이익을 나타내시오.

물음3 (주)파랑 주식에 대한 콜옵션의 시장가격이 ₩13,000인 경우에 실행가능한 구체적인 차익거래과정과 획득 가능한 최소한의 차익거래이익을 나타내시오.

해답

물음1 콜옵션가격의 범위

하한: $Max[0,\ S_0 - PV(X)]$ = Max[0, ₩12,000 $- \dfrac{₩11,000}{1.1}$ = ₩2,000] = ₩2,000

상한: S_0 = ₩12,000

물음2 콜옵션가격 과소평가

콜옵션가격 = ₩1,800 < $S_0 - PV(X)$ = ₩2,000

거래내용	현재시점 현금흐름	만기일 현금흐름	
		$S_T \leq$ ₩11,000	$S_T >$ ₩11,000
콜옵션 1개 매입	-₩1,800	0	S_T - ₩11,000
주식 1주 공매	₩12,000	$-S_T$	$-S_T$
$PV(X)$ 대출	-₩10,000	₩11,000	₩11,000
합계(차익거래이익)	$[S_0 - PV(X)] - C_0$ = ₩2,000 - ₩1,800 = ₩200	₩11,000 - $S_T \geq 0$	0

∴ 현재시점을 기준으로 최소한 ₩200의 차익거래이익 획득 가능

물음3 콜옵션가격 과대평가

콜옵션가격 = ₩13,000 > S_0 = ₩12,000

거래내용	현재시점 현금흐름	만기일 현금흐름	
		$S_T \leq$ ₩11,000	$S_T >$ ₩11,000
콜옵션 1개 매도	₩13,000	0	$-(S_T$ - ₩11,000)
주식 1주 매입	-₩12,000	S_T	S_T
합계(차익거래이익)	$C_0 - S_0$ = ₩13,000 - ₩12,000 = ₩1,000	S_T	₩11,000

∴ 현재시점을 기준으로 최소한 ₩1,000의 차익거래이익 획득 가능

(2) 유럽형 풋옵션가격의 범위

유럽형 풋옵션가격(P_0)의 하한은 $PV(X) - S_0$이고, 상한은 $PV(X)$이며, 그 값은 0보다 작을 수는 없다.

① $P_0 \geq 0$: 옵션은 권리이기 때문에 옵션의 가치가 0보다 작을 수 없다.

② $P_0 \geq PV(X) - S_0$: 풋옵션가격은 행사가격의 현재가치에서 기초자산의 현재가격을 차감한 값보다 작을 수 없다. 이러한 풋옵션가격의 하한은 가장 단순하게 풋 - 콜등가식을 이용해서 확인할 수 있다. 즉, 앞에서 설명한 바와 같이 콜옵션의 가격은 0보다 작을 수 없다는 것을 고려하면 다음과 같은 사항을 확인할 수 있다.

$$P_0 = PV(X) - S_0 + C_0 \geq PV(X) - S_0 \quad (\because C_0 \geq 0)$$

한편, 동일한 사항을 풋옵션 매입 시 옵션의 만기일가치와 기초자산 공매 및 무위험채권 매입(무위험이자율로 대출)의 만기일가치를 비교해서도 확인할 수 있다.

구분		투자금액	만기일가치	
			$S_T \leq X$	$S_T > X$
전략1	풋옵션 매입	P_0	$X - S_T$	0
전략2	기초자산 공매	$-S_0$	$-S_T$	$-S_T$
	무위험채권 매입	$PV(X)$	X	X
	소계	$PV(X) - S_0$	$X - S_T$	$X - S_T < 0$

이와 같이 풋옵션 매입 시 옵션의 만기일가치는 $\text{Max}[X - S_T, 0]$이며, 기초자산 공매 및 무위험채권 매입(무위험이자율로 대출)의 만기일가치는 만기일의 기초자산가격과 무관하게 항상 $X - S_T$이다. 따라서 풋옵션 매입 시 최소한 기초자산 공매 및 무위험채권 매입(무위험이자율로 대출) 시의 투자금액인 $PV(X) - S_0$만큼은 지불해야 한다.

③ $P_0 \leq PV(X)$: 풋옵션의 가격은 행사가격의 현재가치보다 클 수 없다. 매입한 풋옵션의 만기일가치는 기초자산의 만기시점가격이 0이 되는 상황에서 최대 X가 되며, 상황과 무관하게 X의 만기일가치가 보장되는 무위험채권의 현재가격은 $PV(X)$이므로, 현재시점의 풋옵션의 최대가격은 $PV(X)$를 초과할 수 없다. 또한 $P_0 > PV(X)$인 상황에서는 풋옵션을 매도하여 수취하는 프리미엄 중의 일부로 $PV(X)$만큼의 무위험채권을 매입하는 차익거래가 발생할 수 있기 때문이다.

한편, 미국형 옵션은 만기일 이전에 조기행사가 가능하기 때문에 미국형 풋옵션가격의 범위는 유럽형 풋옵션가격의 범위 중 ②와 ③이 다음과 같이 수정되어야 한다.

② $P_0 \geq X - S_0$: 풋옵션가격은 행사가격에서 기초자산의 현재가격을 차감한 값보다 작을 수 없다. 미국형 풋옵션을 매입하여 당장 행사하는 경우에 $X - S_0$를 얻을 수 있으므로 미국형 풋옵션의 가격은 $X - S_0$보다는 커야만 한다. 만약, $P_0 < X - S_0$인 상황이라면 풋옵션을 매입하고 바로 행사함으로써 $(X - S_0) - P_0$의 차익거래이익을 얻을 수 있다.

③ $P_0 \leq X$: 풋옵션의 가격은 행사가격보다 클 수 없다. 미국형 풋옵션을 매입하여 당장 행사하는 경우에 얻을 수 있는 이익의 최대치가 X이므로 미국형 풋옵션의 가격이 X보다 클 수는 없기 때문이다. 만약, $P_0 > X$인 상황이라면 풋옵션을 매도하여 최소한 $P_0 - X$의 차익거래이익을 얻을 수 있다.

(주)파랑 주식의 현재가격은 ₩7,000이고, 이 주식 1주를 기초자산으로 하고 만기는 1년, 행사가격이 ₩11,000인 유럽형 풋옵션이 거래되고 있으며, 연간 무위험이자율은 10%이다. 차익거래과정은 (주)파랑 주식 1주를 기준으로 나타내고 차익거래이익은 현재시점의 금액으로 나타내시오.

물음1 (주)파랑 주식에 대한 풋옵션가격의 상한과 하한을 나타내시오.

물음2 (주)파랑 주식에 대한 풋옵션의 시장가격이 ₩2,800인 경우에 실행가능한 구체적인 차익거래과정과 획득가능한 최소한의 차익거래이익을 나타내시오.

물음3 (주)파랑 주식에 대한 풋옵션의 시장가격이 ₩11,000인 경우에 실행가능한 구체적인 차익거래과정과 획득가능한 최소한의 차익거래이익을 나타내시오.

해답

물음1 풋옵션가격의 범위

하한: Max[0, $PV(X) - S_0$] = Max[0, $\dfrac{₩11,000}{1.1}$ − ₩7,000 = ₩3,000] = ₩3,000

상한: $PV(X) = \dfrac{₩11,000}{1.1}$ = ₩10,000

물음2 풋옵션가격 과소평가

풋옵션가격 = ₩2,800 < $PV(X) - S_0$ = ₩3,000

거래내용	현재시점 현금흐름	만기일 현금흐름	
		$S_T \leq$ ₩11,000	$S_T >$ ₩11,000
풋옵션 1개 매입	-₩2,800	₩11,000 - S_T	0
주식 1주 매입	-₩7,000	S_T	S_T
$PV(X)$ 차입	₩10,000	-₩11,000	-₩11,000
합계(차익거래이익)	$[PV(X) - S_0] - P_0$ = ₩3,000 - ₩2,800 = ₩200	0	S_T - ₩11,000>0

∴ 현재시점을 기준으로 최소한 ₩200의 차익거래이익 획득 가능

물음3 풋옵션가격 과대평가

풋옵션가격 = ₩11,000 > $PV(X)$ = ₩10,000

거래내용	현재시점 현금흐름	만기일 현금흐름	
		$S_T \leq$ ₩11,000	$S_T >$ ₩11,000
풋옵션 1개 매도	₩11,000	-(₩11,000 - S_T)	0
$PV(X)$ 대출	-₩10,000	₩11,000	₩11,000
합계(차익거래이익)	$P_0 - PV(X)$ = ₩11,000 - ₩10,000 = ₩1,000	S_T	₩11,000

∴ 현재시점을 기준으로 최소한 ₩1,000의 차익거래이익 획득 가능

03 옵션가격의 구성요소

권리를 의미하는 옵션의 가치는 절대로 음(−)의 값이 될 수 없다. 행사가능성이 조금이라도 있는 옵션의 가치는 항상 0보다는 크게 되며, 행사가능성이 전혀 없는 옵션의 경우에도 옵션의 가치는 0이 될 것이기 때문이다. 이러한 옵션의 가치는 내재가치와 시간가치로 구성된다.

(1) 내재가치

옵션의 내재가치(intrinsic value)란 정해진 옵션의 내부적인 조건에 따라 옵션이 갖는 가치를 말하는 것으로 일반적으로는 옵션을 당장 행사할 수 있다고 가정했을 경우에 얻을 수 있는 가치를 의미한다.

① 내재가치는 다른 모든 조건이 현재와 동일하게 유지된 상태에서 옵션의 만기가 되었을 때 옵션의 정해진 조건에 따라 옵션보유자가 얻을 수 있는 가치이므로 본질적 가치 또는 행사가치(exercise value)라고도 한다.

② 옵션을 당장 행사한다고 가정했을 때 옵션의 실제 행사 여부는 기초자산의 현재가격(S_0)과 옵션의 행사가격(X) 간의 관계에 따라 결정된다. 콜옵션의 경우에는 기초자산의 현재가격보다 행사가격이 낮은 콜옵션만 내재가치가 0보다 크며, 풋옵션의 경우에는 기초자산의 현재가격보다 행사가격이 높은 풋옵션만 내재가치가 0보다 크다.

> 콜옵션의 내재가치: $Max[0, \; S_0 - X]$
>
> 풋옵션의 내재가치: $Max[0, \; X - S_0]$

한편 기초자산의 현재가격(S_0)과 옵션의 행사가격(X) 간의 관계에 따라 옵션은 내가격옵션과 등가격옵션 및 외가격옵션으로 구분되는데, 등가격옵션과 외가격옵션의 내재가치는 0이다.

① 내가격옵션(in the money: ITM): 당장 행사한다고 가정 시에 옵션을 행사하면 이익이 발생하는 옵션으로 내재가치가 0보다 큰 옵션을 말한다.

② 등가격옵션(at the money: ATM): 행사가격이 기초자산의 현재가격과 일치하여 당장 행사한다고 가정 시에 행사 여부가 무차별한 옵션을 말한다.

③ 외가격옵션(out of the money: OTM): 당장 행사한다고 가정 시에 옵션을 행사하면 손실이 발생하는 옵션을 말한다.

콜옵션	구분	풋옵션
$S_0 > X$	내가격	$S_0 < X$
$S_0 = X$	등가격	$S_0 = X$
$S_0 < X$	외가격	$S_0 > X$

(2) 시간가치

옵션의 시간가치(time value)란 옵션만기까지의 기간 동안에 기초자산의 가격이 옵션의 행사에 유리하게 변동될 가능성으로 인한 가치를 말하며, 외재가치(extrinsic value)라고도 한다. 이러한 옵션의 시간가치는 옵션의 시장가격과 내재가치의 차이라고 할 수 있는데, 이는 크게 두 가지로 구분될 수 있다. 즉, 시간가치를 구성하는 요소 중에 하나는 전통적으로 사용되는 시간가치의 의미인 화폐의 시간가치이며, 다른 하나는 미래의 기초자산 가격변동성에 따라 기대되는 프리미엄이다.

1) 콜옵션의 시간가치

콜옵션의 경우에는 만기일까지의 기간이 남아있기 때문에 행사가격의 유출시점이 늦춰짐에 따라 행사가격에 대한 화폐의 시간가치가 양(+)의 값을 갖게 되며, 가격변동성에 대한 프리미엄부분은 만기일까지 남은 기간 동안 기초자산의 가격이 현재보다 더 상승할 가능성이 있음에 따라 양(+)의 시간가치를 갖게 된다. 따라서 콜옵션의 시간가치는 항상 양(+)의 값을 갖는다.

2) 풋옵션의 시간가치

풋옵션의 경우에는 만기일까지의 기간이 남아있기 때문에 행사가격의 유입시점이 늦춰짐에 따라 행사가격에 대한 화폐의 시간가치가 음(−)의 값을 갖게 되며, 가격변동성에 대한 프리미엄부분은 만기일까지 남은 기간 동안 기초자산의 가격이 현재보다 더 하락할 가능성이 있음에 따라 양(+)의 시간가치를 갖게 된다. 따라서 풋옵션의 시간가치는 양(+)의 값을 가질 수도 있고, 음(−)의 값을 가질 수도 있다.

이러한 옵션의 시간가치는 동일한 조건의 옵션에 대해서도 기초자산가격의 변동성 정도와 기초자산의 현재가격수준 및 시간의 경과 등에 따라 달라진다.

① 기초자산가격의 변동성이 큰 옵션일수록 기초자산의 가격이 더 높게 상승하거나 더 낮게 하락할 가능성이 커지기 때문에 시간가치는 커진다.

② 기초자산의 현재가격수준과 관련해서는 등가격 상태에서의 시간가치가 가장 크며, 기초자산의 가격이 행사가격에서 멀어질수록 시간가치는 작아진다.

③ 시간이 경과하여 만기일에 근접할수록 시간가치는 감소하고, 시간가치의 감소폭은 만기일에 근접할수록 점점 더 커지며, 만기일의 시간가치는 0이 된다.

이와 같은 내용을 고려했을 때 내가격옵션의 가치는 내재가치와 시간가치의 합으로 구성되며, 등가격옵션과 외가격옵션의 가치는 시간가치만으로 구성된다. 그리고 만기일에 근접할수록 시간가치가 감소되므로 만기일 옵션의 가치는 내재가치와 같아진다.

[3] 옵션가격의 구성

1) 콜옵션가격의 구성

콜옵션의 경우에 만기일 이전의 시간가치는 항상 양(+)의 가치이므로, 기초자산의 가격이 콜옵션가격보다 높은 내가격 콜옵션의 가격은 내재가치와 (+)의 시간가치로 구성되며, 등가격 콜옵션이나 외가격 콜옵션의 가격은 (+)의 시간가치만으로 구성된다.

콜옵션가격의 구성

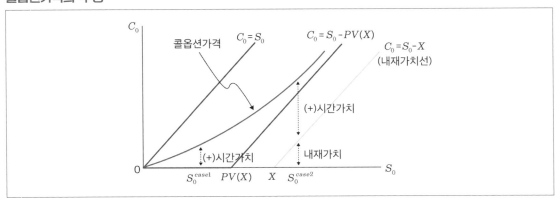

2) 풋옵션가격의 구성

풋옵션의 경우에 만기일 이전의 시간가치는 양(+)의 가치일 수도 있고, 음(−)의 가치일 수도 있다. 기초자산의 가격이 높은 경우에는 일반적으로 양(+)의 시간가치이지만, 기초자산의 가격이 심하게 낮은 경우에는 음(−)의 시간가치가 될 수 있다. 따라서 심내가격(deep ITM, 깊은 내가격이라고도 한다.) 풋옵션의 경우에는 옵션의 가치가 내재가치보다 작을 수도 있다.

풋옵션가격의 구성

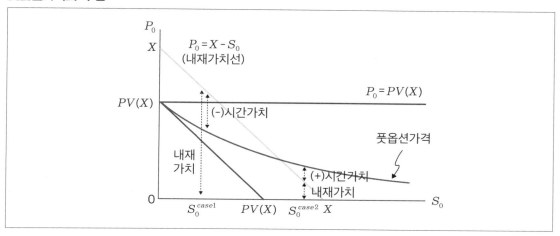

(4) 유럽형 옵션과 미국형 옵션의 비교

유럽형 옵션은 만기일에만 행사가 가능하지만, 미국형 옵션은 만기일 이전에 언제든지 행사할 수 있다. 따라서 조기행사가 가능하여 옵션의 행사시점을 선택할 수 있는 권리가 추가로 있는 미국형 옵션은 유럽형 옵션보다 일반적으로 그 가치가 더 클 것이다. 다만, 현금배당을 지급하지 않는 무배당주식에 대한 미국형 콜옵션의 경우에는 조기행사 가능성이 없으므로 무배당주식에 대한 유럽형 콜옵션과 미국형 콜옵션은 가치가 동일하다.

1) 현금배당을 고려하지 않는 경우

옵션의 만기일 이전에 현금배당을 지급하지 않는 주식에 대한 미국형 콜옵션은 조기행사가능성이 없으며, 미국형 풋옵션은 조기행사가능성이 있다.

① 미국형 콜옵션을 조기행사하는 경우에는 옵션의 가치 중에서 내재가치만을 수취하며 항상 양(+)의 값을 갖는 시간가치를 상실하게 되므로 미국형 콜옵션의 경우 조기행사하는 것보다 시장가격으로 처분하는 것이 유리하다. 따라서 현금배당을 고려하지 않는 경우에는 유럽형 콜옵션의 가치와 미국형 콜옵션의 가치는 동일하다.

② 미국형 풋옵션을 조기행사하는 경우에는 옵션의 가치 중에서 내재가치만을 수취하며 시간가치를 상실하는데, 풋옵션의 시간가치는 상황에 따라 양(+)의 값을 가질 수도 있고 음(−)의 값을 가질 수도 있기 때문에 시간가치가 음(−)의 값을 갖는 심내가격(deep ITM) 상태의 미국형 풋옵션은 조기행사함으로써 시장에서의 처분가격보다 높은 내재가치를 수취하는 것이 유리하다. 따라서 현금배당을 고려하지 않는 경우에도 미국형 풋옵션의 가치는 유럽형 풋옵션의 가치보다 클 수 있다.

2) 현금배당을 고려하는 경우

옵션의 만기일 이전에 현금배당을 지급하는 주식에 대한 미국형 콜옵션과 미국형 풋옵션은 모두 조기행사가능성이 있다.

① 미국형 콜옵션을 현금배당 이전에 조기행사하는 경우에는 양(+)의 값을 갖는 시간가치를 상실한다는 부정적인 효과도 있지만, 현금배당 이전에 배당부주가 수준에서 조기행사하는 경우에는 현금배당을 수취할 수 있다는 긍정적인 효과도 있다. 따라서 현금배당을 고려하는 경우에는 미국형 콜옵션의 가치가 유럽형 콜옵션의 가치보다 클 수 있으며, 현금배당이 미국형 콜옵션의 조기행사를 유도한다고 할 수 있다.

② 현금배당을 고려하는 경우에도 미국형 풋옵션의 가치는 유럽형 풋옵션의 가치보다 클 수 있다. 다만, 미국형 풋옵션을 현금배당 이전에 조기행사하는 것보다는 현금배당이 지급된 이후에 배당락된 주가수준에서 행사하는 것이 풋옵션 보유자에게 보다 유리하므로 현금배당이 미국형 풋옵션의 행사를 지연시킨다고 할 수 있다.

04 옵션가격결정요인

옵션은 특정한 기초자산을 정해진 옵션의 조건에 따라 사거나 팔 수 있는 권리이므로, 옵션의 가격은 기초자산(주식)과 시장의 특성 및 옵션의 조건에 따라 달라진다. 이러한 옵션가격에 영향을 미치는 구체적인 요인들로는 기초자산의 특성인 기초자산의 현재가격(S_0)과 기초자산가격(또는 수익률)의 변동성(σ^2), 시장의 특성인 무위험이자율(R_f) 및 옵션의 조건인 행사가격(X)과 만기일까지의 기간(T)을 들 수 있다.

(1) 무배당주식에 대한 옵션

옵션가격결정요인들이 무배당주식을 기초자산으로 하는 콜옵션과 풋옵션의 가격에 미치는 일반적인 영향을 살펴보면 다음과 같다.

1) 기초자산의 현재가격(S_0)

기초자산의 현재가격 수준에 따라 옵션의 행사가능성과 행사에 따른 이득이 달라지기 때문에 옵션가격에 다음과 같은 영향을 미치게 된다.

① 기초자산의 현재가격이 높을수록 콜옵션가격은 높아진다. 기초자산의 현재가격이 높을수록 만기일의 기초자산가격이 행사가격보다 높을 가능성이 커져서 콜옵션의 행사가능성이 증가하며, 콜옵션의 행사에 따른 이득도 커질 것이기 때문이다.

② 기초자산의 현재가격이 높을수록 풋옵션가격은 낮아진다. 기초자산의 현재가격이 높을수록 만기일의 기초자산가격이 행사가격보다 낮을 가능성이 작아져서 풋옵션의 행사가능성이 감소하며, 풋옵션의 행사에 따른 이득도 작아질 것이기 때문이다.

2) 옵션의 행사가격[X]

옵션의 행사가격 수준에 따라 옵션의 행사가능성과 행사에 따른 이득이 달라지기 때문에 옵션가격에 다음과 같은 영향을 미치게 된다.

① 옵션의 행사가격이 높을수록 콜옵션가격은 낮아진다. 콜옵션의 행사가격이 높을수록 콜옵션의 행사가능성이 감소하며, 콜옵션의 행사에 따른 이득도 작아질 것이기 때문이다.

② 옵션의 행사가격이 높을수록 풋옵션가격은 높아진다. 풋옵션의 행사가격이 높을수록 풋옵션의 행사가능성이 증가하며, 풋옵션의 행사에 따른 이득도 커질 것이기 때문이다.

3) 무위험이자율[R_f]

무위험이자율 수준에 따라 옵션 행사가격의 현재가치가 달라지기 때문에 옵션가격에 다음과 같은 영향을 미치게 된다.

① 무위험이자율이 높을수록 콜옵션가격은 높아진다. 무위험이자율이 높을수록 콜옵션의 행사로 인해 유출될 행사가격의 현재가치가 작아지므로 현재시점에서 평가되는 실질적인 행사가격이 낮아지는 효과가 발생하기 때문이다.

② 무위험이자율이 높을수록 풋옵션가격은 낮아진다. 무위험이자율이 높을수록 풋옵션의 행사로 인해 유입될 행사가격의 현재가치가 작아지므로 현재시점에서 평가되는 실질적인 행사가격이 낮아지는 효과가 발생하기 때문이다.

4) 기초자산가격(또는 수익률)의 변동성[σ^2]

기초자산가격(또는 수익률)의 변동성이 커질수록 콜옵션가격과 풋옵션가격이 모두 높아진다. 기초자산가격(또는 수익률)의 변동성이 커질수록 만기일의 기초자산가격이 행사가격보다 높아질 가능성도 증가하며, 행사가격보다 낮아질 가능성도 증가하기 때문이다.

5) 옵션만기일까지의 기간[T]

만기일까지 남은 기간이 옵션가격에 미치는 영향은 옵션의 시간가치와 관련된 개념이므로 행사가격에 대한 화폐의 시간가치와 기초자산의 가격변동성에 대한 프리미엄에 미치는 영향을 모두 고려해야 한다.

① 만기일까지 남은 기간이 길수록 콜옵션가격은 높아진다. 만기일까지 남은 기간이 길수록 콜옵션의 행사로 인해 유출될 행사가격의 현재가치가 작아지는 긍정적인 효과와 기초자산가격의 변동성이 커져서 콜옵션이 행사될 가능성이 증가한다는 긍정적인 효과가 발생하기 때문이다. 이는 콜옵션의 시간가치가 항상 양(+)의 값을 갖는다는 것과 동일한 의미라고 할 수 있다.

② 만기일까지 남은 기간과 풋옵션가격 간의 관계는 불명확하다. 만기일까지 남은 기간이 길수록 풋옵션의 행사로 인해 유입될 행사가격의 현재가치가 작아지는 부정적인 효과도 발생하며, 기초자산가격의 변동성이 커져서 풋옵션이 행사될 가능성이 증가하는 긍정적인 효과도 발생하기 때문이다. 이는 풋옵션의 시간가치가 양(+)의 값을 가질 수도 있고, 음(−)의 값을 가질 수도 있다는 것과 동일한 의미이다.

한편, 미국형 옵션의 경우에는 일반적으로 만기일까지 남은 기간이 길수록 콜옵션가격과 풋옵션가격 모두 높아진다. 이는 만기일까지 남은 기간이 길수록 보다 많은 조기행사 기회를 보유하게 되기 때문이다.

(2) 기초자산(주식)에서 옵션만기일 이전에 배당이 지급되는 경우

기초자산(주식)에서 옵션만기일 이전에 배당이 지급되는 경우에는 지급되는 배당의 수준 역시 옵션가격에 다음과 같은 영향을 미치게 된다.

① 만기일 이전에 옵션의 기초자산인 주식에서 지급되는 배당이 커질수록 콜옵션의 가격은 낮아진다. 지급되는 배당이 커질수록 기초자산의 가격이 더 하락하여 콜옵션의 행사가능성이 감소하고, 콜옵션의 행사에 따른 이득도 작아질 것이기 때문이다.

② 만기일 이전에 옵션의 기초자산인 주식에서 지급되는 배당이 커질수록 풋옵션의 가격은 높아진다. 지급되는 배당이 커질수록 기초자산의 가격이 더 하락하여 풋옵션의 행사가능성이 증가하고, 풋옵션의 행사에 따른 이득도 커질 것이기 때문이다.

한편, 기초자산(주식)에서 옵션만기일 이전에 배당이 지급되는 경우에는 만기까지의 기간이 옵션가격에 미치는 영향에 대해서도 추가로 고려해야 한다. 즉, 만기일까지 남은 기간이 길수록 지급되는 배당액이 커지는 효과도 고려해야 한다는 것이다. 만기일까지의 기간이 길수록 만기일 이전에 지급되는 배당의 증가로 인해 콜옵션가격에는 부정적인 영향을, 풋옵션가격에는 긍정적인 영향을 미치게 되기 때문이다.

옵션가격결정요인		콜옵션가격			풋옵션가격		
기초자산의 현재가격	: S_0	+			−		
옵션의 행사가격	: X	−			+		
무위험이자율	: $R_f \uparrow \Rightarrow PV(X) \downarrow$	+			−		
기초자산가격의 변동성	: σ^2	+			+		
배당	: $D \uparrow \Rightarrow S \downarrow$	−			+		
만기	: $T \uparrow \Rightarrow PV(X) \downarrow$	+	+	?	−	?	?
	: $T \uparrow \Rightarrow \sigma^2 \uparrow$	+			+		
	: $T \uparrow \Rightarrow D \uparrow \Rightarrow S \downarrow$	−			+		

제3절 옵션투자전략

본 절에서는 옵션의 신금융상품창조기능을 이용한 여러 가지 투자전략에 대해 살펴보기로 한다. 이러한 옵션투자전략은 크게 헤지전략과 스프레드전략 및 콤비네이션전략으로 구분할 수 있다.

01 헤지전략

헤지(hedge)전략이란 기초자산(주식)과 옵션을 결합하여 위험을 관리하고자 하는 전략이다. 이러한 헤지전략의 대표적인 형태로는 보호적풋전략과 방비콜전략, 풋 - 콜등가식전략 및 펜스전략이 있다.

(1) 보호적풋전략: S+P

보호적풋(protective put)전략이란 기초자산(주식) 1주를 매입(보유)하고 동 주식 1주를 기초자산으로 하는 풋옵션 1개를 매입하는 전략이다.

① 보호적풋전략은 일반적으로 주식을 보유하고 있는 상황에서 주가하락에 따른 손실이 예상되는 경우에 동 주식을 기초자산으로 하는 풋옵션을 매입하여 주가하락에 따른 손실폭을 일정수준으로 한정시키고자 실행하는 전략이다.

② 보호적풋전략을 통해 주가하락 시 매입(보유)한 주식에서 발생되는 손실을 매입한 풋옵션에서 발생되는 이익으로 상쇄시켜서 손실폭을 일정 수준으로 한정시킬 수 있다. 다만, 이에 대한 대가로 풋옵션프리미엄을 지급해야 하므로 주가상승 시 주식보유포지션에서 얻게 될 이익은 지급한 풋옵션프리미엄만큼 감소하게 된다.

(2) 방비콜전략: S-C

방비콜(covered call)전략이란 기초자산(주식) 1주를 매입(보유)하고 동 주식 1주를 기초자산으로 하는 콜옵션 1개를 매도하는 전략이다.

① 방비콜전략은 일반적으로 주식을 보유하고 있는 상황에서 주가하락에 따른 손실이 예상되는 경우에 동 주식을 기초자산으로 하는 콜옵션을 매도하여 주가하락에 따른 손실을 콜옵션매도 시 수취하는 콜옵션프리미엄만큼 감소시키고자 실행하는 전략이다.

② 방비콜전략을 통해 예상과 달리 주가가 상승하는 경우에도 매도한 콜옵션에서 발생되는 손실을 매입(보유)한 주식에서 발생되는 이익으로 상쇄시키고, 예상대로 주가가 하락하는 경우에는 주가하락에 따른 손실을 수취한 콜옵션프리미엄만큼 감소시킬 수 있다.

일반적으로 방비콜전략은 주가지수펀드를 보유하고 있는 상황에서 주가하락이 예상되는 경우에 주가지수콜옵션을 매도하여 프리미엄을 수취함으로써 벤치마크인 주가지수의 수익률을 초과하는 성과를 얻기 위해 실행된다.

보호적풋전략과 방비콜전략의 만기손익

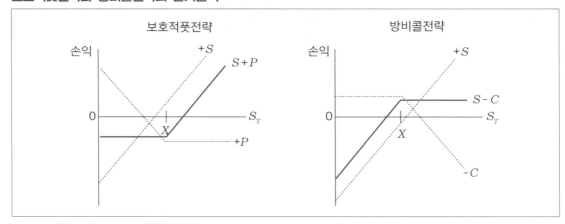

(3) 풋 - 콜등가식전략: S+P-C (단, $X_P = X_C$)

풋 - 콜등가식(put-call parity)전략이란 기초자산(주식) 1주를 매입(보유)하고, 동 주식 1주를 기초자산으로 하며 행사가격과 만기가 동일한 풋옵션 1개를 매입하고, 콜옵션 1개를 매도하는 전략이다.

① 주식 1주를 매입하고 동일 조건의 풋옵션 1개 매입과 콜옵션 1개 매도를 통해 무위험헤지포트폴리오의 구성이 가능하므로, 풋 - 콜등가식(put-call parity)전략은 주식보유포지션을 옵션의 만기일까지 채권보유포지션으로 전환하는 전략이라고 할 수 있다.

② 풋 - 콜등가식전략의 만기일가치는 만기일의 기초자산가격과 무관하게 옵션의 행사가격인 X가 된다.

(4) 펜스전략: S+P-C (단, $X_P \neq X_C$)

펜스(fence)전략이란 기초자산(주식) 1주를 매입(보유)하고 동 주식 1주를 기초자산으로 하는 옵션들 중에서 행사가격이 낮은(X_P) 풋옵션 1개를 매입하고 행사가격이 높은(X_C) 콜옵션 1개를 매도하는 전략이며, 윈도우(window) 또는 실린더(cylinder)라고도 부르고, 이자율 옵션의 경우에는 칼라(collar)라고도 부른다.

① 펜스전략는 일반적으로 주식을 보유하고 있는 상황에서 주가변동에 따른 이익 및 손실의 범위를 한정시키고자 실행하는 전략이다. 즉, 풋옵션을 매입함으로써 보유하는 주식의 최저매도가격을 설정하되, 콜옵션을 매도하여 콜옵션프리미엄을 수취함으로써 풋옵션매입대금의 일부를 상쇄시켜서 총비용을 줄이고자 하는 전략이다. 다만, 콜옵션매도가 펜스전략의 잠재적인 가치상승 가능성을 제한하는 역할을 하게 된다.

② 펜스전략의 만기일가치는 다음과 같이 만기일의 기초자산가격의 수준에 따라 일정한 상한(X_C)과 하한(X_P)의 범위 내에 존재하게 된다.

구분	$S_T \leq X_P$	$X_P < S_T \leq X_C$	$S_T > X_C$
주식 1주 매입	S_T	S_T	S_T
풋옵션 1개 매입	$X_P - S_T$	0	0
콜옵션 1개 매도	0	0	$-(S_T - X_C)$
합계	X_P	S_T	X_C

풋 - 콜등가식전략과 펜스전략의 만기손익

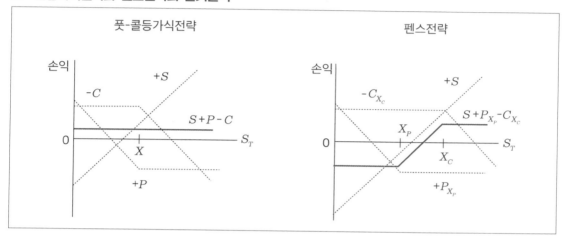

02 스프레드전략

옵션에서의 스프레드(spread)란 행사가격이나 만기의 차이에 따른 옵션가격의 차이를 의미하는데, 옵션투자전략 중에서 스프레드전략이라 함은 기초자산이 동일한 옵션들 중에서 행사가격이나 만기가 상이한 동종의 옵션에 반대포지션을 취하는 전략을 말하며 결합되는 옵션들의 특성에 따라 다음과 같이 구분된다.

① 수직스프레드(vertical spread)전략: 행사가격만 상이한 옵션들을 결합하는 전략을 말하며 가격스프레드(price spread)전략이라고도 부른다.

② 수평스프레드(horizontal spread)전략: 만기만 상이한 옵션들을 결합하는 전략을 말하며 시간스프레드(time spread)전략이라고도 부른다.

③ 대각스프레드(diagonal spread): 행사가격과 만기가 모두 상이한 옵션들을 결합하는 전략을 말한다.

[1] 수직스프레드

수직스프레드전략은 기초자산과 만기가 동일한 동종의 옵션들 중에서 행사가격이 상이한 두 가지 옵션을 이용하는 전략으로 기초자산가격의 변동방향에 대한 예상에 근거하여 구성되며, 결합되는 옵션들의 특성에 따라 강세스프레드전략과 약세스프레드전략으로 구분된다.

① 강세스프레드(bull spread)전략이란 기초자산과 만기가 동일한 동종의 옵션들 중에서 행사가격이 낮은(X_1) 옵션 1개를 매입하고 행사가격이 높은(X_2) 옵션 1개를 매도하는 전략이다. 이러한 강세스프레드전략은 주가하락 시 손실폭을 한정시키고, 주가상승 시 이득을 추구하는 전략이다.

② 약세스프레드(bear spread)전략이란 기초자산과 만기가 동일한 동종의 옵션들 중에서 행사가격이 낮은 옵션 1개를 매도하고 행사가격이 높은 옵션 1개를 매입하는 전략이다. 이러한 약세스프레드전략은 주가상승 시 손실폭을 한정시키고, 주가하락 시 이득을 추구하는 전략이다.

강세스프레드전략과 약세스프레드전략의 만기손익

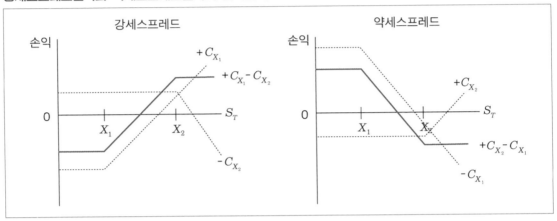

(2) 나비형스프레드와 샌드위치형스프레드

나비형스프레드전략과 샌드위치형스프레드전략은 기초자산과 만기가 동일한 동종의 옵션들 중에서 행사가격이 상이한 세 가지 옵션을 이용하는 전략으로 기초자산가격의 변동성에 대한 예상에 근거하여 구성된다.

① 나비형스프레드(butterfly spread)전략은 행사가격이 가장 낮은(X_1) 옵션 1개와 행사가격이 가장 높은(X_3) 옵션 1개를 매입하고, 행사가격이 중간인(X_2) 옵션 2개를 매도하는 전략이다. 이러한 나비형스프레드전략은 만기일의 기초자산가격이 행사가격을 중심으로 일정범위 내에 있을 경우 이득이 발생하고, 이 범위를 벗어나는 경우에는 손실이 발생하게 되므로, 일반적으로 향후 기초자산가격의 변동성이 작을 것으로 예상되는 경우에 실행하는 전략이다.

② 샌드위치형스프레드(sandwitch spread)전략은 행사가격이 가장 낮은 옵션 1개와 행사가격이 가장 높은 옵션 1개를 매도하고, 행사가격이 중간인 옵션 2개를 매입하는 전략이다. 이러한 샌드위치형스프레드전략은 만기일의 기초자산가격이 행사가격을 중심으로 일정범위 내에 있을 경우 손실이 발생하고, 이 범위를 벗어나는 경우에는 이득이 발생하게 되므로, 일반적으로 향후 기초자산가격의 변동성이 클 것으로 예상되는 경우에 실행하는 전략이다.

나비형스프레드전략과 샌드위치형스프레드전략의 만기손익

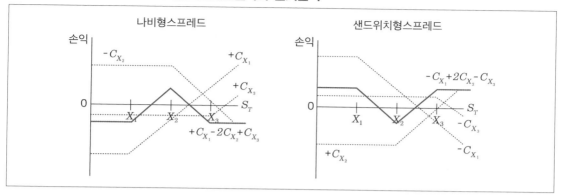

[3] 수평스프레드와 대각스프레드

수평스프레드전략과 대각스프레드전략은 시간가치의 감소효과를 활용하기 위한 전략이다. 여기서 시간가치의 감소효과란 옵션의 만기일에 근접할수록 옵션의 시간가치가 감소되는 효과를 말하는데, 만기일에 근접할수록 시간가치의 감소폭이 더 증가하기 때문에 만기가 짧은 옵션의 경우에 시간가치의 감소효과는 더 커지게 된다. 이러한 시간가치의 감소효과는 옵션매도자에게는 유리하게 작용하고 옵션매입자에게는 불리하게 작용하기 때문에 만기가 짧은(T_1) 옵션을 매도하고 만기가 긴(T_2) 옵션을 매입한 후 만기가 짧은 옵션의 만기일(T_1)에 포지션을 청산하면 옵션 간 시간가치 감소의 차이에서 발생되는 이익을 얻을 수 있다.

① 수평스프레드전략은 기초자산과 행사가격이 동일한 동종의 옵션들 중에서 만기가 짧은 옵션을 매도하고 만기가 긴 옵션을 매입하는 전략을 말한다.

② 대각스프레드전략은 기초자산이 동일한 동종의 옵션들 중에서 행사가격과 만기가 모두 다른 옵션들을 이용하는 전략으로 기초자산가격의 변동방향에 대한 예상과 시간가치의 감소효과를 모두 활용하고자 하는 전략이며, 수직스프레드전략과 수평스프레드전략을 혼합한 형태의 투자전략이라고 할 수 있다.

한편, 수평스프레드전략과 대각스프레드전략에서는 만기가 짧은 옵션을 매도하고 만기가 긴 옵션을 매입한 후 만기가 짧은 옵션의 만기일에 포지션을 청산하기 때문에 기초자산의 가격변동에 따른 청산시점의 손익이 수직스프레드전략과 달리 곡선의 형태로 실현된다.

수평스프레드전략과 대각스프레드전략의 만기[T_1]손익

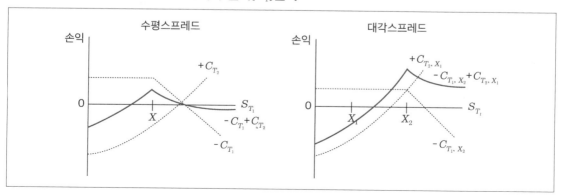

(주)파랑 주식 1주를 기초자산으로 하며 다른 조건은 모두 동일하고 행사가격만 상이한 콜옵션들의 시장 가격에 대한 자료이다.

구분	행사가격(X)	옵션가격(C_0)
C_{100}	₩100	₩11
C_{105}	₩105	₩7
C_{115}	₩115	₩4

행사가격이 가장 낮은 콜옵션(C_{100}) 1개와 행사가격이 가장 높은 콜옵션(C_{115}) 1개를 매입하고, 행사가격이 중간인 콜옵션(C_{105}) 2개를 매도하는 옵션투자전략과 관련된 다음 물음에 답하시오. 단, 계산의 편의를 위해 콜옵션매입(매도)대금에 대한 화폐의 시간가치는 고려하지 않는다.

물음1 상기 투자전략의 옵션만기손익 그래프를 도시하시오.

물음2 상기 투자전략에서 발생가능한 최대이익과 발생가능한 최대손실을 계산하고, 이익이 발생하는 만기일 기초자산가격의 범위를 나타내시오.

해답

물음1 나비형스프레드전략의 만기손익 그래프

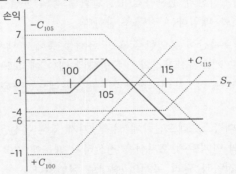

물음2 나비형스프레드전략의 만기손익

구분	$S_T = ₩100$	$S_T = ₩105$	$S_T = ₩115$
C_{100} 1개 매입	0	₩105 - ₩100 = ₩5	₩115 - ₩100 = ₩15
C_{105} 2개 매도	0	0	-(₩115 - ₩105) × 2 = -₩20
C_{115} 1개 매입	0	0	0
옵션프리미엄	-₩1	-₩1	-₩1
만기손익	-₩1	₩4	-₩6

발생가능한 최대이익: ₩4
발생가능한 최대손실: -₩6
이익발생의 범위: ₩101(= ₩105 - ₩4) < S_T < ₩109(= ₩105 + ₩4)

03 콤비네이션전략

콤비네이션(combination)전략이란 기초자산이 동일한 콜옵션과 풋옵션을 동시에 매입하거나 동시에 매도하는 전략을 말한다. 즉, 이종의 옵션에 동일포지션을 취하는 전략이다. 이러한 콤비네이션전략은 이용하는 옵션들의 결합비율이나 행사가격의 차이에 따라 스트래들과 스트립, 스트랩 및 스트랭글 등 으로 구분할 수 있다.

(1) 스트래들

스트래들(straddle)전략은 모든 조건이 동일한 콜옵션과 풋옵션을 1개씩 결합하는 전략이며, 스트래들 매입과 스트래들매도로 구분된다.

① 스트래들매입은 모든 조건이 동일한 콜옵션과 풋옵션을 1개씩 매입하는 전략으로 향후 기초자산가 격의 변동성이 클 것으로 예상되는 경우에 실행하는 전략이다. 기초자산가격이 상승하는 경우에는 매입한 콜옵션에서 이득이 발생하고, 기초자산가격이 하락하는 경우에는 매입한 풋옵션에서 이득 이 발생하는 전략이다.

① 스트래들매도는 모든 조건이 동일한 콜옵션과 풋옵션을 1개씩 매도하는 전략으로 향후 기초자산가 격의 변동성이 작을 것으로 예상되는 경우에 실행하는 전략이다. 향후 기초자산가격의 변동이 미미 하여 옵션의 행사가격과 유사한 경우에 옵션매도에 따라 수취하는 옵션프리미엄만큼의 이득을 추 구하는 전략이다.

스트래들전략의 만기손익

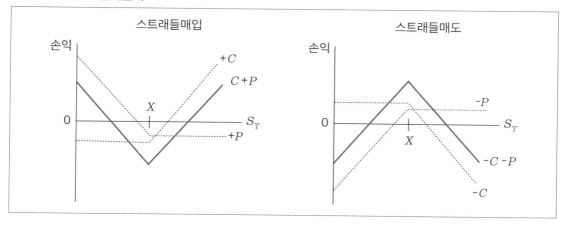

(2) 스트립과 스트랩

스트립(strip)전략은 모든 조건이 동일한 콜옵션 1개와 풋옵션 2개를 결합하는 전략이며, 스트랩(strap) 전략은 모든 조건이 동일한 콜옵션 2개와 풋옵션 1개를 결합하는 전략이다.

① 스트립전략은 일반적으로 모든 조건이 동일한 콜옵션 1개와 풋옵션 2개를 매입하는 스트립매입을 의미하며, 향후 기초자산가격의 변동성이 클 것으로 예상되고, 상승가능성보다는 하락가능성이 높 을 것으로 예상되는 경우에 실행하는 전략이다. 스트립매입의 손익은 스트래들매입의 손익과 유사 하지만, 스트래들전략에 비해 스트립전략은 주가하락 시 손익의 변동성이 더 커지는 전략이다.

② 스트랩전략은 일반적으로 모든 조건이 동일한 콜옵션 2개와 풋옵션 1개를 매입하는 스트랩매입을 의미하며, 향후 기초자산가격의 변동성이 클 것으로 예상되고, 하락가능성보다는 상승가능성이 높을 것으로 예상되는 경우에 실행하는 전략이다. 스트랩매입의 손익은 스트래들매입의 손익과 유사하지만, 스트래들전략에 비해 스트랩전략은 주가상승 시 손익의 변동성이 더 커지는 전략이다.

스트립전략과 스트랩전략의 만기손익

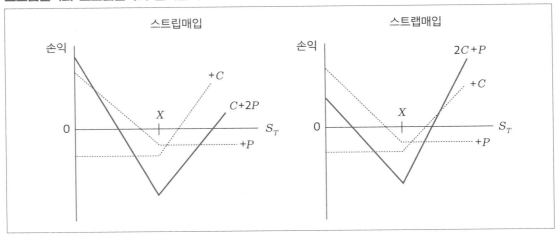

(3) 스트랭글

스트랭글(strangle)전략은 행사가격은 상이하고 이외의 모든 조건이 동일한 콜옵션과 풋옵션을 1개씩 결합하는 전략이며, 스트랭글매입과 스트랭글매도로 구분된다.

① 스트랭글매입은 콜옵션과 풋옵션을 1개씩 매입하는 전략으로 옵션매입에 따른 옵션프리미엄 지급액을 절약하고자 행사가격이 낮은 풋옵션과 행사가격이 높은 콜옵션을 이용하는 전략이며, 스트랭글매도는 콜옵션과 풋옵션을 1개씩 매도하는 전략으로 행사가능성이 낮은 옵션들을 매도하고자 행사가격이 낮은 풋옵션과 행사가격이 높은 콜옵션을 이용하는 전략이다.

② 스트랭글매입의 손익은 스트래들매입의 손익과 유사하며, 스트랭글매도의 손익은 스트래들매도의 손익과 유사하다. 다만, 스트래들전략에 비해 스트랭글전략은 만기일의 기초자산가격이 행사가격을 중심으로 일정 범위 내에 있을 경우 손익이 한정되는 전략이다.

스트랭글전략의 만기손익

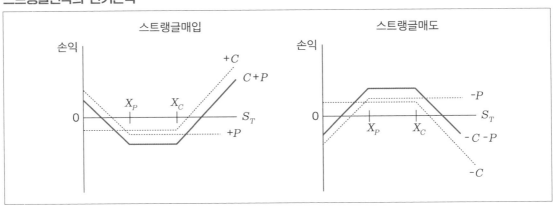

예제 6 옵션투자전략의 성과비교

투자자 甲은 다음과 같은 옵션거래전략들의 실행을 고려하고 있다. 옵션들의 기초자산(주식)과 만기는 모두 동일하며, 행사가격은 현재의 주가수준에 근접한 가격이다.

전략 A: 주식 1주를 매입하고, 동시에 콜옵션 1개를 매도
전략 B: 주식 1주를 매입하고, 동시에 풋옵션 1개를 매입
전략 C: 행사가격이 낮은 풋옵션 1개를 매입하고, 행사가격이 높은 풋옵션 1개를 매도
전략 D: 행사가격이 높은 풋옵션 1개를 매입하고, 행사가격이 낮은 풋옵션 1개를 매도
전략 E: 행사가격이 가장 낮은 풋옵션과 가장 높은 풋옵션을 1개씩 매입하고, 행사가격이 중간인 풋옵션 2개를 매도
전략 F: 행사가격이 높은 콜옵션 1개와 행사가격이 낮은 풋옵션 1개를 동시에 매도
전략 G: 행사가격이 동일한 콜옵션 1개와 풋옵션 2개를 동시에 매도
전략 H: 행사가격이 동일한 콜옵션 2개와 풋옵션 1개를 동시에 매도

물음1 상기 옵션거래전략들의 만기손익을 간략히 도시하시오.

물음2 상기 옵션거래전략들 중에서 옵션만기일의 기초자산가격이 대폭 상승할 경우 가장 유리한 투자성과를 가져올 것으로 예상되는 투자전략과 가장 불리한 투자성과를 가져올 것으로 예상되는 투자전략을 각각 고르시오.

해답

물음1 옵션거래전략의 만기손익

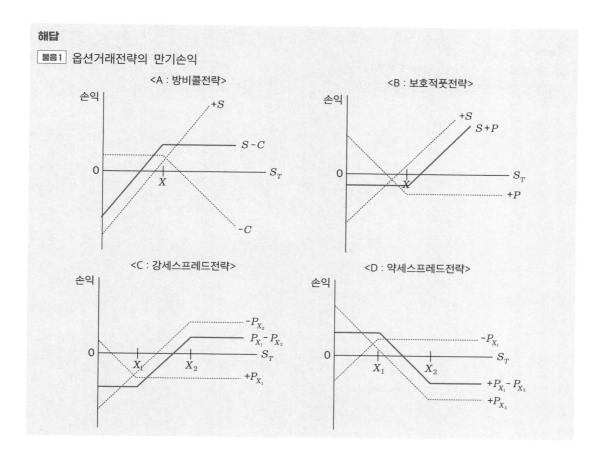

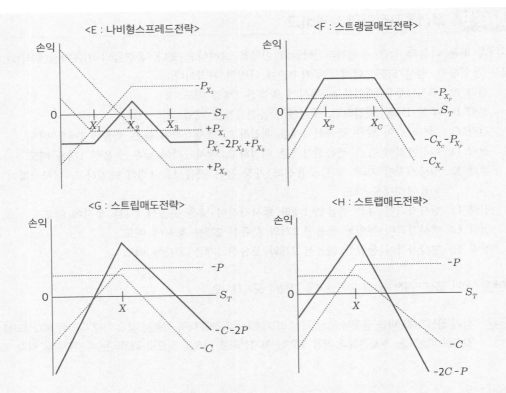

<E : 나비형스프레드전략>

<F : 스트랭글매도전략>

<G : 스트립매도전략>

<H : 스트랩매도전략>

물음2 투자성과의 비교

가장 유리한 투자성과: B(보호적풋전략)

가장 불리한 투자성과: H(스트랩매도전략)

01 현재 주가가 11,000원인 A주식 1주를 기초자산으로 하고 만기는 1년, 행사가격이 11,000원인 유럽형 콜옵션의 현재가격은 1,200원이다. 연간 무위험이자율이 10%인 상황에서 이 콜옵션과 모든 조건이 동일한 풋옵션의 시장가격이 100원인 경우에 실행가능한 차익거래전략으로 가장 옳은 것을 고르시오.

① 풋옵션 1개 매도 + A주식 1주 공매 + 콜옵션 1개 매입 + 행사가격의 현재가치 대출
② 풋옵션 1개 매도 + A주식 1주 공매 + 콜옵션 1개 매입 + 행사가격의 현재가치 차입
③ 풋옵션 1개 매입 + A주식 1주 매입 + 콜옵션 1개 매도 + 행사가격의 현재가치 대출
④ 풋옵션 1개 매입 + A주식 1주 매입 + 콜옵션 1개 매도 + 행사가격의 현재가치 차입
⑤ 풋옵션 1개 매도 + A주식 1주 매입 + 콜옵션 1개 매입 + 행사가격의 현재가치 차입

02 무배당주식인 B주식을 기초자산으로 하는 유럽형 풋옵션을 가정한다. 옵션가격결정요인들이 풋옵션가격에 미치는 영향과 관련된 다음 설명들 중에서 가장 옳지 못한 것을 고르시오.

① B주식의 가격이 상승하면 풋옵션의 가격은 하락한다.
② 옵션의 행사가격이 높을수록 풋옵션의 가격은 높게 형성된다.
③ 무위험이자율이 상승하면 풋옵션의 가격은 하락한다.
④ 옵션의 잔존만기가 길수록 풋옵션의 가격은 높게 형성된다.
⑤ B주식 가격의 변동성이 클수록 풋옵션의 가격은 높게 형성된다.

03 모든 옵션의 기초자산은 C주식 1주로 동일하며, 옵션의 행사가격들은 기초자산의 현재가격에 근접한다. 다음의 옵션투자전략들 중에서 C주식의 가격이 향후 대폭 하락할 경우에 가장 유리한 투자결과를 가져올 것으로 예상되는 투자전략을 고르시오.

> A: C주식 1주 매입 + 콜옵션 1개 매도
> B: C주식 1주 매입 + 풋옵션 1개 매입
> C: 행사가격 낮은 콜옵션 1개 매입 + 행사가격 높은 콜옵션 1개 매도
> D: 행사가격 동일한 콜옵션 1개 매입 + 풋옵션 1개 매도
> E: 행사가격 높은 콜옵션 1개 매입 + 행사가격이 낮은 풋옵션 1개 매입

① A   ② B   ③ C
④ D   ⑤ E

정답 및 해설

01 ④ 균형 $P_0 = C_0 - S_0 + \dfrac{X}{(1+R_f)^T} = 1,200원 - 11,000원 + \dfrac{11,000원}{1.1} = 200원$

풋옵션의 시장가격이 과소평가된 상황이므로
[풋옵션 매입 + A주식 매입 + 콜옵션 매도 + 차입]의 차익거래가 가능하다.

02 ④ 풋옵션의 시간가치는 일반적으로 양(+)의 값이지만 심내가격 풋옵션의 경우에는 시간가치가 음(−)의 값을 가질 수도 있다.

03 ⑤ A: 방비콜, B: 보호적풋, C: 강세스프레드, D: 합성선물매입, E: 스트랭글매입

cpa.Hackers.com

해커스 윤민호 재무관리

제14장

옵션가격결정모형

제1절 이항옵션가격결정모형

옵션가격결정모형(option pricing model: OPM)이란 특정 기초자산에 대해 발행되는 일정 조건의 옵션의 균형가격을 계산하는 모형을 말하는데, 그 대표적인 예로는 기초자산가격의 이산적 변동을 가정하는 이항옵션가격결정모형과 기초자산가격의 연속적 변동을 가정하는 블랙 - 숄즈옵션가격결정모형이 있다. 이 중에서 보다 이해가 쉬운 이항옵션가격결정모형에 대해서 먼저 살펴본 후에 현실적으로 많이 이용되는 블랙 - 숄즈옵션가격결정모형에 대해서 살펴보기로 한다.

이항옵션가격결정모형(binominal option pricing model)은 1976년 J. Cox & M. Rubinstein이 개발한 모형으로써 기초자산의 가격(주가)이 이산적(discrete)으로 변동하며, 기초자산의 가격변동은 이항분포(binominal distribution)를 따른다고 가정한다. 즉, 기초자산의 가격이 매 기간 일정률로 상승하거나 하락하는 두 가지 경우만 발생한다고 가정한다. 이항옵션가격결정모형은 이러한 가정하에서 옵션의 기초자산과 옵션을 결합하여 무위험헤지포트폴리오를 구성할 수 있고, 차익거래기회가 존재하지 않는 균형상태의 시장에서는 무위험헤지포트폴리오의 수익률이 무위험이자율과 같아야 한다는 논리에 의해 옵션의 균형가격을 계산하는 모형이다.

01 1기간 이항옵션가격결정모형

1기간 이항옵션가격결정모형(이하 이항모형이라고 함.)은 주가가 옵션만기일인 1기간 후에 단 1회만 변동하며, 옵션만기일의 주가는 일정률로 상승하거나 하락하는 두 가지의 경우만 발생한다고 가정하는 모형이다. 여기서 주가의 상승확률을 q, 하락확률을 $1-q$라고 하면, 이러한 주가변동은 다음과 같이 나타낼 수 있다.

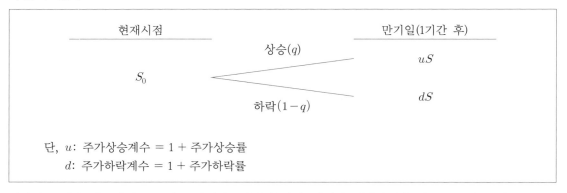

단, u: 주가상승계수 = 1 + 주가상승률
　　d: 주가하락계수 = 1 + 주가하락률

이러한 주식을 기초자산으로 하고 만기가 1기간 후이며, 일정한 행사가격을 갖는 콜옵션의 가치변동은 다음과 같이 나타낼 수 있다. 이하에서는 논의의 편의를 위해 콜옵션을 가정하여 살펴보기로 하는데, 모든 사항은 풋옵션의 경우에도 동일하게 적용된다.

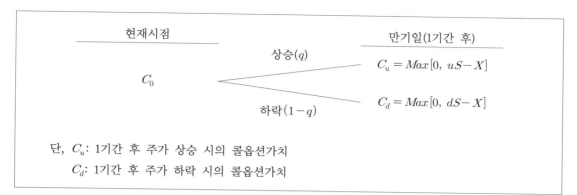

단, C_u: 1기간 후 주가 상승 시의 콜옵션가치

C_d: 1기간 후 주가 하락 시의 콜옵션가치

따라서 1기간 이항모형의 초점은 1기간 후인 옵션의 만기일에 C_u 또는 C_d의 가치가 될 콜옵션의 현재가격을 계산하는 것이라고 할 수 있다. 이러한 1기간 이항모형에서 옵션의 균형가격을 계산하는 방법으로는 옵션을 복제하는 방법과 무위험헤지포트폴리오를 구성하는 방법 및 위험중립형접근법이 있다.

[1] 옵션을 복제하는 방법

기초자산(주식)과 무위험채권을 결합하여 포트폴리오를 구성함으로써 옵션을 복제할 수 있다. 이에 대해 구체적으로 살펴보면 다음과 같다.

① A주의 주식과 B만큼의 무위험채권을 결합하여 포트폴리오를 구성하는 경우에 이러한 포트폴리오의 가치변동은 다음과 같이 나타낼 수 있다.

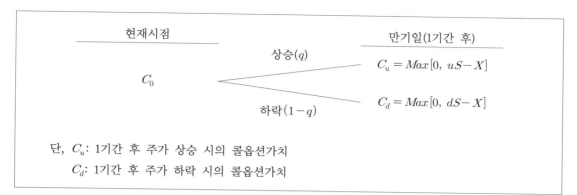

② 이러한 포트폴리오의 주가상승 시의 가치가 C_u와 동일하고 주가하락시의 가치가 C_d와 동일하게 된다면 구성된 포트폴리오는 콜옵션의 복제포트폴리오라고 할 수 있다. 따라서 콜옵션의 복제포트폴리오를 구성하기 위해 현재시점에서 주식과 무위험채권에 투자해야 하는 금액은 각 상황별 포트폴리오의 가치와 콜옵션의 가치가 같아야 한다는 식을 이용해서 계산할 수 있다.

$$A \times uS + (1 + R_f) \times B = C_u$$
$$A \times dS + (1 + R_f) \times B = C_d$$

③ 차익거래가 발생하지 않는 균형상태에서의 콜옵션의 가치는 동 복제포트폴리오를 구성하기 위해 투자되는 금액과 동일해야 하므로 다음과 같이 콜옵션의 균형가격을 계산할 수 있다.

$$C_0 = A \times S_0 + B$$

(주)파랑 주식의 현재가격은 ₩10,000이고, 주가는 1년간 40% 상승하거나 10% 하락하며, 주가가 상승할 확률(q)은 80%, 하락할 확률(1−q)은 20%일 것으로 예상된다. (주)파랑 주식 1주를 기초자산으로 하고 만기일이 1년 후이며 행사가격이 ₩11,500인 유럽형 콜옵션이 시장에서 거래되고 있고, 연간 무위험이자율은 25%이다.

물음1 콜옵션 1개를 매입하는 것과 동일한 성과를 얻기 위해 (주)파랑 주식과 무위험이자율로의 차입 또는 대출을 이용하는 경우에 필요한 투자전략을 나타내시오.

물음2 **물음1**의 결과를 이용하여 상기 콜옵션의 균형가격을 계산하시오.

물음3 콜옵션의 시장가격이 ₩1,500인 경우에 실행 가능한 차익거래과정을 구체적으로 나타내고 현재시점의 차익거래이익을 계산하시오. 단, 차익거래는 콜옵션 1개를 기준으로 한다.

해답

<기초자산과 콜옵션의 가치변동>

물음1 콜옵션의 복제포트폴리오

$A \times ₩14,000 + 1.25 \times B = ₩2,500 = C_u$

$A \times ₩9,000 + 1.25 \times B = ₩0 = C_d$

$A = 0.5주, \ B = -₩3,600$

∴ 콜옵션 1개 매입 = 주식 0.5주 매입 + ₩3,600 무위험이자율 차입

물음2 콜옵션의 균형가격

$C_0 = A \times S_0 + B = 0.5 \times ₩10,000 + (-₩3,600) = ₩1,400$

차익거래

(1) 콜옵션가격 과대평가: 시장가격(₩1,500) > 균형가격(₩1,400)

(2) 차익거래전략: 콜옵션 1개 매도 + 복제 콜옵션 1개 매입
= 콜옵션 1개 매도 + 주식 0.5주 매입 + ₩3,600 무위험이자율 차입

(3) 차익거래이익: 현재시점 기준 ₩100(= 옵션의 시장가격과 균형가격 간의 차이)

거래내용	현재시점 현금흐름	만기일(1년 후) 현금흐름	
		$S_T = ₩9,000$	$S_T = ₩14,000$
콜옵션 1개 매도	₩1,500	0	-₩2,500
주식 0.5주 매입	-₩10,000 × 0.5	₩9,000 × 0.5	₩14,000 × 0.5
R_f 차입	₩3,600	-₩4,500	-₩4,500
합계(차익거래이익)	₩100	0	0

(주)파랑 주식의 현재가격은 ₩10,000이고, 주가는 1년간 40% 상승하거나 10% 하락하며, 주가가 상승할 확률(q)은 80%, 하락할 확률(1−q)은 20%일 것으로 예상된다. (주)파랑 주식 1주를 기초자산으로 하고 만기일이 1년 후이며 행사가격이 ₩11,500인 유럽형 풋옵션이 시장에서 거래되고 있고, 연간 무위험이자율은 25%이다.

물음1 상기 풋옵션 1개를 매입하는 것과 동일한 성과를 얻기 위해 (주)파랑 주식과 무위험이자율로의 차입 또는 대출을 이용하는 경우에 필요한 투자전략을 나타내시오.

물음2 **물음1** 의 결과를 이용하여 상기 풋옵션의 균형가격을 계산하시오.

물음3 상기 풋옵션의 시장가격이 균형가격과 동일한 경우에 풋 - 콜등가식을 이용하여 상기 풋옵션과 모든 조건이 동일한 콜옵션의 균형가격을 계산하시오.

해답

<풋옵션의 가치변동>

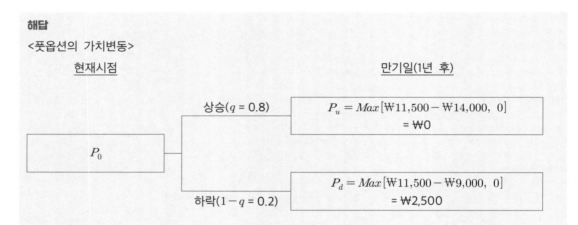

물음1 풋옵션의 복제포트폴리오

$A \times ₩14,000 + 1.25 \times B = ₩0 = P_u$

$A \times ₩9,000 + 1.25 \times B = ₩2,500 = P_d$

$A = -0.5주, \quad B = ₩5,600$

∴ 풋옵션 1개 매입 = 주식 0.5주 공매 + ₩5,600 무위험이자율 대출

물음2 풋옵션의 균형가격

$P_0 = A \times S_0 + B = -0.5 \times ₩10,000 + ₩5,600 = ₩600$

물음3 풋 - 콜등가식의 이용

$C_0 = S_0 + P_0 - \dfrac{X}{(1+R_f)^T} = ₩10,000 + ₩600 - \dfrac{₩11,500}{1.25} = ₩1,400$

[2] 무위험헤지포트폴리오를 구성하는 방법

앞에서 살펴본 바와 같이 일정수량의 기초자산(주식)을 매입하고 일정금액을 무위험이자율로 차입하면 콜옵션매입을 복제할 수 있다. 따라서 기초자산과 콜옵션을 적절히 결합하면 만기일의 기초자산가격과 무관하게 일정한 가치를 갖는 무위험헤지포트폴리오를 구성할 수 있다. 즉, 주식 1주를 매입하고 일정 수량의 콜옵션을 매도하면 무위험이자율로 대출하는 것과 동일한 무위험헤지포트폴리오를 구성할 수 있다는 것이다.

> 콜옵션 1개 매입 = 주식 A주 매입 + R_f 차입
> → 주식 A주 매입 + 콜옵션 1개 매도 = R_f 대출: 무위험헤지포트폴리오
> → 주식 1주 매입 + 콜옵션 $\dfrac{1}{A}$개 매도 = R_f 대출: 무위험헤지포트폴리오

균형상태의 시장에서는 이와 같이 주식과 콜옵션의 결합을 통해 합성되는 무위험헤지포트폴리오의 수익률이 무위험이자율과 같아야 한다는 논리에 의해 옵션의 균형가격을 계산할 수 있는데, 이와 같은 논리에 의한 균형가격의 도출과정은 다음과 같다.

① 기초자산인 주식 1주를 매입하고 m개의 콜옵션을 매도하여 포트폴리오를 구성하는 경우에 이러한 포트폴리오의 가치변동은 다음과 같이 나타낼 수 있다.

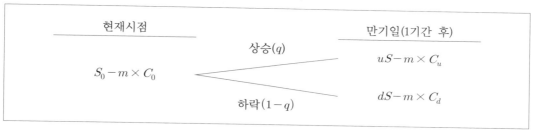

② 이렇게 구성된 포트폴리오가 만기일의 기초자산가격과 무관하게 일정한 가치를 갖는 무위험헤지포트폴리오인 경우에는 주가상승 시 포트폴리오의 가치와 주가하락 시 포트폴리오의 가치가 동일해야 한다.

$$uS - m \times C_u = dS - m \times C_d$$

③ 따라서 무위험헤지포트폴리오를 구성하기 위해 주식 1주 매입 시 매도해야 하는 콜옵션의 개수는 다음과 같이 계산되는데, 이를 헤지비율(hedge ratio: HR)이라고 한다. 여기서 헤지비율은 <제12장 선물가격의 결정과 투자전략>에서 살펴본 바와 같이 기초자산 1단위의 가치변동위험을 제거하기 위해 필요한 옵션의 계약수이다.

$$m = \frac{uS - dS}{C_u - C_d}$$

④ 균형상태의 시장에서는 이러한 무위험헤지포트폴리오의 수익률이 무위험이자율과 동일해야 하므로 콜옵션의 균형가격은 다음과 같이 계산된다.

$$(S_0 - m \times C_0) \times (1 + R_f) = uS - m \times C_u \text{ 또는 } dS - m \times C_d$$

$$\therefore\ C_0 = \frac{1}{m} \times S_0 - \frac{1}{m} \times \frac{uS - m \times C_u}{1 + R_f} \text{ 또는 } \frac{1}{m} \times S_0 - \frac{1}{m} \times \frac{dS - m \times C_d}{1 + R_f}$$

⑤ 상기의 콜옵션가격결정식에서 $\frac{1}{m}$ 을 콜옵션의 델타라고 하는데, 옵션의 델타는 기초자산가격의 변동에 대한 옵션가격변동의 민감도를 의미한다. 옵션의 델타에 대한 보다 구체적인 내용은 절을 달리하여 살펴보기로 한다.

예제 3 옵션의 균형가격 - 무위험헤지포트폴리오의 구성

(주)파랑 주식의 현재가격은 ₩10,000이고, 주가는 1년간 40% 상승하거나 10% 하락하며, 주가가 상승할 확률은 80%, 하락할 확률은 20%로 예상된다. (주)파랑 주식 1주를 기초자산으로 하고 만기일이 1년후이며 행사가격이 ₩11,500인 유럽형 콜옵션과 풋옵션이 시장에서 거래되고 있으며, 연간 무위험이자율은 25%이다.

물음1 (주)파랑 주식과 상기 콜옵션을 결합하여 무위험헤지포트폴리오를 구성하고자 한다. (주)파랑 주식 1주를 매입하는 경우에 무위험헤지포트폴리오 구성을 위해 매도해야 하는 콜옵션의 개수를 계산하고, 이를 이용하여 콜옵션의 균형가격을 계산하시오.

물음2 (주)파랑 주식과 상기 풋옵션을 결합하여 무위험헤지포트폴리오를 구성하고자 한다. (주)파랑 주식 1주를 매입하는 경우에 무위험헤지포트폴리오 구성을 위해 매입해야 하는 풋옵션의 개수를 계산하고, 이를 이용하여 풋옵션의 균형가격을 계산하시오.

해답

<무위험헤지포트폴리오의 가치변동>

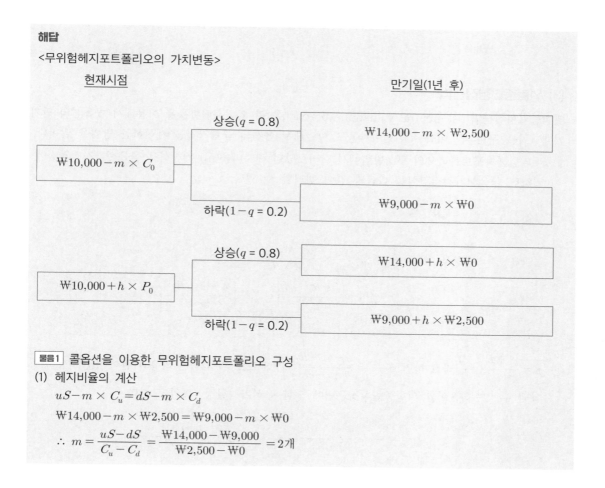

물음1 콜옵션을 이용한 무위험헤지포트폴리오 구성

(1) 헤지비율의 계산

$$uS - m \times C_u = dS - m \times C_d$$

$$₩14,000 - m \times ₩2,500 = ₩9,000 - m \times ₩0$$

$$\therefore\ m = \frac{uS - dS}{C_u - C_d} = \frac{₩14,000 - ₩9,000}{₩2,500 - ₩0} = 2개$$

(2) 1년 후 무위험헤지포트폴리오의 가치

$uS - m \times C_u = dS - m \times C_d = ₩14,000 - 2 \times ₩2,500 = ₩9,000 - 2 \times ₩0 = ₩9,000$

(3) 콜옵션의 균형가격

$(S_0 - m \times C_0) \times (1 + R_f) = (₩10,000 - 2 \times C_0) \times (1 + 25\%) = ₩9,000$

$\therefore C_0 = ₩1,400$

물음2 **풋옵션을 이용한 무위험헤지포트폴리오 구성**

(1) 헤지비율의 계산

$uS + h \times P_u = dS + h \times P_d$

$₩14,000 + h \times ₩0 = ₩9,000 + h \times ₩2,500$

$\therefore h = -\dfrac{uS - dS}{P_u - P_d} = -\dfrac{₩14,000 - ₩9,000}{₩0 - ₩2,500} = 2개$

(2) 1년 후 무위험헤지포트폴리오의 가치

$uS + h \times P_u = dS + h \times P_d = ₩14,000 + 2 \times ₩0 = ₩9,000 + 2 \times ₩2,500 = ₩14,000$

(3) 풋옵션의 균형가격

$(S_0 + h \times P_0) \times (1 + R_f) = (₩10,000 + 2 \times P_0) \times (1 + 25\%) = ₩14,000$

$\therefore P_0 = ₩600$

[3] 위험중립형접근법

위험중립형접근법(risk-neutral valuation approach)이란 위험중립확률을 이용해서 콜옵션의 만기일 기대가치를 구한 후, 이를 무위험이자율로 할인해서 옵션의 균형가격을 계산하는 방법을 말한다.

① 무위험헤지포트폴리오의 구성방법에서 살펴보았던 헤지비율(m) 계산식을 콜옵션가격결정식에 대입하면 콜옵션가격결정식을 다음과 같이 정리할 수 있다.

헤지비율: $m = \dfrac{uS - dS}{C_u - C_d}$

콜옵션가격결정식: $C_0 = \dfrac{1}{m} \times S_0 - \dfrac{1}{m} \times \dfrac{uS - m \times C_u}{1 + R_f}$

$\rightarrow \ C_0 = \dfrac{C_u \times \left[\dfrac{(1 + R_f) - d}{u - d}\right] + C_d \times \left[\dfrac{u - (1 + R_f)}{u - d}\right]}{1 + R_f}$

② $p = \dfrac{(1 + R_f) - d}{u - d}$ 라고 하면, $1 - p = \dfrac{u - (1 + R_f)}{u - d}$ 가 되므로 위의 식은 다음과 같이 p를 이용하여 나타낼 수 있는데, 이를 위험중립형접근법에 의한 옵션가격결정식이라고 한다.

$$C_0 = \dfrac{C_u \times p + C_d \times (1 - p)}{1 + R_f} \qquad 단, \ p = \dfrac{(1 + R_f) - d}{u - d}$$

이와 같이 계산되는 위험중립형접근법에 의한 옵션의 가격결정모형을 보다 구체적으로 살펴보면 다음과 같다.

① $p = \dfrac{(1+R_f)-d}{u-d}$ 를 위험중립확률(risk-neutral probability) 또는 헤지확률(hedge probability)이라고 하는데, 주가상승계수인 u가 $1+R_f$보다는 커야 하고, 주가하락계수인 d가 $1+R_f$보다는 작아야 하므로 p는 0보다 크고 1보다 작다는 확률과 유사한 속성을 갖는다.

$$d < 1 + R_f < u \quad \rightarrow \quad \frac{d-d}{u-d} < \frac{1+R_f-d}{u-d} < \frac{u-d}{u-d} \quad \rightarrow \quad 0 < p < 1$$

② 따라서 콜옵션가격결정식에서 분자항인 $C_u \times p + C_d \times (1-p)$는 p를 이용해서 계산된 콜옵션의 만기일 기대가치로 해석할 수 있으며, 현재의 콜옵션가격은 이러한 콜옵션의 만기일 기대가치를 무위험이자율로 할인하여 계산되는 형태를 보이고 있다.

③ 일반적인 위험회피형 투자자의 경우에는 다음과 같이 만기일의 기대가치를 위험이 반영된 위험조정할인율로 할인하여 현재가격을 계산할 것이다.

$$C_0 = \frac{C_u \times q + C_d \times (1-q)}{1+k} \qquad \text{단, } k = R_f + \text{위험프리미엄}$$

④ 반면에, 다음과 같이 만기일의 기대가치를 무위험이자율로 할인하여 현재가격을 계산하는 투자자는 위험중립형 투자자일 것이므로 p는 위험중립형 투자자들이 예상하는 만기일 콜옵션의 가치가 C_u가 될 확률을 의미한다. 이러한 이유 때문에 p를 위험중립확률이라고 한다.

$$C_0 = \frac{C_u \times p + C_d \times (1-p)}{1+R_f}$$

⑤ 위험중립확률은 다음과 같이 기초자산의 현재가격과 기초자산가격변동의 확률분포를 이용하여 계산할 수도 있다. 즉, 만기일의 콜옵션가치가 C_u가 되는 상황은 곧 만기일의 기초자산가격이 uS가 되는 상황과 동일하므로 기초자산의 가격변동으로부터 위험중립확률을 계산할 수도 있다. 따라서 위험중립확률은 위험중립형투자자들이 예상하는 만기일의 기초자산가격이 상승할 확률이라고도 할 수 있다.

$$p = \frac{(1+R_f)-d}{u-d} = \frac{S_0 \times (1+R_f) - dS}{uS - dS} \quad \rightarrow \quad S_0 = \frac{uS \times p + dS \times (1-p)}{1+R_f}$$

⑥ 위험중립확률은 다음과 같이 위험자산(기초자산 또는 옵션)의 기대수익률이 무위험이자율과 같아지는 위험자산가격의 상승확률 또는 위험자산의 기대가치가 확실성등가와 같아지는 위험자산가격의 상승확률이라고도 표현할 수 있다.

$$1 + R_f = u \times p + d \times (1-p) \quad \rightarrow \quad R_f = \text{주가상승률} \times p + \text{주가하락률} \times (1-p) = E(R_S)$$

$$S_0 = \frac{uS \times p + dS \times (1-p) = E(S_T)}{1+R_f} = \frac{CEQ_T}{1+R_f}$$

위험중립확률을 이용하여 가치를 평가하는 위험중립형접근법은 옵션의 가치뿐만 아니라 모든 자산의 가치평가에 이용될 수 있다. 즉, 미래가격의 확률분포와 각 상황에 대한 위험중립확률을 알 수 있다면 어떠한 자산의 가치평가에도 이용될 수 있다는 것이다. 다만, 위험중립형접근법과 관련하여 주의할 점은 이러한 가치평가방법이 옵션투자자들에 대해 위험중립형을 가정하고 있지는 않다는 것이다. 즉, 손익의 형태가 비대칭적인 옵션과 같이 적정위험프리미엄의 측정이 어려운 자산의 가치평가에 위험중립형투자자의 관점으로 접근하고자 하는 방법일 뿐이라는 것이다.

예제 4 옵션의 균형가격 - 위험중립형접근법

(주)파랑 주식의 현재가격은 ₩10,000이고, 주가는 1년간 40% 상승하거나 10% 하락하며, 주가가 상승할 확률은 80%, 하락할 확률은 20%로 예상된다. (주)파랑 주식 1주를 기초자산으로 하고 만기일이 1년 후이며 행사가격이 ₩11,500인 유럽형 콜옵션과 풋옵션이 시장에서 거래되고 있으며, 연간 무위험이자율은 25%이다.

물음1 위험중립확률을 이용하여 상기 콜옵션의 균형가격을 계산하시오.

물음2 위험중립확률을 이용하여 상기 풋옵션의 균형가격을 계산하시오.

해답

물음1 콜옵션의 균형가격

(1) 위험중립확률의 계산

$$p = \frac{1 + R_f - d}{u - d} = \frac{1.25 - 0.9}{1.4 - 0.9} = 0.7$$

$$= \frac{S_0 \times (1 + R_f) - dS}{uS - dS} = \frac{₩10,000 \times 1.25 - ₩9,000}{₩14,000 - ₩9,000} = 0.7$$

(2) 콜옵션의 균형가격

$$C_0 = \frac{C_u \times p + C_d \times (1 - p)}{1 + R_f} = \frac{₩2,500 \times 0.7 + ₩0 \times 0.3}{1.25} = ₩1,400$$

물음2 풋옵션의 균형가격

$$P_0 = \frac{P_u \times p + P_d \times (1 - p)}{1 + R_f} = \frac{₩0 \times 0.7 + ₩2,500 \times 0.3}{1.25} = ₩600$$

앞에서 살펴본 바와 같이 옵션가격의 결정요인은 기초자산의 현재가격, 기초자산가격(또는 수익률)의 변동성, 옵션의 행사가격과 옵션의 만기 및 무위험이자율이며, 이항모형에 의할 경우 다음과 같은 옵션가격의 특성을 확인할 수 있다.

① 옵션가격은 투자자들이 주관적으로 예상하는 기초자산가격의 상승확률(q)이나 하락확률(1-q)과는 무관하게 위험중립확률(p)에 의해 결정될 뿐이다. 따라서 투자자들마다 기초자산가격의 상승확률과 하락확률을 다르게 예상하는 경우에도 옵션가격은 이와 무관하게 결정된다.

② 옵션가격은 투자자들의 위험에 대한 태도와는 무관하게 결정된다. 차익거래기회가 존재하지 않는 균형상태에서는 무위험헤지포트폴리오의 기대수익률이 무위험이자율과 같아야한다는 논리에 의해 옵션가격이 계산되기 때문에 투자자들의 위험에 대한 태도와 무관하게 옵션가격은 결정된다.

③ 옵션가격에 영향을 미치는 유일한 확률변수는 기초자산의 가격뿐이다. 즉, CAPM에서 위험자산의 균형가격(균형기대수익률) 계산 시 이용되었던 시장포트폴리오와 같은 다른 자산은 옵션가격에 영향을 미치지 않는다.

02 2기간 이항옵션가격결정모형

1기간 이항모형에서는 옵션의 만기가 1기간 후이고, 기초자산가격은 옵션의 만기일에 1회 변동하는 것으로 가정했다. 2기간 이항모형에서는 옵션의 만기가 2기간 후이고, 기초자산가격은 1기간마다 변동하여 옵션의 만기일인 2기간 후까지 2회 변동하며, 매 기간 기초자산가격의 상승률과 하락률은 일정하게 유지된다고 가정한다. 이러한 가정하에서 기초자산가격과 콜옵션가치의 변동은 다음과 같이 나타낼 수 있다.

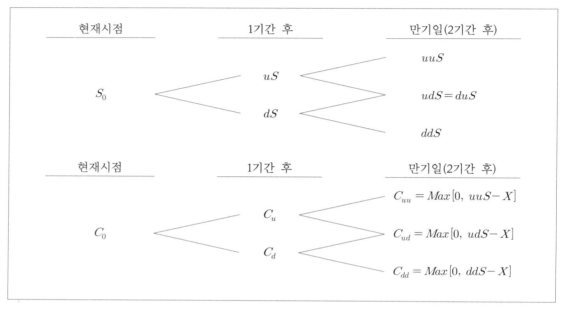

이러한 2기간 이항모형의 경우에는 먼저 2기간 후의 옵션가치에 1기간 모형을 적용하여 1기간 후 기초자산가격 상승 시의 옵션가치(C_u)와 1기간 후 기초자산가격 하락 시의 옵션가치(C_d)를 계산하고, 다시 1기간 후의 옵션가치에 1기간 모형을 적용하여 현재시점 옵션의 균형가격을 계산한다.

$$\text{1기간 후 기초자산가격 상승 시: } C_u = \frac{C_{uu} \times p + C_{ud} \times (1-p)}{1+R_f}$$

$$\text{1기간 후 기초자산가격 하락 시: } C_d = \frac{C_{ud} \times p + C_{dd} \times (1-p)}{1+R_f}$$

$$C_0 = \frac{C_u \times p + C_d \times (1-p)}{1+R_f} \quad \text{또는} \quad C_0 = \frac{C_{uu} \times p^2 + 2 \times C_{ud} \times p \times (1-p) + C_{dd} \times (1-p)^2}{(1+R_f)^2}$$

이와 같이 2기간 모형의 경우에도 위험중립확률을 이용한 2기간 후 옵션의 기대가치를 무위험이자율로 할인하여 콜옵션의 균형가격을 계산할 수 있다.

예제 5 | 옵션의 균형가격 - 2기간 이항옵션가격결정모형

(주)파랑 주식의 현재가격은 ₩10,000이고, 주가는 1년간 40% 상승하거나 10% 하락하며, 주가가 상승할 확률은 80%, 하락할 확률은 20%로 예상된다. (주)파랑 주식 1주를 기초자산으로 하고 만기일이 2년 후인 등가격 유럽형 콜옵션과 풋옵션이 시장에서 거래되고 있다. 연간 무위험이자율은 25%이며, 어떠한 시점에서든 무위험이자율로의 차입 또는 대출이 자유롭다고 가정한다.

물음1 상기 콜옵션의 균형가격을 위험중립형접근법으로 계산하시오.

물음2 **물음1** 의 결과와 풋 - 콜등가식을 이용하여 상기 풋옵션의 균형가격을 계산하시오.

물음3 상기 풋옵션의 균형가격을 위험중립형접근법으로 계산하시오.

물음4 현재(t=0) (주)파랑 주식 1주를 보유하고 있는 투자자가 상기 콜옵션을 이용하여 1년 후 주가변동과 무관하게 동일한 가치를 유지할 수 있도록 하는 헤지전략을 실행하고자 한다. 구체적인 콜옵션 이용전략을 나타내시오.

물음5 **물음4** 의 투자자가 현재시점에 헤지전략을 실행한 이후 1년이 경과된 시점(t=1)에 주가가 14,000원으로 상승한 상황을 가정한다. 투자자가 2년 후 시점(t=2)의 주가변동과 무관하게 동일한 가치를 유지할 수 있도록 하는 헤지전략을 실행하기 위한 포트폴리오 재구성 전략을 구체적으로 나타내시오.

물음6 **물음4** 의 투자자가 현재시점에 헤지전략을 실행한 이후 1년이 경과된 시점(t=1)에 주가가 9,000원으로 하락한 상황을 가정한다. 투자자가 2년 후 시점(t=2)의 주가변동과 무관하게 동일한 가치를 유지할 수 있도록 하는 헤지전략을 실행하기 위한 포트폴리오 재구성 전략을 구체적으로 나타내시오.

해답

<주가의 변동과 만기일 옵션가치>

| 현재시점 | 1년 후 | 만기일(2년 후) |

$\boxed{\text{물음1}}$ 콜옵션의 균형가격

위험중립확률: $p = \dfrac{1+R_f-d}{u-d} = \dfrac{1.25-0.9}{1.4-0.9} = 0.7$

$C_u = \dfrac{C_{uu} \times p + C_{ud} \times (1-p)}{1+R_f} = \dfrac{\text{₩}9,600 \times 0.7 + \text{₩}2,600 \times 0.3}{1.25} = \text{₩}6,000$

$C_d = \dfrac{C_{ud} \times p + C_{dd} \times (1-p)}{1+R_f} = \dfrac{\text{₩}2,600 \times 0.7 + \text{₩}0 \times 0.3}{1.25} = \text{₩}1,456$

$C_0 = \dfrac{C_u \times p + C_d \times (1-p)}{1+R_f} = \dfrac{\text{₩}6,000 \times 0.7 + \text{₩}1,456 \times 0.3}{1.25} = \text{₩}3,709.44$

또는 $C_0 = \dfrac{C_{uu} \times p^2 + 2 \times C_{ud} \times p \times (1-p) + C_{dd} \times (1-p)^2}{(1+R_f)^2}$

$\qquad = \dfrac{\text{₩}9,600 \times 0.7^2 + 2 \times \text{₩}2,600 \times 0.7 \times 0.3 + \text{₩}0 \times 0.3^2}{1.25^2} = \text{₩}3,709.44$

풋 - 콜등가식의 이용

$$P_0 = -S_0 + C_0 + \frac{X}{(1+R_f)^T} = -\text{₩}10{,}000 + \text{₩}3{,}709.44 + \frac{\text{₩}10{,}000}{1.25^2} = \text{₩}109.44$$

물음3 풋옵션의 균형가격

$$P_u = \frac{P_{uu} \times p + P_{ud} \times (1-p)}{1+R_f} = \frac{\text{₩}0 \times 0.7 + \text{₩}0 \times 0.3}{1.25} = \text{₩}0$$

$$P_d = \frac{P_{ud} \times p + P_{dd} \times (1-p)}{1+R_f} = \frac{\text{₩}0 \times 0.7 + \text{₩}1{,}900 \times 0.3}{1.25} = \text{₩}456$$

$$P_0 = \frac{P_u \times p + P_d \times (1-p)}{1+R_f} = \frac{\text{₩}0 \times 0.7 + \text{₩}456 \times 0.3}{1.25} = \text{₩}109.44$$

또는 $P_0 = \dfrac{P_{uu} \times p^2 + 2 \times P_{ud} \times p \times (1-p) + P_{dd} \times (1-p)^2}{(1+R_f)^2}$

$$= \frac{\text{₩}0 \times 0.7^2 + 2 \times \text{₩}0 \times 0.7 \times 0.3 + \text{₩}1{,}900 \times 0.3^2}{1.25^2} = \text{₩}109.44$$

물음4 현재시점 헤지전략

$$m_0 = \frac{uS - dS}{C_u - C_d} = \frac{\text{₩}14{,}000 - \text{₩}9{,}000}{\text{₩}6{,}000 - \text{₩}1{,}456} = 1.1$$

∴ A주식 1주를 보유하고 있는 투자자는 해당 콜옵션 1.1개를 매도해야 한다.

물음5 1년 후 주가 상승 시 헤지비율 조정

$$m_u = \frac{uuS - udS}{C_{uu} - C_{ud}} = \frac{\text{₩}19{,}600 - \text{₩}12{,}600}{\text{₩}9{,}600 - \text{₩}2{,}600} = 1$$

∴ A주식 1주를 보유하고 있는 투자자는 해당 콜옵션 1개를 매도하는 포지션을 구성해야 하기 때문에 무위험이자율로 자금을 차입하여 (t=0)시점에 매도했던 콜옵션 1.1개 중에서 0.1개를 환매수해야 한다.

물음6 1년 후 주가 하락 시 헤지비율 조정

$$m_d = \frac{duS - ddS}{C_{ud} - C_{dd}} = \frac{\text{₩}12{,}600 - \text{₩}8{,}100}{\text{₩}2{,}600 - \text{₩}0} = 1.73$$

∴ A주식 1주를 보유하고 있는 투자자는 해당 콜옵션 1.73개를 매도하는 포지션을 구성해야 하기 때문에 (t=0)시점에 매도했던 콜옵션 1.1개 외에 0.63개를 추가로 매도하여 유입되는 자금을 무위험이자율로 대출해야 한다.

제2절 블랙숄즈옵션가격결정모형

블랙 - 숄즈옵션가격결정모형(Black-Scholes option pricing model)은 1973년 F. Black & M. Scholes 가 개발한 모형으로써 기초자산인 주식의 가격변동이 위너과정(Wiener process)을 따른다고 가정한다. 즉, 주식거래의 연속성으로 인해 주가는 아주 미세한 시간 사이에서 연속적으로 변동하고, 이러한 주가의 변동은 로그정규분포(lognormal distribution)를 이루며, 주식의 순간적인 수익률이 일정한 기댓값과 분산을 갖는다고 가정한다.

블랙 - 숄즈옵션가격결정모형은 이러한 가정하에서 이항옵션가격결정모형과 동일하게 주식과 옵션을 적절히 결합하여 투자하면 순간적인 주가변동위험을 완전히 헤지할 수 있는 무위험헤지포트폴리오를 구성할 수 있고, 차익거래가 발생하지 않는 균형상태의 시장에서는 무위험헤지포트폴리오의 순간적인 수익률이 무위험이자율과 동일해야 한다는 미분방정식에 의해 옵션가격결정식을 도출한 모형이다.

01 옵션가격결정식

블랙 - 숄즈는 앞에서 설명한 가정하에 옵션의 만기일까지 배당을 지급하지 않는 주식을 기초자산으로 하는 유럽형 옵션을 가정하여 다음과 같은 옵션가격결정식을 도출하였다.

$$C_0 = N(d_1) \times S_0 - \frac{X}{e^{R_f \times T}} \times N(d_2)$$

$$P_0 = [N(d_1) - 1] \times S_0 + \frac{X}{e^{R_f \times T}} \times [1 - N(d_2)]$$

$$d_1 = \frac{\ln(\frac{S_0}{X}) + (R_f + \frac{1}{2}\sigma^2) \times T}{\sigma\sqrt{T}}$$

$$d_2 = d_1 - \sigma\sqrt{T}$$

단, e: 자연대수(= 2.71828⋯)

R_f: 연속복리 연간 무위험이자율

σ: 연속복리로 계산된 주식수익률의 연간 표준편차

T: 연단위로 측정된 옵션의 만기

여기서 $N(d)$는 표준정규분포에서 d 이하의 누적확률을 의미하는데 표준정규분포표를 이용해서 해당 수치를 확인할 수 있다.

｜ 사례 ｜

d의 값이 1.65인 경우에 표준정규분포표에서 0부터 d까지의 확률(면적)은 0.4505이다. 따라서 d 이하의 누적확률, 즉 $-\infty$부터 d까지의 확률을 의미하는 $N(d)$는 0 이하의 확률인 0.5를 가산하여 0.9505가 된다.

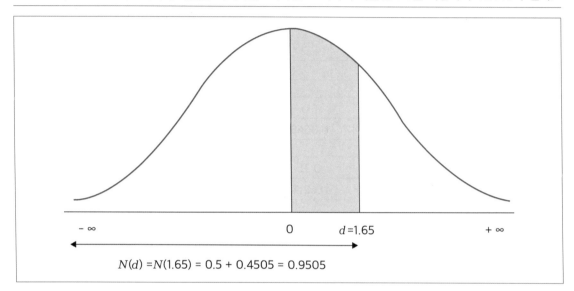

$$N(d) = N(1.65) = 0.5 + 0.4505 = 0.9505$$

이러한 블랙 - 숄즈옵션가격결정모형의 옵션가격결정식에서 옵션의 가격을 결정짓는 요인은 기초자산의 현재가격인 주가(S_0)와 주식수익률의 변동성(σ), 옵션의 행사가격(X)과 만기(T) 및 무위험이자율(R_f)임을 확인할 수 있다. 모형의 적용을 위한 주식수익률의 분산은 이론적으로 사전적 자료를 이용해서 계산되어야 하지만, 현실적으로 이를 정확히 추정하는 것이 거의 불가능하기 때문에 일반적으로 사후적 자료를 이용하여 계산된다. 주식수익률의 분산을 제외한 나머지 옵션가격결정요인들은 옵션의 발행조건이나 시장에서 쉽게 관찰가능한 변수들이므로 실무적으로 블랙 - 숄즈옵션가격결정모형이 널리 사용되고 있다.

02 옵션가격의 계산절차

블랙 - 숄즈옵션가격결정모형의 옵션가격결정식을 이용해서 옵션의 균형가격을 계산하는 절차는 다음과 같다.

① 옵션가격결정식을 이용하여 d_1과 d_2의 값을 계산한다.
② 표준정규분포표를 이용하여 $N(d_1)$과 $N(d_2)$의 값을 계산한다.
③ 옵션가격결정식에 $N(d_1)$과 $N(d_2)$ 및 다른 변수들을 대입한다.

배당을 지급하지 않는 (주)파랑 주식의 현재주가는 ₩12,000이고, 동 주식수익률의 연간 표준편차는 40%로 예상되며, 연속복리 연간 무위험이자율은 10%로 일정하게 유지될 것이다. 다음의 자료를 이용하여 (주)파랑 주식 1주를 기초자산으로 하며, 만기가 4년이고, 행사가격이 ₩10,000인 유럽형 콜옵션과 풋옵션에 대한 물음에 답하시오. 단, 자료 이용 시 가장 근사치를 적용하고, $\dfrac{1}{e^{0.1 \times 4}} = e^{-0.4} = 0.6703$ 이다.

S/X	1.0	1.1	1.2	1.3
$\ln(S/X)$	0	0.0953	0.1823	0.2624

d_1	1.10	1.11	1.12	1.13	1.14
$N(d_1)$	0.8643	0.8665	0.8686	0.8708	0.8729

d_2	0.30	0.31	0.32	0.33	0.34
$N(d_2)$	0.6179	0.6217	0.6255	0.6293	0.6331

$$C_0 = N(d_1) \times S_0 - \frac{X}{e^{R_f \times T}} \times N(d_2)$$

$$P_0 = [N(d_1) - 1] \times S_0 + \frac{X}{e^{R_f \times T}} \times [1 - N(d_2)]$$

$$d_1 = \frac{\ln(\frac{S_0}{X}) + (R_f + \frac{1}{2}\sigma^2) \times T}{\sigma\sqrt{T}}$$

$$d_2 = d_1 - \sigma\sqrt{T}$$

$$N(d_1) = \int_{-\infty}^{d_1} f(z)dz : \ d_1의 \ 누적표준정규확률밀도함수 \ 값(단, \ z: \ 표준정규확률변수)$$

$$f(z) = \frac{1}{\sqrt{2\pi}} e^{-\frac{z}{2}}$$

물음1 블랙 - 숄즈옵션가격결정모형의 콜옵션가격결정식을 이용해서 콜옵션의 균형가격을 계산하시오.

물음2 **물음1** 의 결과와 풋 - 콜등가식을 이용해서 유럽형 풋옵션의 균형가격을 계산하시오.

물음3 블랙 - 숄즈옵션가격결정모형의 풋옵션가격결정식을 이용해서 풋옵션의 균형가격을 계산하시오.

해답

물음1 콜옵션의 균형가격

$$\ln\left(\frac{S_0}{X}\right) = \ln\left(\frac{W12,000}{W10,000}\right) = \ln(1.2) = 0.1823$$

$$d_1 = \frac{\ln\left(\frac{S_0}{X}\right) + (R_f + \frac{1}{2}\sigma^2) \times T}{\sigma\sqrt{T}} = \frac{0.1823 + (0.1 + \frac{1}{2} \times 0.4^2) \times 4}{0.4 \times \sqrt{4}} = 1.13$$

$$d_2 = d_1 - \sigma\sqrt{T} = 1.13 - 0.4 \times \sqrt{4} = 0.33$$

$$N(d_1) = N(1.13) = 0.8708$$

$$N(d_2) = N(0.33) = 0.6293$$

$$C_0 = N(d_1) \times S_0 - \frac{X}{e^{R_f \times T}} \times N(d_2) = N(d_1) \times S_0 - X \times e^{-R_f \times T} \times N(d_2)$$

$$= 0.8708 \times W12,000 - W10,000 \times 0.6703 \times 0.6293 = W6,231$$

물음2 풋 - 콜등가식의 이용

$$P_0 = C_0 + \frac{X}{e^{R_f \times T}} - S_0 = W6,231 + W10,000 \times e^{-0.1 \times 4} - W12,000$$

$$= W6,231 + W10,000 \times 0.6703 - W12,000 = W934$$

물음3 풋옵션의 균형가격

$$P_0 = [N(d_1) - 1] \times S_0 + \frac{X}{e^{R_f \times T}} \times [1 - N(d_2)]$$

$$= (0.8708 - 1) \times W12,000 + W10,000 \times 0.6703 \times (1 - 0.6293) = W934$$

03 옵션가격결정식의 의미

블랙 - 숄즈옵션가격결정모형은 이항옵션가격결정모형의 옵션가격결정원리와 동일하게 주식과 옵션을 적절히 결합하여 투자하면 순간적인 주가변동위험을 완전히 헤지할 수 있는 무위험헤지포트폴리오를 구성할 수 있고, 이와 같이 구성되는 무위험헤지포트폴리오의 수익률이 무위험이자율과 같아야 한다는 논리에 의해 균형옵션가격을 계산한다. 이와 관련된 내용을 옵션가격결정식에서 확인해 보기로 한다.

(1) 콜옵션가격결정식의 의미

콜옵션가격결정식은 다음과 같이 기초자산(주식)의 매입과 무위험이자율로의 차입을 통해 콜옵션 매입을 합성할 수 있음을 보여준다.

$$C_0 = N(d_1) \times S_0 - \frac{X}{e^{R_f \times T}} \times N(d_2)$$

$$\rightarrow \text{콜옵션 1개 매입} = \text{주식 } N(d_1)\text{주 매입} + \frac{X}{e^{R_f \times T}} \times N(d_2) \text{ 차입}$$

또한, 옵션가격결정식은 다음과 같이 기초자산(주식)과 콜옵션을 적절히 결합하여 투자하면 순간적인 주가변동위험을 완전히 헤지할 수 있는 무위험헤지포트폴리오를 구성할 수 있음을 보여준다.

$$\text{주식 } N(d_1)\text{주 매입} + \text{콜옵션 1개 매도} = \text{무위험헤지포트폴리오}$$

$$\text{주식 1주 매입} + \text{콜옵션 } \frac{1}{N(d_1)} \text{개 매도} = \text{무위험헤지포트폴리오}$$

1) $N(d_1)$의 의미

$N(d_1)$은 무위험헤지포트폴리오 구성을 위한 기초자산(주식)과 콜옵션의 결합비율인 헤지비율을 의미하며, 기초자산가격(주가)의 변동액(ΔS)에 대한 콜옵션가격 변동액(ΔC)의 민감도를 의미하는 콜옵션의 델타(delta: Δ)이다. 이러한 콜옵션의 델타는 콜옵션가격결정식을 현재의 기초자산가격(주가)에 대해 미분하여 다음과 같이 나타낼 수 있다.

$$\text{콜옵션의 델타: } \Delta_{Call} = \frac{\Delta C}{\Delta S} = \frac{dC}{dS} = N(d_1)$$

이러한 콜옵션의 델타는 그림[$N(d_1)$과 콜옵션의 델타]에서 보는 바와 같이 콜옵션가격선의 기울기를 의미하며, 0부터 1 사이의 값을 갖게 된다.

$N(d_1)$과 콜옵션의 델타

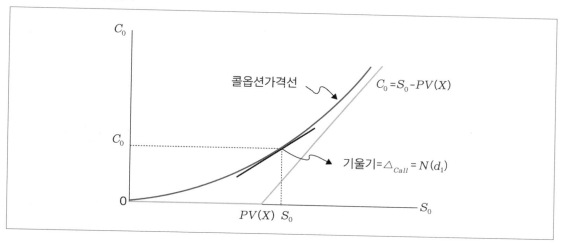

따라서 주식 1주를 매입하고 콜옵션 $\dfrac{1}{N(d_1)}$개를 매도하여 포트폴리오(HP)를 구성하면 이후에 매입한 주식의 가치가 ΔS만큼 변동하는 경우에 매도한 콜옵션의 가치는 $\Delta C = N(d_1) \times \Delta S$만큼 변동하므로 다음과 같이 전체 포트폴리오의 가치변동위험을 제거할 수 있게 된다.

$$HP = S_0 - \frac{1}{N(d_1)} \times C_0$$

$$\Delta HP = \Delta S - \frac{1}{N(d_1)} \times \Delta C = \Delta S - \frac{1}{N(d_1)} \times [N(d_1) \times \Delta S] = 0$$

━━┃ **사례** ┃━━

콜옵션의 델타인 $N(d_1)$이 0.8인 경우에 주식 1주를 매입하고 콜옵션 $\dfrac{1}{N(d_1)} = \dfrac{1}{0.8} = 1.25$개를 매도하여 포트폴리오(HP)를 구성하는 경우를 가정하면, 이후에 주가가 ₩10 상승할 경우 콜옵션의 가치는 $\Delta C = N(d_1) \times \Delta S = 0.8 \times ₩10 = ₩8$만큼 상승하므로 전체 포트폴리오의 가치변동이 없게 된다.

$$HP = S_0 - \frac{1}{N(d_1)} \times C_0 = S_0 - \frac{1}{0.8} \times C_0 = S_0 - 1.25 \times C_0$$

$$\Delta HP = \Delta S - 1.25 \times \Delta C = ₩10 - 1.25 \times (0.8 \times ₩10) = ₩0$$

이와 같이 블랙 - 숄즈옵션가격결정모형도 주식과 콜옵션을 적절히 결합하여 무위험헤지포트폴리오를 구성할 수 있음을 보여주고 있으나, 이항옵션가격결정모형과의 차이점은 주가변동에 대한 가정이 다르다는 것이다. 즉, 주가가 이산적으로 변동한다고 가정하는 이항옵션가격결정모형과 달리 블랙 - 숄즈옵션가격결정모형은 주가가 연속적으로 변동한다고 가정하는데, 주가가 연속적으로 변동하는 경우에는 헤지비율을 의미하는 콜옵션의 델타도 연속적으로 변동하므로 주식매입과 콜옵션매도를 $N(d_1) : 1$로 결합하여 구성되는 포트폴리오의 무위험상태는 다음 주가 변동 시까지만 유효하다. 따라서 무위험헤지 포트폴리오 상태를 계속 유지하기 위해서는 주가 변동 시마다 계속적으로 포트폴리오의 구성을 재조정해야 한다.

2) $N(d_2)$의 의미

콜옵션가격결정식의 $N(d_2)$는 옵션만기일의 기초자산가격이 행사가격보다 클$(S_T > X)$ 위험중립확률을 의미한다. 즉, 옵션만기일에 콜옵션이 내가격상태가 되어서 옵션만기일에 콜옵션이 행사될 위험중립확률을 의미한다.

$$C_0 = N(d_1) \times S_0 - \frac{X}{e^{R_f \times T}} \times N(d_2)$$

콜옵션 가격 = 콜옵션의 델타 $\times S_0 - PV(X) \times$ 만기일 콜옵션이 행사될 위험중립확률

[2] 풋옵션가격결정식의 의미

풋옵션가격결정식은 다음과 같이 기초자산(주식)의 공매와 무위험이자율로의 대출을 통해 풋옵션 매입을 합성할 수 있음을 보여준다.

$$P_0 = [N(d_1) - 1] \times S_0 + \frac{X}{e^{R_f \times T}} \times [1 - N(d_2)]$$

$$= -[1 - N(d_1)] \times S_0 + \frac{X}{e^{R_f \times T}} \times [1 - N(d_2)]$$

$\rightarrow$ 풋옵션 1개 매입 = 주식 $[1 - N(d_1)]$주 공매 $+ \dfrac{X}{e^{R_f \times T}} \times [1 - N(d_2)]$ 대출

또한, 옵션가격결정식은 다음과 같이 기초자산(주식)과 풋옵션을 적절히 결합하여 투자하면 순간적인 주가변동위험을 완전히 헤지할 수 있는 무위험헤지포트폴리오를 구성할 수 있음을 보여준다.

주식 $[1 - N(d_1)]$주 매입 + 풋옵션 1개 매입 = 무위험헤지포트폴리오

주식 1주 매입 + 풋옵션 $\dfrac{1}{1 - N(d_1)}$개 매입 = 무위험헤지포트폴리오

1) $[N(d_1) - 1]$의 의미

$[N(d_1) - 1]$은 무위험헤지포트폴리오 구성을 위한 기초자산(주식)과 풋옵션의 결합비율인 헤지비율을 의미하며, 기초자산가격(주가)의 변동액(ΔS)에 대한 풋옵션가격 변동액(ΔP)의 민감도를 의미하는 풋옵션의 델타이다. 이러한 풋옵션의 델타는 풋옵션가격결정식을 현재의 기초자산가격(주가)에 대해 미분하여 다음과 같이 나타낼 수 있다.

$$\text{풋옵션의 델타: } \Delta_{Put} = \frac{\Delta P}{\Delta S} = \frac{dP}{dS} = N(d_1) - 1$$

이러한 풋옵션의 델타는 그림$[[N(d_1) - 1]$과 풋옵션의 델타]에서 보는 바와 같이 풋옵션가격선의 기울기를 의미하며, -1부터 0 사이의 값을 갖게 된다.

$[N(d_1)-1]$과 풋옵션의 델타

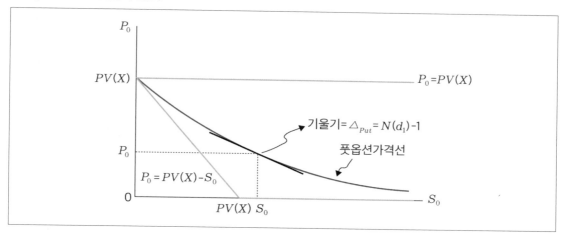

따라서 주식 1주를 매입하고 풋옵션 $\dfrac{1}{1-N(d_1)}$개를 매입하여 포트폴리오(HP)를 구성하면 이후에 매입한 주식의 가치가 ΔS만큼 변동하는 경우에 매입한 풋옵션의 가치는 $\Delta P = [N(d_1)-1] \times \Delta S$만큼 변동하므로 다음과 같이 전체 포트폴리오의 가치변동위험을 제거할 수 있게 된다.

$$HP = S_0 + \frac{1}{1-N(d_1)} \times P_0$$

$$\Delta HP = \Delta S + \frac{1}{1-N(d_1)} \times \Delta P = \Delta S + \frac{1}{1-N(d_1)} \times [N(d_1)-1] \times \Delta S = 0$$

||| 사례 |||

풋옵션의 델타인 $[N(d_1)-1]$이 -0.2인 경우에 주식 1주를 매입하고 풋옵션 $\dfrac{1}{1-N(d_1)} = \dfrac{1}{0.2} = 5$개를 매입하여 포트폴리오(HP)를 구성하는 경우를 가정하면, 이후에 주가가 ₩10 상승할 경우 풋옵션의 가치는 $\Delta P = [N(d_1)-1] \times \Delta S = -0.2 \times ₩10 = -₩2$만큼 변동하므로 전체 포트폴리오의 가치변동이 없게 된다.

$$HP = S_0 + \frac{1}{1-N(d_1)} \times P_0 = S_0 + \frac{1}{0.2} \times P_0 = S_0 + 5 \times P_0$$

$$\Delta HP = \Delta S + 5 \times \Delta P = ₩10 + 5 \times [(-0.2 \times ₩10)] = ₩0$$

앞에서 살펴본 콜옵션의 경우와 마찬가지로 주가가 연속적으로 변동하는 경우에는 헤지비율을 의미하는 풋옵션의 델타도 연속적으로 변동하므로 주식매입과 풋옵션매입을 $[N(d_1)-1]:1$로 결합하여 구성되는 포트폴리오의 무위험상태는 다음 주가 변동 시까지만 유효하며, 무위험헤지포트폴리오 상태를 계속 유지하기 위해서는 주가 변동 시마다 계속적으로 포트폴리오의 구성을 재조정해야 한다.

2) $[1 - N(d_2)]$의 의미

풋옵션가격결정식의 $[1 - N(d_2)]$는 옵션만기일의 기초자산가격이 행사가격보다 작을($S_T < X$) 위험중립확률을 의미한다. 즉, 옵션만기일에 풋옵션이 내가격상태가 되어서 옵션만기일에 풋옵션이 행사될 위험중립확률을 의미한다.

$$P_0 = [N(d_1) - 1] \times S_0 + \frac{X}{e^{R_f \times T}} \times [1 - N(d_2)]$$

풋옵션 가격 = 풋옵션 델타$\times S_0 + PV(X) \times$만기일 풋옵션이 행사될 위험중립확률

제3절 배당을 고려한 옵션가격결정모형

기초자산이 주식(또는 주가지수)인 옵션의 경우에는 옵션만기일 이전에 기초자산에서 배당이 지급된다면 주가가 주당배당액만큼 하락하기 때문에 옵션가격도 영향을 받게 되므로 옵션의 균형가격 계산 시에 배당의 영향을 적절히 반영해야 한다. 여기서는 이러한 배당의 영향을 배당의 지급형태에 따라 구분해서 살펴보기로 한다.

01 배당을 고려한 이항옵션가격결정모형

(1) 주가의 변동시점과 배당의 지급시점이 일치하는 경우

옵션만기일 이전 주가의 변동시점에 주당배당금이 지급되는 경우에는 배당의 영향을 주가의 변동과정에 반영하며, 위험중립확률은 무배당의 경우와 동일하게 계산한다.

① 위험중립확률은 배당의 영향을 고려하지 않고 주가상승률과 주가하락률 및 무위험이자율만으로 계산한다.

② 배당(주당배당금)의 영향은 만기일의 옵션가치를 계산하기 위한 주가의 변동과정에 반영한다. 즉, 1년을 1기간으로 하는 2기간 이항모형의 경우에 배당의 영향을 고려한 주가의 변동과정은 다음과 같다.

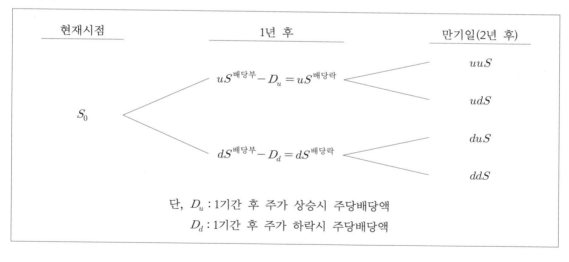

단, D_u : 1기간 후 주가 상승시 주당배당액
D_d : 1기간 후 주가 하락시 주당배당액

미국형 옵션은 유럽형 옵션과 달리 만기일 이전에 조기행사가 가능하므로 옵션의 균형가격 계산 시 만기일 이전 조기행사 여부를 검토해야 한다.

① 미국형 콜옵션의 경우에는 조기행사 시에 배당부주가 수준에서 행사하는 것이 유리하므로 배당락 직전 옵션의 내재가치와 행사하지 않는 경우의 옵션가치를 비교해서 조기행사 여부를 검토해야 한다. 따라서 2기간 이항모형을 가정하는 경우에 미국형 콜옵션의 균형가격은 다음과 같이 계산된다.

$$C_u = Max\left[uS^{배당부} - X, \ \frac{C_{uu} \times p + C_{ud} \times (1-p)}{1+R_f}\right]$$

$$C_d = Max\left[dS^{배당부} - X, \ \frac{C_{ud} \times p + C_{dd} \times (1-p)}{1+R_f}\right]$$

$$C_0 = Max\left[S_0 - X, \ \frac{C_u \times p + C_d \times (1-p)}{1+R_f}\right]$$

② 미국형 풋옵션의 경우에는 조기행사 시에 배당락주가 수준에서 행사하는 것이 유리하므로 배당락 직후 옵션의 내재가치와 행사하지 않는 경우의 옵션가치를 비교해서 조기행사 여부를 검토해야 한다. 따라서 2기간 이항모형을 가정하는 경우에 미국형 풋옵션의 균형가격은 다음과 같이 계산된다.

$$P_u = Max\left[X - uS^{배당락}, \ \frac{P_{uu} \times p + P_{ud} \times (1-p)}{1+R_f}\right]$$

$$P_d = Max\left[X - dS^{배당락}, \ \frac{P_{ud} \times p + P_{dd} \times (1-p)}{1+R_f}\right]$$

$$P_0 = Max\left[X - S_0, \ \frac{P_u \times p + P_d \times (1-p)}{1+R_f}\right]$$

한편, 이와 같이 옵션만기일 이전에 지급될 것으로 예상되는 주당배당금의 지급시점과 금액에 대한 자료를 이용할 수 있는 경우에 유럽형 옵션에 대한 풋 - 콜등가식은 현재의 주가에서 주당배당액의 현재가치를 차감하여 다음과 같이 수정되어야 한다.

$$[S_0 - PV(D)] + P_0 - C_0 = \frac{X}{(1+R_f)^T}$$

$$단, \ PV(D): 주당배당액의 \ 현재가치 = \frac{D_u \times p + D_d \times (1-p)}{(1+R_f)^t}$$

$$t: 현재부터 \ 배당지급시점까지의 \ 기간(연단위)$$

예제 7 주가의 변동시점과 배당의 지급시점이 일치하는 경우

(주)파랑 주식의 현재가격은 ₩10,000이고, 주가는 연간 40% 상승하거나 10% 하락할 것으로 예상된다. 주가의 상승확률은 80%, 주가의 하락확률은 20%이며, 동 주식을 보유하는 경우에는 1년 후 시점에 주가의 변동 상황과 무관하게 ₩2,500의 주당배당금을 수취할 수 있을 것으로 예상된다. 연간 무위험이자율이 25%인 경우에 (주)파랑 주식을 기초자산으로 하고 만기가 2년이며 행사가격이 ₩10,000인 옵션에 대한 다음의 물음에 답하시오.

물음1 유럽형 콜옵션의 균형가격을 계산하시오.

물음2 미국형 콜옵션의 균형가격을 계산하시오.

물음3 유럽형 풋옵션의 균형가격을 계산하시오.

물음4 미국형 풋옵션의 균형가격을 계산하시오.

해답

<주가의 변동과 만기일 옵션가치>

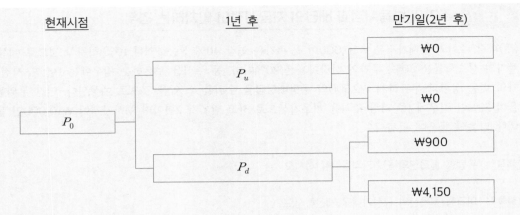

현재시점	1년 후	만기일(2년 후)
		₩0
	P_u	₩0
P_0		₩900
	P_d	₩4,150

물음1 유럽형 콜옵션의 균형가격

위험중립확률: $p = \dfrac{1+R_f-d}{u-d} = \dfrac{1.25-0.9}{1.4-0.9} = 0.7$

$C_u = \dfrac{C_{uu} \times p + C_{ud} \times (1-p)}{1+R_f} = \dfrac{₩6,100 \times 0.7 + ₩350 \times 0.3}{1.25} = ₩3,500$

$C_0 = \dfrac{C_u \times p + C_d \times (1-p)}{1+R_f} = \dfrac{₩3,500 \times 0.7 + ₩0 \times 0.3}{1.25} = ₩1,960$

물음2 미국형 콜옵션의 균형가격

$C_u = Max\left[₩14,000 - ₩10,000, \ \dfrac{₩6,100 \times 0.7 + ₩350 \times 0.3}{1.25} = ₩3,500\right] = ₩4,000$

$C_d = Max\left[₩9,000 - ₩10,000, \ ₩0\right] = ₩0$

$C_0 = Max\left[₩10,000 - ₩10,000, \ \dfrac{₩4,000 \times 0.7 + ₩0 \times 0.3}{1.25} = ₩2,240\right] = ₩2,240$

물음3 유럽형 풋옵션의 균형가격

$P_d = \dfrac{P_{ud} \times p + P_{dd} \times (1-p)}{1+R_f} = \dfrac{₩900 \times 0.7 + ₩4,150 \times 0.3}{1.25} = ₩1,500$

$P_0 = \dfrac{P_u \times p + P_d \times (1-p)}{1+R_f} = \dfrac{₩0 \times 0.7 + ₩1,500 \times 0.3}{1.25} = ₩360$

$\quad = C_0 - [S_0 - PV(D)] + PV(X) = ₩1,960 - \left[₩10,000 - \dfrac{₩2,500}{1.25}\right] + \dfrac{₩10,000}{1.25^2} = ₩360$

물음4 미국형 풋옵션의 균형가격

$P_u = Max\left[₩10,000 - ₩11,500, \ ₩0\right] = ₩0$

$P_d = Max\left[₩10,000 - ₩6,500, \ \dfrac{₩900 \times 0.7 + ₩4,150 \times 0.3}{1.25} = ₩1,500\right] = ₩3,500$

$P_0 = Max\left[₩10,000 - ₩10,000, \ \dfrac{₩0 \times 0.7 + ₩3,500 \times 0.3}{1.25} = ₩840\right] = ₩840$

<예제 7>에서 미국형 옵션의 균형가격과 유럽형 옵션의 균형가격 간의 차이는 미국형 옵션이 갖는 조기행사권의 가치라고 할 수 있다.

미국형 콜옵션 조기행사권의 가치: ₩2,240 - ₩1,960 = ₩280
미국형 풋옵션 조기행사권의 가치: ₩840 - ₩360 = ₩480

이러한 조기행사권의 가치는 다음과 같이 미국형 옵션과 유럽형 옵션의 차이나는 미래현금흐름의 현재가치로도 계산할 수 있다.

미국형 콜옵션 조기행사권의 가치: $\dfrac{(₩4,000 - ₩3,500) \times 0.7 + ₩0 \times 0.3}{1.25} = ₩280$

미국형 풋옵션 조기행사권의 가치: $\dfrac{₩0 \times 0.7 + (₩3,500 - ₩1,500) \times 0.3}{1.25} = ₩480$

[2] 주가의 변동시점과 배당의 지급시점이 상이한 경우

옵션만기일 이전 주가의 변동시점과 주당배당금의 지급시점이 상이한 경우에도 배당의 영향을 주가의 변동과정에 반영하며, 위험중립확률은 무배당의 경우와 동일하게 계산한다.

① 위험중립확률은 배당의 영향을 고려하지 않고 주가상승률과 주가하락률 및 무위험이자율만으로 계산한다.

② 배당(주당배당금)의 영향은 만기일의 옵션가치를 계산하기 위한 주가의 변동과정에 반영하는데, 이 때 주의할 점은 주당배당금의 현재가치를 차감하여 조정된 주가의 변동과정을 파악해야 한다는 것이다. 즉, 1년을 1기간으로 하는 2기간 이항모형의 경우에 배당의 영향을 고려한 주가의 변동과정은 다음과 같다.

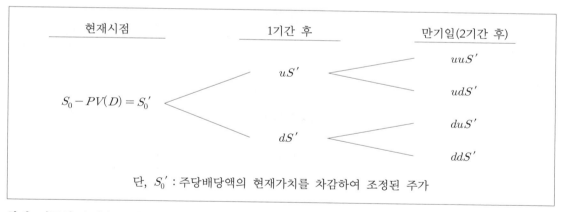

단, S_0' : 주당배당액의 현재가치를 차감하여 조정된 주가

한편, 미국형 옵션은 유럽형 옵션과 달리 만기일 이전에 조기행사가 가능하므로 옵션의 균형가격 계산 시 만기일 이전 조기행사 여부를 검토해야 하는데, 이때 주의할 점은 각 시점의 조정된 주가에 각 시점별 주당배당금의 가치를 가산하여 조기행사 여부를 검토해야 한다는 것이다.

(주)파랑 주식의 현재주가는 ₩4,480이고, 주가는 연간 30% 상승하거나 20% 하락하며, 현재 (주)파랑 주식을 매입하는 경우에는 1.5년 후 시점에 주가의 변동 상황과 무관하게 ₩535의 배당을 수취할 수 있을 것으로 예상된다. (주)파랑 주식 1주를 기초자산으로 하며, 행사가격이 ₩4,000이고, 만기가 2년인 콜옵션이 시장에서 거래되고 있다. 무위험이자율은 연 7.5%로 안정적이다.

물음1 유럽형 콜옵션의 균형가격을 계산하시오.

물음2 미국형 콜옵션의 균형가격을 계산하시오.

해답

주당배당금의 현재시점 가치: $PV_0(D) = \dfrac{₩535}{1.075 \times \sqrt{1.075}} = ₩480$

주당배당금의 1년 후 시점의 가치: $PV_1(D) = \dfrac{₩535}{\sqrt{1.075}} = ₩516$

조정된 현재주가: $S_0{'} = ₩4,480 - ₩480 = ₩4,000$

<주가의 변동과정>

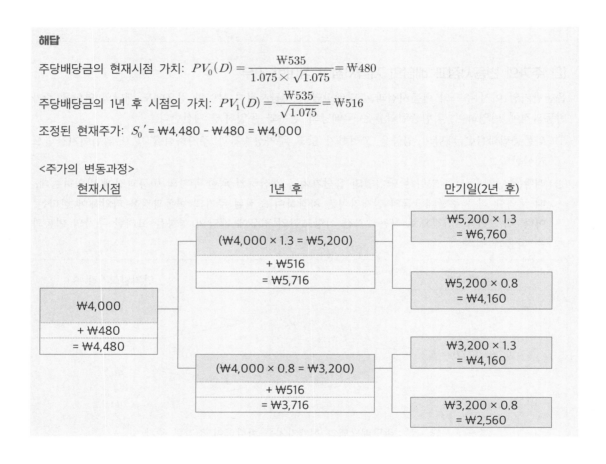

물음1 유럽형 콜옵션의 균형가격

위험중립확률: $p = \dfrac{1.075 - 0.8}{1.3 - 0.8} = 0.55$

$C_u = \dfrac{\text{₩}2,760 \times 0.55 + \text{₩}160 \times 0.45}{1.075} = \text{₩}1,479.07$

$C_d = \dfrac{\text{₩}160 \times 0.55 + \text{₩}0 \times 0.45}{1.075} = \text{₩}81.86$

$C_0 = \dfrac{\text{₩}1,479.07 \times 0.55 + \text{₩}81.86 \times 0.45}{1.075} = \text{₩}791.00$

물음2 미국형 콜옵션의 균형가격

$C_u = Max\left[\text{₩}5,716 - \text{₩}4,000, \dfrac{\text{₩}2,760 \times 0.55 + \text{₩}160 \times 0.45}{1.075}\right] = \text{₩}1,716$

$C_d = Max\left[\text{₩}3,716 - \text{₩}4,000, \dfrac{\text{₩}160 \times 0.55 + \text{₩}0 \times 0.45}{1.075}\right] = \text{₩}81.86$

$C_0 = Max\left[\text{₩}4,480 - \text{₩}4,000, \dfrac{\text{₩}1,716 \times 0.55 + \text{₩}81.86 \times 0.45}{1.075}\right] = \text{₩}912.22$

[3] 배당이 연속적으로 지급되는 경우

옵션만기일까지의 기간 동안 기초자산인 주식에서 배당이 연속적으로 지급되는 경우에는 지급되는 배당을 기초자산에 재투자한다고 가정한다. 이러한 경우에는 옵션만기일까지 기초자산의 가격이 변동하는 것 이외에 기초자산의 수량도 배당수익률(δ)만큼 증가하게 된다는 것을 고려해야 한다. 즉, 1년을 1기간으로 하는 1기간 이항모형의 경우에 이러한 기초자산의 가격과 수량의 변동과정을 나타내면 다음과 같다.

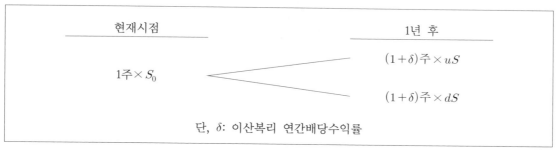

단, δ: 이산복리 연간배당수익률

이와 같이 배당이 연속적으로 지급되는 경우에는 배당의 영향을 위험중립확률 계산 시 고려하며, 주가의 변동과정은 무배당인 경우와 동일하게 파악한다.

① 만기일의 옵션가치를 계산하기 위한 주가의 변동과정은 배당의 영향을 고려하지 않고 무배당인 경우와 동일하게 파악한다.

② 배당(배당수익률)의 영향은 위험중립확률에 반영하는데, 연속적으로 지급되는 배당을 옵션만기일까지 기초자산에 계속해서 재투자한다고 가정하는 경우에 배당의 영향이 반영된 위험중립확률은 다음과 같다.

$$p = \frac{\frac{1+R_f}{1+\delta} - d}{u - d}$$

③ 이러한 위험중립확률은 다음과 같은 기초자산의 가격과 수량의 변동과정을 이용해서 계산하는 결과와 동일하다.

$$S_0 = \frac{(1+\delta) \times uS \times p + (1+\delta) \times dS \times (1-p)}{1+R_f}$$

$$\text{또는} \quad \frac{S_0}{1+\delta} = \frac{uS \times p + dS \times (1-p)}{1+R_f}$$

한편, 이와 같이 옵션만기일까지의 기간 동안 기초자산인 주식에서 배당이 연속적으로 지급되고 이러한 배당을 기초자산에 재투자한다고 가정하는 경우에 유럽형 옵션에 대한 풋 - 콜등가식은 다음과 같이 수정되어야 한다. 즉, 옵션의 기초자산인 옵션만기일의 기초자산 1주는 현재시점의 기초자산 $\frac{1}{(1+\delta)^T}$ 주라는 것을 고려해야 한다.

$$\frac{S_0}{(1+\delta)^T} + P_0 - C_o = \frac{X}{(1+R_f)^T}$$

예제 9 배당이 연속적으로 지급되는 경우

(주)파랑 주식의 현재주가는 ₩20,000이고, 주가는 연간 20% 상승하거나 10% 하락하는 이항과정을 따른다. 연간 무위험이자율은 17%이고, 배당이 연속적으로 지급되는 (주)파랑 주식의 이산복리 연간배당수익률은 4%이며, (주)파랑 주식을 보유하는 경우에 지급되는 배당은 (주)파랑 주식에 계속해서 재투자됨을 가정한다.

물음 1 (주)파랑 주식 1주를 기초자산으로 하고 만기가 2년인 등가격 유럽형 콜옵션의 균형가격을 계산하시오.

물음 2 (주)파랑 주식 1주를 기초자산으로 하고 만기가 2년인 등가격 유럽형 풋옵션의 균형가격을 풋 - 콜등가식을 이용해서 계산하시오.

해답

<주가의 변동과 만기일 옵션가치>

물음1 콜옵션의 균형가격

위험중립확률: $p = \dfrac{\dfrac{1+R_f}{1+\delta} - d}{u - d} = \dfrac{\dfrac{1+0.17}{1+0.04} - 0.9}{1.2 - 0.9} = 0.75$

$C_u = \dfrac{\text{₩}8,800 \times 0.75 + \text{₩}1,600 \times 0.25}{1.17} = \text{₩}5,982.91$

$C_d = \dfrac{\text{₩}1,600 \times 0.75 + \text{₩}0 \times 0.25}{1.17} = \text{₩}1,025.64$

$C_0 = \dfrac{\text{₩}5,982.91 \times 0.75 + \text{₩}1,025.64 \times 0.25}{1.17} = \text{₩}4,054.35$

물음2 풋-콜등가식의 이용

$P_0 = C_0 + \dfrac{X}{(1+R_f)^T} - \dfrac{S_0}{(1+\delta)^T} = \text{₩}4,054.35 + \dfrac{\text{₩}20,000}{1.17^2} - \dfrac{\text{₩}20,000}{1.04^2} = \text{₩}173.50$

[4] 통화옵션의 경우

기초자산이 외화인 통화옵션은 배당이 연속적으로 지급되는 주식을 기초자산으로 하는 옵션과 유사하게 파악할 수 있다. 즉, 통화옵션의 경우에는 옵션만기일까지 외화의 가격인 현물환율이 변동하는 것 이외에 외화의 수량도 외화에 대한 외국이자율만큼 증가하게 된다는 것을 고려해야 한다. 즉, 기초자산이 $1인 옵션을 가정하여 1년을 1기간으로 하는 1기간 이항모형의 경우에 기초자산인 $1의 가격과 수량이 변동하는 과정을 나타내면 다음과 같다.

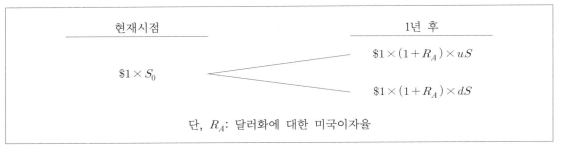

① 만기일의 옵션가치를 계산하기 위한 현물환율의 변동과정에는 외화 수량의 변동을 고려하지 않으며, 외국이자율만큼의 외화 수량의 변동은 다음과 같이 위험중립확률에 반영한다.

$$p = \dfrac{\dfrac{1+R_K}{1+R_A} - d}{u - d}$$

단, R_K: 원화에 대한 한국이자율

② 이러한 위험중립확률은 다음과 같은 현물환율과 외화 수량의 변동과정을 이용해서 계산하는 결과와 동일하다.

$$S_0 = \frac{(1+R_A) \times uS \times p + (1+R_A) \times dS \times (1-p)}{1+R_K}$$

$$\text{또는} \quad \frac{S_0}{1+R_A} = \frac{uS \times p + dS \times (1-p)}{1+R_K}$$

한편, 기초자산이 \$1인 유럽형 옵션에 대한 풋 - 콜등가식은 다음과 같이 수정되어야 한다. 즉, 옵션의 기초자산인 옵션만기일의 \$1는 현재시점의 $\$\frac{1}{(1+R_A)^T}$라는 것을 고려해야 한다.

$$\frac{S_0}{(1+R_A)^T} + P_0 - C_o = \frac{X}{(1+R_K)^T}$$

예제 10 통화옵션

현재 현물환시장에서의 원달러 현물환율은 ₩1,000/\$이고, 이는 연간 20% 상승하거나 10% 하락하는 이항과정을 따를 것으로 예상되며, 원화와 달러화에 대한 한국과 미국의 연간 무위험이자율은 각각 17%와 4%이다.

물음1 \$1를 기초자산으로 하고 만기가 2년이며 행사가격이 ₩1,000/\$인 유럽형 콜옵션의 균형가격을 계산하시오.

물음2 \$1를 기초자산으로 하고 만기가 2년이며 행사가격이 ₩1,000/\$인 유럽형 풋옵션의 균형가격을 풋 - 콜등가식을 이용해서 계산하시오.

해답

<환율의 변동과 만기일 옵션가치>

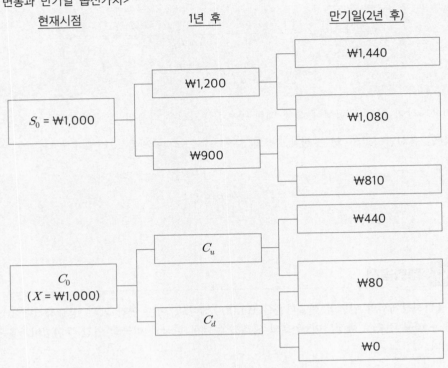

현재시점   1년 후   만기일(2년 후)

물음1 콜옵션의 균형가격

위험중립확률: $p = \dfrac{\dfrac{1+R_K}{1+R_A} - d}{u - d} = \dfrac{\dfrac{1+0.17}{1+0.04} - 0.9}{1.2 - 0.9} = 0.75$

$C_u = \dfrac{\text{₩}440 \times 0.75 + \text{₩}80 \times 0.25}{1.17} = \text{₩}299.15$

$C_d = \dfrac{\text{₩}80 \times 0.75 + \text{₩}0 \times 0.25}{1.17} = \text{₩}51.28$

$C_0 = \dfrac{\text{₩}299.15 \times 0.75 + \text{₩}51.28 \times 0.25}{1.17} = \text{₩}202.72$

물음2 풋-콜등가식의 이용

$P_0 = C_0 + \dfrac{X}{(1+R_K)^T} - \dfrac{S_0}{(1+R_A)^T} = \text{₩}202.72 + \dfrac{\text{₩}1,000}{1.17^2} - \dfrac{\text{₩}1,000}{1.04^2} = \text{₩}8.68$

02 배당을 고려한 블랙-숄즈옵션가격결정모형

블랙-숄즈옵션가격결정모형은 옵션만기일까지 배당을 지급하지 않는 무배당주식을 기초자산으로 하는 유럽형 옵션에 대한 옵션가격결정모형이지만, 기초자산인 주식에서 옵션만기일 이전에 배당이 지급되는 경우에도 이를 쉽게 적용할 수 있다.

① 옵션의 기초자산인 주식에서 배당이 연속적으로 지급되고 지급되는 배당을 기초자산에 재투자한다고 가정하는 경우에는 다음과 같이 현재주가를 연속복리 연간배당수익률(δ)로 할인해서 조정된 주가(S_0')를 이용하여 배당의 영향을 고려할 수 있다.

$$S_0' = \frac{S_0}{e^{\delta \times T}}$$

단, δ: 연속복리 연간배당수익률

② 블랙-숄즈의 옵션가격결정식은 현재주가를 연속복리 연간배당수익률(δ)로 할인해서 조정된 주가(S_0')를 이용하여 다음과 같이 수정된다.

$$C_0 = N(d_1) \times S_0' - \frac{X}{e^{R_f \times T}} \times N(d_2) = N(d_1) \times \frac{S_0}{e^{\delta \times T}} - \frac{X}{e^{R_f \times T}} \times N(d_2)$$

$$P_0 = [N(d_1) - 1] \times S_0' + \frac{X}{e^{R_f \times T}} \times [1 - N(d_2)]$$

$$d_1 = \frac{\ln\left(\frac{S_0'}{X}\right) + (R_f + \frac{1}{2}\sigma^2) \times T}{\sigma\sqrt{T}}$$

$$d_2 = d_1 - \sigma\sqrt{T}$$

또한, 블랙-숄즈옵션가격결정모형의 경우에 풋-콜등가식도 현재주가를 연속복리 연간배당수익률(δ)로 할인해서 조정된 주가(S_0')를 이용하여 다음과 같이 수정된다. 즉, 옵션의 기초자산인 옵션만기일의 기초자산 1주는 현재시점의 기초자산 $\frac{1}{e^{\delta \times T}}$ 주라는 것을 고려해야 한다.

$$\frac{S_0}{e^{\delta \times T}} + P_0 - C_0 = \frac{X}{e^{R_f \times T}}$$

(주)파랑 주식의 현재주가는 ₩10,000이고, 동 주식수익률의 연간 표준편차는 40%로 예상되며, 연속복리 무위험이자율은 연 10%로 일정하게 유지될 것이다. 동 주식의 연속복리에 의한 배당수익률(δ)이 연 6%인 경우를 가정하고 다음의 자료를 이용하여 관련된 물음에 답하시오. 단, 자료 이용 시 가장 근사치를 적용하고, $e^{-0.4} = 0.6703$, $e^{-0.32} = 0.7261$, $e^{-0.24} = 0.7866$이다.

S/X	0.7866	0.7921	1.0000	1.7129
$\ln(S/X)$	-0.2400	-0.2331	0.0000	0.5382

d_1	0.3	0.4	0.5	0.6
$N(d_1)$	0.6179	0.6554	0.6915	0.7257

d_2	-0.5	-0.4	-0.3	-0.2
$N(d_2)$	0.3085	0.3446	0.3821	0.4207

$$S_0' = S_0 \times e^{-\delta \times T}$$

$$C_0 = N(d_1) \times S_0' - \frac{X}{e^{R_f \times T}} \times N(d_2)$$

$$P_0 = [N(d_1) - 1] \times S_0' + \frac{X}{e^{R_f \times T}} \times [1 - N(d_2)]$$

$$d_1 = \frac{\ln(\frac{S_0'}{X}) + (R_f + \frac{1}{2}\sigma^2) \times T}{\sigma\sqrt{T}}$$

$$d_2 = d_1 - \sigma\sqrt{T}$$

$N(d_1) = \int_{-\infty}^{d_1} f(z)dz = d_1$의 누적표준정규확률밀도함수 값

(단, $f(z) = \frac{1}{\sqrt{2\pi}}e^{-\frac{z}{2}}$, z: 표준정규확률변수)

물음1 (주)파랑 주식 1주를 기초자산으로 하며, 만기가 4년인 등가격 유럽형 콜옵션의 균형가격을 블랙 - 숄즈옵션 가격결정모형의 콜옵션가격결정식을 이용하여 계산하시오.

물음2 풋 - 콜등가식을 이용하여 **물음1** 의 콜옵션과 모든 조건이 동일한 풋옵션의 균형가격을 계산하시오.

해답

물음 1 콜옵션의 균형가격

$S_0' = S_0 \times e^{-\delta \times T} = ₩10,000 \times e^{-0.06 \times 4} = ₩10,000 \times 0.7866 = ₩7,866$

$\ln\left(\dfrac{S_0'}{X}\right) = \ln\left(\dfrac{₩7,866}{₩10,000}\right) = \ln(0.7866) = -0.24$

$d_1 = \dfrac{\ln\left(\dfrac{S_0'}{X}\right) + (R_f + \dfrac{1}{2}\sigma^2) \times T}{\sigma\sqrt{T}} = \dfrac{-0.24 + (0.1 + \dfrac{1}{2} \times 0.4^2) \times 4}{0.4 \times \sqrt{4}} = 0.6$

$d_2 = d_1 - \sigma\sqrt{T} = 0.6 - 0.4 \times \sqrt{4} = -0.2$

$N(d_1) = N(0.6) = 0.7257$

$N(d_2) = N(-0.2) = 0.4207$

$C_0 = N(d_1) \times S_0' - \dfrac{X}{e^{R_f \times T}} \times N(d_2) = 0.7257 \times ₩7,866 - ₩10,000 \times 0.6703 \times 0.4207$

$\quad = ₩2,888.4041$

물음 2 풋 - 콜등가식의 이용

$P_0 = C_0 + \dfrac{X}{e^{R_f \times T}} - \dfrac{S_0}{e^{\delta \times T}}$

$\quad = ₩2,888.4041 + ₩10,000 \times e^{-0.1 \times 4} - ₩10,000 \times e^{-0.06 \times 4}$

$\quad = ₩2,888.4041 + ₩10,000 \times 0.6703 - ₩10,000 \times 0.7866 = ₩1,725.4041$

03 주가지수옵션

주가지수옵션(stock index option)이란 특정 주가지수를 기초자산으로 하는 옵션을 말한다. 주가지수 옵션의 기초자산인 주가지수는 실체가 없으므로 옵션의 만기시점에 실물인수도를 통한 결제가 불가능하다. 따라서 만기일의 기초자산가격(주가지수)과 주가지수옵션의 행사가격 간의 차액만큼을 현금결제함으로써 거래가 청산된다. 또한 주가지수옵션 결제 시에 화폐단위로 환산해서 결제가 가능하도록 지수 1포인트당 인위적인 가치(거래승수)를 부여하여 옵션거래를 가능하게 하고 있다.

[1] 주가지수옵션의 균형가격

주가지수옵션의 균형가격은 주식옵션의 균형가격과 동일한 방법으로 평가할 수 있다. 왜냐하면, 주가지수는 지수산출의 대상이 되는 주식들로 구성된 포트폴리오의 가격수준을 나타내는 지수이므로, 주가지수옵션의 기초자산인 주가지수는 해당 주식들로 구성된 포트폴리오라고 할 수 있기 때문이다. 다만, 주가지수옵션의 균형가격을 계산하기 위해서는 해당 주식들에서 옵션의 만기일까지 지급될 배당금과 배당지급시점을 고려해야 하지만, 이를 현실적으로 적용하기가 불가능하기 때문에 주가지수옵션의 균형가격은 지수산출에 포함되는 주식들의 평균배당수익률을 이용하여 측정하는 것이 일반적이다.

① 이항옵션가격결정모형으로 주가지수옵션의 균형가격을 계산하는 경우에 기초자산가격(주가지수)의 변동과정에는 배당의 효과를 고려하지 않고, 연간배당수익률(δ)을 이용해서 위험중립확률에 배당의 효과를 고려한다.

$$p = \frac{\dfrac{1+R_f}{1+\delta} - d}{u - d}$$

② 블랙 - 숄즈옵션가격결정모형으로 주가지수옵션의 균형가격을 계산하는 경우에 옵션의 균형가격계산식에 현재주가지수 대신에 현재주가지수를 연간배당수익률(δ)로 할인해서 조정된 주가지수 ($\dfrac{S_0}{e^{\delta \times T}}$)를 적용한다.

$$C_0 = N(d_1) \times \frac{S_0}{e^{\delta \times T}} - \frac{X}{e^{R_f \times T}} \times N(d_2)$$

$$P_0 = [N(d_1) - 1] \times \frac{S_0}{e^{\delta \times T}} + \frac{X}{e^{R_f \times T}} \times [1 - N(d_2)]$$

$$d_1 = \frac{\ln\left(\dfrac{S_0/e^{\delta \times T}}{X}\right) + \left(R_f + \dfrac{1}{2}\sigma^2\right) \times T}{\sigma\sqrt{T}}$$

$$d_2 = d_1 - \sigma\sqrt{T}$$

③ 풋 - 콜등가식의 적용을 위해서는 현재주가지수 대신에 현재주가지수를 연간배당수익률(δ)로 할인한 현가[$\dfrac{S_0}{(1+\delta)^T}$ 또는 $\dfrac{S_0}{e^{\delta \times T}}$]를 적용한다.

$$\text{이산복리: } \frac{S_0}{(1+\delta)^T} + P_0 - C_0 = \frac{X}{(1+R_f)^T}$$

$$\text{연속복리: } \frac{S_0}{e^{\delta \times T}} + P_0 - C_0 = \frac{X}{e^{R_f \times T}}$$

(2) 우리나라의 주가지수옵션

한국거래소에서 거래되는 우리나라의 대표적인 주가지수옵션에는 코스피200옵션이 있다. 코스피200옵션은 한국거래소의 유가증권시장에 상장된 주권 200종목의 시가총액 기준으로 산출된 코스피200지수(산출기준시점 1990. 1. 3.)를 기초자산으로 하는 옵션이며, 코스피200옵션 결제월거래의 구체적인 특성은 다음과 같다.

구분	내용
거래대상	코스피200지수
거래단위	코스피200옵션가격 × ₩250,000(거래승수)
상장결제종목	비분기월 4개 및 분기월 7개(3, 9월 각 1개, 6월 2개, 12월 3개)
가격의 표시	프리미엄(포인트)
호가가격단위	프리미엄 10 이상: 0.05포인트
	프리미엄 10 미만: 0.01포인트
최소가격변동금액	프리미엄 10 이상: ₩12,500 = ₩250,000 × 0.05포인트
	프리미엄 10 미만: ₩2,500 = ₩250,000 × 0.01포인트
최종거래일	각 결제월의 두 번째 목요일
권리행사	최종거래일에만 가능(유럽형)
결제방법	현금결제

즉, 매월의 둘째 목요일을 최종거래일로 하는 옵션들이 거래되며, 코스피200옵션의 가격(프리미엄)은 기초자산인 코스피200지수와 동일하게 포인트로 나타내고, 옵션의 만기 시 결제방법은 현금결제방식이다. 또한 코스피200옵션의 가격 1포인트당 ₩250,000의 인위적인 가치(거래승수)를 부여하여 결제가 가능하도록 하고 있다.

|| 사례 ||

행사가격이 100포인트인 코스피200콜옵션의 가격(프리미엄)이 2포인트라면 코스피200 콜옵션 1계약을 매입하는 경우에 2포인트 × ₩250,000 = ₩500,000을 지급해야 한다. 그리고 동 콜옵션을 2포인트에 매입한 후 옵션의 최종거래일에 코스피200지수가 105포인트라면 만기청산 시 콜옵션 매입자는 (105포인트 - 100포인트) × ₩250,000 = ₩1,250,000을 수취하게 된다.

한편, 한국거래소에서는 코스피200옵션 결제월거래 이외에도 다양한 주가지수 관련 옵션들이 거래되고 있으며, 유통주식수와 소액주주수, 거래대금, 시가총액 및 재무상태 등을 감안하여 선정한 기업(삼성전자, 현대차, 한국전력 등)이 발행한 주식을 기초자산으로 하는 개별주식옵션도 거래되고 있다.

제4절 옵션을 이용한 위험관리

01 옵션을 이용한 헤지

현재 주식포트폴리오를 보유 중인 투자자는 주가지수콜옵션을 매도하거나 주가지수풋옵션을 매입하여 주식포트폴리오의 가치변동위험을 헤지할 수 있고, 미래에 주식포트폴리오를 매입할 예정인 투자자는 주가지수콜옵션을 매입하거나 주가지수풋옵션을 매도하여 주식포트폴리오의 가치변동위험을 헤지할 수 있다.

[1] 옵션가격의 민감도

옵션을 이용한 헤지에서는 옵션가격결정요인의 변화에 대한 옵션가격변화의 민감도를 이용하게 되는데, 옵션가격의 민감도를 나타내는 지표들 중에서도 가장 중요한 것은 옵션의 델타이다.

1) 옵션의 델타

옵션의 델타(delta: Δ)는 기초자산가격의 변동에 대한 옵션가격변동의 민감도, 즉 기초자산가격의 변동액에 대한 옵션가격 변동액의 비율을 의미하는 것으로 옵션가격을 기초자산가격으로 1차 미분한 값에 해당한다. 따라서 블랙 - 숄즈옵션가격결정모형에서 콜옵션의 델타와 풋옵션의 델타는 다음과 같다.

$$\text{콜옵션의 델타}(\Delta_{Call}): \frac{\Delta C}{\Delta S} = \frac{dC}{dS} = N(d_1)$$

$$\text{풋옵션의 델타}(\Delta_{Put}): \frac{\Delta P}{\Delta S} = \frac{dP}{dS} = N(d_1) - 1$$

① 기초자산가격이 상승하는 경우에 콜옵션가격은 상승하고 풋옵션가격은 하락하며, 기초자산가격이 하락하는 경우에 콜옵션가격은 하락하고 풋옵션가격은 상승하기 때문에 콜옵션의 델타는 양(+)의 값을 가지며, 풋옵션의 델타는 음(−)의 값을 갖는다.

② 기초자산가격이 상승하는 경우에 콜옵션의 델타는 1에, 풋옵션의 델타는 0에 수렴하며, 기초자산가격이 하락하는 경우에 콜옵션의 델타는 0에, 풋옵션의 델타는 −1에 수렴한다. 이와 같이 옵션 델타의 절댓값은 1보다 클 수 없기 때문에 기초자산가격의 변동액에 비해 옵션가격의 변동액이 더 작게 된다.

─ 사례 ─

주식 A의 현재가격이 ₩10,000이고, 주식 A에 대한 콜옵션의 가격이 ₩2,000이며, 콜옵션의 델타가 0.8인 경우를 가정한다. 주식 A의 가격이 10% 상승하여 ₩11,000이 된다면, 콜옵션의 가격은 기초자산가격의 변동액인 ₩1,000보다 적은 ₩800만큼 상승한다.

이러한 옵션의 델타가 옵션가격의 민감도를 나타내는 지표들 중에서 가장 중요한 이유는 옵션의 델타를 이용해서 델타중립포지션을 구성하면 헤지가 가능해지기 때문이다.

─┨ 사례 ┠─

1. 델타가 0.5인 콜옵션과 델타가 - 0.5인 풋옵션을 1개씩 매입하는 포트폴리오(HP)를 구성한 경우에 전체 포트폴리오의 델타는 0이 되어 델타중립포지션이 구성된다. 즉, 기초자산가격이 ₩1 상승하면 콜옵션가격은 ₩0.5 상승하고, 풋옵션가격은 ₩0.5 하락하므로 콜옵션 1개와 풋옵션 1개로 구성된 전체포트폴리오의 가치는 기초자산가격의 변동과 무관하게 일정하게 유지된다.

$$\text{포트폴리오의 구성:} \quad HP = +1 \times C_0 + 1 \times P_0$$

$$\text{포트폴리오의 델타:} \quad \frac{\Delta HP}{\Delta S} = +1 \times \frac{\Delta C}{\Delta S} + 1 \times \frac{\Delta P}{\Delta S} = +1 \times 0.5 + 1 \times (-0.5) = 0$$

2. 기초자산의 델타($\frac{\Delta S}{\Delta S}$)는 1이므로 기초자산 1주를 보유하고 있는 상황에서 동 주식 1주를 기초자산으로 하며 델타가 0.5인 콜옵션 2개를 매도하면 전체 포트폴리오(HP)의 델타는 0이 되어 델타중립포지션이 구성되므로 전체포트폴리오의 가치는 기초자산가격의 변동과 무관하게 일정하게 유지된다.

$$\text{포트폴리오의 구성:} \quad HP = +1 \times S_0 - 2 \times C_0$$

$$\text{포트폴리오의 델타:} \quad \frac{\Delta HP}{\Delta S} = +1 \times \frac{\Delta S}{\Delta S} - 2 \times \frac{\Delta C}{\Delta S} = +1 \times 1 - 2 \times 0.5 = 0$$

2) 옵션가격의 탄력성

기초자산가격의 변동에 대한 옵션가격변동의 민감도는 탄력성으로 측정할 수도 있는데, 여기서 탄력성이란 기초자산가격의 변동률에 대한 옵션가격변동률의 비율을 말한다. 기초자산가격의 변동률에 비해 옵션가격의 변동률이 더 크기 때문에 옵션가격 탄력성의 절댓값은 1보다 크게 된다.

$$\text{콜옵션가격의 탄력성}(E_C): \quad \frac{\Delta C / C_0}{\Delta S / S_0} = \Delta_{Call} \times \frac{S_0}{C_0} = N(d_1) \times \frac{S_0}{C_0}$$

$$\text{풋옵션가격의 탄력성}(E_P): \quad \frac{\Delta P / P_0}{\Delta S / S_0} = \Delta_{Put} \times \frac{S_0}{P_0} = [N(d_1) - 1] \times \frac{S_0}{P_0}$$

─┨ 사례 ┠─

주식 A의 현재가격이 ₩10,000이고, 주식 A에 대한 콜옵션의 가격이 ₩2,000이며, 콜옵션의 델타가 0.8인 경우를 가정한다. 주식 A의 가격이 ₩1,000만큼 상승하는 경우에 콜옵션의 가격은 ₩800만큼 상승하므로 콜옵션가격의 변동률(40%)은 기초자산가격의 변동률(10%)보다 크게 된다.

3) 옵션의 감마

옵션의 감마(gamma: γ)는 기초자산가격의 변동에 대한 옵션델타변동의 민감도를 말한다. 즉, 앞에서 살펴본 옵션의 델타는 고정된 값이 아니라 기초자산가격의 변동에 따라 변동하게 되는데, 이러한 기초자산가격의 변동에 따른 옵션델타의 변동정도를 측정하는 지표가 옵션의 감마이다.

① 기초자산가격이 상승하는 경우에 콜옵션의 델타도 상승($0 \rightarrow 1$)하고 풋옵션의 델타도 상승($-1 \rightarrow 0$)하기 때문에 콜옵션의 감마와 풋옵션의 감마는 모두 양(+)의 값을 갖는다.

② 옵션의 감마는 옵션가격선 기울기의 변화정도를 의미하기 때문에 등가격옵션의 감마값이 가장 크고 내가격이나 외가격으로 갈수록 감마값은 작아지게 된다.

이러한 옵션의 감마는 옵션의 델타 다음으로 중요한 민감도라고 할 수 있는데 델타중립포지션을 구성한 이후에도 기초자산가격이 변동하면 옵션의 델타가 변동함에 따라 델타중립포지션이 유지되지 않기 때문이다. 즉, 전체포트폴리오의 델타가 0인 경우에도 감마값이 0이 아니라면 기초자산가격이 변동하는 경우에 델타중립포지션을 계속 유지하기 위해서는 포트폴리오의 재조정이 불가피하게 된다는 것이다.

│ 사례 │

델타가 0.5이고 감마가 0.05인 콜옵션과 델타가 - 0.5이고 감마가 0.04인 풋옵션을 1개씩 매입하여 전체 포트폴리오의 델타가 0이 되는 델타중립포지션이 구성한 이후에 기초자산 가격이 ₩1 상승하면 콜옵션의 델타는 0.5 + 0.05 = 0.55가 되며, 풋옵션의 델타는 - 0.5 + 0.04 = - 0.46이 되어 전체 포트폴리오의 델타는 0.09가 되기 때문에 델타중립포지션이 유지되지 못한다.

---

4) 옵션의 베가

옵션의 베가(vega: ν)는 기초자산가격의 변동성의 변동에 대한 옵션가격변동의 민감도를 말한다.

① 기초자산가격의 변동성이 커지는 경우에 콜옵션과 풋옵션 모두 가격이 상승하기 때문에 콜옵션의 베가와 풋옵션의 베가는 모두 양(+)의 값을 갖는다.

② 기초자산가격의 변동성이 변화하는 경우에 심내가격옵션이나 심외가격옵션은 옵션가격에 별다른 변동이 없으나, 등가격옵션인 경우에는 옵션가격의 변동이 커지게 되므로 등가격옵션의 베가값이 가장 크고 내가격이나 외가격으로 갈수록 베가값은 작아지게 된다.

5) 옵션의 쎄타

옵션의 쎄타(theta: θ)는 시간의 경과, 즉 옵션의 잔존만기가 줄어듦에 따른 옵션가격 변동의 민감도를 말한다.

① 시간이 경과하여 잔존만기가 짧아지는 경우에 옵션의 시간가치가 감소하여 일반적으로 콜옵션과 풋옵션 모두 가격이 하락하기 때문에 콜옵션의 쎄타와 풋옵션의 쎄타는 모두 일반적으로 음(-)의 값을 갖는다. 다만, 심내가격 풋옵션의 경우에는 음(-)의 시간가치를 가질 수 있으므로 쎄타값이 양(+)인 경우도 가능하다.

② 심내가격옵션이나 심외가격옵션은 시간가치가 미미하기 때문에 시간의 경과에 따른 옵션가격의 변동이 심하지 않으나, 등가격옵션은 시간가치가 크기 때문에 시간의 경과에 따른 옵션가격의 변동이 커지게 되므로 등가격옵션의 쎄타값이 가장 크고 내가격이나 외가격으로 갈수록 쎄타값은 작아지게 된다.

6) 옵션의 로우

옵션의 로우(rho: ρ)는 무위험이자율의 변동에 대한 옵션가격변동의 민감도를 말하는데, 무위험이자율의 변동정도는 매우 작으며, 옵션가격의 변동에 미치는 영향도 작기 때문에 다른 옵션가격의 민감도에 비해 그 중요성은 떨어진다.

① 무위험이자율이 상승하는 경우에 콜옵션의 가격은 상승하고 풋옵션의 가격은 하락하기 때문에 콜옵션의 로우는 양(+)의 값을 갖고 풋옵션의 로우는 음(−)의 값을 갖는다.

② 내재가치가 큰 옵션일수록 옵션 보유에 따른 기회비용이 크기 때문에 내가격옵션의 로우값(절댓값)이 가장 크고, 등가격, 외가격 순으로 로우값(절댓값)은 작아진다.

한편, 지금까지 살펴본 옵션가격의 민감도를 나타내는 델타(Δ), 감마(γ), 베가(ν), 쎄타(θ), 로우(ρ) 등의 지표들은 그리스어로 표시하기 때문에 통칭하여 그릭스(greeks)라고도 함을 부언해둔다.

(2) 개별주식옵션을 이용한 위험헤지

우리나라의 경우에는 한국거래소의 유가증권시장에 상장된 삼성전자, 현대차, 한국전력 등의 종목에 대해서는 개별주식을 기초자산으로 하는 개별주식옵션들이 거래되고 있다. 이와 같은 개별주식옵션의 기초자산을 보유하고 있는 경우에는 개별주식옵션을 이용하여 무위험헤지포트폴리오를 구성함으로써 헤지가 가능하다.

① 개별주식옵션의 기초주식 1주를 보유 중인 투자자가 무위험헤지포트폴리오(HP)를 구성하기 위해 이용해야 하는 콜옵션의 개수(m)는 다음과 같이 계산된다. 여기서 m이 음(−)의 값이므로 보유 중인 주식 1주에 대해 $\dfrac{1}{\Delta_{Call}} = \dfrac{1}{N(d_1)}$ 만큼의 콜옵션을 매도하면 주가변동위험을 헤지할 수 있다.

$$HP = S_0 + m \times C_0$$
$$\Delta HP = \Delta S + m \times \Delta C = 0$$
$$m = -\frac{\Delta S}{\Delta C} = -\frac{1}{\Delta_{Call}} = -\frac{1}{N(d_1)}$$

② 개별주식옵션의 기초주식 1주를 보유 중인 투자자가 무위험헤지포트폴리오(HP)를 구성하기 위해 이용해야 하는 풋옵션의 개수(h)는 다음과 같이 계산된다. 여기서 h가 양(+)의 값이므로 보유 중인 주식 1주에 대해 $-\dfrac{1}{\Delta_{Put}} = -\dfrac{1}{N(d_1)-1} = \dfrac{1}{1-N(d_1)}$ 만큼의 풋옵션을 매입하면 주가변동위험을 헤지할 수 있다.

$$HP = S_0 + h \times P_0$$
$$\Delta HP = \Delta S + h \times \Delta P = 0$$
$$h = -\frac{\Delta S}{\Delta P} = -\frac{1}{\Delta_{Put}} = -\frac{1}{N(d_1)-1} = \frac{1}{1-N(d_1)}$$

(3) 주가지수옵션을 이용한 위험헤지

보유 중인 주식에 대한 개별주식옵션이 거래되지 않는 경우에는 주가지수옵션을 이용해서 헤지할 수도 있다. 주가지수옵션을 이용해서 헤지하는 경우에도 옵션에서 취해야할 포지션은 개별주식옵션을 이용하는 경우와 동일하지만, 옵션의 기초자산인 주가지수(I)와 보유주식(S)이 일치하지 않는다는 교차헤지의 문제가 발생한다. 이러한 교차헤지의 경우에는 보유주식의 베타(β_{SI})와 주가지수옵션의 델타를 모두 고려해서 이용할 옵션의 계약수를 계산해야 한다.

① 베타(β_{SI})는 옵션의 기초자산인 주가지수의 변동률에 대한 보유주식가치의 변동률의 비율을 의미하며, 이는 <제4장 자본자산가격결정모형>에서 살펴본 베타($\beta_i = \beta_{im}$)와 동일한 의미이다.

$$\text{보유주식의 베타}(\beta_{SI}) = \frac{R_S}{R_I} = \frac{\Delta S / S_0}{\Delta I / I_0}$$

② 주가지수의 변동(ΔI)에 따른 보유주식가치의 변동(ΔS)은 보유주식의 베타(β_{SI})를 이용해서 다음과 같이 나타낼 수 있다.

$$\beta_{SI} = \frac{\Delta S / S_0}{\Delta I / I_0} \quad \rightarrow \quad \Delta S = \beta_{SI} \times \frac{\Delta I}{I_0} \times S_0$$

③ 주가지수콜옵션을 이용해서 보유 중인 주식의 가치변동위험을 제거하는 경우에 무위험헤지포트폴리오(HP)를 구성하기 위해서 이용해야 하는 주가지수콜옵션의 개수(m)는 다음과 같이 계산된다. 여기서 m이 음($-$)의 값이므로 보유 중인 주식에 대해 $\beta_{SI} \times \frac{S_0}{I_0} \times \frac{1}{\Delta_{Call}} = \beta_{SI} \times \frac{S_0}{I_0} \times \frac{1}{N(d_1)}$ 만큼의 콜옵션을 매도하면 주가변동위험을 헤지할 수 있다.

$$HP = S_0 + m \times C_0$$
$$\Delta HP = \Delta S + m \times \Delta C = 0$$
$$m = -\frac{\Delta S}{\Delta C} = -\frac{\beta_{SI} \times \frac{\Delta I}{I_0} \times S_0}{\Delta_{Call} \times \Delta I} = -\beta_{SI} \times \frac{S_0}{I_0} \times \frac{1}{\Delta_{Call}} = -\beta_{SI} \times \frac{S_0}{I_0} \times \frac{1}{N(d_1)}$$

단, S_0: 현물주식보유액

I_0: 주가지수의 가치 = 주가지수 × 거래승수

④ 주가지수풋옵션을 이용해서 보유 중인 주식의 가치변동위험을 제거하는 경우에 무위험헤지포트폴리오(HP)를 구성하기 위해서 이용해야 하는 주가지수풋옵션의 개수(h)는 다음과 같이 계산된다.

여기서 h가 양(+)의 값이므로 보유 중인 주식에 대해 $-\beta_{SI} \times \dfrac{S_0}{I_0} \times \dfrac{1}{\Delta_{Put}} = \beta_{SI} \times \dfrac{S_0}{I_0} \times \dfrac{1}{1 - N(d_1)}$ 만큼의 풋옵션을 매입하면 주가변동위험을 헤지할 수 있다.

$$HP = S_0 + h \times P_0$$
$$\Delta HP = \Delta S + h \times \Delta P = 0$$
$$h = -\frac{\Delta S}{\Delta P} = -\frac{\beta_{SI} \times \dfrac{\Delta I}{I_0} \times S_0}{\Delta_{Put} \times \Delta I} = -\beta_{SI} \times \frac{S_0}{I_0} \times \frac{1}{\Delta_{Put}} = \beta_{SI} \times \frac{S_0}{I_0} \times \frac{1}{1 - N(d_1)}$$

[4] 주가지수옵션을 이용한 체계적위험의 관리

보유 중인 현물주식(S)과 주가지수옵션을 적절히 결합하여 포트폴리오를 구성하는 경우에는 전체 포트폴리오의 체계적위험(β_{PI})을 목표하는 수준으로 관리할 수 있다. 여기서 보유 중인 현물주식과 주가지수콜옵션 m개를 결합하여 포트폴리오(HP)를 구성하는 경우에 주가지수변동(ΔI)에 따른 포트폴리오의 가치변동(ΔHP)은 다음과 같이 나타낼 수 있다.

$$\frac{\Delta HP}{\Delta I} = \frac{\Delta S}{\Delta I} + m \times \frac{\Delta C}{\Delta I}$$
$$\frac{\Delta HP / HP_0}{\Delta I / I_0} \times HP_0 = \frac{\Delta S / S_0}{\Delta I / I_0} \times S_0 + m \times \frac{\Delta C}{\Delta I} \times I_0$$
$$\beta_{PI} \times (S_0 + m \times C_0) = \beta_{SI} \times S_0 + m \times \Delta_{Call} \times I_0$$

단, β_{PI} : 목표하는 포트폴리오의 베타

S_0 : 현물주식보유액

C_0 : 주가지수콜옵션의 가격 = 콜옵션가격 × 거래승수

I_0 : 주가지수의 가치 = 주가지수 × 거래승수

또한, 주가지수풋옵션을 이용해서 포트폴리오의 베타를 관리하는 경우에도 주가지수콜옵션과 동일한 논리를 적용하면 된다.

투자자 甲이 보유 중인 주식포트폴리오의 현재가치는 ₩200,000,000이며, 다음과 같은 3종목으로 구성되어 있다. KOSPI 200지수가 100포인트인 현재시점에 투자자 甲은 KOSPI 200옵션을 이용하여 주식포트폴리오에 대한 위험관리를 하고자 한다. 이용가능한 KOSPI 200콜옵션의 현재가격은 10포인트이고, 동 콜옵션의 델타는 0.8이며, 1포인트당 거래승수는 ₩250,000이다.

구분	A주식	B주식	C주식
베타	0.85	1.1	2.0
투자금액	₩40,000,000	₩60,000,000	₩100,000,000

물음1 투자자 甲이 보유 중인 주식포트폴리오의 가치변동위험을 헤지하기 위해서 KOSPI 200콜옵션을 이용하는 경우의 투자전략을 나타내시오.

물음2 투자자 甲이 향후 주식시장의 상승을 예상하여 상기 주식포트폴리오와 KOSPI 200콜옵션으로 구성된 포트폴리오의 베타를 3으로 증가시키고자 한다. 이를 위한 KOSPI 200콜옵션을 이용하는 경우의 투자전략을 나타내시오.

해답

물음1 주가지수콜옵션을 이용한 헤지

(1) 주식포트폴리오의 베타

$$\beta_{SI} = 0.85 \times 0.2 + 1.1 \times 0.3 + 2.0 \times 0.5 = 1.5$$

(2) 콜옵션에 대한 투자전략

$$m = -\frac{\Delta S}{\Delta C} = -\frac{\beta_{SI} \times \dfrac{\Delta I}{I_0} \times S_0}{\Delta_{Call} \times \Delta I} = -\beta_{SI} \times \frac{S_0}{I_0} \times \frac{1}{\Delta_{Call}}$$

$$= -1.5 \times \frac{₩200,000,000}{100포인트 \times ₩250,000} \times \frac{1}{0.8} = -15$$

∴ KOSPI 200콜옵션 15계약을 매도해야 한다.

물음2 체계적 위험의 관리

$$\beta_{PI} \times (S_0 + m \times C_0) = \beta_{SI} \times S_0 + m \times \Delta_{Call} \times I_0$$

$$3 \times (₩200,000,000 + m \times 10포인트 \times ₩250,000)$$

$$= 1.5 \times ₩200,000,000 + m \times 0.8 \times 100포인트 \times ₩250,000$$

∴ m=24: KOSPI 200콜옵션 24계약을 매입해야 한다.

02 포트폴리오보험전략

포트폴리오보험(portfolio insurance)전략이란 주식과 옵션 및 무위험채권 등을 적절히 결합하여 주가가 하락하는 불리한 상황에서는 전체 포트폴리오의 가치가 미리 정한 최저수준 이상으로 유지되도록 하고, 주가가 상승하는 유리한 상황에서는 주가 상승에 따른 이득을 추구하는 전략이다. 즉, 약세시장에서는 보유한 포트폴리오의 가치가 미리 설정한 보장수준 이하로 하락되지 않도록 하면서, 강세시장에서는 포트폴리오의 가치 상승에 편승하여 이득을 획득하고자 하는 투자전략이다.

(1) 풋옵션을 이용한 포트폴리오보험전략

주식포트폴리오를 보유하고 있는 경우에 보유 중인 주식포트폴리오를 기초자산으로 하는 풋옵션이 거래되고 있다면, 동 풋옵션을 매입하여 포트폴리오보험전략을 실행할 수 있다. 즉, 보유 중인 주식포트폴리오를 기초자산으로 하고, 원하는 최저보장수준을 행사가격으로 하며, 목표투자기간을 만기일로 하는 풋옵션을 매입하여 옵션투자전략에서 살펴보았던 보호적풋전략을 수행하면, 포트폴리오보험전략을 실행할 수 있다.

$$S_0 + P_0 = C_0 + PV(X)$$

(2) 콜옵션을 이용한 포트폴리오보험전략

주식포트폴리오를 보유하고 있는 경우에 보유 중인 주식포트폴리오를 기초자산으로 하는 풋옵션을 매입하는 보호적풋전략은 동일 조건의 콜옵션 매입과 무위험채권의 매입을 통해서도 복제할 수 있다. 즉, 해당 주식포트폴리오를 기초자산으로 하고, 원하는 최저보장수준을 행사가격으로 하며, 목표투자기간을 만기일로 하는 콜옵션이 거래되고 있다면, 동 콜옵션을 매입하고 행사가격(최저보장수준)의 현재가치만큼 무위험채권을 매입하면 보호적풋전략과 동일한 성과를 얻을 수 있다.

(3) 동적자산배분전략

포트폴리오보험전략을 실행함에 있어서 풋옵션이나 콜옵션을 이용하는 전략은 현실적인 실행에 있어서 여러 가지 문제점이 있다. 즉, 보유 중인 주식포트폴리오를 기초자산으로 하는 옵션이 시장에서 거래가 되어야 하며, 동 옵션의 행사가격이 투자자가 원하는 최저보장수준이어야 하고, 동 옵션의 만기가 투자자가 원하는 목표투자기간과 일치해야 한다. 이러한 문제점으로 인해 포트폴리오보험전략의 실행을 위해 현실적으로 많이 이용하는 투자전략이 동적자산배분전략이다.

① 동적자산배분전략(dynamic asset allocation)이란 투자자금의 일부는 주식포트폴리오에 투자하고 나머지 자금은 무위험채권에 투자한 후에 시장상황의 변화(주가의 상승 또는 하락)에 따라 주식포트폴리오와 무위험채권에 대한 투자비율을 계속적으로 재조정하여 포트폴리오보험전략을 실행하는 것을 말한다.

② 주식포트폴리오와 무위험채권에 투자자금을 나누어 투자한 이후에 주가가 상승하면 보유 중인 무위험채권을 일부 처분해서 유입되는 자금으로 주식포트폴리오를 추가로 매입하여 주식포트폴리오에 대한 투자비중을 증가시킴으로써 주가 상승에 따른 이득을 추구한다.

③ 주식포트폴리오와 무위험채권에 투자자금을 나누어 투자한 이후에 주가가 하락하면 보유 중인 주식포트폴리오를 일부 처분해서 유입되는 자금으로 무위험채권을 추가로 매입하여 무위험채권에 대한 투자비중을 증가시킴으로써 주가 하락에 따른 손실을 일정수준으로 제한한다.

동적자산배분전략을 이용한 포트폴리오보험전략을 블랙 - 숄즈옵션가격결정모형을 이용해서 살펴보면 다음과 같다.

$$S_0 + P_0 = S_0 - [1 - N(d_1)] \times S_0 + PV(X) \times [1 - N(d_2)]$$
$$= C_0 + PV(X) = N(d_1) \times S_0 - PV(X) \times N(d_2) + PV(X)$$
$$= N(d_1) \times S_0 + PV(X) \times [1 - N(d_2)]$$

① 기초자산을 $N(d_1)$단위 매입하고, 액면금액이 옵션의 행사가격과 동일한 무위험 무이표채권을 $[1 - N(d_2)]$단위 매입하면 보호적풋전략과 동일한 포트폴리오보험전략을 실행할 수 있다. 즉, 기초자산을 $N(d_1)$단위만 보유하고 나머지 자금으로 무위험채권을 매입하면 포트폴리오보험전략을 실행할 수 있다는 것이다.

② 이러한 자산배분전략을 실행한 이후에 기초자산가격인 주가가 상승하여 $N(d_1)$이 상승하면 주식에 대한 투자비중을 상대적으로 증가시키고, 주가가 하락하여 $N(d_1)$이 하락하면 주식에 대한 투자비중을 상대적으로 감소시키는 계속적인 재조정을 수행함으로써 보호적풋전략을 복제할 수 있다.

주식포트폴리오에 대한 선물계약이 존재하는 경우에 이러한 동적자산배분전략은 $N(d_1)$에 대한 선물매입과 무위험채권 매입 후 선물매입 계약수를 계속적으로 재조정하거나, 주식포트폴리오를 보유한 상태에서 $[1 - N(d_1)]$에 대한 선물을 매도한 후 헤지비율을 계속적으로 재조정하는 전략을 이용해서도 실행할 수 있다.

┃ **사례** ┃

A주식 10주(주당 가격 1,000원)를 보유하고 있는 투자자가 포트폴리오보험전략을 실행하고자 하며, 필요한 콜옵션의 델타가 0.8, 풋옵션의 델타가 -0.2인 경우를 가정한다.

주식 10주 보유 + 풋옵션 10개 매입 + 풋옵션 매입대금 차입
= 주식 10주 보유 + 주식 2주 처분 + 채권 매입(2주 × 1,000원 = 2,000원)
= 주식 10주 보유 + 주식 2주에 대한 선물매도
= 주식 8주 보유 + 채권 매입(2주 × 1,000원 = 2,000원)
= 8주에 대한 선물매입 + 채권 매입(10주 × 1,000원 = 10,000원)

---

03 선물과 옵션의 합성

금융상품들을 서로 결합하면 새로운 손익의 형태를 갖는 금융상품들을 만들어 낼 수 있으며, 다른 금융상품의 손익을 그대로 복제할 수도 있다. 즉, 선물이나 옵션과 같은 파생상품들을 서로 결합하면 다른 파생상품의 손익을 그대로 복제하는 합성포지션을 구성할 수 있다.

[1] 합성선물

모든 조건이 동일한 콜옵션과 풋옵션을 결합하면 선물과 동일한 손익형태의 포지션을 구성할 수 있다. 즉, 선물을 매입하는 것과 동일한 손익형태의 포지션은 모든 조건이 동일한 콜옵션을 매입하고 풋옵션을 매도하여 합성할 수 있고, 선물을 매도하는 것과 동일한 손익형태의 포지션은 모든 조건이 동일한 콜옵션을 매도하고 풋옵션을 매입하여 합성할 수 있다.

합성선물

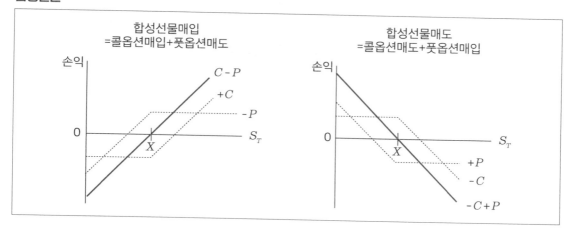

[2] 합성옵션

옵션과 선물을 결합하면 다른 옵션과 동일한 손익형태의 포지션을 구성할 수 있다. 즉, 콜옵션을 매입하는 것과 동일한 손익형태의 포지션은 선물을 매입하고 풋옵션을 매입하여 합성할 수 있고, 풋옵션을 매입하는 것과 동일한 손익형태의 포지션은 선물을 매도하고 콜옵션을 매입하여 합성할 수 있다.

합성옵션

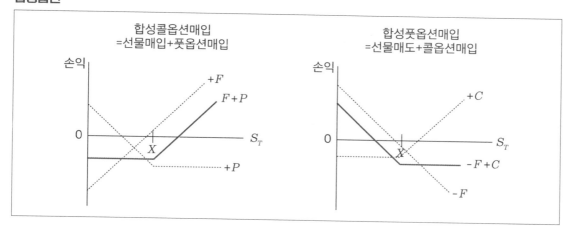

[3] 풋 - 콜 - 선물등가식

현물 - 선물등가식과 풋 - 콜등가식을 이용하면 기초자산과 만기 및 행사가격이 동일한 선물가격과 옵션가격들의 다음과 같은 일정한 등가관계를 나타낼 수 있다.

$$\text{현물 - 선물등가식: } F_0 = S_0 \times (1+R_f)^T \quad \rightarrow \quad S_0 = \frac{F_0}{(1+R_f)^T}$$

$$\text{풋 - 콜등가식: } S_0 + P_0 - C_0 = \frac{X}{(1+R_f)^T} \quad \rightarrow \quad S_0 = C_0 - P_0 + \frac{X}{(1+R_f)^T}$$

$$\therefore \ \frac{F_0}{(1+R_f)^T} = C_0 - P_0 + \frac{X}{(1+R_f)^T}$$

예제 13 풋 - 콜 - 선물등가식

연간 무위험이자율이 10%인 상황에서 (주)파랑 주식 1주를 기초자산으로 하고, 만기가 1년이며, 행사가격이 ₩11,000인 유럽형 콜옵션과 풋옵션이 시장에서 각각 ₩500과 ₩300에 거래되고 있다.

물음1 기초자산과 만기가 상기 옵션과 동일한 선물이 시장에서 거래되고 있다. 동 선물의 균형가격을 계산하시오.

물음2 만약, **물음1** 의 선물가격이 ₩11,000인 경우에 실행가능한 차익거래과정을 구체적으로 나타내시오. 단, 차익거래는 선물 1계약을 기준으로 하며, 차익거래이익은 만기시점의 금액으로 나타내시오.

해답

물음1 균형선물가격

$$\frac{F_0}{(1+R_f)^T} = C_0 - P_0 + \frac{X}{(1+R_f)^T}$$

$$\frac{F_0}{1+10\%} = ₩500 - ₩300 + \frac{₩11,000}{1+10\%}$$

∴ 균형선물가격 = ₩11,220

물음2 차익거래

선물가격 과소평가: 선물시장가격(₩11,000) < 균형선물가격(₩11,220)

거래내용	현재시점 현금흐름	만기일 현금흐름	
		$S_T \leq ₩11,000$	$S_T > ₩11,000$
선물매입	0	S_T - ₩11,000	S_T - ₩11,000
콜옵션매도	₩500	0	$-(S_T - ₩11,000)$
풋옵션매입	-₩300	₩11,000 - S_T	0
대출	-₩200	₩220	₩220
합계(차익거래이익)	₩0	₩220	₩220

한편, $X_1 < X_2$인 경우에 행사가격이 낮은(X_1) 옵션들을 이용하는 합성선물매입과 행사가격이 높은 (X_2) 옵션들을 이용하는 합성선물매도를 결합하여 만기일 기초자산가격과 무관하게 만기일가치를 행사가격의 차이인 $(X_2 - X_1)$으로 확정시키는 전략을 박스스프레드(box spread)라고 하는데, 이는 콜옵션들을 이용한 강세스프레드전략과 풋옵션들을 이용한 약세스프레드전략을 결합하는 전략이라고 할 수 있다.

$$\text{박스스프레드} = (+1 \times C_{X1} - 1 \times P_{X1}) + (-1 \times C_{X2} + 1 \times P_{X2})$$
$$= (+1 \times C_{X1} - 1 \times C_{X2}) + (-1 \times P_{X1} + 1 \times P_{X2})$$

구분	$S_T \leq X_1$	$X_1 < S_T \leq X_2$	$S_T > X_2$
C_{X1} 매입	0	$S_T - X_1$	$S_T - X_1$
C_{X2} 매도	0	0	$X_2 - S_T$
P_{X1} 매도	$S_T - X_1$	0	0
P_{X2} 매입	$X_2 - S_T$	$X_2 - S_T$	0
합계	$X_2 - X_1$	$X_2 - X_1$	$X_2 - X_1$

박스스프레드전략의 만기일 가치

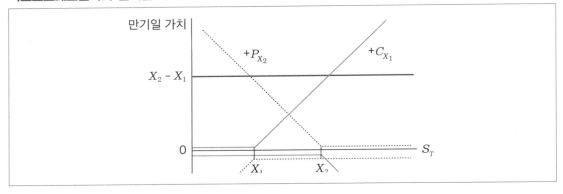

제5절 옵션가격결정모형의 응용

앞에서 살펴본 옵션가격결정모형은 기존의 전통적인 가치평가방법과는 상이한 새로운 가치평가모형이다. 이러한 옵션가격결정모형은 옵션의 균형가격결정만이 아니라 옵션의 성격을 갖는 모든 자산들의 가치평가에 응용될 수 있다. 다만, 옵션가격결정모형을 이용하여 옵션의 성격을 갖는 자산들의 가치를 평가하는 경우에는 해당 자산의 옵션적 특성을 먼저 파악해야 한다. 즉, 해당 자산이 콜옵션인지 또는 풋옵션인지를 우선적으로 파악해야 하며, 기초자산과 행사가격 및 만기 등을 파악해야 하는데, 이는 특정시점의 해당 자산의 가치를 분석하여 파악할 수 있다.

01 자기자본과 부채

기업의 자기자본과 부채도 옵션적 특성을 갖기 때문에 옵션가격결정모형을 이용하여 자기자본과 부채의 가치를 평가할 수 있다. 기업의 부채가 액면이자를 지급하지 않는 무이표채권인 경우에 부채 만기시점의 기업가치(V_T)에 따른 부채의 가치(B_T)와 자기자본의 가치(S_T^L)는 다음과 같이 나타낼 수 있다. 단, D는 부채의 액면금액(만기상환액)을 의미한다.

구분		부채상환일의 가치	
		$V_T \leq D$	$V_T > D$
기업가치	V_T	V_T	V_T
부채가치	B_T	V_T	D
자기자본가치	S_T^L	0	$V_T - D$

즉, 채권자는 주주보다 우선하여 기업자산에 대한 청구권을 갖기 때문에 만기일의 기업가치가 부채상환액에 미달하는 경우에는 기업(V_T)을 소유하게 되고, 만기일의 기업가치가 부채상환액을 초과하는 경우에는 만기상환액(D)만을 수취하게 된다. 반면에, 주주는 기업자산에 대해 잔여적 청구권을 갖기 때문에 만기일의 기업가치가 부채상환액에 미달하는 경우에는 주주의 유한책임으로 인해 자기자본의 가치는 0이 되고, 만기일의 기업가치가 부채상환액을 초과하는 경우에는 기업가치 중에서 부채상환액을 차감한 잔여액($V_T - D$)이 자기자본의 가치가 된다.

부채상환일의 자기자본가치와 부채가치

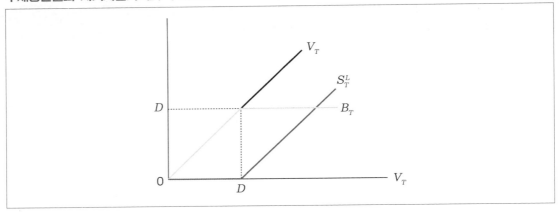

[1] 자기자본의 옵션적 특성

자기자본은 기초자산이 기업(기업자산)이고, 만기일이 부채상환일이며, 행사가격이 부채의 액면금액 (만기상환액)인 유럽형 콜옵션으로 해석할 수 있다. 또한 주주의 입장은 이러한 콜옵션을 보유하고 있는 포지션으로 해석할 수 있다.

구분	부채상환일의 가치	
	$V_T \le D$	$V_T > D$
자기자본 = 콜옵션보유	0	$V_T - D$

이러한 주주의 입장을 자기자본에 해당하는 콜옵션과 동일한 조건의 풋옵션을 이용하여 나타내면, 기업과 풋옵션을 보유($V_0 + P_0$)하고 있고, 액면금액(만기상환액)이 D인 무위험 무이표채권을 발행 $[-\dfrac{D}{(1+R_f)^T}]$, 즉 무위험이자율에 차입한 포지션으로 해석할 수 있다.

$$C_0 = S_0 + P_0 - \frac{X}{(1+R_f)^T} \quad \rightarrow \quad S_0^L = V_0 + P_0 - \frac{D}{(1+R_f)^T}$$

구분		부채상환일의 가치	
		$V_T \le D$	$V_T > D$
기업보유	V_0	V_T	V_T
풋옵션보유	P_0	$D - V_T$	0
무위험채권발행	$-PV(D)$	$-D$	$-D$
합계(자기자본)		0	$V_T - D$

[2] 부채의 옵션적 특성

부채의 가치는 기업가치에서 자기자본의 가치를 차감한 값과 동일하다. 따라서 채권자의 입장은 기업을 보유하고 있고, 자기자본에 해당하는 콜옵션을 매도한 포지션으로 해석할 수 있다.

$$\text{부채} = \text{기업(자산)} - \text{자기자본} \quad \rightarrow \quad B_0 = V_0 - S_0^L$$

구분		부채상환일의 가치	
		$V_T \leq D$	$V_T > D$
기업보유	V_0	V_T	V_T
콜옵션매도	$-C_0$	0	$-(V_T - D)$
합계(부채)		V_T	D

이러한 채권자의 입장을 자기자본에 해당하는 콜옵션과 동일한 조건의 풋옵션을 이용하여 나타내면, 액면금액(만기상환액)이 D인 무위험 무이표채권을 매입$[\dfrac{D}{(1+R_f)^T}]$, 즉 무위험이자율로 대출하고 풋옵션을 매도한 포지션으로 해석할 수 있다.

$$S_0 - C_0 = \frac{X}{(1+R_f)^T} - P_0 \quad \rightarrow \quad V_0 - S_0^L = \frac{D}{(1+R_f)^T} - P_0$$

구분		부채상환일의 가치	
		$V_T \leq D$	$V_T > D$
무위험채권매입	$PV(D)$	D	D
풋옵션매도	$-P_0$	$-(D - V_T)$	0
합계(부채)		V_T	D

따라서 부채의 현재가치는 조건이 동일한 무위험채권의 현재가치에서 자기자본에 해당하는 콜옵션과 동일한 조건의 풋옵션의 가치를 차감한 값과 동일하다.

[3] 자기자본의 옵션으로써의 의미

1] 재무적 곤경에 처한 기업의 주식가치

현재 재무적 곤경에 처한 기업이라 하더라도 부채상환일까지의 기간 동안에 기업(기업자산)의 가치가 부채상환액 이상으로 상승될 가능성이 있으므로 자기자본의 가치는 0보다 클 수 있는데, 이는 자기자본이 갖는 옵션적 특성에 기인한다. 즉, 자기자본은 기업을 기초자산으로 하는 콜옵션에 해당하며, 외가격옵션의 경우에도 시간가치 때문에 옵션의 가치는 항상 0보다 크게 되므로, 현재 기업(자산)의 가치가 부채상환액보다 작은 기업의 주식도 0보다 높은 가격에 거래될 수 있다는 것이다.

2) 주주와 채권자 간의 대리문제

<제6장 자본구조이론>에서 살펴본 바와 같이 부채의존도가 높은 기업의 주주들은 다른 조건이 동일한 경우에 보다 위험이 큰 투자안을 실행하고자 하는 유인을 갖게 되며, 경우에 따라서는 위험이 충분히 크다면 NPV가 0보다 작은 투자안도 투자하고자 하는 유인을 갖게 되는데 이는 자기자본이 갖는 옵션적 특성에 기인한다. 즉, 고위험한 투자안을 실행하는 경우에 기업자산 수익률의 변동성이 커지게 되며, 이에 따라 기업(기업 자산)을 기초자산으로 하는 콜옵션으로 해석할 수 있는 자기자본의 가치가 증가하기 때문이다.

예제 14 │ 자기자본과 부채의 가치평가

연간 무위험이자율이 25%인 현재 기업가치가 ₩10,000인 (주)파랑은 1년 후에 ₩9,000을 상환해야 하는 순수할인채권을 발행한 기업이다. (주)파랑의 기업가치는 1년 후에 60%의 확률로 40% 상승하거나, 40%의 확률로 20% 하락할 것으로 예상된다.

물음1 (주)파랑 자기자본의 가치와 부채의 가치를 계산하시오.

물음2 기초자산이 (주)파랑의 자산이며, 만기가 1년 후이고, 행사가격이 ₩9,000인 풋옵션의 가치를 계산하고, 이를 이용하여 (주)파랑 부채의 가치를 계산하시오.

해답

물음1 자기자본의 가치와 부채의 가치

위험중립확률: $p = \dfrac{1.25 - 0.8}{1.4 - 0.8} = 0.75$

자기자본의 가치 $= \dfrac{\text{₩}5,000 \times 0.75 + \text{₩}0 \times 0.25}{1.25} = \text{₩}3,000$

부채의 가치 $= \dfrac{\text{₩}9,000 \times 0.75 + 8,000 \times 0.25}{1.25} = \text{₩}7,000$

또는 부채의 가치 = 기업가치 − 자기자본의 가치 = ₩10,000 − ₩3,000 = ₩7,000

물음2 풋옵션의 가치와 부채의 가치

풋옵션의 가치: $P_0 = \dfrac{\text{₩}0 \times 0.75 + \text{₩}1,000 \times 0.25}{1.25} = \text{₩}200$

부채의 가치 = 무위험부채의 가치 − 풋옵션의 가치 $= \dfrac{D}{(1 + R_f)^T} - P_0$

$$= \dfrac{\text{₩}9,000}{1.25} - \text{₩}200 = \text{₩}7,200 - \text{₩}200 = \text{₩}7,000$$

(4) 지급보증의 옵션적 특성

기업의 부채인 위험부채에 대해서 정부나 금융기관 등의 보증기관이 지급보증을 하게 되면, 기업의 채무불이행 상황에서 보증기관이 기업을 대신하여 채무를 상환할 것이므로, 지급보증은 위험부채를 무위험부채로 전환시키는 역할을 한다. 보증기관의 지급보증이 이루어진 부채(보증사채)의 부채상환일의 가치를 나타내면 다음과 같다.

구분	부채상환일의 가치	
	$V_T \leq D$	$V_T > D$
위험부채	V_T	D
지급보증	$D - V_T$	0
합계(보증사채)	D	D

이러한 지급보증은 기초자산이 기업(기업자산)이고, 만기일이 부채상환일이며, 행사가격이 부채의 액면금액(만기상환액)인 유럽형 풋옵션으로 해석할 수 있다. 따라서 지급보증의 효과는 풋옵션을 매입하는 것과 동일하므로 지급보증의 가치를 계산하는 것은 상기 풋옵션의 가치를 계산하는 것과 동일하다.

02 담보부대출

(1) 담보부대출의 옵션적 특성

담보물에 의해 그 상환이 보증되는 담보부대출은 대출만기일에 담보물의 가치변동에 따라 현금흐름이 변동되는 옵션적 특성을 갖는다. 즉, 대출만기일에 담보물의 가치(V_T)가 만기상환액(D)을 초과하는 경우에는 만기일에 상환액을 모두 상환받을 수 있으나, 대출만기일에 담보물의 가치(V_T)가 만기상환액(D)에 미달하는 경우에는 차입자가 채무를 상환하지 않고 담보물을 포기하기 때문에 담보부대출의 만기일가치는 V_T가 되므로 담보부대출의 만기일가치는 앞에서 살펴본 위험부채와 동일하다.

구분	대출만기일 가치	
	$V_T \leq D$	$V_T > D$
담보부대출	V_T	D

이러한 담보부대출의 옵션적 특성은 기초자산이 담보물이고, 만기일이 대출상환일이며, 행사가격이 담보부대출의 만기상환액인 유럽형 옵션과 관련하여 파악할 수 있다.

(2) 담보부대출의 가치

담보부대출은 앞에서 살펴본 위험부채와 동일하므로 담보부대출의 가치와 담보부대출자의 입장은 다음과 같이 나타낼 수 있으며, 담보부차입자의 입장은 담보부대출자의 반대되는 포지션으로 파악할 수 있다.

$$\text{담보부대출} = V_0 - C_0 = \frac{D}{(1+R_f)^T} - P_0$$

$$\text{담보부대출자의 입장} = \text{담보물소유(매입)} + \text{콜옵션매도}$$

$$= \text{만기상환액의 현재가치를 무위험대출} + \text{풋옵션매도}$$

예제 15 담보부대출의 가치

연간 무위험이자율이 25%인 상황에서 파랑은행은 1년 후에 ₩9,000을 상환받기로 하고 투자자 甲에게 담보부대출을 실행하려고 한다. 투자자 甲은 현재 시장가격이 ₩10,000인 건물을 담보로 제공할 것이며, 동 건물의 1년 후 가격은 현재의 시장가격보다 40% 상승하거나, 20% 하락할 것으로 예상된다.

물음 1 상기 담보부대출이 실행되는 경우의 1년 후 담보부대출에서 발생될 현금흐름을 상황별로 나타내고 옵션가격결정모형을 이용하여 담보부대출의 가치를 계산하시오.

물음 2 담보부대출의 담보물인 건물을 기초자산으로 하며, 행사가격이 담보부대출의 만기상환액인 ₩9,000이고, 만기가 담보부대출의 만기상환일인 유럽형 콜옵션과 풋옵션의 균형가격을 계산하시오.

물음 3 투자자 甲이 건물을 담보로 제공하고 보증보험에 가입하여, 1년 후 시점에 ₩9,000을 상환하는 조건으로 현재시점에 $₩7,200 \left(= \dfrac{₩9,000}{1.25} \right)$ 을 차입하고자 한다. 투자자 甲이 최대지급가능한 보험료를 계산하시오.

해답

물음1 담보부대출의 가치

(1) 1년 후 담보부대출의 현금흐름

구분		만기일가치	
담보물가치	V_T	$V_T = ₩8,000$	$V_T = ₩14,000$
담보부대출	B_T	₩8,000	₩9,000

(2) 담보부대출의 가치

위험중립확률: $p = \dfrac{1.25 - 0.8}{1.4 - 0.8} = 0.75$

담보부대출의 가치 $= \dfrac{₩9,000 \times 0.75 + ₩8,000 \times 0.25}{1.25} = ₩7,000$

물음2 콜옵션과 풋옵션의 균형가격

(1) 만기시점 옵션의 가치($X = ₩9,000$)

구분		만기일가치	
담보물가치	V_T	$V_T = ₩8,000$	$V_T = ₩14,000$
콜옵션가치	C_T	₩0	₩5,000
풋옵션가치	P_T	₩1,000	₩0

(2) 옵션의 균형가격

$C_0 = \dfrac{₩5,000 \times 0.75 + ₩0 \times 0.25}{1.25} = ₩3,000$

$P_0 = \dfrac{₩0 \times 0.75 + ₩1,000 \times 0.25}{1.25} = ₩200$

물음3 보증보험료의 계산

(1) 1년 후 보증보험의 가치

구분		만기일가치	
담보물가치	V_T	$V_T = ₩8,000$	$V_T = ₩14,000$
보증보험의 가치		₩1,000	₩0

(2) 최대지급가능 보험료 $= \dfrac{₩0 \times 0.75 + ₩1,000 \times 0.25}{1.25} = ₩200$

03 옵션적 특성이 있는 사채

옵션적 특성이 있는 사채의 예로는 신주인수권부사채와 전환사채, 상환청구권부사채 및 수의상환사채 등을 들 수 있는데, 이들은 옵션적 특성이 없는 일반사채와 달리 추가적인 선택권이 부여된 사채들이다.

(1) 신주인수권부사채

신주인수권부사채(bond with warrants: BW)란 사채권자가 특정 기간 내에 특정 가격(인수가격)으로 신주를 인수할 수 있는 권리인 신주인수권이 부여된 사채를 말한다. 신주인수권부사채에 부여된 신주인수권은 인수가격을 기업에 납입하고 신주를 인수할 수 있는 권리이므로 콜옵션으로 해석이 가능하고, 사채권자(투자자)가 이러한 권리를 보유하기 때문에 동일조건의 일반사채보다 높은 가격에 거래된다.

1) 신주인수권과 희석효과

신주인수권부사채는 일반사채와 신주인수권이 결합된 혼합증권이라고 할 수 있다. 여기서 정해진 인수가격을 납입하고 신주를 인수할 수 있는 권리인 신주인수권은 기초자산이 신주인수권을 발행한 기업의 주식이고, 행사가격이 인수가격인 콜옵션과 유사하게 파악할 수 있다.

다만, 투자자들 간에 거래가 이루어지는 콜옵션과 달리 신주인수권은 기업이 발행하는 권리이므로 신주인수권이 행사되는 경우에는 기업의 발행주식수가 증가하여 주가가 하락하는 희석효과(dilution)가 발생하게 된다. 따라서 신주인수권의 가치를 평가할 때에는 희석효과를 고려해야 한다.

2) 신주인수권의 만기일가치

신주인수권을 보유하는 사채권자는 신주인수권 만기일의 주가(S_T)가 인수가격(X)보다 높은 경우에는 신주인수권을 행사할 것이며, 반대의 상황에서는 신주인수권의 행사를 포기할 것이다. 따라서 신주인수권의 만기일가치(W_T)는 다음과 같이 나타낼 수 있다.

구분		만기일가치	
주가	S_T	$S_T \leq X$	$S_T > X$
신주인수권의 가치	W_T	0	$S_T - X$

신주인수권을 보유하는 사채권자는 신주인수권을 행사하여 수취하는 주식의 가치와 신주의 인수가격을 비교하여 의사결정할 것이므로 상기 신주인수권 만기일의 주가(S_T)는 신주인수권이 행사된 후의 주가이며 다음과 같이 나타낼 수 있다.

$$S_T = \frac{S_T^{행사전} \times 기존주식수 + X \times 신주주식수}{기존주식수 + 신주주식수}$$

신주인수권을 발행한 기업의 입장에서는 주가보다 낮은 인수가격이 기업으로 유입되면서 주식이 발행되므로 신주인수권의 행사에 따른 주가의 하락($S_T^{행사전} \rightarrow S_T$), 즉 희석효과가 발생하게 된다. 이러한 희석효과를 고려하는 경우에 신주인수권의 만기일가치(W_T)는 다음과 같이 나타낼 수 있다.

$$W_T = Max[0,\ S_T - X]$$

$$= Max[0,\ \frac{S_T^{\text{행사전}} \times \text{기존주식수} + X \times \text{신주주식수}}{\text{기존주식수} + \text{신주주식수}} - X]$$

$$= \frac{\text{기존주식수}}{\text{기존주식수} + \text{신주주식수}} \times Max[0,\ S_T^{\text{행사전}} - X]$$

여기서 $Max[0,\ S_T^{\text{행사전}} - X]$는 일반 콜옵션의 만기일가치와 동일한 희석효과를 고려하지 않은 신주인수권의 만기일가치이며, 희석효과를 고려한 신주인수권의 만기일가치는 일반 콜옵션의 만기일가치보다 $\frac{\text{기존주식수}}{\text{기존주식수} + \text{신주주식수}}$을 곱한 것만큼 낮게 평가된다.

3] 신주인수권의 현재가치

신주인수권은 기초자산이 신주인수권을 발행한 기업의 주식이고, 행사가격이 인수가격인 콜옵션과 유사하므로 옵션가격결정모형을 이용하여 신주인수권의 현재가치(W_0)를 계산할 수 있다. 다만, 이와 같이 옵션가격결정모형에 의해 계산되는 신주인수권의 가치는 희석효과가 고려되지 않은 일반 콜옵션의 가치(C_0)이므로 신주인수권의 현재가치를 계산할 때에는 신주인수권과 동일한 조건의 일반 콜옵션의 가치에 $\frac{\text{기존주식수}}{\text{기존주식수} + \text{신주주식수}}$을 곱하여 희석효과를 반영해야 한다.

$$W_0 = \frac{\text{기존주식수}}{\text{기존주식수} + \text{신주주식수}} \times C_0$$

한편, 신주인수권의 가치 계산 시 옵션가격결정모형을 이용한 일반 콜옵션의 가치를 계산할 때 기초자산의 현재가격(S_0)과 관련하여 주의할 점은 신주인수권이 발행된 후의 주가를 적용해야 한다는 것이다. 즉, 신주인수권이 발행되는 경우 신주인수권에 대한 대가로 기업에 유입되는 자금만큼 자기자본의 가치가 증가하기 때문에 기초자산의 현재가격은 다음과 같이 계산되어야 한다.

$$S_0 = \text{신주인수권 발행전 주가} + \frac{\text{신주인수권대가}}{\text{발행주식수}}$$

4] 신주인수권부사채의 가치

신주인수권부사채는 옵션적 특성이 없는 일반사채에 신주인수권이라는 추가적인 권리가 부가된 사채이므로 일반사채의 가치에 희석효과가 반영된 신주인수권의 가치를 가산하여 신주인수권부사채의 가치를 계산할 수 있다.

> 신주인수권: 사채권자가 보유하는 콜옵션
> 신주인수권부사채의 가치 = 일반사채의 가치 + 신주인수권의 가치

예제 16 신주인수권의 가치평가

현재 발행주식수가 1,000주인 (주)파랑은 250주의 신주를 인수할 수 있는 신주인수권을 발행하였다. 2년 후에만 행사가 가능한 동 신주인수권을 행사하는 경우에 주당 ₩10,000의 인수가격에 (주)파랑의 신주를 인수할 수 있다. 신주인수권을 발행한 직후의 (주)파랑 주식의 주가는 주당 ₩10,000이고, 주가는 연간 20% 상승하거나, 20% 하락할 것으로 예상되며, 연간 무위험이자율은 10%이다.

물음1 상기 신주인수권과 조건이 동일한 콜옵션의 균형가격을 계산하시오. 즉, 기초자산이 (주)파랑 주식 1주이며, 만기가 2년, 행사가격이 ₩10,000인 유럽형 콜옵션의 균형가격을 계산하시오.

물음2 물음1 의 결과와 신주인수권의 희석효과를 고려하여 250주의 신주를 인수할 수 있는 상기 신주인수권의 총 가치를 계산하시오.

해답

\<기초자산의 가격변동\>

물음1 콜옵션 균형가격 = 희석효과를 고려하지 않은 신주인수권의 가치

위험중립확률: $p = \dfrac{1.1 - 0.8}{1.2 - 0.8} = 0.75$

$C_u = \dfrac{\text{₩}4,400 \times 0.75 + \text{₩}0 \times 0.25}{1 + 10\%} = \text{₩}3,000$

$C_d = \dfrac{\text{₩}0 \times 0.75 + \text{₩}0 \times 0.25}{1 + 10\%} = \text{₩}0$

$C_0 = \dfrac{\text{₩}3,000 \times 0.75 + \text{₩}0 \times 0.25}{1 + 10\%} = \text{₩}2,045.45$

물음2 신주인수권의 가치평가

(1) 신주 1주당 신주인수권의 가치

$\begin{aligned}
W_{uu} &= \dfrac{\text{₩}14,400 \times 1,000주 + \text{₩}10,000 \times 250주}{1,000주 + 250주} - \text{₩}10,000 \\
&= \dfrac{1,000주}{1,250주} \times \text{₩}4,400 = \text{₩}3,520
\end{aligned}$

$W_u = \dfrac{\text{₩}3,520 \times 0.75 + \text{₩}0 \times 0.25}{1.1} = \dfrac{1,000주}{1,250주} \times \text{₩}3,000 = \text{₩}2,400$

$W_0 = \dfrac{\text{₩}2,400 \times 0.75 + \text{₩}0 \times 0.25}{1.1} = \dfrac{1,000주}{1,250주} \times \text{₩}2,045.45 = \text{₩}1,636.36$

(2) 신주인수권의 총 가치: ₩1,636.36 × 250주 = ₩409,090

(2) 전환사채

전환사채(convertible bond: CB)란 사채권자가 정해진 기간 내에 보통주로 전환할 수 있는 권리인 전환권이 부여된 사채를 말한다. 전환사채에 부여된 전환권은 사채를 포기하고서 주식을 매입할 수 있는 권리이므로 주식에 대한 콜옵션으로 해석이 가능하고, 사채권자(투자자)가 이러한 권리를 보유하기 때문에 동일조건의 일반사채보다 높은 가격에 거래된다.

1) 전환사채의 기초개념

전환사채는 일반사채와 전환권이 결합된 혼합증권이라고 할 수 있다. 여기서 사채를 포기하고 보통주로 전환할 수 있는 권리인 전환권은 기초자산이 전환사채를 발행한 기업의 주식이고, 행사가격이 포기되는 전환사채의 일반사채로써의 가치인 콜옵션과 유사하게 파악할 수 있기 때문에 전환사채의 가치는 일반사채의 가치에 옵션가격결정모형을 이용해서 계산되는 콜옵션(전환권)의 가치를 가산하여 계산할 수 있다. 그리고 전환권이 행사되는 경우에 발행주식수 증가로 인한 희석효과가 발생한다는 점은 신주인수권부사채의 경우와 동일하다. 참고로 전환사채와 관련하여 알아두어야 할 용어들은 다음과 같다.

① 전환비율: 주식으로 전환 시 전환사채 1단위당 받게 되는 주식수
② 전환가격: 주식으로 전환 시 주식 1주당 포기되는 전환사채의 액면금액
③ 전환프리미엄: 현재주가에 대한 전환가격의 할증(할인)률
④ 전환가치: 주식으로 전환 시 얻게 되는 가치

사례

액면금액이 ₩100,000인 전환사채 1단위가 전환되는 경우에 10주의 보통주로 전환된다면 전환비율은 10이며, 전환가격은 $\dfrac{전환사채의\ 액면금액}{전환비율} = \dfrac{₩100,000}{10} = ₩10,000$이다. 또한 전환사채를 발행한 기업 주식의 현재주가가 ₩8,000이라면 전환프리미엄은 $\dfrac{전환가격 - 현재주가}{현재주가} = \dfrac{₩10,000 - ₩8,000}{₩8,000} = 25\%$이다.

한편, 전환사채를 보유한 사채권자는 전환권을 행사하지 않는 것이 유리한 경우에는 전환권의 행사를 포기하고 사채로 보유할 것이며, 전환권을 행사하는 것이 유리한 경우에는 전환권을 행사하여 주식으로 전환할 것이다. 따라서 전환사채를 보유한 사채권자는 전환하지 않고 사채를 계속 보유하는 경우의 가치와 전환권을 행사하는 경우에 얻게 되는 가치인 전환가치를 비교하여 전환권의 행사와 관련된 의사결정을 할 것이다. 여기서 전환 시에 얻게 되는 가치인 전환가치(conversion value: CV)는 다음과 같다.

> 전환가치 = 주식으로 전환 시 얻게 되는 가치
> = 전환 시 교부되는 주식수 × 전환 후 주가
> = 사채권자의 전환 후 지분율 × 전환 후 자기자본가치

2) 전환사채의 만기일가치

전환사채의 만기일에 전환사채를 보유하고 있는 사채권자는 만기일의 기업가치에 따라 전환권의 행사 여부를 결정할 것이다. 다음의 사례를 이용해서 전환사채의 만기일가치에 대해 살펴보기로 한다.

‖ 사례 ‖

발행주식수가 800주인 기업이 액면금액 ₩10,000, 이자지급이 없는 1년 만기 전환사채 20단위를 발행하였고, 동 전환사채의 전환비율이 10이며, 전환사채 이외의 부채는 없다고 가정한다. 동 전환사채의 만기일에 전환사채가 전환되는 경우 발행되는 주식수는 200주이므로 사채권자의 전환 후 지분율은 20%가 되어 전환가치는 $0.2V_T$가 된다. 따라서 사채권자는 전환사채 만기일의 기업가치가 최소한 ₩1,000,000을 초과해야 전환가치가 일반사채의 가치보다 커지므로 전환권을 행사할 것이다.

기업가치	$V_T \leq 20$만원	20만원$< V_T \leq 100$만원	$V_T > 100$만원
① 일반사채의 가치	V_T	20만원	20만원
② 전환가치	$0.2V_T \leq 4$만원	4만원$< 0.2V_T \leq 20$만원	$0.2V_T > 20$만원
전환사채의 가치 = Max[①, ②]	V_T	20만원	$0.2V_T$

전환사채의 만기일가치

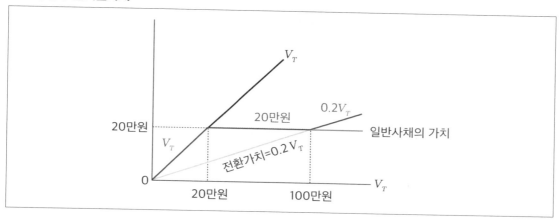

3) 전환사채의 현재가치

현재시점의 전환사채가치의 하한은 일반사채의 가치와 전환가치 중에서 보다 큰 값이 되며, 전환사채의 현재가치는 일반사채의 가치에 전환권의 가치를 가산하여 결정된다.

> 전환사채의 가치 = 일반사채의 가치 + 전환권의 가치

여기서 전환권은 옵션이므로 전환권의 가치는 내재가치와 시간가치로 구성되며, 전환가치가 일반사채의 가치보다 큰 구간에서는 양(+)의 내재가치를 갖게 된다.

전환사채와 전환권의 가치

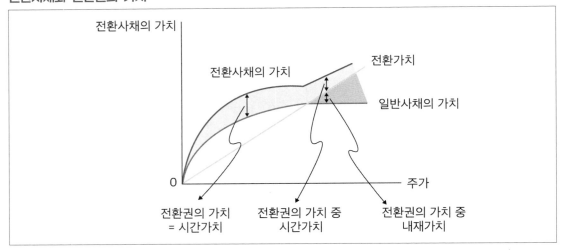

예제 17 전환사채의 가치평가

연간 무위험이자율이 25%인 상황에서 부채로 만기 2년, 액면금액 ₩9,000의 무이표채권만을 발행한 (주)파랑의 현재 기업가치는 ₩10,000이며, 이러한 기업가치는 연간 40% 상승하거나 20% 하락할 것으로 예상된다.

물음1 상기 무이표채권이 옵션적 특성이 없는 일반사채인 경우를 가정하여 동 채권의 현재가치를 계산하시오.

물음2 상기 무이표채권이 전환사채인 경우를 가정한다. 전환권은 2년 후인 채권의 만기시점에만 행사가 가능하고 전환 시 사채권자들의 지분율은 50%가 된다. 동 전환사채의 현재가치를 계산하시오.

해답

<기업가치의 변동>

물음1 일반사채의 가치평가

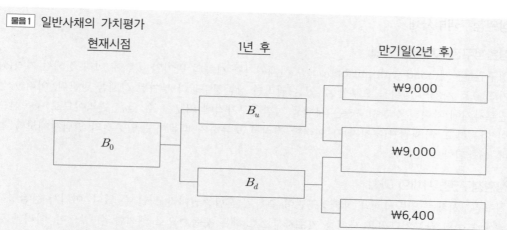

위험중립확률: $p = \dfrac{1.25 - 0.8}{1.4 - 0.8} = 0.75$

$B_u = \dfrac{₩9,000 \times 0.75 + ₩9,000 \times 0.25}{1.25} = ₩7,200$

$B_d = \dfrac{₩9,000 \times 0.75 + ₩6,400 \times 0.25}{1.25} = ₩6,680$

$B_0 = \dfrac{₩7,200 \times 0.75 + ₩6,680 \times 0.25}{1.25} = ₩5,656$

물음2 전환사채의 가치평가

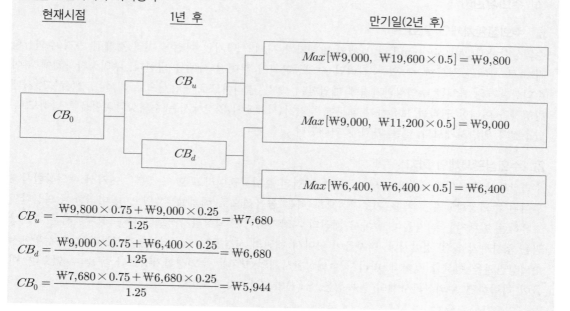

$CB_u = \dfrac{₩9,800 \times 0.75 + ₩9,000 \times 0.25}{1.25} = ₩7,680$

$CB_d = \dfrac{₩9,000 \times 0.75 + ₩6,400 \times 0.25}{1.25} = ₩6,680$

$CB_0 = \dfrac{₩7,680 \times 0.75 + ₩6,680 \times 0.25}{1.25} = ₩5,944$

(3) 상환청구권부사채

1) 상환청구권부사채의 의의

상환청구권부사채(bond with put option)란 사채권자가 사채의 만기일 이전에 미리 정해진 가격(상환청구가격)으로 사채의 상환을 요구할 수 있는 권리인 상환청구권이 부여된 사채를 말한다. 이러한 상환청구권부사채에 부여된 상환청구권은 사채를 상환청구가격에 처분할 수 있는 권리이므로 풋옵션으로 해석이 가능하고, 사채권자(투자자)가 이러한 권리를 보유하기 때문에 동일조건의 일반사채보다 높은 가격에 거래된다.

2) 상환청구권부사채의 가치

상환청구권부사채는 일반사채와 상환청구권이 결합된 혼합증권이라고 할 수 있다. 여기서 상환청구권부사채에 부여된 상환청구권은 사채를 기초자산으로 하는 풋옵션으로 해석할 수 있으며, 이러한 상환청구권을 보유하는 사채권자는 이자율이 낮아서 채권의 시장가격이 상환청구가격보다 높은 상황에서는 상환청구권을 행사하지 않을 것이지만, 이자율이 높아서 채권의 시장가격이 상환청구가격보다 낮은 상황에서는 상환청구권을 행사할 것이다. 따라서 상환청구권부사채의 가치는 상환청구가격보다 낮을 수 없으며, 이자율이 상승하면 일반사채에 비해 상환청구권부사채의 볼록성이 심하게 된다.

> 상환청구권부사채의 가치 = 일반사채의 가치 + 상환청구권의 가치

(4) 수의상환사채

1) 수의상환사채의 의의

수의상환사채(callable bond)란 사채의 발행자가 사채의 만기일 이전에 미리 정해진 가격(수의상환가격)으로 사채를 상환할 수 있는 권리인 수의상환권이 부여된 사채를 말한다. 수의상환사채에 부여된 수의상환권은 사채를 수의상환가격에 매입할 수 있는 권리이므로 콜옵션으로 해석이 가능하고, 사채의 발행자가 이러한 권리를 보유하기 때문에 투자자(사채권자)입장에서는 수의상환위험을 부담하므로 동일조건의 일반사채보다 낮은 가격에 거래된다.

2) 수의상환사채의 가치

수의상환사채는 일반사채와 수의상환권이 결합된 혼합증권이라고 할 수 있다. 여기서 수의상환사채에 부여된 수의상환권은 사채를 기초자산으로 하는 콜옵션으로 해석할 수 있으며, 이러한 수의상환권을 보유하는 발행자는 이자율이 높아서 채권의 시장가격이 수의상환가격보다 낮은 상황에서는 수의상환권을 행사하지 않을 것이지만, 이자율이 낮아서 채권의 시장가격이 수의상환가격보다 높은 상황에서는 수의상환권을 행사할 것이다. 따라서 수의상환사채의 가치는 수의상환가격보다 높을 수 없으며, 이자율이 하락하면 수의상환사채의 볼록성은 음(−)의 값을 갖게 된다.

> 수의상환사채의 가치 = 일반사채의 가치 − 수의상환권의 가치

예제 18 상환청구권부사채와 수의상환사채의 가치평가

(주)파랑은 액면금액 ₩120,000, 만기 2년의 무이표채권을 발행하고자 한다. 현재부터 1년간의 시장이자율은 25%이며, 시장이자율은 1년 후 시점에서 동일한 확률로 5%p 하락하여 20%가 되거나 3%p 상승하여 28%가 될 것으로 예상된다. 모든 투자자들은 위험중립적이며, (주)파랑의 채무불이행위험은 없다는 가정하에 다음의 독립적인 물음에 답하시오.

물음1 상기 무이표채권이 옵션적 특성이 없는 일반사채인 경우의 현재가치를 계산하시오.

물음2 상기 무이표채권이 수의상환사채이며, (주)파랑이 1년 후 시점에 동 채권을 ₩95,000에 수의상환할 수 있는 권리를 갖는 경우에 수의상환권의 현재가치를 계산하시오.

물음3 상기 무이표채권이 상환청구권부사채이며, 사채권자가 1년 후 시점에 동 채권을 ₩95,000에 상환청구할 수 있는 권리를 갖는 경우에 상환청구권의 현재가치를 계산하시오.

해답

물음1 일반사채인 경우

위험중립확률: $p = 0.5$

1년 후 이자율이 20%인 경우: $B_u = \dfrac{₩120,000}{1.2} = ₩100,000$

1년 후 이자율이 28%인 경우: $B_d = \dfrac{₩120,000}{1.28} = ₩93,750$

일반사채의 현재가치 $= \dfrac{₩100,000 \times 0.5 + ₩93,750 \times 0.5}{1.25} = ₩77,500$

물음2 수의상환사채인 경우

수의상환사채의 현재가치 $= \dfrac{\begin{array}{c}Min[₩100,000, ~₩95,000] \times 0.5 \\ + Min[₩93,750, ~₩95,000] \times 0.5\end{array}}{1.25} = ₩75,500$

수의상환권의 가치 $=$ 일반사채의 가치 $-$ 수의상환사채의 가치 $= ₩77,500 - ₩75,500$

$= \dfrac{(₩100,000 - ₩95,000) \times 0.5 + ₩0 \times 0.5}{1.25} = ₩2,000$

물음3 상환청구권부사채인 경우

상환청구권부사채의 현재가치 $= \dfrac{\begin{array}{c}Max[₩100,000, ~₩95,000] \times 0.5 \\ + Max[₩93,750, ~₩95,000] \times 0.5\end{array}}{1.25} = ₩78,000$

상환청구권의 가치 $=$ 상환청구권부사채의 가치 $-$ 일반사채의 가치 $= ₩78,000 - ₩77,500$

$= \dfrac{₩0 \times 0.5 + (₩95,000 - ₩93,750) \times 0.5}{1.25} = ₩500$

04 실물옵션의 평가

실물옵션(real option)이란 실물투자안에 내재되어 있는 옵션을 말하는데 전통적인 투자안 평가기법들은 투자전략의 수정기회와 투자안의 전략적 가치 등 실물투자안이 갖는 옵션적 특성을 고려하지 못하고 있다. 즉, 전통적인 투자안 평가기법들은 투자안의 가치에 영향을 미치는 변수들이 투자시점에 확정되어 미래에도 변동되지 않는다는 전제하에 투자안의 가치를 평가한다는 것이다. 그러나 현실에서는 기업이 처한 상황이 투자시점에 예상했던 것과는 달리 끊임없이 변경되며, 이에 따라 최초 투자결정을 수정할 수도 있으므로 이러한 투자전략의 수정기회와 투자안의 전략적 가치도 일종의 옵션으로 해석하여 투자안의 가치평가 시 고려해야 한다.

(1) 대표적인 실물옵션

실물옵션은 투자안의 동태적 특성에 따라 여러 가지로 다양하지만, 본서에서는 대표적인 실물옵션인 포기옵션과 확장옵션 및 연기옵션 등에 대해서 살펴보기로 한다.

1) 포기옵션

포기옵션(abandonment option)이란 투자안을 실행한 후에 해당 투자안을 일정한 대가를 받고 포기(또는 처분)할 수 있는 기회를 말한다. 즉, 투자안을 실행한 이후에 투자안에서 발생되는 현금흐름이 예상에 미치지 못하는 경우에는 동 투자안을 일정한 가격에 처분하는 것이 유리할 수 있으며, 이러한 포기옵션(또는 처분옵션)은 기초자산이 포기되는 투자안이고, 행사가격이 투자안 포기에 따른 처분가격인 미국형 풋옵션으로 해석할 수 있다.

2) 확장옵션

확장옵션(expansion option)이란 투자안을 실행한 후에 이를 바탕으로 한 후속투자를 통해 추가적인 가치증대를 얻을 수 있는 기회를 말한다. 즉, 현재시점에서의 투자안 실행이 미래에 다른 투자안 실행의 교두보가 될 수 있다면, 현재시점의 투자안은 기업이 후속투자를 할 수 있도록 허용해주는 옵션으로 볼 수 있으며, 이러한 확장옵션(또는 후속투자기회의 선택권)은 기초자산이 후속투자안이고, 행사가격이 후속투자안의 투자비용인 미국형 콜옵션으로 해석할 수 있다.

3) 연기옵션

연기옵션(option to defer)이란 투자안의 실행을 미래로 연기할 수 있는 가능성을 말한다. 즉, 현재시점에서 투자안을 실행하지 않고, 불확실성이 감소될 수 있는 미래로 투자의사결정을 연기할 수 있다면, 투자안 실행의 연기가능성(또는 투자시기 선택권)은 옵션으로 볼 수 있다. 이러한 연기옵션이 있는 투자안은 기초자산이 해당 투자안이며, 행사가격이 투자안의 투자비용인 미국형 콜옵션으로 해석할 수 있다.

이러한 실물옵션을 고려한 투자의사결정을 위해서는 실물옵션이 고려된 투자안의 가치(또는 NPV)를 계산해야 하는데, 이 경우 투자안의 가치는 다음과 같이 나타낼 수 있다.

> 실물옵션을 고려한 투자안의 가치(또는 NPV)
> = 옵션이 없는 경우의 투자안의 가치(또는 NPV) + 실물옵션의 가치

예제 19 실물옵션의 가치평가

현재(t=0)시점에 (주)파랑은 ₩900의 투자금액이 소요되는 투자안의 실행을 고려하고 있다. 현재(t=0)시점에 투자안을 실행하는 경우에 1년 후(t=1) 시점 투자안의 가치는 75%의 확률로 ₩1,400이 되거나, 25%의 확률로 ₩800이 될 것으로 예상된다. 투자안의 평가에 적절한 할인율은 25%이며, 연간 무위험이자율이 10%라는 가정하에 다음 독립적인 물음에 답하시오.

물음1 옵션적 특성을 고려하지 않는 경우에 투자안의 현재가치와 NPV를 계산하시오.

물음2 상기 투자안을 1년 후(t=1) 시점에 ₩900에 처분할 수 있는 권리가 있는 경우에 투자안의 현재가치를 계산하고, 이러한 포기옵션(처분옵션)의 현재가치를 계산하시오.

물음3 상기 투자안을 실행하고 나서 1년 후(t=1) 시점에 ₩200의 추가적인 후속투자를 통해 1년 후(t=1) 시점 투자안의 가치를 20%만큼 증가시킬 수 있는 경우에 투자안의 현재가치를 계산하고, 이러한 확장옵션(후속투자기회의 선택권)의 현재가치를 계산하시오.

물음4 상기 투자안의 실행과 관련된 의사결정을 1년 후(t=1)로 연기할 수 있다. 1년 후(t=1) 시점에 투자하는 경우에도 투자금액은 ₩900으로 현재와 동일하며, 의사결정의 연기와 무관하게 1년 후(t=1) 시점 투자안의 가치도 75%의 확률로 ₩1,400이 되거나, 25%의 확률로 ₩800이 될 것으로 예상되는 경우에 연기가능성을 고려한 투자안의 NPV를 계산하고, 이러한 연기옵션(투자시기 선택권)의 현재가치를 계산하시오.

해답

물음1 옵션적 특성을 고려하지 않는 경우

$$\text{투자안의 가치} = \frac{₩1,400 \times 0.75 + ₩800 \times 0.25}{1.25} = ₩1,000$$

투자안의 NPV = ₩1,000 - ₩900 = ₩100

물음2 포기옵션을 고려하는 경우

위험중립확률: $p = \dfrac{1.1 - 0.8}{1.4 - 0.8} = 0.5$

$$\text{포기옵션을 고려한 투자안의 가치} = \frac{₩1,400 \times 0.5 + ₩900 \times 0.5}{1.1} = ₩1,045.45$$

포기옵션(처분옵션)의 가치
= 포기옵션을 고려한 투자안의 가치 - 포기옵션을 고려하지 않은 투자안의 가치
= ₩1,045.45 - ₩1,000 = ₩45.45

또는 포기옵션(처분옵션)의 가치 $= \dfrac{₩0 \times 0.5 + ₩100 \times 0.5}{1.1} = ₩45.45$

물음 3 확장옵션을 고려하는 경우

확장옵션을 고려한 투자안의 가치

$$= \frac{(\text{₩}1,400 + \text{₩}1,400 \times 0.2 - \text{₩}200) \times 0.5 + \text{₩}800 \times 0.5}{1.1} = \text{₩}1,036.36$$

확장옵션(후속투자기회)의 선택권의 가치

= 확장옵션을 고려한 투자안의 가치 - 확장옵션을 고려하지 않은 투자안의 가치

= ₩1,036.36 - ₩1,000 = ₩36.36

또는 확장옵션의 가치 $= \dfrac{(\text{₩}1,400 \times 0.2 - \text{₩}200) \times 0.5 + \text{₩}0 \times 0.5}{1.1} = \text{₩}36.36$

물음 4 연기옵션을 고려하는 경우

1년 후에 투자의사결정을 하는 경우의 NPV

$$= \frac{\begin{array}{l}[Max(\text{₩}1,400 - \text{₩}900, \text{₩}0) = \text{₩}500] \times 0.5 \\ + [Max(\text{₩}800 - \text{₩}900, \text{₩}0) = \text{₩}0] \times 0.5\end{array}}{1.1} = \text{₩}227.27$$

연기옵션(투자시기 선택권)의 현재가치

= 연기가능성을 고려한 NPV - 연기가능성을 고려하지 않은 NPV

= ₩227.27 - ₩100 = ₩127.27

(2) 옵션가격결정모형을 이용한 실물옵션 평가 시의 유의사항

앞에서 살펴본 바와 같이 옵션적 특성이 있는 실물투자안 평가에 옵션가격결정모형을 이용할 수 있으나, 금융자산에 대한 옵션에 비해 실물옵션은 투자안의 동태적인 특성에 따라 복잡한 요소가 많기 때문에 모형의 적용에 신중해야 한다.

① 옵션가격결정모형은 차익거래가 발생하지 않는 균형상태에서의 옵션가격을 계산하는 모형이다. 그러나 금융자산과 달리 유동성이 매우 낮은 실물투자안의 경우에는 차익거래가 활발하게 이루어질 수 없기 때문에 옵션가격결정모형에 의해 평가된 실물투자안(실물옵션)의 가치는 현실성이 없는 금액일 수도 있다.

② 옵션가격결정모형은 기초자산의 변동성이 알려져 있고, 옵션의 만기까지 일정하다고 가정하지만, 유동성이 낮고 만기가 긴 실물투자안은 변동성의 추정과 안정성에 대한 가정에 문제가 있을 수 있다.

③ 옵션가격결정모형은 옵션의 행사가 순간적으로 이루어진다고 가정하지만, 실물옵션의 경우에는 옵션의 행사, 즉 투자안의 실행이 순간적으로 이루어질 수 없다. 또한 금융자산에 대한 옵션은 행사가격이 확정되어 있지만, 실물옵션의 경우에는 행사가격 자체가 변동될 수도 있다.

④ 금융자산에 대한 옵션은 행사와 동시에 옵션으로써의 가치가 소멸되지만, 실물옵션의 행사는 또 다른 새로운 옵션을 창출하는 경우가 많다.

01 1기간 이항옵션가격결정모형을 이용하며, 무위험이자율은 연 10%이다. 기초자산인 A주식의 현재 주가는 10,000원이며, 1년 후 주가는 60%의 확률로 13,000원이 되거나 40%의 확률로 8,000원이 될 것으로 예상된다. 무배당주식인 A주식 1주를 기초자산으로 하는 유럽형 콜옵션이 거래되고 있으며, 옵션의 만기는 1년이고, 행사가격은 11,900원이다. 콜옵션의 균형가격을 계산하시오.

① 500원   ② 600원   ③ 700원
④ 800원   ⑤ 900원

02 기초자산이 무배당주식인 옵션에 대한 1기간 이항옵션가격결정모형과 관련된 다음 설명들 중에서 가장 옳지 못한 것을 고르시오.

① 주가의 연속적인 변동을 가정하여, 무배당주식을 기초자산으로 하는 유럽식 옵션의 균형가격을 계산하는 모형이다.

② 주식과 옵션을 적절히 결합하면 옵션만기일의 주가변동상황과 무관하게 일정한 가치가 보장되는 무위험헤지포트폴리오를 구성할 수 있다.

③ 주식과 무위험이자율로의 차입(또는 대출)을 결합해서 옵션과 동일한 손익구조를 갖는 복제포트폴리오를 구성할 수 있다.

④ 옵션가격은 투자자들이 주관적으로 예상하는 기초자산가격의 상승확률이나 하락확률과는 무관하게 결정된다.

⑤ 옵션가격은 투자자들의 위험에 대한 태도와는 무관하게 결정된다.

03 블랙-숄즈옵션가격결정모형의 옵션가격결정식은 다음과 같다. 관련된 설명들 중에서 가장 옳지 못한 것을 고르시오.

> 콜옵션가격결정식: $C_0 = N(d_1) \times S_0 - \dfrac{X}{e^{R_f \times T}} \times N(d_2)$
>
> 풋옵션가격결정식: $P_0 = -[1 - N(d_1)] \times S_0 + \dfrac{X}{e^{R_f \times T}} \times [1 - N(d_2)]$

① 기초자산 1단위를 매입하고 $\dfrac{1}{N(d_1)}$만큼의 콜옵션을 매도하면 무위험헤지포트폴리오를 구성할 수 있다.

② $[1 - N(d_1)]$만큼의 기초자산을 매입하고 풋옵션을 1단위 매입하면 무위험헤지포트폴리오를 구성할 수 있다.

③ $N(d_2)$는 옵션의 만기일에 콜옵션이 행사될 위험중립확률을 의미한다.

④ 풋옵션의 델타는 $[1 - N(d_1)]$이다.

⑤ 옵션만기일에 풋옵션이 내가격 상태가 될 위험중립확률은 $[1 - N(d_2)]$이다.

정답 및 해설

01 ② $$p = \frac{1 + R_f - d}{u - d} = \frac{1.1 - 0.8}{1.3 - 0.8} = 0.6$$

$$C_0 = \frac{C_u \times p + C_d \times (1-p)}{1 + R_f} = \frac{1{,}100원 \times 0.6 + 0원 \times 0.4}{1.1} = 600원$$

02 ① 이항옵션가격결정모형에서는 주가(기초자산가격)의 이산적인 변동을 가정하며, 1기간 이항옵션가격결정모형에서는 기초자산의 가격이 옵션만기일에 단 1회 변동한다고 가정한다.

03 ④ 풋옵션의 델타는 $-[1 - N(d_1)] = [N(d_1) - 1]$이다.

해커스 윤민호 재무관리

회계사 · 세무사 · 경영지도사 단번에 합격! 해커스 경영아카데미
cpa.Hackers.com

제15장

금융투자론의 기타주제

제1절 국제재무관리

현대사회에서 기업의 경영활동은 한 국가 내에 국한되지 않고 점차 국제화되어가고 있다. 국제재무관리란 이러한 기업의 국제적인 경영활동 과정에서 기업이 필요로 하는 자본을 조달하고, 조달된 자본을 운용하는 것과 관련된 이론과 기법을 연구하는 분야를 말한다. 기업의 국제재무관리와 관련된 의사결정도 본질적으로는 앞에서 살펴본 일반재무관리와 동일한 원칙이 적용되지만, 의사결정과정에 국제재무활동에서 발생할 수 있는 환위험과 국가위험 등을 추가로 고려해야 한다는 점에서 차이가 있다.

① 환위험(foreign exchange risk): 환율의 변동에 따른 재무적 성과의 변동위험을 말한다.
② 국가위험(country risk): 재산몰수, 외환통제, 송금제한 등 활동대상국의 경제, 정치, 법률, 사회, 문화적 특성에 따른 위험을 말한다.

이러한 위험 중 환위험은 여러 가지 관리기법을 통해 기업이 통제가능한 위험이지만, 국가위험은 기업이 통제할 수 없는 위험이기 때문에 국제재무관리에서 가장 중요한 관심사는 환위험관리라고 할 수 있다. 참고로 국제재무관리는 기업재무론에서 살펴볼 내용이지만, 국제재무관리에서 가장 중요한 내용이 환위험관리이며, 이를 위해서는 파생상품에 대한 이해가 선행되어야 하므로 본서에서는 논의의 편의상 국제재무관리를 금융투자론에서 설명하고 있음을 부언해 둔다.

01 환율의 의의와 종류

[1] 환율의 의의와 표시방법

환율(foreign exchange)이란 외환시장에서 양 국가 통화 간의 교환비율을 말한다. 이러한 환율은 표시방법에 따라 자국통화표시방법과 외국통화표시방법으로 구분할 수 있는데, 자국통화표시방법(직접환율이라고도 한다.)은 외국통화를 기준으로 외국통화 1단위의 가격을 자국통화로 표시하는 방법이며, 외국통화표시방법(간접환율이라고도 한다.)은 자국통화를 기준으로 자국통화 1단위의 가격을 외국통화로 표시하는 방법이다.

사례

현재 원달러환율이 ₩1,000/$이라면 시장에서의 원화와 달러화 간의 교환비율이 ₩1,000 : $1라는 의미이며, 이는 현재 시장에서 $1를 ₩1,000에 매입하거나 매도할 수 있음을 나타낸다.

자국통화표시방법: ₩1,000/$ 또는 $1 = ₩1,000
외국통화표시방법: $0.001/₩ 또는 ₩1 = $0.001

본 절에서는 특별한 언급이 없는 한 자국통화표시방법을 이용하여 환율을 표시하고 우리나라의 기업(또는 투자자)을 가정하여 논의를 전개할 것임을 부언해 둔다.

[2] 환율의 종류와 차익거래

환율은 기준환율, 교차환율, 재정환율로 구분할 수 있다. 기준환율(basic rate)이란 대외거래가 가장 많은 외국통화에 대한 환율을 말하고, 교차환율(cross rate)이란 기준환율의 대상이 되는 외국통화와 제3국통화 간의 환율을 말하며, 재정환율(arbitrage rate)이란 기준환율과 교차환율의 관계에서 도출되는 자국통화와 제3국통화 간의 환율을 말한다.

사례

우리나라의 경우에는 대외거래가 가장 많은 외국통화가 미국 달러화이므로 원달러환율이 기준환율(₩1,000/$)이다. 이러한 기준환율의 대상이 되는 미국 달러화와 일본 엔화 간의 환율인 교차환율이 ¥100/$이라면 차익거래(재정거래)가 발생되지 않을 원화와 엔화 간의 환율은 ₩1,000/¥100(= ₩10/¥1)이 되어야 하며, 이를 재정환율이라고 한다.

① 서울외환시장에서의 원달러환율이 ₩1,000/$이고, 뉴욕외환시장에서의 엔달러환율이 ¥100/$이라면 동경외환시장에서의 원엔환율은 ₩10/¥이 되어야만 차익거래가 발생하지 않는다. 그러나 동경외환시장에서의 원엔환율이 ₩12/¥이라면 현재 ₩1,000을 보유하고 있는 투자자는 다음과 같은 차익거래가 가능하다.

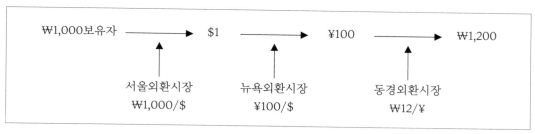

② 차익거래가 발생하지 않기 위해서는 각 환율 간에 $\frac{W}{\$} \times \frac{\$}{¥} \times \frac{¥}{W} = 1$과 같은 관계가 성립해야 하지만, 현재의 환율관계는 $\frac{W1,000}{\$1} \times \frac{\$1}{¥100} \times \frac{¥1}{W12} = 0.833 < 1$이므로 서울외환시장에서는 달러화가 상대적으로 과소평가, 뉴욕외환시장에서는 엔화가 상대적으로 과소평가, 동경외환시장에서는 원화가 상대적으로 과소평가 되어있기 때문에 차익거래가 발생하게 된다.

02 환율결정이론

외환시장에서의 환율은 이론적으로 양국가의 예상인플레이션율과 명목이자율의 상호작용에 의해 결정되는데, 이들의 상호관계와 환율결정이론들을 나타내면 그림(환율결정이론)과 같다.

환율결정이론

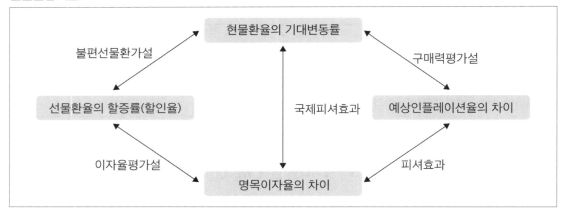

이러한 예상인플레이션율과 명목이자율의 상호관계를 토대로 여러 가지 환율결정이론에 대해서 살펴보기로 한다.

(1) 구매력평가설

구매력평가설(purchasing power parity)은 환율이 양 국가 통화의 실질구매력에 의해 결정되고, 양국의 인플레이션율의 차이가 발생하면 양국 통화의 구매력 차이가 발생하여 환율이 변동하게 되며, 이에 따라 현물환율의 기대변동률이 양 국가 예상인플레이션율의 차이에 의해 결정된다는 이론이다.

─‖ **사례** ‖─────────────────────────

현재 동일한 빵 1개의 가격이 한국에서는 ₩1,000이고, 미국에서는 $1이며, 한국의 예상인플레이션율($i_K$)은 연 15%, 미국의 예상인플레이션율($i_A$)은 연 5%라고 가정한다.

① 현재는 ₩1,000과 $1의 구매력이 동일하므로 원달러현물환율($S_0$)이 ₩1,000/$로 결정되어야만 차익거래가 발생하지 않는 균형상태가 될 수 있다.

② 양 국가의 예상인플레이션율에 따라 동일한 빵 1개의 1년 후 가격은 한국과 미국에서 각각 ₩1,150과 $1.05이 될 것으로 예상되며, 1년 후에는 ₩1,150과 $1.05의 구매력이 동일할 것으로 예상되기 때문에 1년 후 환율(S_1)에 대한 예상치인 기대현물환율은 다음과 같이 계산된다.

$$E(S_1) = S_0 \times \frac{(1+i_K)}{(1+i_A)} = \frac{₩1,000}{\$1} \times \frac{(1+15\%)}{(1+5\%)} = ₩1,095.24/\$$$

따라서 구매력평가설이 성립하는 경우에는 현물환율의 기대변동률이 양 국가의 예상인플레이션율의 차이에 의해 결정됨을 알 수 있다.

$$E(S_1) = S_0 \times \frac{(1+i_K)}{(1+i_A)} \quad \rightarrow \quad \frac{E(S_1)-S_0}{S_0} \approx i_K - i_A$$

(2) 피셔효과와 국제피셔효과

1) 피셔효과

피셔효과(fisher effect)란 특정국가의 명목이자율은 실질이자율과 예상인플레이션율에 의해 결정되며, 양 국가의 명목이자율의 차이는 양 국가의 예상인플레이션율의 차이에 의해 결정된다는 이론이다.

① <제1장 확실성하의 기업가치평가>에서 살펴본 바와 같이 피셔효과에 따르면 특정국가의 명목이자율(R)과 실질이자율(r) 및 예상인플레이션율(i) 간에는 다음과 같은 관계가 있다.

$$(1+R) = (1+r) \times (1+i)$$

② 피셔효과를 고려하는 경우에 한국의 명목이자율(R_K)과 미국의 명목이자율(R_A) 간의 비례적인 관계는 다음과 같이 나타낼 수 있다.

$$\frac{(1+R_K)}{(1+R_A)} = \frac{(1+r_K) \times (1+i_K)}{(1+r_A) \times (1+i_A)}$$

③ 국가 간 자본이동에 제한이 없다면 국제금융시장의 균형상태에서는 모든 국가의 실질이자율(자본의 한계생산성)이 동일($r_K = r_A$)해질 것이므로 균형상태에서는 다음과 같은 관계가 형성되어야 한다.

$$\frac{(1+R_K)}{(1+R_A)} = \frac{(1+i_K)}{(1+i_A)}$$

따라서 피셔효과가 성립하는 경우에는 양 국가의 명목이자율의 차이가 양국가의 예상인플레이션율의 차이에 의해 결정됨을 알 수 있다.

$$\frac{(1+R_K)}{(1+R_A)} = \frac{(1+i_K)}{(1+i_A)} \quad \rightarrow \quad R_K - R_A = i_K - i_A$$

2) 국제피셔효과

국제피셔효과(international fisher effect)는 구매력평가설과 피셔효과를 결합시킨 이론으로써 현물환율의 기대변동률이 양 국가 명목이자율의 차이에 의해 결정된다는 이론이다.

─┤ 사례 ├─

현물환율(S_0)이 ₩1,000/$인 상황에서 원화에 대한 한국의 연간 명목이자율(R_K)이 20%이고, 달러화에 대한 미국의 연간 명목이자율(R_A)이 10%라면, ₩1,000을 한국에서 예금하는 경우의 1년 후 가치는 ₩1,200이고 $1을 미국에서 예금하는 경우의 1년 후 가치는 $1.1이므로 1년 후 환율($S_1$)에 대한 예상치인 기대현물환율은 다음과 같이 계산된다.

$$E(S_1) = S_0 \times \frac{(1+R_K)}{(1+R_A)} = \frac{\text{₩}1,000}{\$1} \times \frac{(1+20\%)}{(1+10\%)} = \text{₩}1,090.91/\$$$

따라서 국제피셔효과가 성립하는 경우에는 현물환율의 기대변동률이 양 국가의 명목이자율의 차이에 의해 결정됨을 알 수 있다.

$$E(S_1) = S_0 \times \frac{(1+R_K)}{(1+R_A)} \quad \rightarrow \quad \frac{E(S_1)-S_0}{S_0} \approx R_K - R_A$$

(3) 이자율평가설

이자율평가설(interest rate parity)은 현물환율 대비 선물환율의 할증률(할인율)이 양 국가의 명목이자율의 차이에 의해 결정된다는 이론이다. 즉, <제12장 선물가격의 결정과 투자전략>의 통화선물에서 살펴본 바와 같이 차익거래가 발생하지 않는 균형상태의 시장에서는 다음과 같은 관계식이 성립해야 한다. 단, 통화선물의 만기는 1년을 가정한다.

$$F_0 = S_0 \times \frac{(1+R_K)}{(1+R_A)}$$

따라서 이자율평가설이 성립하는 경우에는 선물환율의 할증률(할인율)은 양 국가의 명목이자율의 차이에 의해 결정됨을 알 수 있다.

$$F_0 = S_0 \times \frac{(1+R_K)}{(1+R_A)} \quad \rightarrow \quad \frac{F_0-S_0}{S_0} \approx R_K - R_A$$

즉, 한국의 명목이자율이 미국의 명목이자율보다 높다면 달러화에 대한 선물환(통화선물)이 현물환율에 비해 할증되어 거래되며, 한국의 명목이자율이 미국의 명목이자율보다 낮다면 달러화에 대한 선물환이 할인되어 거래될 것이다. 따라서 국가들마다 금융시장의 명목이자율이 상이할 수 있으나, 외환시장에서의 선물환율의 할증(할인)에 의해 그 차이 효과가 상쇄되어야 시장의 균형이 달성될 수 있다는 것이다.

〔4〕불편선물환가설

불편선물환가설(unbiased forward rate hypothesis)은 효율적 시장가설(efficient market hypothesis)이라고도 하며 이자율평가설과 국제피셔효과를 결합한 이론으로 외환시장이 효율적인 경우에는 다음과 같이 선물환율이 선물만기시점 기대현물환율의 불편추정치가 된다는 이론이다.

$$F_0 = E(S_T) = S_0 \times (\frac{1+R_K}{1+R_A})^T$$

예제 1　환율결정이론

현재 외환시장에서 달러화에 대한 원화의 현물환율(S_0)은 ₩1,200/\$이고, 한국과 미국의 연간 예상인플레이션율(r_K, r_A)은 각각 8%와 4%이며, 한국과 미국의 연간 실질이자율은 12.5%로 동일하다. 연간 예상인플레이션율과 명목이자율은 일정하다고 가정하여 물음에 답하시오.

물음1 구매력평가설이 성립함을 가정하여 1년 후 기대현물환율[$E(S_1)$]을 계산하시오.

물음2 피셔효과가 성립함을 가정하여 한국과 미국의 연간 명목이자율(R_K, R_A)을 각각 계산하시오.

물음3 구매력평가설과 피셔효과가 성립함을 가정하여 1년 후 기대현물환율[$E(S_1)$]을 계산하시오.

물음4 국제피셔효과가 성립함을 가정하여 2년 후 기대현물환율[$E(S_2)$]을 계산하시오.

물음5 이자율평가설이 성립함을 가정하여 1년 만기 원달러통화선물의 균형가격을 계산하시오.

물음6 **물음5**의 결과와 달리 1년 만기 원달러통화선물의 시장가격이 ₩1,200/\$인 경우에 현재 ₩120,000 또는 \$100의 차익이 가능한 투자자를 가정하여 실행가능한 차익거래과정을 나타내시오. 단, 통화선물 1계약의 기초자산은 \$1로 가정한다.

해답

물음1 구매력평가설

$$E(S_1) = S_0 \times \frac{1+i_K}{1+i_A} = ₩1,200/\$ \times \frac{1+8\%}{1+4\%} = ₩1,246.15/\$$$

물음2 피셔효과

$$R_K = (1+r_K) \times (1+i_K) - 1 = 1.125 \times 1.08 - 1 = 21.5\%$$
$$R_A = (1+r_A) \times (1+i_A) - 1 = 1.125 \times 1.04 - 1 = 17\%$$

물음3 국제피셔효과

구매력평가설과 피셔효과가 성립하는 경우에는 국제피셔효과가 성립한다.

$$E(S_1) = S_0 \times \frac{1+R_K}{1+R_A} = ₩1,200/\$ \times \frac{1+21.5\%}{1+17\%} = ₩1,246.15/\$$$

물음4 국제피셔효과

$$E(S_2) = S_0 \times (\frac{1+R_K}{1+R_A})^2 = ₩1,200/\$ \times (\frac{1+21.5\%}{1+17\%})^2 = ₩1,294.08/\$$$

물음5

이자율평가이론

$$F_0 = S_0 \times \frac{1+R_K}{1+R_A} = ₩1,200/\$ \times \frac{1+21.5\%}{1+17\%} = ₩1,246.15/\$$$

물음6

차익거래

선물환율 과소평가: 선물환율(₩1,200/\$) < 균형선물환율(₩1,246.15/\$)

거래내용	현재시점(0)	선물만기일(1년 후)
선물매입(117계약)	0	($1 - ₩1,200) × 117계약
달러화현물매도	₩120,000 - $100	
달러화차입	$100	-$100 × 1.17 = $117
원화대출	-₩120,000	₩120,000 × 1.215 = ₩145,800
합계(차익거래이익)	0	(₩1,246.15 - ₩1,200) × 117 = ₩5,400

해커스 윤민호 재무관리

03 환위험관리

(1) 환위험의 종류

환위험이란 예상하지 못한 환율의 변동으로 인해 기업의 재무적 성과가 변동될 위험을 말한다. 이때 환위험에 노출되어있는 정도를 환노출 또는 환부담(foreign exchange exposure)이라고 하는데, 이러한 환노출은 회계적 환노출과 경제적 환노출 및 거래적 환노출로 구분할 수 있다.

① 회계적 환노출(accounting exposure): 환산 환노출(translation exposure)이라고도 하며 외화로 표시된 재무제표의 항목을 자국통화단위로 환산할 때 발생하는 재무상태나 재무성과의 변동가능성 즉, 회계적 이익의 변동가능성을 말한다.

② 경제적 환노출(economic exposure): 환율의 변동으로 인해 기업의 미래현금흐름의 변동위험 및 그에 따른 기업가치의 변동위험을 말한다. 이러한 경제적 환노출이 기업에게는 가장 중요한 환위험이지만 측정과 관리에 어려움이 많기 때문에 기업이 적극적으로 대응하기에는 한계가 있다.

③ 거래적 환노출(transaction exposure): 환율의 변동으로 인해 외화표시 채권·채무의 결제시점에 실제로 수수하게 될 자국통화금액이 변동될 위험을 말한다. 이러한 거래적 환노출은 여러 가지 관리기법을 통한 통제가 가능한 환위험이기 때문에 국제재무관리에서 가장 중요한 환위험관리의 대상이 된다. 따라서 환위험관리에 대한 논의는 대부분 거래적 환노출을 관리하는 기법에 대한 것임을 부언해 둔다.

(2) 대내적 환위험 관리기법

대내적 환위험 관리기법은 기업의 외화표시 자산·부채(채권·채무)의 통화나 규모 및 결제시점 등을 내부적으로 조정하여 환위험을 관리하고자 하는 기법으로써, 다음과 같은 관리기법들이 있다.

① 상계(netting): 다국적 기업의 모회사와 자회사 간 또는 자회사 상호 간의 채권·채무를 상계하여 차액만을 수수하는 방법이다. 이 방법을 이용하면 외환거래비용과 이체비용 등을 절감하는 효과를 가져올 수 있다.

② 매칭(matching): 통화별로 미래의 수취액과 지급액의 규모와 시점을 일치시켜서 환위험을 관리하는 방법이다.

③ 리딩(leading)과 래깅(lagging): 외화대금의 결제시점을 인위적으로 앞당기거나 늦춤으로써 환위험을 관리하는 방법이다. 그 예로써 환율의 상승이 예상되는 경우에 외화대금의 수취는 늦추고, 외화대금의 지급은 앞당기는 방법을 들 수 있다.

④ 결제통화의 조정: 환율변동에 대한 예상에 따라 결제통화를 달리하여 환위험을 관리하는 방법이다. 그 예로써 수출대금의 결제는 환율의 상승이 예상되는 통화로 하고, 수입대금의 결제는 환율의 하락이 예상되는 통화로 조정하는 것을 들 수 있다.

⑤ 재무상태표헤지: 동일한 외화로 표시되는 화폐성 자산·부채의 규모를 일치시켜서 환율변동에 따라 외화자산·부채에서 발생되는 외화환산손익을 상쇄시킴으로써 회계적 환노출을 관리하고자 하는 방법이다.

⑥ 전통적 관리기법: 환율변동에 대한 예상을 바탕으로 이득을 얻고자 하는 적극적 관리기법이다. 그 예로써 환율의 상승이 예상되는 통화로 표시된 자산을 증가(부채를 감소)시키고, 환율의 하락이 예상되는 통화로 표시되는 부채를 증가(자산을 감소)시키는 것을 들 수 있다.

[3] 대외적 환위험 관리기법

대외적 환위험 관리기법은 기업의 외화표시 자산·부채(채권·채무)에 대한 내부적인 조정이 아니라 단기금융시장이나 파생상품시장 등 외부적인 계약관계를 통해서 환위험을 관리하고자 하는 기법들이다. 단, 다음의 대외적 환위험 관리기법들에서 이용하는 파생상품은 관리대상 통화를 기초자산으로 하며, 해당 채권·채무의 결제시점이 만기인 파생상품이라고 가정한다.

① 선물환(통화선물)시장 이용: 선물환(통화선물)을 이용하여 자국통화로 표시되는 미래의 수수액을 확정시키는 방법이다. 미래에 외화를 수취해서 매도할 예정인 투자자는 선물환(통화선물)을 매도하고, 미래에 외화를 매입해서 지급할 예정인 투자자는 선물환(통화선물)을 매입하여 미래의 자국통화표시 결제금액을 현재시점에서 확정시킬 수 있다.

② 단기금융시장 이용: 특정통화를 차입하여 다른 통화로 교환한 후에 해당 국가의 금융자산에 투자하여 환위험을 관리하는 방법이다. 미래에 외화를 수취해서 매도할 예정인 투자자는 해당 외화를 차입하여 자국통화로 교환한 후에 자국의 금융자산에 투자하고, 미래에 외화를 매입해서 지급할 예정인 투자자는 자국통화로 차입하여 해당 외화로 교환한 후에 상대국의 금융자산에 투자하여 미래의 자국통화표시 결제금액을 현재시점에서 확정시킬 수 있다.

③ 통화옵션시장 이용: 통화옵션을 매입하여 자국통화로 표시되는 미래의 최대지급액 또는 최소수취액을 확정시키는 방법이다. 미래에 외화를 수취해서 매도할 예정인 투자자는 풋옵션을 매입하여 자국통화표시 최소수취액을 확정시킬 수 있고, 미래에 외화를 매입해서 지급할 예정인 투자자는 콜옵션을 매입하여 자국통화표시 최대지급액을 확정시킬 수 있다.

④ 통화스왑 이용: 서로 다른 통화로 표시된 채무를 부담하고 있는 거래 당사자들 간의 채무의 상환에 필요한 현금흐름을 상호 간에 교환하기로 하는 계약을 체결함으로써 환위험을 관리하는 방법이며, 통화스왑에 대한 구체적인 내용은 본 장의 <제2절 스왑>에서 살펴보기로 한다.

한국의 수출업자인 (주)파랑은 상품을 수출하고 그 대금으로 1년 후에 $100를 수취할 예정이다. 원달러 선물과 달러화에 대한 옵션 1계약의 기초자산은 $1이며, 옵션의 행사가격($X$)은 ₩1,050/$이다.
(1) 한국의 연간 명목이자율(R_K)은 40%이고, 미국의 연간 명목이자율(R_A)은 25%이다.
(2) 원달러 현물환율(S_0)은 ₩1,000/$이고, 1년 만기 원달러 선물환율($F_0$)은 ₩1,150/$이다.
(3) 1년 만기 달러화 콜옵션가격(C_0)은 ₩70이고, 풋옵션가격(P_0)은 ₩20이다.

물음1 (주)파랑이 원달러 통화선물을 이용해서 환위험을 관리하고자 하는 경우에 1년 후의 원화수취액을 계산하시오.

물음2 (주)파랑이 단기금융시장을 이용해서 환위험을 관리하고자 하는 경우에 1년 후의 원화수취액을 계산하시오.

물음3 (주)파랑이 달러화에 대한 옵션을 매입해서 환위험을 관리하고자 하는 경우에 1년 후의 최소원화수취액을 계산하시오. 단, 옵션거래대금에 대한 화폐의 시간가치를 고려하시오.

해답

물음1 통화선물 이용
원달러선물 100계약을 매도
1년 후 원화수취액: $100×₩1,150/$ = ₩115,000

거래내용	현재시점(0)	결제시점(1년 후)
수출대금수취	0	$100
원달러선물매도	0	(₩1,150 - $1) × 100계약
합계	0	₩115,000

물음2 단기금융시장 이용

미국에서 $80 = $\dfrac{\$100}{1+25\%}$ 를 차입한 후 원화로 환전하여 한국에 예금

1년 후 원화수취액: $80 × ₩1,000/$ × (1 + 40%) = ₩112,000

거래내용	현재시점(0)	결제시점(1년 후)
수출대금수취	0	$100
달러화차입	$80	- $100
원화예금	-₩80,000	₩80,000 × 1.4
합계	0	₩112,000

물음3 통화옵션 이용

달러화에 대한 풋옵션 100계약 매입

1년 후 최소원화수취액: $100 × ₩1,050/$ - 100계약 × ₩20 × (1 + 40%) = ₩102,200

거래내용	현재시점(0)	결제시점(1년 후)	
		$S_T \leq$ ₩1,050/$	$S_T >$ ₩1,050/$
수출대금수취	0	$100	$100
풋옵션매입	-₩20 × 100계약	(₩1,050 - $1) × 100계약	0
원화차입	₩2,000	-₩2,000 × 1.4	-₩2,000 × 1.4
합계	0	₩102,200	$100 × S_T - ₩2,800

<예제 2>에서 살펴본 대외적 환위험 관리기법들과 관련하여 추가로 확인할 사항은 다음과 같다.

① <예제 2>의 경우에 만약 1년 후 현물환율이 ₩1,200/$가 되었다면, 예제의 환위험 관리기법들을 통해 확보되는 원화금액은 다음과 같다. 따라서 통화풋옵션을 이용하는 방법은 환율하락 시 최소한 보장되는 원화금액이 가장 작지만, 환율상승 시 가장 많은 원화금액을 수취할 수 있는 방법이다.

물음1 통화선물 이용 시: $100×₩1,150/$ = ₩115,000

물음2 단기금융시장 이용 시: $80×₩1,000/$×(1 + 40%) = ₩112,000

물음3 통화풋옵션 이용 시: $100×₩1,200/$ - ₩2,800 = ₩117,200

② 통화선물을 이용하는 방법과 단기금융시장을 이용하는 방법은 모두 1년 후의 원화수취액이 확실하게 보장되지만, 현재의 시장상황에서는 통화선물을 이용하는 방법이 보다 유리하다. 이는 시장에서의 선물환율이 균형선물환율보다 과대평가 되어있기 때문이며, 이러한 상황에서는 다음과 같은 차익거래가 가능함은 <예제 1>에서 살펴본 바와 같다.

> 균형선물환율: ₩1,000/$ × $\dfrac{1+40\%}{1+25\%}$ = ₩1,120/$
>
> 선물환율 과대평가: 시장선물환율(₩1,150/$) > 균형선물가격(₩1,120/$)

04 국제자본예산

국가 간의 자본거래는 투자목적에 따라 해외직접투자와 해외간접투자로 구분할 수 있다. 해외직접투자(foreign direct investment)란 장기적인 이익을 얻을 목적으로 다른 나라에서 기업을 설립하여 생산활동을 직접 수행하거나, 해외기업의 지배권을 획득하는 것을 말한다. 그리고 해외간접투자(foreign indirect investment)란 이자소득이나 배당소득 및 자본이득을 얻을 목적으로 다른 나라의 주식이나 채권에 투자하는 것을 말하며, 해외증권투자라고도 한다. 따라서 국제자본예산은 해외직접투자와 관련된 투자안을 탐색하고 평가하여 바람직한 투자안을 선택하는 일련의 체계적인 과정이라고 할 수 있다.

(1) 해외투자안의 평가

해외투자안도 국내투자안과 동일한 자본예산의 논리를 적용하여 평가하며, 다음의 단계를 거쳐 이루어지게 된다.

① 투자안의 기대현금흐름을 현지통화로 추정
② 현지통화로 추정된 기대현금흐름을 기대현물환율을 이용해서 자국통화로 환산
③ 자국통화 기준의 적절한 자본비용으로 할인하여 NPV 산출

여기서 ②의 단계에서 적용할 기대현물환율은 환율결정이론에서 살펴본 구매력평가설, 국제피셔효과, 불편선물환가설 등을 이용하여 추정할 수 있다.

(2) 국제분산투자효과와 해외투자안의 자본비용

해외투자안의 평가에 적용할 자본비용을 산출할 때에는 다음과 같은 국제분산투자효과와 환위험 및 국가위험의 증가효과를 고려해야 한다.

① 국제적인 투자가 가능하다면 국내에만 투자하는 경우에는 공통요인에 해당하는 요인(체계적위험)들 중의 일부가 특정국가에 한정된 요인(비체계적위험)이 될 수도 있으므로 국제분산투자를 통해 분산불가능한 체계적위험이 감소될 수 있다. 이러한 국제분산투자를 통한 분산투자효과의 증가는 기업의 자본비용을 감소시키는 긍정적인 효과를 가져온다.

② 해외투자 시에는 국내에만 투자하는 경우에는 부담하지 않을 환위험과 국가위험을 추가로 부담하게 되며, 이러한 환위험과 국가위험은 기업의 자본비용을 증가시키는 부정적인 효과도 가져온다.

예제 3 해외투자안의 평가

(주)파랑은 미국에 현지법인을 설립하는 투자안을 고려하고 있다. 현지법인을 설립하는 경우에는 현재시점에 $4,000의 투자자금이 소요되며, 이에 따른 현금유입액은 투자안의 내용연수인 3년 동안 아래와 같이 발생될 것을 예상된다. 수평의 수익률곡선과 국제피셔효과의 성립을 가정하여 다음 물음에 답하시오.

(1) 미국현지법인의 기대현금흐름

시점	1년 후	2년 후	3년 후
현금흐름	$2,000	$2,000	$2,000

(2) 원달러 현물환율(S_0)은 ₩1,000/$이고, 한국과 미국의 연간 명목이자율은 각각 32%와 20%이다.

물음1 시점별 기대현물환율을 계산하시오.

물음2 상기 투자안의 평가에 적용할 적절한 원화 자본비용이 25%라고 가정하여, 투자안의 실행 여부에 대한 의사결정을 하시오.

해답

물음1 기대현물환율

$$E(S_1) = S_0 \times (\frac{1+R_K}{1+R_A}) = ₩1,000/\$ \times (\frac{1+32\%}{1+20\%}) = ₩1,100/\$$$

$$E(S_2) = S_0 \times (\frac{1+R_K}{1+R_A})^2 = ₩1,000/\$ \times (\frac{1+32\%}{1+20\%})^2 = ₩1,210/\$$$

$$E(S_3) = S_0 \times (\frac{1+R_K}{1+R_A})^3 = ₩1,000/\$ \times (\frac{1+32\%}{1+20\%})^3 = ₩1,331/\$$$

물음2 해외투자안의 평가

(1) 기대 원화현금흐름

시점	투자시점	1년 후	2년 후	3년 후
외화 $E(CF_t)$	-$4,000	$2,000	$2,000	$2,000
× 기대현물환율	×₩1,000/$	×₩1,100/$	×₩1,210/$	×₩1,331/$
= 원화 $E(CF_t)$	-₩4,000,000	₩2,200,000	₩2,420,000	₩2,662,000

(2) 투자안에 대한 의사결정

$$NPV = -₩4,000,000 + \frac{₩2,200,000}{1.25} + \frac{₩2,420,000}{1.25^2} + \frac{₩2,662,000}{1.25^3} = ₩671,744$$

∴ 투자안의 NPV가 0보다 크기 때문에 투자안을 실행한다.

제2절 스왑

01 스왑의 의의와 유형

스왑(swap) 또는 스왑거래는 미래 특정기간 동안 발생하는 일정한 현금흐름을 다른 현금흐름과 정기적으로 교환하기로 하는 연속된 선도계약들의 포트폴리오를 말하는데, 교환하기로 하는 현금흐름의 종류에 따라 이자율스왑과 통화스왑으로 구분된다.

① 이자율스왑(interest rate swap): 금리스왑이라고도 하며, 동일한 통화로 표시되는 일정 원금에 대한 고정금리이자와 변동금리이자를 교환하기로 하는 계약이다.
② 통화스왑(currency swap): 외환스왑이라고도 하며, 상이한 통화로 표시되는 일정 원금에 대한 이자뿐만 아니라 원금까지 교환하기로 하는 계약이다.

[1] 이자율스왑

이자율스왑은 두 거래당사자 간에 동일한 통화로 표시되는 일정한 원금에 대한 고정금리이자와 변동금리이자를 계약기간 동안 정기적으로 교환하기로 하는 계약이며 다음과 같은 특징이 있다.

① 이자율스왑은 통화스왑과는 달리 동일한 통화로 표시되는 동일한 원금에 대한 이자의 교환이므로 계약시점과 계약만기에 원금의 교환은 불필요하다.
② 고정금리이자와 변동금리이자를 교환하기로 하는 계약이지만, 실제로는 지급할 금액과 수취할 금액의 차액을 수수하는 것이 일반적이다.
③ 교환하는 현금흐름 중에서 변동금리이자금액 계산 시 적용될 기준이자율의 수준은 <제11장 채권의 가치평가와 투자전략>의 변동금리부채권에서 살펴본 바와 같이 이자지급기간 개시 전에 확정되므로 당기간말의 변동금리이자금액은 전기간말(또는 당기간초)의 이자율에 따라 결정된다.

─╫ **사례** ╫─

이자율스왑계약의 현금흐름

    계약체결일: 20×1. 1. 1

    계약기간: 3년간(20×1. 1. 1 ~ 20×3. 12. 31)

    계약금액(원금): ₩100,000

    계약조건: A기업이 계약금액에 대하여 B기업에게 매년 말 변동금리이자(1년 만기 LIBOR)를 지급하고 고정금리이자(10%)를 수취한다.

    결제금액확정일: 20×1년 초, 20×1년 말, 20×2년 말

구분	20×1년 초	20×1년 말	20×2년 말	20×3년 말
1년 만기 LIBOR	10%	11%	8%	
변동금리이자 지급액		-₩10,000	-₩11,000	-₩8,000
고정금리이자 수취액		₩10,000	₩10,000	₩10,000
순수취액		₩0	-₩1,000	₩2,000

(2) 통화스왑

통화스왑은 두 거래당사자 간에 서로 다른 통화로 표시되는 현금흐름을 계약기간 동안 정기적으로 교환하기로 하는 계약이며 다음과 같은 특징이 있다.

① 통화스왑은 상이한 통화로 표시되는 현금흐름의 교환이므로 이자도 총액으로 교환이 이루어지고, 원금도 교환되며 원금은 계약상 약정된 환율에 의해 상환되는 것이 일반적이다.

② 이자의 교환은 고정금리-고정금리, 변동금리-고정금리, 변동금리-변동금리 등이 모두 적용될 수 있다.

┤ 사례 ├

통화스왑계약의 현금흐름

> 계약체결일: 20×1. 1. 1 (계약체결일의 환율: ₩1,000/$)
>
> 계약기간: 3년간(20×1. 1. 1 ~ 20×3. 12. 31)
>
> 계약금액(원금): A기업이 B기업에게 만기일에 ₩100,000을 지급하고, $100를 수취한다.
>
> 계약조건: A기업이 계약금액에 대하여 B기업에게 매년 말 원화이자 10%를 지급하고, 달러화이자 8%를 수취한다.

구분	20×1년 초	20×1년 말	20×2년 말	20×3년 말
원화지급액		-₩10,000	-₩10,000	-₩110,000
달러화수취액		$8	$8	$108

02 스왑의 이용목적

스왑계약은 옵션이나 선물과 같이 조직화된 거래소에서 표준화된 형태로 체결되기보다는 거래당사자의 필요에 따라 장외시장에서 사적인 형태로 체결된다. 따라서 계약의 내용이 보다 자유롭고 유연하게 결정되므로 다양한 목적으로 이용될 수 있는데, 대표적인 스왑의 이용목적을 살펴보면 다음과 같다.

(1) 위험관리목적

1) 이자율위험헤지

고정금리부사채를 발행한 경우에는 시장이자율 하락 시 부채의 가치가 증가될 위험을 부담하며, 변동금리부사채를 발행한 경우에는 시장이자율 상승 시 이자지급액이 증가될 위험을 부담한다. 이러한 경우 이자율스왑 계약을 통해 차입조건에 따라 발생가능한 위험을 회피할 수 있다.

① 변동금리부사채를 발행한 상황에서 시장이자율의 상승이 예상되는 경우에는 변동금리이자를 수취하고 고정금리이자를 지급하는 조건의 스왑계약을 체결함으로써 실질적으로 고정금리이자를 부담하는 고정금리부사채를 합성하여, 발생가능한 이자지급액의 변동위험을 헤지할 수 있다.

② 고정금리부사채를 발행한 상황에서 시장이자율의 하락이 예상되는 경우에는 고정금리이자를 수취하고 변동금리이자를 지급하는 조건의 스왑계약을 체결함으로써 실질적으로 변동금리이자를 부담하는 변동금리부사채를 합성하여, 발생가능한 부채가치의 변동위험을 헤지할 수 있다.

2) 환위험헤지

한국기업이 달러화를 차입한 경우에는 이후 원달러환율이 상승하는 경우에 지급할 원리금의 원화금액이 증가될 위험을 부담한다. 이러한 경우 달러화원리금을 수취하고 원화원리금을 지급하기로 하는 통화스왑계약을 체결함으로써 실질적으로 원화원리금을 부담하는 원화차입금을 합성하여 환율변동위험을 헤지할 수 있다.

(2) 차입비용 절감목적

금융시장에서는 신용도와 기업환경의 차이로 인해 기업들 간에 서로 다른 차입조건이 적용된다. 고정금리조건의 차입이든 변동금리조건의 차입이든 신용도가 낮은 기업에 비해 신용도가 높은 기업에 적용되는 이자율이 상대적으로 낮기 때문에 절대적인 이자율 수준만을 비교한다면 신용도가 높은 기업이 모든 차입조건에서 절대우위를 갖는다. 그러나 이러한 상황에서도 스왑계약에 참여하고자 하는 거래당사자들은 자신이 상대적으로 비교우위에 있는 차입조건으로 차입을 한 후 스왑계약을 체결함으로써 서로의 차입비용을 절감할 수 있다.

> **사례**
>
> 20×1년 초에 A기업과 B기업 모두 금융기관으로부터 각각 100억원을 차입하고자 하며, 각 기업에게 적용되는 차입조건은 다음과 같다고 가정한다.
>
> | 구분 | 고정금리 차입조건 | 변동금리 차입조건 |
> |---|---|---|
> | A기업 | 10% | LIBOR + 1% |
> | B기업 | 15% | LIBOR + 4% |
> | 이자율차이 | 5% | 3% |

① A기업은 B기업에 비하여 고정금리시장에서는 5%의 우위를 가지고 있으며, 변동금리시장에서는 3%의 우위를 가지고 있다. 따라서 A기업은 고정금리시장에서, B기업은 변동금리시장에서 상대적 비교우위를 가지고 있다.

② 이러한 상황에서 A기업은 미래의 이자율 하락을 예상하여 변동금리조건으로 차입하기를 원하고 있으며, B기업은 재무적 곤경에 처할 가능성이 높아서 고정금리조건으로 차입하기를 원하고 있다면 각 기업은 자신이 상대적으로 비교우위에 있는 차입조건으로 차입을 한 후 상대방과의 이자율스왑계약을 체결함으로써 차입비용을 절감할 수 있다.

③ 각 기업이 비교우위에 있는 차입조건으로 차입을 한 후, A기업이 B기업에게 매년 말 변동금리이자 LIBOR를 지급하고, 고정금리이자 10%를 수취하는 내용의 스왑계약을 체결한다면, A기업이 실제로 부담하는 금리는 변동금리 LIBOR가 되고, B기업이 실제로 부담하는 금리는 고정금리 14%가 되어 각 기업은 시장에서 직접 차입하는 방식에 비해 차입비용을 각각 1%씩 절감할 수 있다.

구분	차입금리 ①	스왑계약		실제 부담금리 ① - ② + ③	시장에서의 차입조건	차입비용 절감효과
		수취 ②	지급 ③			
A	고정금리 10%	10%	LIBOR	변동금리 LIBOR	(변동금리 차입 시) LIBOR + 1%	1%
B	변동금리 LIBOR + 4%	LIBOR	10%	고정금리 14%	(고정금리 차입 시) 15%	1%
계						2%

④ 스왑계약 참여자들의 총차입비용 절감이득은 2%로 이를 스왑계약의 총이득이라고 하는데, 이는 고정금리조건 이자율 차이인 5%와 변동금리조건 이자율 차이인 3%의 차이인 2%가 된다. 이러한 스왑계약의 총이득은 스왑계약 참여자들의 상대적인 신용도의 차이와 시장상황에 따라 결정되는 스왑계약의 내용에 따라 각 참여자들에게 분배된다. 만약, 상기 사례에서 제시된 스왑계약의 내용이 다음과 같이 변경된다면, 각 참여자들의 스왑에 따른 이득은 변동될 수 있으나, 스왑의 총이득은 2%로 일정하게 유지된다.

구분	A기업이 LIBOR 지급, 10.5% 수취			A기업이 LIBOR 지급, 9.5% 수취		
	실제 부담금리	시장 차입조건	차입비용 절감효과	실제 부담금리	시장 차입조건	차입비용 절감효과
A	LIBOR-0.5%	LIBOR+1%	1.5%	LIBOR+0.5%	LIBOR+1%	0.5%
B	14.5%	15%	0.5%	13.5%	15%	1.5%
계			2%			2%

⑤ 실제 스왑계약체결 시에는 개별기업이 원하는 조건의 계약상대방을 직접 찾는 것이 어렵고 계약상대방의 불이행위험이 존재하기 때문에 중개은행이 개입하게 되는데, 이러한 스왑계약의 중개과정에서 스왑의 총이득 중 일부가 중개은행의 중개이익으로 유출된다. 즉, 상기의 사례에서 중개은행이 개입하여 0.4%만큼의 이득을 취하고, 나머지 스왑의 이득 1.6%를 A기업과 B기업이 동일하게 0.8%씩 분배하기로 한다면 다음과 같은 스왑계약의 설계가 가능하다.

구분	차입금리 ①	스왑계약		실제 부담금리 ①-②+③	시장에서의 차입조건	스왑 이득
		수취 ②	지급 ③			
A	10%	9.8%	LIBOR	LIBOR+0.2%	LIBOR+1%	0.8%
중개 은행		LIBOR	9.8%			0.4%
		10.2%	LIBOR			
B	LIBOR+4%	LIBOR	10.2%	14.2%	15%	0.8%
계						2%

03 이자율스왑의 가치평가

스왑계약의 가치는 스왑계약에 따라 발생될 미래순현금흐름의 현재가치로 계산될 수 있다. 이러한 가치평가에 있어서 문제가 되는 사항은 이자율스왑계약에 따라 발생될 변동금리이자금액의 추정문제이며, 이는 곧 미래 기대현물이자율의 추정문제라고 할 수 있다. 이 경우 이자율의 기간구조이론 중에서 불편기대이론의 성립을 가정하면, 현재의 선도이자율이 미래 기대현물이자율의 불편추정치로 이용될 수 있으며, n시점의 변동금리이자금액의 추정치는 다음과 같이 계산될 수 있다.

$$\text{변동금리이자금액} = E(_{n-1}R_n) \times \text{계약금액} = {}_{n-1}f_n \times \text{계약금액}$$

이와 같이 추정되는 변동금리이자금액과 고정금리이자금액의 차액인 순이자수취액을 현금흐름의 발생시점에 대응되는 현물이자율로 할인하여 스왑계약의 가치를 평가할 수 있다.

20×1년 초에 (주)파랑은 가나다은행과 이자율스왑계약을 체결하려고 한다. 이자율스왑계약의 가치평가와 관련된 물음에 답하시오.

(1) 스왑계약의 조건

계약기간: 3년(20×1년 초 ~ 20×3년 말)

계약금액: ₩100,000

계약조건: (주)파랑이 계약금액에 대해 가나다은행에게 매년 말 고정금리이자(11%)를 지급하고, 변동금리이자(1년 만기 LIBOR)를 수취한다.

결제금액확정일: 20×1년 초, 20×1년 말, 20×2년 말

(2) 이자율의 기간구조이론 중에서 불편기대이론의 성립을 가정하며, 계약체결시점의 LIBOR 이자율의 기간구조가 다음과 같다.

현물이자율: $_0R_1 = 10\%$, $_0R_2 = 11\%$, $_0R_3 = 12\%$

선도이자율: $_1f_2 = 12.009\%$, $_2f_3 = 14.027\%$

물음1 (주)파랑의 입장에서 스왑거래의 시점별 기대현금흐름을 나타내시오.

물음2 (주)파랑의 입장에서 스왑계약의 가치를 계산하시오.

해답

물음1 스왑거래의 시점별 기대현금흐름

구분	20×1년 말	20×2년 말	20×3년 말
변동금리이자 수취액	₩10,000	₩12,009	₩14,027
고정금리이자 지급액	-₩11,000	-₩11,000	-₩11,000
순수취액	-₩1,000	₩1,009	₩3,027

물음2 스왑의 가치평가

$$\text{스왑계약의 가치} = \frac{-₩1,000}{1.1} + \frac{₩1,009}{1.11^2} + \frac{₩3,027}{1.12^3} = ₩2,064.39$$

<예제 4>에서 살펴본 이자율스왑의 가치평가와 관련하여 추가로 확인할 사항은 다음과 같다.

① <예제 4>와 같은 스왑계약의 체결과 관련하여 스왑계약의 가치가 0보다 크므로 가나다은행은 (주)파랑에게 수수료를 요구할 수 있고, 이러한 경우 (주)파랑 입장에서 최대 지급가능한 수수료는 스왑계약의 가치에 해당하는 ₩2,064.39이 된다.

② <예제 4>의 스왑계약은 (주)파랑의 입장에서 액면금액이 ₩100,000으로 동일한 변동금리부채권을 매입하고 고정금리부채권을 매도한 것으로 파악할 수 있으므로 스왑계약의 가치는 다음과 같이 계산할 수도 있다.

$$\text{변동금리부채권의 현재가치} = \frac{\text{₩}10,000}{1.1} + \frac{\text{₩}12,009}{1.11^2} + \frac{\text{₩}114,027}{1.12^3} = \text{₩}100,000$$

$$\text{고정금리부채권의 현재가치} = \frac{\text{₩}11,000}{1.1} + \frac{\text{₩}11,000}{1.11^2} + \frac{\text{₩}111,000}{1.12^3} = \text{₩}97,935.45$$

$$\therefore \text{스왑계약의 가치} = \text{₩}100,000 - \text{₩}97,935.45 = \text{₩}2,064.55(\text{단수 차이})$$

③ <예제 4>와 같은 스왑계약을 체결한 직후 LIBOR 이자율의 기간구조가 아래와 같이 변동되었다면 (주)파랑의 입장에서 이자율변동 후의 스왑계약의 가치는 다음과 같이 계산된다.

현물이자율: $_0R_1 = 9\%$, $_0R_2 = 10\%$, $_0R_3 = 11\%$

선도이자율: $_1f_2 = 11.009\%$, $_2f_3 = 13.027\%$

스왑거래의 시점별 기대현금흐름

구분	20×1년 말	20×2년 말	20×3년 말
변동금리이자 수취액	₩10,000	₩11,009	₩13,027
고정금리이자 지급액	-₩11,000	-₩11,000	-₩11,000
순수취액	-₩1,000	₩9	₩2,027

$$\text{스왑계약의 가치} = \frac{-\text{₩}1,000}{1.09} + \frac{\text{₩}9}{1.1^2} + \frac{\text{₩}2,027}{1.11^3} = \text{₩}572.13$$

04 통화스왑의 가치평가

통화스왑의 가치평가에 있어 문제가 되는 사항은 스왑계약에 따라 발생될 외화금액의 원화환산액 추정 문제이며, 이는 곧 미래 기대현물환율의 추정문제라고 할 수 있다. 이 경우 환율결정이론에서 살펴본 구매력평가설, 국제피셔효과, 불편선물환가설 등을 이용하여 미래 기대현물환율을 추정할 수 있다.

예제 5 통화스왑의 가치평가

20×1년 초에 (주)파랑은 가나다은행과 통화스왑계약을 체결하려고 한다. 수평의 수익률곡선과 환율결정 이론 중 국제피셔효과의 성립을 가정하여 스왑계약의 가치평가와 관련된 다음 물음에 답하시오.
(1) 스왑계약의 조건
   계약기간: 3년(20×1년 초 ~ 20×3년 말)
   계약금액: (주)파랑이 만기일에 가나다은행에게 ₩100,000을 지급하고, $100를 수취한다.
   계약조건: (주)파랑이 계약금액에 대하여 가나다은행에게 매년 말 원화이자 10%를 지급하고, 달러
            화이자 6%를 수취한다.
(2) 현재의 원달러 현물환율은 ₩1,000/$이고, 한국과 미국의 연간 명목이자율은 각각 32%와 20%이다.

물음1 (주)파랑의 입장에서 스왑거래의 시점별 기대현금흐름을 나타내시오.

물음2 (주)파랑의 입장에서 스왑거래의 가치를 계산하시오.

해답

기대현물환율

$$E(S_1) = S_0 \times (\frac{1+R_K}{1+R_A}) = ₩1,000/\$ \times (\frac{1+32\%}{1+20\%}) = ₩1,100/\$$$

$$E(S_2) = S_0 \times (\frac{1+R_K}{1+R_A})^2 = ₩1,000/\$ \times (\frac{1+32\%}{1+20\%})^2 = ₩1,210/\$$$

$$E(S_3) = S_0 \times (\frac{1+R_K}{1+R_A})^3 = ₩1,000/\$ \times (\frac{1+32\%}{1+20\%})^3 = ₩1,331/\$$$

물음1 스왑거래의 시점별 기대현금흐름

구분	20×1년 말	20×2년 말	20×3년 말
달러화수취액	$6 × ₩1,100/\$ = ₩6,600	$6 × ₩1,210/\$ = ₩7,260	$106 × ₩1,331/\$ = ₩141,086
원화지급액	-₩10,000	-₩10,000	-₩110,000
순수취액	-₩3,400	-₩2,740	₩31,086

물음2 스왑의 가치평가

$$스왑계약의\ 가치 = \frac{-₩3,400}{1.32} + \frac{-₩2,740}{1.32^2} + \frac{₩31,086}{1.32^3} = ₩9,367.54$$

<예제 5>의 통화스왑은 (주)파랑의 입장에서 달러화채권을 매입하고 원화채권을 매도한 것과 동일한 것으로 파악할 수 있으므로 동 통화스왑의 가치는 다음과 같이 계산할 수도 있다.

$$달러화채권의\ 현재가치 = \left(\frac{\$6}{1.2} + \frac{\$6}{1.2^2} + \frac{\$106}{1.2^3} = \$70.51 \right) \times ₩1,000/\$ = ₩70,509.26$$

$$원화채권의\ 현재가치 = \frac{₩10,000}{1.32} + \frac{₩10,000}{1.32^2} + \frac{₩110,000}{1.32^3} = ₩61,141.72$$

$$\therefore 스왑계약의\ 가치 = ₩70,509.26 - ₩61,141.72 = ₩9,367.54$$

제3절 VaR(Value at Risk)

01 VaR의 기초개념

현대의 금융기관들은 주식, 채권, 외환, 파생상품 등 다양한 종류의 자산들을 보유하고 있으며, 이에 따라 시장위험에 크게 노출되어있다. 여기서 시장위험(market risk)이란 주가, 금리, 환율 등의 시장변수가 불리하게 변동하여 보유하고 있는 포트폴리오에서 예상치 못한 손실이 발생될 가능성을 말하며, 이자율위험, 가격위험, 환위험 등을 포괄하는 개념이다. 따라서 금융기관들은 이러한 시장위험을 측정하고 관리하기 위해 전통적인 위험의 측정치로써 이용되어 왔던 분산이나 표준편차 이외에 주식에 대한 베타, 채권에 대한 듀레이션과 볼록성, 옵션에 대한 델타와 감마 등을 이용하였다. 그러나 이와 같은 위험의 측정치들은 해당 자산들의 위험에 대한 측정치를 제공하고 있기는 하지만, 서로 간의 합산이 불가능하여 통합된 포트폴리오 전체의 위험에 대한 측정치를 제공하지는 못하는 문제점이 있었다. 이에 따라 금융기관들은 보유하고 있는 포트폴리오의 시장위험에 대한 통합관리시스템을 개발하게 되었는데, 이러한 통합관리시스템에 의해서 도입된 개념이 VaR이다.

(1) VaR의 의의

VaR(Value at Risk)란 정상적인 시장상황(normal market)을 가정하는 경우에 주어진 신뢰수준(confidence level)하에서 일정한 보유기간(target period) 동안 보유자산에서 발생가능한 최대손실금액(maximum loss)을 통계적 방법을 이용하여 측정한 수치를 말한다.

> **┤ 사례 ├**
>
> 한 금융기관이 보유하는 자산의 '1일 VaR가 95%의 신뢰수준하에 10억원'이라면, 95%의 확실성을 가지고 이 보유자산에서 1일간 발생가능한 최대손실금액이 10억원이라는 의미이다. 여기에서 95%의 신뢰수준은 5%의 유의수준이라고도 표현할 수 있으며, 이는 5%의 확률로는 1일간 발생되는 손실금액이 10억원을 초과할 수도 있다는 것을 의미한다. 이는 100일에 5일 정도(20일에 1일 정도)는 1일의 손실이 10억원을 초과할 수 있다는 의미로도 해석이 가능하다.

VaR를 측정할 때에는 필요에 따라 보유기간을 일별, 주별, 월별, 분기별, 연간 등으로 다양하게 설정할 수 있으며, 신뢰수준도 95%, 97.5%, 99% 등으로 다양하게 적용할 수 있다. 다만, 보유기간을 보다 길게 설정하는 경우에는 VaR가 보다 크게 계산되며, 신뢰수준을 보다 높게 설정하는 경우에도 VaR가 보다 크게 계산된다. 국제결제은행(Bank for International Settlements: BIS) 산하의 바젤위원회(Basle committee)에서는 VaR 계산 시 99%의 신뢰수준과 10일(2주)의 보유기간을 적용할 것을 권고하고 있다.

(2) VaR의 구분

VaR는 최대손실금액을 측정하는 방법에 따라 절대기준 VaR와 평균기준 VaR로 구분할 수 있다. 절대기준 VaR는 보유자산의 투자금액(현재가치)을 기준으로 절대적인 손실금액을 측정하는 방법이며, 평균기준 VaR는 보유자산의 기대가치를 기준으로 상대적인 손실금액을 측정하는 방법이다.

─┤ **사례** ├─

한 금융기관이 100억원의 자산을 보유하고 있는 상황에서 동 보유자산의 연간 기대수익률은 20%이고, 95%의 신뢰수준하에 발생가능한 연간 최소가치가 90억원(즉, 95%의 신뢰수준하에 발생가능한 연간 최소수익률이 -10%)으로 측정되었다면, 연간 절대기준 VaR와 평균기준 VaR는 다음과 같이 계산된다.

절대기준 VaR = 보유자산의 현재가치 - 보유자산의 최소가치
= 100억원 - 100억원 × (1 - 10%) = 100억원 - 90억원
= 100억원 × 10% = 10억원

평균기준 VaR = 보유자산의 기대가치 - 보유자산의 최소가치
= 100억원 × (1 + 20%) - 100억원 × (1 - 10%) = 120억원 - 90억원
= 100억원 × (20% + 10%) = 30억원

02 VaR의 측정

VaR의 측정에서 파악해야 할 가장 중요한 사항은 주어진 신뢰수준하에서 발생가능한 보유자산의 최소가치($W^{최소}$)을 측정하는 것이며, 이는 보유자산에서 발생가능한 최소수익률($R^{최소}$)을 측정하는 것과 동일한 의미이다. 통계적 기법을 이용하여 이러한 최소수익률이 계산되면 VaR는 앞에서 살펴본 바와 동일하게 다음과 같이 계산된다. 단, W_0는 보유자산의 현재가치를 의미한다.

$$\text{절대기준 VaR} = \text{보유자산의 현재가치} - \text{보유자산의 최소가치}$$
$$= W_0 - W^{최소} = W_0 - W_0 \times (1 + R^{최소}) = W_0 \times (0 - R^{최소})$$
$$\text{평균기준 VaR} = \text{보유자산의 기대가치} - \text{보유자산의 최소가치}$$
$$= E(W) - W^{최소} = W_0 \times [1 + E(R)] - W_0 \times (1 + R^{최소})$$
$$= W_0 \times E(R) - W_0 \times R^{최소} = W_0 \times [E(R) - R^{최소}]$$

이러한 최소가치 또는 최소수익률을 측정하는 방법에는 실제 수익률분포를 이용하는 방법과 정규분포를 이용하는 방법이 있다.

(1) 실제 수익률분포를 이용한 측정

실제 수익률분포를 이용해서 VaR를 측정하는 방법은 이러한 수익률의 분포가 어떠한 형태의 분포인지와는 무관하게 적용할 수 있는 방법이다.

현재가치가 ₩10,000인 보유자산의 과거 100일간의 일일수익률 자료를 확인한 결과가 다음과 같다. 단, 일일수익률 자료는 최저인 것부터 순서대로 나열된 것이며, 평균 일일수익률은 5%로 가정한다.

1	2	3	4	5	6	7	8	…	99	100
-40%	-32%	-25%	-19%	-14%	-10%	-8%	-7%	…	42%	56%

이러한 보유자산의 95% 신뢰수준하의 1일간 VaR를 측정하기 위해서는 실제 수익률분포의 최저수준으로부터 5번째(= 100개×0.05)에 해당하는 수익률(-14%)을 확인해야 한다. 이러한 -14%의 수익률이 95% 신뢰수준하의 최소수익률이므로 보유자산의 1일간 VaR는 다음과 같이 계산된다.

절대기준 VaR = 보유자산의 현재가치 - 보유자산의 최소가치

$$= ₩10,000 - ₩10,000 \times (1-14\%) = ₩10,000 - ₩8,600$$
$$= ₩1,400$$

평균기준 VaR = 보유자산의 기대가치 - 보유자산의 최소가치

$$= ₩10,000 \times (1+5\%) - ₩10,000 \times (1-14\%) = ₩10,500 - ₩8,600$$
$$= ₩500 - (-₩1,400) = ₩1,900$$

(2) 정규분포를 이용한 측정

정규분포란 그 모양이 확률변수의 기댓값을 중심으로 완전대칭의 종형구조를 갖는 확률분포를 말한다. 보유자산의 VaR을 계산하기 위해 발생가능한 최소수익률을 측정하는 데 있어서 보유자산 수익률의 확률분포가 정규분포라는 가정을 하면 보다 쉽게 VaR를 계산할 수 있다.

1) 정규분포의 특성과 표준정규분포

사회적 또는 자연적 현상에 대한 자료의 분포, 특히 금융자산의 수익률분포는 현실적으로 정규분포에 가까운 형태를 보이고 있으며, 정규분포가 아니더라도 표본의 크기가 커지거나 표본의 수가 많아지면 그 표본의 평균들의 분포양상은 점차 정규분포에 가깝게 접근한다. 이러한 정규분포는 다음과 같은 특징이 있다.

① 정규분포는 기댓값(또는 평균)과 표준편차라는 두 개의 통계적 특성치만으로 확률분포의 모든 특성이 표현될 수 있으므로 기댓값과 표준편차라는 두 가지 요인만으로도 해당 자료에 대한 모든 분석이 가능하기 때문에 투자대상에 대한 분석이 용이하다.

② 정규분포상에서의 확률은 다음 그림에서와 같이 확률변수의 일정구간에서 횡축과 곡선 사이의 면적으로 계산되는데, 분포의 약 68.3%가 기댓값으로부터 ±1×표준편차의 구간 내에서 발생하며, 분포의 약 95.4%가 기댓값으로부터 ±2×표준편차의 구간 내에서 발생한다.

수익률의 확률분포가 정규분포를 이루며, 그 기대수익률은 15%이고, 수익률의 표준편차가 10%인 경우에 분포의 약 68.3%가 +5% ~ +25%의 구간 내에서 발생하며, 분포의 약 95.4%가 −5% ~ +35%의 구간 내에서 발생한다.

분포의 약 68.3%: $E(R) \pm 1 \times \sigma$ = 15% ± 10%의 구간 내

분포의 약 95.4%: $E(R) \pm 2 \times \sigma$ = 15% ± 2 × 10%의 구간 내

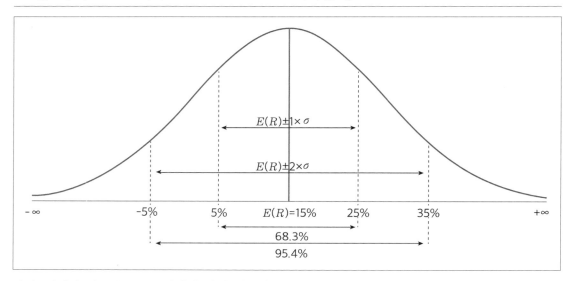

한편, 이러한 정규분포는 모집단에 따라 기댓값과 표준편차가 다르기 때문에 특정 정규분포하에서의 확률을 계산하기 위해서는 다양한 정규분포를 표준화할 필요성이 있는데, 이에 따라 만들어진 것이 표준정규분포이다. 표준정규분포의 특징에 대해 구체적으로 살펴보면 다음과 같다.

① 표준정규분포란 정규분포는 어느 모집단에서나 확률변수가 기댓값과 표준편차단위 사이에서 발생할 확률이 동일하다는 것을 이용하여 정규분포의 기댓값이 0이고 표준편차가 1이 되도록 표준화한 것으로써 특정 확률변수가 기댓값으로부터 표준편차의 몇 배 정도나 떨어져 있는가를 다음과 같이 표준화된 확률변수 Z로 나타내는 정규분포를 말한다. 그리고 이러한 표준정규확률변수 Z의 기댓값과 표준편차는 다음과 같이 각각 0과 1이 됨을 확인할 수 있다.

$$Z = \frac{R - E(R)}{\sigma}$$

$$E(Z) = E\left[\frac{R - E(R)}{\sigma}\right] = \frac{E(R) - E(R)}{\sigma} = 0$$

$$Var(Z) = Var\left[\frac{R - E(R)}{\sigma}\right] = \frac{1}{\sigma^2} \times Var(R) = 1$$

$$\sigma_Z = 1$$

② 표준정규분포는 정규분포를 표준화한 것이므로 표준정규분포상에서의 확률은 정규분포의 경우와 동일하게 표준정규확률변수 Z의 일정구간에서 횡축과 곡선 사이의 면적으로 계산된다. 따라서 분포의 약 68.3%가 0으로부터 ±1의 구간 내에서 발생하며, 분포의 약 95.4%가 0으로부터 ±2의 구간 내에서 발생한다.

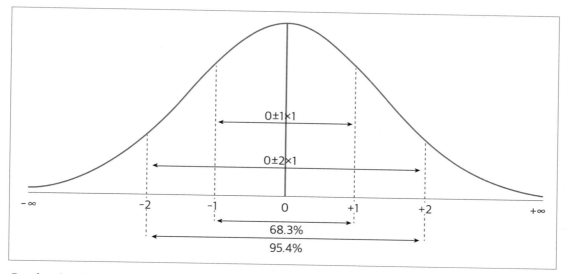

③ 정규분포에서 분포의 약 90%가 기댓값으로부터 ±1.65×표준편차의 구간 내에서 발생하므로 분포의 약 5%는 기댓값으로부터 -1.65×표준편차 이하에서 발생하고, 분포의 약 95%가 기댓값으로부터 ±1.96×표준편차의 구간 내에서 발생하므로 분포의 약 2.5%가 기댓값으로부터 -1.96×표준편차 이하에서 발생한다.

$$\text{Prob}[E(R) - 1.65 \times \sigma \leq R \leq E(R) + 1.65 \times \sigma] = 90\%$$
$$\rightarrow \text{Prob}[R < E(R) - 1.65 \times \sigma] = 5\%$$
$$\text{Prob}[E(R) - 1.96 \times \sigma \leq R \leq E(R) + 1.96 \times \sigma] = 95\%$$
$$\rightarrow \text{Prob}[R < E(R) - 1.96 \times \sigma] = 2.5\%$$

2) 정규분포를 이용한 VaR의 측정

정규분포를 이용해서 보유자산의 VaR를 계산하는 경우에는 주어진 신뢰수준하에서 발생가능한 최소수익률을 표준정규확률변수(Z)를 이용해서 측정한다.

┤ **사례** ┝

현재가치가 ₩10,000인 보유자산의 수익률의 확률분포가 정규분포를 이루며 연간 기대수익률이 15%이고, 연간 수익률의 표준편차가 10%인 경우에 보유자산의 연간 VaR를 계산하는 경우를 가정한다.

① 95%의 신뢰수준하에서의 최소수익률은 다음과 같이 계산되며, 여기서 −1.65가 의미하는 것은 표준정규분포에서 95%의 신뢰수준, 즉 5%의 유의수준에 해당되는 수치이다. 만약, 신뢰수준이 97.5%인 경우에는 −1.96, 신뢰수준이 99%인 경우에는 −2.33을 적용하면 된다.

$$Z = \frac{R^{최소} - E(R)}{\sigma} \quad \rightarrow \quad -1.65 = \frac{R^{최소} - 15\%}{10\%}$$

$$최소수익률(R^{최소}) = E(R) - 1.65 \times \sigma = 15\% - 1.65 \times 10\% = -1.5\%$$

② 이는 기대수익률에서 1.65 × 표준편차만큼 차감한 최소수익률 이하의 수익률이 발생할 확률이 5% 이내라는 것이며, 이와 같이 최소수익률이 측정되면, 보유자산의 VaR은 다음과 같이 계산된다.

절대기준 VaR = 보유자산의 현재가치 − 보유자산의 최소가치
$$= ₩10,000 - ₩10,000 \times (1 - 1.5\%) = ₩10,000 \times 1.5\% = ₩150$$
평균기준 VaR = 보유자산의 기대가치 − 보유자산의 최소가치
$$= ₩10,000 \times (1 + 15\%) - ₩10,000 \times (1 - 1.5\%)$$
$$= ₩10,000 \times (15\% + 1.5\%) = ₩10,000 \times 16.5\% = ₩1,650$$

한편, 절대기준 VaR와 평균기준 VaR의 계산식은 표준정규확률변수(Z)를 이용하여 다음과 같이 나타낼 수 있다.

$$Z = \frac{R^{최소} - E(R)}{\sigma} \quad \rightarrow \quad R^{최소} = E(R) + Z \times \sigma$$

절대기준 VaR = 보유자산의 현재가치 − 보유자산의 최소가치
$$= W_0 - W^{최소} = W_0 - W_0 \times (1 + R^{최소}) = W_0 \times (0 - R^{최소})$$
$$= -W_0 \times [E(R) + Z \times \sigma]$$
평균기준 VaR = 보유자산의 기대가치 − 보유자산의 최소가치
$$= E(W) - W^{최소} = W_0 \times [1 + E(R)] - W_0 \times (1 + R^{최소})$$
$$= W_0 \times [E(R) - R^{최소}] = W_0 \times [E(R) - E(R) - Z \times \sigma]$$
$$= -W_0 \times Z \times \sigma$$

그리고 VaR는 일반적으로 단기적인 위험을 측정하는 개념으로 많이 이용되며, 단기적으로는 보유기간 동안의 가치변동의 기대치가 0과 큰 차이가 없다고 볼 수 있기 때문에 보유자산의 기대수익률을 0%이라고 가정하는 경우에 절대기준 VaR와 평균기준 VaR는 다음과 같은 동일한 값으로 측정된다.

$$VaR = -W_0 \times Z \times \sigma$$

예제 6 ㅤ정규분포를 이용한 연간 VaR의 측정

금융투자업을 영위하는 (주)파랑은 VaR을 이용해서 보유자산의 위험을 관리하고자 한다.

(1) (주)파랑이 보유하고 있는 주식 A와 주식 B의 연간 기대수익률과 연간 수익률의 표준편차는 다음과 같다.

구분	보유금액	연간 기대수익률	연간 수익률의 표준편차
주식 A	₩40,000	15%	20%
주식 B	₩10,000	20%	30%

(2) 각 자산 수익률의 확률분포는 정규분포를 이루며, 정규분포를 따르는 확률변수가 평균(μ)에서 각 표준편차(σ) 범위 내에 포함될 확률은 다음과 같다.

$$\text{Prob}[\mu \pm 1.65 \times \sigma] = 90\%$$
$$\text{Prob}[\mu \pm 1.96 \times \sigma] = 95\%$$

물음1 ㅤ95%의 신뢰수준하에서 보유하고 있는 주식 A의 연간 절대기준 VaR와 평균기준 VaR를 계산하시오.

물음2 ㅤ97.5%의 신뢰수준하에서 보유하고 있는 주식 B의 연간 절대기준 VaR와 평균기준 VaR를 계산하시오.

해답

물음1 ㅤ주식 A의 연간 VaR(신뢰수준 95%)

(1) 최소수익률($R_A^{최소}$) = $E(R_A) - 1.65 \times \sigma_A$ = 15% - 1.65 × 20% = -18%

(2) 절대기준 VaR = 보유자산의 현재가치 - 보유자산의 최소가치
ㅤㅤㅤㅤㅤ = ₩40,000 - ₩40,000 × (1 - 18%)
ㅤㅤㅤㅤㅤ = ₩40,000 × 18% = ₩7,200

(3) 평균기준 VaR = 보유자산의 기대가치 - 보유자산의 최소가치
ㅤㅤㅤㅤㅤ = ₩40,000 × (1 + 15%) - ₩40,000 × (1-18%)
ㅤㅤㅤㅤㅤ = ₩40,000 × (15% + 18%) = ₩13,200

물음2 ㅤ주식 B의 연간 VaR(신뢰수준 97.5%)

(1) 최소수익률($R_B^{최소}$) = $E(R_B) - 1.96 \times \sigma_B$ = 20% - 1.96 × 30% = -38.8%

(2) 절대기준 VaR = 보유자산의 현재가치 - 보유자산의 최소가치
ㅤㅤㅤㅤㅤ = ₩10,000 - ₩10,000 × (1 - 38.8%)
ㅤㅤㅤㅤㅤ = ₩10,000 × 38.8% = ₩3,880

(3) 평균기준 VaR = 보유자산의 기대가치 - 보유자산의 최소가치
ㅤㅤㅤㅤㅤ = ₩10,000 × (1 + 20%) - ₩10,000 × (1-38.8%)
ㅤㅤㅤㅤㅤ = ₩10,000 × (20% + 38.8%) = ₩5,880

3) 기간에 대한 조정을 반영한 VaR의 측정

VaR는 보유기간을 일별, 주별, 월별, 분기별, 연간 등 여러 가지 단위로 설정할 수 있기 때문에 보유기간에 해당하는 VaR를 측정하기 위해서는 서로 다른 기간에 대한 위험의 값을 조정할 수 있어야 한다. 독립동등분포(independently identically distribution: iid)를 가정하는 경우에는 이러한 기간에 대한 조정이 용이해질 수 있는데, 이는 다음과 같은 두 가지 가정을 나타내는 것이다.

① 연속된 기간의 수익률은 시계열적으로 독립적(independently)이다. 따라서 서로 다른 기간의 수익률 간 공분산은 0이 된다.

② 각 기간의 수익률은 동질적(identically)으로 분포되어 있다. 따라서 모든 기간의 수익률에 대한 기댓값은 $E(R)$로 동일하고, 수익률의 분산도 $Var(R)$로 동일하다.

이러한 가정하에서의 기간별 기대수익률과 수익률의 분산 및 표준편차 간의 관계는 다음과 같다.

$$E(R^{연}) = E(R^{월}) \times 12 = E(R^{일}) \times 365^{1)}$$
$$Var(R^{연}) = Var(R^{월}) \times 12 = Var(R^{일}) \times 365$$
$$\sigma^{연} = \sigma^{월} \times \sqrt{12} = \sigma^{일} \times \sqrt{365}$$

따라서 VaR의 측정대상인 보유자산의 기대수익률과 수익률의 표준편차가 연간 기준으로 계산된 수치이고, 보유기간이 3개월인 경우에는 VaR의 측정을 위해서 다음과 같은 기간조정이 필요하다.

$$E(R^{분기}) = E(R^{연}) \times \frac{1}{4} = E(R^{연}) \times 0.25$$

$$\sigma^{분기} = \sigma^{연} \times \sqrt{\frac{1}{4}} = \sigma^{연} \times \sqrt{0.25}$$

---

1) 1년의 일수는 365일이지만, 약 250영업일(거래일)이므로 365대신 250을 이용하는 것이 일반적이다.

금융투자업을 영위하는 (주)파랑은 VaR을 이용해서 보유자산의 위험을 관리하고자 한다.

(1) (주)파랑이 보유하고 있는 주식 A와 주식 B의 연간 기대수익률과 연간 수익률의 표준편차는 다음과
같다.

구분	보유금액	연간 기대수익률	연간 수익률의 표준편차
주식 A	₩40,000	15%	20%
주식 B	₩10,000	20%	30%

(2) 각 자산 수익률의 확률분포는 정규분포를 이루고, 정규분포를 따르는 확률변수가 평균(μ)에서 각 표
준편차(σ) 범위 내에 포함될 확률은 다음과 같으며, 상기 각 자산의 수익률이 독립적이고 동등하게
분포(independently identically distributed: iid)되어 있다고 가정한다.

$$\text{Prob}[\mu \pm 1.65 \times \sigma] = 90\%$$
$$\text{Prob}[\mu \pm 1.96 \times \sigma] = 95\%$$

물음1 95%의 신뢰수준하에서 보유하고 있는 주식 A의 3개월간 절대기준 VaR와 평균기준 VaR를 계산하시오.

물음2 97.5%의 신뢰수준하에서 보유하고 있는 주식 B의 6개월간 절대기준 VaR와 평균기준 VaR를 계산하시오.

해답

물음1 주식 A의 3개월간 VaR(신뢰수준 95%)

(1) 기간조정

$$E(R_A^{분기}) = E(R_A^{연}) \times 0.25 = 15\% \times 0.25 = 3.75\%$$

$$\sigma_A^{분기} = \sigma_A^{연} \times \sqrt{0.25} = 20\% \times \sqrt{0.25} = 10\%$$

(2) 최소수익률($R_A^{최소}$) = $E(R_A^{분기}) - 1.65 \times \sigma_A^{분기} = 3.75\% - 1.65 \times 10\% = -12.75\%$

(3) 절대기준 VaR = 보유자산의 현재가치 - 보유자산의 최소가치

= ₩40,000 - ₩40,000 × (1 - 12.75%)

= ₩40,000 × 12.75% = ₩5,100

(4) 평균기준 VaR = 보유자산의 기대가치 - 보유자산의 최소가치

= ₩40,000 × (1 + 3.75%) - ₩40,000 × (1 - 12.75%)

= ₩40,000 × (3.75% + 12.75%) = ₩6,600

물음2 주식 B의 6개월간 VaR(신뢰수준 97.5%)

(1) 기간조정

$$E(R_A^{반기}) = E(R_A^{연}) \times 0.5 = 20\% \times 0.5 = 10\%$$

$$\sigma_A^{반기} = \sigma_A^{연} \times \sqrt{0.5} = 30\% \times \sqrt{0.5} = 21.21\%$$

(2) 최소수익률($R_B^{최소}$) = $E(R_B^{반기}) - 1.96 \times \sigma_B^{반기} = 10\% - 1.96 \times 21.21\% = -31.57\%$

(3) 절대기준 VaR = 보유자산의 현재가치 - 보유자산의 최소가치

= ₩10,000 - ₩10,000 × (1 - 31.57%)

= ₩10,000 × 31.57% = ₩3,157

(4) 평균기준 VaR = 보유자산의 기대가치 - 보유자산의 최소가치

= ₩10,000 × (1 + 10%) - ₩10,000 × (1 - 31.57%)

= ₩10,000 × (10% + 31.57%) = ₩4,157

4) 포트폴리오 VaR의 측정

여러 자산으로 구성된 포트폴리오의 VaR는 <제3장 포트폴리오이론>에서 살펴본 마코위츠의 완전공분산모형에 따른 포트폴리오 수익률의 표준편차와 유사한 방법으로 계산된다. 2개의 자산으로 구성된 포트폴리오를 가정하여 이에 대해 구체적으로 살펴보면 다음과 같다.

① 자산 A와 자산 B로 구성된 포트폴리오(P)의 가치가 W_P이고, 그 중에서 자산 A의 가치가 W_A, 자산 B의 가치가 W_B인 경우에 자산 A와 자산 B의 구성비율은 각각 $w_A = \dfrac{W_A}{W_P}$, $w_B = \dfrac{W_B}{W_P}$이므로 포트폴리오 수익률의 분산은 다음과 같이 나타낼 수 있다.

$$\sigma_P^2 = w_A^2 \sigma_A^2 + w_B^2 \sigma_B^2 + 2w_A w_B \sigma_A \sigma_B \rho_{AB} = \frac{W_A^2}{W_P^2} \sigma_A^2 + \frac{W_B^2}{W_P^2} \sigma_B^2 + 2 \frac{W_A}{W_P} \frac{W_B}{W_P} \sigma_A \sigma_B \rho_{AB}$$

② 위 식의 양변에 W_P^2과 Z^2을 곱하여 정리하면 다음과 같이 포트폴리오의 VaR를 계산하는 식이 도출된다. 단, Z는 표준정규확률변수를 의미한다.

$$W_P^2 Z^2 \sigma_P^2 = W_A^2 Z^2 \sigma_A^2 + W_B^2 Z^2 \sigma_B^2 + 2 \times W_A Z \sigma_A \times W_B Z \sigma_B \times \rho_{AB}$$

$$(-W_P Z \sigma_P)^2 = (-W_A Z \sigma_A)^2 + (-W_B Z \sigma_B)^2 + 2 \times (-W_A Z \sigma_A) \times (-W_B Z \sigma_B) \times \rho_{AB}$$

$$VaR_P^2 = VaR_A^2 + VaR_B^2 + 2 \times VaR_A \times VaR_B \times \rho_{AB}$$

$$\therefore VaR_P = \sqrt{VaR_A^2 + VaR_B^2 + 2 \times VaR_A \times VaR_B \times \rho_{AB}}$$

③ 포트폴리오의 VaR는 포트폴리오의 표준편차를 측정해서 다음과 같이 계산할 수도 있다.

$$\sigma_P = \sqrt{w_A^2 \sigma_A^2 + w_B^2 \sigma_B^2 + 2 w_A w_B \sigma_A \sigma_B \rho_{AB}}$$

$$VaR_P = -W_P \times Z \times \sigma_P$$

④ VaR를 위험의 측정치로 이용하는 경우에도 분산투자효과를 측정할 수 있는데 포트폴리오의 VaR를 이용해서 포트폴리오의 분산투자효과는 다음과 같이 측정할 수 있다.

$$\text{포트폴리오의 분산투자효과} = (VaR_A + VaR_B) - VaR_P$$

⑤ 포트폴리오 전체의 위험에 대해 개별자산이 공헌하는 정도와 관련하여 포트폴리오 VaR에 대한 개별자산의 공헌비율과 공헌VaR는 다음과 같이 나타낼 수 있다.

$$VaR_P^2 = VaR_A^2 + VaR_B^2 + 2 \times VaR_A \times VaR_B \times \rho_{AB}$$

$$= (VaR_A^2 + VaR_A \times VaR_B \times \rho_{AB}) + (VaR_B^2 + VaR_A \times VaR_B \times \rho_{AB})$$

$$\text{자산 A의 공헌비율} = \frac{VaR_A^2 + VaR_A \times VaR_B \times \rho_{AB}}{VaR_P^2}$$

$$\text{자산 B의 공헌비율} = \frac{VaR_B^2 + VaR_A \times VaR_B \times \rho_{AB}}{VaR_P^2}$$

$$\text{자산 A의 공헌VaR} = VaR_P \times \text{자산 A의 공헌비율}$$

$$\text{자산 B의 공헌VaR} = VaR_P \times \text{자산 B의 공헌비율}$$

(주)파랑이 보유하고 있는 포트폴리오는 다음과 같은 두 주식으로 구성되어있다. (주)파랑은 동 포트폴리오의 1주간(5거래일간) VaR를 측정하고자 한다. 다음의 관련 자료를 이용하여 물음에 답하시오. 단, 각 자산의 일별 기대수익률은 0%로 가정한다.

(1) 보유하고 있는 주식 A와 주식 B의 일별 수익률의 표준편차(σ_i)와 두 주식 수익률 간의 상관계수 (ρ_{AB})는 다음과 같다.

구분	보유금액	σ_i	ρ_{AB}
주식 A	₩40,000	4%	0.4
주식 B	₩10,000	5%	

(2) 각 자산 수익률의 확률분포는 정규분포를 이루고, 정규분포를 따르는 확률변수가 평균(μ)에서 각 표준편차(σ) 범위 내에 포함될 확률은 다음과 같으며, 상기 각 자산의 수익률이 독립적이고 동등하게 분포(independently identically distributed: iid)되어 있다고 가정한다.

$$\text{Prob}[\mu \pm 1.65 \times \sigma] = 90\%$$
$$\text{Prob}[\mu \pm 1.96 \times \sigma] = 95\%$$

물음 1 95%의 신뢰수준하에서 보유하고 있는 주식 A의 1주간 VaR를 계산하시오.

물음 2 95%의 신뢰수준하에서 보유하고 있는 주식 B의 1주간 VaR를 계산하시오.

물음 3 95%의 신뢰수준하에서 (주)파랑이 보유하고 있는 포트폴리오의 1주간 VaR를 계산하시오.

물음 4 (주)파랑이 보유하고 있는 포트폴리오의 VaR에 대한 주식 A의 공헌비율을 계산하고, 주식 A의 공헌VaR를 계산하시오.

해답

물음1 주식 A의 1주간 VaR

(1) 기간조정: $\sigma_A^{주} = \sigma_A^{일} \times \sqrt{5} = 4\% \times \sqrt{5} = 8.94\%$

(2) 최소수익률($R_A^{최소}$)$= E(R_A^{주}) - 1.65 \times \sigma_A^{주} = 0\% - 1.65 \times 8.94\% = -14.75\%$

(3) VaR_A = 보유자산의 현재가치(기대가치) - 보유자산의 최소가치

$\quad = ₩40,000 - ₩40,000 \times (1 - 14.75\%) = ₩40,000 \times 14.75\% = ₩5,900$

또는 $VaR_A = -W_A \times Z \times \sigma_A = -₩40,000 \times (-1.65) \times 8.94\% = ₩5,900$

물음2 주식 B의 1주간 VaR

(1) 기간조정: $\sigma_B^{주} = \sigma_B^{일} \times \sqrt{5} = 5\% \times \sqrt{5} = 11.18\%$

(2) 최소수익률($R_B^{최소}$)$= E(R_B^{주}) - 1.65 \times \sigma_B^{주} = 0\% - 1.65 \times 11.18\% = -18.45\%$

(3) VaR_B = 보유자산의 현재가치(기대가치)-보유자산의 최소가치

$\quad = ₩10,000 - ₩10,000 \times (1 - 18.45\%) = ₩10,000 \times 18.45\% = ₩1,845$

또는 $VaR_B = -W_B \times Z \times \sigma_B = -₩10,000 \times (-1.65) \times 11.18\% = ₩1,845$

물음3 포트폴리오의 1주간 VaR

$VaR_P^2 = VaR_A^2 + VaR_B^2 + 2 \times VaR_A \times VaR_B \times \rho_{AB}$

$\quad = (₩5,900)^2 + (₩1,845)^2 + 2 \times ₩5,900 \times ₩1,845 \times 0.4 = (₩6,850)^2$

$\therefore VaR_P = ₩6,850$

또는 $\sigma_P = \sqrt{0.8^2 \times 0.0894^2 + 0.2^2 \times 0.1118^2 + 2 \times 0.8 \times 0.2 \times 0.0894 \times 0.1118 \times 0.4}$

$\quad = 8.303\%$

$\therefore VaR_P = -W_P \times Z \times \sigma_P = -₩50,000 \times (-1.65) \times 8.303\% = ₩6,850$

물음4 주식 A의 공헌비율과 공헌VaR

(1) 주식 A의 공헌비율 $= \dfrac{VaR_A^2 + VaR_A \times VaR_B \times \rho_{AB}}{VaR_P^2}$

$\quad = \dfrac{(₩5,900)^2 + ₩5,900 \times ₩1,845 \times 0.4}{(₩6,850)^2} = 83.47\%$

(2) 주식 A의 공헌VaR $= VaR_P \times$ 주식 A의 공헌비율 $= ₩6,850 \times 83.47\% = ₩5,717.7$

5) 듀레이션에 의한 채권 VaR의 측정

이자율변동위험에 따른 채권가격의 변동위험은 듀레이션을 이용해서 나타낼 수 있으므로, 이자율변동에 따른 채권가격의 변동률과 채권가격 변동률의 표준편차는 다음과 같이 듀레이션(D)을 이용해서 측정할 수 있다.

$$\text{이자율 변동에 따른 채권가격의 변동률: } \frac{\Delta P}{P_0} = -D \times \frac{1}{1+R} \times \Delta R = -D^m \times \Delta R$$

$$\text{채권가격 변동률의 표준편차: } \sigma\left(\frac{\Delta P}{P_0}\right) = D \times \frac{1}{1+R} \times \sigma(\Delta R) = D^m \times \sigma(\Delta R)$$

이러한 채권가격 변동률의 표준편차를 VaR 공식에 대입하면 다음과 같이 채권의 VaR을 계산할 수 있다.

$$\text{채권의 VaR} = -W_0 \times Z \times \sigma\left(\frac{\Delta P}{P_0}\right)$$

$$= -W_0 \times Z \times D \times \frac{1}{1+R} \times \sigma(\Delta R) = -W_0 \times Z \times D^m \times \sigma(\Delta R)$$

금융투자업을 영위하는 (주)파랑은 ₩100,000 규모의 채권포트폴리오를 보유하고 있으며, 관련 자료는 다음과 같다.

(1) 동 포트폴리오의 수정듀레이션은 5이고, 월별 채권수익률(YTM)의 표준편차는 4%이다.
(2) 수익률의 확률분포는 정규분포를 이루며, 정규분포를 따르는 확률변수가 평균(μ)에서 각 표준편차 (σ) 범위 내에 포함될 확률은 다음과 같다.

$$\text{Prob}[\mu \pm 1.65 \times \sigma] = 90\%$$
$$\text{Prob}[\mu \pm 1.96 \times \sigma] = 95\%$$

물음1 1개월 동안의 채권가격변동률의 표준편차를 계산하시오.

물음2 95%의 신뢰수준에서 채권포트폴리오의 1개월간 VaR를 계산하시오.

해답

물음1 채권가격변동률의 표준편차

$$\sigma\left(\frac{\Delta P}{P_0}\right) = D \times \frac{1}{1+R} \times \sigma(\Delta R) = D^m \times \sigma(\Delta R) = 5 \times 0.04 = 0.2$$

물음2 채권포트폴리오의 VaR

$$VaR = -W_0 \times Z \times D \times \frac{1}{1+R} \times \sigma(\Delta R) = -W_0 \times Z \times D^m \times \sigma(\Delta R)$$

$$= -W_0 \times Z \times \sigma\left(\frac{\Delta P}{P_0}\right) = -₩100,000 \times (-1.65) \times 0.2 = ₩33,000$$

03 VaR의 유용성과 한계

(1) VaR의 유용성

VaR는 보유하고 있는 포트폴리오의 시장위험에 대한 통합관리를 목적으로 도입된 개념으로서 다음과 같은 유용성을 가지고 있다.

① VaR는 금액으로 표시되기 때문에 위험에 대한 구체적이고 이해하기 쉬운 측정치를 제공해준다. 따라서 기업의 재무적 위험을 이해하기 쉬운 비전문적 용어로 투자자들에게 전달하는 데 유용하다.

② VaR는 금액으로 표시되기 때문에 자산별 위험의 합산이 가능하게 해준다. 따라서 여러 자산들로 구성된 포트폴리오의 위험을 통합하여 관리할 수 있는 정보를 제공해준다.

③ VaR는 서로 다른 자산들의 위험을 공통된 측정치로 비교할 수 있도록 해준다. 따라서 VaR를 이용하면 부문별 성과에 대해 위험을 조정한 측정과 비교가 용이하게 된다.

④ VaR는 기댓값에서 양방향(±)으로 변동하는 모든 성과를 위험으로 정의(upside risk - downside risk)하는 분산이나 표준편차와는 달리 기댓값 이상의 성과는 위험으로 정의하지 않고 손실측면만을 위험으로 고려(upside gain - downside risk)하기 때문에 일반적으로 생각하는 위험의 개념에 부합한다.

⑤ 전체위험(VaR_p)을 개별자산이 공헌하는 부분인 공헌VaR로 분해할 수 있게 된다. 따라서 제한된 자원의 부문별 배분과 각 부문별 포지션한도를 설정하는 데 유용하게 이용될 수 있다.

⑥ 금융감독기관이 금융기관의 건전성을 감독하는 데 보다 구체적이고 용이한 규제수단으로 이용될 수 있다.

(2) VaR의 한계

VaR는 보유하고 있는 포트폴리오의 시장위험을 측정하는 데 매우 유용한 개념이지만 다음과 같은 문제점도 가지고 있음을 간과해서는 안 된다.

① VaR는 과거의 역사적 자료, 특히 자산수익률의 변동성이 안정적이어서 미래의 상황을 잘 설명할 수 있다고 가정하고 있다. 따라서 과거에는 발생하지 않았던 구조적인 변화가 발생하는 경우에는 과거의 역사적 자료를 이용해서 측정된 VaR는 잘못된 정보를 제공할 수 있다.

② VaR는 일반적으로 단기적 위험을 측정하는 데 이용되는 개념이므로 증권회사나 금융투자회사와 같은 금융기관의 경우에는 금융위험의 유용한 측정치로 이용될 수 있으나, 연구개발과 같은 장기적인 성과에 의해 기업가치가 영향을 받는 일반기업들에는 유용성이 감소된다.

③ VaR는 적용하는 모형이나 분포에 대한 가정 등에 따라 그 값이 상이하게 계산될 수 있으며, 보유기간을 장기로 설정하는 경우에 단기간에는 무시할 수 있는 위험의 영향력이 증가되므로 해석에 주의해야 한다.

01 환율결정이론에 대한 다음 설명들 중에서 가장 옳지 못한 것을 고르시오.

① 구매력평가설(purchasing power parity)은 현물환율의 기대변동률이 양 국가의 예상인플레이션율의 차이에 의해 결정된다는 이론이다.

② 피셔효과(fisher effect)란 양 국가의 명목이자율의 차이가 양 국가의 예상인플레이션율의 차이에 의해 결정된다는 이론이다.

③ 국제피셔효과(international fisher effect)는 현물환율의 기대변동률이 양 국가의 실질이자율의 차이에 의해 결정된다는 이론이다.

④ 이자율평가설(interest rate parity)은 현물환율 대비 선물환율의 할증률(할인율)이 양 국가의 명목이자율의 차이에 의해 결정된다는 이론이다.

⑤ 불편선물환가설(unbiased forward rate hypothesis)은 외환시장이 효율적인 경우에는 선물환율이 선물만기시점 기대현물환율의 불편추정치가 된다는 이론이다.

02 3개월 후에 달러화 수입대금을 지급할 예정인 한국의 수입업자가 환위험을 헤지하기 위해서 취할 수 있는 전략으로 가장 옳은 것을 고르시오. 단, 선물환(통화선물)과 옵션의 기초자산은 달러화이다.

① 3개월 만기 풋옵션을 매입한다.

② 3개월 만기 콜옵션을 매도한다.

③ 동일한 행사가격의 3개월 만기 콜옵션과 풋옵션을 동시에 매도한다.

④ 달러를 차입하여 현물환시장에 매도한다.

⑤ 3개월 만기 선물환 매입계약을 체결한다.

03 A기업과 B기업의 시장 차입조건이 다음과 같은 상황에서 A기업과 B기업이 상대적 비교우위와 스왑계약을 이용하여 차입비용을 절감하고자 한다. 계약기간 동안 A기업과 B기업이 고정금리이자(7.7%)와 변동금리이자(LIBOR)를 수수하기로 스왑계약을 체결하였다면, 이러한 거래를 통해 B기업이 절감할 수 있는 차입비용을 계산하시오.

구분	고정금리	변동금리
A기업	8.0%	LIBOR + 0.8%
B기업	10.0%	LIBOR + 2.0%

① 0.3%　　　　　② 0.4%　　　　　③ 0.5%

④ 0.6%　　　　　⑤ 0.7%

정답 및 해설

01 ③ 국제피셔효과에 의하면 현물환율의 기대변동률은 양 국가의 명목이자율의 차이에 의해 결정된다.

02 ⑤ ① 달러화에 대한 옵션을 매입하는 경우에는 콜옵션을 매입해야 한다.
③ 행사가격이 동일한 콜옵션을 매입하고 풋옵션을 매도해야 선물매입을 복제할 수 있다.
④ 원화로 자금을 차입하여 달러화 현물을 매입한 후 달러화로 예금해야 한다.

03 ① B기업 변동금리 차입 후 스왑계약(고정금리 지급, 변동금리 수취) 체결 시 실제부담금리
= (LIBOR + 2%) - LIBOR + 7.7% = 9.7%
B기업의 차입비용절감효과 = 10% - 9.7% = 0.3%

부록

이자요소와 정규분포표

$$\mathrm{PVIF}_{(R:\,이자율,\ n:\,기간)} = \frac{1}{(1+R)^n}$$

R \ n	1%	2%	3%	4%	5%	6%	7%	8%	9%	10%
1	0.99010	0.98039	0.97087	0.96154	0.95238	0.94340	0.93458	0.92593	0.91743	0.90909
2	0.98030	0.96117	0.94260	0.92456	0.90703	0.89000	0.87344	0.85734	0.84168	0.82645
3	0.97059	0.94232	0.91514	0.88900	0.86384	0.83962	0.81630	0.79383	0.77218	0.75131
4	0.96098	0.92385	0.88849	0.85480	0.82270	0.79209	0.76290	0.73503	0.70843	0.68301
5	0.95147	0.90573	0.86261	0.82193	0.78353	0.74726	0.71299	0.68058	0.64993	0.62092
6	0.94205	0.88797	0.83748	0.79031	0.74622	0.70496	0.66634	0.63017	0.59627	0.56447
7	0.93272	0.87056	0.81309	0.75992	0.71068	0.66506	0.62275	0.58349	0.54703	0.51316
8	0.92348	0.85349	0.78941	0.73069	0.67684	0.62741	0.58201	0.54027	0.50187	0.46651
9	0.91434	0.83676	0.76642	0.70259	0.64461	0.59190	0.54393	0.50025	0.46043	0.42410
10	0.90529	0.82035	0.74409	0.67556	0.61391	0.55839	0.50835	0.46319	0.42241	0.38554
11	0.89632	0.80426	0.72242	0.64958	0.58468	0.52679	0.47509	0.42888	0.38753	0.35049
12	0.88745	0.78849	0.70138	0.62460	0.55684	0.49697	0.44401	0.39711	0.35553	0.31863
13	0.87866	0.77303	0.68095	0.60057	0.53032	0.46884	0.41496	0.36770	0.32618	0.28966
14	0.86996	0.75788	0.66112	0.57748	0.50507	0.44230	0.38782	0.34046	0.29925	0.26333
15	0.86135	0.74301	0.64186	0.55526	0.48102	0.41727	0.36245	0.31524	0.27454	0.23939
16	0.85282	0.72845	0.62317	0.53391	0.45811	0.39365	0.33873	0.29189	0.25187	0.21763
17	0.84438	0.71416	0.60502	0.51337	0.43630	0.37136	0.31657	0.27027	0.23107	0.19784
18	0.83602	0.70016	0.58739	0.49363	0.41552	0.35034	0.29586	0.25025	0.21199	0.17986
19	0.82774	0.68643	0.57029	0.47464	0.39573	0.33051	0.27651	0.23171	0.19449	0.16351
20	0.81954	0.67297	0.55368	0.45639	0.37689	0.31180	0.25842	0.21455	0.17843	0.14864

R \ n	11%	12%	13%	14%	15%	16%	17%	18%	19%	20%
1	0.90090	0.89286	0.88496	0.87719	0.86957	0.86207	0.85470	0.84746	0.84034	0.83333
2	0.81162	0.79719	0.78315	0.76947	0.75614	0.74316	0.73051	0.71818	0.70616	0.69444
3	0.73119	0.71178	0.69305	0.67497	0.65752	0.64066	0.62437	0.60863	0.59342	0.57870
4	0.65873	0.63552	0.61332	0.59208	0.57175	0.55229	0.53365	0.51579	0.49867	0.48225
5	0.59345	0.56743	0.54276	0.51937	0.49718	0.47611	0.45611	0.43711	0.41905	0.40188
6	0.53464	0.50663	0.48032	0.45559	0.43233	0.41044	0.38984	0.37043	0.35214	0.33490
7	0.48166	0.45235	0.42506	0.39964	0.37594	0.35383	0.33320	0.31393	0.29592	0.27908
8	0.43393	0.40388	0.37616	0.35056	0.32690	0.30503	0.28478	0.26604	0.24867	0.23257
9	0.39092	0.36061	0.33288	0.30751	0.28426	0.26295	0.24340	0.22546	0.20897	0.19381
10	0.35218	0.32197	0.29459	0.26974	0.24718	0.22668	0.20804	0.19106	0.17560	0.16151
11	0.31728	0.28748	0.26070	0.23662	0.21494	0.19542	0.17781	0.16192	0.14757	0.13459
12	0.28584	0.25668	0.23071	0.20756	0.18691	0.16846	0.15197	0.13722	0.12400	0.11216
13	0.25751	0.22917	0.20416	0.18207	0.16253	0.14523	0.12989	0.11629	0.10421	0.09346
14	0.23199	0.20462	0.18068	0.15971	0.14133	0.12520	0.11102	0.09855	0.08757	0.07789
15	0.20900	0.18270	0.15989	0.14010	0.12289	0.10793	0.09489	0.08352	0.07359	0.06491
16	0.18829	0.16312	0.14150	0.12289	0.10686	0.09304	0.08110	0.07078	0.06184	0.05409
17	0.16963	0.14564	0.12522	0.10780	0.09293	0.08021	0.06932	0.05998	0.05196	0.04507
18	0.15282	0.13004	0.11081	0.09456	0.08081	0.06914	0.05925	0.05083	0.04367	0.03756
19	0.13768	0.11611	0.09806	0.08295	0.07027	0.05961	0.05064	0.04308	0.03670	0.03130
20	0.12403	0.10367	0.08678	0.07276	0.06110	0.05139	0.04328	0.03651	0.03084	0.02608

$$\text{PVIFA}_{(R,\ n)} = \frac{(1 + R)^n - 1}{R(1 + R)^n}$$

n \ R	1%	2%	3%	4%	5%	6%	7%	8%	9%	10%
1	0.99010	0.98039	0.97087	0.96154	0.95238	0.94340	0.93458	0.92593	0.91743	0.90909
2	1.97040	1.94156	1.91347	1.88609	1.85941	1.83339	1.80802	1.78326	1.75911	1.73554
3	2.94099	2.88388	2.82861	2.77509	2.72325	2.67301	2.62432	2.57710	2.53129	2.48685
4	3.90197	3.80773	3.71710	3.62990	3.54595	3.46511	3.38721	3.31213	3.23972	3.16987
5	4.85343	4.71346	4.57971	4.45182	4.32948	4.21236	4.10020	3.99271	3.88965	3.79079
6	5.79548	5.60143	5.41719	5.24214	5.07569	4.91732	4.76654	4.62288	4.48592	4.35526
7	6.72819	6.47199	6.23028	6.00205	5.78637	5.58238	5.38929	5.20637	5.03295	4.86842
8	7.65168	7.32548	7.01969	6.73274	6.46321	6.20979	5.97130	5.74664	5.53482	5.33493
9	8.56602	8.16224	7.78611	7.43533	7.10782	6.80169	6.51523	6.24689	5.99525	5.75902
10	9.47130	8.98259	8.53020	8.11090	7.72173	7.36009	7.02358	6.71008	6.41766	6.14457
11	10.36763	9.78685	9.25262	8.76048	8.30641	7.88687	7.49867	7.13896	6.80519	6.49506
12	11.25508	10.57534	9.95400	9.38507	8.86325	8.38384	7.94269	7.53608	7.16073	6.81369
13	12.13374	11.34837	10.63496	9.98565	9.39357	8.85268	8.35765	7.90378	7.48690	7.10336
14	13.00370	12.10625	11.29607	10.56312	9.89864	9.29498	8.74547	8.24424	7.78615	7.36669
15	13.86505	12.84926	11.93794	11.11839	10.37966	9.71225	9.10791	8.55948	8.06069	7.60608
16	14.71787	13.57771	12.56110	11.65230	10.83777	10.10590	9.44665	8.85137	8.31256	7.82371
17	15.56225	14.29187	13.16612	12.16567	11.27407	10.47726	9.76322	9.12164	8.54363	8.02155
18	16.39827	14.99203	13.75351	12.65930	11.68959	10.82760	10.05909	9.37189	8.75563	8.20141
19	17.22601	15.67846	14.32380	13.13394	12.08532	11.15812	10.33560	9.60360	8.95011	8.36492
20	18.04555	16.35143	14.87747	13.59033	12.46221	11.46992	10.59401	9.81815	9.12855	8.51356

n \ R	11%	12%	13%	14%	15%	16%	17%	18%	19%	20%
1	0.90090	0.89286	0.88496	0.87719	0.86957	0.86207	0.85470	0.84746	0.84034	0.83333
2	1.71252	1.69005	1.66810	1.64666	1.62571	1.60523	1.58521	1.56564	1.54650	1.52778
3	2.44371	2.40183	2.36115	2.32163	2.28323	2.24589	2.20958	2.17427	2.13992	2.10648
4	3.10245	3.03735	2.97447	2.91371	2.85498	2.79818	2.74324	2.69006	2.63859	2.58873
5	3.69590	3.60478	3.51723	3.43308	3.35216	3.27429	3.19935	3.12717	3.05763	2.99061
6	4.23054	4.11141	3.99755	3.88867	3.78448	3.68474	3.58918	3.49760	3.40978	3.32551
7	4.71220	4.56376	4.42261	4.28830	4.16042	4.03857	3.92238	3.81153	3.70570	3.60459
8	5.14612	4.96764	4.79877	4.63886	4.48732	4.34359	4.20716	4.07757	3.95437	3.83716
9	5.53705	5.32825	5.13166	4.94637	4.77158	4.60654	4.45057	4.30302	4.16333	4.03097
10	5.88923	5.65022	5.42624	5.21612	5.01877	4.83323	4.65860	4.49409	4.33893	4.19247
11	6.20652	5.93770	5.68694	5.45273	5.23371	5.02864	4.83641	4.65601	4.48650	4.32706
12	6.49236	6.19437	5.91765	5.66029	5.42062	5.19711	4.98839	4.79322	4.61050	4.43922
13	6.74987	6.42355	6.12181	5.84236	5.58315	5.34233	5.11828	4.90951	4.71471	4.53268
14	6.98187	6.62817	6.30249	6.00207	5.72448	5.46753	5.22930	5.00806	4.80228	4.61057
15	7.19087	6.81086	6.46238	6.14217	5.84737	5.57546	5.32419	5.09158	4.87586	4.67547
16	7.37916	6.97399	6.60388	6.26506	5.95423	5.66850	5.40529	5.16235	4.93770	4.72956
17	7.54879	7.11963	6.72909	6.37286	6.04716	5.74870	5.47461	5.22233	4.98966	4.77463
18	7.70162	7.24967	6.83991	6.46742	6.12797	5.81785	5.53385	5.27316	5.03333	4.81219
19	7.83929	7.36578	6.93797	6.55037	6.19823	5.87746	5.58449	5.31624	5.07003	4.84350
20	7.96333	7.46944	7.02475	6.62313	6.25933	5.92884	5.62777	5.35275	5.10086	4.86958

$$FVIF_{(R,\ n)}\ =\ (1\ +\ R)^n$$

n＼R	1%	2%	3%	4%	5%	6%	7%	8%	9%	10%
1	1.01000	1.02000	1.03000	1.04000	1.05000	1.06000	1.07000	1.08000	1.09000	1.10000
2	1.02010	1.04040	1.06090	1.08160	1.10250	1.12360	1.14490	1.16640	1.18810	1.21000
3	1.03030	1.06121	1.09273	1.12486	1.15763	1.19102	1.22504	1.25971	1.29503	1.33100
4	1.04060	1.08243	1.12551	1.16986	1.21551	1.26248	1.31080	1.36049	1.41158	1.46410
5	1.05101	1.10408	1.15927	1.21665	1.27628	1.33823	1.40255	1.46933	1.53862	1.61051
6	1.06152	1.12616	1.19405	1.26532	1.34010	1.41852	1.50073	1.58687	1.67710	1.77156
7	1.07214	1.14869	1.22987	1.31593	1.40710	1.50363	1.60578	1.71382	1.82804	1.94872
8	1.08286	1.17166	1.26677	1.36857	1.47746	1.59385	1.71819	1.85093	1.99256	2.14359
9	1.09369	1.19509	1.30477	1.42331	1.55133	1.68948	1.83846	1.99900	2.17189	2.35795
10	1.10462	1.21899	1.34392	1.48024	1.62889	1.79085	1.96715	2.15892	2.36736	2.59374
11	1.11567	1.24337	1.38423	1.53945	1.71034	1.89830	2.10485	2.33164	2.58043	2.85312
12	1.12683	1.26824	1.42576	1.60103	1.79586	2.01220	2.25219	2.51817	2.81266	3.13843
13	1.13809	1.29361	1.46853	1.66507	1.88565	2.13293	2.40985	2.71962	3.06580	3.45227
14	1.14947	1.31948	1.51259	1.73168	1.97993	2.26090	2.57853	2.93719	3.34173	3.79750
15	1.16097	1.34587	1.55797	1.80094	2.07893	2.39656	2.75903	3.17217	3.64248	4.17725
16	1.17258	1.37279	1.60471	1.87298	2.18287	2.54035	2.95216	3.42594	3.97031	4.59497
17	1.18430	1.40024	1.65285	1.94790	2.29202	2.69277	3.15882	3.70002	4.32763	5.05447
18	1.19615	1.42825	1.70243	2.02582	2.40662	2.85434	3.37993	3.99602	4.71712	5.55992
19	1.20811	1.45681	1.75351	2.10685	2.52695	3.02560	3.61653	4.31570	5.14166	6.11591
20	1.22019	1.48595	1.80611	2.19112	2.65330	3.20714	3.86968	4.66096	5.60441	6.72750

n＼R	11%	12%	13%	14%	15%	16%	17%	18%	19%	20%
1	1.11000	1.12000	1.13000	1.14000	1.15000	1.16000	1.17000	1.18000	1.19000	1.20000
2	1.23210	1.25440	1.27690	1.29960	1.32250	1.34560	1.36890	1.39240	1.41610	1.44000
3	1.36763	1.40493	1.44290	1.48154	1.52088	1.56090	1.60161	1.64303	1.68516	1.72800
4	1.51807	1.57352	1.63047	1.68896	1.74901	1.81064	1.87389	1.93878	2.00534	2.07360
5	1.68506	1.76234	1.84244	1.92541	2.01136	2.10034	2.19245	2.28776	2.38635	2.48832
6	1.87041	1.97382	2.08195	2.19497	2.31306	2.43640	2.56516	2.69955	2.83976	2.98598
7	2.07616	2.21068	2.35261	2.50227	2.66002	2.82622	3.00124	3.18547	3.37932	3.58318
8	2.30454	2.47596	2.65844	2.85259	3.05902	3.27841	3.51145	3.75886	4.02139	4.29982
9	2.55804	2.77308	3.00404	3.25195	3.51788	3.80296	4.10840	4.43545	4.78545	5.15978
10	2.83942	3.10585	3.39457	3.70722	4.04556	4.41144	4.80683	5.23384	5.69468	6.19174
11	3.15176	3.47855	3.83586	4.22623	4.65239	5.11726	5.62399	6.17593	6.77667	7.43008
12	3.49845	3.89598	4.33452	4.81790	5.35025	5.93603	6.58007	7.28759	8.06424	8.91610
13	3.88328	4.36349	4.89801	5.49241	6.15279	6.88579	7.69868	8.59936	9.59645	10.69932
14	4.31044	4.88711	5.53475	6.26135	7.07571	7.98752	9.00745	10.14724	11.41977	12.83918
15	4.78459	5.47357	6.25427	7.13794	8.13706	9.26552	10.53872	11.97375	13.58953	15.40702
16	5.31089	6.13039	7.06733	8.13725	9.35762	10.74800	12.33030	14.12902	16.17154	18.48843
17	5.89509	6.86604	7.98608	9.27646	10.76126	12.46768	14.42646	16.67225	19.24413	22.18611
18	6.54355	7.68997	9.02427	10.57517	12.37545	14.46251	16.87895	19.67325	22.90052	26.62333
19	7.26334	8.61276	10.19742	12.05569	14.23177	16.77652	19.74838	23.21444	27.25162	31.94800
20	8.06231	9.64629	11.52309	13.74349	16.36654	19.46076	23.10560	27.39303	32.42942	38.33760

04 | 연금의 미래가치이자요소

$$\text{FVIFA}_{(R,\ n)} = \frac{(1\ +\ R)^n\ -\ 1}{R}$$

n \ R	1%	2%	3%	4%	5%	6%	7%	8%	9%	10%
1	1.00000	1.00000	1.00000	1.00000	1.00000	1.00000	1.00000	1.00000	1.00000	1.00000
2	2.01000	2.02000	2.03000	2.04000	2.05000	2.06000	2.07000	2.08000	2.09000	2.10000
3	3.03010	3.06040	3.09090	3.12160	3.15250	3.18360	3.21490	3.24640	3.27810	3.31000
4	4.06040	4.12161	4.18363	4.24646	4.31013	4.37462	4.43994	4.50611	4.57313	4.64100
5	5.10101	5.20404	5.30914	5.41632	5.52563	5.63709	5.75074	5.86660	5.98471	6.10510
6	6.15202	6.30812	6.46841	6.63298	6.80191	6.97532	7.15329	7.33593	7.52333	7.71561
7	7.21354	7.43428	7.66246	7.89829	8.14201	8.39384	8.65402	8.92280	9.20043	9.48717
8	8.28567	8.58297	8.89234	9.21423	9.54911	9.89747	10.25980	10.63663	11.02847	11.43589
9	9.36853	9.75463	10.15911	10.58280	11.02656	11.49132	11.97799	12.48756	13.02104	13.57948
10	10.46221	10.94972	11.46388	12.00611	12.57789	13.18079	13.81645	14.48656	15.19293	15.93742
11	11.56683	12.16872	12.80780	13.48635	14.20679	14.97164	15.78360	16.64549	17.56029	18.53117
12	12.68250	13.41209	14.19203	15.02581	15.91713	16.86994	17.88845	18.97713	20.14072	21.38428
13	13.80933	14.68033	15.61779	16.62684	17.71298	18.88214	20.14064	21.49530	22.95338	24.52271
14	14.94742	15.97394	17.08632	18.29191	19.59863	21.01507	22.55049	24.21492	26.01919	27.97498
15	16.09690	17.29342	18.59891	20.02359	21.57856	23.27597	25.12902	27.15211	29.36092	31.77248
16	17.25786	18.63929	20.15688	21.82453	23.65749	25.67253	27.88805	30.32428	33.00340	35.94973
17	18.43044	20.01207	21.76159	23.69751	25.84037	28.21288	30.84022	33.75023	36.97370	40.54470
18	19.61475	21.41231	23.41444	25.64541	28.13238	30.90565	33.99903	37.45024	41.30134	45.59917
19	20.81090	22.84056	25.11687	27.67123	30.53900	33.75999	37.37896	41.44626	46.01846	51.15909
20	22.01900	24.29737	26.87037	29.77808	33.06595	36.78559	40.99549	45.76196	51.16012	57.27500

n \ R	11%	12%	13%	14%	15%	16%	17%	18%	19%	20%
1	1.00000	1.00000	1.00000	1.00000	1.00000	1.00000	1.00000	1.00000	1.00000	1.00000
2	2.11000	2.12000	2.13000	2.14000	2.15000	2.16000	2.17000	2.18000	2.19000	2.20000
3	3.34210	3.37440	3.40690	3.43960	3.47250	3.50560	3.53890	3.57240	3.60610	3.64000
4	4.70973	4.77933	4.84980	4.92114	4.99338	5.06650	5.14051	5.21543	5.29126	5.36800
5	6.22780	6.35285	6.48027	6.61010	6.74238	6.87714	7.01440	7.15421	7.29660	7.44160
6	7.91286	8.11519	8.32271	8.53552	8.75374	8.97748	9.20685	9.44197	9.68295	9.92992
7	9.78327	10.08901	10.40466	10.73049	11.06680	11.41387	11.77201	12.14152	12.52271	12.91590
8	11.85943	12.29969	12.75726	13.23276	13.72682	14.24009	14.77325	15.32700	15.90203	16.49908
9	14.16397	14.77566	15.41571	16.08535	16.78584	17.51851	18.28471	19.08585	19.92341	20.79890
10	16.72201	17.54874	18.41975	19.33730	20.30372	21.32147	22.39311	23.52131	24.70886	25.95868
11	19.56143	20.65458	21.81432	23.04452	24.34928	25.73290	27.19994	28.75514	30.40355	32.15042
12	22.71319	24.13313	25.65018	27.27075	29.00167	30.85017	32.82393	34.93107	37.18022	39.58050
13	26.21164	28.02911	29.98470	32.08865	34.35192	36.78620	39.40399	42.21866	45.24446	48.49660
14	30.09492	32.39260	34.88271	37.58107	40.50471	43.67199	47.10267	50.81802	54.84091	59.19592
15	34.40536	37.27971	40.41746	43.84241	47.58041	51.65951	56.11013	60.96527	66.26068	72.03511
16	39.18995	42.75328	46.67173	50.98035	55.71747	60.92503	66.64885	72.93901	79.85021	87.44213
17	44.50084	48.88367	53.73906	59.11760	65.07509	71.67303	78.97915	87.06804	96.02175	105.93056
18	50.39594	55.74971	61.72514	68.39407	75.83636	84.14072	93.40561	103.74028	115.26588	128.11667
19	56.93949	63.43968	70.74941	78.96923	88.21181	98.60323	110.28456	123.41353	138.16640	154.74000
20	64.20283	72.05244	80.94683	91.02493	102.44358	115.37975	130.03294	146.62797	165.41802	186.68800

Z	0	0.01	0.02	0.03	0.04	0.05	0.06	0.07	0.08	0.09
0.0	0.0000	0.0040	0.0080	0.0120	0.0160	0.0199	0.0239	0.0279	0.0319	0.0359
0.1	0.0398	0.0438	0.0478	0.0517	0.0557	0.0596	0.0636	0.0675	0.0714	0.0753
0.2	0.0793	0.0832	0.0871	0.0910	0.0948	0.0987	0.1026	0.1064	0.1103	0.1141
0.3	0.1179	0.1217	0.1255	0.1293	0.1331	0.1368	0.1406	0.1443	0.1480	0.1517
0.4	0.1554	0.1591	0.1628	0.1664	0.1700	0.1736	0.1772	0.1808	0.1844	0.1879
0.5	0.1915	0.1950	0.1985	0.2019	0.2054	0.2088	0.2123	0.2157	0.2190	0.2224
0.6	0.2257	0.2291	0.2324	0.2357	0.2389	0.2422	0.2454	0.2486	0.2517	0.2549
0.7	0.2580	0.2611	0.2642	0.2673	0.2704	0.2734	0.2764	0.2794	0.2823	0.2852
0.8	0.2881	0.2910	0.2939	0.2967	0.2995	0.3023	0.3051	0.3078	0.3106	0.3133
0.9	0.3159	0.3186	0.3212	0.3238	0.3264	0.3289	0.3315	0.3340	0.3365	0.3389
1.0	0.3413	0.3438	0.3461	0.3485	0.3508	0.3531	0.3554	0.3577	0.3599	0.3621
1.1	0.3643	0.3665	0.3686	0.3708	0.3729	0.3749	0.3770	0.3790	0.3810	0.3830
1.2	0.3849	0.3869	0.3888	0.3907	0.3925	0.3944	0.3962	0.3980	0.3997	0.4015
1.3	0.4032	0.4049	0.4066	0.4082	0.4099	0.4115	0.4131	0.4147	0.4162	0.4177
1.4	0.4192	0.4207	0.4222	0.4236	0.4251	0.4265	0.4279	0.4292	0.4306	0.4319
1.5	0.4332	0.4345	0.4357	0.4370	0.4382	0.4394	0.4406	0.4418	0.4429	0.4441
1.6	0.4452	0.4463	0.4474	0.4484	0.4495	0.4505	0.4515	0.4525	0.4535	0.4545
1.7	0.4554	0.4564	0.4573	0.4582	0.4591	0.4599	0.4608	0.4616	0.4625	0.4633
1.8	0.4641	0.4649	0.4656	0.4664	0.4671	0.4678	0.4686	0.4693	0.4699	0.4706
1.9	0.4713	0.4719	0.4726	0.4732	0.4738	0.4744	0.4750	0.4756	0.4761	0.4767
2.0	0.4772	0.4778	0.4783	0.4788	0.4793	0.4798	0.4803	0.4808	0.4812	0.4817
2.1	0.4821	0.4826	0.4830	0.4834	0.4838	0.4842	0.4846	0.4850	0.4854	0.4857
2.2	0.4861	0.4864	0.4868	0.4871	0.4875	0.4878	0.4881	0.4884	0.4887	0.4890
2.3	0.4893	0.4896	0.4898	0.4901	0.4904	0.4906	0.4909	0.4911	0.4913	0.4916
2.4	0.4918	0.4920	0.4922	0.4925	0.4927	0.4929	0.4931	0.4932	0.4934	0.4936
2.5	0.4938	0.4940	0.4941	0.4943	0.4945	0.4946	0.4948	0.4949	0.4951	0.4952
2.6	0.4953	0.4955	0.4956	0.4957	0.4959	0.4960	0.4961	0.4962	0.4963	0.4964
2.7	0.4965	0.4966	0.4967	0.4968	0.4969	0.4970	0.4971	0.4972	0.4973	0.4974
2.8	0.4974	0.4975	0.4976	0.4977	0.4977	0.4978	0.4979	0.4979	0.4980	0.4981
2.9	0.4981	0.4982	0.4982	0.4983	0.4984	0.4984	0.4985	0.4985	0.4986	0.4986
3.0	0.4987	0.4987	0.4987	0.4988	0.4988	0.4989	0.4989	0.4989	0.4990	0.4990
3.1	0.4990	0.4991	0.4991	0.4991	0.4992	0.4992	0.4992	0.4992	0.4993	0.4993
3.2	0.4993	0.4993	0.4994	0.4994	0.4994	0.4994	0.4994	0.4995	0.4995	0.4995
3.3	0.4995	0.4995	0.4995	0.4996	0.4996	0.4996	0.4996	0.4996	0.4996	0.4997
3.4	0.4997	0.4997	0.4997	0.4997	0.4997	0.4997	0.4997	0.4997	0.4997	0.4998
3.5	0.4998	0.4998	0.4998	0.4998	0.4998	0.4998	0.4998	0.4998	0.4998	0.4998

Z	0	0.01	0.02	0.03	0.04	0.05	0.06	0.07	0.08	0.09
0.0	0.5000	0.5040	0.5080	0.5120	0.5160	0.5199	0.5239	0.5279	0.5319	0.5359
0.1	0.5398	0.5438	0.5478	0.5517	0.5557	0.5596	0.5636	0.5675	0.5714	0.5753
0.2	0.5793	0.5832	0.5871	0.5910	0.5948	0.5987	0.6026	0.6064	0.6103	0.6141
0.3	0.6179	0.6217	0.6255	0.6293	0.6331	0.6368	0.6406	0.6443	0.6480	0.6517
0.4	0.6554	0.6591	0.6628	0.6664	0.6700	0.6736	0.6772	0.6808	0.6844	0.6879
0.5	0.6915	0.6950	0.6985	0.7019	0.7054	0.7088	0.7123	0.7157	0.7190	0.7224
0.6	0.7257	0.7291	0.7324	0.7357	0.7389	0.7422	0.7454	0.7486	0.7517	0.7549
0.7	0.7580	0.7611	0.7642	0.7673	0.7704	0.7734	0.7764	0.7794	0.7823	0.7852
0.8	0.7881	0.7910	0.7939	0.7967	0.7995	0.8023	0.8051	0.8078	0.8106	0.8133
0.9	0.8159	0.8186	0.8212	0.8238	0.8264	0.8289	0.8315	0.8340	0.8365	0.8389
1.0	0.8413	0.8438	0.8461	0.8485	0.8508	0.8531	0.8554	0.8577	0.8599	0.8621
1.1	0.8643	0.8665	0.8686	0.8708	0.8729	0.8749	0.8770	0.8790	0.8810	0.8830
1.2	0.8849	0.8869	0.8888	0.8907	0.8925	0.8944	0.8962	0.8980	0.8997	0.9015
1.3	0.9032	0.9049	0.9066	0.9082	0.9099	0.9115	0.9131	0.9147	0.9162	0.9177
1.4	0.9192	0.9207	0.9222	0.9236	0.9251	0.9265	0.9279	0.9292	0.9306	0.9319
1.5	0.9332	0.9345	0.9357	0.9370	0.9382	0.9394	0.9406	0.9418	0.9429	0.9441
1.6	0.9452	0.9463	0.9474	0.9484	0.9495	0.9505	0.9515	0.9525	0.9535	0.9545
1.7	0.9554	0.9564	0.9573	0.9582	0.9591	0.9599	0.9608	0.9616	0.9625	0.9633
1.8	0.9641	0.9649	0.9656	0.9664	0.9671	0.9678	0.9686	0.9693	0.9699	0.9706
1.9	0.9713	0.9719	0.9726	0.9732	0.9738	0.9744	0.9750	0.9756	0.9761	0.9767
2.0	0.9772	0.9778	0.9783	0.9788	0.9793	0.9798	0.9803	0.9808	0.9812	0.9817
2.1	0.9821	0.9826	0.9830	0.9834	0.9838	0.9842	0.9846	0.9850	0.9854	0.9857
2.2	0.9861	0.9864	0.9868	0.9871	0.9875	0.9878	0.9881	0.9884	0.9887	0.9890
2.3	0.9893	0.9896	0.9898	0.9901	0.9904	0.9906	0.9909	0.9911	0.9913	0.9916
2.4	0.9918	0.9920	0.9922	0.9925	0.9927	0.9929	0.9931	0.9932	0.9934	0.9936
2.5	0.9938	0.9940	0.9941	0.9943	0.9945	0.9946	0.9948	0.9949	0.9951	0.9952
2.6	0.9953	0.9955	0.9956	0.9957	0.9959	0.9960	0.9961	0.9962	0.9963	0.9964
2.7	0.9965	0.9966	0.9967	0.9968	0.9969	0.9970	0.9971	0.9972	0.9973	0.9974
2.8	0.9974	0.9975	0.9976	0.9977	0.9977	0.9978	0.9979	0.9979	0.9980	0.9981
2.9	0.9981	0.9982	0.9982	0.9983	0.9984	0.9984	0.9985	0.9985	0.9986	0.9986
3.0	0.9987	0.9987	0.9987	0.9988	0.9988	0.9989	0.9989	0.9989	0.9990	0.9990
3.1	0.9990	0.9991	0.9991	0.9991	0.9992	0.9992	0.9992	0.9992	0.9993	0.9993
3.2	0.9993	0.9993	0.9994	0.9994	0.9994	0.9994	0.9994	0.9995	0.9995	0.9995
3.3	0.9995	0.9995	0.9995	0.9996	0.9996	0.9996	0.9996	0.9996	0.9996	0.9997
3.4	0.9997	0.9997	0.9997	0.9997	0.9997	0.9997	0.9997	0.9997	0.9997	0.9998
3.5	0.9998	0.9998	0.9998	0.9998	0.9998	0.9998	0.9998	0.9998	0.9998	0.9998

부록

해커스 편입후 재무관리